Antes

Präventiver Umweltschutz und seine Organisation in Unternehmen

D1725027

nbf neue betriebswirtschaftliche forschung

(Folgende Bände sind zuletzt erschienen:)

Band 139 Dr. Dominik Everding
**Zinsänderungswirkungen in Modellen
der Investitionsrechnung**

Band 140 Prof. Dr. Margit Meyer
Ökonomische Organisation der Industrie

Band 141 Dr. Karen Gedenk
**Strategie-orientierte Steuerung
von Geschäftsführern**

Band 142 Prof. Dr. Werner Neus
**Zur Theorie der Finanzierung kleinerer
Unternehmungen**

Band 143 Dr. Regina Ruppert
Individualisierung von Unternehmen

Band 144 Dr. Frank Jacob
Produktindividualisierung

Band 145 Dr. Georg-Michael Späth
**Preisstrategien für innovative
Telekommunikationsleistungen**

Band 146 Dr. Kai Reimers
Normungsprozesse

Band 147 Prof. Dr. Christian Homburg
Kundennähe von Industriegüterunternehmen

Band 148 Dr. Falko E. P. Wilms
Entscheidungsverhalten als rekursiver Prozeß

Band 149 Dr. Manfred Krafft
**Außendienstentlohnung im Licht
der Neuen Institutionenlehre**

Band 150 Prof. Dr. Christof Weinhardt
Financial Engineering und Informationstechnologie

Band 151 Mag. Dr. Ulrike Hugl
Qualitative Inhaltsanalyse und Mind-Mapping

Band 152 Prof. Dr. Dodo zu Knyphausen-Aufseß
Theorie der strategischen Unternehmensführung

Band 153 Dr. Frank H. Witt
**Theorietraditionen der betriebswirtschaftlichen
Forschung**

Band 154 Dr. Jörg B. Kühnapfel
**Marketing für
Telekommunikations-Dienstleistungen**

Band 155 Dr. Katja Schimmelpfeng
**Kostenträgerrechnung
in Versicherungsunternehmen**

Band 156 Dr. Olaf Plötner
Das Vertrauen des Kunden

Band 157 Prof. Dr. Ronald Bogaschewsky
Natürliche Umwelt und Produktion

Band 158 Dr. Rudolf Large
**Unternehmerische Steuerung
von Ressourceneignern**

Band 159 Dr. Thomas Walter
**Kosten/Nutzen-Management für Informations-
und Dokumentationsstellen**

Band 160 Dr. Dirk Schiereck
**Internationale Börsenplatzentscheidungen
institutioneller Investoren**

Band 161 Dr. Britta Schulze-Wischeler
Lean Information

Band 162 Prof. Dr. Martin Glaum
Internationalisierung und Unternehmenserfolg

Band 163 Dr. Jörg Henneböle
**Executive Information Systems für
Unternehmensführung und Controlling**

Band 164 Dr. Henning Kreisel
Zentralbereiche

Band 165 Dr. Jürgen Eisele
Erfolgsfaktoren des Joint Venture-Management

Band 166 Prof. Dr. Harald Hungenberg
Zentralisation und Dezentralisation

Band 167 Dr. Martin Möhrle
Prämarketing

Band 168 Dr. Thomas Schubert
**Strategische Allianzen im internationalen
Bankgeschäft**

Band 169 Dr. Olaf Göttgens
**Erfolgsfaktoren in stagnierenden und
schrumpfenden Märkten**

Band 170 Dr. Volker Schultz
Projektkostenschätzung

(Fortsetzung am Ende des Buches)

Betriebswirtschaftlicher Verlag Dr. Th. Gabler GmbH, Postfach 15 47, 65005 Wiesbaden

Ralf Antes

Präventiver Umweltschutz und seine Organisation in Unternehmen

GABLER

Die Deutsche Bibliothek - CIP-Einheitsaufnahme

Antes, Ralf:
Präventiver Umweltschutz und seine Organisation in
Unternehmen / Ralf Antes. - Wiesbaden : Gabler, 1996
    (Neue betriebswirtschaftliche Forschung ; Bd. 201)
    Zugl.: Frankfurt (Main), Univ., Diss., 1996
    ISBN 3-409-13299-6
NE: GT

Der Gabler Verlag ist ein Unternehmen der Bertelsmann Fachinformation.

© Betriebswirtschaftlicher Verlag Dr. Th. Gabler GmbH, Wiesbaden 1996
Lektorat: Claudia Splittgerber / Ute Wrasmann

Höchste inhaltliche und technische Qualität unserer Produkte ist unser Ziel. Bei der Produktion
und Auslieferung unserer Bücher wollen wir die Umwelt schonen: Dieses Buch ist auf säure-
freiem und chlorfrei gebleichtem Papier gedruckt.

Die Wiedergabe von Gebrauchsnamen, Handelsnamen, Warenbezeichnungen usw. in diesem Werk berechtigt auch ohne besondere Kennzeichnung nicht zu der Annahme, daß solche
Namen im Sinne der Warenzeichen- und Markenschutz-Gesetzgebung als frei zu betrach-
ten wären und daher von jedermann benutzt werden dürften.

Druck und Buchbinder: Rosch-Buch, Hallstadt
Printed in Germany

ISBN 3-409-13299-6

Gewidmet meinen Eltern (Lydia & Artur)

und

Großeltern (†Anna & †Adam, †Frieda & Paul)

Geleitwort

Der Bitte von Herrn Dr. Ralf Antes um ein Geleitwort komme ich sehr gerne nach, da ich ihn seit vielen Jahre persönlich kenne und wir einen ständigen wissenschaftlichen Austausch pflegen.

Die vorliegende Arbeit setzt an Defiziten der betrieblichen Praxis sowie der betriebswirtschaftlichen Theorie an, und zwar der Techniklastigkeit betrieblichen Umweltschutzes, wobei der reparative, nachsorgende Umweltschutz dauerhaft dominiert, und parallel dazu einer Vernachlässigung der sozial-organisatorischen Seite betrieblichen Umweltschutzes bzw. der weitgehenden Beschränkung auf eine Betriebsbeauftragten-Organisation.

Kennzeichnend für das Vorgehen des Verfassers sind erstens ein interdisziplinäres Herangehen, d.h. die intensive Auseinandersetzung mit Disziplinen und Aufgabenfeldern soweit sie für das „Themendreieck" Prävention - Umweltschutz - Organisation relevant sind, und zweitens eine umfassende Sicht und Behandlung der Organisation bzw. des Organisierens. Da das einzelne Organisationsmitglied der entscheidende Ansatzpunkt für präventiven Umweltschutz ist und sein Arbeitsverhalten einer Vielzahl persönlicher und situativer Einflüsse unterliegt, wurden zum einen die potentiellen Verhaltenseinflüsse umfassend herausgearbeitet und zum andern wurden bei den Gestaltungsansätzen sowohl alternative Organisationsstrukturen als auch die Formen der Verhaltenssteuerung und -koordination untersucht.

Der methodische Schwerpunkt des Werkes liegt auf der theoretischen Untersuchung, wobei immer wieder starker Bezug zur Realität (umweltbewußtes Verhalten, Unternehmenspraxis) hergestellt wird. Dies bedingt eine umfassende Analyse und Auswertung der empirischen Studien zu Umweltbewußtsein und Bedingungen umweltverträglichen Verhaltens. Besonders hervorzuheben ist die Sekundärauswertung der Studie „Umweltorientierte Unternehmensführung" des Umweltbundesamtes, an der der Autor als Mitarbeiter am Institut für Ökologie und Unternehmensführung an der EBS maßgeblich beteiligt war.

Ralf Antes zeigt auf, daß Prävention ein über Umweltschutz hinausreichendes Phänomen ist, mit jeweils ähnlich begründeter Relevanz (z.B. begrenzte Wirksamkeit, überproportional steigende Grenzkosten der Nachsorge), ähnlichen Gestaltungsanforderungen (z.B. Delegation und Partizipation) und ähnlichen Durchsetzungsbarrieren (z.B. Strukturkonservativismus, Mikropolitik). Im Vordergrund steht ein Vergleich der

Präventions- bzw. Nachsorgeeffekte unterschiedlicher Organisationsstrukturen. Mit der funktional-additiven Organisation und der Integration werden dazu zwei idealtypische und entgegengesetzte Gestaltungskonzepte unterschieden und entwickelt. Empirisch wie theoretisch kann aufgezeigt werden, daß die - dominierende - funktional-additive Organisation tendenziell Reparatur/Nachsorge begünstigt, während Prävention im Gegensatz vermehrt der Integration ökologischer Anforderungen in die Aufgaben der jeweiligen Organisationsmitglieder sowie einer Erweiterung der verhaltenssteuernden und -koordinierenden Instrumente bedarf.

Dem Verfasser gelingt in überzeugender Weise die Weiterentwicklung des Konzepts der „ökologischen Betroffenheit", indem nicht nur passive Betroffenheit, sondern auch aktive Betroffenheit, d.h. die Verursachung mit einbezogen wird. Dadurch kann das Konzept zur umfassenden Analyse der Ursachen bestimmter Verhaltensweisen eingesetzt werden.

Die vorliegende Arbeit liefert auch Erkenntnisse über das Thema Umweltschutz hinaus, denn Prävention ist ein themenübergreifendes Phänomen. Ein Bedarf an Prävention entsteht offenbar um so stärker, je weiter die Zuständigkeit, Verantwortlichkeit und Kompetenz für das Entstehen einer Wirkung (Verursachung) mit derjenigen für die Behandlung der Wirkung auseinanderfällt. Ähnlich dem Umweltschutz ist dies gegenwärtig im Qualitätsmanagement (Stichwort TQM), im Arbeitsschutz (Stichwort Gesundheitsförderung) sowie hinsichtlich unterschiedlicher Produktivitäten beobachtbar.

Ich wünsche dieser außerordentlich kenntnisreichen, leserfreundlich geschriebenen und wichtigen Arbeit eine gute Aufnahme in der theoretischen Diskussion und in der Praxis des Umweltschutzes.

Prof. Dr. Hartmut Kreikebaum

How can I think of tomorrow
with the sorrow in my hand?

Melissa Etheridge in
„Precious Pain"

Vorwort

Warum setzt sich der integrierte Umweltschutz in den Unternehmen gar nicht oder nur
so schleppend durch, obwohl ihm allseits sowohl eindeutige ökologische als auch ökonomische Vorteile - volkswirtschaftliche wie (!) betriebswirtschaftliche - attestiert
werden? Diese Frage beschäftigte mich seit meiner 1985 entstandenen Diplomarbeit
über die betriebswirtschaftlichen Chancen von Umweltschutzinnovationen[1] und wurde
der Ausgangspunkt der vorliegenden Arbeit, die von dem Fachbereich Wirtschaftswissenschaften der Johann Wolfgang Goethe-Universität Frankfurt am Main im Mai 1996
als Dissertation angenommen wurde. Mit meinen Studien wuchs und verfestigte sich
die Erkenntnis, daß die entscheidenden Barrieren gegenwärtig nicht technischer, sondern sozial-organisatorischer Art sind. Dies führte zur Konzentration der Themenstellung auf organisatorische und verhaltensbezogene Aspekte. In anderer Hinsicht
erweiterte sich dagegen der Fokus: Integrierter Umweltschutz, definiert als umweltverträglichere Verfahren und Produkte, sehe ich nurmehr als eine, wenn auch bedeutende Form von Prävention (auch: Vorsorge).

An den Rändern des so bestimmten Themas waren für mich zwei Beobachtungen
bemerkenswert und blieben nicht ohne Einfluß auf die Bearbeitung. Die eine betrifft
die nahezu identische Situation in Aufgabenfeldern, in denen Prävention und Reparatur
(auch: Nachsorge) als Alternativen diskutiert werden: durchgängige, beinahe schon pa-
radigmatische Dominanz von Reparatur, während ihre Grenzen - im wesentlichen
überproportional steigende Grenzkosten und immanent begrenzte Zielerreichung - offen zutage treten. Letzteres hat der Prävention zu einer hohen verbalen Akzeptanz ver-
holfen. Darüber haben sich zweitens Diskurse entwickelt, die, trotzdem voneinander
nahezu unbemerkt und unbeeinflußt, zu einem sehr ähnlichen Verständnis von Prävention gelangen. Dementgegen steht jedoch - ebenfalls in allen Feldern - das Bemühen

---

1 Vgl. Antes 1988.

der Vertreter des Status quo, schon bisheriges Verhalten möglichst umfassend als präventiv zu deklarieren. Beide Beobachtungen führten in der vorliegenden Arbeit dazu, mich intensiv mit dem Verständnis von Prävention auseinanderzusetzen.

Gerne sage ich an dieser Stelle jenen Menschen Dank, die zum Entstehen der Arbeit beigetragen haben. Zunächst war die Unterstützung und Anteilnahme durch meine Großeltern und vor allem Eltern - ihnen widme ich diese Arbeit. Von meinen akademischen Lehrern hat Prof. Dr. Hartmut Kreikebaum nicht erst als Doktorvater meinen wissenschaftlichen Werdegang maßgeblich beeinflußt. Er und von volkswirtschaftlicher Seite Prof. Dr. Werner Meißner, Prof. Dr. Gerd Fleischmann und Prof. Dr. Jiri Kosta haben schon zu Studienzeiten mein vorhandenes Umweltschutz-Engagement auf die ökonomische „Schiene" befördert. Prof. Dr. Helmut Laux hat die organisationstheoretischen Grundlagen gelegt und das Zweitgutachten übernommen. Insbesondere den empirischen Teil der Studien konnte ich als Mitarbeiter des von Prof. Dr. Ulrich Steger geleiteten Instituts für Ökologie und Unternehmensführung an der European Business School, Oestrich-Winkel, durchführen. Daß Vorentwürfe tatsächlich Vorentwürfe blieben, besorgten kritische Diskussionen mit Freunden: Dipl.-Forstwirt Hermann Anthes (Universität Freiburg i. Br.), Dr. Martin Birke (ISO Köln), Dipl.-Ök. Klaus Fichter (IÖW Berlin), Dipl.-Betriebswirt Wolfgang Knell (FH Mainz), Fridrun Olbert, Dipl.-Kffr. Kerstin Pichel (TU Berlin); Dipl.-Ök. Rolf Schwaderlapp (GHS Kassel), Dr. Michael Schwarz (ISO Köln) und Dipl.-Kfm. Kim Ik Seung. Zur Gewährleistung der formalen Richtigkeit legten meine beiden Schwestern, M.A. Claudia Antes und Dipl.-Kffr. Pamela Antes, Sonderschichten ein. Dipl.-Ing. (FH) Christiane Schatz erstellte einen Teil der Grafiken. Prof. Dr. Hans-Ulrich Zabel, Inhaber des Lehrstuhls für betriebliches Umweltmanagement an meiner neuen Wirkungsstätte, der Martin Luther-Universität Halle-Wittenberg, beschleunigte die Fertigstellung nachhaltig. Frau Ute Wrasmann und Frau Claudia Splittgerber vom Verlag ermöglichten durch ihre reibungslose Zusammenarbeit die schnelle Drucklegung. Dank gebührt schließlich der Graduiertenförderung des Landes Hessen, die mich vom 1. April 1992 bis zum 31. März 1993 durch ein Stipendium unterstützte.

Ralf Antes

Inhaltsverzeichnis

Widmung		V
Geleitwort		VII
Vorwort		IX
Gliederung		XI
Abbildungsverzeichnis		XV
Anhangverzeichnis		XVI
Abkürzungsverzeichnis		XVII

1. Die Untersuchung — 1

1.1 Ausgangspunkte — 1

1.2 Fragestellung und Vorgehen — 5

1.3 Begriffsdefinitionen — 8

2. Prävention als ökologische Anforderung an Unternehmen — 15

2.1 Legitimation und Grenzen des reparativen Umweltschutzes — 15

2.2 Prävention - Die Perspektive unterschiedlicher Disziplinen — 24

2.2.1 Ökologieorientierte Präventionskonzepte der BWL: Qualitatives Wachstum, integrierter Umweltschutz und Risikomanagement — 25

2.2.2 Vorsorge als Prinzip der nationalen Umweltpolitik — 31

2.2.3 Vorsorge als Prinzip des nationalen Umweltrechts — 36

2.2.4 Vorsorge als Prinzip der internationalen Umweltpolitik und des internationalen Umweltrechts — 41

2.2.5 Weitere Präventionsfelder der BWL: Qualitätsmanagement und Arbeitsumweltschutz — 48

    1 Qualitätsmanagement — 49

    2 Arbeitsumweltschutz — 53

2.2.6 Zwischenergebnis — 58

2.3 Inhalt des präventiven betrieblichen Umweltschutzes — 59

2.4 Gestaltungsrelevante Merkmale eines präventiven betrieblichen Umweltschutzes — 72

2.4.1 Reduktion der Wirkungsursache — 72

2.4.2 Ganzheitlichkeit von Problemsicht und -behandlung   75
(umfassende Minimierung)

2.4.3 Unsicherheit und Veränderlichkeit ökologischen Wissens   78

2.4.4 Ökologische Betroffenheit sämtlicher organisatorischer   84
Einheiten und Funktionen

2.5 Zusammenfassung   88

**3. Einflüsse auf das umweltverträgliche Entscheiden und Handeln des   91
einzelnen Organisationsmitglieds**

3.1 Verhaltenstheoretische Vorüberlegungen   91

*Psychologisches Verhaltensmodell (93) Organisationstheoretisches
Entscheidungsmodell (94) Arbeitswissenschaftliche und -psychologische
Modelle des Verhaltensspielraums (96) Rollentheorie (98) Theorie
externer Effekte (100) Das Konzept nicht intendierter Konsequenzen (101)
Arbeits- und mikropolitische Analysen (103) Umweltpsychologische
Modelle (106)*

3.2 Demographische und sozio-ökonomische Eigenschaften von   111
Organisationsmitgliedern

3.3 Psychographische Eigenschaften von Organisationsmitgliedern   116

3.3.1 Qualifikation für umweltverträgliches Verhalten   117

3.3.2 Motivation zu umweltverträglichem Verhalten   123

1   Umweltorientierte Werthaltung   127

2   Einstellung zum Umweltschutz   134

*Wahrgenommene Ernsthaftigkeit der Umweltwirkung (135)
Emotionale persönliche Betroffenheit (138) Wahrgenommene
Kontrolle/Kausalitätsorientierung (141) Einstellung gegenüber
umweltverträglichem Verhalten (Einstellung i.e.S.) und ihre
Verfügbarkeit (143) Vertrauen (145) Verhaltensbereitschaft
und -absicht (146)*

3   Kosten-Nutzen-Abwägung / Andere Verhaltensmotive   147

3.4 Situative Einflüsse   150

3.4.1 Das Umweltproblem   151

3.4.2 Der strategische Rahmen umweltverträglichen Verhaltens   152

1   Absichten und Ziele   153

2   Strategien und Maßnahmen   159

3.4.3 Der organisatorische Rahmen umweltverträglichen Verhaltens - 166
Fremd- und Selbstorganisation

    1 Gesetzgebung, Rechtsprechung und Normungssysteme 169

    *Inhaltliche Vorgaben (170) Organisatorische Vorgaben (173)
Rechtliche Zuweisung von Verantwortung (177)*

    2 Arbeitsbeziehungen 179

    *Beteiligungsrechte (181) Entlohnungssysteme/-grundsätze
(185) Arbeitsbedingungen (186) Qualifizierung (186)
Umweltschutz (187)*

    3 Die Stelle 189

    *Definition der Aufgabe (191) Normierung der Aufgabe (194)
Formalisierung der Aufgabe (198) Kompetenzumfang (200)
Informations- und Kommunikationsmöglichkeiten (201) Anreiz
und Kontrolle (204) Verhaltens-interdependenzen (208)*

    4 Kulturelle Gemeinschaften 210

    *Organisationskultur (211) Gruppennormen (216)
Organisationsübergreifende Kulturen (221)*

3.4.4 Verfügbarkeit umweltverträglicher Alternativen 222

3.5 Zusammenfassung 222

4. Ansätze zur Gestaltung eines präventiven betrieblichen Umweltschutzes 227

4.1 Fremdorganisation als Ausgangspunkt: Die gesetzliche 228
Minimalauslage

4.2 Organisationstheoretische Überlegungen 232

    4.2.1 Arbeitsteilung und Konfiguration 232

        1 Funktional-additive Organisation und Integration als 232
entgegengesetzte Gestaltungskonzepte

        2 Prävention als Aufgabe der Führung, von Experten oder 237
jedes Organisationsmitglieds?

        *Prävention als Führungsaufgabe (237) Prävention als
Expertenaufgabe (239) Prävention als Bereichsaufgabe (254)
Prävention durch Sekundärorganisation (259)*

        3 Konfiguration 260

    4.2.2 Verhaltenssteuerung und -koordination 262

        1 Einräumen der Verfügungsmöglichkeit über Ressourcen 263

        2 Vorgabe von Verhaltensnormen und Entwicklung einer 263
gemeinsamen Werthaltung

3   Ergänzende Maßnahmen   267

Verbesserung der Informationen über Verhaltensnormen (268)
Verbesserung der Fähigkeiten und der Informationsstände (268)
Motivierung der Organisationsmitglieder (285)

4.3   Organisationspraktische Überlegungen   288

4.3.1   Anknüpfung an inhaltlich und strukturell affine Aufgaben?   289

Qualitätsmanagement * Arbeitsumweltschutz

4.3.2   Umweltorientierung der Arbeitsbeziehungen?   292

4.3.3   Umsetzung der Normensysteme zum Umweltmanagement?   296

5.   Grenzen und Hemmnisse präventiven betrieblichen Umweltschutzes   303

Entropie * Kosten * Zeit * Wissen * Wahrnehmung * Komplexität *
Ökologische Blindheit der verhaltenssteuernden und -koordinierenden
Instrumente * Arbeitsteilung * Sozial-organisatorischer Konservativismus
oder strategy follows structure

Anhang   315

Normenverzeichnis: Gesetze und Urteile   323

Literaturverzeichnis   327

Abbildungsverzeichnis

Nr. Bezeichnung

1 Struktur der Umweltschutzinvestitionen des produzierenden   2
Gewerbes 1975- 1992
2 Umweltschutzbezogene Produktlinienmatrix   13
3 Ökonomischer Vergleich additiver und integrierter Umwelttechnik   19
4 Grenzkosten additiver Umweltschutztechnik in Abhängigkeit vom   20
Wirkungsgrad
5 Ökologischer Vergleich additiver und integrierter Umwelttechnik   23
6 Klassifikation präventiver und reparativer Umweltschutztechnologie   28
7 Integrierter Umweltschutz - Definitionsmerkmale   28
8 Interpretation von Vorsorge in Art. 130r des EU-Vertrags   42
9 Fehlerentstehung und Fehlerbehebung nach herkömmlichen   50
Qualitätskonzepten
10 Typologie des betrieblichen Umweltschutzes   61
11 Transportwege zur Herstellung eines Früchtejoghurts (150g Einweg-/   67
Recycle-Glas)
12 Ökotoxikologischer Wirkungskomplex   79
13 Die Unsicherheit von Entscheidungskalkülen   82
14 Sekundär- und Primärdeterminanten der Entscheidung   95
15 Merkmale von Handlungsspielräumen nach dem ursprünglichen   97
Konzept prospektiver Arbeitsgestaltung von Ulich
16 Das Rollenkonzept in Organisationen   99
17 Intendierte und nicht-intendierte Verhaltenskonsequenzen   103
18 Theorien und Konzepte über die Einflüsse auf Verhalten und seine   110
Umweltverträglichkeit
19 Einstellung von Industriearbeitern in Abhängigkeit von ihrer   114
Berufsbiographie
20 Umweltwirkungen des Verkehrs und der Transportmittel im Urteil   148
betrieblicher Entscheider über die Transportmittelwahl
21 Die normative Ebene des strategischen Rahmens   154
22 Zielinhalte und ökologische Grundhaltungstypen   158
23 Verträglichkeit von ökonomischen Wirkungen von Umweltschutz-   162
aktivitäten mit Wettbewerbsstrategien nach Porter
24 Umweltschutz- und Unternehmensstrategien   165
25 Betrieblicher Umweltschutz im System der Arbeitsbeziehungen   180
26 Auf den Umweltschutz übertragbare Beteiligungsrechte im   182
Betriebsverfassungsgesetz
27 Direkte Beteiligungsrechte von Arbeitnehmern und Betriebs- und   183
Personalrat in Umweltschutz- und Arbeitsschutzgesetzen
28 Zusammenhang zwischen der Struktur der Organisation und der   190
Stelle/Arbeitsrolle

29 Verhaltensnormen und die Integration der Wirkungen von 196
Sachaufgaben
30 Gegenstände von Standardisierung und Programmierung 197
31 Kompetenzarten in Abhängigkeit von der Art der Aufgabe und 200
Beteiligungsrechte
32 Modell des Gruppenverhaltens 216
33 Umweltorientierte soziale Norm (Selbstverpflichtung) und 218
Ressourcennutzung in einer ökologischen Dilemma-Situation
(Fischereikonfliktspiel)
34 Einflüsse auf die Umweltverträglichkeit der Aufgabenerfüllung 224
35 Maßnahmenformen gegen Umweltrisiken (FUUF-Studie) 228
36a Umweltorientierte Erweiterungen eines einfachen Einliniensystems 233
36b Umweltorientierte Erweiterungen eines einfachen Stab-Linien- 234
Systems
37 Existenz von Institutionen mit Umweltschutzaufgaben (FUUF-Studie) 236
38 Verteilung von Umweltschutzaufgaben auf Stellen 242
39 Qualifikationsprofil eines Immissionsschutzbeauftragten 250
40 Einschätzung des ökologischen Wissens von Organisations- 269
mitgliedern (FUUF-Studie)
41 Beteiligung an umweltschutzbezogener Weiterbildung nach 269
Funktionsbereichen (FUUF-Studie)
42 Verbreitung umweltschutzbezogener Informations- und Kommuni- 274
kationswege
43 Einsatz von Planungsinstrumenten und Integration des Umwelt- 276
schutzes (FUUF-Studie)
44 Stoffflußbezogene Kostenrechnung am Beispiel eines Textil- 279
Herstellers (alle Kostenangaben in TDM/Jahr)
45a Erfassung und Zurechnung von Umweltschutzkosten (I) 281
(FUUF-Studie)
45b Erfassung und Zurechnung von Umweltschutzkosten (II) 281
46 Anreize zur Förderung von Umweltbewußtsein und umwelt- 288
verträglichem Verhalten (FUUF-Studie)
47 Gundlegende Verhaltensnormen der EU-Umweltaudit-Verordnung 297

Anhangverzeichnis

1 Klassifikationen umweltorientierten Handelns in der Literatur 316
2 Typologie des betrieblichen Umweltschutzes [Abb. 10: 61] 320
am Beispiel des Güterverkehrs

Abkürzungsverzeichnis[1]

AbfG	Abfallgesetz
ABl	Amtsblatt der Europäischen Gemeinschaften
AbwAG	Abwasserabgabengesetz
AG	Arbeitsgericht
AiB	Arbeitsrecht im Betrieb
Anm. R.A.	Anmerkung Ralf Antes
ArbStättV	Arbeitsstättenverordnung
ASiG	Arbeitssicherheitsgesetz
ASQ	Administrative Science Quarterly
AtomG	Atomgesetz
BAG	Bundesarbeitsgericht
B.A.U.M.	Bundesdeutscher Arbeitskreis für Umweltbewußtes Management e.V.
BB	Betriebs-Berater
BddW	Blick durch die Wirtschaft
BetrVG	Betriebsverfassungsgesetz
BGB	Bürgerliches Gesetzbuch
BGBl	Bundesgesetzblatt
BGH	Bundesgerichtshof
BIBB	Bundesinstitut für Berufsbildung, Berlin
BImSchG	Bundes-Immissionsschutzgesetz
BImSchV	Bundes-Immissionsschutzverordnung
BMBW	Bundesminister für Bildung und Wissenschaft
BMI	Bundesminister des Innern
BMV	Bundesminister für Verkehr
BNatSchG	Bundesnaturschutzgesetz
BPersVG	Bundespersonalvertretungsgesetz
BS	British Standard
BT	Bundestag
BVerwGe	Bundesverwaltungsgericht
BWaldG	Bundeswaldgesetz
BWL	Betriebswirtschaftslehre
BWP	Berufsbildung in Wissenschaft und Praxis
CEN	Europäisches Kommitee für Normung
CH	Schweiz
ChemG	Chemikaliengesetz
CKW	Chlorierte Kohlenwasserstoffe
c.p.	ceteris paribus
DB	Der Betrieb
DBW	Die Betriebswirtschaft

---

1 Ohne die bereits im DUDEN Wörterbuch der Abkürzungen definierten Abkürzungen.

DECHEMA	Deutsche Gesellschaft für Chemisches Apparatewesen, Chemische Technik und Biotechnologie e.V., Frankfurt am Main
DBG	Deutscher Gewerkschaftsbund
DIN	Deutsches Institut für Normung, Berlin
DIW	Deutsches Institut für Wirtschaftsforschung, Berlin
durchges.	durchgesehene (Auflage)
DVBl	Deutsches Verwaltungsblatt
ECMT	European Conference of Ministers of Transport
EEA	Einheitliche Europäische Akte
EG/EWG	Europäische Gemeinschaft
eop	end-of-the-pipe
Erg.Lfg.	Ergänzung-Lieferung
EU	Europäische Union
EUV	EU-Vertrag
EVU	Energieversorgungsunternehmen
FuE	Forschung und Entwicklung
FAZ	Frankfurter Allgemeine Zeitung
Fn	Fußnote
FÖB	Forschungsinformationsdienst ökologisch orientierte BWL
FR	Frankfurter Rundschau
FUUF	Forschungsgruppe Umweltorientierte Unternehmensführung
GB	Großbritannien
GbV	Gefahrgutbeauftragtenverordunung
GefStoffV	Gefahrstoffverordnung
GefStoffÄndV	Gefahrstoff-Änderungsverordnung
GenTG	Gentechnikgesetz
GenTSV	Gentechnik-Sicherheitsverordnung
GmS OGB	Gemeinsamer Senat der Obersten Gerichtshöfe des Bundes
GewArch	Gewerbe-Archiv
GG	Grundgesetz
GGVS	Gefahrgutverordnung Straße
GenTG	Genttechnikgesetz
GVC	VDI-Gesellschaft Verfahrenstechnik und Chemieingenieurwesen, Düsseldorf
Hervorheb.	Hervorhebung
HWB	Handwörterbuch der Betriebswirtschaftslehre
HWO	Handwörterbuch der Organisation
HWFüh	Handwörterbuch der Führung
HWProd	Handwörterbuch der Produktion
i.e.S.	im engeren Sinne
IfO	Institut für Wirtschaftsforschung, München
IG	Industriegewerkschaft
IIUG	Internationales Institut für Umwelt und Gesellschaft am Wissenschaftszentrum Berlin
IÖW	Institut für ökologische Wirtschaftsforschung, Berlin
ISO	International Standard Organisation

IWÖ	Institut für Wirtschaft und Ökologie, St. Gallen
jit	just-in-time
KZfSS	Kölner Zeitschrift für Soziologie und Sozialpsychologie
KrW-/AbfG	Kreislaufwirtschafts- und Abfallgesetz
LAG	Landesarbeitsgericht
m.E.	meines Erachtens
m.w.N.	mit weiteren Nachweisen
LAbfG	Landesabfallgesetz
LAbfVG	Landesabfallvorschaltgesetz
MitbestG	Mitbestimmungsgesetz
MoMitbestG	Montan-Mitbestimmungsgesetz
m.w.N.	mit weiteren Nachweisen
NJW	Neue Juristische Wochenschrift
NL	Niederlande
NVwZ	Neue Zeitschrift für Verwaltungsrecht
OECD	Organisation for Economic Co-Operation and Development
PCB	Polychlorierte Biphenyle
PER	Perchlorethylen
ProduktHG	Produkthaftungsgesetz
R.A.	Ralf Antes
RAL	Deutsches Institut für Gütesicherung und Kennzeichnung e.V., St. Augustin
Rdnr.	Randnummer
resp.	respektive
RKW	Rationalisierungs-Kuratorium der Deutschen Wirtschaft
ROI	Return on Investment
RVO	Reichsversicherungsverordnung
RWI	Rheinisch-Westfälisches Institut für Wirtschaftsforschung, Essen
S	Schweden
SATW	Schweizerische Akademie der Technischen Wissenschaften, Zürich
SEDES	Société d'Etude pour le développement économique et social, Paris
SOFI	Soziologisches Foschungsinstitut Göttingen
S-O-R	Stimulus-Organismus-Response
S-R	Stimulus-Response
StörfallV	Störfallverordnung
StrGB	Strafgesetzbuch
StrÄndG/UKG	Strafrechtsänderungsgesetz/Umweltkriminalitätsgesetz
StrlSchV	Strahlenschutzverordnung
TAB	Büro für Technikfolgen-Abschätzung beim Deutschen Bundestag
TQM	Total Quality Management
TRGS	Technische Regel für Gefahrstoffe
Tz.	Textziffer
TVG	Tarifvertragsgesetz
UAG	Umweltauditgesetz
u.a.	unter anderen/-m, in Quellenangaben: und andere
UBA	Umweltbundesamt

überarb.	überarbeitete (Auflage)
UGB	Umweltgesetzbuch
UGB-AT	Umweltgesetzbuch - Allgemeiner Teil
UHG	Umwelthaftungsgesetz
UIG	Umweltinformationsgesetz
UN	United Nations/Vereinte Nationen
UNEP	United Nations Environmental Program
USA	Vereinigte Staaten von Amerika
u.U.	unter Umständen
UVP	Umweltverträglichkeitsprüfung
UVPG	Umweltverträglichkeitsprüfungsgesetz
V	Verordnung
VDI	Verein Deutscher Ingenieure
VerpackV	Verpackungsverordnung
VÖI	Vereinigung österreichischer Industrieller
WGMU	Wissenschaftliche Gesellschaft für Marketing und Unternehmensführung e.V., Münster
WHG	Wasserhaushaltsgesetz
WZB	Wissenschaftszentrum Berlins
ZfB	Zeitschrift für Betriebswirtschaft
zfo	Zeitschrift Führung + Organisation
ZfP	Zeitrschrift für Personalforschung
ZfS	Zeitschrift für Soziologie
ZfU	Zeitschrift für Umweltpolitik und Umweltrecht

1. Die Untersuchung

1.1 Ausgangspunkte

Ein Wohlstand, getragen von den gegenwärtigen absoluten und relativen Umweltwirkungen der Industriegesellschaften ist - auch unter Beachtung der hier bestehenden Bandbreiten - nicht übertragbar: weder auf zukünftige Generationen dieser Gesellschaften noch bereits heute auf alle Gesellschaften weltweit.[1] Das Wissen darum oder zumindest eine Ahnung darüber reicht schon längere Zeit zurück,[2] geriet aber erst wieder mit dem Brundtlandt-Bericht[3] ins öffentliche Bewußtsein. Der Bericht war Auslöser zur Entwicklung des nach wie vor schillernden Leitbilds eines "sustainable development" (nachhaltige Entwicklung), insbesondere auch auf nationaler und internationaler regierungsamtlicher Ebene.[4] Diese Arbeit wird auch verdeutlichen, daß nachhaltige Entwicklung am ehesten durch präventiven Umweltschutz erreichbar ist. Unternehmen sind ein bedeutender Adressat dieser Anforderung, fallen in ihnen doch maßgebliche Entscheidungen über Umweltwirkungen (Ressourcennutzungen und negative externe Effekte). Erfordernisse und Wirklichkeit klaffen jedoch auseinander: Als die Idee zu dieser Arbeit entstand, markierte die amtliche Erhebung des Statistischen Bundesamtes für das Jahr 1986 mit 82,3% gerade den bis dahin höchsten Anteil additiven, d.h. reparativen Umweltschutzes an den Umweltschutzinvestitionen des produzierenden Gewerbes seit Erhebungsbeginn (1975). Der Anteil hat sich im aktuellen Erhebungsjahr 1992 nicht etwa verringert, sondern auf diesem hohen Niveau stabilisiert [Abb. 1][5] - trotz der schon ritualisiert anmutenden Forderungen und Statements zu einer Abkehr davon und einer Hinwendung zum präventiven, auch als vorsorgend bezeichneten Umweltschutz. Investitionen in eine umweltverträglichere Verfahrenstechnik (integrierte Technik), eine Variante von Prävention, sind vergleichsweise unbedeutend und sogar rückläufig, sie verzeichnen nurmehr rund 15% der gesamten Umwelt-

---

1 Vgl. Hauff 1987, S. 31f., 35-37, 70f.; Weizsäcker, E.U. v. 1990, S. 7f.; Durning 1992; Schmidt-Bleek 1993, S. 167-172; Deutscher Bundestag 1994, S. 5f.
2 Insbesondere durch die Studien "Die Grenzen des Wachstums" (Meadows u.a. 1973) und "Global 2000" (Kaiser 1980).
3 Vgl. Hauff 1987.
4 So das aktuelle Umweltschutz-Aktionsprogramm der EU (EG 1992), die Enquete-Kommission "Verantwortung für die Zukunft" des 12. Deutschen Bundestags (Deutscher Bundestag 1993, 1994). Von nicht regierungsamtlicher Seite insbesondere die Studien "Sustainable Netherlands" (Institut für sozial-ökologische Forschung/Milieu defensie 1994) und "Zukunftsfähiges Deutschland" (Wuppertal-Institut 1995).
5 Verweise auf andere Stellen in dieser Arbeit sind im Text in eckige Klammern gesetzt. Sofern nicht anders notiert, gilt folgende Lesart: [Abschnitt: Seite(n); ...] oder [Seite(n), ...].

schutzinvestitionen.[6] Einzuräumen ist die statistisch schwierigere Erfassung integrierter gegenüber den eindeutig abgrenzbaren additiven Umweltschutztechniken.[7] Da additive Verfahren durch integrierte Lösungen aber ersetzt und nicht ergänzt werden, müßten die Investitionen in additive Verfahren ceteris paribus absolut sinken. Ausgehend vom historischen Höchststand 1988, ist das aber 1989 nur geringfügig der Fall,[8] so daß sich dieser Einwand wieder relativiert.

Abb. 1: Struktur der Umweltschutzinvestitionen des produzierenden Gewerbes 1975-1995
Quellen: Eigene Berechnungen nach Statistisches Bundesamt 1979-1992, jeweils Abschn. 1.4.1.

6 Vgl. auch Kreikebaum 1990b, S. 120; 1992b, S. 12 und das Befragungsergebnis bei Kirchgeorg 1990, S. 157. Als Gegenstück, einschl. Betriebskosten sowie Investitionen und Betriebskosten der öffentlichen Haushalte, hat diese Entwicklung auf der Anbieterseite einen Markt für (additive) Umweltschutztechnik und -dienstleistungen entstehen lassen, dessen jährliches Volumen aktuell rund 65 Mrd. DM beträgt; vgl. Halstrick-Schwenk u. a. 1994. Ein Blick in Anbieterverzeichnisse und Messekataloge bestätigt, daß additive Technik vorherrscht. Seine weitere Entwicklung wird teilweise euphorisch beurteilt.
7 Vgl. Blazejczak u.a. 1993, S. 76, 78; Halstrick-Schwenk u. a. 1994, S. 26-28.
8 Der Rückgang dürfte zudem vor allem auf eine weniger investitionswirksame Umweltpolitik - der wesentliche Motor additiven Umweltschutzes - zurückzuführen sein.

Der produktionsintegrierte Umweltschutz, wie er Beispielsammlungen neuerdings verstärkt zugrunde liegt,[9] stellt somit immer noch den Ausnahmefall dar. Dieses Auseinanderklaffen zwischen Soll und Ist bildet die ökologisch und sozial motivierte Ausgangspunkte der vorliegenden Untersuchung.

Gleichzeitig zum Gewahrwerden der ökologischen Grenzen - und trotzdem - gerät Umweltschutz auf allen Ebenen, der politischen wie der betrieblichen, aus Gründen der Finanzierbarkeit zunehmend unter Legitimationsdruck. Wer dem umweltpolitischen Verursacherprinzip zustimmt, kommt zunächst einmal nicht umhin, die Nutzung der natürlichen Umwelt mit Kosten zu belegen. Andererseits bindet speziell der reparative Umweltschutz Kapital weitgehend unproduktiv; demgegenüber stehen i.d.R. durch Prävention erschließbare Produktivitätspotentiale. Auch das wird diese Untersuchung aufzeigen. Daß sich ökologische Anforderungen mit dem ökonomischen Eigeninteresse von (potentiellen) Verursachern decken können, ist ein entscheidendes Argument. Um so bemerkenswerter ist deshalb das Beharrungsvermögen von Reparatur in erwerbswirtschaftlichen Organisationen.

Bei Betrachtung der theoretischen wie der praktischen Bearbeitung der Unternehmensaufgabe Umweltschutz springt ein Phänomen ins Auge: ihre Techniklastigkeit. Umweltschutz gilt häufig weitgehend - z.T. ausschließlich - als technisch zu lösendes Problem. Diese Einstellung ist offenbar besonders für Entscheidungsträger kennzeichnend, u.a. aus Unternehmen, und in der deutschen Gesellschaft über alle Gruppen hinweg insgesamt stärker als in anderen Industriegesellschaften ausgeprägt.[10] Sie ist, um auf die Unternehmensebene zu fokussieren, nicht nur technischen Berufen und Stellen zu eigen. Kaufleute unter den Entscheidungsträgern sehen sich, so empirische Befunde und eigene Erfahrungen aus Praxisprojekten, deutlich weniger in der Verantwortung für Umweltschutz als ihre technisch und naturwissenschaftlich ausgebildeten Kollegen.[11] Ebenso gestehen Entscheidungsträger betrieblichen Führungs- und Servicefunktionen (Geschäftsleitung, Planung, Organisation, Personalwesen, Rechnungswesen/Controlling) im allgemeinen deutlich geringere Bezüge zum Umweltschutz ("ökologische Betroffenheit") zu als den Kernfunktionen (v.a. Produktion, Beschaf-

---

9   Vgl. DECHEMA/GVC/SATW 1990; UWF 1994, S. 41-58.
10 Empirisch Kessel/Tischler 1984, S. 34f., 198; zu ersterem Hammerl 1994, S. 162 i.V.m. 123; Schülein/Brunner/Reiger 1994, S. 74; Reichert/Zierhofer 1993, S. 368. Stimmig ist in diesem Zusammenhang auch, daß die Initiative für die EU-Audit-Verordnung, die sozial-organisatorischen Maßnahmen ein stärkeres Gewicht einräumt, von Großbritannien ausging (British Standard 7750) und das EU-Umwelt-Audit dort bereits auch eine deutlich größere Akzeptanz erreicht hat als in deutschen Unternehmen; zu letzterem vgl. Seidensticker 1994.
11 Empirisch vgl. Heine 1989, S. 26-30.

3

fung/Logistik/ Einkauf, Marketing).[12] Insgesamt gilt betrieblicher Umweltschutz als auf bestimmte Funktionen weitgehend beschränkte und technisch zu bearbeitende Aufgabe. Zwar ist auch technischer Umweltschutz zu organisieren, in seiner reparativen - dominierenden - Variante bleiben sozial-organisatorische Strategien und Maßnahmen jedoch nachrangig.

An diesem Grundmuster ist nicht erst der Erfolg zweifelhaft, sondern bereits der Ansatz. Technik ist, wie es auch Strategien und Maßnahmen allgemein sind, immer das Ergebnis des Entscheidens und Handelns von Menschen in Organisationen, die ihrerseits in Aufgabenzusammenhänge eingebunden sind. Ökologischer Problemlösungsbedarf ist damit wesentlich und ursächlich auch auf die organisatorischen Strukturen, die Formen der Steuerung und Koordination sowie die persönlichen Merkmale der Organisationsmitglieder rückführbar. Veränderungen hier sind i.d.R. Voraussetzung für einen stärker präventiv orientierten Umweltschutz. Denn etwas, auf dessen Grundlage Problemlösungsbedarf entstanden ist, eignet sich unverändert kaum, eben diesen zu beheben oder gar einem zukünftigen Entstehen vorzubeugen. Betrieblicher Umweltschutz erfordert somit sowohl technische als auch sozial-organisatorische Innovationen. Die Innovationsforschung zeigt dann auch allgemein, daß technische und sozial-organisatorische Innovationen komplementär erfolgsbestimmend sind.[13] Eine erste umfassende empirische Studie von *Kreikebaum* und *Schmidt* bestätigt dies für umweltverträgliche Innovationen in der chemischen Industrie.[14] Arbeiten zum Prinzip Prävention in den dem Umweltschutz verwandten Anwendungs- und Themenfeldern Qualitätsmanagement (hier: Qualitätssicherung), Arbeits-/Gesundheitsschutz und Sicherheits-/Risikomanagement kommen zu ähnlichen Ergebnissen.[15]

Die asymmetrische Verteilung zu Lasten einer sozial-organisatorischen Bearbeitung des betrieblichen Umweltschutzes setzt sich in der Betriebswirtschaftslehre fort, also genau in der Disziplin, die hierzu kompetent Aussagen formulieren kann. Die Organisationsforschung innerhalb der betrieblichen Umweltökonomie ist zunächst dadurch beeinflußt, daß sich die Betriebswirtschaftslehre - im Gegensatz zur Volkswirtschafts-

---

12 Vgl. Esch/Müller/Remer 1991, S. 29f.; Hammerl 1994, S. 145f.
13 Vgl. u.a. Meißner 1989, Bitzer 1990, Maas 1990, Tebbe 1990 und v.a. Naschold 1989; 1990.
14 Vgl. Kreikebaum 1988a; 1990a; 1990b, S. 117-120; 1992a; Schmidt; R. 1991, Kapitel 3.2, 4.4 und 5.4.; vgl. aber bereits auch die Fallstudien bei Senn 1986, S. 179-252.
15 Zur Qualitätssicherung vgl. z.B. Naschold 1989; 1990; Haist 1989; Oess 1993; Schildknecht 1992, u.a. S. 115f.; Gerybadze 1992, S. 402. Zum Arbeits-/Gesundheitsschutz z.B. Kasperek 1986; Pröll/Peter 1990; Rosenbrock 1991. Zur Sicherheit z.B. Perrow 1987; Adams 1988; 1990, § 52a; Steger 1991b; Fietkau 1990.

lehre, zu den Rechts- und Ingenieurwissenschaften - erst spät und zögernd ökologischen Fragestellungen öffnete. So sind bis einschließlich 1985 kaum zwanzig selbständige (i.d.R. Hochschul-)Schriften publiziert. Seither haben die Veröffentlichungen zwar deutlich zugenommen. Für die einzelnen betriebswirtschaftlichen Teildisziplinen verläuft die Entwicklung bisher jedoch recht unterschiedlich. Besonderes, sowohl theoretisches als auch empirisches, Interesse galt den Funktionen strategische Unternehmensführung, Fertigung und Marketing. Die Umsetzung der dort entworfenen Strategien, Maßnahmen und Instrumente, d.h. die Funktionen Information, Organisation und Personalwesen blieben dagegen vernachlässigt.[16] Beiträge zu Objektentscheidungen dominieren somit klar gegenüber solchen zu Organisationsentscheidungen.[17] Soweit sozial-organisatorische Themen aufgegriffen wurden, standen weitgehend die Betriebsbeauftragten, vor allem die für Immissionsschutz, Gewässerschutz und Abfall, im Mittelpunkt der Diskussion.[18] Sie bilden auch weiterhin einen Bearbeitungsschwerpunkt. Die Arbeit wird zeigen, daß die Dominanz von Reparatur über Prävention nicht unabhängig von ihrem Wirken gesehen werden kann.

Durch die Verschärfung der Umwelthaftung und die Einführung von Normen über zertifizierbare Umweltmanagementsysteme (EU-Umweltaudit-Verordnung, DIN/ISO-Normen) ist die sozial-organisatorische Seite des betrieblichen Umweltschutzes aufgewertet worden, jedoch in einer sehr spezifischen, eingeschränkten Form: der der Formalisierung bei weitreichender Fortschreibung bisheriger Standards. Gegenüber der skizzierten Anforderung an einen präventiven Umweltschutz greift jedoch auch eine bloße Bürokratisierung zu kurz. Erfordernisse und Realität klaffen ein zweites Mal auseinander. Das ist der ökonomisch motivierte Ausgangspunkt dieser Untersuchung. Zusammenfassend läßt sich die Ausgangslage der Arbeit folgendermaßen skizzieren:

- Dominanz von reparativem Umweltschutz gegenüber Forderungen nach Prävention,
- wobei offenbar eine überwiegende Beschränkung auf objektbezogene und organisatorische Maßnahmen erfolgt, die möglichst wenig verändernd in vorherrschende Designs eingreifen,

---

16 Vgl. die Ergebnisse der Siegener Erhebung bei Pott 1990, S. 4; Seidel/Pott 1993, S. 7-9 sowie die umfassende Darstellung bei Antes/Tiebler 1990. Die Ausnahme bildet die aktuelle Diskussion um die Instrumentierung von "Öko-Bilanzen" oder, weitergehend, eines "Öko-Controlling".

17 Vgl. allgemein Laux/Liermann 1993, S. 130-136. Zur allgemeinen Problematik der Betriebswirtschaftslehre und Organisationstheorie, Objektentscheidungen bei weitgehender Vernachlässigung von Organisationsentscheidungen zu thematisieren bzw. umgekehrt vgl. ebenda, S. 139f.

18 Schon der Strahlenschutz-, der Störfall-, der Gefahrstoff- und der Gefahrgutbeauftragte sowie der Beauftragte für Biologische Sicherheit werden nur noch vereinzelt thematisiert; als Ausnahme vgl. Pulte 1987; Jürk 1992.

- die hervorgehobene Bedeutung sozial-organisatorischer Innovationen für eine stärker präventive Ausrichtung,
- bei einer weitgehenden Vernachlässigung dieses Forschungsfeldes.

1.2 Fragestellungen und Vorgehen

Untersuchungsleitend sind drei Fragenkomplexe:

1. Was bedeutet Prävention im betrieblichen Umweltschutz? Welche Gestaltungsanforderungen resultieren daraus? Wodurch wird eine Prävention (subjektiv) gehemmt oder (objektiv) begrenzt?
2. Was beeinflußt das umweltverträgliche Entscheiden und Handeln (auch: Verhalten, Aufgabenerfüllung) des einzelnen Organisationsmitglieds? Gibt es hierüber empirische Befunde? Wenn ja: welche?
3. Worauf müßte, auf Grundlage dieser Erkenntnisse, die Organisation von präventivem betrieblichem Umweltschutz achten? Wie ist der Stand dazu in den Unternehmen?

Bei der Bearbeitung dieser Fragen wird der Fokus auch auf andere betriebswirtschaftliche Objektbereiche erweitert (v.a. Qualitätsmanagement, Arbeits-/Gesundheitsschutz, industrielle Beziehungen) und auf andere Disziplinen (v.a. Rechtswissenschaften, Psychologie, Soziologie, Arbeitswissenschaften, Politologie, Ökologie), sofern sie einen der drei Gegenstandsbereiche aufgreifen: Organisation des betrieblichen Umweltschutzes, Prävention, umweltverträgliches (Arbeits-)Verhalten. Soweit es für eine betriebswirtschaftliche Abhandlung dieser Art möglich ist, soll damit der Anspruch ganzheitlicher Betrachtung, der an Prävention gestellt wird, auch selbst eingelöst werden.

Zur Bearbeitung der Fragen wurde das folgende Vorgehen gewählt: Noch in Kapitel 1 werden Begriffe geklärt und definiert. [1.3] Die weitere Untersuchung ist dann zwischen Abschnitt 2.1 und Kapitel 5 aufgespannt. Aus ökologischen Gründen hat Prävention Vorrang vor anderen Strategien und Maßnahmen. Dennoch ist es eine Grundannahme dieser Arbeit, daß auch andere Handlungsalternativen ihre Berechtigung haben können. Solche Situationen, die Reparatur legitimieren, schildert Abschnitt 2.1. Zusammen mit der Darstellung ihrer ökologischen und ökonomischen Grenzen wird so der Möglichkeitenraum für Prävention aufgebaut. Im Verlauf der Untersuchung können subjektive Hemmnisse und teilweise objektive Grenzen von Prävention identifiziert werden, die diesen Alternativenraum einschränken. Ausführlich fällt dann

Abschnitt 2.2 aus, der die Grundlage für die inhaltliche und formale Definition bildet. Ein Grund ist die Beliebigkeit der vorfindlichen Definitionen von Prävention und Vorsorge. Das positive Image von Prävention führt nicht selten dazu, daß jeglicher Umweltschutz als präventiv etikettiert wird - ein Vorgehen, dem ausdrücklich zu widersprechen ist. Das setzt eine intensive Auseinandersetzung mit diesen Ansätzen voraus. Der zweite wesentliche Grund besteht darin, daß das Prinzip keineswegs auf den betrieblichen Umweltschutz beschränkt diskutiert wird. Ganz im Gegenteil ist der Diskussionsstand sowohl in anderen Themenfeldern der Betriebswirtschaftslehre als auch in anderen Disziplinen teilweise erheblich fortgeschrittener. Bemerkenswert ist, daß die Diskurse mit Ausnahme von Umweltpolitik und Umweltrecht weitgehend isoliert voneinander stattfinden, dennoch häufig identisch argumentiert wird. Die Abschnitte 2.3 und 2.4 ziehen daraus die Schlußfolgerungen für die Definition und Diskussion der Inhalte und der gestaltungsrelevanten Merkmale des präventiven betrieblichen Umweltschutzes.

In 2.3 und 2.4 zeigt sich die herausragende Bedeutung, die dem umweltverträglichen Verhalten des einzelnen Organisationsmitglieds für das Gelingen von Prävention zukommt. Den Einflüssen auf dieses Verhalten wurde ein eigenes Kapitel 3 reserviert. Das Grundgerüst bilden der entscheidungsorientierte Ansatz ("Determinanten der Entscheidung") nach *Laux/Liermann* und ein auf *Lewin* zurückgehendes allgemeines psychologisches Verhaltensmodell von *von Rosenstiel*. Weitere Theorien und Modelle helfen, die Verhaltenseinflüsse besser zu verstehen. Sie sind in dem vorgeschalteten Abschnitt 3.1 ebenfalls kurz dargestellt. Die weitere Untergliederung folgt den bei *Laux/Liermann* und *von Rosenstiel* genannten Einflüssen bzw. Einflußbereichen in einem jeweils zweistufigen Aufbau: Zuerst wird die mögliche Verhaltenswirkung des Einflusses beschrieben. Soweit vorhanden, werden dann empirische Befunde, überwiegend aus der Umweltbewußtseins- und -verhaltensforschung, herangezogen. Hierfür wurde eine umfangreiche Materialauswertung durchgeführt. Darin enthalten ist der Großteil der bekannten deutschsprachigen Studien. Die neuesten Studien werden allerdings nur noch selektiv eingearbeitet. Zwei Besonderheiten zum theoretischen Grundgerüst bilden der Abschnitt 3.2, der auf die in der Umweltforschung zumeist erhobenen demographischen und sozio-ökonomischen Eigenschaften der Person eingeht, und Abschnitt 3.4.1, der Erkenntnisse berücksichtigt, nach denen die Art des Umweltproblems das Verhalten beeinflußt.

Die Kenntnis der (möglichen) Wirkung von Verhaltenseinflüssen ist Voraussetzung für die organisatorische Gestaltung von Prävention. Deren Möglichkeiten sind der Gegenstand von Kapitel 4. Zum Stand der Unternehmenspraxis werden wiederum empirische Studien ausgewertet. In erster Linie ist dies die FUUF-Studie des Umweltbundesamtes, an der ich als Mitarbeiter des Instituts für Ökologie und Unternehmensführung beteiligt war und aus der hier relevante Ergebnisse dokumentiert werden. Ergänzt wird dies durch Befunde aus den weiteren verfügbaren Untersuchungen. Das Kapitel selbst wurde wiederum in drei Abschnitte unterteilt: Zwingend für die Organisation jedweden Umweltschutzes - und somit Ausgangspunkt für alle weiteren Überlegungen - ist die durch das Umweltrecht definierte Minimalauslage. [4.1] Die Formen von Arbeitsteilung und Konfiguration sowie Verhaltenssteuerung und -koordination werden dann in Abschnitt 4.2 einer organisationstheoretischen Betrachtung unterzogen. Abschnitt 4.3 greift schließlich die wesentlichen gegenwärtigen Diskurse, die Auswirkung auf die Organisation des betrieblichen Umweltschutzes haben, auf, u.a. das Umweltmanagement-System nach der EU-Umweltaudit-Verordnung.

Auf eine herkömmliche Zusammenfassung wird verzichtet, da bereits in den jeweiligen Kapiteln und teilweise Abschnitten Zusammenfassungen erfolgen. Statt dessen knüpft Kapitel 5 an Abschnitt 2.1 an. Die sukzessiv gewonnenen Erkenntnisse über Einschränkungen des dort aufgebauten Möglichkeitenraums werden hier zu den wesentlichen Grenzen und Hemmnissen verdichtet. Deren Diskussion zeigt andererseits, daß dies überwiegend subjektive, d.h. durch die zuvor dargestellten Gestaltungsalternativen verringerbare oder überwindbare Hemmnisse darstellen.

1.3 Begriffsdefinitionen

Im folgenden werden die zentralen Begriffe und Kategorien der Arbeit definiert. Sie sind in der Themenstellung enthalten: Organisation, präventiv/Prävention, betrieblicher Umweltschutz/Umwelt/umweltverträglich.

Organisation: Die Organisationsforschung verwendet den Begriff "Organisation" institutionell und instrumentell. Dem <u>institutionellen</u> Begriff folgend sind Organisationen aus Individuen, Gruppen und Maschinen zusammengesetzte sozio-technische Gebilde, die arbeitsteilig (d.h. mittels Differenzierung und Koordination) bestimmte Zwecke und Ziele verfolgen.[19] Unternehmen, Verbände, Behörden, Kindergärten, Schulen,

---

19 Vgl. u.a. Grochla 1982, S. 1; Hill/Fehlbaum/Ulrich 1989, S. 17; Staehle 1989, S. 383; Voßbein 1987, S. 8f.;

Universitäten, politische Parteien oder Kirchen sind Organisationen in diesem Sinne. Das Ziel von auf dem institutionellen Organisationsbegriff aufbauenden Arbeiten besteht in der Identifikation, Beschreibung und Erklärung gemeinsamer Strukturelemente und Verhaltensweisen solcher Systeme. Bei <u>instrumenteller</u> Betrachtung gilt Organisation als Mittel zur Erreichung der Ziele von Unternehmen. Dabei wird Organisation zum einen als die Tätigkeit des Organisierens aufgefaßt und zum andern als Ergebnis dieser Tätigkeit in Form einer Struktur von organisatorischen Regelungen, um Verhaltenserwartungen zu stabilisieren. In diesem gestaltungsorientierten Ansatz wird Organisation neben Planung/Entscheidung, Kontrolle/Revision sowie zunehmend Personalwirtschaft zu den Führungsfunktionen in Unternehmen gerechnet. Ich verwende den Begriff "Organisation" in zweierlei Hinsicht: erstens institutionell, d.h. Unternehmen sind Organisationen - "Unternehmen" und "Organisation" verwende ich deshalb auch synonym. Im Mittelpunkt der Arbeit steht aber der instrumentell-strukturelle Bedeutungsinhalt: Organisation als Struktur von Differenzierung und Koordination einer Unternehmensaufgabe, hier der des präventiven betrieblichen Umweltschutzes.

Prävention/präventiv: Aus oben genannten Gründen wird der Bedeutungsinhalt von "Prävention" und "präventiv" ausführlich einer eigenständigen Analyse unterzogen. [2.2-2.4] Deshalb ist hier ohne weitere Begründung nur deren Ergebnis genannt: Prävention bezeichnet die Vermeidung, Verminderung oder umweltverträgliche Verbesserung der die Umweltwirkungen (Ressourcenverzehre, negative externe Effekte) verursachenden Aktivität. Synonym verwende ich den Begriff Vorsorge - vorwiegend bei Bezugnahmen auf Umweltpolitik und Umweltrecht, denn dort ist er gebräuchlich.[20] Von Prävention grenze ich die Reparatur, die Kompensation und die Duldung ab. Alle drei haben gemein, daß die Ursachen der Umweltwirkungen in Kauf genommen werden. Reparatur behandelt diese Umweltwirkungen mit additiver Umwelttechnik. Die Kompensation versucht, beibehaltene Umweltwirkungen auszugleichen. Bei Duldung schließlich werden die Umweltwirkungen alternativlos in Kauf genommen; es handelt sich hier deshalb auch nicht um Umweltschutz, sondern um eine bestimmte Ausprägung von Umweltorientierung. [s. unter Umweltverträglichkeit]

Umwelt: Im ökologischen Sinne bezeichnet Umwelt den Teil aus der Umgebung einer Lebenseinheit, mit dem diese in direkter oder indirekter, wechselseitiger Beziehung

---

Picot 1984, S. 98f.; Kieser/Kubicek 1993, S. 1-4; Scott 1986, S. 42-45. Als erste Vertreter vgl. Briefs 1918, S. 6f.; Plenge (1919) 1965, S. 65; Barnard 1938, S. 73, zitiert nach Hoffmann 1980, Sp. 1426.
20 Gebräuchlich sind auch "Prophylaxe" und "Nicht-Verursachung".

steht.[21] Eine Lebenseinheit kann dabei ein einzelner Organismus, ein einzelnes Lebewesen (Mikroorganismus, Pflanze, Tier oder Mensch), eine raum-zeitliche Gemeinschaft der Organismen einer Art (Lebewesengemeinschaft, Population, hier auch: Organisation) oder verschiedener Arten (Lebensgemeinschaft) sein. Bei enger Abgrenzung wird Umwelt mit natürlicher Umwelt gleichgesetzt, d.h. mit biotischen (andere Organismen) und abiotischen (z.B. physikalischen, chemischen, klimatischen) Faktoren. Von der Umwelt des Menschen und menschlicher Organisationen bildet die natürliche Umwelt jedoch nur einen Ausschnitt. Andere Teilumwelten sind die ökonomische, die technologische, die rechtlich-politische und die sozio-kulturelle. Die explizite und umfassende Einbeziehung dieser Umwelten in die Analyse ist grundlegend für verschiedene betriebswirtschaftliche Ansätze, darunter den systemorientierten Ansatz, den situativen Ansatz, das Grundmodell der Entscheidungstheorie, die strategische Planung und das Anspruchsgruppen-Konzept. Auch in dieser Arbeit finden die Umweltbeziehungen umfassend Berücksichtigung. [z.B. 2.4.4, 3.4.3] Da jedoch die Prävention unerwünschter Wirkungen auf die <u>natürliche</u> Umwelt im Mittelpunkt dieser Arbeit steht, erlaube ich mir die zwar verkürzende, aber vereinfachende und zuspitzende Begriffsverwendung, wie sie sich auch im allgemeinen und fachlichen Sprachgebrauch ("Umweltschutz", "Umweltpolitik", "Umweltrecht", "Umweltmanagement", "Umweltbewußtsein", "Umwelttechnik") eingebürgert hat: Der Gebrauch des Wortes oder des Wortstamms "Umwelt" meint immer, wenn nicht anders vermerkt, die natürliche Umwelt.

Umweltschutz: Entsprechend der gerade getroffenen Einschränkung bezeichnet "Umweltschutz" den Schutz der natürlichen Umwelt. Dabei gilt zu berücksichtigen, daß natürliche Umwelt in Kulturlandschaften, wie sie in Mitteleuropa vorherrschen, nur noch in Refugien auch naturbelassene Umwelt ist.[22] Ausgangspunkt für den Umweltschutz eines Individuums oder einer Organisation bilden die Funktionen, die die natürliche Umwelt für deren Bedürfnisbefriedigung oder Leistungserstellung ein-

---

21 Hierzu und im folgenden RSU 1987, S. 38f., Tz. 5; Landeszentrale für Politische Bildung B.-W./Akademie für Natur- und Umweltschutz B.-W. 1990, S. 13f.; Haber 1992, S. 2-4; Begon/Haper/Townsend 1991, S. 5f., 51. Bisweilen erfolgt auch eine einseitige Betrachtung, mit dem Organismus in der passiven Rolle; vgl. Bick u.a. 1984, S. 17; ambivalent Schubert 1991, S. 17f., 23.

22 Die dominierende Klimaxvegetation in Mitteleuropa wäre Rotbuchenwald; vgl. Remmert 1992, S. 216. Ein gesellschaftlicher Indikator für diesen Unterschied sind die oft heftig aufbrechenden Konflikte um den Schutz selbst solcher relativ kleinräumigen naturbelassenen Flächen (etwa Wegegebote in Naturschutzgebieten und Nationalparks, Zutrittsverbote zu den Kernzonen von Nationalparks) oder das Ermöglichen natürlicher Sukzession auf ausgewiesenen Flächen: Ein Urwald bspw. ist eben gerade nicht für das Auge des gewohnten Betrachters "ordentlich gepflegt"; als aktuelles Beispiel vgl. Keller 1995.

nimmt. Grundsätzlich können unterschieden werden:

1. Produktionsfunktionen, d.h. die Versorgung mit Ressourcen.

2. Trägerfunktionen, d.h. das Aufnehmen und Tragen der Aktivitäten, Erzeugnisse und Abfälle menschlichen Verhaltens (Wohnen, gewerblich-industrielle Erzeugung, Ver-/Entsorgung, Verkehr/Transport/Kommunikation, Freizeit/Erholung).

3. Regelungsfunktionen, d.h. wichtige Vorgänge des Naturhaushaltes im Gleichgewicht halten (Säuberung/Reinigung, Stabilisierung).

4. Informationsfunktionen, d.h. der der Verhaltensorientierung dienende Fluß von Informationen (Landschaftsbild, ökologische Indikatoren des Umweltzustandes und seiner Tendenzen).[23]

Die Inanspruchnahme von Produktions- und Trägerfunktionen ist mit Eingriffen in die natürliche Umwelt verbunden oder ruft in dieser Veränderungen hervor. Regelungsfunktionen sind darauf ausgerichtet, daraus resultierende Folgen aufzufangen. Die Erfüllung von Informationsfunktionen führt zu keinen Eingriffen oder Veränderungen. Jedoch können solche durch die Informationsverarbeitung ausgelöst werden.[24] Umweltorientierte Darstellungen betrieblicher Energie-, Stoff- und Güterflüsse nehmen die Inanspruchnahme der Funktionen mit Ausnahme der Informationsfunktionen annähernd auf.[25] Insgesamt zeigen sich zwei gleichrangige Schutzbereiche: die Ressourcenschonung und die Umweltsicherheit (negative externe Effekte). Sie sind auf die von Abbildung 2 als Zeilen benannten Umweltwirkungen gerichtet. Es interessieren jeweils die Qualität des Eingriffs in den Naturhaushalt (z.B. Regenerierbarkeit, Toxizität) sowie dessen Quantität nach absoluter und relativer ("ökologische Produktivität des Faktoreinsatzes"[26]) Höhe entlang der gesamten Produktlinie[27]. Die Produktlinie erstreckt

---

23 Vgl. RSU 1987, S. 40-42, Tz. 14-18; darauf Bezug nehmend Haber 1992, S. 5f.; ähnlich Strebel 1980, S. 17f.; Zabel 1993, S. 353; 1994a, S. 10.

24 Vgl. RSU 1987, S. 40-42, Tz. 14-18.

25 Vgl. etwa Frey, B. 1972, S. 455; Hopfenbeck 1990, S. 47; Schreiner 1993, S. 19-22; Kreikebaum 1993a S. 174.

26 Cansier 1978, S.146.

27 Wagner, B. verwendet korrekterweise das Sinnbild des "Produktbaumes"; vgl. Kunert AG 1994, S. 14f.: Für jede Vorleistung kann ebenfalls eine Produktlinienbetrachtung durchgeführt werden. Der Lieferant der Vorleistung bezieht selbst wieder Vorleistungen, für die erneut eine Produktlinienbetrachtung möglich ist. Der Prozeß kann bis zur Grundproduktion fortgeführt werden. Und auch weiter, denn die Grundproduktion setzt Betriebsmittel und Werkstoffe, die wiederum einer Produktlinienbetrachtung zu unterziehen wären, ein. Die Betrachtung fächert sich zum Anfang hin also wie das Wurzelwerk eines Baumes auf - ähnlich verästeln sich die Endstufen (Output z.B. als Abfälle, Emissionen und Produkte). Selbstverständlich setzen die Ökonomie und die Datenverfügbarkeit solchen Endlosbetrachtungen Grenzen, die eine Prioritätensetzung und die Konzentration auf die wichtigsten Stoff- und Energieflüsse verlangen; als Beispiel vgl. Unternehmensberichte zur ökologischen Bewertung der textilen Kette in Kunert AG 1994, S. 46f.; Neckermann Versand AG 1993, S. 10-13; Steilmann Gruppe 1994, S. 10-13. Das Prinzip aber ist entscheidend. Da auch die Produktlinie diese wesentliche Aussage enthält, wähle ich im weiteren diese einfachere Darstellung.

sich - in Abbildung 2 spaltenweise dargestellt - auf alle Stufen der betrieblichen Leistungserstellung: vom Bezug der Vorleistungen bis zum Recycling oder der Entsorgung ("ökologischer Produktlebenszyklus"[28], "von der Wiege bis zur Bahre", "from craddle to grave").[29] Sie schließt die Funktionen ein, die diese Leistungserstellung unterstützen und koordinieren - etwa Organisation, Planung, Rechnungswesen, Aus- und Weiterbildung - und deren Umweltverträglichkeit damit mittelbar mitbestimmen. Somit liegen alle betrieblichen Funktionen im Aufgabenbereich des Umweltschutzes. Genau aus diesem Grund bedarf betrieblicher Umweltschutz des Einsatzes naturwissenschaftlich-technischer und sozial-organisatorischer Mittel. Häufig bedingen sich beide gleichzeitig.

Umweltverträglich(-keit): Umweltverträglichkeit ist das Ziel betrieblichen Umweltschutzes. Aktivitäten oder Ergebnisse von Aktivitäten, die von vornherein umweltverträglich ausgelegt sind, brauchen keine oder weniger Reparatur, Kompensation oder Duldung. Umweltverträglichkeit ist immer relativ, denn jedes Lebewesen nimmt ständig die aufgezeigten Funktionen seiner natürlichen Umwelt in Anspruch: Es braucht Lebensraum und nimmt stets Energien, Stoffe verschiedenster Art und Menge sowie Informationen/Signale aus der Umwelt auf. Als Durchflußsystem gibt es diese drei Dinge auch ständig wieder an die Umwelt ab.[30] Gemäß den ersten beiden Hauptsätzen der Thermodynamik nimmt in einem geschlossenen System wie der Erde mit jeder Tätigkeit die Entropie zu. [2.4.4] Deshalb ist kein Lebewesen, keine Organisation (Zusammenschluß von Lebewesen), auch keine Aktivität (Leistungserstellung) und kein Ergebnis einer Aktivität (Leistung/Produkt) ohne Umweltwirkung. Das Bestreben kann somit immer nur darin liegen, möglichst - also relativ - umweltverträglich, nie aber frei von jeglichen Umweltwirkungen zu wirtschaften.[31] Die ganzheitliche Betrachtung der Umweltwirkungen über die Produktlinie führt weiterhin dazu, daß Umweltverträglichkeit kein statischer Zustand ist. Die Verbesserungspotentiale sind so zahlreich wie die Felder in der ökologischen Produktlinienmatrix, für die eine Umweltwirkung gegeben ist. Verbesserungen verschieben den Maßstab von Umweltver-

---

28 Die Phaseneinteilung dieses Konzepts unterscheidet sich von dem in der strategischen Planung gebräuchlichen gleichnamigen Instrument; zu letzterem vgl. etwa Kreikebaum 1993a, S. 74f.
29 Nicht nur physische Produkte, sondern auch Dienstleistungen können prinzipiell einer solchen Produktlinienbetrachtung unterzogen werden.
30 Vgl. RSU 1987, S. 40f., Tz. 14.
31 Zum Sonderfall des partiellen Verzichts vgl. Abschn. 2.3. S. 62-64

ökologischer Produktlebenszyklus: Verrichtungen Umweltwirkung: Ressourcenverzehr / externer Effekt (jeweils nach Art und absoluter / relativer Höhe)	Vorleistungen (Rohstoffgewinnung, Weiterverarbeitung ...)	Logistik (Transporte, Verpackung ...)	Konstruktion/ Entwicklung, Herstellung	L	Anwendung/ Nutzung, Reparatur/ Wartung	L	Recycling, Entsorgung (Verwertung, Deponie)	L
Energieeinsatz								
Rohstoffeinsatz								
Flächennutzung / Landschaftsverbrauch								
Belastung der Arbeitsumwelt (Emissionen, Gefahrstoffe)								
Belastung der Umweltmedien Luft, Boden, Wasser (Emissionen, Gefahrstoffe, Abfälle)								
Störfälle								
Belastung der Tier- und Pflanzenwelt								
Systemare Wirkungen auf Lebensräume (Ökosysteme, Biotope)								

Abb. 2: Umweltschutzbezogene Produktlinienmatrix[32]

träglichkeit. Die zeitlich nur begrenzte Gültigkeit der aktuell besten Alternative ist der zweite Grund, warum Umweltverträglichkeit relativ ist.

Synonym zu "umweltverträglich" verwende ich "ökologisch". Dagegen ist "umweltfreundlich" eine sprachliche Fehlentwicklung, denn es suggeriert, daß die natürliche Umwelt von ihrer Inanspruchnahme profitiert. Konsequenterweise müßte solche Inanspruchnahme maximiert werden, was aber alles andere als umweltverträglich ist. Eine wirklich "umweltfreundliche" Unternehmensführung bestünde - jedes Unternehmen und jede seiner Aktivitäten verursacht Umweltwirkungen, s.o. - darin, das Unternehmen aufzulösen.[33] Positiv besetzt sind weiterhin die Begriffe "umweltorientiert", "umweltbewußt" und "umweltbezogen". Im Gegensatz zu "umweltfreundlich"

---

32 Zu ersten Produktlinienüberlegungen vgl. Varble 1972; Hertz 1973; m.w.N. Antes 1988, S. 44-51; systematisch entscheidend weiterentwickelt durch das Konzept der Produktlinienanalyse des Öko-Instituts Freiburg (Müller-Witt 1985, Projektgruppe 1987), die Methodik der Öko-Bilanzierung des IÖW Berlin (Hallay 1990, Hallay/Pfriem 1992, S. 57-90), das Konzept des ökologischen Produkts (Türck 1991; 1994, S. 124-129) und den Leitfaden des DIN (DIN 1994a, b; als Anwendungsbeispiel o.V. 1995d); auf der politischen Ebene vgl. auch EWG 880/92.

33 Das gilt auch für die Umweltschutzindustrie, denn auch diese verursacht Umweltwirkungen. Letztendlich käme es hier auf eine Nettoentlastung an.

verwende ich sie ebenfalls. Dabei ist zu vergegenwärtigen, daß ihre Aussage prinzipiell neutral ist. Umweltbewußtes Verhalten bspw. kann zwar, muß aber nicht umweltverträglich sein. Es besagt lediglich, daß ein entscheidungsbeeinflussender Bezug der Umweltwirkung auf das Verhalten hergestellt wird - mit welcher Konsequenz bleibt offen. Erwartungswertbetrachtungen (Sanktionswahrscheinlichkeit und -schwere) können ganz rational, also bewußt, den Verstoß gegen Umweltschutzauflagen nahelegen.[34] So ist Umweltkriminalität eine Form umweltorientierten Verhaltens; die absolute Zahl der Umweltdelikte nimmt kontinuierlich zu (mit Ausnahme 1990) und erreichte 1994 den höchsten Stand seit Erhebungsbeginn im Jahre 1973 (29.732 Delikte nach Strafrecht + 4.483 nach strafrechtlichen Nebenbestimmungen).[35] Jedoch existieren bereits im nicht-kriminellen Bereich eine Vielzahl von Verhaltensweisen, die nicht als umweltverträglich gelten können, aber das Ergebnis bewußter Entscheidungen sind: Trittbrettfahrerverhalten, Ignoranz, politische Konfrontation. Die Attribute umweltorientiert, -bewußt oder -bezogen benutze ich deshalb unabhängig von der Richtung der Wirkung immer dann, wenn etwas auf die natürliche Umwelt bezogen ist.

---

34 Vgl. Terhart 1986, insbes. S. 161f.; Rückle/Terhart 1986, insbes. S. 413f.
35 Vgl. UBA 1995a, S. 64f.

14

2. Prävention als ökologische Anforderung an Unternehmen

2.1 Legitimation und Grenzen des reparativen Umweltschutzes

In Abschnitt 1.1 wurde aufgezeigt, daß im betrieblichen Umweltschutz noch das Prinzip Reparatur dominiert. Als Soll-Zustand wurde dem die Prävention gegenübergestellt.[1] Gleichwohl gibt es bestimmte ökologisch, physikalisch, ökonomisch und entscheidungslogisch begründbare Situationen, in denen reparativer Umweltschutz sinnvoll oder sogar zwingend ist. Prävention kann damit nicht generell Priorität beanspruchen. Das Aufzeigen solcher Situationen macht aber ebenfalls die Grenzen von Reparatur und die Notwendigkeit von (mehr) Prävention deutlich. Grundsätzlich resultieren die Vor- bzw. Nachteile beider Strategietypen aus ihrem strukturellen Merkmal: Bei der Reparatur wird die Lösungsvariante einem herrschenden Design hinzugefügt, während dieses bei der Prävention selbst verändert wird.

1. Umweltwirkung jedweder Tätigkeit: Gemäß den Ausführungen über Umweltverträglichkeit ist keine Tätigkeit ohne Umweltwirkung möglich. [12f., 84-88] Ein Unternehmen kann aber - außer durch Auflösung - nicht auf jegliche Art von Handlungen verzichten. Nicht immer sind Alternativen verfügbar, und Sparen reduziert Ressourcenverbräuche günstigstenfalls auf ein Optimum.[2] Hinzu treten technische Schwierigkeiten, diffuse Emissionsquellen völlig auszuschalten. Soweit diese verbleibenden Umweltwirkungen noch zu hoch erscheinen, bedarf es ergänzend nachgeschalteter, d.h. reparativer Maßnahmen.

2. Altlasten: Die Umweltwirkungen zurückliegender Tätigkeiten können nur durch nachträgliche, also ebenfalls reparative Maßnahmen behandelt werden (z.B. Sanierung).

3. Beeinträchtigung durch Externe: Ein Unternehmen kann selbst durch Umweltwirkungen anderer Akteure (passiv) betroffen sein, etwa bei einer Belastung der Inputs, z.B. von Werkstoffen. Ist kein Einfluß auf die Verursacher möglich, verbleibt ebenfalls nur die Möglichkeit reparativer Behandlung. So muß in der Nahrungsmittelindustrie der Rohstoff Wasser häufig vorgereinigt werden.

---

1 Kompensation und Duldung nehmen Ursache und Wirkung in Kauf und werden deshalb zunächst nicht weiter berücksichtigt.

2 Bei der Analyse der "Bedingungen optimaler Ergiebigkeit des Werkstoffeinsatzes" hinsichtlich Abfällen bereits Gutenberg (1951, S. 97; unwesentlich verändert 1983, S. 124): "Es ist nun klar, daß selbst dann, wenn für einen Betrieb beste Materialkenntnis, erprobteste Materialbehandlung und gründlichste Arbeitsvorbereitung angenommen wird, Abfälle entstehen. Es gibt also ... einen Mindestmaterialverlust .., mit dem nicht nur bei günstigster Bearbeitungstechnik, sondern auch bei günstigster Beschaffenheit des Materials gerechnet werden muß."

4. Kurze Reaktionszeit: Eine weitere Begründung für Reparatur ist dann gegeben, wenn ein gewünschter Zustand der natürlichen Umwelt nicht mehr oder nicht mehr ausschließlich durch die Behebung der Ursache herstellbar ist. Eine Schlüsselstellung kommt dabei der zur Verfügung stehenden Reaktionszeit zu, d.h. der Spanne zwischen Entscheidungszeitpunkt und dem Zeitpunkt, zu dem ein nicht tolerierter oder kritischer Belastungszustand - irreversible Gesundheits- oder Umweltschäden[3] - erreicht bzw. erwartet wird.[4] Eine Umweltschutzmaßnahme muß dieser Zeitspanne angemessen sein, d.h. sie muß entgegenwirken bevor ein solcher Zustand erreicht ist oder - falls er nicht mehr zu verhindern bzw. bereits überschritten ist - zur Eingrenzung des Schadens möglichst schnell. Im Katastrophenfall bspw. tendiert die Reaktionszeit gegen Null. Je kürzer die Reaktionszeit nun ist, desto stärker ist die Tendenz - bei sehr kurzer Reaktionszeit der Zwang - zu Ad-hoc-Maßnahmen, und damit zur Reparatur.[5] Denn es ist weniger zeitintensiv, eine Umweltschutzmaßnahme nachzuschalten, als die Leistungserstellung selbst umweltverträglich zu verändern. Reversibilität der Belastungsursache[6] vorausgesetzt, heißt dies aber auch: Je länger der Entscheidungszeitraum ist, desto weniger zwingend werden reparative Maßnahmen.

Außerhalb der Behebung akuter Problemlagen und bereits entstandener Altlasten - und noch ohne Berücksichtigung ökonomischer und ökologisch-technischer Argumente - hätte Reparatur somit die Funktion einer Übergangslösung, d.h. den Zeitraum so zu verlängern, bis präventive Maßnahmen greifen.

Kurzfristige Entlastungsmöglichkeiten der Reparatur im Einzelfall können allerdings nicht zu einer Strategie des Abwartens und nachträglichen Handelns generalisiert werden. Angesichts diffundierender (Distanzschäden) und sich akkumulierender Schadstoffe (Summationsschäden) kann dies im Extrem zu irreversiblen Schäden führen. Denn die Ausbreitung und Anreicherung von Schadstoffen lassen Umweltschäden

---

3 Die Ursachen von Gesundheitsschäden, sowohl am Arbeitsplatz wie im privaten Bereich, und von Umweltschäden sind z.T. identisch, sie haben in diesen Fällen den gleichen Analysegegenstand.

4 Die Unterscheidung zwischen nicht toleriert und kritisch weist darauf hin, daß als Ergebnis politischer Aushandlungsprozesse strengere Maßstäbe als erst eine kritische Schwelle definiert werden können. Dadurch verkürzt sich die Zeitspanne. Eine Verlängerung, d.h. eine großzügigere Auslegung über eine kritische Schwelle hinaus, ist bei zu erwartenden irreversiblen Schäden gleichbedeutend mit einem Verzicht auf Umweltschutz und wird hier deshalb nicht weiterverfolgt. Besteht dagegen keine Kenntnis über kritische Schwellen, bildet der Aushandlungprozeß allein den Bezugspunkt der Entscheidung - unabhängig davon, ob eine kritische Schwelle objektiv besteht oder nicht. Zu beachten ist schließlich, daß vermutete und tatsächliche Schwelle nicht identisch sein müssen.

5 Vgl. u.a. Steger 1988, S. 74.

6 Reversibilität der Belastung wird hier unterstellt, da bei Irreversibilität - definitionsgemäß - auch keine Sanierung mehr möglich ist.

nicht nur erst zeitverzögert nach ihrer Freisetzung entstehen und sichtbar werden,[7] sondern umgekehrt unterliegen eben auch Abbauprozesse und Gegenmaßnahmen solchen Zeitverzögerungen. So ist es offen, ob der Zerstörung der Ozonschicht oder dem Treibhauseffekt überhaupt noch wirksam begegnet werden kann. Eine Strategie, die eine schädliche Wirkung erst abwartet, muß deshalb damit rechnen, daß Schäden selbst nach Ergreifen von Gegenmaßnahmen noch ansteigen und nach geraumer Zeit erst wieder unter das Ausgangsniveau im Zeitpunkt der Maßnahmen fallen. Aufgrund dieser Wirkungsverzögerung können nachträgliche Maßnahmen aber auch bereits zu spät kommen. Für die Erdatmosphäre und das Klima zeigen die Modellberechnungen über die Einschränkung der Produktion halogenierter Verbindungen (FCKW und Halone) für die *Enquete-Kommission des Deutschen Bundestags "Vorsorge zum Schutz der Erdatmosphäre"* anschaulich und gleichzeitig nachdrücklich die nur noch begrenzten und erheblich zeitverzögerten Möglichkeiten, den Ozonabbau überhaupt zu stabilisieren, geschweige denn umzukehren.[8]

5. Kosten-Nutzen-Wirkung: Ökonomisch kann Reparatur aufgrund eines besseren Kosten-Nutzen-Verhältnisses als bei Prävention begründet sein.[9] *Siebert* weist der Prävention/Vorsorge automatisch einen Vorrang vor der Reparatur deshalb nur beim Risiko[10] irreversibler Umweltschäden zu. Bei allen reversiblen Schäden dagegen sieht er ökonomisch die Vorsorge erst dann begründet, wenn die spätere Reparatur im Kostenvergleich[11] schlechter abschneidet.

In der Literatur wird häufig eine ökonomische Vorteilhaftigkeit prozeßintegrierter [27] gegenüber additiver Umweltschutztechnik unterstellt.[12] Da umweltverträglichere Ver-

---

7 Zu ökologischen Zeitskalen vgl. Graßl 1993; Kümmerer 1993 sowie die Chronologie von Schadstoffwirkungen in biologischen Systemen bei Kettrup u.a. 1991, S. 371; ebenso Grießhammer aus der Arbeit der Enquete-Kommission "Schutz des Menschen und der Umwelt" (1993, S. 13) sowie die Ergebnisse zur ökologischen und toxikologischen Relevanz der Stoffe Cadmium (S. 108-114), Benzol (S. 152-156) und FCKW/R 134a (S. 185-191) in deren Zwischenbericht, Deutscher Bundestag 1993.

8 Vgl. Deutscher Bundestag 1990a, S. 294-311. Die Kommission kommt deshalb zu dem Urteil, daß "...die gravierenden Folgen für die menschlichen Lebensbedingungen und für die Biosphäre ... nur noch teilweise verhindert werden können"; a.a.O., S. 455. Zu den Beispielen polychlorierte Biphenyle und Formaldehyd vgl. Überla 1984, S. 90-92; zu DDT vgl. Meadows 1973, S. 69-71.

9 Die Bewertungsproblematik bei Kosten-Nutzen-Analysen kann hier nicht vertieft werden; vgl. hierzu u.a. Strebel 1980, S. 142f.; Schmidt, H. 1985, S. 237-260; Hanusch 1987 oder Witte 1989; generell zur Evaluation der Prävention vgl. Wittmann 1989.

10 Siebert ordnet in seiner Betrachtung die Unsicherheit i.e.S. explizit dem Risiko zu (1986, S. 4 oder 1988, S. 115).

11 Vgl. Siebert 1986, S. 26f.; im Gegensatz zum hier geforderten Kosten-Nutzen-Vergleich geht Siebert nur auf die Kostenseite ein.

12 Zuletzt Shen 1995, S. 19-22; TAB 1994b, S. 39-42, differenziert dagegen auf S. 102-105; TAB 1995, S. 35-38. Dieser Sachverhalt ist auch für andere Präventionsfelder von Betriebswirtschaften, Qualitätsmanagement und Arbeitsumweltschutz, [2.2.5: 48-58] zu beobachten.

fahren häufig mit Material- und Energieeinsparungen einhergehen, die ausschließlich für den Umweltschutz entworfene additive Technik aber weitgehend unproduktiv gebundenes Kapital mit zusätzlich hohen Betriebskosten und wachsenden Entsorgungskosten darstellt sowie Sanierungen ebenfalls sehr kostenintensiv sind, erscheint dies zunächst plausibel. So ermittelt *Ryll* für die Betriebskosten des produzierenden Gewerbes in den Jahren 1975-1987 einen Faktor von 1,1 bis 2,2 der Investitionskosten.[13] Die Relation streut erheblich; sie wird zudem offenbar ungünstiger: Für 1992/ 1993/1994 berichten die Großunternehmen der chemischen Industrie von folgenden Relationen: *BASF AG* 5,1/7,2/13,8; *Bayer AG* 4,1/5,3/6,0; *Hoechst AG* 4,8/5,1/ 8,0.[14] Im Auftrag der *OECD* und der *EG* durchgeführte Fallstudien und eine vergleichende Untersuchung der *SEDES* über 200 "technologies propres" untermauern diesen Standpunkt ebenfalls.[15] Nach der *SEDES*-Studie waren bei den Investitionskosten 70% der integrierten Verfahren günstiger als die traditionellen Verfahren plus additiver Technik, bei den Betriebs- und Wartungskosten sogar 95%. Zusätzlich konnten mit jeweils etwa der Hälfte der umweltverträglicheren Verfahren Energie und Material gespart sowie die Arbeitsbedingungen verbessert werden.[16] Dennoch dominieren, wie in Abschnitt 1.1 gezeigt, [Abb. 1: 2] die additiven Techniken recht deutlich. Entweder werden die Vorteile umweltverträglicherer Verfahren durch die in diesen Studien nicht berücksichtigten Kosten und Risiken einer Strukturveränderung - sunk costs, Anpassungs-, Umstellungs- und höhere Akquisitionskosten - überkompensiert,[17] oder die Entscheidungskalküle sind unvollständig und berücksichtigen überwiegend solche Kostenkomponenten, bei denen additive Techniken Vorteile aufweisen. Abbildung 3 faßt den aktuellen Stand der Diskussion zusammen.

---

13 Vgl. Ryll 1990, S. 102, 109/115; s. auch o.V. 1992a.
14 Vgl. BASF AG 1993, S. 43; 1994, S. 55; 1995, S. 59; Bayer AG 1993, S. 12f.; 1994, S. 29; 1995, S. 69f.; Hoechst AG 1993, S.1; 1994, S. 1; 1995, S. 43. Die Relationssprünge sind allerdings (mit-)verursacht durch die starke Rücknahme von Umweltschutzinvestitionen; die Betriebskosten wurden ebenfalls, aber unterproportional gesenkt. Vgl. weiterhin Henkel KGaA 1994, S. 34; Solvay Deutschland GmbH 1994, S. 43; Wakker-Chemie GmbH 1994, S. 25. Zu beachten sind mögliche Unterschiede in der Zurechnung. Die Berichte enthalten hierzu jedoch keine Angabe.
15 Vgl. ECOTEC 1985, S. 101; OECD 1984, S. 221-225; Potier/Sireyjol 1984, S. 32-35.
16 Vgl. OECD 1984, S. 224f.; Potier/Sireyjol 1984, S. 34.
17 Zur umweltschutzbezogenen Technologiewahl vgl. die Untersuchung des WZB bei Hartje/Lurie 1984, S. 16-29; Hartje 1990, S. 144-161; Zimmermann 1985, S. 27-33; 1988, S. 209-214; Antes 1988, S. 74f.; Steger 1990a, S. 36f.; TAB 1994b, S. 102-105; Coenen u.a. 1995, S. 35-38. Zudem können auch nachgeschaltete Techniken Energie und Material einsparen helfen, dann nämlich, wenn die zurückgehaltenen Stoffe, ggf. nach einer zusätzlichen Behandlung, recycelt werden können; vgl. die empirische Auswertung von Steger 1991a, S. 694; Schmidt, R. 1991, S. 43f. Andererseits sind auch die Kosten der Weiterbehandlung der konzentrierten Schadstoffe zu kalkulieren. Die Entsorgungskosten z.B. steigen derzeit überproportional.

	Additive Umwelttechnik	Integrierte Umwelttechnik
Gesamtproduktivität	Produktivitätsreduktion	Potential für Produktivitätser-höhung
Produktionskosten	steigend	Potential zur Kostensenkung
Investitionsbedarf	niedriger	höher
Entwertung von Produktionsanlagen ('sunk costs')	in der Regel nicht	möglich
Informations- und Zugangskosten	niedriger	höher
Anpassungs- und Umstellungsko-sten	niedriger	höher
betriebliche Kompatibilität	höher	niedriger
wirtschaftliches Risiko	niedriger	hoher
internationale Marktposition (bei Umwelttechnik)	derzeit sehr gut	Potential für eine sehr gute Position vorhanden
internationale Wettbewerbsfähigkeit (der Gesamtwirtschaft)	tendenziell verringernd	Potential für zukünftige Wettbewerbsvorteile

Abb. 3: Ökonomischer Vergleich additiver und integrierter Umwelttechnik
Quelle: Coenen/Klein-Vielhauer/Meyer 1995, S. 37

Eine empirische Untersuchung, die die Kosten und Nutzen von Prävention und Repa-ratur umfassend vergleicht, ist mir nicht bekannt. Grundsätzlich macht jedoch die Um-stellung auf umweltverträglichere Produkte, Dienstleistungen und Verfahren eine stär-kere Veränderung vorhandener Strukturen notwendig als das relativ problemlose Hin-zufügen nachgeschalteter Technik. Je größer der von möglichen Strukturveränderun-gen erfaßte Bereich ist - z.B. statt eines Produktionsverfahrens Produktionsverbünde, statt einzelner Transportleistungen Vertriebsnetze oder statt eines Produktes eine ganze Produktlinie, desto günstiger werden reparative Maßnahmen in einem kurzfristigen be-triebswirtschaftlichen Kosten-Nutzen-Vergleich abschneiden. Mit zunehmendem Pla-nungshorizont und Reinigungsgrad verliert sich dieser Vorteil aber wieder.[18] Bei län-gerem Planungshorizont entfallen erstens die sunk costs als wichtiger Kostenblock ei-ner präventiven Maßnahme. Je länger der Planungshorizont ist, desto drängender stellt sich zweitens aus wettbewerblichen Gründen generell die Frage von Prozeß- und Pro-duktinnovationen, d.h. die sonstigen Umstellkosten sind nicht mehr, oder nur noch in Teilen, präventionsspezifisch. Unter der - sehr wahrscheinlichen - Annahme weiter steigender Entsorgungskosten verschlechtert sich die Kosten-Nutzen-Relation repara-tiver Maßnahmen weiter. Insgesamt kommen somit längerfristig die Produktivitäts-vorteile integrierter Prozeßtechniken voll zum Tragen; kurzfristig am ehesten bei Neuinvestitionen.

19

Negativ auf die Vorteilhaftigkeit von additiven Techniken wirkt sich schließlich ein zunehmender Reinigungsgrad aus; diffuse Quellen und ubiquitäre Belastungen verstärken diesen Effekt. Abbildung 4 verdeutlicht, daß nachgeschaltete Maßnahmen zwar zunächst relativ kostengünstig sind, die Grenzkosten aber exponentiell steigen. Danach fallen etwa für die Zellstoffindustrie bei einem Reinigungsgrad von 60% Grenzkosten von 3,30 DM je Schadstoffeinheit an, bei einem Reinigungsgrad von 93% dagegen 50 DM. Noch drastischer fällt ein Beispiel von *Meadows u.a.* aus. Die Rückhaltekosten organischer Schadstoffe aus den Abwässern einer Zuckerfabrik betragen bei einem

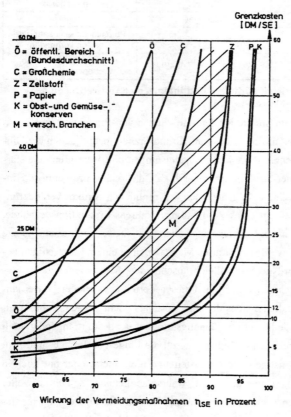

Abb. 4: Grenzkosten additiver Umweltschutztechnik in Abhängigkeit vom Wirkungsgrad
Quelle: RSU 1978, S. 115

---

18 Dazu auch Zabel 1995, S. 14f.

Reinigungsgrad von 95% das Sechzigfache gegenüber einem Reinigungsgrad von 30%.[19] Damit sind die finanziellen Grenzen reparativen Umweltschutzes erreicht.

6. Entlastungs- versus Wachstumseffekte: Ein dritter kurzfristiger Vorteil nachgeschalteten Umweltschutzes, neben Einsetzbarkeit und Kostenverlauf, sind die z.T. erheblichen Entlastungseffekte. Beispielsweise ergab der Rußfilter-Großversuch des Umweltbundesamtes Abscheideraten von im Mittel 84% je Nutzfahrzeug.[20] Neben dem beachtlichen Minderungspotential zeigen sich aber auch gleichzeitig die entscheidenden ökologischen Nachteile des reparativen Strategietypus:

- Eine völlige, d.h. hundertprozentige, Rückhaltung ist i.d.R. nicht möglich.[21] Mit wachsender Zahl diffuser Quellen - tendenziell je komplexer und zahlreicher (z.B. Vielzahl der motorisierten Fahrzeuge) das Objekt - oder disperser und ubiquitärer Belastungen[22] wachsen die technischen und zudem die finanziellen Restriktionen.

- Der Ansatz ist partiell. Er konzentriert sich auf eine einzelne Belastung, in diesem Fall einen Schadstoff, und auf ein einzelnes Umweltmedium. Dadurch geraten Folgeprobleme aus dem Blickfeld: Die zurückgehaltene Materie und teilweise die sie zurückhaltenden Stoffe, Aggregate und Organismen müssen aber weiterbehandelt und entsorgt werden (Deponie, Verbrennung, Umwandlung, z.T. Recycling), was neue Belastungen in (häufig) anderen Medien und an anderen Orten nach sich zieht sowie Sachzwänge für weitere Umweltschutzmaßnahmen.

- Ist keine völlige Rückhaltung möglich, wird selbst dieses partielle Problem nicht wirklich gelöst. Die Ursache bleibt, wenn auch zunächst mit drastisch verminderter Wirkung, erhalten. Unterliegt nun die Ursache Wachstumsprozessen, werden Min-

---

19 Vgl. Meadows u.a. 1972/73, S. 121. Weitere gleichlautende Beispiele bei Müller-Wenk 1980, S. 61; Meadows u.a. 1992, S. 219 (Emissionsfilterung); Willig 1991, S. 88.07.06 (Wasserreinhaltung) oder Förstner 1992, S. 27. Auch bei diesen Beispielen sind die Kosten der notwendigen Weiterbehandlung zurückgehaltener Stoffe noch nicht einmal enthalten. Allgemein vgl. Wicke 1991, S. 360f.; Weizsäcker, E.U. v. 1990, S. 149.

20 Vgl. UBA 1991a, S. 160f. Zu weiteren Beispielen vgl. die umwelttechnischen Kapitel in UBA 1991a, 1992, 1993a, 1994, 1995a; Vogel-Verlag 1992.

21 Vgl. auch die beiden Kurven in Abb. 4, die deutlich vor der 100%-Marke enden.

22 Ein neben der Vielzahl und Verbreitung des motorisierten Verkehrs weiteres Beispiel für solche in einem späten Ausbreitungsstadium zu fassende Belastungen liefern die Ergebnisse einer Studie über die Bildung von Dioxinen und Furanen bei industriellen Prozessen. So wurden Spuren bei der Farbstoffherstellung, in Kaffeepulver und in Recyclingpapieren nachgewiesen. Aufgrund der Disperität und Ubiquität der Schadstoffe dürfte eine nachträgliche weitgehende Rückhaltung weder technisch noch finanziell durchführbar sein. Als Ansatzpunkt sind vielmehr alternative, bereits auch praktizierte Verfahren selbst anzusehen; vgl. Schwab 1993.

derungen im Zeitverlauf wieder kompensiert, z.T. überkompensiert;[23] zudem akkumulieren sich die verlagerten Probleme. Soll bei wachsender Zahl der Quellen eine erreichte Senkung der Gesamtbelastung gewahrt bleiben, muß deshalb der Reinigungsgrad je Quelle beständig gesteigert werden. Neben die technische Grenze stetiger Verbesserung rücken zunehmend die in Punkt 5 veranschaulichten Kostenwirkungen solcher Maßnahmen. Verfolgt man das Rußfilter-Beispiel weiter, ergibt sich z.B. für den Zeitraum 1988-2005[24] folgendes Bild: Werden im Basisjahr sämtliche Nutzfahrzeuge mit einem entsprechenden Filter ausgerüstet und bleibt die Gesamtfahrleistung gleich, sinken die Gesamtemissionen entsprechend der relativen Verbesserung je Fahrzeug absolut ebenfalls um 84%. Aufgrund des EU-Binnenmarktes, der Wiedervereinigung Deutschlands und der Öffnung Osteuropas - die Bundesrepublik ist hier vor allem auch als Transitland berührt - gehen aber sämtliche Prognosen von einem starken Wachstum des Straßengüterverkehrs aus; das Umweltbundesamt nimmt z.B. für 2005 eine um 71,8% auf 70,6 Mrd. Kilometer gestiegene Fahrleistung an.[25] Der (relative) Entlastungseffekt je Fahrzeug bleibt dann zwar erhalten. Statt auf 16% des Ausgangsniveaus ist aber nur noch eine Senkung der Gesamtemissionen auf 27,5% möglich; die Gesamtentlastung beträgt nurmehr 72,5%. Um den Kompensationseffekt des Verkehrswachstums aufzufangen, muß der Reinigungsgrad je Fahrzeug von 84% auf 90,7% erhöht werden. Bei einem verzögerten Einbau sinkt die Gesamtentlastung weiter. Aufgrund der komfortablen Ausgangsentlastung verbleibt sie immerhin noch bis zum Jahr 2005 im Rahmen der Minderungsziele, die sich die Bundesregierung gesetzt hat.[26] Dagegen kommt das Umweltbundesamt bei Stickoxiden und Kohlendioxid zu dem Schluß, daß durch das Verkehrswachstum mit fahrzeugtechnischen Maßnahmen allein die Minderungsziele nicht zu erreichen sind. Die CO_2-Emissionen werden im Gegenteil ansteigen, bei Nutzfahrzeugen sogar um 38%.[27] Neben solchen Prognosen[28] liegen ausrei-

---

23 Diesem Problem unterliegen, ausgenommen der ersatzlose Verzicht, auch alle präventiven Strategien und Maßnahmen. Im Gegensatz zur Reparatur wird aber das Ausmaß der Ursache - nicht bloß deren Wirkung - abgesenkt; vgl. ausführlich S.58f., 22, 76.

24 Der Zeitraum wurde wegen der Vergleichbarkeit zu den Emissionsszenarien des Umweltbundesamtes gewählt; vgl. UBA 1991c und d.

25 Bei der Fahrleistung allein des Straßengüterfernverkehrs geht das Umweltbundesamt sogar von einer Steigerung um 129% aus; vgl. UBA 1991d, S. 9f., 16. Vgl. auch die Prognosen bei Röhling u.a. 1991, S. 65; Bichler 1992, S. 35, Weidenfeld 1992, S. 12-14 oder die von 42% (1990) Wachstum der Verkehrsleistung auf 117% (1992) revidierte Trend-Szenario-Prognose des DIW (vgl. DIW 1990, S. 154; 1992, S. 493f., 498).

26 Zu den Minderungszielen vgl. UBA 1991b, S. IXf.

27 Vgl. UBA 1991c, S. 39; 1991d, S. 37f.; s. auch DIW 1992, S. 493f., 498.

22

chend ex-post-Beispiele vor, die dieses Phänomen bestätigen, so in den jüngsten Arbeiten von *Jänicke/Mönch/Binder, Meadows/Meadows/Randers* oder in den bereits etwas zurückliegenden Japan-Studien von *Weidner*.[29] Einen Vergleich der Umweltwirkungen additiver und integrierter Technik nimmt der aktuelle TAB-Bericht vor.

	Additive Umwelttechnik	Integrierte Umwelttechnik
Energie- und Materialeffizienz	niedriger	höher
Entlastungspotential	spezifische Schadstoffe	breiteres Schadstoffspektrum
mediale und zeitliche Problemver-schiebungen	hoch	niedriger, aber nicht ausgeschlossen
Lösungspotential für Umweltpro-bleme	nicht für alle Umweltprobleme	potentiell für alle Umweltprobleme
Kompensation von Entlastungsef-fekten	möglich	möglich

Abb. 5: Ökologischer Vergleich additiver und integrierter Umwelttechnik
Quelle: Coenen/Klein-Vielhauer/Meyer 1995, S. 45

Reparativer Umweltschutz stößt somit nicht nur an finanzielle, sondern auch an ökologische und technische Grenzen. Der grundlegende Ansatz, ein herrschendes Design - von Herstellungsverfahren, Produktionskonzepten, Produkten/Verpackungen oder auch des privaten Konsums - möglichst wenig verändert beibehalten zu können, bewirkt zwar, daß die Symptome angegangen werden, die Problemursachen aber weiterbestehen. Vor allem rückwirkend (Altlasten), kurzfristig (Störfälle/Ad-hoc-Maßnahmen) und zunächst auch relativ kostengünstig sind dadurch partielle Erfolge möglich. Deren Dauerhaftigkeit bleibt jedoch zweifelhaft. Zum einen kann ein Wachstum der Problemursachen die Restprobleme wieder anreichern und Entlastungserfolge aufzehren. Zum andern werden selbst bei diesem partiellen Agieren die Probleme i.d.R. bloß verlagert: zeitlich, medial und/oder lokal-regional - mit zunehmenden Kosten. Ökologisch besonders betroffene Branchen tätigen bereits heute z.T. über ein Fünftel ihrer Ge-

---

28 Vgl. auch ECMT 1990, S. 54-58, v.a. Walshs dort zitierte Emissionsszenarios bei unterschiedlichen Wachstumsraten des Verkehrs.
29 So kommen Jänicke u.a. aufgrund ihrer Studie über 32 Industrieländer zu dem Ergebnis, "daß die verbleibenden Restprobleme durch Wachstumsprozesse schnell wieder das alte Ausgangsniveau erreichen können" und "Umweltentlastungen im Wachstumsprozeß immer erneut und immer weitergehend zu erfolgen haben und daß sich dieser Zwang mit dem Wachstumstempo radikalisiert"; Jänicke u.a. 1992a, S. 23, 28; oder 1992b, S. 17f.; vgl. auch Jänicke 1988, S. 20f. Ähnlich konstatiert Weidner: "Ob Abfall-, Luft- oder Gewässerverunreinigungen - in allen Bereichen zeichnen sich sicht- und spürbar Grenzen der technokratischen Umweltpolitik ab. Sie sind ... weitgehend Folge einer umweltpolitischen Strategie, die es versäumt, zum Zentrum der Risikoproduktion vorzustoßen"; Weidner 1984, S. 45; s. auch die Beispiele auf S. 39, 45; Weidner 1985 sowie die Beispiele bei Meadows u.a. 1992, S. 120f.

samtinvestitionen für den Umweltschutz - den Großteil in additive Verfahren; Betriebs- und Entsorgungskosten betragen ein Mehrfaches (s.o.). Trotzdem sind eine Reihe umfassender und ungelöster bzw. sich verschärfender ökologischer Konflikte zu verzeichnen. Dies ist nicht zuletzt auch eine Folge davon, daß das Wirksamwerden nachträglichen Entscheidens und Handelns ähnlichen Zeitverzögerungen unterliegt wie die Entstehung der Schäden. Nachträgliches Entscheiden und Handeln erhöht das Irreversibilitätsrisiko. Reparatur ist deshalb lediglich für einen - m.E. geringeren - Ausschnitt der anstehenden Umweltprobleme ein angemessenes, d.h. sinnvolles oder gar zwingendes, Vorgehen. *Kanatschnig* weist zudem darauf hin, daß bei einer solchen Feuerwehrpolitik die jeweils auftretenden Probleme das Entscheiden und Handeln bestimmen. Dadurch wird es "von Zufälligkeiten abhängig und infolgedessen kaum koordinierbar bzw. zur Erreichung übergeordneter .. Zielvorstellungen einsetzbar"[30]. Wenn strategische Unternehmensplanung ein "Denken vom Ende her"[31] ist, bieten Reparatur und Kompensation somit nicht nur auf der staatlichen, sondern auch auf Unternehmensebene keine ausreichende Perspektive - am ehesten die des Zeitgewinns und einer Ergänzung zur Prävention.

2.2 Prävention - die Perspektive unterschiedlicher Disziplinen

In den bisherigen Abschnitten wurden erste Konturen des Begriffs von Prävention für den betrieblichen Umweltschutz gezeichnet. Diese werden nun weiter präzisiert. Dabei kann jedoch weder auf einem eindeutigen noch einheitlichen Verständnis von Prävention im Schrifttum aufgebaut werden. Begriffsdefinitionen und der Sprachgebrauch sind höchst unterschiedlich, teilweise gegensätzlich und nicht selten von dem Bemühen gekennzeichnet, nahezu sämtliche Umweltschutzstrategien und -maßnahmen mit dem sympathischen, imagefördernden und Zustimmung heischenden Prädikat "präventiv", aber auch "vorsorgend" oder "vermeidend" zu etikettieren. Mit diesem Bestreben verliert ein Begriff jedoch seine unterscheidende und analytische Funktion und wird überflüssig.[32] Zum semantischen Wirrwarr bei trägt schließlich die teilweise synonyme, teilweise abgrenzende Verwendung von "Prävention", "Vorsorge" und "Vermeidung" bzw. deren adjektivischen oder attributiven Formen.

Den Lexika gilt Umweltschutz nicht als Anwendungsbereich von Prävention und

---

30 Kanatschnig 1986, S. 3.
31 Kreikebaum 1993a, S. 18.
32 Zur politischen Funktion dieses Vorgehens vgl. Prittwitz 1988, S. 52f.; Zimmermann 1990, S. 23f.

erst mit den aktuellen Auflagen als Anwendungsbereich von Vorsorge.[33] Gleichwohl ist Vorsorge bereits in frühen Stadien der Umweltpolitik und des Umweltrechts als grundlegendes Prinzip anerkannt - mit wachsender Bedeutung und zunehmend international. In der betrieblichen Umweltökonomie dagegen ist eine explizite Diskussion des Präventionsprinzips - trotz der im nächsten Abschnitt diskutierten Konzepte [2.2.1] - vergleichsweise rudimentär entwickelt. Deshalb sollen nachfolgend vor allem auch unter Bezugnahme auf die umweltpolitische und -rechtliche Diskussion die für die betriebliche Ebene wichtigen Inhalte und gestaltungsrelevanten Merkmale von Prävention destilliert werden. [2.2.2-4] Der Bedeutung der Umweltpolitik und ihrer rechtlichen Umsetzung ist dies erstens angemessen: von ihnen gehen unverändert die entscheidenden Anreize auf den betrieblichen Umweltschutz aus.[34] Das dort entwickelte Verständnis von Prävention ist somit für Unternehmen relevant. Prävention und Reparatur sind zweitens generelle Strukturprinzipien von Entscheidungs- und Handlungsabläufen. Eine Analyse der Makroebene und der dort angestellten Überlegungen erscheint mir auch deshalb, trotz der Brüche zur Mikroebene, fruchtbar. Aus dem gleichen Grund werden abschließend mit Qualitätsmanagement und Arbeitsumweltschutz zwei weitere betriebliche Themenfelder, in denen Präventionskonzepte diskutiert werden und entwickelt sind und deren Aufgaben sich mit denen des Umweltschutzes zudem teilweise überschneiden, in die Untersuchung miteinbezogen. [2.2.5]

Auf Erkenntnisse, die mit Prävention in anderen Zusammenhängen gewonnen wurden, soll auch in den weiteren Kapiteln zurückgegriffen werden. Die Analyse in den folgenden Abschnitten geht deshalb über die inhaltliche Bestimmung hinaus auch auf die in den jeweiligen Diskursen offengelegten gestalterischen Konsequenzen von Prävention ein.

2.2.1 Ökologieorientierte Präventionskonzepte der BWL: qualitatives Wachstum, integrierter Umweltschutz und Risikomanagement

Die Betriebswirtschaftslehre hat den Gedanken ökologieorientierter Prävention in den Konzepten des qualitativen Unternehmenswachstums, vor allem des integrierten Um-

---

33 Vgl. Brockhaus 1992, S. 456; 1994, S. 457; Meyer 1994a, S. 528; 1994b, S. 258; Duden 1989, 1994. Als wesentliche Anwendungsbereiche nennen die Lexika dagegen unverändert das Recht, insbesondere das Strafrecht, und die Medizin; vgl. bereits Brockhaus 1835, S. 808f.; Meyer 1907, S. 269.

34 Empirische Untersuchungen kommen hier über die Zeit und bei unterschiedlichen Akteuren zu gleichlautenden Ergebnissen; vgl. etwa Sprenger/Knödgen 1983, S. 165; Schreyer/Sprenger 1989, S. 6; Wackerbauer 1995; Kirchgeorg 1990, S. 181; Schmidt, R. 1991, S. 139.

weltschutzes sowie des Risikomanagements entwickelt. **Qualitatives Wachstum** orientiert sich nach *Kreikebaum* - im Gegensatz zur rein quantitativen Variante - an den ökologischen Grenzen wirtschaftlichen Handelns: begrenzte Ressourcen auf der Input- und zunehmende Umweltverschmutzung auf der Output-Seite.[35] Qualitativ heißt dann, begrenzte Ressourcen sparsam zu verwenden, Umweltschäden zu vermeiden bzw. zu verringern, ökologische Regeln zu beachten und die Umweltbelastung je Produkteinheit zu verringern.[36] Konkret bedeute dies:

"- Substitution umweltschädigender durch emissionsarme Produkte und Produktionsverfahren;
- Ausschöpfen aller Möglichkeiten des integrierten Umweltschutzes und Recyclings;
- Konzentration der Forschungs- und Investitionspolitik auf die Entwicklung energie- und ressourcensparender Technologien."[37]

Qualitatives Wachstum ist als absolute (Gesamtbelastung senken oder mindestens beibehalten) und relative (ökologische Produktivität heben) Entlastung zu definieren. Letztere allein kann bei einem zahlenmäßigen Wachstum der Einheiten, so zeigte das Beispiel in Abschnitt 2.1, überkompensiert werden.[38] Entsprechend nennt *Ullmann* als Strategien eines qualitativen Unternehmenswachstums die Reduktion des Aktivitätsvolumens, die Änderung der Aktivitätsstruktur und die Verbesserung des ökologischen Wirkungsgrades.[39] *Müller-Wenk* fordert die relative Verringerung der Umwelteinwirkungen je Produktionsprozeß und Produkt sowie den Aufbau von Sortimenten mit einem geringen Niveau an Umwelteinwirkungen.[40] Die Verwirklichung dieser Forderungen bedarf einer strategischen Ausrichtung des Unternehmens.[41] Langfristigkeit ist somit ein weiteres Merkmal qualitativen Wachstums.

Die im qualitativen Wachstum enthaltene Vorstellung eines **integrierten Umweltschutzes** wurde mittlerweile zu einem eigenständigen Konzept ausgebaut, wobei der Unterschied zu additiven Ansätzen hervorgehoben wird.[42]

---

35 Vgl. Kreikebaum 1981, S. 147, 149f.; 1993a, S. 174, 176-178. Weitere Auffassungen qualitativen Wachstums beziehen auch wohlfahrtsökonomische, soziale und kulturelle Entwicklungen mit ein; vgl. Meißner/Zinn 1984, S. 70f.; Majer 1984.
36 Vgl. Kreikebaum 1993a, S. 175-177; 1992b,S. 29. Ähnlich Meißner für die gesamtwirtschaftliche Ebene: ressourcensparende und umweltfreundliche Produktion; vgl. Meißner/Zinn 1984, S. 71; 1988, S. 68.
37 Kreikebaum 1993a, S. 178; ähnlich 1988b, S. 110.
38 Mit weiteren Beispielen auf gesamtwirtschaftlicher Ebene und einer Kritik einer rein relativ ausgerichteten Definition vgl. Sitte 1995, S. 235-241.
39 Vgl. Ullmann 1976, S. 272.
40 Vgl. Müller-Wenk 1980, S. 79, 82, 84.
41 Vgl. Kreikebaum 1993a, S. 179-189; Ullmann 1976, S. 213-216.
42 Vgl. v.a. den Tagungsband Kreikebaum 1990a; Kreikebaum 1992b; andere Publikationen, wie DECHEMA u.a. 1990, heben v.a. die technische Seite hervor.

"Die wesentliche Aufgabe des IUS (integrierten Umweltschutzes, Anm. R.A.) besteht in der vorsorgenden Verhinderung von Umweltschäden. Der Schwerpunkt eines präventiven Umweltschutzes im Industriebetrieb liegt darin, daß die üblicherweise am Ende des Produktionsprozesses auftretenden Schäden nicht durch Nachsorgetechnologien wie Katalysatoren und Filteranlagen reduziert werden müssen, sondern bereits an der Quelle ausgeschaltet werden."[43]

Integrierter Umweltschutz hat mit *Kreikebaum* zwei Ausrichtungen:[44] erstens eine umweltfreundliche Produktpolitik, wobei diese eine Strategie der Dauerhaftigkeit, d.h., einen hohen Gebrauchsnutzen über einen langen Zeitraum zu erhalten, mit einschließt. Zweitens wird eine ökologische Modernisierung der Produktion angestrebt.[45] Mittels integrierter Produktions- und Recyclingverfahren soll der Produktionsprozeß selbst ressourcenschonender (energie- und rohstoffsparend) und umweltverträglicher (emissionsfrei oder -ärmer) umgestaltet werden. *Shen* spricht von "source reduction" und "increased efficiency".[46] Im Gegensatz hierzu läßt reparativer Umweltschutz den herkömmlichen Produktionsprozeß und dessen Strukturen weitgehend unverändert. Die Emissionen entstehen nach wie vor, werden allerdings durch zusätzliche Techniken - deshalb auch als additiv, nachgeschaltet oder end-of-the-pipe[47] bezeichnet - vom Eintritt in die natürliche Umwelt abgehalten. Dieses Vorgehen verlagert aber bloß die Probleme, da die so konzentrierten Schadstoffe weiter behandelt werden müssen (Umwandlung, ggf. Recycling, Verbrennung, Deponierung).[48] Abbildung 6 veranschaulicht die verschiedenen Varianten der Umweltschutztechnologie noch einmal.[49] Abbildung 7 enthält eine zusammenfassende Definition integrierten Umweltschutzes. Ähnlich definiert ihn *Strebel*, der zusätzlich die Notwendigkeiten der Kooperation auf Vor- und Folgestufen und die Erfassung aller stofflichen und energetischen In- und

---

43 Kreikebaum 1992b, S. 4. An anderer Stelle: "Begriffskonstitutiv für den IUS ist der Verzicht auf Nachsorge zugunsten von Vorsorgemaßnahmen"; Kreikebaum 1992b, S. 14.

44 Vgl. im folgenden Kreikebaum 1992b, S. 15-20; ähnlich Shen 1995, S. 18, der die Bezeichnung "pollution prevention" verwendet und Cansier 1978, S. 146f. für den "umweltfreundlichen technischen Fortschritt".

45 Nach Kreikebaum entspricht integrierter Umweltschutz der ökologischen Modernisierung als Variante einer vorsorgenden Umweltpolitik bei Jänicke; vgl. Kreikebaum 1992b, S. 14f.; Jänicke 1988, S. 15; Jänicke u.a. 1992b, S. 16-21. Ohne Bezugnahme auf IUS, aber ähnlich für präventiven Umweltschutz Föste, 1994, S. 38f..

46 Vgl. Shen 1995, S. 17.

47 Ich verwende lediglich die Attribute reparativ und additiv synonym; "nachgeschaltet" oder "end of the pipe" dagegen als eine Form von Reparatur u.a. [Abb. 10: 61].

48 Dagegen ordnen Coenen u.a. (1995, S. 21-25) den additiven Umweltschutz neben dem integrierten der Vorsorge zu, im Gegensatz zur Nachsorge. Mit dieser Definition kann Vorsorge partiell sein und zu den genannten Verlagerungen führen; s. dazu Abschn. 2.4.2 dieser Arbeit.

49 Vgl. Antes 1988, S. 64-69; Hartje/Lurie 1984, S. 2-6; Zimmermann 1985, S. 24-26; 1988, S. 205-209; R. Schmidt 1991, S. 42-46; Christ 1991, S. 80-83; Wicke u.a. 1992 u.a., S. 168-175; Blazejczak u.a. 1993, S. 74f.

Outputs auf dem gesamten Produktionsprozeß hervorhebt.[50]

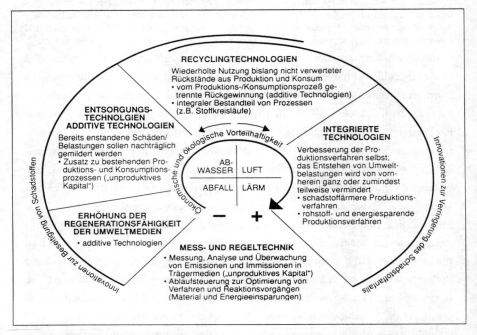

Abb. 6: Klassifikation präventiver und reparativer Umweltschutztechnologie

Zeitpunkt:	vorsorgliches Vermeiden vor nachträglichem Vermindern und Entsorgen bei der Vorbereitung und Planung von Produkten und Verfahren
Ziel:	prozeßintegrierte Schadensvermeidung oder -verminderung durch Emissionsvermeidung und -senkung
Ort:	Auf naturwissenschaftlich ingenieurmäßigem Wege werden Schad- und Rohstoffe der Produktion an der Quelle selbst ausgeschaltet bzw. minimiert
Betrachtungsweise:	integrierend-ganzheitlich
Betrachtungsumfang:	der gesamte Produktionsprozeß einschließlich der Vorstufen und Folgestufen der Produktion
Betroffene:	tiefgreifende Integration ökologiebewußten Denkens und Handelns bei allen Mitarbeitern

Abb. 7: Integrierter Umweltschutz - Definitionsmerkmale
Quelle: Kreikebaum 1992b, S. 14 und 1993d, S. 85.

---

50 Vgl. Strebel 1990, S. 4-12; weiterhin m.w.N. TAB 1994b, S. 44-48; Coenen u.a. 1995, S. 26. Zu Beispielen vgl. DECHEMA u.a. 1990, S. 17-108, Schmidt, R. 1991, S. 112-117; Steger 1990a, S. 38-42; Schwab 1993; UWF 1994, S. 35-58; UBA 1995a, S. 316-334; weiterhin der in Abschn. 2.2.4 ausgewertete Vorschlag der EU-Kommission über eine Richtlinie zum integrierten Umweltschutz.

Ein allgemeines, aber gerade auf ökologische Störpotentiale angewendetes Konzept, stellt das **Risikomanagement** dar. Von seinen Ursprüngen - der Optimierung des Versicherungseinkaufs im Sinne des US-amerikanischen Insurance-Managements - hat es sich mittlerweile deutlich emanzipiert.[51] Ebensowenig ist es akuten Krisensituationen vorbehalten; es erstreckt sich im Gegenteil vorwiegend auf die Handhabung potentieller und latenter Störungen.[52] Der Anspruch ist umfassend: Risikomanagement ist darauf ausgerichtet, in allen Aktivitäten und Aspekten eines Unternehmens das wesentliche Risiko[53] besser zu erkennen und zu beurteilen, es mit geeigneten Instrumenten und Verfahren anzugehen sowie durch führungsmäßige und organisatorische Konsequenzen abzubauen.[54] Voraussetzung hierfür ist, daß vom Unternehmen ein bestimmtes Sicherheitsniveau als normative Vorgabe entwickelt wird.[55] Denn aufgrund ihrer Allgegenwärtigkeit auf allen Gestaltungs- und Entscheidungsebenen kann Management immer nur partiell darauf zielen, Risiken zu beseitigen und ansonsten sie zweckgemäß einzugehen. Zur Einhaltung dieses Sicherheitsniveaus stehen dem Risikomanagement fünf ergänzend einsetzbare Strategien zur Verfügung:[56] Vermeiden, Vermindern, Überwälzen, Versichern und Selbsttragen des Risikos. Die Vermeidung und teilweise die Verminderung setzen an den Ursachen an, alle anderen Strategien dagegen an den Wirkungen.

Vermeiden bedeutet, Risiken vollständig auszuschalten. In erster Linie ist dies erreichbar, indem auf die Erfüllung bestimmter Ziele und die damit verbundenen Aktivitäten verzichtet wird. Der Rückzug aus Marktsegmenten ist ein Beispiel hierfür. Vermeidung kann u.U. auch bewirkt werden durch

- die Substitution von umweltbelastenden und -gefährdenden Einsatzstoffen,
- den Übergang von additiver Umweltschutztechnik zu integrierten Fertigungsverfahren,
- Technologiebewertungen im Forschungs- und Entwicklungsprozeß,
- risikovermeidende Organisationsstrukturen und Entscheidungsprozesse,[57]
- die Ausrichtung der Qualitätssicherungssysteme auf ökologische Kriterien und/oder
- Aufklärungs- und Schulungsmaßnamen bei Mitarbeitern und Produktverwendern.[58]

---

51 Vgl. Haller 1986a, S. 9-11; 1986b, S. 118-123; 1991, S. 167.
52 Vgl. Steger 1993a, S. 258f.; Krystek 1987, S. 121; Müller 1986, S. 3. Allgemein Karten 1993, Sp. 3827: "Risikominderung".
53 Risiko wird hier definiert als "Summe von Möglichkeiten, daß sich Erwartungen ... aufgrund von Störprozessen nicht erfüllen" (Haller 1986a, S. 18).
54 Vgl. Haller 1986a, S. 9; AWV 1991, S. 20 oder Sauerwein 1994, S. 30-33, 36f.
55 Vgl. Haller 1986a, S. 24-26; Steger/Antes 1991, S. 18; Steger 1993a, S. 211.
56 Umweltschutzbezogen Steger 1993a, S. 264-267; Steger/Antes 1991, S. 19-22; Steger 1992b, S. 276-279; Meffert/Kirchgeorg 1993, S. 167-174; allgemein Haller 1986a, S. 31-33; 1991, S. 178f.; ähnlich Karten 1993, Sp. 3831-3834; geringfügig anders Sauerwein 1994, S. 45-48.
57 Vgl. Steger/Antes 1991, S. 19.

In der Regel dürften diese Maßnahmen aber eher eine Schadensverhütung und damit eine Risikominderung bewirken. Risikominderung setzt die Eintrittswahrscheinlichkeiten von Störungen und/oder ihr Potential herab. Ausschließlich auf das Potential ist die Schadensherabsetzung gerichtet: Die Folgen einer entstandenen Störung sollen durch additive Umweltschutztechnik, durch Sicherheitstechnik und -maßnahmen (Redundanzen, räumliche Trennung von Anlagen) oder durch fehlerfreundliche Systeme begrenzt werden.

Ebenso wie durch die Schadensherabsetzung werden mit den verbleibenden Strategien - Überwälzen, Versichern, Selbsttragen - nicht die Schadensursachen beseitigt, zumindest nicht unmittelbar. So können Risiken dadurch überwälzt werden, daß man Auflagen schlicht nicht befolgt - ein wie *Terhart* und *Rückle* aufzeigen, allerdings mit Stand 1986, optimales Verhalten für die weit überwiegende Zahl von Datenkonstellationen (Sanktionswahrscheinlichkeit und -schwere, Aus- und Einzahlungen, Risikonutzen-Funktion).[59] Die Überwälzung auf vorgelagerte Stufen kann dagegen mittelbar Risikovermeidung oder -minderung bewirken, denn dadurch werden insgesamt in einem sehr frühen Stadium der Leistungserstellung Gegenmaßnahmen angereizt: Das Anfordern von Umweltverträglichkeitszertifikaten bei den Zulieferern erhöht dort den Druck zur Entwicklung umweltverträglicherer Produkte, ebenso wie die Rückgabe schwer zu entsorgender Produkte.

Die Versicherung von Risiken nimmt das Entstehen von Schäden in Kauf. "Sie transformiert individuelle diskontinuierlich auftretende Risiken in regelmäßig anfallende Kostenbeiträge und trägt nicht zur Vermeidung bzw. Verminderung ökologischer Risiken bei. Deshalb kommt diesem Instrument bei defensiven Umweltschutzstrategien besondere Bedeutung zu."[60] Allerdings können als Grundlage für die Vertragsgestaltung von Versicherungen häufig verlangte oder auch selbst durchgeführte Umweltaudits bis dahin unbekannte Risiken überhaupt erst transparent machen und - speziell für diese - einen erneuten Entscheidungsprozeß über die angemessene Strategie, mithin auch über Vermeidung oder Schadensverhütung, einleiten.

---

58 Zu den letzten beiden Meffert/Kirchgeorg 1993, S. 169, dort allerdings lediglich unter der ursachenorientierten Verminderung aufgeführt.

59 Zusammenfassend Terhart 1986, S. 161f. oder Rückle/Terhart 1986, S. 413f. Nach den von Rütner/Legnaro aufgedeckten gravierenden Defiziten der behördlichen Praxis bei der Entdeckung und Definition von Umweltstrafsachen kann jedoch kaum von einer Verschlechterung des Datenkranzes für dieses illegale Verhalten ausgegangen werden; zusammenfassend Rütner/Legnaro 1991, S. 268-275; aus derselben Studie vgl. Leffler 1993, Dritter Teil, insbes. S. 238-240, 272f., zusammenfassend S. 290-302.

60 Meffert/Kirchgeorg 1993, S. 171.

Die einzige risikoorientierte Strategie ohne auch nur einen Anreiz auf Prävention ist die, das Risiko selbst zu tragen; sei es unfreiwillig, weil das Risiko nicht erkannt wurde, oder ganz bewußt als Risikobereitschaft, ggf. abgesichert durch die Bildung von Rückstellungen.

2.2.2 Vorsorge als Prinzip der nationalen Umweltpolitik

"Das Vorsorgeprinzip der Umweltpolitik besagt, daß umweltpolitische und sonstige staatliche Maßnahmen so getroffen werden sollen, daß von vornherein möglichst sämtliche Umweltgefahren vermieden und damit (für die Existenz der Menschen vorsorgend) die Naturgrundlagen geschützt und schonend in Anspruch genommen werden: ... (im Original teilweise fett, R.A.)."[61]

Auf der politischen Ebene wird Prävention unter dem Begriff des Vorsorgeprinzips diskutiert. Neben dem Gemeinlast-, dem Verursacher- und dem Kooperationsprinzip zählt es heute zu den Grundprinzipien der deutschen Umweltpolitik,[62] wobei es als deren Leitbild zunehmend in den Vordergrund rückt. Drei Entwicklungsstufen sind markant: das Umweltprogramm der *Bundesregierung* von 1971, die Fortschreibung des Umweltprogramms im Umweltbericht 1976 und die Leitlinien Umweltvorsorge der *Bundesregierung* 1986.[63] Außerhalb dieser regierungsamtlichen Programmatik kommen hinzu der Abschlußbericht der nichtministeriellen *Projektgruppe "Aktionsprogramm Ökologie"* 1983[64], die Gutachten des *Rats von Sachverständigen für Umweltfragen*[65] und der beiden *Enquete-Kommissionen des Deutschen Bundestags* "Vorsorge zum Schutz der Erdatmosphäre" und "Schutz des Menschen und der Umwelt"[66].

Von der Umweltpolitik am konkretesten ausgeformt wurde das Vorsorgeprinzip in den Leitlinien der *Bundesregierung*. Als politisches Handlungsprinzip umfaße Vorsorge alle Maßnahmen der Gefahrenabwehr, der Risiko- und der Zukunftsvorsorge. Festzuhalten sind folgende Punkte:

1. Die Abwehr drohender Gefahren wird als Bestandteil von Vorsorge gesehen. Zeitlich bedeutet die Verknüpfung gefahrenabwehrender Aktivitäten mit (bestimmten) Erwartungen nichts anderes, als daß die Aktivitäten noch vor Schadenseintritt zu ergreifen sind.

---

61 Wicke 1991, S. 139f.; vgl. auch Beyer 1992, S. 18.
62 Neben diesen unterscheidet Meißner noch das Nutznießer- und das Risikoprinzip; vgl. Meißner, We. 1986, s. auch Wicke 1991, S. 128-146; von Lersner, 1994, Sp. 2703f.
63 Vgl. BMI 1971, 1976; BMU 1986.
64 Vgl. BMI 1983.
65 Vgl. RSU 1980, 1983, 1987, 1994.
66 Vgl. Deutscher Bundestag 1990a, 1990b, 1993, 1994.

2. Risikovorsorge habe dagegen bereits bei einem Gefahrenverdacht bzw. einem Besorgnispotential einzusetzen, d.h. bei Risiken, die nach Art, Umfang und Wahrscheinlichkeit noch keine Gefahr begründen oder - z.B. bei einem unzureichenden Wissensstand über Wirkungsketten und Kausalitäten - gegenwärtig noch nicht genau abschätzbar sind. Solche Risiken seien zu vermeiden oder zu vermindern.

3. Vorsorge und defensiver Umweltschutz schließen sich nach Auffasssung der Bundesregierung nicht aus. Gefahrenabwehr und Risikovorsorge werden als ein Reagieren auf Gefahren und Risiken und deshalb als defensiv bezeichnet; ihnen gegenübergestellt wird die aktiv gestaltende und vorausschauende Zukunftsvorsorge.[67] Als entscheidend wird auch hier der Zeitpunkt der Maßnahme herausgestellt. Umweltschutz im Sinne von Zukunftsvorsorge solle nicht erst Emissionen der Herstellung, Verwendung und Entsorgung von Produkten kontrollieren und durch zusätzliche Anlagen zurückhalten, sondern müsse schon früher einsetzen. Am besten seien "umweltschonende Produktionsprozesse und Produkte ..., die Emissionen ... erst gar nicht entstehen lassen oder zumindest soweit wie möglich vermeiden"[68].

4. Weitere Aspekte der Vorsorge sind nach Auffassung der Bundesregierung:

- eine generationsübergreifende Perspektive als Begründung für das Ziel der Ressourcenschonung ("Freiräume für künftige gesellschaftliche Entwicklungen und für ein menschenwürdiges Leben unserer Nachkommen erhalten"),
- ein Minimierungsgebot für durch Stoffeinträge in die Umwelt hervorgerufene Risiken,
- die weitestmögliche Berücksichtigung von Folgen für andere Umweltbereiche bei der Festlegung von Qualitätszielen.[69]

5. Vorsorge unterliege einem Abwägungsgebot, d.h. sie müsse sich an den rechtsstaatlichen Grundsätzen der Verhältnismäßigkeit und des Übermaßverbots orientieren. "Vorsorgemaßnahmen müssen erforderlich und geeignet sein; sie müssen nach Art und Umfang des Aufwandes, der den Risiken entgegenwirken soll, angemessen sein."[70]

6. Der Unterschied zwischen absoluter Belastung und relativer Belastung je Einheit wird anerkannt. Da auch "fortschrittliche Standards der Emissionsminderung "ein Anwachsen der Emissionsquellen und damit der Menge der Stoffeinträge nicht verhindern

67 Vgl. BMI 1986, S. 12.
68 BMI 1986, S. 13.
69 Vgl. BMI 1986, S. 11-14.
70 BMI 1986, S. 14.

kann, seien sie um (absolute Grenzen setzende) Umweltqualitätsziele zu ergänzen.[71]

Aufgabe der 1979 von dem *Bundesminister des Innern* und dem *Bundesminister für Ernährung, Landwirtschaft und Forsten* berufenen, nichtministeriellen *Projektgruppe "Aktionsprogramm Ökologie"* war insbesondere, Vorschläge für eine ökologisch ausgerichtete Umweltvorsorgepolitik zu liefern.[72] Der 1983 vorgelegte Abschlußbericht definiert das Prinzip der ökologischen Vorsorge folgendermaßen: "Produktion und Konsum sollten so beschaffen sein, daß Belastungen und Schädigungen der Umwelt von vornherein möglichst begrenzt sind."[73] An anderer Stelle wird gefordert, das Vorsorgeprinzip bei den einzelnen staatlichen Fachplanungen und als Leitlinie (unter weiteren) von Investitionsprogrammen zu berücksichtigen.[74]

Präzisierungen des Vorsorgeprinzips finden sich vor allem auch in den Gutachten des *Rats von Sachverständigen für Umweltfragen.*[75] Als die drei Hauptziele des Umweltschutzes definiert er:

1. Beseitigung bereits eingetretener Umweltschäden,
2. Ausschaltung oder Minderung aktueller Umweltgefährdungen,
3. Vermeidung künftiger Umweltgefährdungen durch Vorsorgemaßnahmen.(Tz. 24)

Allerdings beschränkt sich Vorsorge nach Auffassung des Rates nicht auf das letztgenannte Ziel. In seinem Waldgutachten bezieht er Vorsorgepolitik gleichermaßen auf die unmittelbare Schadens- und Gefahrenabwehr, die Reduzierung bekannter Schadensursachen sowie die "reine" Vorsorge vor möglichen neuartigen Wirkungsmechanismen.[76] Vorsorge könne demnach über nachweisliche und wahrscheinliche hinaus auch - soweit hinreichend objektive Anhaltspunkte vorliegen - auf vermutete Ursache-Wirkungs-Beziehungen abgestützt sein.[77] In seinem aktuellen Gutachten sieht er den Schwerpunkt von Vorsorge als im "Vorfeld der Gefahrenabwehr"[78] liegend und bereits bei einem "abstrakten Besorgnispotential"[79] einsetzend.[80]

---

71 Vgl. BMI 1986, S. 14.
72 Vgl. BMI 1983, S. 9.
73 BMI 1983, S. 73, Ziffer 279.
74 Vgl. BMI 1983, S. 77, Ziffer 290.
75 Wenn nicht anders vermerkt, beziehen sich die folgenden Ziffernangaben auf das Umweltgutachten 1987 (RSU 1987).
76 Vgl. RSU 1983, Tz. 409; zur "reinen" Vorsorge an anderer Stelle: "neuartige Faktoren oder Faktorkombinationen", Tz. 410.
77 Vgl. RSU 1983, Tz. 411.
78 RSU 1994, S. 48, Tz. 12 und S. 61, Tz. 59.
79 RSU 1994, S. 46, Tz. 75f.
80 Der Rat stellt damit auf die umweltrechtliche Diskussion ab. [2.2.3: 36-41]

Die Vermeidung oder Unterlassung jeglicher Umweltverschmutzung ("Null-Emission") sieht der Rat eher kritisch, da aus thermodynamischen, chemischen und biologischen Gründen sehr viele Prozesse unvermeidbar Emissionen verursachen. Null-Emission könne deshalb häufig nur Unterlassung oder Unterbindung emissionsauslösender Prozesse bedeuten.(Tz. 27) Er tendiert deshalb zu einem Minimierungsgebot, "kleinstmögliche Emission" (Tz. 29 und 90), und dem Grundatz des Vorrangs der schlechten vor der guten Prognose.(Tz. 1611 und 1731) Gleichzeitig hält er jedoch fest:

"Tatsächlich sind viele Umsetzungsvorgänge vom industriellen bis in den individuellen Bereich bisher nicht ernsthaft genug auf ihre Entbehrlichkeit untersucht worden, nicht zuletzt weil eine generationenlange Gewöhnung dies als unnötig erscheinen ließ."[81]

"Deutlicher als bisher muß auch zwischen der Vermeidung oder Verminderung von Emissionen einerseits und der Verminderung oder Unterlassung emissionsverursachender Aktivitäten andererseits unterschieden werden." (Tz. 33)

Über die Gefahrenabwehr hinaus werden Grenz- und Richtwerte als "Herzstück" einer auf Emissionsminderung zielenden Vorsorge apostrophiert.(Tz. 34) Sie müssen deshalb "unterhalb des Wertes festgesetzt werden, bei dem nicht tolerierbare Schäden auftreten" (Tz. 30) und sind um Qualitätsziele zu ergänzen.(Tz. 83) Dabei sollen Sicherheitsmargen die Fähigkeit zu einer fehlerfreundlichen Reaktion bewahren (Tz. 87) bzw. umgekehrt verhindern, daß Systeme bis an den Rand ihrer Funktionsfähigkeit belastet werden.(Tz. 90) Zur langfristigen Sicherung von Umweltqualität gehöre schließlich ein Minimierungspostulat von Emissionen als politischer Handlungsmaxime.(Tz. 90)

Nach Auffassung des Rats folgt die bundesdeutsche Umweltpolitik seit jeher dem Vorsorgegrundsatz, Emissionen an der Quelle zu begrenzen.(Tz. 83) Als gelungenes Beispiel wird die Großfeuerungsanlagenverordnung hervorgehoben.(Tz. 1682) Bei diffusen Quellen sei aber auch eine Verhaltensänderung der sehr vielen Verursacher notwendig, ein entsprechendes Umweltbewußtsein deshalb gerade hier zu entwickeln. (Tz. 108)

---

81 RSU 1987, Tz. 27; ähnlich führt er unter der Überschrift "Grenzwerte zum Schutz der Gesundheit" aus: "Je weniger aber ein spezifischer Nutzen anerkannt wird, um so weniger erscheint ein Risiko vertretbar. Andererseits würde die Forderung, jedes Risiko auszuschließen, zur Folge haben, daß jede Exposition gegenüber bestimmten Stoffen und damit jedes Vorhandensein dieser Stoffe in der Umwelt zu vermeiden wäre. Umweltpolitisch bedeutete eine solche Forderung, auf Stoffe zu verzichten, die z.B. schädlich oder persistent sein können, und die Wirtschafts-, Produktions- und Konsumweisen so zu verändern, daß solche Stoffe nicht entstehen oder jedenfalls nicht freigesetzt werden. Derartige Strategien werden in Zukunft unvermeidlich sein" (RSU 1983, Tz. 1616). Allerdings warnt der Rat auch davor, sich durch die bloße Forderung, be-

Für die Unternehmensebene hat der Rat seine grundsätzlichen Vorstellungen eines vorsorgenden Umweltschutzes insbesondere hinsichtlich des Gewässerschutzes - und zwar schärfer als im allgemeinen Teil - konkretisiert. So stellt er zunächst fest, "Grundwasserverschmutzung und anschließende Entfernung der Schadstoffe durch Aufbereitung ... verstoßen gegen das im Umweltrecht verfolgte Vorsorge- und Verursacherprinzip" (Tz. 1040). Zukünftige Forderungen seien vielmehr die Vermeidung

- des Eintrags von in (im Gutachten) bestimmter Weise wirkenden Stoffen und
- der Verlagerung dieser Stoffe in andere Umweltmedien: Luft und Boden.(Tz. 1140)

Der innerbetrieblichen Emissionsverminderung stünden hierfür prinzipiell drei Strategien zur Verfügung: Sparen bei der Verwendung des Wassers, Senkung der Schadstofffracht, ggf. durch Substitution und verstärkte Anwendung der Wertstoffrückgewinnung.

Hierzu seien Produktionsverfahren zu ändern oder durch abwasserarme bzw. -freie zu ersetzen, das eingesetzte Wasser durch Mehrfachnutzung bzw. Kreislaufführung möglichst oft wiederzuverwenden, wenn Stoffrecycling nicht möglich ist, nur nach kurzer Zeit biologisch vollständig abbaubare Stoffe einzusetzen und die verbleibenden Abwässer den Emissionsgrenzwerten entsprechend zu behandeln.(Tz. 1186) Allerdings seien technische Maßnahmen allein nicht ausreichend, sondern durch planerische Strategien sowie durch Beschränkungen für Produktion und Verwendung gefährlicher Stoffe zu ergänzen.(Tz. 1214)

Schließlich hat sich der *Deutsche Bundestag* in zwei Enquete-Kommissionen mit Vorsorgestrategien und -maßnahmen befaßt. Die Kommission der elften Wahlperiode "Vorsorge zum Schutz der Erdatmosphäre" führt Vorsorge sogar im Titel. Eine Definition von Vorsorge oder der zugrundegelegten Kriterien unterbleibt allerdings.[82] Als vorsorgende Strategien und Maßnahmen gegen Ozonabbau und Treibhauseffekt werden u.a. empfohlen: Produktionseinstellungen von Ausgangsstoffen (z.B. FCKW und Halone), Kennzeichnung von schädigenden Werk- und Inhaltsstoffen auf Produkten und am Beispiel Energie-Einsparungen, Effizienzverbesserungen und alternative Gewinnungsformen.[83] Die Kommission der zwölften Wahlperiode "Schutz des Menschen und der Umwelt" definiert Vorsorge als "das Eintreten bekannter Schadwirkun-

---

stimmte Stoffe sollten in der Umwelt nicht vorhanden sein, zum "Gefangenen der chemischen Analytik" zu machen, und zieht deshalb Grenzwerte dem Gebot der Null-Emission vor (Tz. 1617).

82 Auch in der Formulierung des Auftrags durch den Deutschen Bundestag; vgl. Deutscher Bundestag 1992.

83 Vgl. Deutscher Bundestag 1990b, Bd. 1, S. 66f., 99-104; bei der Energieart Kernenergie kam allerdings kein einheitliches Votum zustande; vgl. S. 104-106.

gen nach Möglichkeit auszuschließen sowie bislang unbekannte Schadwirkungen zu begrenzen"[84]. Nach dieser Definition kann jeglicher Umweltschutz als vorsorgend bezeichnet werden. Sie erschließt sich erst präziser, indem die Untersuchung auf das Leitbild nachhaltiger Entwicklung (sustainable development) Bezug nimmt und das Management von Stoffströmen "über die gesamte Produktlinie von der Rohstoffgewinnung über die Produktions- und Gebrauchsphase bis zur Entsorgung"[85] in den Mittelpunkt ihrer Betrachtungen stellt. Vor allem sind Stoffströme zu verlangsamen, der Schadstoffeintrag zu verringern und Interdependenzen (Kuppelproduktion, Beziehung von Stoff- und Güterströmen) zu berücksichtigen.[86]

Insgesamt ist hier zunächst die bemerkenswerte Karriere von Vorsorge in der regierungs- und halbamtlichen Programmatik - zumindest als Begriff - festzuhalten. Das Vorsorgeprinzip ist mittlerweile nicht nur etabliert, sondern zum wichtigsten umweltpolitischen Prinzip erkoren.[87] Gleichwohl - auch die mosaikartig zusammengetragenen Textstellen sind ein Indiz hierfür - sind dessen vielfältige Ausprägungen bislang wenig zufriedenstellend systematisiert und - gerade auch für die betriebliche Ebene - operationalisiert.[88] Für den lediglich "anderen Aggregatzustand von Politik"[89], das Recht, hat dies Folgen.

2.2.3 Vorsorge als Prinzip des nationalen Umweltrechts

Die rechtsdogmatische Entwicklung des Vorsorgeprinzips hat ihren Ausgangspunkt im Bundes-Immissionsschutzgesetz (BImSchG) vom 15.3.1974.[90] Kristallationspunkt für die inhaltliche Konkretisierung von Vorsorge ist das aus dem Polizeirecht in das technische Sicherheitsrecht übernommene Prinzip der Gefahrenabwehr.[91] So ist als Zweck des Gesetzes in § 1 neben dem Schutz vor schädlichen Umwelteinwirkungen und sonstigen Gefahren weiterhin festgelegt, "dem Entstehen schädlicher Umweltwirkungen vorzubeugen". Ebenso werden im BImSchG § 5 Abs. 1 Gefahrenabwehr (Nr. 1) und Vorsorge (Nr. 2) als separate Schutzziele aufgeführt.

Gefahrenabwehr und Vorsorge decken lediglich verschiedene Strategien auf dem

---

84 Deutscher Bundestag 1994, S. 433.
85 Deutscher Bundestag 1994, S. 27; auch 1993, S. 287.
86 Vgl. Deutscher Bundestag 1994, S. 550f.; 1993, S. 286.
87 Vgl. auch Zimmermann 1990, S. 23-25.
88 Vgl. dazu Hartkopf/Bohne 1983, S. 91; Zimmermann 1990, S. 28f.
89 Ossenbühl 1986, S. 164.
90 Vgl. Salzwedel 1988, S. 17; Feldhaus 1980, S. 33; Lersner 1994, Sp. 2703f.
91 Vgl. Prittwitz 1988, S. 49-51; Hohmann 1992, S. 25-32.

gleichen aus den Kriterien Ereigniswahrscheinlichkeit und Schadenspotential gebildeten Kontinuum ab, an dessen anderen Ende das rechtlich erlaubte und als allgemeine
Zivilisationslast zu tragende Restrisiko steht.[92] Gefahren sind unbedingt zu verhüten.
Eine Gefahr ist in Anlehnung an das Polizeirecht dann gegeben, wenn in überschauba-
rer Zukunft eine nicht unerhebliche Beeinträchtigung des zu schützenden Gutes mit -
nach der allgemeinen Lebenserfahrung oder wissenschaftlicher Erkenntnis - hinreichender Wahrscheinlichkeit droht.[93] Beide Kriterien sind negativ miteinander verknüpft, d.h. je folgenschwerer ein potentieller Schaden ist, desto geringere Anforderungen sind an die Wahrscheinlichkeit zu stellen ("Besorgnisproportionalität").[94]

Aufgrund der, wenn auch unmittelbaren, Zukunftsorientierung - ein Schaden steht
erst noch bevor - wird häufig bereits die Gefahrenabwehr der Vorsorge zugeordnet.[95]
Übereinstimmend wird Vorsorge aber auch als über die Gefahrenabwehr, allerdings
nicht unbegrenzt, hinausgehende Aktivität qualifiziert.[96] Uneinigkeit - und hier wirkt
sich die programmatische Unbestimmtheit von Vorsorge aus - besteht allerdings darüber, wie weit Vorsorge über diese unmittelbare Gefahrenschwelle hinaus greift und
bei welcher Kombination von Schadenspotential und Wahrscheinlichkeit demzufolge
das Restrisiko beginnt. Die traditionelle, aber offensichtlich an Bedeutung verlie-
rende[97] Lehre und auch die frühere Rechtsprechung sind bemüht, die unbestimmten
Rechtsbegriffe des § 5 Abs. 1 Nr. 1 und 2 BImSchG - und damit den Geltungsbereich
von Vorsorge - möglichst rigide, d.h. kaum über die Gefahrenabwehr hinausgehend,

---

92 Vgl. hierzu die Leitlinien Umweltvorsorge der Bundesregierung (BMI 1986, S. 12); im Entwurf zum Allgemeinen Teil des Umweltgesetzbuches die Begriffsbestimmung von Umweltrisiko und -gefahr in § 2 (6)
und die Erläuterung hierzu (Kloepfer u.a. 1991, S. 38, 119f.); Prittwitz 1988, S. 50; Rehbinder 1988, S. 131f;
1991, S. 8 oder Kloepfer/Kröger 1990, S. 11.

93 Zum polizeirechtlichen Gefahrenbegriff jeweils m.w.N. Vogel 1986, S. 220-227; Götz 1993, S. 66-77, Rdnr.
115-138; Gusy 1993, S. 54-67, Rdnr. 103-127; Knemeyer 1993, S. 46-48, Rdnr. 61-67; Murswiek 1994.

94 Vgl. auch Rehbinder 1988, S. 131; Prittwitz 1988, S. 50; m.w.N. Kloepfer 1989, S. 76, Rdnr. 9.

95 So auch in den Leitlinien der Bundesregierung zur Umweltvorsorge und vom Sachverständigenrat; vgl. S.
36-38. Prittwitz stellt z.B. fest: "Das Konzept der 'Gefahrenabwehr' ist an die Bedingung hinreichender
Wahrscheinlichkeit des Schadenseintritts gebunden und greift damit i.d.R. nur kurzfristig. Dennoch enthält
das Konzept auch ein Präventionselement. Polizeirechtlich wird sogar explizit zwischen präventiven Funktionen der Gefahrenabwehr ('einen möglichen Schaden abwenden') und repressiven Funktionen ('Regelung
eines bereits eingetretenen Schadens') unterschieden" (Prittwitz 1988, S. 51). Ähnlich stellt Kloepfer fest,
daß "Prävention auch schon eine klassische Aufgabe der Gefahrenabwehr ist" (Kloepfer 1989, S. 75,
Rdnr.9), unterscheidet dann aber zwischen Gefahrenabwehr und Gefahrenvorsorge (Rdnr. 9-11). Allgemein
zum Konzept der Gefahrenabwehr vgl. auch Vogel 1986, S. 220; Götz 1993, S. 68, Rdnr. 123; Gusy 1993, S.
58f., Rdnr. 109f.

96 So führt z.B. Trute (1989, S. 32) als Grund für die Einführung des Vorsorgegrundsatzes gerade die Erfahrung an, daß die Gefahrenabwehr gegenüber den Langzeitwirkungen, synergetischen und kumulativen Effekten von Schadstoffen als zu statisch, zu punktuell und zu unangemessen erschien; ebenso RSU 1994, S.
48, Tz. 12 und S. 61, Tz. 59; Lersner 1994, Sp. 2705.

97 Vgl. hierzu Rehbinder 1988; Hohmann 1992, S. 30; Breier/Vygen 1994, S. 954, Rdnr. 10.

auszulegen.[98] Damit wären die Restrisiken erheblich. Zentrale Elemente dieser Argumentation sind die Beschränkung des Vorsorgeanlasses auf einen konkreten, insbesondere wissenschaftlich begründeten Gefahrenverdacht und die Beschränkung auf Maßnahmen, die dem vermuteten Risiko proportional sind.[99] Befürchtet wird eine "Vorsorge ins Blaue"[100], ein absolutes Minimierungsziel unter Mißachtung des Grundsatzes der Verhältnismäßigkeit und des Übermaßverbots[101]. Vorsorge erfordere dagegen rationales Abwägen und setze deshalb eine gründliche Diagnose der Vorsorgesituation voraus.[102]

Die Forderung erscheint zunächst plausibel. Denn Konkretisierung erleichtert es zu prüfen, ob eine Gegenmaßnahme erforderlich, geeignet und verhältnismäßig ist - und zwar in bezug auf das Vorsorgeziel selbst als auch auf andere (konkurrierende) Gemeinwohlziele.[103] Wichtig wird hier nun aber der Einwurf *Rehbinders*, daß gerade in ihrer Größenordnung und Wahrscheinlichkeit unbekannte Risiken den genuinen Anwendungsbereich des Vorsorgeprinzips darstellen.[104] Da die Prognosequalität vor allem mit der Länge des Zeithorizonts korreliert, d.h. mit wachsendem Zeithorizont tendenziell die Unsicherheit zu- und damit die Konkretisierbarkeit abnimmt, ergäbe sich bei Erfüllung der Forderung demnach die paradoxe Situation, daß die Vorsorge gerade dort, wo sie besonders notwendig und sinnvoll ist, stark eingeschränkt oder sogar ausgeschaltet würde: bei komplexen ökologischen Problemen - denn letzte Kausalitätsnachweise sind hier selten möglich.[105] Es ist *Rehbinder* weiterhin zuzustimmen, wenn er schreibt "daß gesellschaftliche Aktivitäten von einigem Gewicht ... nach unseren Erfahrungen regelmäßig mit Risiken für Mensch und Umwelt verbunden sind", sich mithin eine Gefährlichkeits-, nicht aber eine Gefahrlosigkeitsvermutung für derartige Stoffe und Aktivitäten ergibt.[106] Umweltverträgliches Wirtschaften erfordere deshalb, Vorsorgemaßnahmen nicht nur bei einer konkreten Gefahr, sondern bereits

---

98 Vgl. Zimmermann 1990, S. 29f.; Rehbinder 1988, S. 135, 138f.; 1991, S. 11f. m.w.N.

99 Vgl. insbes. Ossenbühl 1986, S. 164-168 und die aus einer Untersuchung für den Industrieverband Agrar e.V. entstandene Studie von Rengeling zur Abwehr von EWG-"Vorsorgegrenzwerten" für Pflanzenschutzmittel; Rengeling 1989.

100 Ossenbühl 1986, S. 164; Böttcher 1994 und die Replik von Kluge/Schramm 1994.

101 Vgl. Sellner 1980, S. 1259f.; Ossenbühl 1986, S. 167f.; Reich 1989, S. 203-224; Hoppe/Beckmann 1989, S. 72, Rdnr. 85; Trute 1989, S. 72-78; Jarass 1993, S. 159f.; RSU 1994, S. 65-67, Tz. 73-79.

102 Zimmerman (1990, S. 30) stellt deshalb die Diagnose, daß das Vorsorgeprinzip "bisher wohl weniger erfolgreich bei der Prävention von Umweltschäden gewirkt hat, dafür aber um so erfolgreicher bei der Verhinderung von befürchteten Überaktivitäten zugunsten eines vorsorgenden Umweltschutzes".

103 Vgl. Rengeling 1989, S. 29.

104 Vgl. Rehbinder 1988, S. 135; 1991, S. 12.

105 Vgl. hier auch das Beispiel Zimmermanns der schulischen Bildung, für deren Anbieten der bloße abstrakte Nutzenverdacht sehr wohl ausreicht - unabhängig vom individuellen Ergebnis; Zimmermann 1990, S. 29.

bei einem abstrakten Gefährdungs-/Besorgnispotential - unwahrscheinliche, aber nicht ganz auszuschließende Schäden - einzuleiten, sofern diese Maßnahmen nicht in einem offensichtlichen Mißverhältnis zur lediglich vermuteten Umweltentlastung stehen.[107] Das Bundesverwaltungsgericht hat in seinem Urteil zum Atomrecht vom 19.12.1985 das Besorgnispotential als Vorsorgeanlaß ausdrücklich anerkannt,[108] und ebenso orientiert sich der Sachverständigenrat für Umweltfragen in seinem aktuellen Gesamtgutachten daran.[109]

Die umfangreiche und kontroverse Diskussion über die Abgrenzung von Vorsorge zur Gefahrenabwehr einerseits und zum Restrisiko andererseits beläßt, wie *Rehbinder* anhand von elf unterschiedlichen Auslegungen demonstriert, die Konturen und Grenzen der Vorsorge weiterhin unscharf mit der "Folge, daß das Vorsorgeprinzip keine wirkliche Leitfunktion besitzt"[110]. Das deutsche Umweltrecht analysierend, arbeitet *Hohmann* eine Reihe dennoch "unstreitiger", weil in einzelnen Gesetzen enthaltene, Vorsorgepflichten heraus:

- Pflichten zur Minimierung denkbarer Schadensursachen durch Beachtung der nach dem Stand der Technik bzw. nach dem Stand von Wissenschaft und Technik möglichen Maßnahmen bereits bei der bloßen Möglichkeit eines Schadenseintritts (§§ 5 I Nr. 2 BImSchG, 7 a WHG, 7 II Nr. 3 AtomG);
- Pflichten zur Vermeidung von Abfall und Schadstofffrachten (§§ 1 a I AbfG, 7 a WHG), die bereits im Produktionsverfahren einsetzen müssen, sowie Pflichten zur Verwertung von Abfall und Reststoffen (§§ 1 a II AbfG, 5 I Nr. 3 BImSchG);
- das Verbot, die Qualität des vorhandenen Umweltbestandes zu verschlechtern, d.h. das Unterlassen vermeidbarer und Ausgleichspflicht für unvermeidbare Beeinträchtigungen (§ 8 BNatSchG);
- ständige und medienübergreifende Mitberücksichtigung der Umweltbelange bei jeder Planungsentscheidung (UVP);
- die Bewirtschaftung der Natur unter Berücksichtigung des Naturhaushalts, der Schonung der natürlichen Ressourcen und der Nutzungserfordernisse (§ 36 b I WHG; § 1 BWaldG);
- sparsame Nutzung der natürlichen Ressourcen (§§ 2 I Nr. 3 BNatSchG, 1 a II WHG);
- und mögliche Vermarktungsbeschränkungen für Chemikalien (§ 1 ChemG).[111]

Hohmann will deshalb einen Paradigmen-Wechsel im deutschen Umweltrecht seit 1986 erkennen, der von dem materiellen Leitbild des Vorsorge- bzw. Präventivprinzips

---

106 Rehbinder 1988, S. 139; vgl. auch Zimmermann 1990, S. 30.
107 Vgl. Hohmann 1992, S. 30; Rehbinder 1988, S. 139; ähnlich Trute 1989, S. 55f. i.V.m. 77f.
108 "Vielmehr müssen auch solche Schadensmöglichkeiten in Betracht gezogen werden, die sich nur deshalb nicht ausschließen lassen, weil nach dem derzeitigen Wissensstand bestimmte Ursachenzusammenhänge weder bejaht noch verneint werden können und daher insoweit noch keine Gefahr, sondern nur ein Gefahrenverdacht oder ein 'Besorgnispotential' besteht"; BVerwGe 72, S. 315.
109 Vgl. RSU 1994, S. 66, Tz. 75-77.
110 Rehbinder 1988, S. 133; auch 1991, S. 9f.
111 Vgl. Hohmann 1992, S. 27-32, hier S. 31; vgl. auch Ossenbühl 1986, S. 168-171; Kloepfer u.a. 1991, S. 167; Salzwedel 1988, S. 15-17; Niklisch 1988; Häußler 1994, S. 51-61; Lersner 1994, Sp. 2707-2709.

geprägt sei.[112] Einen Meilenstein auf diesem Weg könnte das zur Zeit in Arbeit befindliche Umweltgesetzbuch (UGB) darstellen.[113] Im weiteren beziehe ich mich auf den Entwurf des Allgemeinen Teils.[114] Neben der inneren Harmonisierung und Vereinheitlichung des Umweltrechts und seiner Einpassung in die gesamte Rechtsordnung werden als weitere Ziele genannt, eine medienübergreifende, ökologische Betrachtungsweise rechtlich zu verankern sowie der Prävention Vorrang einzuräumen bei der Festlegung einer Rangfolge der Umweltmaßnahmen (Vermeidung vor Verminderung vor Ausgleich).(13f.) An anderer Stelle wird die Notwendigkeit der Integration des Umweltschutzes auch in andere umweltwirksame, aber primär andere Interessen zu ordnen bestimmte Rechtsbereiche betont.(S. 21)

Die Forderung nach Prävention ist zum einen explizit formuliert, durchzieht zum andern aber das gesamte Regelungswerk. Speziell für die Unternehmensebene wird der Information und der Organisation herausragende Bedeutung zuteil (§§ 10-14, 94-102). Die zentrale explizite Regelung ist § 4. Explizite Aussagen zur Vorsorge enthalten weiterhin § 1 (Zweck des Gesetzes), § 3 (Leitlinien), § 7 (Gefahrenverhütung) und § 8 (Vorsorge; Konkretisierung des § 4).

"§ 4 Vorsorgeprinzip
Durch geeignete Maßnahmen, insbesondere durch eine vorausschauende Planung und eine dem Stand der Technik entsprechende Begrenzung von Emissionen, ist darauf hinzuwirken, daß vermeidbare oder hinsichtlich ihrer langfristigen Folgen nicht absehbare Umweltbeeinträchtigungen möglichst ausgeschlossen werden."

"Das Vorsorgeprinzip zielt .. auf umfassenden Schutz und schonende Inanspruchnahme der natürlichen Lebensgrundlagen."(S. 138) Im Entwurf werden zwei, gleichrangige, Ziele genannt: die Gefahren- bzw. Risikovorsorge und die Ressourcenvorsorge bzw. -bewirtschaftung.[115] Nach der sicherheitsrechtlichen Interpretation des UGB erstreckt sich die Vorsorge sowohl auf die Minderung von Umweltrisiken als auch auf die Abwehr von Umweltgefahren.(§ 1: S. 37, 110f.; § 4: 138-141) Letztere deckt den schon bisher anerkannten Bereich nicht mehr hinnehmbarer Risiken (Gefahrenabwehr) ab (s.o.). Mit dem Minderungspostulat wird nunmehr die Vorsorge auch explizit deutlich unterhalb der Gefahrenschwelle auf das Besorgnispotential ausgedehnt.[116] Damit wird gleichzeitig das Restrisiko auf wegen praktischer Vernunft

---

112 Vgl. Hohmann 1992, S. 31, 29.
113 Vgl. UBA 1991a, S. 35; UBA 1992, S. 36; UBA 1993a, S. 41f.; UBA 1994, S. 41f.; UBA 1995a, S. 61f.
114 Vgl. Kloepfer u.a. 1991; alle folgenden Seitenangaben im Text beziehen sich auf diese Quelle.
115 Ähnlich bereits Kloepfer 1989, S. 79-81, u.a. Rdnr. 8, 20.
116 Unter der Konkretisierung im § 8 heißt es: " 'Vorsorge ins Blaue' wird nicht gefordert. Es liegt jedoch in der Natur der Vorsorge als einer auf die Zukunft bezogene, auf Unsicherheit des gegenwärtigen Standes

ausgeschlossene Risiken begrenzt.(119f.) Sicherheitsrechtlich werden dem Vorsorge-prinzip somit insbesondere zugeordnet:

"- auch (zeitlich und räumlich) entfernte Gefahren,
- Fälle geringerer Eintrittswahrscheinlichkeit bis hin zum bloßen Gefahrenverdacht bzw. zur bloßen Risikovorsorge,
- Umweltbelastungen, die für sich genommen ungefährlich, aber insgesamt (inkremental) schädlich und technisch vermeidbar sind"[117].

Bewirtschaftungsrechtlich ist das Vorsorgeprinzip in § 3 präzisiert. Hervorzuheben sind die medienübergreifende Sichtweise und der Ansatz der Verbrauchsvermeidung (konkretisiert für die Naturgüter Boden, Wasser und Lärm); u.a. statuiert Absatz 1 Nr. 4 - anders als § 1 a AbfG - eine generelle Pflicht zur Abfallvermeidung.(135) Mit den Begriffen "sparsam" bzw. "auf Dauer" in Absatz 2 Satz 1 Nr. 1 "wird auch der Grund-satz der Nachhaltigkeit als einem (unselbständigen) Nebenprinzip des Vorsorgeprin-zips betont" (135). Erneuerbare Naturgüter sind danach in einem vertretbaren Maß zu nutzen,[118] nicht erneuerbare so, daß sie möglichst lange zur Verfügung stehen.(136)

2.2.4 Vorsorge als Prinzip der internationalen Umweltpolitik und des in-ternationalen Umweltrechts

Ergänzend wird nun die Ebene der internationalen Umweltpolitik und des internationa-len Umweltrechts nach inhaltlichen Ausformungen von Prävention untersucht. Zum einen - dies gilt am ehesten für die EU - aufgrund der Regelungsrelevanz, zum andern genau aufgrund des Gegenteils: Bei relativer Unverbindlichkeit und erwartet geringer Rezeptanz in den Ländern stellt sich bei der Formulierung eher der größte als der kleinste gemeinsame Nenner ein. Es ist für unsere Zwecke unerheblich, ob und wie sehr solche Aussagen tatsächlich umgesetzt und verbindliche Praxis sind. Entscheidend ist vielmehr der Gehalt, der der Prävention von den Architekten solcher Texte beige-messen wird.

Die **Europäischen Gemeinschaften** haben gemäß Artikel 25 der Einheitlichen Euro-päischen Akte (EEA) die Handlungsgrundsätze der Vorsorge und der Integration ("Querschnittsklausel") 1986 in den EWG-Vertrag aufgenommen.[119] In dem am 1.

---

der Erkenntnis reagierenden Pflicht, daß eine strenge Risikoproportionalität im Hinblick auf den Vorsorge-
geanlaß und das Maß der erforderlichen Vorsorge nicht zu fordern ist"; Kloepfer u.a 1991, S. 174.
117 Kloepfer u.a. 1991, S. 139; aber auch bereits ausführlich Kloepfer 1989, S. 77-79, Rdnr. 11-17.
118 D.h. Abwägung zwischen notwendigem Verbrauch und aktueller Belastung einerseits und langfristiger Er-
neuerung und Erhaltung andererseits.
119 Vgl. EEA 1986; auch Rengeling 1989, S. 12f.; Ress 1994, Sp. 565-567.

	Art. 130r, Abs. 2 EEA (1986)		Art. 130r, Abs. 2 EUV (1992)		
	"Die Tätigkeit der Gemeinschaft im Bereich der Umwelt unterliegt dem Grundsatz, Umweltbeeinträchtigungen vorzubeugen und sie nach Möglichkeit an ihrem Ursprung zu bekämpfen, sowie dem Verursacherprin-zip. Die Erfordernisse des Umweltschutzes sind Bestandteil der anderen Politiken der Gemeinschaft."		"Die Umweltpolitik der Gemeinschaft ... beruht auf den Grundsätzen der Vorsorge und Vorbeugung, auf dem Grundatz, Umweltbeeinträchtigungen mit Vorrang an ihrem Ursprung zu bekämpfen, sowie auf dem Versursacherpinzip. Die Erfordernisse des Umweltschutzes müssen bei der Festlegung und Durchführung anderer Gemeinschaftspolitiken einbezogen werden."		
Kommentator(en)	Grabitz/ Nettesheim 1992, S. 9, Rdnr. 37	Krämer 1991, S. 3972-3976	Ress 1994, Sp. 565f.	Breier/Vygen, 1994, S. 954f., Rdnr. 10f.	Burgi 1995
Regelwerk	EEA 1986	EEA 1986	EUV 1992	EUV 1992	EUV 1992
Vorsorgeprinzip	entsprechen sich Vermeidung = Vorkehrungen im Vorfeld d. Entstehung v. Gefahren u. Schäden treffen, einschl. Gefahrenabwehr	weitergehend als Vorbeugung	entsprechen sich	unterhalb Gefahrenschwelle; = Risikovermeidung/ Besorgnispotential	Absenkung v. Wahrscheinlichkeiten (= deutsches Vorsorgeprinzip) + Ressourcenbewirtschaftung
Vorbeugeprinzip		Störungen erst gar nicht eintreten lassen		Gefahrenabwehr	
Ursprungprinzip	Maßnahmen an der Quelle	Korrektur am Ursprung der Beeinträchtigung	Maßnahmen an der Quelle		Maßnahmen an der Quelle = Gefahrenabwehr
Integrationsprinzip	Berücksichtigung der Umweltschutzerfordernisse bei allen anderen Gemeinschaftspolitiken ("Querschnittsklausel", Integration)				

Abb. 8: Interpretation von Vorsorge in Art. 130r des EU-Vertrags

November 1993 in Kraft getretenen Vertrag über die **Europäische Union** (EUV) ist der entsprechende Artikel 130r Abs. 2 leicht modifiziert. Die in Abbildung 8 ausgewerteten Kommentare entdecken darin bis zu vier verschiedene Prinzipien und ordnen diese den im deutschen Umweltrecht unterschiedenen noch teilweise unterschiedlich zu.[120]

---

120 Zur Historie vgl. auch Ress 1994, Sp. 577f.; Breier/Vygen 1994, S. 923-925.

Die Auffassungen sind in bislang fünf Aktionsprogrammen präzisiert.[121] So heißt es im *ersten Aktionsprogramm* vom 22.11.1975 unter den Grundsätzen u.a., daß

- die beste Umweltpolitik darin besteht, Umweltbelastungen von vornherein zu vermeiden, statt sie erst nachträglich in ihren Auswirkungen zu bekämpfen (Grundsatz 1). Die EG setzt auf den technischen Fortschritt, hebt in einem späteren Grundsatz (9) aber auch die (planerische/organisatorische) Notwendigkeit der Beteiligung eines jeden und aller sozialen Kräfte in der Gemeinschaft sowie aller Bevölkerungsgruppen hervor;
- bei allen fachlichen Planungs- und Entscheidungsprozessen die Auswirkungen auf die Umwelt so früh wie möglich berücksichtigt werden müssen (Grundsatz 2);
- jede mit erheblichen Schäden für das ökologische Gleichgewicht verbundene Nutzung der natürlichen Ressourcen und der Umwelt zu vermeiden ist (Grundsatz 3) und
- wichtige Aspekte der Umweltpolitik nicht länger isoliert geplant und durchgeführt werden dürfen (Grundatz 11).[122]

Im *dritten Aktionsprogramm* wird das Vorsorgeprinzip explizit eingeführt und unmittelbar definiert als "die Erhaltung schützungswürdiger Ressourcen so früh wie möglich bei den Planungs- und Entscheidungsverfahren der wirtschaftlichen und sozialen Entwicklung"[123] zu berücksichtigen. An seine Wirksamkeit werden Voraussetzungen geknüpft, u.a.

"- die erforderlichen Kenntnisse und Informationen zu verbessern und sie allen beteiligten Parteien einschließlich der Öffentlichkeit leicht zugänglich zu machen;
- Abwägungsverfahren auszuarbeiten und einzuführen, die eine Berücksichtigung der entsprechenden Kenntnisse im Frühstadium der Entscheidungsprozesse für jede Tätigkeit sicherstellen, die signifikante Auswirkungen auf die Umwelt haben kann; ...
- die Ausbildung und Sensibilisierung auf dem Gebiet des Umweltschutzes zu verbessern und zu verstärken."[124]

Aufbauend auf der vorbeugenden Konzeption des dritten Aktionsprogramms und der entsprechenden, kurz zuvor erfolgten Erweiterung des EWG-Vertrages (s.o.) legt das *vierte Aktionsprogramm* einen herausragenden Schwerpunkt bei der Integration des Umweltschutzes in die anderen Gemeinschaftspolitiken: "... daß bei allen wirtschaftlichen und sozialen Aktionen innerhalb der Gemeinschaft ... die Umwelterfordernisse in vollem Umfang in Planung und Durchführung einbezogen werden."[125]

Im *fünften* - und aktuellen - *Aktionsprogramm* "Für eine dauerhafte umweltgerechte Entwicklung" werden der vorbeugende Ansatz und die gemeinsame Verantwortung zu den zentralen Grundlagen erklärt.[126] Merkmale sind über das Papier verstreut, hervorgehoben werden:

---

121 Zu den ersten vier vgl. auch Rengeling 1989, S. 17f.
122 Vgl. EG 1973, S. 6f.
123 EG 1983, S. 6, Tz. 9.
124 ebenda.
125 Vgl. EG 1987, S. 7, 10-14, hier S. 10.
126 Vgl. EG 1992, S. 27. Die folgenden Seitenangaben im Text beziehen sich auf diese Quelle.

- Frühzeitigkeit/Ursachenbekämpfung: Statt wie bisher "abzuwarten, bis die Probleme auftauchen, sind die Ursachen anzugehen;(5, 21)
- Änderung von Verbrauchs- und Verhaltensmustern: Als das "wirkliche Problem" werden "menschliche Verbrauchs- und Verhaltensmuster" angesehen.(6, 21) Ursachenbekämpfung erfordere hier erhebliche Änderungen;(5, 21)
- Internalisierung externer Kosten;(103)
- Integration: Hierzu ist "die vollständige Einbeziehung der Umweltpolitik in andere wesentliche Politiken zu erreichen";(5, 21, 27, 103)
- Zusammenarbeit/Beteiligung/Subsidiarität: was nur durch das "Prinzip der Zusammenarbeit zwischen allen Beteiligten" erreichbar ist;(27, 5, 9, 21)
- Information: Verbesserung der Information über grundlegende Daten, Tendenzen und Indikatoren;(103)
- Ganzheitlichkeit/Langfristigkeit: Das Verhalten darf nicht zu Lasten anderer - Regioen/ Länder, Generationen - gehen;(27, 4, 5)
- Qualifikation: Dies alles zu erreichen, "muß die Umwelt zum Erziehungs- und Ausbildungsthema aller Akteure in dieser Kette (Forschung - Herstellung - Vermarktung - Verbrauch - Entsorgung, Anm. R.A.) werden" (33, 103).

Inhaltlich wird folgenden Strategien Vorrang eingeräumt (6, 103):
- eine dauerhafte und umweltgerechte Bewirtschaftung der natürlichen Ressourcen;
- integrierter Umweltschutz und Vermeidung von Abfällen;
- Verringerung des Verbrauchs nicht erneuerbarer Ressourcen;
- verbessertes Mobilitätsmanagement mit effizienteren und umweltgerechteren Standortbestimngsverfahren und Transportarten;
- Verbesserung von Gesundheit und Sicherheit unter besonderer Berücksichtigung von industrieller Risikoabschätzung bzw. industriellem Risikomanagement.

Unter ausdrücklichem Bezug auf das fünfte Aktionsprogramm, und hier der Strategie des integrierten Umweltschutzes, hat die Kommission der EG im September 1993 einen "Vorschlag für eine Richtlinie des Rates über die integrierte Vermeidung und Verminderung der Umweltverschmutzung" (*IVU*) vorgelegt und im Mai 1995 einen geänderten Vorschlag.[127] Die IVU wird ausdrücklich als "präventives Konzept" (17) bezeichnet. Da "kein Umweltbereich für sich allein betrachtet werden kann" (2), ist das wichtigste Ziel der IVU die "Vermeidung oder Lösung von Umweltproblemen anstelle ihrer Übertragung von einem Umweltmedium zum anderen" (3,29). Deshalb ist die "Vermeidung, sofern möglich, oder Verminderung auf ein Mindestmaß" (3, 29, Artikel 1) anzustreben. In expliziter Abgrenzung zur Eop-Technik (12) wird als Grundlage für Emissionsgrenzwerte das "Konzept der besten verfügbaren Technik" (4, 16, 24, 29, Artikel 2/10) eingeführt. Die Bewertungskriterien enthält in Verbindung mit Artikel 2/10 Anhang IV;(54) sie sollen möglichst schon bei der Vorhabenplanung Berücksichtigung finden:(15,34) abfallarme Technologie, Stoff-Rückgewinnung und Wiederver-

---

127 Vgl. KOM(93) 423, S. 2, 33; KOM(95) 88. Die folgenden Seitenangaben im Text beziehen sich auf die erste Quelle; für die zitierten Passagen ergaben sich keine Änderungen.

wertung, Emissionen/Rohstoff-/Energieverbrauch (einschl. Wasser) nach Art und Menge, Vermeidung der Gesamtemissionen oder Verringerung auf ein Mindestmaß. Als paralleles Konzept werden in Artikel 9 immissionsseitige Umweltqualitätsnormen genannt.(41f., 20)

Auf **OECD**-Ebene ist für *Zimmermann* die Vorsorge das dominante Prinzip der Umweltpolitik seit den 80er Jahren.[128] Die *OECD* unterscheidet, allerdings ohne klare Abgrenzung, zwischen react-and-cure und anticipate-and-prevent-strategies.[129] Präventive, einen längeren Zeitraum zugrunde legende Umweltpolitik, umfasse zwei Maßnahmentypen:[130] erstens solche, "which plan positively to create environmental benefits that society wants". Hierunter fallen alle Aktivitäten, die unmittelbar am zu schützenden Gut bzw. Objekt ansetzen und dessen Zustand aktiv verbessern: Gesundheit und Wohlbefinden, Ökosysteme, Landschaften, Arten oder Baudenkmäler. Der zweite Typ zielt auf Integration mit bestehenden Politikbereichen,[131] mit herkömmlichen Entscheidungen und Abläufen: "which seek to prevent the environmental degradation that, in their absence, can predictably result from human activities". Unter anderem bedeutet dies, umweltgefährdende Stoffe und Produkte zu reduzieren, geschlossene Stoffkreisläufe einzuführen, Recycling oder eine recyclingfreundliche Konstruktion. Generell sollen antizipative Maßnahmen sicherstellen, daß bei umweltwirksamen Entscheidungen ökologische Anforderungen zum frühestmöglichen Zeitpunkt berücksichtigt werden. Den gesamten ökologischen Lebenszyklus eines Produktes bzw. einer Leistung allgemein zugrunde legend "they would tend to focus on the forward design and planning rather than on the use and waste disposal end"[132]. Als weiteres Kriterium gilt die Beteiligung der Öffentlichkeit.[133] *Zimmermann* schlußfolgert daraus auf zwei wesentliche Merkmale präventiver Umweltpolitik im Verständnis der *OECD*: ihre komparative Langfristigkeit gegenüber anderen umweltpolitischen Varianten und die Förderung des umweltfreundlichen technischen Fortschritts.[134] Mindestens ebenso wichtig - und keinesfalls identisch mit Langfristigkeit - sind aber die Hinweise auf den Entscheidungszeitpunkt.

---

128 Vgl. auch die ausführliche Analyse der OECD-Programmatik bei Zimmermann 1990, S. 25-27.
129 Vgl. OECD 1980, S. 11-14; 1985, S. 12.
130 Vgl. im folgenden OECD 1980, S. 13, Tz. 13.
131 Vgl. hierzu auch OECD 1985, S. 11: "... environmental considerations should ... be brought effectively into the centre of national decision-making on overall economic policy. They also need to be fully integrated with other policies..."
132 OECD 1980, S. 13f., Tz. 14.
133 Vgl. OECD 1980, S. 15, Tz. 18-20.
134 Vgl. Zimmermann 1990, S. 26.

Über die *OECD* hinaus gibt es eine Fülle internationaler Umweltschutzerklärungen und -abkommen. Lediglich zwei seien wegen ihrer wegweisenden Wirkung hier herausgegriffen. "Die **Nairobi-Deklaration** (des *UNEP*-Verwaltungsrats vom 18.5.1982, Anm. u. Hervorhebung R.A.) postuliert .. erstmalig - wenn auch noch etwas vage - eine vorbeugende Planung unter Berücksichtigung des ökologischen Gleichgewichts."[135] Ziffer 9 lautet:

"Prevention of damage to the environment is preferable to the burdensome and expensive repair of damage already done. Preventive action should include proper planning of all activities that have an impact on the environment."[136]

Die **Weltcharta für die Natur**, am 28.10.1982 von der *UN-Generalversammlung* als Resolution verabschiedet, "ist weltweit das erste Dokument, das umfassend das Vorsorgeprinzip verankert"[137]. Im Zentrum der "general principles" steht die Nachhaltigkeit. Als Mindeststandard ist die Überlebensfähigkeit aller Lebensformen zu schützen (Prinzip 2), grundsätzlich ist jedoch die optimale Dauerproduktivität ("optimum sustainable productivity") von Ressourcen anzustreben, ohne dabei andere Ökosysteme und Spezies zu gefährden (Prinzip 4). Auf der Handlungsebene wird nachdrücklich gefordert, die Schutzziele in Entscheidungsprozesse, in die Planung und deren Umsetzung zu integrieren (Prinzipien 6-9). Prinzip 10 schreibt ein generelles, für die einzelnen Naturgüter abgestuftes Verschwendungsverbot fest ("natural resources shall not be wasted"). Je nach Umweltwirksamkeit werden auch an die einzelne Aktivität differenzierte Forderungen gestellt:

- Bei Erwartung irreversibler Schäden ist die Aktivität zu vermeiden (Prinzip 11a);
- bei wahrscheinlich signifikanter Gefährdung ist der Nachweis der Ungefährlichkeit zu erbringen, bei nicht <u>vollständigem</u> Verständnis[138] der Schadensfolgen ist die Aktivität einzustellen (Prinzip 11b);
- umweltgefährdende Aktivitäten sind einer Umweltverträglichkeitsprüfung zu unterziehen (Prinzip 11c).[139]

Unter Berücksichtigung der Einsprüche der Amazonasstaaten legt *Hohmann* den letzten Aspekt derart aus,

---

135 Hohmann 1992, S. 81.
136 UN 1982, zitiert nach Hohmann 1992, S. 80.
137 Hohmann 1992, S. 87; an anderer Stelle "das wohl wichtigste UN-Dokument (zum, Anm.d.Verf.) ... Vorsorgeprinzip als zentrales Prinzip der Umweltpolitik" (S. 82) oder "Magna Charta der ökologischen Umweltpolitik" (S. 87). Abgedruckt im Original und interpretiert bei Burhenne/Irwin 1986; interpretiert auch bei Hohmann 1992, S. 81-87.
138 Von Hohmann als "nicht ausreichende Kenntnis" interpretiert; Hohmann 1992, S. 85; im Original: "and where potential adverse effects are <u>not fully understood</u> (Hervorheb. R.A.), the activities should not proceed", Burhenne/ Irwin 1986, S. 11.
139 Hohmann 1992, S. 85.

"... daß Umweltbewertungen irgendeiner Art rechtzeitig zu Beginn der Planung eines Entwicklungsprojektes oder einer sonstigen umweltgefährdenden Aktivität durchgeführt werden müssen, und zwar so rechtzeitig, daß noch im Planungsprozeß Entscheidungen mit möglicherweise schädlichen Umweltwirkungen beeinflußt werden können."[140]

Prinzip 12 fordert, das Einleiten von Schadstoffen zu vermeiden und, wo dies nicht möglich ist, sie mit der besten anwendbaren Methode an der Quelle zu behandeln. Generell sind Maßnahmen direkt auf die Quellen zu richten und dabei - nicht näher spezifizierte - nachteilige Nebeneffekte zu vermeiden (Prinzip 13). Der gesamte Planungs- und Entscheidungsprozeß ist schließlich transparent zu gestalten, um eine effektive Beteiligung der und eine Beratung mit der Öffentlichkeit sicherzustellen (Prinzip 16).

Als Ergebnis eines **internationalen Rechtsvergleichs zum Vorsorgeprinzip** hält *Rehbinder* fest,[141] daß (a) die Abgrenzung zur Gefahrenabwehr (Schutzprinzip) ohne Parallele ist,[142] (b) es kaum Überlegungen zu seiner Begrenzung aufgrund des Vorsorgeanlasses gibt, (c) dagegen schon zur Risikoproportionalität.[143] Als im deutschen Umweltrecht unbekannte oder vernachlässigte Instrumente hebt er hervor: Verschlechterungsverbot (USA, NL, S, CH), bestmögliche Umweltoption (GB), Verbot der Problemverlagerung (USA), ökologische Umweltqualitätsleitwerte (NL, S, EG), Richtwerte für die Bodenbelastung mit tierischem Dünger und darauf gestützte Düngebeschränkungen (NL) sowie Absterbeprogramme für die Deponierung gefährlicher Abfälle (USA, NL).[144]

Das **Umweltvölkerrecht** auf präventive Rechtspflichten und -prinzipien hat *Hohmann* umfassend analysiert.[145] Danach enthält das Umweltvölkerrecht folgende für den vorbeugenden und ressourcenschonenden Umweltschutz elementare Prinzipien und Forderungen:

- Vorsorgepflichten nicht erst bei Gefahrenverdacht, sondern bereits bei (begründetem) Besorgnispotential, da einige überlebenswichtige Fragen wie Klima- und Ozonschutz möglicherweise allein letzterem zuzuordnen sind;
- unbedingte Verhütungs- und Bekämpfungspflichten, d.h. Verzicht auf den Nachweis naturwissenschaftlicher Kausalität und des Ursache-Wirkungs-Zusammenhangs sowie des Erreichens von schadensbezogenen Schwellenwerten;

---

140 Hohmann 1992, S. 85.
141 Vgl. Rehbinder 1991. Er untersuchte das Umweltrecht folgender Länder: USA, Japan, Großbritannien (GB), Frankreich, Niederlande (NL), Schweden (S), Schweiz (CH).
142 Er führt dies nicht auf die Sache, sondern auf die Besonderheiten des deutschen Rechtssystems zurück; vgl. Rehbinder 1991, S. 249f.
143 Vgl. Rehbinder 1991, S. 253-256.
144 Vgl. Rehbinder 1991, S. 257-261.
145 Vgl. Hohmann 1992.

- planvolle Ressourcenbewirtschaftung, u.a. mittels Genehmigungsvorbehalt und Umwelt-Monitoring;
- medien- und generationenübergreifender Ansatz, um Belastungsverschiebungen zu verhindern;
- regional-solidarische Kooperation, zuweilen ein gemeinsames globales Umweltmanagement, u.a. durch regelmäßige Information und frühzeitige Konsultationen;
- Beteiligung des grenzüberschreitenden Betroffenenkreises bei der Planung, um rechtzeitig Korrekturen gegen problematische Umweltoptionen anbringen zu können;[146]
- umfassende Fach- und Regionalplanungen, die Umweltverträglichkeitsprüfung sowie die Begrenzung von Einleitungen durch Emissionsnormen und den Einsatz der besten verfügbaren Technologie;
- Maßnahmen, die bereits im Produktionsprozeß ansetzen (Produktsubstitutionen), um Verschmutzungen von vornherein zu verhindern, sowie die Vermeidung, Verringerung und Verwertung von Schadstoffen.[147]

2.2.5 Weitere Präventionsfelder der BWL: Qualitätsmanagement und Arbeitsumweltschutz

Prävention ist auch in anderen Themenfeldern als dem Umweltschutz als Handlungsprinzip entwickelt und diskutiert. Aufgrund des betrieblichen Bezugs sowie der Nähe zum Umweltschutz sind hier der Arbeitsumweltschutz (Gesundheitswirkung von Arbeitsstoffen, Umgebungseinflüsse)[148] und das Qualitätsmanagement (Umweltverträglichkeit als Qualitätsmerkmal), speziell die präventiv ausgelegten Konzepte der Gesundheitsförderung und des Total Quality Managements, von besonderem Interesse. Trotz ihrer Gemeinsamkeiten[149] finden die Diskurse über Prävention weitgehend isoliert voneinander statt.[150] Der Stand der Diskussion um Prävention ist in beiden Themen, insbesondere auch gestalterische Fragen betreffend, deutlich weiterentwickelt als in der betrieblichen Umweltökonomie.

---

146 Vgl. auch Hoering 1992.
147 Vgl. Hohmann 1992, S. 246f.
148 Zu diesem gegenüber dem traditionellen "Arbeitsschutz" modernen und erweiterten Konzept vgl. unten, S. 46.
149 Speziell zwischen Umwelt- und Arbeitsumweltschutz werden aber auch Konkurrenzen gesehen. So kann die ausschließliche Perspektive des Arbeitsumweltschutzes zu Maßnahmen führen, die Wirkungen bloß in die natürliche Umwelt verlagern. Andererseits wird bei Konzentration auf Umweltschutz ein weiterer Bedeutungsverlust des Arbeitsumweltschutzes befürchtet; vgl. Konstanty 1991, S. 583. Bereits jetzt werden Arbeitnehmern vielfach erheblich höhere Schadstoffkonzentrationen zugemutet als in der natürlichen Umwelt, etwa bei Asbest (625fach), PER (500fach) oder PCB (333fach); vgl. Leisewitz/Pickshaus 1992, S. 41.
150 Ausnahmen sind für Umweltschutz und Qualitätsmanagement Prätorius 1991, S. 238f.; Groll 1993; für Umwelt- und Arbeitsumweltschutz ansatzweise Pröll/Peter 1990; für TQM und Gesundheitsförderung Nieder/ Susen 1994, S. 696; Satzer/Sturmfels 1995, Sp. 1 stellen eine Verbindung zwischen Qualitäts- und Gesundheitszirkeln her.

2.2.5.1 Qualitätsmanagement

Total Quality Management (TQM) ist die konsequente Weiterentwicklung der bis dahin bekannten und verbreiteten Qualitätskonzepte.[151] Gegenüber diesen grenzt es sich explizit durch seine präventive Ausrichtung ab.[152] Ausgangspunkt dieser Entwicklung und bis heute grundlegend ist die mit der Einführung Taylor'scher Arbeitsteilung vollzogene strikte Trennung zwischen Hand- und Kopfarbeit, auch und gerade bezogen auf Qualität: Nach dem Funktionsmeisterprinzip von *Taylor* ist die Prüfung der Produkte auf Güte und Maßhaltigkeit die Aufgabe eines der insgesamt acht unterschiedenen Funktionsmeister, des Prüfmeisters.[153] Die Umsetzung dieses Prinzips verlagerte nicht nur die Qualitätskontrolle und -verantwortung auf Spezialisten, zunehmend in eigens dafür eingerichteten Abteilungen. Sie beschränkte Qualitätskontrolle zudem auf Produkte, d.h. auf eine Ergebnisprüfung. "Qualitätssicherung wurde zu einer rein technischen Funktion mit der Aufgabe, Qualität (nachträglich, R.A.) 'hineinzukontrollieren'."[154] Daran änderte sich durch verfeinerte statistische Methoden nichts und nur wenig durch die "Wiederentdeckung des Menschen"[155] in den ersten Null-Fehler-Programmen Anfang der sechziger Jahre in den USA. Letztere weiteten die Perspektive zwar vom Ergebnis der Leistungserstellung auf die Leistungserstellung selbst aus, jedoch lediglich auf die in der Fertigung operativ Tätigen und dann auch nur auf deren Qualifikation (Wissen, Ausbildung, Können und Fertigkeiten) und Motivation (Konzentration, Sorgfalt und Aufmerksamkeit) nicht jedoch auf situative Einflüsse. Fehlerquellen hier waren weiter von den Fachabteilungen zu ermitteln und zu behandeln. "Hinter einer solchen Gedankenwelt stand auch die ... falsche Annahme, daß bis zu 80% der Fehler von den Mitarbeitern vor Ort verursacht werden."[156] Das genaue Gegenteil ist der Fall: Fehler werden zum Großteil bereits in frühen Phasen des Produktlebenszyklus verursacht. Abbildung 8 verdeutlicht weiterhin den End-of-the-pipe-Ansatz der Qualitätskonzepte bis zu diesem, in westlichen Unternehmen heute

---

151 Zur im folgenden skizzierten Entwicklung umfassend Zink 1989, S. 15-24; Zink/Schildknecht 1989, S. 69–74; Schildknecht 1992, S. 59-93; Oess 1993, S. 59-88; Witte 1993, S. 19-24, 86-90; Juran 1993, S. 412-415; Frehr 1993, S. 22f.; Pfeifer 1993, S. 5-10.

152 Vgl. Feigenbaum 1961, S. 2; Schildknecht 1992, S. 122-124; Naschold 1993, S. 220f.; auch Zink 1989, S. 13f.; Pfeifer 1993, S. 11; Töpfer 1993, S. 17f.

153 Vgl. Taylor 1917, S. 49, § 111; 1919, S. 132f.

154 Witte 1993, S. 20.

155 Zink 1989, S. 20.

156 Zink 1989, S. 21.

vielfach noch dominierenden Stadium[157] - die Parallele zur derzeitigen Situation im betrieblichen Umweltschutz ist offenkundig.

Die phasenverschobene Fehlerbehandlung hat erhebliche Auwirkungen auf die Struktur und Höhe der sogenannten Qualitätskosten. Bis zu 95% sind nämlich Kosten

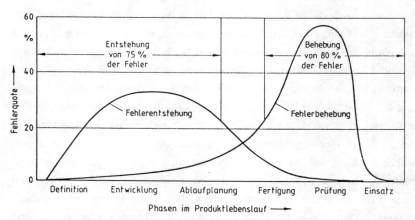

Abb. 9: Fehlerentstehung und -behebung nach herkömmlichen Qualitätskonzepten
Quelle: Jahn 1988, S. 13; Pfeifer 1993, S. 8; Frehr 1993, S. 114; Oecking 1995, S. 82, mit anderem Kurvenverlauf, aber gleichlautender Aussage

von Nicht-Qualität, auch: Fehlleistungskosten, d.h. interne (Nacharbeit, Ausschuß) und externe (Garantie, Kulanzen) Fehlerkosten (40%) und der bei weitem überwiegende Teil der Bewertungs- und Prüfkosten (55%); lediglich deren geringerer Teil sowie Verhütungskosten können tatsächlich als Qualitätskosten bezeichnet werden.[158] Berücksichtigt man, daß die Fehlleistungskosten progressiv steigen je später ein Fehler entdeckt wird - in der Literatur wird von einem Faktor bis zu zehn ausgegangen[159] -, eröffnet sich neben der Verbesserung der Qualität und damit der Kundenzufriedenheit ein erhebliches Kostensenkungspotential durch frühzeitig ansetzende Fehlerverhütung.[160]

---

157 Vgl. Berke/Deutsch 1992; für deutsche Unternehmen vgl. Hauer/Schmidt/Zink 1993.
158 Vgl. Koerth 1977, S. 2-4; Warnecke 1984, S. 527f.; Zink 1989, S. 12f.; Feigenbaum 1961, S. 84; Frehr 1993, S. 14f.; Oecking 1995, S. 81. Der Begriff "Qualitätskosten" ist deshalb umstritten; vgl. z.B. Kamiske/Brauer 1993, S. 69.
159 Vgl. Pfeifer 1993, S. 9; Brunner 1987, S. 17f.; Haist/Fromm 1989, S. 55.
160 Vgl. auch Brunner 1987, S. 18; Zink 1989, S. 13f.; Feigenbaum 1961, S. 84f.; Töpfer 1993, S. 19-21.

Als alternatives Qualitätskonzept hat *Feigenbaum* bereits früh sein "Total Quality Control" vorgelegt.[161] Insbesondere in Japan und unter Mithilfe weiterer US-amerikanischer Wissenschaftler und Berater wurden diese Ansätze zu dem weiterentwickelt, was gegenwärtig unter TQM verstanden wird. Auch in die deutsche Normung hat der Begriff mittlerweile Eingang gefunden. Die DIN-ISO 8402 definiert TQM wie folgt:

"Auf der Mitwirkung aller ihrer Mitglieder basierende Führungsmethode einer *Organisation* .., die *Qualität* .. in den Mittelpunkt stellt und durch Zufriedenstellung der *Kunden* .. auf langfristigen Geschäftserfolg sowie auf Nutzen für die Mitglieder der *Organisation* und für die Gesellschaft zielt."[162]

Trotz der Vielzahl der Autoren und Praxisanwendungen ist das Verständnis von TQM relativ homogen; Unterschiede beschränken sich auf die jeweilige Schwerpunktsetzung.[163] Einigkeit besteht über die präventive Ausrichtung von TQM und deren wesentliche Merkmale und gestalterische Konsequenzen: Als grundlegend gelten eine Kunden- und eine Prozeßorientierung.[164]

Kundenorientierung besagt, daß Qualität durch den Kunden bestimmt wird und dementsprechend die Erfüllung von Kundenanforderungen in allen Phasen des Kontakts mit den Kunden prioritär ist. Die Erfüllung technischer Produktnormen, die durch den Gesetzgeber, sonstige Normungsinstanzen (DIN, VDI etc.) oder durch das Unternehmen selbst definiert sind, stellt dann die Mindestanforderung dar. Kundenorientierung ist umfassend. Sie geht über die Qualität des Produkts hinaus und bezieht alle der Herstellung vor- und nachgelagerten Wertschöpfungsphasen, also etwa Serviceleistungen, ein. Kundenorientierung ist weiterhin nicht bloß nach außen auf den Endabnehmer einer Leistung gerichtet. Als Kunden gelten dann auch unternehmensintern alle nachgelagerten Prozesse ("the next process is your customer"). Deren Anforderungen sind genauso zu erfüllen. Jede organisationsintern vorgelagerte Stufe, also auch Verwaltung oder Berichtswesen, ist dann Lieferant von Qualität und mit ursächlich für die Gesamtqualität.

---

161 Vgl. Feigenbaum 1961.

162 DIN-ISO 8402, S. 25, Rdnr. 3.7; auch in Geiger 1994, S. 204.

163 Vgl. die Gegenüberstellung und vergleichende Auswertung verschiedener Ansätze bei Zink/Schildknecht 1989, S. 92-94 oder Schildknecht 1992, S. 80-85. In den Vergleich ist auch die DIN-ISO 9000 aufgenommen. Sie fällt deutlich hinter die Konzepte von Deming, Juran, Feigenbaum, Ishikawa und Crosby zurück und ist hier deshalb auch nicht explizit behandelt.

164 Zu den folgenden Ausführungen vgl. Schildknecht 1992, 122-134; Feigenbaum 1961, S. 1-6; Haist/Fromm 1989, S. 31-51; Zink/Schildknecht 1989, S. 71-73; Frehr 1993, S. 86-195, 209-216; Kamiske/Brauer 1993, S. 143-146; Oess 1993, S. 89-110; Töpfer 1993, S. 22-27; Witte 1993, S. 90-111; Zink 1989, S. 23-36.

Damit ist auch schon der Kern der Prozeßorientierung umrissen. Ihr zentrales Ziel ist, die Ursachen von Fehlleistungen zu verhüten und die Ursachen bereits aufgetretener Fehler zu beseitigen.[165] Qualität soll nicht mehr hineinkontrolliert, sondern hineinproduziert werden.[166] Dazu wird im Gegensatz zur herkömmlichen Ergebnisorientierung jeder einzelne Bearbeitungsschritt als qualitätsverursachend erachtet. Eine Folge davon ist, daß TQM der kontinuierlichen Verbesserung bedarf. Gerade eine Prozeßorientierung hat nämlich zu berücksichtigen, daß sich Nicht-Qualitäten in miteinander verketteten Bearbeitungsschritten, obwohl einzeln tolerierbar, in der Gesamtheit zu einem vom Kunden nicht mehr tolerierten Fehler summieren können.[167] TQM setzt deshalb dem auch in Deutschland weit verbreiteten und sich in Acceptable-Quality-Level-Werten ausdrückenden Toleranzdenken eine Philosophie der Vollkommenheit entgegen.[168] "Da es (aber, Anm. R.A.) eine Produktion ohne qualitative Abweichungen in der Praxis nicht gibt, kann jedes Stadium vor dieser Vollkommenheit nur als vorübergehend angesehen werden."[169] Zu jeder Zeit und auf jeder Stufe der Leistungserstellung werden deshalb Verbesserungspotentiale gesehen ("Kaizen").

Mit dem Fokus auf Ursachen und kontinuierliche Verbesserungen wird Qualität zur unternehmensweiten Aufgabe, die nicht mehr Spezialisten in der Qualitätssicherung vorbehalten sein kann und sich auf die Herstellung konzentriert, sondern die Organisationsmitglieder aller Bereiche und Hierarchieebenen einbezieht.[170] TQM ist ein dezentrales und partizipatives Konzept. Die Reintegration und Dynamisierung von Aufgaben stellt höhere Anforderungen an Organisation und Organisationsmitglieder. Zum einen sind die Rahmenbedingungen so zu gestalten, daß eine fehlerfreie Aufgabenerfüllung möglich und gewährleistet ist. Neben Arbeitsumgebung, -mitteln und -organisation zählt dazu ein geändertes Prüfsystem. Herkömmlich ist die bereits geschilderte nachträgliche Prüfung des Produkts oder der Leistung am Ende des Prozesses. Dieses Verfahren ist nicht nur kostenträchtig, es bezieht auch die Prozeßbeteiligten mehrheitlich nicht ein und ändert nichts an den Ursachen minderer Qualität: Das Ausson-

---

165 Vgl. Frehr 1993, S. 108.

166 Vgl. Zink 1989, S. 16.

167 Vgl. die Beispiele bei Taguchi/Clausing 1990, S. 36f. Hierin besteht auch die "Qualitätsgrenze" ergebnisorientierter Konzepte, mit denen diese Fehlerquellen nicht erreicht werden.

168 I.d.R. auch als Null-Fehler-Prinzip bezeichnet. Da diese Interpretation jedoch von seiner ursprünglichen abweicht, entstehen häufig Mißverständnisse; vgl. z.B. Zink/Schildknecht 1989, S. 71; Taguchi/Clausing 1990; Berke/Deutsch 1992.

169 Oess 1993, S. 108. Vgl. auch die Parallele zum Prädikat "umweltverträglich" bei der Definition des Begriffes in Abschn. 1.3, S. 12f.

170 Neben den genannten Quellen auch Berke/Deutsch 1992, S. 68; Butterbrodt u.a. 1993, S. 555.

dern schlechter Produkte liefert lediglich eine Anzahl spezifikationsgerechter Produkte.[171] Prozeßnachgelagerte Prüfungen sind deshalb durch prozeßintegrierte Messungen zu ersetzen, die eine Selbstprüfung durch das einzelne Organisationsmitglied erlauben.[172] Prozeßorientierung hat zum andern persönliche Voraussetzungen. Erweiterte Qualifikationen sind die eine Voraussetzung, bestimmte, häufig erst zu ändernde Einstellungen - gegenüber Fehlern, der kontinuierlichen Anforderung zu Verbesserungen und als Verständnis, Qualitätslieferant für die nachgelagerten Prozeßstufen zu sein - die andere.

In Schlagworten noch einmal zusammengefaßt zeichnen sich präventive Qualitätskonzepte (TQM) aus durch ein unternehmensweites Vermeiden und Beseitigen von Fehlerursachen, externe und interne Kundenorientierung, Prozeßorientierung, kontinuierliche Verbesserungen, Reintegration von Qualitätsaufgaben und Partizipation, einschließlich Qualifizierung der Prozeßbeteiligten.

2.2.5.2 Arbeitsumweltschutz

Im traditionellen **Arbeits-und Gesundheitsschutz** sind zwei disziplinäre Diskussionsstränge auszumachen, wobei der arbeitsmedizinische und -technische gegenüber dem sozialwissenschaftlichen - nicht zuletzt hervorgerufen durch die vom Arbeitssicherheitsgesetz (ASiG) vorgegebene "sicherheitstechnische und betriebsärztliche Beratungsinfrastruktur"[173] - deutlich dominiert.[174] Abstellend auf den Zeitpunkt des Eingriffs und unter Rückgriff auf den Sprachgebrauch der Allgemeinmedizin wird nach Primär-, Sekundär- und Tertiärprävention unterschieden.[175] Primärprävention hat danach das Ziel, das Auftreten von Krankheiten von vornherein zu verhindern, indem gesundheitsschädigende Einflüsse, "Risikofaktoren", vor Wirksamwerden ausgeschaltet oder gemindert werden. "Wollen wir Primärprävention betreiben, so wollen wir Krankheitsursachen (Hervorhebung R.A.) beseitigen."[176] Im betrieblichen Gesund-

---

171 Naschold berichtet dann auch von Qualitäts- und Kostenvorteilen der dem integrierten Ansatz folgenden japanischen Unternehmen gegenüber ihren angelsächsischen und deutschen Wettbewerbern; vgl. Naschold 1989, S. 5f. oder 1990, S. 8f.

172 Ausführlich hierzu Frehr 1993, S. 121-127.

173 Peter/Pröll 1990, S. 12.

174 Vgl. auch Hildebrandt/Zimpelmann 1992, S. 5.

175 Nachfolgend vgl. Pschyrembel 1994, S. 1238; Glaeser 1989, S. 15; Karmaus 1981, S. 17; Marschall/Brandenburg 1990, S. 6-8; o.V. 1993h, S. 8, 11; Ridder 1987, S. 40; Schaefer 1987, S. 12f.; Stark 1989, S. 16; Verres 1987, S. 69; Rosenbrock 1992, S. 19-57.

176 Schaefer 1987, S. 15; ähnlich o.V. 1993i, S. 12; Rosenbrock 1991, S. 1f.; mit Bezug auf den Arbeitsumweltschutz Hauß 1991, S. 216.

heitsschutz wäre demnach die Arbeitssituation umzustrukturieren.[177] Bei sekundärer Prävention soll, im wesentlichen durch (arbeits-)medizinische Vorsorgeuntersuchungen, die Krankheit möglichst früh erkannt und therapiert werden. Tertiärprävention schließlich will Krankheitsfolgen begrenzen oder ausgleichen, beispielsweise mittels Rehabilitation. Sowohl sekundäre als auch tertiäre Prävention setzen somit das Entstehen von Krankheit voraus. Dieser weit gespannte Bogen erlaubt es, nahezu alle medizinischen Maßnahmen als Prävention zu bezeichnen.[178] *Beyer* überträgt die Typologie auf die Umweltpolitik:

- primäre Umweltvorsorge: der Entstehung und Etablierung neuartiger Schadenspotentiale vorbeugen;

- sekundäre Umweltvorsorge: die Schadens- und Risikopotentiale etablierter Produktionstechniken und -strukturen antizipieren sowie durch Senkung oder Beseitigung ihr Entstehen vermeiden;

- tertiäre Umweltvorsorge: die Symptome und Folgewirkungen bereits eingetretener oder zukünftig auftretender Schäden behandeln.[179]

Bezeichnenderweise ordnet er die tertiäre Vorsorge der Nachsorge zu und nimmt sie aus der weiteren Analyse der Vorsorge heraus.[180] Die vor allem aus dem sozialwissenschaftlichen Forschungsstrang des Arbeitsschutzes vorgetragene Kritik geht noch weiter: Auch die sekundäre Prävention wird als kurativ bezeichnet. Denn ganz im Gegensatz zur Vereinnahmung des Begriffs Prävention[181] gehe es ihr im wesentlichen und einzig darum, mittels der Früherkennung "die Prinzipien und Techniken kurativer Arbeit zeitlich vorzuziehen"[182], wobei zugleich eine Verengung auf das Medizinsystem und den einzelnen Menschen ("kurative Individualmedizin") stattfinde.[183] Weil die rein personenorientierte vorsorgemedizinische Untersuchungstätigkeit, auf betrieblicher Ebene auch noch sicherheitstechnische Maßnahmen, eindeutig dominieren,[184] entsteht so das gesellschaftliche wie betriebliche Phänomen, daß trotz vermeintlich umfassender Prävention chronische Krankheiten, deren Ursache "durchweg

---

177 Vgl. Rosenstiel, v. 1987, S. 93.

178 Beispielhaft Marschall/Brandenburg 1990, S. 6f.; Brandts 1990, S. 14: "Der absolute Vorrang der Prävention zeichnet das deutsche System aus."

179 Vgl. Beyer 1992, S. 23f., auch Überla 1984, S. 83. Zur produktionsorganisatorischen Verwendung dieser Typologie vgl. Naschold 1993, S. 219-221; er bezeichnet TQM als "reinste Primärprävention" (221).

180 Vgl. Beyer 1992, S. 24-27.

181 Vgl. Stark 1989, S. 12 oder Rosenbrock 1991, S. 1: "Präventionsrhetorik".

182 Stark 1989, S. 7, auch S. 14; Peter/Pröll 1990, S. 13.

183 Vgl. Rosenbrock 1991, S. 13-17.

184 Vgl. Peter/Pröll 1990, S. 13; Pröll 1991, S. 46, 149f.; Brückner 1994, S. 1f.; Hildebrandt/Zimpelmann 1992, S. 5. Beispielhaft für die Arbeitsmedizin Zerlett 1990.

lange vor dem manifesten Ausbruch ... (und) ganz oder zum entscheidenden Teil außerhalb des (durch die Arbeitsmedizin behandelten; R.A.) Individuums, in den Lebens-, Arbeits- und Umweltverhältnissen"[185] liegt, nicht nur schon jetzt beherrschendes Krankheitsbild sind, sondern weiter beständig zunehmen.[186] Lediglich Primärprävention sei deshalb Prävention.

Mit der Kritik an der Medikalisierung und Individualisierung des Gesundheitsschutzes kommt die zweite grundlegende Unterscheidung arbeitsumweltschutzbezogener Prävention ins Spiel: die nach Verhaltens- und Verhältnisprävention. Verhaltensprävention stellt ab auf die Verringerung und Veränderung gesundheitsriskanten Verhaltens, Verhältnisprävention auf die Veränderung gesundheitsrelevanter Arbeits- und Lebensverhältnisse.[187] Im Gegensatz zur momentanen Situation - auch im Arbeitsschutz - mit ihrem Schwerpunkt bei der Verhaltensprävention[188] muß Primärprävention beides umfassen.[189] Denn die - ungelösten - Gesundheitsschäden decken ja gerade die Schwächen dieser "auf einem ungebrochenen Verständnis von individueller Verursachung gesundheitsgefährdenden Verhaltens"[190] aufbauenden Einseitigkeit auf.[191] So finden sich dann "vielfältige Belege dafür, daß bei der Entstehung fast aller bedeutenden Krankheiten ... die Arbeitsbedingungen eine beträchtliche Rolle spielen"[192]. Und ebenso sind die historischen Erfolge im wesentlichen unabhängig von (medizinischen) sekundärpräventiven Maßnahmen, sondern den erheblichen Verbes-

---

185 Rosenbrock 1991, S. 5; ähnlich, mit Bezug auf den Bundesgesundheitsrat Troschke 1991, S. 96.
186 Rosenbrock 1991, S. 3f.; zum Trend selbst auch Lißner 1995a, S. 24-27; 1995b, S. 78-87; Satzer/Sturmfels 1995, Sp. 1f.; zu zentralen betrieblichen Handlungsbedarfen Pröll 1990, S. 96.
187 Vgl. Rosenbrock 1991, S. 7-12; Hauß 1991, S. 213-215; Marschall/Brandenburg 1990, S. 6f.; o.V. 1993h, S. 12.
188 Hinsichtlich des Arbeitsumweltschutzes vgl. Peter/Pröll 1990, S. 12f., 17; Pröll 1990, S. 96f.; Hauß 1991, S. 213-216; Lenhardt 1993, S. 10f.; zu Beispielen vgl. auch Marschall/Brandenburg 1990, S. 6; Troschke 1991, S. 80-83. Differenziert Pröll 1991, S. 11 i.V.m. 149f.: Das ASiG stelle an die Unternehmen primärpräventiv-gestalterische Anforderungen, davon sei die Praxis jedoch "ziemlich unberührt geblieben" (S. 149); auch im Selbstverständnis der Arbeitsschutzexperten konstituiere sich Arbeitssicherheit "als technische und individual-psychologische Unfallverhütung". Der technische Arbeitsschutz werde zwar an der Planung beteiligt, diese unbestreitbar präventive Komponente beschränke sich allerdings auf die ausführende Detailplanung; "eine systematische Einbindung in die Phase der Vorplanung, in der z.T. sehr arbeitsschutzbedeutsame Grundsatzentscheidungen (über die Technologiewahl z.B.) fallen, sind uns nicht bekannt geworden".(S. 150)
189 So auch die Grundsätze der EU in der Richtlinie EWG/89/391 zur Verbesserung der Sicherheit und des Gesundheitsschutzes der Arbeitnehmer; Artikel 6, 3f.; auch Pickert 1993a, S. 130f.
190 Wenzel 1991, S. 34.
191 Vgl. Rosenbrock 1991, S. 4f.; Wenzel 1991, S. 38; Hauß 1991, S. 205; Ridder 1987, S. 44f.; Lenhardt 1993, S. 10: "Das traditionelle Arbeitsschutzsystem ist ... ganz eindeutig nicht in der Lage, diesen Aufgaben auch nur annähernd gerecht zu werden." Vgl. weiterhin Brückner 1994, S. 1f.; Nieder/Susen 1994, S. 698f.; Satzer/Sturmfels 1995, Sp. 1f.
192 Lenhardt 1993, S. 9.

serungen der Lebens- und Arbeitsverhältnisse zuzuschreiben.[193] Es reicht also offenbar nicht aus, an das Gesundheitsbewußtsein zu appellieren und dieses zu fördern.

Ähnlich argumentieren *Hacker/Raum* aus arbeitspsychologischer und -wissenschaftlicher Sicht.[194] Ausgangspunkt ist auch hier der Wandel des Belastungsspektrums mit einer Zunahme nervlich-psychischer und gefahrstoffbedingter Belastungen.[195] Nachträgliche Maßnahmen (S. 3), wie auch der klassische Arbeitsschutz mit seiner Konzentration auf den technischen Unfallschutz, werden dem nicht gerecht. Bezugnehmend auf die Wegetheorie des Arbeits- und Gesundheitsschutzes von *Gniza* - sie postuliert eine vergleichsweise höhere Wirkungssicherheit von vornherein gefahrlos konzipierter Technologien gegenüber Maßnahmen, die durch Verhaltensanforderungen an die Arbeitenden Gefahrenauswirkungen nachträglich unterbinden[196] - fordern sie deshalb den Schwerpunkt bei "Verhältnisprävention, die durch Verhaltensprävention ergänzt werden sollte"[197]. Zentraler Ansatz hierfür ist eine prospektivpräventive Arbeits-, d.h. Technik- und Organisationsgestaltung, die die Arbeitsumwelt (-bedingungen), die Arbeitstätigkeiten und -inhalte umfaßt.(S. 2) Gegenüber der nachträglichen Beseitigung ergonomischer, physiologischer, psychologischer, sicherheitstechnischer und rechtlicher Mängel (korrektive Arbeitsgestaltung) setzen beide Gestaltungsstrategien bereits im Entwurfs- und Planungsstadium von Arbeitsplätzen, -systemen und -abläufen an. Dabei bedeutet Prävention die Berücksichtigung der arbeitswissenschaftlichen Erfordernisse, d.h. die gedankliche Vorwegnahme negativer Auswirkungen. Prospektion postuliert Persönlichkeitsförderlichkeit, d. h. das bewußte Schaffen von Möglichkeiten der Persönlichkeitsentwicklung, indem Tätigkeits- resp. Handlungsspielräume erweitert werden.[198]

Gestützt werden diese Positionen durch das im EU-Recht mittlerweile niedergelegte Konzept des Arbeitsumweltschutzes.[199] Zweck ist auch hier die "Sicherheit und Ge-

---

193 Ausführlich die historische Analyse von McKeown 1982, S. 79, 109-119, 241.
194 Vgl. Hacker/Raum 1991. Die folgenden Seitenangaben im Text beziehen sich auf diese Quelle.
195 Neben Hacker/Raum 1991, S. 3 auch Angermaier u.a. 1991, S. 523; Konstanty 1991, S. 578f.; Brückner 1994, S. 2.
196 Vgl. Gniza 1957, S. 69f. i.V.m. S. 63f.; Hacker/Raum 1991, S. 3. Ulich geht ebenfalls von einem erheblich höheren ökonomischen Aufwand bei korrektivem Vorgehen aus; vgl. Ulich 1978, S. 566f.; 1981, S. 330; 1992, S. 142f.
197 Hacker/Raum 1991, S. 9; vgl. auch S. 3; Brückner 1994.
198 Vgl. Ulich 1978, S. 566f.; 1981, S. 330; 1984, S. 916 oder 1992, S. 142-144.
199 Niedergelegt in dem über das Gesetz zur Einheitlichen Europäischen Akte nachträglich in den EWG-Vertrag eingefügten Artikel 118a (1) und in der Rahmenrichtlinie zum Arbeitsumweltschutz EWG/89/391, u.a. Artikel 1 (1). Die Richtlinie wie auch die Einzelrichtlinien sind nach wie vor nicht in deutsches Recht umgesetzt, für die Rahmenrichtlinie liegt aktuell erst ein Referentenentwurf vor; vgl. BMAS 1995, kritisch

sundheit der Arbeitnehmer", die Ausrichtung ist gegenüber einem durch Sicherheits-technik und Arbeitsmedizin geprägten Arbeitsschutz aber in wesentlichen Punkten eine andere:[200] Zunächst sind die Anforderungen umfassend auf physische, psychische und organisatorische Einflüsse gerichtet. Sie sind nunmehr auch frühzeitig zu berücksichti-gen, also bereits bei der Gestaltung von Arbeitsorganisation und Arbeitsplätzen sowie bei der Auswahl von Arbeitsmitteln und Arbeits- und Fertigungsverfahren. Entspre-chend endet Arbeitsumweltschutz nicht mit dem Erreichen eines durch Normen fixier-ten Sicherheitsniveaus, sondern fordert kontinuierliche Verbesserungen. Der statische wird durch einen dynamischen Ansatz ersetzt. "Entscheidender Normadressat sind so-mit weder Staat noch Berufsgenossenschaften, sondern die jeweiligen Arbeitgeber, de-nen jeweils eigenständige Gefahrenermittlungs-, Bewertungs- und Minderungspflich-ten zugewiesen sind."[201] Dabei sind Organisationsmitglieder nicht bloß zu schützende "Objekte" und Ursache von Fehlhandlungen, sondern Beteiligte an einem Dialog zwi-schen allen betrieblichen Ebenen.[202]

Welche Prinzipien und Merkmale zeichnen Prävention nun aus? Das vor dem Hin-tergrund der Grenzen des traditionellen Arbeits- und Gesundheitsschutzes zunehmend diskutierte - gleichwohl noch selten realisierte[203] - und der Primärprävention zugeord-nete Konzept der Gesundheitsförderung verdeutlicht die Merkmale und Prinzipien von Prävention umfassend. Die konzeptionellen Grundlagen gehen wesentlich auf Arbeiten der Weltgesundheitsorganisation ("Ottawa Charta" von 1986) zurück.[204] Sie reichen deutlich weiter als das klassische Verständnis von Arbeitsschutz:[205]

- umfassende Gestaltung von Lebensräumen, die sowohl den einzelnen Menschen (Verhalten) als auch Lebens- und/oder Arbeitswelt (Verhältnisse) einbezieht

---

o.V. 1995g. Die EU-Kommission hat deshalb ein Vertragsverletzungsverfahren gegenüber Deutschland eingeleitet; hierzu und zu den Rechtsfolgen vgl. Faber 1995b.

200 Vgl. EWG/89/391 i.V.m. Werthebach/Wienemann 1993b, S. 2f.; die weiteren Beiträge in Werthe-bach/Wienemann 1993a, u.a. Feldhoff 1993, S. 10; Pickert/Scherfer 1994.

201 Pickert 1993a, S. 129.

202 Entsprechend sind in der Rahmen- und den Einzelrichtlinien erhebliche Informationspflichten des Arbeit-gebers sowie Informations-, Beratungs- und Initiativrechte der Arbeitnehmer formuliert; vgl. stellvertretend EWG/89/391.

203 Die Zahl der Betriebe in Deutschland mit Gesundheitsförderungsprogrammen wird auf maximal 100 bis 200 geschätzt - im wesentlichen Großbetriebe in ganz wenigen, v.a. montanmitbestimmten Branchen; vgl. Lenhardt 1993, S. 11f.; o.V. 1994a.

204 Vgl. WHO 1986.

205 Vgl. WHO 1986; Hauß/Laußer 1988, S. 152-160; Stark 1989, S. 8f., 19-30; Wenzel 1991, S. 39-48; o.V. 1993i; Marschall/Brandenburg 1990, S. 12f.; Rosenbrock 1991, S. 7-12; Pröll 1991, S. 38-41; Lenhardt 1993, S. 14f.; Kuhn 1990, S. 19-23; o.V. 1993h; Brückner 1994.

(Ganzheitlichkeit);[206]

- an den Ursachen ansetzen, auf betrieblicher Ebene demnach auch Belastungen, Arbeitsorganisation und Arbeitsmittel sowie Gruppenverhalten in den Mittelpunkt rücken;
- Verhalten und Verhältnisse funktions-, bereichs- und hierarchieübergreifend mit dem Prinzip Gesundheitsverträglichkeit durchdringen (Integration);
- Betroffene aktiv beteiligen (Partizipation);[207]
- Akzeptanz unterschiedlicher Interessen der betrieblichen Akteure und ihr koordiniertes Zusammenwirken (Dialog, Kooperation);[208]
- die Handlungskompetenz der Mitarbeiter stärken hinsichtlich des eigenen Gesundheitsverhaltens als auch gegenüber gesundheits- und krankheitsfördernden Verhältnissen (Qualifikation[209], Empowerment[210]);
- Informationsvoraussetzungen und Transparenz (betriebsepidemiologisches Warnsystem[211], Gesundheitsberichterstattung);
- kontinuierliche Umsetzung (Kontinuität, Permanenz).

2.2.6 Zwischenergebnis

Prävention ist ein allgemeines Prinzip und allgemein anerkanntes Leitbild. In allen untersuchten Anwendungsfeldern - Umweltpolitik, Umweltrecht, betrieblicher Umweltschutz, Arbeitsumweltschutz und Qualitätsmanagement - genießt Prävention höchstes Ansehen. Das mag die extensive Vergabe des Prädikats präventiv erklären. Die folgenden Abschnitte dieses Kapitels werden verdeutlichen, daß diesem Ansinnen nicht gefolgt werden kann. Im Vordergrund steht jedoch, das Leitbild eines präventiven betrieblichen Umweltschutzes zu entwerfen.

Die ausgewerteten Konzepte und Positionen können grob in zwei Perspektiven von Prävention unterschieden werden. Grundlage der einen Sichtweise ist der aus Ereigniswahrscheinlichkeit und Schadenspotential gebildete Erwartungswert. Das deutsche

---

206 Sie geht damit über die individuumszentrierte Gesundheitserziehung hinaus; vgl. Hauß/Laußer 1988, S. 152f.
207 Vgl. auch Oehlke 1990, S. 53f.; Schaefer (1987, S. 11) führt aus: "Es gehört .. zu den elementaren Lehrsätzen jeder Prävention, daß sie das Engagement jener Menschen voraussetzt, an denen Prävention praktiziert werden soll. Prävention ist nur durch Mitwirkung der Menschen, die sie angeht, möglich, steht und fällt also mit der Akzeptanz der Menschen hinsichtlich präventiver Strategien."
208 Hierzu auch Murza u.a. 1989, S. 12f.; Oehlke 1990, S. 62.
209 Hierzu auch Mittler u.a. 1990.
210 Hierzu speziell Stark 1989, S. 23-25.
211 Vgl. Hauß 1991, S. 218f.

Umweltrecht und Teile der deutschen Regierungsprogrammatik fallen darunter. Schlagworte für Erwartungswerte, die den Handlungsbereich markieren, sind Gefahr/Risiko/Restrisiko und Gefahrenverdacht/Besorgnispotential. Die Perspektive der unternehmensbezogenen Präventionskonzepte liegt auf organisatorischen Fragen - dem nationalen Umweltrecht und damit auch der Umweltpolitik sind hier Schranken gesetzt [228] - wobei TQM und Gesundheitsförderung wesentlich weiterentwickelt sind als ihre Pendants des betrieblichen Umweltschutzes. Immer wiederkehrende Merkmale sind: Ursachenorientierung, Betroffenenbeteiligung (Partizipation, Dialog, Kooperation), umfassende Berücksichtigung von Kriterien, Änderung von (individuellem) Verhalten und (strukturellen) Verhältnissen, Integration und kontinuierliche Verbesserung. Als Motive werden zugleich abnehmende Effizienz (überproportional steigende Kosten) und Effektivitätsgrenzen (anspruchsvollere Aufgabenstellung) der herkömmlichen Bearbeitung angeführt. Zwischen diesen beiden Sichtweisen sind die halbamtliche Programmatik (Sachverständigenrat, Enquete-Kommissionen) und die internationale Ebene angesiedelt. Auf den Auswertungen aufbauend werden nun die Inhalte [2.3] und formalen Merkmale [2.4] des präventiven betrieblichen Umweltschutzes entwickelt.

2.3 Inhalt des präventiven betrieblichen Umweltschutzes

Ausgangspunkt für die Bestimmung der Umweltorientierung einer Organisation bilden die in Abschnitt 1.3 beschriebenen Produktions-, Träger-, Regelungs- und Informationsfunktionen [11], die die natürliche Umwelt für deren Leistungserstellung einnimmt. Daraus abzuleitende Schutzziele sind die Umweltsicherheit, d.h. die Absenkung von Risiken (z.B. Vermeidung von Emissionen) sowie die Ressourcenschonung, d.h. Verbrauchsvermeidung und optimale Dauerproduktivität. Beide, so zeigte die Auswertung, stehen gleichberechtigt nebeneinander. Prävention ist aber nur ein Leitbild unter anderen, wie. der Inanspruchnahme der Umwelt und Schutzzielen begegnet werden soll; zum weiteren Vergleich sind in Anhang 1 [316] einmal verschiedene in der Literatur vorfindliche Klassifikationen umweltorientierten Verhaltens zusammengetragen. Die Brockhaus-Enzyklopädie definiert präventiv als "einer ungewünschten Entwicklung zuvorkommend, vorbeugend, verhütend"[212]. Diese unerwünschte Entwicklung besteht nicht erst im Entstehen von Umweltwirkungen, die die Assimilationskapazität und Re-

---

212 Brockhaus 1992; ähnlich Duden 1994; Meyer 1994a; ansatzweise bereits Brockhaus 1835, S. 808f.: Meyer 1907, S. 269.

generationsfähigkeit ökologischer Systeme überschreiten, diese dadurch gefährden oder zerstören. Sie ist, darin besteht das entscheidende inhaltliche Merkmal von Prävention, in den Aktivitäten selbst zu suchen, die die Ressourcenverzehre und negativen externen Effekte auslösen.[213] Die in Abbildung 10 und im Anhang 2[214] dargestellte und im folgenden beschriebene Typologie betrieblichen Umweltschutzes bemißt sich nach dem angestrebten ökologischen Effekt. Die ökologische Prioritätenfolge lautet 1 > 2 > 3 > 4:

1. Prävention: Vermeidung, Verminderung oder Verbesserung der die Umweltwirkungen (Ressourcenverzehre, negative externe Effekte) verursachenden Aktivität;

2. Reparatur: Verminderung und Behandlung entstandener Umweltwirkungen;

3. Kompensation: Ausgleich beibehaltener Umweltwirkungen;

4. Duldung: alternativlose Inkaufnahme von Umweltwirkungen

Prävention hat als Optionen den ersatzlosen Verzicht auf die Aktivität oder Leistungserstellung sowie deren Strukturveränderung. Ersatzloser Verzicht kennt zwei Varianten. Als völliger Verzicht bedeutet er Unterlassung von Neuvorhaben (Ursachen vom Typ 3), Rückzug aus Geschäftsfeldern[215] oder die Auslistung von Produkten und Produktlinien (Typ 2). Teilweiser Verzicht beinhaltet Strategien des Sparens durch die Rücknahme überhöhter Aktivitäts- und Anforderungsniveaus (Typ 2 und 3). Sparpotentiale sind allerdings begrenzt. In Höhe der Rest-Aktivität verbleiben Ressourcenverzehre und negative externe Effekte weiterhin, so daß sich die Notwendigkeit weiterer präventiver, reparativer oder kompensierender Strategien und Maßnahmen oder der Duldung stellen kann (in der Abbildung durch Rückwärtsschleifen deutlich gemacht).

Überhöhte Aktivitätsniveaus bewirken einen vermehrten Ressourcen- und Energieverzehr sowie vermehrte Risiken; überzogene (Qualitäts-)Anforderungen erweisen sich darüber hinaus häufig als Hemmnis für umweltverträglichere Alternativen, bspw. als Marktschranke von Sekundärrohstoffen und Recyclingprodukten. So ist laut Umweltbundesamt in einer Reihe von Normen für Produkte aus Kunststoffen eine gleichberechtigte Verwendung von Recycling-Werkstoffen nach wie vor nicht möglich, z.T.,

---

213 Die Klassifikationen in Anhang 1, S. 316-319, ziehen hier i.d.R. ebenfalls Trennlinien.

214 In Ergänzung zu Abbildung 10 sind in Anhang 2, S. 320f. den Umweltschutzstrategien entsprechende Maßnahmen aus dem Güterverkehr beispielhaft zugeordnet.

215 In der jüngeren Vergangenheit der des Marktführers Degussa AG aus der Amalgam-Produktion in Deutschland, vgl. Stelz 1994, oder weltweit der der Hoechst AG aus der Herstellung vollhalogenierter FCKW; vgl. Hoechst AG 1995, S. 10f.

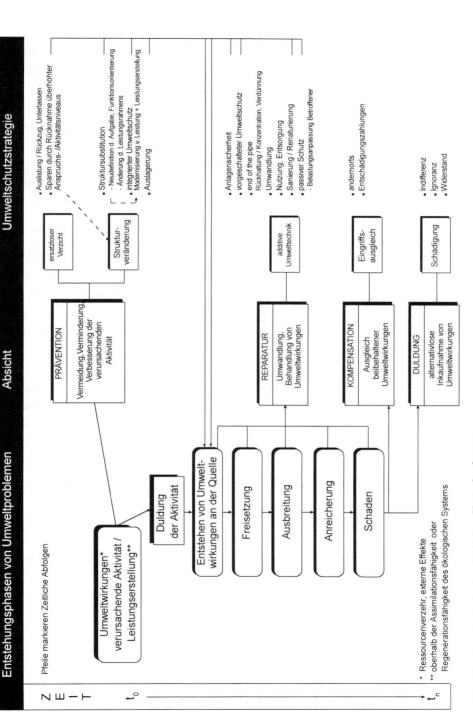

Abb. 10: Typologie des betrieblichen Umweltschutzes

wie bei Müllbehältern, sogar ausdrücklich untersagt.[216] Neben solchen externen Vorgaben sind jedoch vor allem die selbst gesetzten sowie die Gewohnheiten zu hinterfragen.[217] Ein illustres Beispiel ist die hartnäckige Nicht-Verwendung von Recyclingpapier im Verwaltungsbereich.[218] Vornehmlicher Ansatzpunkt betrieblicher Umweltschutzstrategien und -maßnahmen allgemein, der Prävention im besonderen, können letztendlich allerdings nur das Kerngeschäft und die Hauptrisiken eines Unternehmens sein.[219] In Anhang 2 [320f.] wurde zur Verdeutlichung das Beispiel des Gütertransports gewählt. Ersatzlos wäre dann ein Verzicht auf transportintensive Leistungen (z.B. Produkte des alltäglichen Gebrauchs für regional entfernte Märkte); Sparen würde etwa eine Einschränkung der Transporthäufigkeit (überhöhte Frequenzanforderungen, Kleinstmengentransporte) oder den Verzicht auf höhere Achslasten bei Lkws und Geschwindigkeiten bedeuten.

Die Vermeidung jeglicher Umweltbelastung (Null-Emission) ist ausschließlich durch Verzicht möglich[220] - bei sämtlichen anderen Strategien und Maßnahmen verbleiben noch Umweltwirkungen. Daraus resultiert ein m.E. aber nur vermeintliches Dilemma. Es lautet: Da sich jede wirtschaftliche Aktivität, auch die Ersatzhandlung, auf die natürliche Umwelt auswirkt, ist ersatzloser Verzicht aus ökologischer Sicht immer die vorteilhafteste, weil dominante Alternative. Im Extrem müßte deshalb auf jede wirtschaftliche Aktivität verzichtet werden. Diese "Alternative" erübrigt sich von selbst; sie stellt sich in dieser Schärfe allerdings auch nicht. Was bleibt, ist aber sehr wohl die Frage im jeweiligen Einzelfall, ob gerade hier eine verzichtswürdige Aktivität oder gar Leistungserstellung insgesamt vorliegt. Wie bei keiner zweiten Strategie betrieblichen Umweltschutzes wird dabei die unternehmensethische Frage berührt, alles Mögliche auch unternehmen zu dürfen: als "Gebot der Selbstbegrenzung"[221], als "Prinzip Verantwortung"[222], als "kreatürliche Bescheidenheit"[223], als "Kultur der Be-

---

216 Vgl. UBA 1992, S. 125. Andererseits werden derzeit auch Normen überarbeitet; vgl. ebenda; BMU/DIN 1993; UBA 1993, S. 142f; 1995a, S. 305f..

217 Vgl. auch RSU 1987, Tz. 27.

218 Vgl. auch UBA 1993a, S. 289. Selbst für Farbdruck liegen mittlerweile Beispiele für die Eignung vor, u.a. von Zeitschriften oder Katalogen.

219 Vgl. Weidner 1984, S. 45; Jänicke 1988, S. 15.

220 Vgl. RSU 1987, S. 442, Tz. 1616 oder oben S. 38, Fn. 7.

221 Illich 1975.

222 Jonas 1984.

223 Kreikebaum 1988b, S. 84; auch Meyer-Abich/Müller 1994.

scheidung"[224] oder als "Suffizienzstrategie"[225]. Über eine effiziente Befriedigung eines Bedürfnisses hinaus wird dieses selbst in Frage gestellt.

Ausschlaggebend für einen Verzicht sind die Risikopotentiale der betrachteten Tätigkeit oder Leistung und potentieller Ersatzhandlungen. Deren ökologische Opportunitätseffekte sind im Kalkül ebenfalls zu berücksichtigen und einer Entlastung gegenüberzustellen. Ersatzhandlungen können sein:

- die Wahl einer nach herkömmlichen Kriterien mindestens zufriedenstellenden Alternative zur weiteren Erfüllung der Aufgabe,
- die alternative Mittelverwendung in einer anderen Aufgabe oder
- die Wahrnehmung der Aufgabe durch Dritte (Auslagerung, Überlassen an Wettbewerber).

Die erste Option beschreibt neben dem Verzicht die beiden anderen präventiven Strategien (s. dazu unten). Die zweite stellt ab auf die Verlagerung und alternative Verwendung des durch einen Verzicht frei werdenden Kapitals in einer anderen Aufgabe der gleichen Organisation. Ihre Umweltwirkungen sind ebenso wie die der ursprünglichen Aktivität und unter der Anforderung an Prävention zu berücksichtigen. Das heißt, ein Unternehmen entgeht den Anforderungen der Prävention nicht dadurch, daß Mittel lediglich in andere Aufgaben anderer Organisationseinheiten umgeleitet werden. Andererseits ist es nicht plausibel anzunehmen, daß solche aus ökologisch verantwortetem Verhalten frei werdenden Mittel bewußt in mit einem ähnlichen Risikopotential behaftete Alternativen reinvestiert werden.

Erweitert man den Aktivitätsraum über das Unternehmen hinaus auf die Ebene des für die Entscheidung relevanten Marktes kann die Entlastung dadurch kompensiert oder sogar überkompensiert werden, sodaß Wettbewerber die entstehenden Lücken ausfüllen,[226] möglicherweise sogar mit umweltbelastenderen Aktivitäten. Dieses Argument ist allerdings sehr spekulativ und deshalb v.a. geeignet, defensive Verhaltensweisen argumentativ abzustützen. Es kann vor allem Entscheidungsträger nicht von ihrer ökologischen Verantwortung für ihre Aktivität bzw. Leistungserstellung entbinden. Angesichts der Sensibilität der Öffentlichkeit und des Umweltbewußtseins der Konsumenten und den damit verbundenen Imagewirkungen kann überdies ebenso von Verzicht-Nachahmern ausgegangen werden, wie es bei Produktoptimierungen in der

---

224 Kösters 1993, S. 396.
225 Schmidt-Bleek 1993, S. 105f.; Ewen 1994, S. 9; Huber 1994, S. 13f., kritisch 27f.
226 Zum Problem der Trittbrettfahrer bei öffentlichen Gütern vgl. Weimann 1991a, S. 52-88; 1991b; Frey, B. 1990; Schumann 1992, S. 41, 462 oder Feess-Dörr 1992b, S. 323, 507.

Vergangenheit bereits häufiger der Fall war (phosphatfreie Waschmittel, Katalysator-Kfz, wasserlösliche Lacke, FCKW-freie Kühlschränke u.a.m.) und wie es in Laborexperimenten zu ökologischen Dilemmata für Einzelpersonen, jedoch nicht notwendigerweise, beobachtet werden kann.[227]

Insgesamt bleiben vor allem drei Einschränkungen. Erstens bewirkt lediglich ersatzloser Verzicht völlige Vermeidung. Ersatzloser Verzicht kann zweitens nur eine selektive Strategie sein: in der Situation mangelnder Möglichkeiten, eine strukturelle Verbesserung herbeizuführen, und dann gerade auch bei hohem Risikopotential.[228] Die Portfolioanalyse zeigt, daß Verzicht dann nicht "allein" ein unternehmensethischer, sondern auch ein betriebswirtschaftlich rationaler Entscheid sein kann.[229] Bezieht man drittens, wie es das Gebot der umfassenden Minimierung fordert, die Vor- und Folgestufen mit ein, bedeutet eine von Dritten bloß fortgeführte Aktivität keinen Verzicht und noch keine Entlastung, wenn dies unverändert Umweltwirkungen hervorruft. Andererseits können Dritte infolge von Spezialisierungsvorteilen kompetenter sein, die Leistung umweltverträglicher zu erbringen. Gezielt können mit einer Auslagerung Entlastungseffekte bewirkt werden, wenn der Vertragspartner zu einer umweltverträglicheren Leistungserstellung veranlaßt wird, z.B. durch Rückgabe schwer zu entsorgender Produkte an den Lieferanten, das Verlangen von Umweltverträglichkeitszertifikaten[230], oder indem gleich bei der Auftragsvergabe, etwa dem Übertragen von Transportlogistik auf Spediteure, auf eine umweltverträglichere Leistungserstellung geachtet wird.[231] Mit der Auslagerung induziert ein Unternehmen direkt Ersatzhandlungen durch Dritte. Als spezifische Form der Substitution zähle ich sie deshalb, wie die Struktursubstitution und den integrierten Umweltschutz, zu den strukturverändernden Strategien - aufgrund der offenen Wirkung mit Vorbehalt.

Ähnlich dem Sparen schaltet auch eine Strukturveränderung Umweltwirkungen nicht völlig aus, reduziert aber - im Gegensatz zur Reparatur - deren Ursprung. Als nachhaltigste Form der Strukturveränderung ersetzt die Struktursubstitution belastende

---

227 Vgl. Sparda/Ernst 1990, S. 16 i.V.m. 25-28 oder Ernst/Spada 1991, S. 64f.
228 Anders Ullmann, der den Spielraum für Verzicht auf marginale Aktivitäten des Unternehmens beschränkt sieht; vgl. Ullmann 1976, S. 273.
229 Vgl. Steger 1992b, S. 276f. Bruhn 1992, S. 542; Meffert/Kirchgeorg 1993, S. 111-112; Trautmann 1993. Als Unternehmensbeispiel vgl. MEWA AG o.J., S. 9. In einer Selbstdarstellung heißt es dort: "Bekenntnis zum qualitativen Wachstum schließt den Willen zum Verzicht nicht aus: z.B. Verzicht auf Bereiche, die veraltet, unproduktiv, fehlgeleitet sind und keine Zukunftschancen bieten."
230 Vgl. Steger 1992b, S. 277.
231 Vgl. auch die in der EU-Umweltaudit-Verordnung als Zertifizierungskriterium genannte "Gute Managementpraktik" Nr. 11; EWG/1836/93, Anhang I.D.

Strukturen der Leistungserstellung durch umweltverträglichere. *Jänicke* etwa bezeichnet diese Strategie als "Substitution umweltproblematischer Formen von Produktion und Konsum durch ökologisch angepaßtere Formen"[232]; bei *Prittwitz* wäre sie der Kern des Idealtyps "strukturelle Ökologisierung", d.h. ein grundsätzlich umweltverträglicheres Verhalten.[233] Gleichwohl der insgesamt etwas anderen Typologien gilt sie beiden Autoren als die ökologisch wirksamste Strategie. Außerhalb eines ersatzlosen Verzichts ist dies der frühestmögliche Ansatz.

Eine Metaentscheidung ist bereits die über das eigene Selbstverständnis, d.h. die Definition der Aufgabe. Mit ihr steckt ein Unternehmen seinen Leistungsrahmen ab. Dabei geht es um die von *Vester* beschriebene Unabhängigkeit der Funktion vom Produkt, d.h. die Abkehr von einem bestimmten Produkt oder einer bestimmten Leistung und die Hinwendung zu einem funktionsorientierten Denken.[234] Ob eine Spedition sich bspw. als Lkw-Transporteur versteht, mit einem weitgehend eigenen - und dann auch auszulastenden - Fuhrpark (Selbsteintritt), oder als Logistik-Dienstleister und -organisator, eröffnet auch aus Sicht des Umweltschutzes sehr unterschiedliche Optionen der Transportmittelwahl. Im ersten Fall bleibt im wesentlichen, das System Lkw zu optimieren; die funktionsorientierte Aufgabendefinition erlaubt dagegen die Wahl eines alternativen, grundsätzlich umweltverträglicheren Systems - oder sogar die Beratung zur Minimierung von Transporten, z.B. in Verbindung mit der Wahl oder Umgestaltung des Konzepts der Leistungserstellung.

Neben der Aufgabendefinition gibt auch die Gestaltung des Leistungsrahmens selbst die Strukturen der Leistungserstellung vor. Entscheidende Strukturelemente für die quantitative und qualitative Gestaltung der außerbetrieblichen Tranportlogistik sind

- die regionale Arbeitsteilung, d.h. der Standort eines Unternehmens bzw. seiner Werke und Außenläger, in Verbindung mit der vorhandenen Infrastruktur im In- und Ausland,
- die Absatzwege und -formen (direkt an den Endverbraucher oder indirekt über Handelsketten),
- die Heterogenität der Produktstruktur (technisch, stofflich, volumenmäßig) und die Breite des Artikelsortiments,
- die Kundenstruktur (Groß- und Kleinkunden), in Verbindung mit derem Bestellverhalten (z.B. just in time, Übertragung der beschaffungsseitigen Lagerhaltung),
- das Lieferservice-Niveau (Lieferzeit, Lieferzuverlässigkeit und Lieferbeschaffenheit) und
- die Ersatzteilversorgung der Kunden.[235]

---

232 Jänicke 1988, S. 15; auch Jänicke u.a. 1992b, S. 16-20.
233 Vgl. Prittwitz 1988, S. 56f.; vgl. auch Anhang 2, S. 320f.
234 Vgl. Vester 1983, S. 70f.; 1988, S. 128f.; zuletzt Leinkauf/Zundel 1994, S. 5-18; Pfriem 1995a, S. 257-277.
235 Vgl. Rühle 1988, S.7.

Diese Parameter legen den Leistungsrahmen fest und damit die Kriterien für die Wahl der Alternativen. Ihre entsprechende Gestaltung ist das strukturell weitreichendste Vorgehen. Dabei steuert die Definition der Aufgabe die Wahl und Kombination der verschiedenen Strukturelemente. So weist das Transportmittel Lkw eine hohe systembedingte Affinität zu den heutigen, durch verschiedene Entwicklungen bedingten, strukturellen Anforderungen des Güterverkehrs auf - im Gegensatz zur umweltverträglicheren Bahn[236], deren systembedingte Schwächen gerade bei den zunehmend bedeutenderen Leistungen liegen: Der wachsende Anteil konsumnaher Bereiche und qualitativ hochwertiger Halbfertig- und Fertigprodukte ging einher mit der Verkleinerung der Sendungsgrößen und einer stärkeren Bedienung der Fläche bei gleichzeitig steigenden Anforderungen an den Lieferservice.[237] Letzteres ist ein Defizit des Leistungsanbieters, zu den beiden vorgenannten Strukturanforderungen läßt das System Schiene - und nicht bloß eine bestimmte Rechtsform - aber nur begrenzt Innovationen zu. Demnach käme es u.a. darauf an, transportgenerierende Produktionskonzepte (z.B. jit) und Transportketten auf ihre Umweltwirksamkeit hin zu analysieren und so zu gestalten, daß nicht nur weniger Transporte anfallen, sondern die verbleibenden auch häufiger mit der Schiene oder auch dem Binnenschiff durchgeführt werden können.[238]

Soll der verbleibende Leistungsumfang präventiv gestaltet werden, bedarf die Struktursubstitution in jedem Fall ergänzend des integrierten Umweltschutzes. Als integrierter Umweltschutz wurde oben eine (modernisierte) Leistung und Leistungserstellung bezeichnet, die Umweltwirkungen in geringerem Ausmaß als die herkömmliche entstehen läßt. [27f.] Der Umkehrschluß, integrierter Umweltschutz setze eine Struktursubstitution voraus, gilt aber nur begrenzt. Eine Modernisierung verändert zwar ebenfalls Strukturen - dies ist der vermutlich entscheidende Grund dafür, daß sich integrierte Verfahren gegenüber additiver Technik so schwer durchsetzt. [18] Sie ist aber kleinräumiger: Sie setzt nicht beim gesamten Leistungsrahmen, sondern bei der einzelnen Aktivität (z.B. einem bestimmten Prozeß) an, ist dadurch weniger umfassend, weitreichend und von Interdependenzen abhängig. Im Gegensatz zur Struktursubstitution kann sie deshalb aber auch eher als eigenständige Strategie gewählt werden. In unse-

---

236 Für die Kriterien Energieverbrauch, Schadstoffemissionen, Flächenbedarf, Verkehrssicherheit und Landschaftsverbrauch ermittelt die Prognos AG jeweils einen deutlichen Umweltvorteil der Schiene; vgl. Prognos AG 1987; Bollinger/Ellwanger 1988; vgl. auch OECD 1988, S. 25-60, Linster 1990, Mitchell/Hickman 1990, Lamure 1990; Kühnert/Trute 1991.

237 Ausführlich Antes/Prätorius/Steger 1992, S. 736f.

238 Zu jit vgl. Spelthahn u.a. 1993, S. 199-207; Baumgarten 1993, S. 570 und die Erwiderung von Antes/Prätorius/ Steger 1993, S. 573; Reese 1993 sowie das Beispiel bei Schneider 1993.

rem Güterverkehrsbeispiel zählen zum integrierten Umweltschutz sowohl logistische (Routenplanung, Verpackungssysteme) als auch fahrzeugtechnische (Lebensdauer, Antriebsenergie, Lärm) Maßnahmen.

Die größeren Präventionspotentiale birgt die Veränderung des Leistungsrahmens. Das in Abbildung 11 dargestellte Pfeildiagramm ist das Ergebnis einer Transportkettenanalyse für die Herstellung eines Früchtejoghurts. Weder durch fahrzeugtechnische

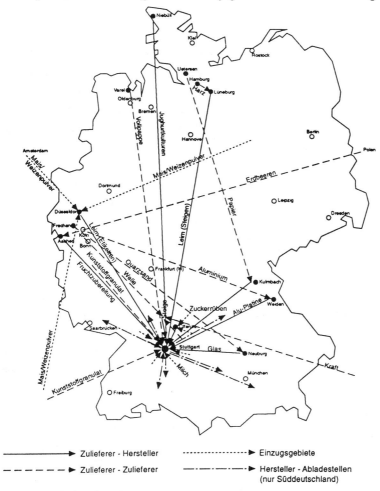

Abb. 11: Transportwege zur Herstellung eines Früchtejoghurts (150g Einweg-/Recycel-Glas)
Quelle: Böge 1993, S. 139

Maßnahmen noch durch stärkere Nutzung der Schiene bzw. des kombinierten Verkehrs entfällt Transportbedarf. Wenn außerhalb eines ersatzlosen Verzichts eine umweltbelastende Leistungserstellung vermindert und die Bedienung des verbleibenden Bedarfs umweltverträglicher befördert werden soll, muß deshalb zuerst der Leistungsrahmen entsprechend gestaltet werden: tätigkeits- (hier: verkehrs-)reduzierend <u>und</u> - für die verbleibende Leistungserstellung - systemaffin zur umweltverträglichsten Alternative.

Zur **Reparatur** - andere Bezeichnungen in der Literatur sind Symptombehandlung, Nachsorge, end of the pipe, kurativ - zählen alle Strategien und Maßnahmen, die die verursachende Aktivität, Stoff- und Energieströme, unverändert belassen und Umweltwirkungen erst nach ihrem Entstehen umwandeln oder (weiter-)behandeln: mit den verschiedensten Formen additiver Umweltschutztechnik. Der weiten Fassung von Vorsorge vor allem in der programmatischen und umweltrechtlichen Literatur folge ich somit nicht. Der in Abbildung 10 in seine Stufen unterschiedene Ausbreitungsprozeß veranschaulicht, daß nahezu jede Umweltschutzmaßnahme als Prävention oder Vorsorge bezeichnet werden kann - und wird -, wenn keine Grenze in der verursachenden Aktivität selbst gezogen wird. Auf jeder Stufe würde dann nämlich Vorsorge gegenüber der nachfolgenden getroffen; von Prävention ausgenommen wäre allein die letzte Stufe. Da wird es dann sogar möglich, nachgeschaltete Technik[239] oder die Entsorgung[240] der Vorsorge zuzuordnen.[241] Entsorgung ist nun aber - aus den oben entwickelten Kriterien heraus - das exakte Gegenteil von Prävention.[242] Es ist paradox, daß sich unter einer Absicht, die sich konstitutiv von den bis dato verfolgten abgrenzt, wieder fast alle deren Strategien und Maßnahmen versammeln. Was begünstigt diesen bloßen Etikettenaustausch? Ich sehe drei Gründe: den Image- und Legitimationseffekt, eine unscharfe analytische Durchdringung der Sache und die einflußreiche juristische Interpretation von Vorsorge. Zum Imageeffekt habe ich schon an anderen Stellen

---

239 Vgl. Jarass 1993, S. 157, Rdnr. 48; Coenen u.a. 1995, S. 24f.
240 Vgl. Salzwedel 1988, S. 17.
241 Umweltökonomische Arbeiten zum Vorsorgeprinzip stellen diese Tendenz recht einhellig fest. So Zimmermann 1990, S. 30; Häußler 1994, S. 40 und 67 oder Beyer 1992, S. 35: "das gesamte Spektrum zukunftsorientierter Handlungsformen (wird, Anm. R.A.) unter den Begriff Vorsorge subsumiert", so bei BMI 1986, S. 14; RSU 1987, S. 55, Tz. 83. Für den Gesundheitsbereich Überla: "Fast alle medizinischen Leistungen diagnostischer oder therapeutischer Art können unter Vorsorgegesichtspunkten betrachtet werden"; (1984, S. 86); Schaefer 1987, S. 16.
242 Vgl. auch Abb. 6, S. 28. Gegenüber der bloßen Entsorgung beziehen allerdings moderne Auffassungen einer Abfallwirtschaft die mit einem frühen Entscheidungszeitpunkt, u.a. der Produktentwicklung und Materialwirtschaft, gekoppelte Vermeidung oder Verminderung von Abfällen, Rückständen oder Reststoffen explizit mit ein; vgl. Schreiner 1993, S. 153f., Horneber 1992a, S. 8-10; 1992b, S. 53 oder Zorn 1993, S. 22.

kritisch angemerkt,[243] hier nur noch einmal soviel: Wenn Prävention derartig Ansehen genießt, wer möchte da noch den Nachsorgern zugerechnet werden? Die Bezeichnung eigenen Verhaltens als präventiv fördert dessen Legitimation und schafft ein positives Image.

Analytische Mißverständnisse entstehen, wenn nicht Ursache und Wirkung scharf voneinander getrennt werden. Prävention reduziert die Ursache und dadurch die Wirkungen vorweg. Reparatur und auch Kompensation setzen erst an bereits entstandenen Wirkungen an. Reparatur kann Umweltwirkungen über ihren gesamten Ausbreitungspfad hinweg behandeln. Aber selbst wenn eine Wirkung noch so dicht an ihrer Ursache abgefangen wird, bleibt das Vorgehen reparativ.[244] Das Problem ist dadurch nur räumlich, zeitlich und/oder medial verlagert. Definitionen von Vorsorge, wie "das Eintreten von Schadwirkungen (Hervorhebung R.A.) auszuschließen"[245] oder "bereits im Vorfeld der Entstehung von Umweltgefahren und -schäden Vorkehrungen zu treffen (im Original fett, R.A.)"[246], differenzieren diese Sachverhalte äußerst unpräzise.

Ein häufig gewähltes, aber mißverständliches Trennkriterium zwischen Prävention und Reparatur ist der Zeitpunkt "an der Quelle", wobei die Begrenzung von Emissionen an der Quelle der Vorsorge zugeordnet wird;[247] in Kommentaren zu Artikel 130r Absatz 2 des EU-Vertrags entsteht daraus ein eigenes "Ursprungsprinzip" [Abb. 8: 42]. An der Quelle ist gegenüber den weiteren Stufen des Ausbreitungsprozesses zwar ein relativ frühes Stadium, bezieht die Quelle selbst jedoch gerade nicht mit ein: Eine Begrenzung von Emissionen an der Quelle duldet ihr Entstehen erst einmal unvermindert, um sie dann erst zu behandeln. "An der Quelle" beschreibt somit lediglich die vorgelagertste Form von Reparatur.

Von juristischer Seite wird diese verkürzte Interpretation von Vorsorge mit einem befürchteten "schwerwiegenden Eingriff in die Unternehmerfreiheit"[248], d.h. einer Verletzung von Grundrechten,[249] begründet, den eine Einflußnahme schon auf die Wahl des Produktionsverfahrens bedeute. Abgesehen davon, ob das Ordnungsrecht

---

243 Vgl. auch Prittwitz 1988, S. 52f.
244 Hierzu auch Hagen 1992, S. 55-59.
245 Deutscher Bundestag 1994, S. 433.
246 Grabitz/Nettesheim 1992, S. 9, Rdnr. 37.
247 Vgl. z.B. RSU 1987, Tz. 83; BMU 1986, S. 14; Kroppenstedt 1984, S. 8, 19; Wicke 1991, S. 140f. oder Rengeling 1989, S. 13. Ähnlich das vom Umweltbundesamt mit Vorsorge gleichgesetzte "Emissionsminimierungsprinzip", dem zwar die Vermeidung, aber auch Eop-Maßnahmen (Rückhaltung am Entstehungsort) entsprächen; vgl. UBA 1993a, S. 92; 1994, S. 87.
248 Salzwedel 1988, S. 18, 26; vgl. auch Rengeling 1989, S. 61f.
249 Vgl. Hoppe/Beckmann 1989, S. 53-56, 72; Kloepfer 1989, S. 51-54; RSU 1994, S. 65-67, Tz. 73-79; am Beispiel der Luftreinhaltung ausführlich Trute 1989, § 12, S. 244-269.

überhaupt das geeignete umweltpolitische Instrumentarium ist, Prävention zu befördern, kann der Inhalt von Prävention nur an inhaltlichen Kriterien festgemacht werden.
Da die Arbeit gerade die Perspektive von Unternehmen wählt - und nicht die externer
Akteure (was allerdings nicht bedeutet, daß deren ökologischen Anforderungen hier
ausgeblendet werden) -, entfällt das Argument hier vollends.[250] Die Widersprüche,
die sich bei einer Gleichsetzung von Maßnahmen an der Quelle mit Vorsorge auftun,
zeigen sich deutlich an der Diskussion um die Vorsorgewirkung des Verwaltungs-
rechts.[251] Weil diese Diskussion zudem sehr stark die Vorstellung über einen vorsorgenden Umweltschutz prägt, folgt ein Exkurs:

Exkurs:
Nahezu unisono herrscht im umweltpolitischen und -rechtlichen Schrifttum die Auffassung
vor, daß Standards nach dem "Stand der Technik" Vorsorge bewirken. Deren Wirkung reicht
aber überwiegend nur bis zu einer, hier ausdrücklich nicht als Vorsorge, sondern als Reparatur
bezeichneten, Behandlung bereits entstandener negativer externer Effekte an der Quelle. In
der ökonomischen Literatur wird dagegen die Auffassung vertreten, daß Standards sehr stark
die additive Umwelttechnik begünstigen und innovatorische und dynamische Anreize elimi-
nieren.[252] Die Großfeuerungsanlagen-Verordnung, die der Sachverständigenrat als promi-
nentes Beispiel von Vorsorge hervorhebt,[253] wurde im wesentlichen mit additiver Technik, die
unisono als Reparaturtechnik gilt,[254] umgesetzt! Im Anschluß an die TA Luft sank/stieg der
Anteil integrierten/additiven Umweltschutzes an den gesamten Umweltschutzinvestitionen
zur Luftreinhaltung von 16,1%/76,8% vor Inkrafttreten (1985) auf 14,8%/81,5% (1986),
12,8%/86,0% (1987) und hat sich nach Auslaufen der Wirkung wieder erholt auf
15,4%/82,5% (1988) und 18,7%/78,6% (1989).[255] Sehr restriktive Grenzwerte können möglicherweise Prävention anreizen ("Vorsichtsprinzip"). Wie das Beispiel der Pflanzenschutzmittel in der EWG-Richtlinie über die Qualität von Wasser für den menschlichen Gebrauch
(EWG/80/778) zeigt, wird aber gerade gegen solche Grenzwerte mit dem Prinzip der Verhältnismäßigkeit und dem Übermaßverbot argumentiert.[256]

Im Gegensatz zur Reparatur behalten Kompensation und Duldung auch die Umweltwirkungen unverändert bei. **Kompensation** leistet immerhin noch einen Ausgleich -
anderenorts oder in Form von Entschädigungszahlungen ("Biotopverlagerungen", Auf-

---

250 Allerdings hindert das den juristischen und programmatischen Sprachgebrauch nicht, Reparatur auch als
    solche zu bezeichnen. Zum umweltrechtlichen Sprachgebrauch kritisch Rehbinder 1991, S. 10f., 251 und
    sein Untersuchungsergebnis einer im internationalen Umweltrecht anspruchsvolleren Begriffsverwendung
    (252f.). Ähnlich im Arbeitsumweltschutz, vgl. S. 54 dieser Arbeit; ausführlich Stark 1989, S. 12f.
251 Kommentare zum Art. 130r Abs. 2 EUV lösen diese Gleichsetzung zwar auf, indem sie zwischen Vor-
    sorge- und Ursprungsprinzip unterscheiden, sind aber ebenfalls sprachlich nicht eindeutig: Denn auch Vor-
    sorge bezieht sich auf den Ursprung - indem er verändert werden soll. Zudem ist selbst die Interpretation
    des Ursprungsprinzips widersprüchlich; vgl. Abb. 8, S. 42.
252 Vgl. Siebert 1985, S.2; ausführlich Antes 1988, S. 76f. m.w.N.; Hagen 1992, S. 139-144, 157-159; Beyer
    1992, S. 256-260; Steger 1993a, S. 101f.
253 Vgl. RSU 1987, Tz. 1682.
254 Als Gegenposition Coenen u.a. 1995, S. 21-25; vgl. auch Fn. 9 S. 33 dieser Arbeit.
255 Vgl. Statistisches Bundesamt 1989-1991, jeweils Abschn. 1.4.1, S. 20. Zur geringen Präventionswirkung
    einer grenzwertdominierten Umweltpolitik insgesamt vgl. auch Abb. 1, S. 2.
256 Vgl. Rengeling 1989; Böttcher 1994.

forstungen). Der Ausgleich vor Ort (Renaturierung) soll den Eingriff in den Naturhaushalt zu einem späteren Zeitpunkt wieder abmildern, indem das Landschaftsbild
landschaftsgerecht wiederhergestellt oder neu gestaltet wird (z.B Kiesgruben). Er entspricht einer im voraus geplanten Sanierung und wird deshalb hier nicht der Kompensation, sondern der Reparatur zugeordnet.[257]

Duldung nimmt die Belastungen uneingeschränkt in Kauf. Duldung ist deshalb keine
umweltschützende Strategie, sondern eine Strategie, der Anforderung nach Umweltschutz in bestimmter Weise zu begegnen, nämlich durch Unterlassung. Nicht immer ist
dies umweltschädigend, denn aufgrund der Assimilationskapazität und der Regenerati-
onsfähigkeit ökologischer Systeme ist nicht jede Wirkung einem Schaden gleichzusetzen. Ökologisch - nicht notwendigerweise ethisch, wie die Diskurse um Tierleid und
Eigenwert der Natur verdeutlichen - ist Umweltschutz im "Nicht-Schädigungsbereich"
nicht sinnvoll. Andererseits kann ein Schaden aber schon bei der geringsten Belastung
eintreten. Aufgrund der Nichtexistenz exakter Schwellen und des eingeschränkten oder
Nichtwissens um Wirkungsgefüge und der Belastung durch andere (potentielle) Verursacher entstehen dadurch Grauzonen. Duldung kann Folge betriebswirtschaftlich rationaler Entscheidungen sein. So empfiehlt das strategische Planungsinstrument des
Ökologie-Portfolios in der Situation geringer Umweltbelastung bei gleichzeitig geringen Marktchancen eine indifferente Strategie, also eine Beibehaltung des Status
quo.[258] Ebenso ist das Selbsttragen eines Risikos, d.h. dessen bewußte Inkaufnahme,
eine der fünf grundlegenden Strategien des Risikomanagements. [29f.; Anh. 1: 319]
Auch Widerstandsstrategien sind vor dem Hintergrund reeller oder erwarteter Kosten
des Umweltschutzes, d.h. eines Entscheidungskalküls, zu sehen. Und ähnlich kann
auch Ignoranz motiviert sein. Speziell diese hat aber zwei weitere mögliche Ursachen:
die des nicht ausreichenden Wissens (geringer Informationsgrad) und die der Verdrängung (kognitive Dissonanz).

Zusammenfassend zeichnen sich damit folgende inhaltliche Konturen eines präventiven betrieblichen Umweltschutzes ab. Neben der Prävention ist betrieblicher Umweltschutz möglich als Reparatur, als Kompensation und als Duldung; die Prävention

---

257 Als gesetzliche Kompensationsregelungen vgl. den auch für Umweltschäden geltenden (monetären) nach-
barrechtlichen Ausgleichsanspruch nach § 906 (2) S. 2 BGB und den Eingriffsausgleich nach § 8 (2)
BNatSchG.
258 Vgl. Meffert u.a. 1985, S. 50-53; Meffert/Kirchgeorg 1993, S. 112 ("Kontinuität"); Antes 1988, S. 109-
111; Steger 1988a, S. 150f.; 1993a, S. 207; 1992b, S. 275f. Steger merkt allerdings an, daß diese Situation
auf immer weniger Branchen zutrifft.

selbst wiederum als ersatzloser Verzicht (Unterlassung, Auslistung/Rückzug, Sparen) und Strukturveränderung (Struktursubstitution, integrierter Umweltschutz, Auslagerung). Eine hundertprozentige Vermeidung von Umweltbelastungen ist nur bei Unterlassung, einem Rückzug oder einer Auslistung möglich. Allerdings können auch hier durch Ersatzhandlungen Dritter oder einer eigenen alternativen Mittelverwendung (in anderen Aufgaben) ökologische Opportunitätseffekte entstehen. Unabhängig zunächst von deren Ausmaß wird deshalb i.d.R. auch bei Prävention eine Restbelastung verbleiben - und damit die latente Gefahr eines erneuten Anstiegs, nämlich bei einem erneuten Wachstum der Problemursache. Reparatur und Kompensation sind zwar nachrangige, aber deshalb auch nicht auszuschließende Optionen; wenn die Inanspruchnahme dauerhaft unter der Schädigungsgrenze bleibt, ist es auch die Duldung.

2.4 Gestaltungsrelevante Merkmale eines präventiven betrieblichen Umweltschutzes

Auf die inhaltliche folgt nun die formale Analyse. Deren beiden zentrale Kategorien wurden bereits deutlich: Zeit und Struktur. Aus den hier bestehenden Unterschieden zu Reparatur, Kompensation und Duldung sind im weiteren vier Merkmale operationalisiert, die für die Organisation präventiven betrieblichen Umweltschutzes grundlegend sind:

1. die Reduktion der Wirkungsursache,
2. die Ganzheitlichkeit von Problemsicht und -behandlung (umfassende Minimierung),
3. die Unsicherheit und Veränderlichkeit ökologischen Wissens und
4. die ökologische Betroffenheit sämtlicher organisatorischer Einheiten und Funktionen.[259]

2.4.1 Reduktion der Wirkungsursache

In allen der im Abschnitt 2.2 diskutierten Konzepte und Disziplinen wird die Konzentration auf die Wirkungsursache als wesentliches Merkmal von Prävention/Vorsorge hervorgehoben. Umweltschutz soll nicht mehr erst an den Folgen ansetzen, sondern an ihren Auslösern. Bezug nehmend auf den mißverständlichen Ausdruck "an der Quelle" habe ich Prävention weiter präzisiert als <u>Reduktion</u> (Vermeidung, Minderung, Verbes-

---

259 Anders Hagen 1992, S. 55-60, 244-248; mit Bezug auf staatliche Umweltpolitik Beyer 1992, S. 18-28; Häußler 1994, S. 67-70.

serung) der Wirkungsursache. Die Reduktion einer Umweltwirkung durch Reduktion ihrer Ursache(n) ist konstitutiv für Prävention. Reparatur, Kompensation und Duldung reagieren dagegen erst auf eine bereits entstandene Umweltwirkung. Daraus resultieren unterschiedliche gestalterische Konsequenzen:

1. Verzicht, Vermeidung, Minderung oder umweltverträglichere Verbesserung greifen in die Struktur der bisherigen Leistungserstellung oder Aktivität ein. Dagegen ist es gerade ein Motiv von Reparatur - auch von Kompensation und erst recht von Duldung - diese Struktur weitgehend unverändert belassen zu können, um kurzfristige Kostenvorteile abzuschöpfen und zu verteidigen.[260]

2. Ursachen können nach dem Zeitpunkt oder Zeitraum ihres Auftretens unterschieden werden in:

Typ 1: zurückliegende, aber mittlerweile beendete,

Typ 2: zurückliegende, weiter betriebene und

Typ 3: Neuplanungen und -entwicklungen.[261]

Zurückliegende Ursachen sind zunächst Fakt: Sie selbst können nicht mehr aufgehoben, die ex post identifizierte Belastung nur noch in der einen oder anderen Weise behandelt werden. Umweltschutz ist hier vergangenheitsbestimmt, er bezieht sich auf bereits initiierte Folgen und dokumentiert "das (damalige) Versäumnis, langfristig notwendige Entscheidungen getroffen zu haben"[262]. Er hat aber auch einen Zukunftsbezug, wenn er sich fortbestehenden Ursachen zuwendet - die verursachende Tätigkeit mittlerweile also nicht beendet wurde (Typ1), sondern fortgeführt wird (Typ 2) -, denn diese produzieren bzw. ermöglichen ja weiterhin Umweltwirkungen. Zum Typ 1 und 2 zählen sämtliche auftretenden ökologischen Krisen und Störfälle. Zunächst bloße Möglichkeit ist der dritte Typ von Ursachen: Mit Neuvorhaben, etwa Produktlinien, Standortentscheidungen, der Einführung neuer Konzepte der Leistungserstellung oder von Koordinationsinstrumenten (z.B. Verhaltensnormen oder Leistungsanreize) wird gleichzeitig über zukünftige Ursachen und Umweltwirkungen entschieden.

Reparativer und kompensierender Umweltschutz kann auf die Umweltwirkungen aller drei Typen Anwendung finden. Dagegen ist für präventiven Umweltschutz der

---

260 Geringfügige Änderungen sind durch die Adaption auch bei der Reparatur notwendig. Die Adaption z.B. einer Filtertechnik oder Sicherheitstechnik an die Fertigung schafft zwar neue, wenige Schnittstellen, verändert aber nicht das Verfahren.

261 Anders - jedoch für die Umweltpolitik - Beyer (1992, S. 22-24), der sich an der medizinischen Präventionstypologie primär-sekundär-tertiär orientiert. Diese wurde oben aber bereits verworfen, weil sie erlaubt, nahezu alle Mittel als präventiv zu bezeichnen.

Anwendungsbereich eingeschränkt: Typ 1 scheidet für Prävention aus. Typ 3 eignet sich uneingeschränkt. Prävention ist hier von Beginn an möglich. Sie hat die Aufgabe, anstehende Entscheidungen und Handlungen allgemein umweltverträglich zu gestalten. In dem Maß, wie dies nicht geschieht, weil z.b. potentielle Wirkungen nicht berücksichtigt oder erkannt werden, werden umgekehrt neue Schadensursachen und Handlungszwänge geschaffen. Beim Typ 2 sind vergangene Versäumnisse gegen mittlerweile etablierte Ursachen aufzuarbeiten. Das hat zwei Konsequenzen: Erstens sind die Freiheitsgrade durch den aus der Vergangenheit bestimmten Verhaltenssrahmen eingeschränkt.[263] Zweitens können die bereits entstandenen Umweltwirkungen die verbleibende Reaktionszeit schon soweit abgesenkt haben, daß Prävention allein nicht mehr ausreicht und (auch) - zumindest die Behandlung von Umweltwirkungen einmal unterstellt - reparative Maßnahmen ergriffen werden müssen. Die Diskussion darüber, ob die Gefahrenabwehr schon zur Prävention zählt, ist genau an dieser zeitlichen Bruchstelle angesiedelt: Die verursachende Tätigkeit hat stattgefunden, ein nicht unerheblicher Schaden droht mit hinreichender Wahrscheinlichkeit - er ist noch nicht eingetreten. Ist Gefahrenabwehr aufgrund des zeitlichen Vorlaufs also Prävention? Ein Teil der Literatur zieht hier eine klare Grenze,[264] gleichwohl räumt z.B. *Prittwitz* der Gefahrenabwehr ein Präventionselement ein. [Fn.95: 37] Die *Bundesregierung* in ihren Leitlinien zur Umweltvorsorge, der *Rat von Sachverständigen* in seinen Jahresgutachten und der überwiegende Teil der umweltrechtlichen Literatur wiederum schlagen die Gefahrenabwehr pauschal der Vorsorge zu.[265] Den entscheidenden Hinweis gibt *Kanatschnig*. Er bejaht entschieden, daß Sanierung im Rahmen der Gefahrenabwehr, neben der überwiegenden Anwendung für nachträgliche Korrektur, auch der Vorsorge dienen kann, dann nämlich, wenn sie auf die Ursache(n) zielt. Sie werde dadurch gerade in der Übergangsphase von der Nachsorge- zur Vorsorgeorientierung zu einem unverzichtbaren Bestandteil präventiven Umweltschutzes.[266] Diese Feststellung sei hier generell für Ursachen vom Typ 2 festgehalten.

262 Kanatschnig 1986, S. 6.
263 Allerdings sind auch Entscheidungen über Neuvorhaben nicht ohne historischen Bezug: Sie bauen i.d.R. auf einem durch vergangene Entscheidungen begründeten Rahmen auf; vgl. Kap. 5, S. 308-311.
264 Vgl. Prittwitz 1988; Fietkau 1988a, S. 94; Kloepfer 1989, S. 76f., Rdnr. 11.
265 Vgl. BMU 1986, S. 12; RSU 1983, S. 105, Tz. 409, Beyer 1992, S. 37 sowie die Abschn. 2.2.2, und 2.2.3, dieser Arbeit.
266 Vgl. Kanatschnig 1986, S. 13-15; 1992, S. 71-75.

2.4.2 Ganzheitlichkeit von Problemsicht und -behandlung (umfassende Minimierung)

Die Sicht und die Behandlung einer Umweltwirkung kann ganzheitlich oder partiell sein. Ganzheitlichkeit fordert, die negativen Wirkungen hinsichtlich
- Medien und Ressourcen,
- sämtlicher Produktlebensphasen,
- Raum und Zeit sowie
- anderer Schutzbereiche (die Existenz- und Wettbewerbsfähigkeit des Unternehmens, die Gesundheit des einzelnen Organisationsmitglieds)

umfassend und übergreifend zu beachten und zu minimieren. Dazu zählen auch die bei der Präventionsstrategie des Verzichts diskutierten ökologischen Opportunitätseffekte. [64] Die beiden ersten Punkte benennen das durch die ökologische Produktlinienmatrix aufgespannte Bewertungsfeld. [Abb. 2: 13] Der letzte Punkt hebt darauf ab, daß Umweltschutz nicht nur auf die natürliche Umwelt, sondern auch auf andere Schutzgüter wirkt. In den diskutierten Konzepten [2.2] wird dies überwiegend vernachlässigt;[267] was jedoch in bezug auf die Berücksichtigung von Umweltschutzkriterien gilt, gilt auch für den Umweltschutz selbst hinsichtlich seiner Nebenwirkungen.[268] Insbesondere sind ökonomische Effekte auf das Unternehmen und gesundheitliche Effekte auf Mitarbeiter zu beachten, wobei diese positiv (komplementär) wie negativ (konkurrierend) ausfallen können. Ganzheitlichkeit wirkt sich schließlich auf den Zeithorizont des betrieblichen Umweltschutzes aus. Für *Glaeser* beispielsweise bedeutet Prävention "im wesentlichen die Einführung der Zeitdimension" in umweltpolitisches Handeln,[269] *Altner* sieht die "eigentliche Aufgabe von Prävention (darin, Anm. R.A.), Zukunft abschätzbar zu machen"[270]. Ein strategisches "Denken vom Ende her"[271] fordert *Kreikebaum* für die Beachtung möglicher Konflikte zwischen ökonomischen und ökologischen Zielen. Das Gros der Autoren, die sich zur Prävention

---

267 Ausnahmen unter den Erfassungsmethoden solcher Wirkungen sind die allgemeine Produktlinienanalyse des Öko-Instituts Freiburg (Projektgruppe 1987) und eine Stellungnahme des DIN (1994a, S. 208f.; dazu auch Rubik 1994, S. 240f.), die neben ökologischen auch ökonomische und soziale Wirkungen einbeziehen.

268 So wird bereits aus dem grundrechtlichen Sozialstaatsprinzip das Recht und die Pflicht zur Umweltpolitik abgeleitet ("Sicherung menschenwürdiger Umweltbedingungen"), andererseits aber auch deren Schranken sofern andere Staatspflichten (soziale Sicherheit, Leistungs-/Daseinsverwaltung) verletzt werden; vgl. Hoppe/Beckmann 1989, S. 70.

269 Glaeser 1989, S. 16.

270 Altner 1988, S. 79.

271 Kreikebaum 1993, S. 17f.; er stellt dabei auf das oben als präventiv eingeordnete Konzept des qualitativen Wachstums ab; vgl. S. 32 dieser Arbeit.

im Umweltschutz äußern, hebt so oder ähnlich die Wichtigkeit der Zeitdimension hervor.[272] Das Entscheidungskalkül präventiven Umweltschutzes ist tendenziell lang-, das des reparativen und kompensierenden tendenziell kurzfristig orientiert. Dabei sind es verschiedene Aspekte, die den längeren Zeithorizont begründen.

Aufgrund des Eingriffs in Strukturen bedarf Prävention tendenziell einer längeren Realisationszeit als Reparatur und erst recht als Kompensation. Situativ können präventive Strategien und Maßnahmen durchaus auch kurz- oder mittelfristig umsetzbar sein, so besonders der Verzicht. Bei Neuvorhaben (Ursache vom Typ 3), ob also zu einem zukünftigen Zeitpunkt z.b. ein umweltverträglicheres Verfahren oder ein herkömmliches mit additiver Technik installiert wird, dürften sich die Zeitbedarfe sogar angleichen.

Prävention muß sich weiterhin - auf juristischen Sprachgebrauch zurückgreifend [38f.] - am Besorgnispotential bzw. an einer Gefährlichkeitsvermutung orientieren. Der Grund liegt in möglichen irreversiblen Schäden. Bei zeitpunktbezogenen Ereignissen (Störfall) verbleibt nahezu keine Reaktionszeit. Aber auch bei zeitraumbezogenen krisenhaften Entwicklungen besteht bei zu spätem Handeln die Gefahr der Irreversibilität. [16f.] Zum Zeitpunkt eines konkreten Gefahrenverdachts kann es deshalb für effektive Gegenmaßnahmen - aktuelle Krisen veranschaulichen dies - möglicherweise bereits zu spät sein.

Eine restriktive Definition der Bestimmtheit der Indikatoren, die Umweltschutzmaßnahmen auslösen - Ereigniswahrscheinlichkeit und Schadenspotential -, senkt generell die verbleibende Reaktionszeit ab, denn die Prognosequalität wächst u.a. mit der Nähe zum Ereignis. Wenn aber Prävention, vor allem die Prävention komplexer Probleme, längere Realisationszeiten braucht, ist der Entscheidungshorizont - und damit die Reaktionszeit - auszuweiten und das eine Maßnahme auslösende Moment zeitlich vorzuverlagern. Beide Entwicklungen sind gegenläufig. Je konkretere Anforderungen an das auslösende Moment gestellt werden, desto mehr werden ökologische Wirkungen aus Entscheidungen ausgeblendet, desto mehr wird auf Prävention verzichtet, desto mehr wird späteren Handlungszwängen für Krisenmanagement - Reparatur, Kompensation und Duldung - der Boden bereitet. Der Rückzug auf eine Informationsgrund-

---

272 Neben den bereits in den Abschnitten 2.2.1-4 zitierten Quellen weiter Müllendorf 1981, S. 35f., 100f.; Bechmann 1984, S. 215; Benda 1984, S. 23; Kanatschnig 1986, S. 5; Ossenbühl 1986, S. 165f.; Siebert 1986, S. 28f.; Jänicke 1988, S. 93f.; Keck 1988, S. 106; Kirsch 1988; 1989; Rehbinder 1988, S. 131; Scimemi 1988; Steger 1988, S. 74; Zimmermann 1988, S. 205f.; 1990, S. 72; Fietkau 1989, S. 120f.; Münnich 1989, S. 61f.; Weichhart 1989, S. 268-270; Füllgraf/Reiche 1990, S. 108; Wicke 1991, S. 139-143; Bartmann 1992, S. 13; Hagen 1992, S. 55-59, 61f., 245-247.

lage des Gefahrenverdachts bedeutet nichts anderes als eine erhöhte Wahrscheinlichkeit, Schadensursachen neu zu implementieren (Typ 3) und damit den grundsätzlichen Verzicht auf eine präventive Gestaltung der Zukunft. Die Bedingungen für Prävention werden dagegen verbessert, wenn von einer Gefährlichkeitsvermutung und einem abstrakten Besorgnis-/Gefährdungspotential ausgegangen wird.

Die Notwendigkeit ausgeweiteter Entscheidungshorizonte fußt schließlich darauf, daß präventiver Umweltschutz nicht partiell, sondern umfassende Minimierung von (potentiellen) Umweltwirkungen bedeutet. Partielle Herangehensweisen verlagern i.d.R. lediglich eine Wirkung. Verlagerung ist aber keine Prävention, sondern bloßer Zeitaufschub: Das Problem tritt zu einem späteren Zeitpunkt bzw. in anderen Medien und an anderen Orten wieder auf oder - aus der Perspektive des Leistungsverbundes - auf Vor- und Folgestufen.[273] Gängige Beispiele sind Klärschlämme, die durch Filterung zurückgehaltenen Luftschadstoffe oder die mit der bloßen Auslagerung von Funktionen, z.B. des Transports, noch keineswegs verringerten Umweltwirkungen der Funktionsausübung an sich. Durch Aufkonzentration und die Behandlung erhöht sich dabei sogar teilweise das Schadenspotential, die Entlastung kann kompensiert oder überkompensiert werden. Um mögliche Verlagerungen berücksichtigen zu können, muß der Entscheidungshorizont von Prävention deshalb den Zeiträumen solcher Prozesse angemessen sein. Prävention gerät hier an eine objektive Grenze. Andererseits bedarf es nicht zwingend einer exakten Prognose. Bei hochtoxischen Stoffen etwa sind gerade lange Halbwertszeiten ein Argument für Prävention.

Über das Gebot einer generations-, ressourcen-, medien-, raum- und den gesamten Lebenszyklus einer Leistung übergreifenden Minimierung besteht weitgehend Konsens;[274] es kann absolut oder relativ formuliert werden. Ordnet man Raum, Zeit, Ressourcen, Medien, den einzelnen Lebenszyklusphasen und sonstigen Schutzbereichen jeweils eigene Belastungsvektoren zu, bedeutet absolute Minimierung, mindestens einen Vektor gegenüber der Ausgangssituation zu verbessern, jedoch keinen zu verschlechtern. Diese Variante wird als Verlagerungs- bzw. Verschlechterungsverbot oder pareto-optimal bezeichnet. Solche Lösungen sind aber, außer bei einem teilweisen oder völligen Verzicht auf die Aktivität, selten zu finden, "da i.d.R. (selbst, Anm. R.A.) bei Produkt- oder Verfahrenssubstitutionen zwar bestimmte Rückstandsarten wegfallen

---

273 Deshalb beziehen Konzepte des integrierten Umweltschutzes die Vor- und Folgestufen definitiv mit ein; vgl. Abb. 7, S. 28.

274 Neben den in den Abschnitten 2.2.1-4 zitierten Quellen vgl. auch Kanatschnig 1986, S. 11; Fietkau 1989, S. 120; Rehbinder 1988, S. 131; Strebel 1990, S. 5, 10 oder Wicke 1991, S. 142f.

oder reduziert werden, aber andere hinzukommen"[275]. Die absolute Variante halte ich deshalb für problematisch. Sie ist zwar leicht abzugrenzen (gute Bewertbarkeit), weil eindeutig. Sofern eine Lösung gefunden wird, beschert sie auch ein ökologisch "reines" Gewissen. Sie schließt aber zu viele Alternativen aus, selbst solche, die neben bedeutenden Vermeidungserfolgen auch zu lediglich marginalen Verschlechterungen bei anderen Vektoren führen. Obwohl man sich damit der gesamten, bereits in der generellen Diskussion um die Vergleichbarkeit nicht monetärer Größen aufgeworfenen Problematik aussetzt,[276] definiere ich umfassende Minimierung deshalb relativ, d.h. Prävention strebt ein Optimum an Verbesserungen an, wobei die Veränderung der Belastungsvektoren gegeneinander abzuwägen ist.[277] Selbstverständlich sind auch hier eindeutige Alternativen in die Entscheidung miteinzubeziehen.

2.4.3 Unsicherheit und Veränderlichkeit ökologischen Wissens

Entscheidungen können allgemein unter sicheren oder unsicheren Erwartungen gefällt werden. Unsicherheit in einer Entscheidungssituation ist demnach nichts Außergewöhnliches und Umweltschutzspezifisches, sondern der Normalfall. Teilweise ist aber im präventiven Umweltschutz Entscheidungsunsicherheit besonders ausgeprägt.

Unsicherheit ist das Ergebnis unvollkommener Information, d.h. einer Differenz zwischen der für eine bestmögliche Lösung erforderlichen[278] und der tatsächlich vorhandenen Information.[279] Diese Differenz kann verursacht sein durch lückenhaftes oder den situativen Anforderungen nicht angemessenes Wissen - Gütekriterien sind Gültigkeit (Validität), Zuverlässigkeit (Reliabilität), Objektivität und Allgemeingültigkeit (Repräsentativität). Je nach Entscheidungssituation und -objekt wird ein Unternehmen über sehr unterschiedliche, mehr oder minder entwickelte Informationsgrade verfügen. Eine grundsätzliche entscheidungstheoretische Besonderheit präventiven

---

275 Strebel 1990, S. 10; weiterhin die Vergleiche von Verpackungssystemen bei Beschorner 1990, S. 167-172; o.V. 1995, S. 333f.
276 Für die betriebliche Umweltökonomie vgl. zusammenfassend Freimann 1989, v.a. S. 253-310; zu speziellen Methoden vgl. die Äquivalenzkoeffizienten in der ökologischen Buchhaltung von Müller-Wenk (1978, S. 35-48), bei Braunschweig/Müller-Wenk zu Umweltbelastungspunkten weiterentwickelt (1993, S. 47-50), die verschiedenen Bewertungsfelder in der Produktlinienmatrix (Projektgruppe 1987, v.a. S. 33-39, 146-152) oder der ökologischen Produktbewertungsmatrix (Türck 1991, S. 102-104) sowie die Übersicht und Diskussion bei Rubik 1994, S. 237-240.
277 Vgl. Kanatschnig 1986, S. 11; Wicke 1991, S. 143.
278 Noch anspruchsvoller wäre die Definition als (technisch) überhaupt mögliche Information, weniger anspruchsvoll die vom Entscheider subjektiv für notwendig erachtete Information oder die für eine - besonders im Verhältnis zu den Informationsbeschaffungskosten - befriedigende Lösung notwendige Information.
279 Vgl. Wittmann 1959, S. 11-38; kürzer 1982, S. 212f.

Umweltschutzes besteht in der geringeren Streuung über die ganze Bandbreite; statt dessen häufen sich speziell bei der Verfolgung von Sicherheitszielen geringe Informationsgrade. Zentrales Problem hierbei ist die Komplexität, die sich (a) aus der Wechselwirkung zwischen selbst bereits komplexem biologischen System, dem eingetragenen Stoff sowie zahlreichen äußeren und inneren Faktoren ergibt und (b) aus dem Gebot umfassender Minimierung [77]. Abbildung 12 stellt den ökotoxikologischen Wirkungskomplex detailliert dar. Je nachdem, wie sich das durch Struktur und Dosis bestimmte Schädigungspotential eines Stoffes (Agens) unter Einwirkung abiotischer und biotischer Umweltfaktoren durchsetzt gegen das durch Reaktions- und Regulationsfähigkeit bestimmte, von der biozönotischen Konstellation und der individuellen Konstitution abhängige Schutzpotential eines biologischen Systems, treten nach Art, Ausmaß und Dauer verschiedene Auswirkungen auf.[280] Unter der realistischen Annahme, daß der eingetragene Stoff mit weiteren eingetragenen oder bereits vorhandenen interagiert, erhöht sich die Komplexität weiter.

Stoff		Einwirkungen				Biol. System	
Agens/Agonist		**äußere Faktoren**		**innere Faktoren**		**Reagens/Rezeptor**	
Struktur	Konzentration	abiotische	biotische	biozönot.	individuelle	Integration	Funktion
haptophore		Temperatur	Limitation	Stabilität	Alter		
Affinität		Licht	Competition	Resistenz	Geschlecht	Biozönose	Regulation
aktophore Gr.		Medium	Predation	Immunität	Gewicht		
		(pH, Matrix)	Parasitism.	Vorbelastung	Gesundheit	Population	Information
Effektivität		**Aktion:** z.B. Membranveränderung				Organismus	Heilung
"Giftigkeit" + Dosis		Invasion, Enzymblockade				Organ	Adaptierung
		Reaktion: z.B. metabol. Transformation				Zelle	Regeneration
Gift		Exkretion, Eliminierung, Deponierung				Organell	Eliminierung
		Zerstörung von Strukturen	akut	akut		Membran/ Enzym-system	Metabolisierg.
		Hemmung von Funktionen	subakut	chronisch			
		Wiederherstellung	subletal	reversibel			
		Heilung Tod	letal	irreversibel			Reaktivität
		Art	**Ausmaß**	**Dauer**			
Schädigungspot.		**Auswirkungen**				**Schutzpotential**	

Abb. 12: Ökotoxikologischer Wirkungskomplex
Quelle: Nusch 1991, S. 13

---

280 Vgl. Nusch 1991, S. 12f.

Die Frage nach dem erforderlichen Wissen ist aufgeworfen. Zum einen wird die Komplexität einer konkreten Entscheidungssituation reduziert sein: Die Zahl der Elemente und ihrer Interaktionen wird kaum dem in der Abbildung dargestellten maximal Möglichen entsprechen. Zum andern ist die Frage offen, ob die erforderliche Information bis ins Detail lückenlos sein und maximalen Güteanforderungen genügen muß, um noch eine ökologisch ausreichende Entscheidungsqualität zu erhalten,[281] oder anders: Wieviel Wissenslücken muß Verhalten aufweisen dürfen, um nicht einem Unterlassen und Zaudern unter dem Vorwand (noch) nicht ausreichender Information Vorschub zu leisten? "The problem is certainly not unique to environmental matters and may have more to do with political, sociological, and perhaps psychological factors than with strictly technical ones."[282] Bestehen bleibt dabei die Schwierigkeit, die sich für die Prognosegüte ökologischer Wirkungen aus den tendenziell sehr langen Zeiträumen ökologischer Prozesse ergibt. Es ist aber gerade die Prävention, die den Anspruch erhebt, Wirkungen möglichst frühzeitig zu erkennen, um deren Ursache rechtzeitig vermeiden zu können. Ich sehe keine zweite Unternehmensaufgabe, die ähnliche Entscheidungs- und damit auch Prognosehorizonte erfordert, wie sie präventiver Umweltschutz u.U. erfordert.

Angesichts einer Vielzahl von Elementen und ihrer Wechselwirkung in der Zeit ist präventiver Umweltschutz ein äußerst komplexes Gestaltungsobjekt. Nun wird das Unsicherheitspotential aber von zwei Seiten bestimmt: zum einen zwar von der Komplexität des Gegenstands und - daraus abgeleitet - von der erforderlichen Information, zum andern aber auch von der Güte des verfügbaren Erklärungs- und Prognoseinstrumentariums. Informationen über Ressourcenverbräuche zu erhalten, ist noch relativ einfach und bedarf "lediglich" entsprechender Erfassungsinstrumente, bspw. Öko-Bilanzen. Schon schwieriger ist die Bestimmung nachhaltiger Verbrauchsquoten; allerdings sind diese weniger eine Frage des Wissens als der Verteilung (akteursbezogen, intertemporal). Vor allem aber ist unser ökologisches Wissen - bedingt durch die erst jungen Disziplinen Ökosystemforschung und Ökotoxikologie - über Strukturen, Funktionen und Veränderungen von Ökosystemen, über die Toxizitäten einzelner Stoffe und erst recht über das Zusammenwirken unterschiedlicher Stoffe auf Ökosysteme noch eher gering entwickelt. Von einem niedrigen Niveau kommend hat sich zwar der Wissensstand, vor allem über die Wirkung einzelner Stoffe in hohen Dosen auf den

---

281 Allerdings unterliegt auch das Urteil darüber, was ökologisch ausreichend ist, der Unsicherheit.
282 Scimemi 1988, S. 43; dort auch die gegensätzlichen Beispiele S. 44.

Menschen, vermehrt. Schon bei niedrigen Konzentrationen oder gar der kombinierten Wirkung mehrerer Stoffe bezeichnet das *Umweltbundesamt* die Beurteilung nach dem gegenwärtigen Wissensstand noch als schwierig, bezogen auf Ökosysteme die Kenntnisse sogar als "völlig unzureichend"[283]. Dies gilt offensichtlich für alle Bereiche: Für den Boden bescheidet *Scheunert*: "Eine Vorhersage des Langzeitverhaltens organischer Chemikalienrückstände im Boden ist derzeit noch nicht möglich"[284]; für das relativ gut untersuchte Gebiet der Fisch-Toxikologie entdeckt *Nagel* selbst für partiale Beurteilungen "noch viele offene Fragen"[285], und ähnlich beschreibt die *Enquete-Kommission zum Schutz der Erdatmosphäre* Fehlerquellen und Unsicherheiten der Modellvorhersagen[286]. Nach *Wassermann* sind allein von den 80.000 bis 90.000 Handelschemikalien "weit weniger als 5 Prozent .. toxikologisch überhaupt annähernd untersucht"[287]. Zusammenfassend beschreibt *Koch* den Stand der Wirkungsforschung:

"Umweltchemie und Ökotoxikologie sind gegenwärtig zumeist auf die Ermittlung umfassender experimenteller Daten zu Vorkommen, Verhalten und Wirkungen der Substanzen orientiert, die bereits als Umweltschadstoffe erkannt sind. Dabei ist eine *quantitative* Zunahme unseres Wissens über Grad und Ausmaß von Belastungen zu verzeichnen. Dennoch liegen für die überwiegende Zahl umweltrelevanter Substanzen nur lückenhafte Kenntnisse über ihr Vorkommen sowie über Art und Ausmaß von Schadwirkungen vor. Tatsächliche Expositionen sind nicht quantifizierbar. Fragen nach dem Gefährdungspotential und möglichen Risiken sind nur für wenige Stoffe annähernd zu beantworten. Unzureichend sind nach wie vor die Fortschritte im *qualitativen* Verständnis struktureller und funktioneller Zusammenhänge von Ökosystemen und möglicher Veränderungen unter dem Einfluß anthropogener Stoffe. Die molekular-chemischen und -biologischen Grundlagen solcherart Veränderungen sind weitestgehend unbekannt. Experimentelle Ergebnisse sind in den wenigsten Fällen verallgemeinerungsfähig. Theoretische und praktische Methoden zur Voraussage von Stoffverhalten und -wirkungen sowie für die Bewertung und Quantifizierung von Risiken sind nur in Ansätzen entwickelt."[288]

Der Unterschied zwischen Reparatur und Prävention besteht nicht in der Komplexität des Gegenstands, sondern im Umgang mit dieser Komplexität und der aus ihr resultierenden Unsicherheit. Reparatur kann nämlich auch als Folge einer Strategie der Verdichtung von Wahrscheinlichkeitsurteilen durch das Abwarten von Schadensereignissen - in der umweltrechtlichen Literatur unter den Schlagworten "Gefahrenver-

---

283 UBA 1992, S. 77; ähnlich Michelsen/Öko-Institut 1984, S. 203f.; KFA 1987, S. 26; Kettrup u.a. 1991, S. 371 oder Koch 1990, S. 157; zuletzt Deutscher Bundestag 1994, S. 432f.
284 Scheunert 1991, S. 28; vgl. auch Klein 1991; speziell zu Pflanzenschutz- und Schädlingsbekämpfungsmitteln vgl. Michelsen/Öko-Insitut 1991, S. 292.
285 Nagel 1990, S. 112.
286 Vgl. Deutscher Bundestag 1990a, S. 308-311.
287 Wassermann 1988, S. 30; vgl. auch o.V. 1993b, S. 13.
288 Koch 1989, S. 42; ausführlich auch Nagel 1990; ähnlich Parlar/Angerhöfer 1991, S. 207; Michelsen/Öko-Institut 1991, S. 272.

dacht" und "bereits drohende Gefahr" diskutiert [37f.] - interpretiert werden. Der Erhöhung des Informationsgrades und der Reduktion von Unsicherheit gegenüber steht durch die sukzessive Verkürzung der verbleibenden Reaktionszeit allerdings ein Verlust von - bei Irreversibilität aller auf Reduktion von Ursache und Wirkung zielenden - Handlungsalternativen, an deren Schluß nur noch ursachenkonservierende verbleiben. Aus dieser Grenze u.a. wurde die Notwendigkeit von Prävention begründet. [16f.] Mit einem (abstrakten) Besorgnispotential [38f.] als Auslöseinformation erhält Prävention Freiheitsgrade - unter Inkaufnahme höherer Prognoseunsicherheit. Beim gegenwärtigen Stand der Umweltforschung resultieren daraus Entscheidungskalküle, die - dem entscheidungstheoretischen Sprachgebrauch folgend - nicht generell, aber vielfach nicht nur mit Risiko, sondern mit Unsicherheit "im engeren Sinne" behaftet sind. Dabei besteht Unsicherheit i.e.S., wie (die auf dem Grundmodell der Entscheidungstheorie aufbauende) Abbildung 13 veranschaulicht schon dann, wenn entweder über die Zustände oder die Ergebnisse ein i.e.S. unsicherer Informationsstand vorliegt.

Informations-stand bzgl. Konsequen-zen / Zustände	Sicher-heit	Risiko	Ungewiß-heit
Sicherheit	Sicher-heit	Risiko	Ungewiß-heit
Risiko	Risiko	Risiko	Ungewiß-heit
Ungewißheit	Ungewiß-heit	Ungewiß-heit	Ungewiß-heit

Abb. 13: Die Unsicherheit von Entscheidungskalkülen
Quelle: Bamberg/Coenenberg 1992, S. 23

Für einen präventiven betrieblichen Umweltschutz resultieren daraus wichtige organisatorische Konsequenzen. Erstens: Information, v.a. hinsichtlich der Fähigkeit und Güte von Prognosen, ist ein zentraler Baustein oder - wie Zimmermann formuliert: "präventive Strategien brauchen .. vor allem eine starke Daten- und Wissensbasis"[289]. Die Informationsgrade sind, von der allgemein beschriebenen Situation ausgehend,

---

289 Zimmermann 1990, S. 27.

82

durch Informationsgewinnung und -verarbeitung (Angleichung des subjektiven Wissensstandes an den objektiven) und Forschung (Verbesserung des objektiven und gleichzeitig subjektiven Wissensstandes) deshalb deutlich zu verbessern.[290] Das gilt sowohl für Neuplanungen und -entwicklungen (Tätigkeit vom Typ 3) als auch - im Sinne einer Schwachstellenanalyse - für die bereits laufenden Aktivitäten (Typ 2). Alle Informationsfunktionen - internes Rechnungs- und Berichtswesen, Controlling, Revision - werden aufgewertet.

Freilich sind dem Wissenserwerb, neben dem Stand der Forschung als naturwissenschaftlich-technische, weitere Grenzen gesetzt: zum einen finanzielle, zum andern aber auch erkenntnistheoretische und methodische. Erkenntnistheoretisch ist der Beweis einer Nichtwirkung nicht führbar. Damit ist auch die Sicherheit - also die absolute Gewißheit -, daß ein bestimmtes Entscheiden und Handeln umweltverträglich ist, ausgeschlossen. Es kann demzufolge nur um ein mehr oder weniger wahrscheinlich umweltverträgliches Verhalten gehen.[291] Und: "Aus einzelnen oder kombinierten Testdaten kann .. nur geschlossen werden, welche Konzentrationen in der Umwelt nicht erreicht werden dürfen: Die Ableitung 'tolerierbarer Konzentrationen' bzw. 'unbedenklicher Situationen' ist wissenschaftstheoretisch nicht zulässig."[292] Denn möglicherweise besteht eine Wirkung, die mit den verwendeten bzw. verfügbaren Testmethoden bloß nicht beobachtet werden kann.[293] Schließlich "werden i.d.R. nur solche Wirkungen beobachtet, nach denen gesucht wird"[294]. Der Nachweis der Unschädlichkeit einer Leistung oder Aktivität ist deshalb nicht möglich.

Darüber hinaus setzt das für das Erkennen seltener Wirkungen erforderliche Testvolumen methodische Grenzen. Bei einer Ereigniswahrscheinlichkeit von 0,1% muß eine Stichprobe bspw. rund 3.000 Individuen betragen, um mit einer Wahrscheinlichkeit von 95% die Wirkung zu erfassen - ideale Bedingungen, d.h. Homogenität des Beobachtungsgegenstands und Ausschluß anderer als der untersuchten Einflußgröße - vorausgesetzt.[295] Je größer die Versuchsgruppe und je komplexer ein biologisches System ist, desto schwieriger sind diese Bedingungen zu erfüllen, "in Untersuchungen an

---

290 Zu Perspektiven der ökotoxikologischen Forschung ausführlich Kettrup u.a. 1991, S. 373-376; zur Validität von Umweltdaten Schröder u.a. 1991.
291 RSU 1987, S. 445, Tz. 1629.
292 Parlar/Angerhöfer 1991, S. 309f.
293 Vgl. RSU 1987, S. 445, Tz. 1630
294 RSU 1987, S. 445, Tz. 1629; ähnlich Michelsen/Öko-Institut 1992, S. 266.
295 Vgl. RSU 1987, S. 445f. Tz. 1631.

Menschen so gut wie ausgeschlossen"[296] - und dann erst recht bei den gegenüber humantoxikologischen noch deutlich komplexeren ökotoxikologischen Wirkungen.[297] Testergebnisse geben deshalb häufig eher Hinweise auf Schadenspotentiale, als auf im Einzelfall konkret erwartbare Effekte.[298]

Aus alledem muß zweitens die überdurchschnittliche Veränderlichkeit eines einmal erworbenen ökologischen Wissensstandes in Rechnung gestellt und die Organisation wie auch ihre Mitglieder darauf ausgerichtet und vorbereitet, d.h. ihre Reflektionsbereitschaft und Flexibilität sichergestellt werden. Denn dort, wo der Informationsstand niedrig ist, ist auch die Wahrscheinlichkeit hoch - noch besonders bei intensiver Forschung, wie derzeit über Ökosysteme und zur Ökotoxikologie -, daß sich einmal erworbenes, vielleicht sogar als sicher geglaubtes Wissen dynamisch verändert, nicht nur erweitert, sondern auch widerlegt wird, was auch bisherige Aktivitäten und Entscheidungen in Frage stellt. Gute Beispiele sind die Diskussionen um die verschiedensten Ersatzstoffe, stellvertretend Asbest und FCKW, die Einstufung des Dämmstoffs Mineralfaser in der MAK-Liste als krebserzeugend[299] oder neu erkannte, bislang nicht für möglich gehaltene Ausbreitungspfade.

"Bei der Fahndung nach Dioxinen und Furanen hat das .. Wissenschaftler Team häufig sein 'Blaues Wunder' erlebt...: Denn diese Substanzen wurden auch dort gefunden, wo sie auch hochspezialisierte Chemiker eigentlich (Hervorhebung R.A.) nicht erwarten konnten" - bei der Farbherstellung, in Kaffeepulver und in chlorgebleichten Recyclingpapieren."[300]

"Fehlentscheidungen" - so die Erfahrungen mit Stoffbewertungen im Rahmen von Ökobilanzierungen - "können also nie ganz ausgeschlossen werden."[301] Neben dem Wissenserwerb besteht präventiver betrieblicher Umweltschutz deshalb gerade auch in der organisatorischen Daueraufgabe, die Substituierbarkeit hinsichtlich ihrer Umweltverträglichkeit widerlegter Alternativen zu gewährleisten.

2.4.4 Ökologische Betroffenheit sämtlicher organisatorischer Einheiten und Funktionen

Für die Erfassung und Beschreibung ökologischer Betroffenheit von Unternehmen sind drei Kategorien grundlegend. Ökologische Betroffenheit ist (1.) selbsterzeugt und wird

---

296 RSU 1987, S. 446, Tz. 1631.
297 Zu letzterem Kettrup u.a. 1991, S. 371. Zur Diskussion ökotoxikologischer Tests vgl. Nusch 1991, S. 13-15; Kettrup u.a. 1991, S. 372.
298 Vgl. Kettrup u.a. 1991, S. 372; Nusch 1991, S. 14.
299 Vgl. auch Vorholz 1993.
300 Schwab 1993, S. 6.

vermittelt/internalisiert, entsteht (2.) direkt/unmittelbar oder indirekt/mittelbar, sie ist (3.) objektiv gegeben und wird subjektiv wahrgenommen. In zeitlicher Hinsicht kann sie akut, latent oder potentiell sowie zeitweise oder dauerhaft auftreten.[302]

(1.) Selbsterzeugte/vermittelte ökologische Betroffenheit: <u>Selbsterzeugte, auch: aktive Betroffenheit</u> meint Organisationseinheiten - das ganze Unternehmen, einzelne Bereiche oder einzelne Stellen - als Verursacher. Organisationseinheiten nutzen durch ihre Aktivitäten die Natur. Sie erzeugen ökologische Betroffenheit selbst. Nach dem zweiten Hauptsatz der Thermodynamik (Entropiesatz) ist es nicht möglich, eine Leistung zu erstellen und zu konsumieren, ohne die Entropie des Gesamtsystems zu erhöhen, d.h. Energie und - wegen der prinzipiellen Gleichheit von Masse und Energie - Materie zu zerstreuen, zu entwerten (Dissipation).[303] Umweltbelastung ist Ausdruck solcher Entwertungsprozesse von Zuständen hoher Konzentration (hohe Ordnung, niedrige Entropie) in Zustände niederer Konzentration (niedere Ordnung, hohe Entropie): Energie wird zunehmend in nicht mehr verfügbare, gebundene Formen umgewandelt; Materie gelangt teilweise bereits bei der Gewinnung und Verarbeitung in Luft, Boden und Wasser und wird zu Abfall.[304] Für die Erde als geschlossenes Gesamtsystem ist dieser Prozeß, mit Ausnahme der Zufuhr aus dem Weltraum (Sonnenenergie, Materie),[305] irreversibel. Verlangsamung ist durch Prävention möglich. "Antientropieprozesse"[306] (z.B. die Gewinnung von Reinmetallen aus Erzen, hier v.a. Recycling oder Schadstoffrückhaltung durch additive Technik) und, vorübergehende, "Inseln der Ordnung"[307] (Autos, Häuser, Straßen, Möbel, Fertigungsanlagen, Umweltschutztechnik u.a.m.) können diesen Prozeß <u>partiell</u> umkehren - allerdings nur durch den Einsatz von Energie und damit der Erhöhung der Energieentropie insgesamt. Umweltbelastung kann deshalb zwar vermindert und partiell vermieden werden, ein Wirtschaften ohne Umweltbelastung ist aber nicht möglich. Das bedeutet nicht weniger, als daß auch kein Beitrag zu Leistungserstellung oder -verzehr ohne Umweltwirkung ist. Jedes Lebewesen, jede Organisation, jede Tätigkeit in dieser Organisation

---

301 Lehmann 1993, S. 13, Sp. 3.

302 Matzel (1994, S. 78) nimmt eine größere organisatorische Relevanz bei dauerhafter, als bei einmaliger Betroffenheit an. Dies kann jedoch nur i.V.m. der Intensität beurteilt werden.

303 Vgl. Georgescu-Roegen 1974, S. 17-25; 1987; Stumm/Davis 1974; Strebel 1980, S. 27-29; Binswanger u.a. 1983, S. 82-90; Rifkin 1985, S. 43-58; Zabel 1992, S. 36f.; Corsten/Rieger 1994, S. 218-220.

304 So werden 35-45% des verbrauchten Kupfers dissipativ verbraucht (Pigmente, Farbstoffe, Korrosion, Gewässer-, Land- und Atmosphärenverunreigung); vgl. Stumm/Davis 1974, S. 38; für Cadmium, S. 39.

305 Bei positivem Energie- und Materiesaldo der Ausbeutung von Himmelskörpern zählte auch die Raumfahrt dazu.

306 Strebel 1980, S. 29; Corsten/Rieger 1994, S. 219.

und jedes Ergebnis dieser Tätigkeiten - so wurde weiter vorne bereits ausgeführt - nimmt die Funktionen der natürlichen Umwelt in Anspruch: in Form von Lebensraum, als Lieferant und als Aufnahmesystem von Energie, Stoffen und Informationen. [10] Ähnlich resümiert *Bardmann* aus industriesoziologischer Perspektive, "daß alle Arbeit notwendig und unvermeidlich Abfall hervorbringt".[308]

Einen Eindruck vermittelt die umweltschutzbezogene Produktlinienmatrix. [Abb. 2: 13] Grundlegend ist die Annahme, daß während des gesamten ökologischen Produktlebenszyklus Umweltwirkungen unterschiedlichster Art entstehen. In der Betriebswirtschaftslehre wird dies dadurch deutlich, daß mittlerweile zu allen Funktionen als auch Branchen - zwar unterschiedlich umfangreich aber dennoch - Literatur vorliegt, die sich mit den jeweiligen Umweltwirkungen auseinandersetzt.[309]

Betroffenheit meint hier also auch und zunächst die verursachende, "betreffende", Seite. Das herkömmliche Verständnis von Betroffenheit allgemein,[310] wie auch ökologischer Betroffenheit[311] ist dagegen passiv, erleidend: betroffen sein durch Handlungen anderer (Verursacher). Ich bezeichne sie als vermittelte, auch: internalisierte oder passive Betroffenheit. In ihr drücken sich zum einen erlittene Umweltwirkungen aus. *Beck* hat die "Allbetroffenheit" als eines der zentralen Merkmale der Risikogesellschaft beschrieben und diagnostiziert das "Ende all unserer hochgezüchteten Distanzierungsmöglichkeiten"[312].

"Gefahren werden zu blinden Passagieren des Normalkonsums. Sie reisen mit dem Wind und mit dem Wasser, stecken in allem und in jedem und passieren mit dem Lebensnotwendigsten - der Atemluft, der Nahrung, der Kleidung, der Wohnungseinrichtung - alle sonst so streng kontrollierten Schutzzonen der Moderne."[313]

Nicht nur ist jeder Betreffender, Verursacher, angesichts der Vielzahl der verschiedenen Umweltwirkungen ist auch passiv jeder einzelne ökologisch betroffen. Zum andern werden ökologische Anforderungen durch externe und interne Anspruchsgruppen (Stakeholder) an das Unternehmen und einzelne Stellen herangetragen: Staat

---

307 Binswanger u.a. 1983, S. 84.
308 Bardmann 1990, S. 179.
309 Vgl. z.B. die Abhandlung aller betrieblichen Funktionen in Steger 1992a, Teile C und D bzw. Branchen in Teil D oder in AWV 1991; 1992 sowie die Analyse aller betrieblichen Funktionen auf Umweltschutzrelevanz in Antes/Tiebler 1990, S. 84-140; Schreiner 1993, S. 72-80.
310 Vgl. Rammstedt 1981, S. 452f.; Rauschenbach 1988, S. 147f.
311 Vgl. Dyllick 1990, Kap. 2, insbes. S. 15-35; 1995; Dyllick/Belz 1995a; Matzel 1994, S. 16-23; Kirchgeorg 1990, S. 87-90, 180-200; 1995, S. 63; Nitze 1991, S. 97-99, 222-228; Coenenberg 1994, S. 43-46; Coenenberg u.a. 1994, S. 84f. In neueren Arbeiten haben Dyllick und Mitarbeiter die sozio-ökonomische Ebene ("ökologische Anspruchsmatrix") um die stofflich-energetische ("ökologische Belastungsmatrix") ergänzt; vgl. Dyllick 1995, S. 84-87; Dyllick/Belz 1995b, S. 59f. m.w.N.
312 Beck 1986, S. 7.

(Gesetzgeber, Aufsichtsbehörden, Rechtsprechung), Öffentlichkeit (Medien, Anlieger, Natur-/Umweltschutzgruppen), Marktpartner (Lieferanten, Abnehmer) und zunehmend Tarifpartner sowie betriebliche Akteure.[314] Im Gegensatz (oder in Ergänzung) zum eigenmotivierten Umweltschutz werden die Umweltwirkungen über den "Umweg" der Anspruchsgruppen internalisiert. Selbsterzeugte und internalisierte/vermittelte ökologische Betroffenheit müssen nicht übereinstimmen. In Folge von Arbeitsteilung und Externalisierung ist es sogar wenig wahrscheinlich. Die Regel ist immer noch, daß die selbsterzeugte die vermittelte Betroffenheit deutlich übersteigt.[315] Andererseits können Anspruchsgruppen ökologische Betroffenheit über Maßen erzeugen (z.B. Boykotte).

(2.) Unmittelbare, direkte / mittelbare, indirekte ökologische Betroffenheit: Die selbsterzeugte Betroffenheit ist weiter zu unterscheiden. Unmittelbare ökologische Betroffenheit ist dort gegeben, wo Umweltwirkungen direkt verursacht werden, also bspw. Emissionen der Herstellung oder des Transports. Es ist wohl kein Zufall, daß sich sowohl die Umweltpolitik als auch, in deren Zug, die betriebliche Umweltökonomie[316] und Praxis zunächst auf die besonders offensichtlichen Umweltwirkungen der Produktion konzentrierten.[317] Mittelbare Betroffenheit bedeutet, daß die Möglichkeit anderer, umweltverträglich zu entscheiden und zu handeln, beeinflußt oder sogar vorbestimmt wird. Ein analoger Effekt wurde oben für die Qualität einer Leistung beschrieben. Er führte zur Entwicklung der Philosophie des Total Quality Management ("the next process is your customer"). [51] Mittelbar wirken zum einen potentiell Verhaltensinterdependenzen, d.h. alle einer Aufgabe vor- und nachgelagerten Aufgaben und Funktionen, sofern sie nicht ausschließlich passives Element dieser Beziehung sind. Das schließt nicht nur die in einer arbeitsteiligen Arbeitsorganisation direkt vor- und nachgelagerte(n) Teilaufgabe(n) und Arbeitsschritte ein, sondern alle den Verhal-

---

313 Beck 1986, S. 10.
314 Neben den Quellen in Fn. 2 vgl. Achleitner 1985, S. 73-89; Dyllick 1990, S. 35-63; Sauer 1993, S. 165-189; Nork 1992, S. 92-191; empirisch Nork 1992, S. 312-408; Zimpelmann/Gerhard/Hildebrandt 1992; Hildebrandt 1995, S. 142-149.
315 Den monetären Wert der ökologischen Schäden schätzte Wicke für 1984 auf rund 100 Mrd. DM p.a. Bei allen Unschärfen der Schätzmethoden - andererseits sind einige wesentliche Schadensbereiche darin noch gar nicht enthalten, z.B. psychosoziale Kosten, Arten- und Biotopschwund - wird doch deutlich, daß sie die Aufwendungen der Verursacher (ca. 30-40 Mrd. DM) bei weitem übersteigen; vgl. Wicke 1986; Schulz/Wicke 1987; Wicke 1991, S. 59-99; noch höher Weizsäcker, E.U. v. 1990, S. 146f.; zu den internalisierten Kosten vgl. Ryll 1990.
316 Zeitliche - nicht thematische - Ausnahmen bilden die frühe Arbeit von Riebel 1955 sowie die Ausführungen Gutenbergs zur Materialeffizienz, Abfallverwertung und -verwendung bei den "Bedingungen optimaler Ergiebigkeit des Werkstoffeinsatzes" (1951, S. 96-100; 1983, S. 123-127).
317 Ausführlich hierzu Antes/Tiebler 1990, S. 64f., 122-125.

tensrahmen absteckende, wenn etwa der Konstrukteur die Recycelmöglichkeit eines zurückzunehmenden Produkts festlegt oder Entscheidungen über Standorte und Produktionskonzepte die Möglichkeiten der Transportmittelwahl bestimmen. Zum andern eröffnen oder verschließen Entscheidungen über Arbeitsteilung (Differenzierung/ Konzentration, Integration, Konfiguration) sowie Steuerung und Koordination die Wahlmöglichkeiten der Adressaten über umweltverträgliche Alternativen. Mittelbare Umweltwirkungen gehen demzufolge aus von

- der Art der Aufgaben- und Arbeitsanalyse sowie -bewertungen und deren Synthese;
- der Art der zur Verhaltenssteuerung und -koordination eingesetzten Mittel: Verhaltensnormen, Verfügungsmöglichkeiten über Ressourcen, Aus- und Weiterbildung, Information, Anreiz und Kontrolle[318] sowie
- den Arbeitsbeziehungen (industrielle Beziehungen).

Die mittelbaren/indirekten Umweltwirkungen sind weniger offensichtlich als unmittelbare/direkte. Das dürfte mit ein Grund dafür sein, daß sich betrieblicher Umweltschutz noch im wesentlichen auf die Kernfunktionen (FuE, Materialwirtschaft, Produktion, Marketing) konzentriert, während er in den Führungs- oder Servicefunktionen (Planung, Organisation, Information, Personalwesen) randständig ist.

(3.) Objektive und subjektive ökologische Betroffenheit: Für umweltverträgliches Verhalten ausschlaggebend ist weniger die ökologische Betroffenheit, wie sie sich objektiv darstellt, sondern ob und wie sie vom Organisationsmitglied subjektiv wahrgenommen wird (z.B. Selektion, Umdefinition). Ähnlich wie Internalisierung kann Wahrnehmung als Filter oder Verstärker ökologischer Betroffenheit wirken.

2.5 Zusammenfassung

Aus den Grenzen reparativen Umweltschutzes - seine Kostenwirkung, Irreversibilitäten und die Wachstumseffekte bei beibehaltener Ursache - ergibt sich die Notwendigkeit von Prävention. Die Bedeutung, die ihr im Umweltschutz, aber auch in anderen Aufgabenfeldern beigemessen wird, ist hoch. Alles andere als einheitlich ist dagegen die Bezeichnung von etwas als präventiv oder vorsorgend. Aus der Analyse der Begriffsverwendung in relevanten Disziplinen (Umweltpolitik, Umweltrecht) und in betriebswirtschaftlichen Konzepten (Umweltschutz, Total Quality Management, Ar-

---

318 Zu dieser Systematik vgl. Laux/Liermann 1993, S. 166 und Abschn. 4.1.2 dieser Arbeit. "Ressourcen" sind hier allgemein im Sinne von Mitteln zur Zweckerfüllung und nicht identisch mit natürlichen Ressourcen verwendet.

beitsumweltschutz) lassen sich dennoch die wesentlichen Inhalte und gestaltungsrelevanten Merkmale identifizieren: Zu den präventiven Strategien und Maßnahmen zählen der ersatzlose Verzicht (Auslistung/ Rückzug, Unterlassen von Neuvorhaben, Rücknahme überhöhter Aktivitäts-/Anspruchsniveaus) und die Strukturveränderung (Struktursubstitution, integrierter Umweltschutz, Auslagerung). Sie haben die umweltverträglichere Vermeidung, Verminderung oder Verbesserung der Ursache einer unerwünschten Umweltwirkung zum Ziel. Alle anderen Formen betrieblichen Umweltschutzes behalten die Ursache bei. Gestaltungsrelevant wirken sich weiterhin aus: die notwendig ganzheitliche Problemsicht und -behandlung, die Unsicherheit und Veränderlichkeit ökologischen Wissens sowie die ökologische Betroffenheit sämtlicher organisatorischer Einheiten und Funktionen.

3. Einflüsse auf das umweltverträgliche Entscheiden und Handeln des einzelnen Organisationsmitglieds

3.1 Verhaltenstheoretische Vorüberlegungen

Organisationen sind umfassend ökologisch betroffen: Gleichzeitig ist die Leistung einer Organisation das Ergebnis des arbeitsteiligen und koordinierten Entscheidens und Handelns ihrer Mitglieder. Da keine wirtschaftliche Aktivität ohne Umweltwirkung auskommt, ist auch kein dispositives und objektbezogenes Verhalten der Beteiligten ohne Umweltwirkung. In Anlehnung an *Preuss* läßt sich formulieren: Organisationsmitglieder können sich nicht nicht umweltbezogen verhalten, allenfalls bewußt oder unbewußt. Zwar kann auch unbewußtes Verhalten umweltverträglich sein, aber mit einer zu vermutenden deutlich geringeren Wahrscheinlichkeit und vor allem nicht stabilisiert: "Die Änderungswahrscheinlichkeit zur un*ge*wußt umweltzerstörenden Tat ist groß."[1] In Verbindung mit der Reduktion der Wirkungsursache und der Ganzheitlichkeit der Problembehandlung heißt das, daß die Organisation von Prävention - dies gilt im übrigen auch für Qualitätssicherung und Arbeitsschutz - das einzelne Organisationsmitglied in das Zentrum stellen muß. Wenngleich die Leistungserstellung sich als Ergebnis des Verhaltens von Gruppen - formellen (Vorgesetzte - Mitarbeiter, Abteilungen, Teams) und informellen - abbilden läßt, nehmen die weiteren Überlegungen ihren Ausgangspunkt deshalb beim Entscheiden und Handeln des einzelnen, der kleinsten Einheit einer Organisation. Zu berücksichtigen ist dabei, daß grundsätzlich, d.h. unabhängig von der hierarchischen Position, jedes Organisationsmitglied Entscheidungsträger ist, auch wenn die Entscheidungs- und Handlungsspielräume sehr verschieden und nach unten zunehmend eingeschränkt sind und unterschiedliche Entscheidungsarten Bedeutung erlangen.[2] Rollentheoretisch begründet: Auch präzise formale Regelungen sind - bis hin zu hochgradig strukturierten Rollen - interpretationsfähig und -bedürftig.[3] Ganz ähnlich stellt schließlich *Dörr* aus arbeitspolitischer Sicht fest:

"Obwohl die strukturellen Voraussetzungen für die Herausbildung von positiven Arbeitshandlungen in taylorisierten Arbeitsprozessen zerstört sind, bilden die darin arbeitenden Individuen in ihren alltäglichen Handlungspraktiken eigeninitiierte und eigenkontrollierte Arbeitstechniken aus ..."[4]

---

1 Preuss 1991, S. 42.
2 Vgl. Laux/Liermann 1993, S. 4, 130.
3 Vgl. die ausführliche Diskussion der strukturalistischen und interpretativen Rollentheorie bei Kieser/Kubicek 1992, S. 449-467, insbes. die Zusammenfassungen S. 462, 464-466; vgl. auch Staehle 1989, S. 248-252, 635f.; Berger 1992, S. 119f.
4 Dörr 1985, S. 143.

Gutenberg differenziert zwei Typen menschlicher Arbeitsleistung: objektbezogene und dispositive.[5] *Laux/Liermann* nennen drei Typen von Entscheidungen:[6] (1.) Kommunikationsentscheidungen, Entscheidungen über die Informationsübermittlung an hierarchisch nicht nachgeordnete Organisationsmitglieder, finden mit Ausnahme der obersten auf allen Ebenen statt. (2.) Organisationsentscheidungen steuern und koordinieren das Verhalten anderer Organisationsmitglieder; sie nehmen tendenziell mit der Hierarchieebene ab. (3.) Die umgekehrte Tendenz gilt für Objektentscheidungen, d.h. Entscheidungen über die Ausführungen operativer Tätigkeiten. Organisation präventiven betrieblichen Umweltschutzes läßt sich nun weiter präzisieren als die Organisation umweltverträglichen Entscheidens und Handelns sämtlicher an der Entstehung einer bestimmten Wirkung über Organisations-, Objekt- und Kommunikationsentscheidungen beteiligten Organisationsmitglieder. Ziel ist ein generell und dauerhaft bewußt umweltverträgliches Entscheiden und Handeln über die ganze Horizontale und Vertikale einer Organisation. Dabei unterliegt das Verhalten einer Vielzahl potentieller Einflüsse. Diese Einflüsse zu kennen und zu analysieren ist grundlegende Voraussetzung für ein präventives Gestalten. Sie werden in diesem Kapitel ausführlich diskutiert. Die Analysen zum zeitlichen Auftreten von Ursachen und zum Entstehen ökologischer Betroffenheit zeigen, daß eine Vielzahl der Verhaltenseinflüsse in einer konkreten Situation selbst das Ergebnis vormaligen Verhaltens von Organisationsmitgliedern ist. Weitergesponnen heißt das: Das Verhalten von heute ergibt den Kontext - den eigenen, den anderer Organisationsmitglieder oder den Externer - von morgen. Die statische Betrachtung ist somit um eine dynamische zu ergänzen.[7]

Das Erkenntnisobjekt liegt über die Organisationstheorie hinaus im Schnittpunkt verschiedener Disziplinen, Theorien und Forschungsprogramme, auf die bei der Entwicklung des eigenen Ansatzes[8] zurückgegriffen wird. Zur Strukturierung wähle ich zunächst ein einfaches, allgemeines psychologisches Verhaltensmodell (1.). Aus der Vielzahl organisationstheoretischer Modelle orientiere ich mich dann an dem der Primär- und Sekundärdeterminanten der Entscheidung von *Laux/Liermann* (2.). Zunächst stellt es das mir als am geschlossensten bekannte Konzept dar[9] - es schließt sowohl die individuelle, die gruppenbezogene, als auch die strukturell-prozessuale Ebene ein.

---

5 Vgl. Gutenberg 1983, S. 3, aber auch bereits 1951, S. 3f. oder 1962, S. 159f.
6 Ausführlich Laux/Liermann 1993, S. 129-139 oder 1988, S. 114-120.
7 Vgl. hierzu auch die von Giddens (1995) als Kritik auf soziolgische Strukturtheorien entwickelte "Theorie der Strukturierung".
8 Vgl. bereits Antes 1991a; 1994a, S. 29; 1995, S. 23-25.
9 Vgl. den Überblick über die empirische Forschung bei Frese 1992a, S. 266-294.

Darüber hinaus erlaubt ihr Ansatz am ehesten, eine Verbindung zwischen aufgaben- und personenorientierter Organisationstheorie[10] sowie zwischen einer normativen und einer deskriptiven Entscheidungstheorie[11] herzustellen. Ähnlich fokussieren Arbeitswissenschaft und -psychologie in Gestalt arbeitsorganisatorischer Betrachtungen auf die Arbeitssituation und entwickelten hierzu das Konzept des Handlungs- oder Tätigkeitsspielraums (3.). Diesen Ansätzen stelle ich die Rollentheorie zur Seite, da sie über die Rollenerwartungen die auf den Entscheider Einfluß nehmenden Akteure, und damit die mittelbare Verursachung von (Umwelt-) Wirkungen, besonders herausstreicht (4.). Nach den Entstehungsbedingungen negativer, insbesondere auch umweltschädigender Ergebnisse fragen die anschließend skizzierte Theorie externer Effekte (5.) und das Konzept der nicht-intendierten Konsequenzen (6.). Unter den theoretisch möglichen Zugängen haben als einer der wenigen arbeits- und mikropolitische Analysen das Thema "umweltverträgliches Verhalten in Organisationen" dezidiert aufgegriffen (7.). Schließlich hat sich mit der Umweltpsychologie mittlerweile ein eigenständiges Forschungsprogramm zum Umweltbewußtsein und umweltbewußten Verhalten etabliert (8.).

(1.) Psychologisches Verhaltensmodell: Allgemein wird Verhalten als Ergebnis eines Stimulus-Organismus-Response-(S-O-R)-Prozesses betrachtet: Ein Reiz wird - über die Aktivierung von Bedürfnissen, Erwartungen, Werten, Einstellungen und Qualifikationen - wahrgenommen, individuell verarbeitet und mündet unter Einwirkung weiterer, externer, Faktoren in einer bestimmten Reaktion.[12] Ersichtlich wird hierbei eine zweite grundlegende Annahme: Verhalten wird, insbesondere seit der Feldtheorie von *Lewin*,[13] durch Bedingungen bestimmt gesehen, die in der Person selbst liegen sowie durch die Situation gegeben sind.[14] Hinsichtlich der Prävention wird diese Annahme empirisch bestätigt u.a. durch die oben vorgestellten Befunde zur Relevanz von Verhaltens- und Verhältnisprävention im Arbeitsumweltschutz und durch die unbefriedigenden Erfahrungen mit den ausschließlich an der Person ansetzenden frühen Null-

---

10 Vgl. die Feststellung von Frese einer i.d.R. entweder aufgaben- oder personenorientierten Organisationstheorie (1988, S. 380f.; 1992a, S. 266f.) und die Kritik bei Weinert 1987, S. 120-124.
11 Vgl. Rehkugler/Schindel 1990, insbes. S. 12f.
12 Vgl. z.B. Staehle 1989, S. 145, 181; Hill u.a. 1989, S. 57-61; Rehkugler/Schindel 1990, S. 202f., 253-255; Scholz 1989, S. 335-338 oder Rosenstiel, von 1988, S. 221-223; 1991, S. 147. Als S-O-R-Beispiel für umweltverträgliches Verhalten, allerdings im privaten Bereich (Kaufverhalten), vgl. Monhemius 1990, S. 41-43; Meffert/ Kirchgeorg 1993, S. 96-99.
13 Danach ist Verhalten (V) allgemein eine Funktion der Person (P) und ihrer Umwelt (U): V = F (P,U); vgl. Lewin 1935 sowie die Aufsatzsammlung in Cartwright 1963, dort insbes. Lewin 1946, S. 271f.
14 Vgl. Nöldner 1990, S.160; Fietkau 1988b, S. 808; Rosenstiel, von 1988, S. 215; Staehle 1989, S. 144.

Fehler-Qualitätskonzepten, die dann zur Entwicklung von umfassenden Konzepten eines Total Quality Managements führten. Nach *von Rosenstiel* ist Verhalten allgemein von je zwei situativen und personalen Bedingungen abhängig:

1. objektive Ermöglichung (äußere Gegebenheiten),
2. soziales Dürfen (Gesetze, Regelungen, Normen),
3. individuelles Können (Fähigkeiten, Fertigkeiten) und
4. persönliches Wollen (Motivation/Antriebskraft).[15]

(2.) Organisationstheoretisches Entscheidungsmodell: Diese Strukturierung findet sich weitgehend in dem von *Laux/Liermann* entwickelten Modell von Entscheidungsdeterminanten wieder.[16] Danach sind die Bausteine des entscheidungstheoretischen Grundmodells Primärdeterminanten des Entscheiders:

- das Entscheidungsmodell, das zur Abbildung der realen Entscheidungssituation gewählt wird,
- die Menge der erwogenen und erfaßten (Handlungs-)Alternativen,
- die Ergebnisse, d.h. die Zielgrößen, anhand derer die erwogenen Alternativen bewertet werden, und die Zielgrößenwerte, die den Alternativen in den im Modell erfaßten Umweltzuständen zugeordnet werden,
- die Informationsstruktur und die Prognosefunktion, die zu dem Wahrscheinlichkeitsurteil über die erfaßten Umweltzustände führen und
- die Zielfunktion (Entscheidungsregel).

In welcher Ausprägung ein Entscheider diese Primärdeterminanten zugrunde legt, wird in einem Metaentscheidungsprozeß durch zwei Gruppen von Sekundärdeterminanten bestimmt: die Eigenschaften des Entscheiders und die objektiven Umweltrestriktionen. Abbildung 14 stellt die Sekundärdeterminanten dar. Die Sekundärdeterminanten bilden auch den direkten Ansatzpunkt für Gestaltungsmaßnahmen. Zwar kann auf das Verhalten letztlich nur über mindestens eine der Primärdeterminanten eingewirkt werden. Da deren Ausprägungen aber aus Metaentscheidungen des Entscheiders resultieren, können Entscheidungen nur über die Eigenschaften des Entscheiders und über dessen Umwelt beeinflußt werden.

---

15 Vgl. Rosenstiel, von 1988, S. 215-218; 1987, S. 45-47; 1991, S. 144; ähnlich Silberer 1991, S. 80.
16 Dazu und im folgenden Laux/Liermann 1993, S. 70-81; hierzu am nächsten Hill u.a. 1989, S. 58; auch Hackmann 1969, S. 118-122; Rehkugler/Schindel 1990, S. 202 i.V.m. 254; Kossbiel 1994, S. 76.

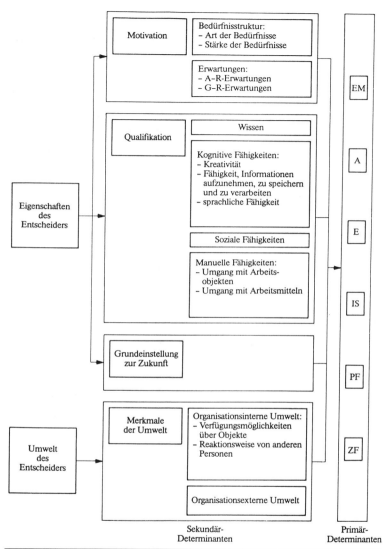

Motivation	Bedürfnisstruktur: - Art der Bedürfnisse - Stärke der Bedürfnisse		
	Erwartungen: - A-R-Erwartungen - G-R-Erwartungen	EM	

Eigenschaften des Entscheiders

Qualifikation — Wissen

Kognitive Fähigkeiten:
- Kreativität
- Fähigkeit, Informationen aufzunehmen, zu speichern und zu verarbeiten
- sprachliche Fähigkeit

Soziale Fähigkeiten

Manuelle Fähigkeiten:
- Umgang mit Arbeitsobjekten
- Umgang mit Arbeitsmitteln

A E IS

Grundeinstellung zur Zukunft

PF

Umwelt des Entscheiders

Merkmale der Umwelt

Organisationsinterne Umwelt:
- Verfügungsmöglichkeiten über Objekte
- Reaktionsweise von anderen Personen

ZF

Organisationsexterne Umwelt

Sekundär-Determinanten   Primär-Determinanten

Wissen: Kenntnis von Tatsachen, Theorien ("Wenn-Dann"-Beziehungen) + Entscheidungsmodellen (S. 76)
Soziale Fähigkeiten: Gefühle auszudrücken, Mitarbeiter zu motivieren und zu führen, zu kooperieren sowie Sympathie zu erwerben
organisationsinterne Umwelt: zusätzlich zu o.g. Verhaltensnormen (S. 167f.), Anreize und Sanktionen (S. 172)

Abb. 14:   Sekundär- und Primärdeterminanten der Entscheidung
Quelle: Laux/Liermann 1993, S. 75.

95

Auf die einzelnen Bedingungen für ein umweltverträgliches Verhalten gehe ich in den nächsten Abschnitten näher ein. Zwei kurze Bemerkungen zu dem von *Laux* und *Liermann* entworfenen Modell sollen hier deshalb genügen. Trotz seiner Umfassendheit (s.o.) werden zum einen in der Literatur die Sekundärdeterminanten teilweise weiter differenziert und ergänzt, so bspw. zur organisationsinternen Umwelt oder bei Werten und Einstellungen. Zum andern läßt sich bereits erahnen, daß die Bedingungen umweltverträglichen Verhaltens nur z.T. umweltschutzspezifisch sind, z.B. ökologisches Wissen, z.T. aber auch genereller Art, wie etwa die kognitiven Fähigkeiten. Organisationstheoretische Analysen umweltorientierten Verhaltens liegen nahezu nicht vor. Die Ausnahme ist immer noch die Untersuchung von *Terhart* zur Rationalität des Verstoßes gegen Umweltschutzauflagen.[17] Wenige weiteren Arbeiten gehen ansatzweise und/oder partiell auf die umweltorientierte Verhaltenswirkung von Sekundärdeterminanten ein.[18]

(3.) Arbeitswissenschaftliche und -psychologische Modelle des Verhaltensspielraums: Verhalten und Verhaltensspielräume in Organisationen sind Erkenntnisgegenstand weiterer Disziplinen. Einmal aus dem Blickwinkel des Arbeitsgestaltenden (Arbeitsgestaltung) und dann aus dem des Aufgabenträgers (psychische Regulation von Arbeitstätigkeiten) zählen darunter die Arbeitswissenschaften und die Arbeitspsychologie.[19] Beider Analysen sind auf Ausführungsstellen beschränkt, aufgrund ihres Abstraktionsgrades aber auch auch darüber hinaus fruchtbar.[20] Ein Schlüsselkonzept der Arbeitsgestaltung ist der Tätigkeitsspielraum nach *Ulich*.[21] Grundlegendes Motiv ist die kritische Sichtweise einer zu weitreichenden tayloristischen Arbeitsteilung. Dar-

---

17 Vgl. Terhart 1986; zusammengefaßt bei Rückle/Terhart 1986.
18 Vgl. die Analysen von Maas und Schmidt zu Determinanten umweltschutzbezogener Innovationen (Maas 1986; Schmidt, R. 1991, S. 70-102, 200-210); die kognitiven Aspekte bei der Einführung von Strategien und Maßnahmen des integrierten Umweltschutzes bei Kreikebaum 1992b, S. 93-100; 1993d, S. 86; 1995b; die empirische Arbeit von Nitze zum Beitrag einzelner Führungssysteme (1991, S. 68-84, 167-204); die Diskussion von Verhaltensbedingungen bei Seidel 1989; Jahnke 1994; Kuhn/Wittmann 1995; empirisch Seidl 1993, über den Zusammenhang von Organisationskultur und Produktinnovationen.
19 Vgl. die Überblicke bei Osterloh 1985; Hopfenbeck 1989, S. 247-249.
20 Zudem sind ausführende Tätigkeiten auch bei Stabsstellen oder Instanzen anzutreffen. Vgl. die Ausführungen oben zu Organisations- und Objektentscheidungen und die organisationstheoretisch begründeten "Grundtypen von Aufgaben" bei Laux/Liermann 1993, S. 193f. i.V.m. 130-139; vgl. auch die zu organisationstheoretischen Entscheidungsmodellen sehr ähnliche Darstellung der Arbeitssituation bei Karg/Staehle 1982, S. 23.
21 Hierzu und im folgenden Ulich 1984; 1992. Mißverständnissen ist dadurch der Boden bereitet, daß Ulich gegenüber der ersten Entwicklungsstufe (Ulich 1972; Ulich/Groskurth/Bruggemann 1973, S. 64f.) die Bezeichnungen Handlungs- und Tätigkeitsspielraum vertauscht hat - dort war der Handlungsspielraum der übergeordnete Begriff -, die rezipierende Literatur teilweise aber noch auf der ursprünglichen Systematik aufbaut.

aus leitet er die Forderung nach einer prospektiven Arbeitsgestaltung ab,[22] d.h. einer persönlichkeitsfördernden, an anderer Stelle: autonomieorientierten,[23] Erweiterung des Tätigkeitsspielraums. *Ulich* selbst sieht darin und in den entsprechenden Maßnahmen den zentralen Beitrag der Arbeitsgestaltung zur Humanisierung der Arbeit.[24] Der Tätigkeitsspielraum ist dreidimensional, wobei zwischen objektiv vorhandenen und subjektiv erkannten Verhaltensmöglichkeiten zu unterscheiden ist. Er umfaßt:

HANDLUNGSSPIELRAUM	
Merkmale der Arbeitssituation und -tätigkeit, die die horizontale Dimension des Handlungsspielraumes beschreiben (Tätigkeitsspielraum)	Merkmale der Arbeitssituation und -tätigkeit, die die vertikale Dimension des Handlungsspielraumes beschreiben (Entscheidungs- und Kontrollspielraum)
- Zeitliche Dauer des Arbeitsvollzuges (Zykluszeit/Taktzeit) - Verkettung des Arbeitsplatzes mit anderen Arbeitsplätzen oder automatischen Stationen (Größe des vor- oder nachgelagerten Werkstückzwischenlagers / Puffer) - Einbindung des Arbeitsplatzes in einen Produktionsfluß - Art der Taktarbeit - Externe Festlegungen von Beginn und Ende des Arbeitsvollzugs	- Anzahl von Neben- und Umfeldarbeiten (als solche wurden datiert: Selbst- bzw. Fremdversorgung mit Material und Vorprodukten, Abtransport bearbeiteter Werkstücke, Überprüfung der eigenen Arbeit, Durchführung von Einrichtungs- und Justiertätigkeiten) - Anzahl der ausgeübten Funktionen - Art des Wechsels zwischen verschiedenen Funktionen (horizontal, vertikal) - Anzahl der einzelnen Arbeitsverrichtungen - Arbeitsplatzwechsel

* Lankenau orientiert sich noch am mittlerweile revidierten Konzept von Ulich.
** Es fehlen normierende Merkmale, wie Verhaltensnormen, Verfügungsmöglichkeiten über die Infrastruktur oder Kontrollen.

Abb. 15: Merkmale von Handlungsspielräumen nach dem ursprünglichen Konzept prospektiver Arbeitsgestaltung von Ulich
Quelle: Lankenau 1984, S. 111.

---

22 Zu seiner Systematik korrektiver, präventiver und prospektiver Strategien der Arbeitsgestaltung vgl. bereits oben, S.54.
23 Vgl. Ulich 1981, S. 330.
24 Vgl. bereits Ulich 1972, S. 265f.; Ulich/Groskurth/Bruggemann 1973, S. 64; auch Gaugler/Kolb/Ling 1977, S. 129f; Kreikebaum/Herbert 1988, S. 82; Hopfenbeck 1989, S. 249.

- den Handlungsspielraum als die "Summe der Freiheitsgrade"[25] bezüglich Verfahrenswahl, Mitteleinsatz, zeitlicher Organisation, Festlegungen von Mengen und Ergebniseigenschaften. Er markiert somit die mögliche Flexibilität bei der Ausführung der Tätigkeit. Das (prospektiv) arbeitsgestalterische Konzept von *Ulich* trifft sich hier mit der von *Hacker* formulierten Theorie der Handlungsregulation;[26]
- den Gestaltungsspielraum als die Möglichkeit zur selbständigen Gestaltung der Vorgehensweise, d.h. das Ausmaß an Variabilität;
- den Entscheidungsspielraum als Kompetenz zur Festlegung bzw. Abgrenzung von Tätigkeiten oder Aufgaben, d.h. den Grad an Autonomie.[27]

Noch aufbauend auf der urspünglichen Systematik wurden verschiedentlich Erweiterungen, insbesondere um die soziale Dimension des Kooperationsspielraums, vorgenommen.[28] Spätestens mit der Revision des Konzepts ist dieser Aspekt jedoch integriert. Abbildung 15 baut noch auf der ursprünglichen Systematik auf und ist bei den Merkmalen des Entscheidungs- und Kontrollspielraums darüber hinaus unvollständig, veranschaulicht aber dennoch recht gut die das Verhalten beeinflussenden Arbeitsbedingungen.

Nach *Hacker* ist der subjektiv erkannte, beherrschte und genutzte Handlungsspielraum maximal gleich dem objektiven.[29] Angesichts eines im privaten Lebensbereich allgemein ausgeprägteren Umweltbewußtseins und mit Blick auf präventive Gestaltungsmöglichkeiten ist jedoch der Einwand vorzubringen, daß aufgrund früher, hier: in anderen Lebensbereichen Erlernten, auch umgekehrt der subjektiv erkannte und beherrschte Handlungsspielraum größer als der objektive sein kann.[30] Mikropolitische Analysen und Befunde (s. unten Punkt 7.) lassen darüber hinaus auch den genutzten Handlungsspielraum nicht mehr derart deterministisch erscheinen.

(4.) Rollentheorie: Der organisatorische Rahmen eines Entscheidungsträgers ist mehr als das bloße Konglomerat formaler Regeln. Verhalten in (arbeitsteiligen) Organisationen vollzieht sich vor allem auch in der Interaktion mit anderen Organisationsmitgliedern (teilweise auch mit Externen): deren Interpretation, Anwendung und ggf. Durchsetzung der Regeln und informellen Verhalten. Hilfreich für das Verständnis ist hier

---

25 Hacker 1986, S. 107.
26 Vgl. Hacker 1986, zu Freiheitsgraden speziell S. 103-109; Volpert 1974; vgl. auch Osterloh 1985, S. 300; Greif/Holling/Nicholson 1989, S. 8.
27 Vgl. Ulich 1984, S. 916f.; 1992, S. 140f.
28 Vgl. die Übersicht bei Hopfenbeck 1989, S. 247f.
29 Vgl. Hacker 1986, S. 107.
30 Vgl. Volpert/Ludborzs/Muster 1981, S. 212.

die Rollentheorie.[31] Eine Rolle ist die Gesamtheit der an eine Person in einer bestimmten Position (Stelle) herangetragenen, von dieser wahrgenommenen, in Verständigungsprozessen ausgehandelten und teilweise redefinierten Verhaltenserwartungen. Rollen in Organisationen bilden sich demnach durch

- formale Regeln für die jeweilige Position/Stelle (Verhaltenserwartung der Regelsetzer),

- Verhaltenserwartungen anderer Akteure (Vorgesetzte/Untergebene, Kollegen, externe Partner),

- die die Position/Stelle ausstattende und bestimmende Technik, wie Fließband und EDV-Systeme (Verhaltenserwartung z.B. von Entwicklern, Konstrukteuren, Fertigungsplanern) sowie

- die Interpretation dieser Erwartungen durch den Positions-/Stelleninhaber, ihre Akzeptanz oder Verhandlung und persönliche (Re-)Definition.

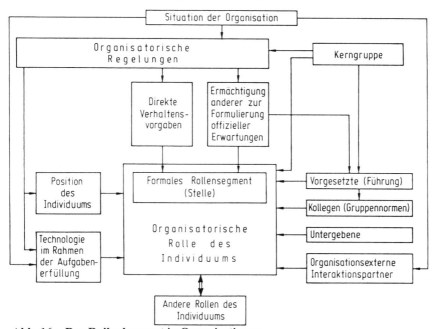

Abb. 16: Das Rollenkonzept in Organisationen
Quelle: Kieser/Kubicek 1992, S. 458.

---

31 Hierzu und nachfolgend ausführlich Kieser/Kubicek 1992, S. 449-467, hier: 455-458; Fischer 1993; Staehle 1989, S. 248-251. Zur Verbindung zu dem voran diskutierten Konzept des Handlungs- resp. Tätigkeitsspielraums vgl. Grunt 1977.

Abbildung 16 veranschaulicht das Ganze. Sie zeigt auch, daß ein Organisationsmitglied unterschiedliche Rollen einnehmen kann, mit den je spezifischen Möglichkeiten umweltverträglichen Verhaltens - nicht nur zwischen Alltag und Beruf, sondern in der Organisation selbst, bspw. als Mitarbeiter verschiedener Projekte (möglicherweise sogar mit unterschiedlichen Funktionen) oder als Arbeitskreismitglied und Linienverantwortlicher/Sachbearbeiter oder Betriebsrat. Im Sinne einer aktiven (verursachenden) Betroffenheit ist ein Entscheider (Rolleninhaber) schließlich selbst wiederum Teil des organisatorischen Rahmens (der Rolle) anderer Organisationsmitglieder.

(5.) Theorie externer Effekte: Explizit zur Erklärung anthropogen verursachter Umweltbelastungen wird die mikroökonomische Theorie externer Effekte herangezogen.[32] Negative externe Effekte oder externe Kosten entstehen demzufolge, sobald die natürliche Umwelt den Status eines Kollektivgutes einnimmt: Der Entscheider ist von der Nutzung des Gutes nicht ausgeschlossen oder ausschließbar, gleichzeitig erscheinen Kosten einer Nutzung nicht in seinem Kalkül. Für den Verursacher besteht somit ein Anreiz, schärfer formuliert ist es für ihn ökonomisch rational,[33] diese Kosten - Kosten der Vermeidung, Minderung[34] und Behandlung seiner umweltbelastenden Verhaltensfolgen - anderen Wirtschaftssubjekten oder Akteuren aufzubürden; er wird zu einem Trittbrettfahrerverhalten motiviert. Bekannte Beispiele sind die als Allmende-Klemme und soziales Dilemma bezeichneten Entscheidungskonflikte. Die Theorie externer Effekte arbeitet nachdrücklich den Verhaltensrahmen und die durch ihn gesetzten Anreize als Bedingungen umweltverträglichen Verhaltens heraus und die gerade für Prävention begründete Notwendigkeit, (potentielle) externe Effekte in das Kalkül des Verursachers zu internalisieren.[35] Diese Feststellung leitet sich auch für einzelne Organisationseinheiten und -mitglieder in ihrem Verhältnis zu Aufgabenzusammenhängen oder zur Gesamtorganisation ab. Zwar grenzt die Theorie externer Effekte organisationsinterne Entscheidungsprozesse systematisch aus und betrachtet Unternehmen wie Ein-Mensch-Unternehmen. Resultat ist die "Black box"-Betrachtung

---

32 Vgl. die Überblicke bei Schumann 1992, S. 40f., 199-204, 459-469; Feess-Dörr 1992b, S. 319-321, 484; Wicke 1991, S. 41-46.

33 Die weichere Formulierung eines Anreizes ist deshalb gewählt, weil, wie andere hier skizzierte Theorien und Konzepte herausarbeiten, individuelle Rationalität nicht allein ökonomisch, sondern auch psychologisch (z.B. eigene Werthaltung) und sozial (z.B. Gruppennormen) begründet ist.

34 Gemäß der oben gewählten Definition können Vermeidung und Minderung nur die Quelle selbst, also den Verursacher betreffen. Hier ist jedoch nicht die Maßnahme, sondern sind die antizipierten (Mehr-)Kosten eines umweltverträglicheren Verhaltens relevant.

von Unternehmen.[36] Dennoch werden externe Effekte nicht von der Gesamtorganisation verursacht, sondern, wie in Abschnitt 2.4.4 dargelegt, jeweils von einzelnen oder im Zusammenwirken einiger Organisationseinheiten oder -mitglieder. Das heißt, es ist <u>deren</u> Verhaltensrahmen, der zu externen Effekten motiviert. Und: Dieser Verhaltensrahmen unterliegt, mit Ausnahme der grundgesetzlich tolerierten Fremdorganisation, der hoheitlichen Gestaltung der Organisation selbst. Übersetzungsverluste (z.B. durch Gemeinkostenblöcke) oder Verstärkungen (z.B. durch höhere interne Verrechnungspreise) exogener Internalisierungen sind somit möglich.

(6.) Das Konzept nicht-intendierter Konsequenzen: Ähnlich der Theorie externer Effekte setzt das soziologische "Konzept nicht-intendierter Konsequenzen"[37], gemessen am verfolgten Zweck, an Nebenwirkungen von Verhalten an.[38] Wenngleich erst durch *Merton* entwickelt,[39] gilt das Phänomen als grundlegend, einigen Autoren sogar als konstitutiv für diese Disziplin.[40] Für die Betriebswirtschaftslehre untersuchen *Seidel/Menn* die Anwendbarkeit auf ökologische Fragestellungen.[41] Schon zuvor wird über dysfunktionale - allerdings nicht ökologische - Nebeneffekte betrieblicher Planungs- und Kontrollsysteme berichtet.[42] Ausgangspunkt der weiteren Überlegungen bildet das in Abbildung 17 dargestellte, ebenfalls einer betriebswirtschaftlichen Abhandlung entnommene Schema.[43]

Merton unterscheidet nach Konsequenzen für den Akteur selbst und für andere.[44] *Spaemann* weitet diese personale Folgendimension auf die Umwelt des Menschen aus.[45] Die Entstehungsbedingungen nicht-intendierter Konsequenzen fassen *Seidel/Menn* in drei Kategorien zusammen:[46]

---

35 Vgl. auch Beyer 1992, S. 159-162. Neben dieser Umsetzung des Verursacherprinzips zeigt Meißner, We. (1986, Tz. 6, 10-19) am Beispiel des Wasserpfennigs eine ähnliche Vorsorgewirkung bei Befolgung des Nutznießerprinzips.

36 Vgl. Steger 1988b, S. 5f. Zu Ansätzen einer, auch ökologieorientierten, Erweiterung der Theorie der Firma um organisationsinterne Merkmale vgl. Beckenbach 1990, S. 86-95.

37 Bei Merton im Original "unanticipated consequences of purposive social action" (1936, S. 894). Die Übersetzung folgt der von Seidel/Menn (1988, S. 48).

38 Nebenwirkung heißt hier demnach nicht ökologisch nebensächlich, sondern daß die Umweltwirkung als Folge der Realisierung anderer Zwecke entsteht.

39 Vgl. Merton 1936.

40 Vgl. den Überblick bei Wippler 1978, S. 155. Zur historischen Entwicklung seit den schottischen Moralphilosophen des 18. Jahrhunderts vgl. Wippler 1978, S. 156-162; 1981, S. 246-248; Haferkamp 1981, S. 270.

41 Vgl. Seidel/Menn 1988, S. 48-64. Seidel/Menn heben insbesondere auch das Analysepotential für "Problemlösungen im Sinne der Prävention" (S. 48) hervor.

42 M.w.N. Schanz 1994, S. 206f.; Staehle 1989, S. 625.

43 In der Soziologie verbreitet, hier aber nicht zielführend, die Systematik von Boudon 1979, S. 63.

44 Vgl. Merton 1936, S. 895.

45 Vgl.Spaemann 1977, S. 168; auch Seidel/Menn 1988, S. 48-64; Böhret 1990.

46 Vgl. Seidel/Menn 1988, S. 53-55.

- kognitive Gegebenheiten des Handelnden. Nach *Merton* sind dies (a) unvollkommene Information ("existing state of knowledge") aufgrund objektiver Wissensbarrieren und situativ bedingter Ignoranz von Wissen (Notwendigkeit sofortiger Reaktion, effiziente Ressourcenallokation), (b) Irrtum aufgrund von habitualisiertem Verhalten und Wahrnehmungsdefekten ("range from ... simple neglect ... to pathological obsession"), (c) zwingende Unmittelbarkeit des Interesses ("imperious immediacy of interest"), (d) fundamentale Werte.[47] Die Punkte (a) und (b) führen zur Fehleinschätzung, (c) und (d) - ausgelöst durch Zwecksetzung und -selektion - zur Ausblendung von Folgen;
- situative Bedingungen als das Ausmaß, in dem dem Verursacher die "negativen kollektiven Wirkungen"[48] seines Handelns zugerechnet werden;
- Verflechtungsprozesse (kollektive Interdependenzsysteme), die selbst dann, wenn alle Beteiligten ihre Verhaltensfolgen richtig antizipieren, ein kollektives Ergebnis hervorbringen, das den beabsichtigten Wirkungen widerspricht. In Abbildung 17 wären dies Rückkopplungen aus den höher-, gleich- und nachgeordneten Systemen. Der Effekt ist um so größer, je weniger die voneinander abhängig Handelnden über Rollen, etwa Normen und Zwänge in organisierten Systemen, koordiniert sind, d.h. je selbständiger sie entscheiden.[49]

Der Wert des Konzepts liegt darin, daß es erlaubt, "soziale Phänomene als <u>Resultate</u> individueller Handlungen zu begreifen, ohne die offenbar unsinnige Konsequenz ziehen zu müssen, daß sie deshalb auch Ausdruck der Intentionen der handelnden Individuen seien"[50]. Unter anderem wird dadurch die bereits in der Problemdefinition traditioneller Entscheidungstheorien und -modelle angelegte "immense Verkürzung" sichtbar.[51] Zwei Einschränkungen sind allerdings notwendig. Basierend auf Kosten-Nutzen-Abwägungen können negative Wirkungen erstens sehr wohl tendiert sein. Solange ein höherer Nutzen erwartet wird, werden negative Wirkungen dann bewußt, d.h. ra-

---

47 Vgl. Merton 1936, S. 898-903. Vgl. auch, allerdings in den Punkten (a) und (b) abweichend übertragen, Wippler 1981, S. 250; Seidel/Menn 1988, S. 53; Böhret 1990, S. 28.
48 Seidel/Menn 1988, S. 54. Seidel/Menn ziehen eine unmittelbare Verbindung zu negativen externen Effekten.
49 Vgl. Boudon 1980, S. 83; auch Wippler 1981, S. 251f. Systematisch untersucht insbesondere von Boudon (1979, S. 95-105; 1980, S. 81-112), aber bereits auch Merton für latente Funktionen, die self fulfilling prophecy und sich selbst verstärkende Prozesse; vgl. Merton 1937, S. 903f.; 1968, S. 73-139, 475-493; vgl. auch die Übersicht über verschiedene Studien bei Wippler 1978, S. 173. Als positiver Effekt häufig zitiert Adam Smith' "unsichtbare Hand" und aus der klassischen Literatur von Goethe, der Mephistopheles bekennen läßt "... ein Teil von jener Kraft, die stets das Böse will und stets das Gute schafft"; zuerst Merton 1936, S. 903.
50 van den Daele 1981, S. 238.
51 Seidel/Menn 1988, S. 47.

tional begründet, in Kauf genommen.[52] Bekanntes Beispiel - und Problem - ist das Trittbrettfahrerverhalten bei öffentlichen Gütern (s.o.). Auch umweltkriminelle Handlungen fallen hierunter. Ein weiteres Beispiel sind Stoffe, deren bekannte Schadpotentiale nicht vom erwünschten Anwendungsnutzen getrennt werden können.[53] Zweitens unterstellt das Konzept absichtsvolles Verhalten. Andere Auslöser sind somit zunächst ausgeblendet.[54]

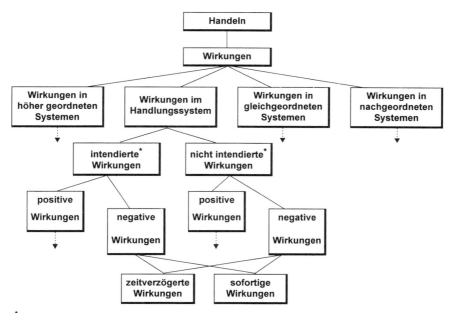

* bei Weihe " berücksichtigte"

Abb. 17: Intendierte und nicht-intendierte Verhaltenskonsequenzen
Quelle: in Anlehnung an Weihe 1977, S. 139;[55] vgl. auch Seidel/Menn 1988, S. 49

(7.) Arbeits- und mikropolitische Analysen: Arbeitspolitische Analysen sind ein Bestandteil der Debatte um Problemlösungsgehalt, Möglichkeiten, Grenzen und Status quo einer ökologischen Erweiterung der Arbeitsbeziehungen.[56] Diese Debatte er-

---

52 Zu diesem Einwand vgl. Zapf 1981, S. 275f.; van den Daele 1981, S. 238f.; Weihe 1977, S. 140.
53 Vgl. Weise 1991, S. 58 und mit Beispielen Held 1994, S. 298f., der hier allerdings von "nicht-intendierten negativen Folgewirkungen" spricht.
54 Vgl. van den Daele 1981, S. 239.
55 Interessanterweise ohne jeglichen Bezug auf die genannten und grundlegenden Quellen entwickelt.
56 Ein zweiter wesentlicher Bestandteil sind Positionspapiere und Forderungen von Gewerkschafts- und gewerkschaftsnaher Seite. Von Arbeitgeberverbänden wird das Thema nicht annähernd intensiv aufgegriffen,

streckt sich auf alle Regelungsebenen und Akteure;[57] über das klassische Politikfeld des einzelnen Arbeitsverhältnisses (Beschäftigungs-, Entlohnungs- und Arbeitsbedingungen) hinaus hat sie mittlerweile auch unternehmerische Sachentscheidungen (Leistung/Produkt und Leistungserstellung) erreicht. Im Zentrum der arbeitspolitischen Analysen steht die Betrachtung von Akteursgruppen. Innerbetrieblich sind dies im wesentlichen die Unternehmensleitung, Beauftragte (Umwelt-, Arbeitsschutz), Betriebsrat und die Beschäftigten. Neben Bestandsaufnahmen umweltverträglichen Verhaltens im Rahmen der Arbeitsbeziehungen - seiner Qualität, seiner konsensualen oder konfliktorischen Bewältigung - liegt das Erkenntnisinteresse vor allem auf dessen Entstehungsbedingungen und den Entstehungsprozessen. Auf mit den organisationstheoretischen oder psychologischen Ansätzen vergleichbare Verhaltensmodelle wird nicht zurückgegriffen; das gilt selbst für die das Umweltbewußtsein arbeitspolitischer Akteure untersuchenden industriesoziologischen Studien.[58] Ein auch theoretischer Bezug besteht dagegen zu den Modellen und Konzepten eines - mehr oder minder - geplanten Wandels von Organisationen. So sprechen die beiden hier hervorzuhebenden Forschungsgruppen von "Ökologisierungspfaden"[59] und "(strategischer) bricolage"[60].[61]

Birke und *Schwarz* haben die arbeitspolitische Analyse betrieblichen Umweltschutzes um eine mikropolitische Perspektive erweitert.[62] Diese Perspektive stellt nach *Ortmann u.a.* ab auf das Verhalten der Organisationsmitglieder als Ausdruck einer persönlichen Strategie, auf Machtstrukturen und Spiele (einschließlich Spielregeln) in der Organisation sowie auf die Beziehungen zur Umwelt als Macht- und Austauschprozesse.[63] *Bosetzky* definiert Mikropolitik als

---

ebenso wird es von der Betriebswirtschaftslehre weitgehend ausgeklammert. Zum arbeitspolitischen Forschungsprogramm allgemein vgl. Jürgens/Naschold 1984; Naschold 1985.

57 Vgl. Müller-Jentsch 1986, S. 21; Hildebrandt/Schmidt 1994, S. 44 sowie Abschn. 3.4.3.2, dieser Arbeit.

58 Vgl. Heine/Mautz 1989, Bogun/Osterland/Warsewa 1990, Osterland/Warsewa 1993; Hanfstein/Lange/Lörx 1992; speziell zu Betriebsräten Eisbach u.a. 1988; Muscheid 1993, 1995.

59 Zimpelmann/Gerhardt/Hildebrandt 1992b, hier: S. 11 oder Hildebrandt/Zimpelmann 1993, hier: S. 388f. Vgl. weiterhin die Fallstudien von Hildebrandt 1991, Hildebrandt/Zimpelmann 1992, Zimpelmann/ Gerhardt/Hildebrandt 1992a, Schenk/Kühleis 1992, Kühleis/Schenk/Zimpelmann 1994, Gerhardt/Kühleis 1994; Hildebrandt 1995.

60 Birke/Schwarz 1994, hier: S. 157 oder Birke 1992, hier: S. 44. Vgl. weiterhin Schwarz 1992, Birke/Schwarz 1993, Schwarz 1993; Birke 1995.

61 Vgl. weiterhin Leisewitz/Pickshaus 1992; 1993; Muscheid 1993; 1995; Föste 1994.

62 Vgl. Birke 1992, Birke/Schwarz 1994. Föste (1994) bezeichnet seine Arbeit zwar ebenfalls als mikropolitisch, dabei handelt es sich jedoch um eine arbeitspolitische Studie über Betriebsbeauftragte.

63 Vgl. Ortmann u.a. 1990, S. 55-60.

"... die Bemühung, die systemeigenen materiellen und menschlichen Ressourcen zur Erreichung persönlicher Ziele, insbesondere des Aufstiegs im System selbst und in anderen Systemen, zu verwenden sowie zur Sicherung und Verbesserung der eigenen Existenzbedingungen."[64]

Mikropolitik bezeichnet demnach politisches Verhalten in Organisationen. Es setzt spätestens ein, sobald kollektives Handeln notwendig wird - das ist bei arbeitsteiliger Leistungserstellung die Regel.

Nach normativen Annahmen über ein (erzwungenes) rationales Wahlverhalten[65] oder nach dem deterministischen klassischen Kontingenzansatz ist Mikropolitik nicht möglich: Immer existiert eine, für andere erkennbare, optimale Alternative. Trotzdem wurde und wird mikropolitisches Verhalten vielfach beobachtet.[66] Es läßt sich auch theoretisch begründen:[67] (Organisations-)Psychologisch, weil Menschen auch in der Rolle als Organisationsmitglied immer eigene und individuell unterschiedliche Interessen, Ziele, Risiko- oder auch Umweltschutzeinstellungen aufweisen, die nicht zwingend mit denen der Organisation übereinstimmen.[68] Selbst wenn die Organisationsmitglieder gleichgeschaltet[69] wären, bleibt das entscheidungstheoretische Argument, daß die aus der begrenzten Rationalität des Entscheiders resultierende Unsicherheit praktisch in jeder Entscheidungssituation zu Wahlakten zwingt.[70] Beides, der "Eigensinn der Subjekte"[71] und unterschiedliche Wahrnehmungen, begründen eine je eigene Rationalität von Organisationsmitgliedern. Treffen diese aufeinander, ist mikropolitisches Verhalten in einem "interpretationsfähigen", nicht aber vom Ratio-

---

64 Bosetzky 1972, S. 382. Zu weiteren Definitionen sowie zur Darstellung der mikropolitischen Forschung vgl. Türk 1989, S. 125-137 sowie den Band Küpper/Ortmann 1992.

65 Vgl. in Abschn. 3.3.2.1 die Diskussion über systemindifferente Tatbestände, S. 130-134.

66 Stellvertretend Ortmann u.a. 1990; Dick 1993.

67 Beide Befunde haben in der mikropolitischen Literatur zu einer Gegenreaktion geführt, die sowohl das Rationalprinzip, als auch den situativen Ansatz grundsätzlich in Frage stellt; vgl. auch Fn., S. 90

68 Vgl., allerdings ohne Bezug auf Umweltschutz, u.a. Laux/Liermann 1993, S. 257f.; Dick 1993, S. 444f.

69 Das Wort habe ich wegen seiner historischen Bedeutung mit Bedacht gewählt. Aber eine mikropolitische Prozesse negierende und ausschließende Analyse sagt auch einiges aus über das dahinterstehende Organisationsleitbild.

70 Die Begrenzung der Rationalität ist doppelt: objektiv, weil die Komplexität der Realität zu Entscheidungsmodellen zwingt, die diese Komplexität reduzieren. Subjektiv, weil ein "Entscheider höchstens diejenigen Aspekte ... berücksichtigen (kann, Anm. R.A.), die er nach einem mehr oder weniger kreativen Analyseprozeß überhaupt wahrnimmt" (Laux/Liermann 1993, S. 58), die wahrgenommenen aber nur eine Teilmenge der vorhandenen Aspekte sind; im Grundmodell der Entscheidungstheorie (s.o. Punkt 1) sind diese Aspekte nichts anderes als bestimmte Ausprägungen der Primärdeterminanten der Entscheidung. Zur subjektiv begrenzten Rationalität vgl. auch die von Laux/Liermann (1993, S. 255-260, 270-274) als Hilfskriterien organisatorischer Gestaltung entwickelten Kompatibilitätseigenschaften: Anforderungs- (Informations-, Kalkül-) und Anreizkompatibilität; für die mikropolitische Literatur sinngemäß Ortmann u.a. 1990, S. 56; Berger 1992; Friedberg 1992, S. 46f; aus Sicht der Organisationstheorie Scholl 1992, Sp. 1997, 2002f.

71 Türk 1989, S. 125.

nalprinzip und situativen Einflüssen freien Verhaltensspielraum[72] die Folge. Es kann über alle Hierarchiestufen (Vertikale) und alle Bereiche (Horizontale) einer Organisation beobachtet werden.[73] Seine Bedeutung wächst mit der Eingriffstiefe in Routinen und Strukturen, da hier "Besitzstands"verluste an Bequemlichkeiten und Macht vermehrt drohen. Angesichts der oben ausführlich beschriebenen Strukturwirkungen von Prävention, [2.4.1: 60-68, 74] ist von einer hohen Relevanz mikropolitischer Prozesse für die Gestaltung präventiven Umweltschutzes auszugehen. Entsprechende Befunde, explizit mit Rekurs auf präventiven Umweltschutz, den sie mit integriertem Umweltschutz gleichsetzen, legen *Birke/Schwarz* dann auch vor.[74] Mit *Krüger* ist allerdings festzuhalten, daß Macht an sich eine ungerichtete Kraft darstellt, Machtbesitz und Machtwirkungen von vornherein weder gut noch schlecht, richtig oder falsch sind.[75] Macht kann bremsend und retardierend, aber auch - das gerade für die Durchsetzung von Umweltschutzinnovationen oft herangezogene Promotorenmodell von *Witte* legt diese Wirkungsrichtung explizit zugrunde -[76] treibend und akzelerierend eingesetzt werden.[77]

(8.) **Umweltpsychologische Modelle:** Die Umweltpsychologie[78] befaßt sich explizit mit den Bedingungen umweltverträglichen Verhaltens. Die Bemühungen sind zum einen darauf gerichtet, dessen Entstehen zu erklären, zum andern einen oder einige wenige Prädiktoren zu identifizieren. Die wesentlichen Forschungsstränge sind:

a. die Umweltbewußtseinsforschung[79]. Häufigste Grundlegung hier wiederum ist das Attitüden (Einstellungs-)Konzept der Sozialpsychologie. Als Attitüden gelten Ko-

---

72 Beides wird in der mikropolitischen Literatur bisweilen vertreten; vgl. z.B. den Band von Küpper/Ortmann 1992. Dieser Argumentation wird hier nicht gefolgt. Das Austauschen der einen gegenüber einer anderen Argumentationsfigur ist überzogen, und m.E. ebenfalls empirisch wie theoretisch nicht haltbar. Der "klassische" Kontingenzansatz, den auch noch die neuere Kritik vorwiegend heranzieht, hat zudem Erweiterungen erfahren, die gerade diesen Determinismus einschränken; vgl. Kieser/Kubicek 1992, S. 410-447; differenziert Staehle 1992, S. 161-163. Zu einer integrierenden Perspektive auch Bosetzky 1992; Ortmann 1992, S. 217-222; Dick 1993, S. 463.

73 Vgl. die empirischen Befunde bei Ortmann u.a. 1990, S. 401; Dick 1994, S. 462.

74 Vgl. Birke/Schwarz 1994, S. 143-157; auch Birke 1992.

75 Vgl. Krüger 1974, S. 121; auch Kahle 1993, S. 191.

76 Vgl. Witte 1973, insbes. S. 14-22; weiterhin Hauschildt/Chakrabarti 1988, S.384-386. Zur Verknüpfung mit Umweltschutzinnovationen vgl. Kreikebaum 1990c, S. 118f.; 1992b, S. 109-112; Schmidt, R. 1991, S. 89f., 200-202; Steger 1993a, S. 341.

77 Vgl. Krüger 1974, S. 120-132; Kahle 1993, S.191f.

78 Teilweise werden die Begriffe Umwelt- und ökologische Psychologie synonym verwendet, so von Kruse u.a. 1990. Dagegen führte Kaminski eine Unterscheidung zwischen beiden ein (1976, S. 10f.); vgl. auch Fietkau 1988b.

79 Da sie nur einen der Stränge ausmacht, spreche ich bewußt nicht im allgemeinen von Umweltbewußtseinsforschung.

gnitionen (Gedanken), Affekte (Gefühle) und Konationen (Verhaltensbereitschaft);[80]

b. die auf *Ajzen* und *Fishbein* zurückgehende, zunächst als "Theory of reasoned action" entwickelte und daraus weiterentwickelte "Theory of planned behaviour".[81] Prädiktor ist die Verhaltensabsicht, die ihrerseits von der Einstellung gegenüber dem Verhalten, den wahrgenommenen normativen Erwartungen des sozialen Umfeldes und der wahrgenommenen Verhaltenskontrolle bestimmt wird. Diese drei voneinander unabhängigen Konstrukte werden auf weitere Einflüsse zurückgeführt;[82]

c. behavioristische Ansätze, die Verhalten über die mit den Konsequenzen des Verhaltens verbundenen Stimuli (materielle Anreize, öffentliche Selbstverpflichtung, Erfolgsrückmeldungen, Vorabinformationen) als extern steuerbar annehmen;[83]

d. Rational-choice-Ansätze, die auf materielle und anreizbezogene Faktoren (Opportunitätsstrukturen, Kosten und Nutzen des Verhaltens) abstellen. *Diekmann/Preisendörfer* haben hieraus ihre Low-cost-Hypothese umweltverträglichen Verhaltens entwickelt;[84]

e. die Übertragung sozialer Dilemmata-Situationen auf kollektive Umweltgüter (ökologische Dilemmata, Allmende-Klemme), vorwiegend durch Laborexperimente;[85]

f. die Risikoforschung, die sich u.a. mit der Wahrnehmung von ("Risikobewußtsein") und dem Verhalten gegenüber Risiken befaßt, dabei u.a. auf die Umweltbewußtseinsforschung zurückgreift.[86]

Darüber hinaus gibt es zahlreiche weitere Modellierungen.[87] Ein übergreifendes - meist implizites - Ergebnis dieser verschiedenen Ansätze ist, daß umweltverträgliches

---

80 Vgl. Maloney/Ward 1973; Maloney u.a. 1975; Amelang u.a. 1976; Bruhn 1978, S. 48-51; Braun 1983, S. 26; Fietkau 1984, S. 72-107; Urban 1986, S. 365f.; 1990, S. 4-6; Langeheine/Lehmann 1986a, b; Billig u.a. 1987, S. 18-21; 1994, S. 54-57; Wimmer 1988, S. 46-49; Monhemius 1990, S. 7, 26f.; 1993, S. 61f., 67, 71-84; Schahn/Holzer 1989, S. 4; Tiebler 1992, S. 184 sowie allgemein Staehle 1989, S. 158. Implizit liegt es bei Kreikebaum auch den personellen Anforderungen an integrierten Umweltschutz zugrunde: Wissen, Bewußtseins- und Einstellungswandel, Verhaltens- und Entscheidungsänderungen; vgl. Kreikebaum 1992b, S. 93-100; 1993d, S. 86; 1995b.

81 Vgl. Fishbein 1966, S. 204; Fishbein/Ajzen 1975, S. 301-306, 332-334; Ajzen/Fishbein 1980, S. 6-8, 54-60, 84; Ajzen/Madden 1986, S. 456-460. Zu umweltbezogenen Anwendungen vgl. Mielke 1985; Herr 1988, u.a. S. 93-108; Kastenholz 1993, S. 54-59; Bamberg/Schmidt 1993, 1994; Bamberg/Bien/Schmidt 1995; Kals/Montada 1994; Wortmann 1994, S. 49-56, 67-75.

82 Vgl. die Modelle bei Bamberg/Schmidt 1994, S. 91-98; Bamberg/Bien/Schmidt 1995, S. 93, 102-106.

83 Vgl. den Forschungsüberblick bei Herr 1988, S. 8-30; speziell zum Energieverbrauch auch Frey/Stahlberg/Wortmann 1990; Wortmann 1994, S. 26-40.

84 Vgl. Diekmann/Preisendörfer 1991, 1992, 1993, 1994; weiterhin Braun/Franzen 1995, Brüderl/Preisendörfer 1995; Diekmann 1995; vgl. auch die methodische Kritik bei Lüdemann 1993; grundsätzlich Scherhorn 1994, S. 259-266.

85 Vgl. Spada/Opwis 1985; Spada/Ernst 1990; Ernst/Spada 1991; Ernst 1993; Mosler 1995.

86 Vgl. die Übersicht bei Dierkes/Fietkau 1988, S. 45-62; Ruff 1990; Balderjahn/Mennicken 1994, 1995.

Verhalten aus einer ganzen Reihe von Einflüssen resultiert und eben nicht durch einen oder wenige Prädiktoren bzw. Prädiktorgruppen erklärt werden kann. Darunter fallen - isoliert betrachtet - alle beschriebenen Ansätze. Hervorzuheben, weil Gegenstand öffentlicher Diskussion, ist das vermeintliche Auseinanderklaffen zwischen (bekundetem) Umweltbewußtsein und (i.d.R. ebenfalls durch Selbstbericht gemessenem) umweltverträglichem Verhalten.[88] Die Diskrepanz kann jedoch nur beschränkt auf Widersprüche in der Person zurückgeführt werden, denn das Konstrukt "Umweltbewußtsein" nimmt überhaupt nur einen Teil der Einflüsse auf: Werte und Einstellungen. Häufig sind selbst diese nur lückenhaft und beliebig erfaßt. Eine Gesamtkritik umweltpsychologischer Ansätze ist aus drei Richtungen vorzubringen.[89] Die erste betrifft die Erhebungsmethodik, die beiden anderen die Erfassung des Objektbereichs. Problematisch ist sicherlich die Tendenz zur Schönfärbung und Selbstattributierung von Antworten wegen ihrer sozialen Erwünschtheit (bei Experimenten und teilnehmender Beobachtung allerdings bezüglich des Verhaltens ausgeschlossen). Vorgelagert und nicht minder problematisch ist die häufig nicht übereinstimmende Spezifität der Meßskalen - wenn etwa Einstellungen und Verhalten mit unterschiedlicher Konkretisierung, bisweilen sogar zu unterschiedlichen Objekten erhoben werden. Problematisch ist schließlich die Operationalisierung einzelner Variablen, stellvertretend seien hier die relativ beliebig erhobenen Einstellungen sowie das sehr reduziert erhobene Wissen [3.3.1: 117-119] angeführt. Verkürzungen sind oft forschungsökonomisch begründet; ebenso die bevorzugte Erhebung demographischer und sozio-ökonomischer Eigenschaften, die dadurch in Auswertungen ein Gewicht erhalten können, das ihnen nicht zusteht. Der zweite Kritikpunkt ist, daß selbst die umfassendsten Ansätze und Pfadmodelle, die potentiellen personalen und situativen Determinanten nur ausschnitthaft untersuchen - vor allem letztere werden tendenziell vernachlässigt[90] - mit der wenig befriedigenden Folge, bei spezifischen Kontexten, wie Kaufentscheidungen oder Verkehrsmittelwahl, das Verhalten nur sehr eingeschränkt erklären zu können. Schließlich drittens ist eine eigentümliche Dichotomie in den untersuchten Lebensbe-

---

87 Vgl. u.a. Preuss 1991, S. 44; Grob 1991; Kastenholz 1993, S. 68f.; Reichert/Zierhofer 1993.

88 Die zwischen Umweltbewußtsein und umweltverträglichem Verhalten ermittelte Korrelation liegt zwischen 0,1 und 0,4; vgl. die Übersicht bei Diekmann/Preisendörfer 1992, S. 227.

89 Vgl. u.a. Kastenholz 1993, S. 52-54; Antes 1994b; Hoff/Lecher 1995, S. 5-7.

90 Als Ausnahmen vgl. Hormuth/Katzenstein 1990, S. 16; Monhemius 1993, S. 161; Kastenholz 1993, S. 63; Wortmann 1994, S. 72; Bamberg/Bien/Schmidt 1995, S. 93 sowie die allerdings "bloß" theoretisch konzipierten Modelle von Fietkau/Kessel 1981, S. 10; Winter 1981, S. 61-63; Ester/van der Meer 1982, S. 71; Herker 1993, S. 12 und, speziell für Entscheidungsverhalten in Unternehmen, Wiendieck 1990, S. 97; Kuhn/Wittman 1995.

reichen festzustellen: Nahezu keine dieser Arbeiten widmet sich umweltverträglichem Arbeitsverhalten.[91] Die Mehrzahl der Beiträge ist gleich auf umweltverträgliches Konsumverhalten oder Facetten hiervon (Kauf-, Recycel-, Energiesparverhalten u.a.m.) eingegrenzt; wenige Arbeiten wählen einen generellen Ansatz, explizieren diesen letztendlich aber auch am privaten Verhalten.[92]

Abbildung 18 stellt die in diesem Abschnitt behandelten Theorien und Konzepte über die Einflüsse auf das Verhalten und seine Umweltverträglichkeit vergleichend gegenüber. Dabei zeigt sich, daß diese die vier Einflußkategorien Können - Wollen - soziales Dürfen - situative Ermöglichung sehr verschieden und in der Regel selektiv abbilden. Nur ein Teil unter ihnen ist überdies auf umweltverträgliches Verhalten angewendet. Den breitesten umweltspezifischen Ansatz weist die Umweltpsychologie auf, doch zerfällt diese selbst wieder, wie gerade gesehen, in unterschiedliche Ansätze. Bereits festgestellt wurde, daß sich die betriebliche Umweltökonomie der internen Entscheidungsprozesse ebenfalls eher verhalten annimmt.[93] Zu einzelnen - sowohl situativen als auch personalen - Bedingungen liegen zwar Ergebnisse vor. Diese insulare Methodik bleibt jedoch noch hinter dem durch die von den eben dargestellten Ansätzen betrachteten Spektrum von Verhaltenseinflüssen zurück, sie ist dazu i.d.R. ohne empirische Grundlage.

Insgesamt ist keiner der umweltorientierten Ansätze soweit ausgebaut, daß er umweltverträgliches Verhalten in Organisationen hinreichend erklärt. Deshalb sollen in nachfolgenden Abschnitten des Kapitels 3 die potentiellen Verhaltenseinflüsse untersucht werden. Diese Absicht legt einen breiten Ansatz nahe, wie er dem organisationspsychologischen Verhaltensmodell von *von Rosenstiel* und der Systematik der Sekundärdeterminanten der Entscheidung im organisationstheoretischen Entscheidungsmo-

---

91 Ansatzweise Wiendieck 1990, die Arbeiten der Forschungsgruppe um Hoff/Lecher/Jancer (Lecher u.a. 1992, Lecher/Hoff 1993, Jancer/Hoff 1994, Hoff/Lecher 1995); Kuhn/Wittmann 1995, S. 10f.; die eigenen Ansätze (Antes 1994a, S. 29; 1995); Balderjahn/Mennicken 1994, 1995; Schülein/Brunner/Reiger 1994; Hammerl 1994 und in einzelnen Statements Kastenholz 1993. Nur die letzten fünf sind empirisch geprüft. Hammerl ist aber zum Großteil auf die Analyse des Umweltbewußtseins beschränkt (Inhaber, Manager). Zwar werden auch Verhaltensbezüge hergestellt. Allerdings sind diese äußerst problematisch, denn dem Umweltbewußtsein der Befragten wird nicht ihr eigenes Verhalten gegenübergestellt, sondern "Verhaltensweisen" - besser wäre die Bezeichnung Strategien und Maßnahmen - ihres Unternehmens, ohne daß geklärt wird, inwiefern die Befragten überhaupt zuständig, kompetent und damit verantwortlich für diese Verhaltensweisen waren oder sind; vgl. Hammerl 1994, S. 169-190, 211-213. Schülein u.a. stellen weitgehend auf die umweltbezogenen Weltbilder von Managern ab. Sofern Verhalten selbstberichtet wird, ist dies häufig unkritisch übernommen, u.a. S. 55-65, 68. Auf die eigenen Ergebnisse aus der FUUF-Studie gehe ich ab Kapitel 4 ein.
92 Zu letzterem vgl. Fietkau 1984; Preuss 1991; Diekmann/Preisendörfer 1992; Schahn/Giesinger 1993; Kösters 1993; Reichert/Zierhofer 1993 oder Billig 1994.
93 Vgl. auch Seidel/Menn, S. 42-48.

Abbildung 18: Theorien und Konzepte über die Einflüsse auf Verhalten und seine Umweltverträglichkeit

Theorie/Konzept	Eigener Ansatz	Organisationspsychologie	Entscheidungsorientierte Organisationstheorie	Arbeitswissenschaft	Rollentheorie	Theorie externer Effekte	Konzept nicht intendierter Konsequenzen	Mikropolitik	Sozialpsychologie	Konzepte der Umweltforschung
zentrale Kategorie(n)	Einflüsse auf die Umweltverträglichkeit des Verhaltens	Bedingungen des Verhaltens	Sekundärdeterminanten der Entscheidung	Handlungsspielraum	Verhaltenserwartungen	Anreize (Internalisierung externer Kosten)	Verhaltensfolgen	Akteure/kollektives Handeln	Attitüden/ Einstellungen	(disziplinäre Forschungsprogramme)
Vertreter	(Antes 1995)	Rosenstiel 1988	Laux/Liermann 1993	Hacker 1986, Wicher 1987, Ulich 1992	Kieser/Kubicek 1992	Mikroökonomie/ Umweltökonomie	Merton 1936, Seidel/Menn 1988	Ortmann u.a. 1990, Birke/ Schwarz 1994	Rokeach 1969, 1973	Umweltbildung (Pädagogik)

Umweltproblem

+ Merkmale: demographische / sozio-ökonomische

	Eigener Ansatz	Organisationspsychologie	Entscheidungsorientierte Organisationstheorie	Arbeitswissenschaft	Rollentheorie	Theorie externer Effekte	Konzept nicht intendierter Konsequenzen	Mikropolitik	Sozialpsychologie	Konzepte der Umweltforschung
	Können/ Qualifikation	individuelles Können	Qualifikation	personale Dimension - Fähigkeit	Positionsinhaber: Interpretation/ Redefinition v. Verhaltenserwartungen		Kognitionen I: Irrtum		kognitiv	Umweltbewußtsein (Umweltpsychologie)
	Wollen/ Motivation	persönliches Wollen	Motivation / Grundeinstellung	- Motivation				persönliche Strategie	affektiv/ emotional-evaluativ / konativ	
	Dürfen-Sollen/ Organisatorischer Rahmen	soziales Dürfen	organisations-interne Umwelt	hierarchische Dimension / horizontale Dimension / wertende Dimension	Regelsetzer: formale; andere Akteure: soziale Regeln	Kalkül der Organisation	- Zurechnung negativer Wirkungen - Verflechtungen	Spiele Machtstrukturen	sozial-normativ	
	objektive Ermöglichung/ Alternativenverfügbarkeit	situative Ermöglichung	organisations-externe Umwelt		Entwickler, Konstrukteure, Planer: Technik		Kognitionen II: objektives Wissen - Unmittelbarkeit		Verhaltensalternativen	

dell von *Laux/Liermann* zugrunde liegt. An den jeweiligen Stellen wird auch auf die Erkenntnisse der anderen Ansätze zurückgegriffen. Trotz der aufgezeigten Mängel und bei aller Vorsicht gegenüber der Affinität unterschiedlicher Rollen - andererseits sind es dieselben Menschen, die einmal Rollen im Alltag und dann als Organisationsmitglied ausfüllen - werde ich insbesondere auch die Ergebnisse der umweltpsychologischen Forschung unter dem Blickwinkel organisationsinternen Verhaltens diskutieren. Die (genannten) Einschränkungen legen eine behutsame Interpretation nahe. Schon angesichts der Tatsache, daß es an einem validen und reliablen Erklärungs-, geschweige denn Prognosemodell überhaupt mangelt, ist eine Gesamtbewertung hier nicht zu leisten. Wohl aber können - und sollen - potentielle Einflüsse aufgedeckt werden. Ein eigenes Verhaltensmodell wird nicht entwickelt; das muß späteren, empirischen Arbeiten vorbehalten sein - die in den Kapiteln 4 und 5 herangezogene FUUF-Studie läßt aufgrund einer anders gelagerten Fragestellung und entsprechendem Forschungsdesign eine entscheidungsorientierte Auswertung zwar punktuell, jedoch nicht als Modelltest zu.[94]

Die weiteren Abschnitte von Kapitel 3 thematisieren zunächst die demographischen und sozio-ökonomischen Eigenschaften von Organisationsmitgliedern, [3.3] sodann die psychographischen (Qualifikation, Motivation). [3.3] Unter die situativen Einflüsse [3.4] fasse ich die Art des Umweltproblems, [3.4.1] den strategischen [3.4.2] und den organisatorischen [3.4.3] Rahmen sowie die Alternativenverfügbarkeit [3.4.4]. Hinweise auf Gestaltungsansätze können bei den folgenden Erläuterungen nicht immer scharf abgegrenzt werden. Systematisch sollen Schlußfolgerungen jedoch erst in den Kapiteln 4 und 5 gezogen werden.

3.2 Demographische und sozio-ökonomische Eigenschaften von Organisationsmitgliedern

Entscheider können nach ihren demographischen, sozio-ökonomischen und psychographischen Eigenschaften unterschieden werden.[95] Demographische (Geschlecht, Alter, Familienstand, Zahl der Kinder, Wohnort und -art, Religion, Nationalität) und sozio-ökonomische Eigenschaften (Bildung, Beruf, Einkommen) werden zwar immer wieder gerne, weil methodisch einfach, erhoben. Sie sind jedoch "Vordergrunddeterminanten" und tragen deshalb kaum zur Klärung von Verhaltensursachen bei. Nur zu wenigen

---

94 Vgl. Antes 1995.
95 Relativ umfassend und ausführlich Bruhn 1978, S. 80-94; Balderjahn 1986, S. 30-71.

werden zudem signifikante Einflüsse auf das Verhalten festgestellt.[96] Die Berufsbildung ausgenommen, sind sie darüber hinaus organisatorisch nicht gestaltbar - und in der Systematik von Abbildung 14 [95] auch nicht enthalten. Allerdings können sie hilfreich sein, Gestaltungsmaßnahmen zielgruppengerecht zu entwerfen. Zwar nicht durchgängig, aber wiederholt als Prädiktor festgestellt, und deshalb beachtenswert, werden das Alter, das Geschlecht und die Bildung.

Alter: Jüngere verhalten sich tendenziell umweltverträglicher als Ältere - jedoch nicht ausnahmslos: Einheitlich sind - so signifikant festgestellt - Befunde, daß Alter und ökologisches Wissen negativ korreliert sind, z.t. wird dies auch für ökologische Werthaltungen und Einstellungen berichtet.[97] Diese Unterschiede werden sich m.E. in dem Ausmaß nivellieren, wie die heute jungen Altersgruppen nachrücken. Zudem sind für umweltverträgliches Verhalten auch traditionelle Werte und Einstellungen als Motive wirksam. Vor allem in neueren Untersuchungen ist teilweise schon eine Angleichung im Verhalten der verschiedenen Altersstufen erkennbar. Örtlich und zu bestimmten Verhaltensbereichen - Raumisolation, Pkw-Benutzung, Kompostierung und Produktkauf - wird vereinzelt sogar über umgekehrte Effekte berichtet.[98]

Geschlecht: Überall dort, wo geschlechtsspezifische Unterschiede untersucht und festgestellt werden, sind, mit Ausnahme der Studie von *Bruhn*, zwei Ergebnisse eindeutig:[99] Frauen verhalten sich erstens umweltfreundlicher als Männer, z.T. signifikant. Dies geht offenbar einher mit umweltverträglicheren Werthaltungen und Einstellungen, wie einer stärker empfundenen persönlichen Betroffenheit. Dagegen und zweitens verfügen Männer über ein besseres umweltschutzbezogenes Wissen. Die beiden Beobachtungen erscheinen widersprüchlich und überraschend, sind möglicherweise aber

---

96 Typisch ist eher das Ergebnis von Hanfstein u.a., nach dem keine der so unterschiedenen Gruppen sich "durch ein besonders radikales oder <u>konsistentes</u> (Hervorhebung R.A.) ökologisches Denken und Handeln auszeichnet"; Hanfstein u.a. 1992, S. 233; vgl. auch UBA 1993a, S. 64; Monhemius 1993, S. 262.

97 Vgl. u.a. Grob 1991, S. 61f., 191; Diekmann/Preisendörfer 1992, S. 232; Billig 1994, S. 71, 129. Für Beschäftigte der Automobilindustrie hinsichtlich der Einstellung gegenüber Arbeit und Autoverkehr vgl. Hanfstein u.a. 1992, S. 66, 129, 135, aber wiederum auch S. 82.

98 Vgl. Schahn 1991, S. 87; Balderjahn 1986, S. 251; Hormuth/Katzenstein 1990, S. 77, 80f.; Monhemius 1993, S. 88, 194, 198; ohne nähere Spezifikation Schahn/Holzer 1989, S. 18; Langeheine/Lehmann 1986a, S. 135 oder 1986b, S. 383.

99 Vgl. Diekmann/Preisendörfer 1992, S. 232f., Adelt u.a. 1990, S. 139; Hormuth/Katzenstein 1990, S. 82; Langeheine/Lehmann 1986b., S. 382f.; Grob 1991, S. 61, 195; ausführlich Schahn/Holzer 1989, S. 21-28 oder 1990, S. 197 sowie mit z.T. ambivalenten Ergebnissen unter Beschäftigten der Automobilindustrie Hanfstein u.a. 1992, S. 65f., 77, 82, 130, 135, 138, 201-205. Dagegen Bruhn 1978, S. 127, 158.

auch ein Hinweis auf unterschiedliche Stimuli für umweltverträgliches Verhalten.[100] Möglicherweise beruhen die Wissensunterschiede aber auch auf systematischen Verzerrungen durch die Art, wie Wissen in den Untersuchungen gemessen wird. [117-119] *Schahn/Holzer* weisen darauf hin, daß die Mehrzahl der Untersuchungen sich auf haushaltsnahe Bereiche bezieht, wodurch bei einer nach wie vor unterschiedlichen Rollenverteilung Frauen in den gemessenen Verhaltensbereichen systematisch stärker (objektiv) betroffen sind. Sie zeigen dann auch, daß sich in haushaltsfernen Bereichen die Unterschiede (fast) angleichen.[101] Für die organisatorische Gestaltung würde dies eine Neutralisierung der Geschlechtszugehörigkeit zugunsten der wahrgenommenen persönlichen Betroffenheit und Eigenverantwortlichkeit bedeuten.

Bildung: Die Mehrzahl der Studien zum privaten Lebensbereich berichtet über, z.T. signifikante, Korrelationen zwischen (höherem, formalem, Schul-)Bildungsgrad und umweltverträglicherem Verhalten sowie Umweltbewußtsein.[102] Hat präventiver Umweltschutz also c.p. bereichs-/abteilungs- sowie hierarchiespezifisch von unterschiedlichen Gestaltungsbedingungen auszugehen? Wenn letzteres zuträfe, müßte das Management besonders, Arbeiter eher weniger umweltorientiert sein. Für beides gibt es ausreichend Gegenbelege. Schon in den genannten Studien sind interessanterweise die Einflüsse des Berufsstatus nicht signifikant, die des Einkommens bisweilen sogar gegenläufig.[103] Akteurspezifische Studien zum Management legen dann auch das gesamte Verhaltens- und Bewußtseinsspektrum offen.[104] Industriesoziologische Studien unter Industriearbeitern von *Heine/Mautz*, *Bogun/Osterland/Warsewa* und *Hanfstein/Lange/Lörx* und ebenso die Studie von *Fietkau/Timp* unter Fahrern von Gefahrgütern

100 Adelt u.a. nehmen bspw. eine langsamere Entwicklung von Wissen als (passive) Betroffenheit an und deshalb folgende chronologische Änderung der Stimuli: emotional-rational-habituell; vgl. Adelt u.a. 1990, S. 169f.
101 Vgl. Schahn/Holzer 1989, S. 22, 25 oder 1990, S. 197f. Ähnlich argumentieren Reichert/Zierhofer 1993, S. 344; Billig 1994, S. 71f.
102 Vgl. u.a. Diekmann/Preisendörfer 1992, S. 232f.; Schahn/Holzer 1989, S. 40; Bruhn 1978, S. 127; Langeheine/ Lehmann 1986b, S. 381; Urban 1986, S. 372; 1990, S.7; Balderjahn 1986, S. 251; dagegen Hormuth/ Katzenstein 1990, S. 84; Monhemius 1993, S. 194; Billig 1994, S. 135, 72.
103 Vgl. Dierkes/Fietkau 1988, S. 85; Monhemius 1993, S. 194; speziell zu letzterem Langeheine/Lehmann 1986a, S. 136; Schahn 1991, S. A 43. Ruff ermittelt sogar eine negative Korrelation zwischen Ausbildungsstatus und der aktiven Beschäftigung (Selbstschutz, gedankliche Beschäftigung mit Schadstoffwirkungen und Umweltrisiken); vgl. Ruff 1990, S. 199.
104 Vgl. Frank/Plaschka/Rößl 1988; Plaschka/Frank/Rößl 1989; Weßels 1988; Rosenstiel, von u.a. 1989, S. 27-31, 64; Rosenstiel, von 1992; Kirchgeorg 1990, S. 142-148, 229-231; Ostmeier 1990, S. 126f., 224-228; Heinze 1992, S. 94-97; Zimpelmann u.a. 1992a, Abschn. 4.2.1 und 4.2.6. Schülein/Brunner/Reiger 1994, S. 50-76, 185-187; Hammerl 1994, S. 152-169; Birke/Schwarz 1994; Conrad 1995, S. 127f, 134; Hildebrandt 1995, S. 143-149. Als defensives Einzelbeispiel vgl. Eilingsfeld 1989; der Autor ist Leiter einer Forschungsabteilung in der Industrie.

(Tanklastzüge) gelangen zu der Aussage, daß diese auf allgemeiner Ebene der Gesamtbevölkerung vergleichbar sensibilisiert, Statusunterschiede, so einmal vorhanden, mittlerweile aufgehoben sind; *Heine/Mautz* stützen dies durch Fragen zum Verhalten im Privatbereich (Haushalt, Pkw).[105] Die Kampagnen "Tatort Betrieb" der IG Metall zu Gefahrstoffen hatten eine hohe mobilisierende Wirkung.[106] Auch auf das jeweils eigene Unternehmen bezogen stellen sie deutlich unterscheidbare Bewußtseinsmuster innerhalb der Gruppe der Facharbeiter fest.[107] Eine ähnliche Streuung ermittelt *Hoff*

Umweltschutz-bezogene Einstellung - Typenbezeichnung	Berufsbiographie				
	berufliche Qualifikation	Erfahrung mit Arbeits-losig-keit	a) Betriebs-wechsel b) Berufs-wechsel	berufliche ökologische Betroffenheit *	Durch-schnittsalter
A. Defensive Industrieloyale	überwiegend keine abge-schlossene Berufsaus-bildung (Un-/Angelernte)	sehr oft	häufig entfällt	ca. 2/3	älteste Gruppe
B. Sensibilisierte Arbeitsplatz-apologeten	Facharbeiter	oft	häufig häufig	ca. 1/2	41
C. Perspektivlose Zukunfts-skeptiker	Facharbeiter	große Mehrheit niemals	< 50 % selten	zum größeren Teil nein	40-49
D. Engagierte Wachstums-kritiker	Facharbeiter (sehr an-spruchsvolle Arbeitsplätze / Mitverant-wortung)	so gut wie nie	häufig selten	in der Regel	jüngste Gruppe

* = beschäftigt in der zu beurteilenden neu angesiedelten Großindustrie

** Die Abbildung trägt die Ergebnisse der in einer struktuschwachen Region (Küste) durchgeführten Befragung zusammen, bei der zwischen den ökonomischen und ökologischen Wirkungen bereits angesiedelter großindustrieller Betriebe abzuwägen war.

Abb. 19: Einstellung von Industriearbeitern in Abhängigkeit von ihrer Berufs-biographie

Quelle: Nach Angaben von Bogun u.a. 1990, Abschn. 3.1, 3.2, 3.3, 3.4 und 4.2.

---

105 Vgl. Bogun/Warsewa 1989, S. 44-46; Bogun u.a. 1990, S. 177; Osterland/Warsewa 1993, S. 337f.; Heine/Mautz 1989, Kap. 1, S. 35-95, Hanfstein u.a. 1992, S. 71, 81f., 205-211; Fietkau/Timp 1989, S. 16f.
106 Vgl. Leisewitz/Pickshaus 1992, 1993.
107 Vgl. Bogun u.a. 1990, Kap. 3, S. 65-173; Heine/Mautz 1989, S. 89-95. Entgegen diesem Spektrum und trotz eigener Vorbehalte (u.a. S. 183, 185) verdichten Heine/Mautz ihr Ergebnis zu einem äußerst positiven Gesamtbild des unternehmensbezogenen Umweltbewußtseins (u.a. S. 199-206), wofür sie, m.E. zu Recht, heftig kritisiert wurden; vgl. Hildebrandt 1990.

hinsichtlich des Kontroll- und Moralbewußtseins junger Arbeiter gegenüber problematischen Arbeitsprodukten.[108] Diese scheint aber, wie *Bogun/Osterland/ Warsewa* feststellen, mehr durch die Berufsbiographie insgesamt als lediglich durch die berufliche Qualifikation erklärbar. Gemäß Abbildung 19 ist zwar offenbar das Fehlen einer qualifizierten <u>Berufs</u>bildung mit geringem Umweltbewußtsein ver‐ knüpft.[109] Ihr Vorhandensein befördert dieses jedoch nicht automatisch.

Nach *Hanfstein/Lange/Lörx* hat die Verweildauer in der betreffenden (hier: der Au‐ tomobil-)Industrie signifikanten Einfluß:

"Die beiden Typen 'aufgeschlossen' und 'hochsensibel' haben mit 11,3 und 12,2 Jahren eine wesentlich geringere Verweildauer in der Automobilindustrie als die 'zurückhaltenden' bzw. 'konservativen' mit 15,3 bzw. 17,5 Jahren."[110]

Insgesamt scheint mittlerweile auf allen Hierarchieebenen zumindest die gesamte Bewußtseins- und Verhaltensbandbreite präsent: vertikale Unterschiede, soweit sie bestanden, haben sich offenbar angenähert; bisweilen bilden sich auch Koalitionen gegen Umweltschutzforderungen externer Akteure.[111] Dagegen werden horizontal immer wieder Disziplinen- und damit bereichsspezifische Kulturunterschiede, vor al‐ lem zwischen Naturwissenschaftlern/Ingenieuren/Technikern auf der einen und Öko‐ nomen/Kaufleuten auf der anderen Seite, berichtet - speziell auch im Umwelt‐ schutz.[112] Generell besteht ein Konfliktpotential zwischen an professionellen Normen orientierten Spezialisten und dem den Normen bürokratischer Organisationen verpflichteten Management.[113] Nach den Ergebnissen von *Kreikebaum* über Um‐ weltschutzinnovationen sind die unterschiedlichen Grundeinstellungen von Forschern, Managern und den Vertretern des betrieblichen Umweltschutzes eine wichtige Ursache von den Umweltschutz blockierenden Kommunikationsbarrieren.[114] Denn: Als Querschnittsthema par excellence ist Umweltschutz besonders auf Kooperation angewiesen.

---

108 Vgl. Hoff 1990; unterstellt wurde die hypothetische Situation, daß die Produkte beim Bau von Atomkraft‐ werken oder zu Kriegszwecken verwendet werden.
109 Vgl. auch Zimpelmann u.a. 1992a, S. 268; Hanfstein u.a. 1992, S. 68f., 139.
110 Hanfstein u.a. 1992, S. 77; zur Erklärung der Typologie vgl. S. 73-76.
111 Historisch verschiedene Kraftwerkskonflikte, zuletzt die Konflikte um die Firmen Meyer Werft, Müller-Milch oder der Versuch eines PVC-Verwendungsverbots im öffentlich geförderten Wohnungsbau durch die Hessische Landesregierung.
112 Vgl. Schmidt, R. 1991, S. 206-210 und die dort angegebene Literatur. Schmidt legt selbst mikrostrukturelle Unterschiede (im FuE-Bereich), zwischen Naturwissenschaftlern (Chemikern) und Verfahrensingenieu‐ ren/Technikern, offen.
113 Vgl. Scott 1968.
114 Vgl. Kreikebaum 1990c, S. 119f.

Unterschiedliche Aneignungs- und (Um-)Interpretationsmuster des Umweltschutzes macht *Heine* zwischen Chemikern/Ingenieuren einerseits und Kaufleuten andererseits aus - jeweils aus dem unteren und dem mittleren Management.[115] Entscheidend scheint die mittel- oder unmittelbare, durch Beruf und Position bedingte ökologische Betroffenheit. Haben erstere ein Protagonisten-Bewußtsein entwickelt und sehen sich als "Akteure eines Drucks von innen", so sehen Kaufleute durch ihre Ausrichtung auf die systemischen Randbedingungen die Möglichkeiten des eigenen Unternehmens durch Markt (Konsumentenverhalten) und Staat relativiert, im Extremfall konditioniert. Vermeintliche - auch: organisatorisch bedingte - berufliche Ferne der Kaufleute zum Umweltschutz und wahrgenommene externe Steuerung bringen in Kombination aber teilweise auch ein "Sich-leisten-Können auch 'radikaler' industriekritischer Überzeugungen hervor"[116]. Auf die Wahrnehmung ökologischer Anforderungen gehe ich unter den psychographischen Bedingungen separat ein. Hier seien lediglich noch zwei interessierende Ergebnisse von *Brockhoff* genannt: Zum einen stellt auch er deutliche Unterschiede in der Umweltwahrnehmung von FuE- und Marketingmanagern fest, zum andern in deren Planungshorizonten (FuE: 7,3 Jahre; Marketing: 4,9 Jahre).[117]

3.3 Psychographische Eigenschaften von Organisationsmitgliedern

Die psychographischen Eigenschaften eines Entscheiders , Qualifikation (Können) und Motivation (Wollen, Grundeinstellung) haben maßgeblichen Einfluß auf sein Verhalten. Aus Abbildung 18 [110] geht hervor, daß die Umweltforschung hierzu theoretische, die Umweltpsychologie auch empirisch getestete Konzepte entwickelt hat.[118] Allerdings sind die Kategorien nicht notwendigerweise deckungsgleich mit denen der Organisationstheorie und -psychologie.

Umweltbildung[119] umfaßt im Kern die Qualifikation. Ihre Wirkung wird in der Literatur allerdings weiter interpretiert und auf Werte (ethische Haltung), Einstellungen (Schulung der Wahrnehmungsfähigkeit) und die Motivation zu umweltverträglichem Verhalten - und damit das Umweltbewußtsein selbst - ausgedehnt. Nach *Nitschke* und

---

115 Vgl. Heine 1989.
116 Heine 1989, S. 27.
117 Wie die Studien von Schmidt, Kreikebaum und Heine war diese u.a. ebenfalls in der chemischen Industrie angesiedelt; für andere Industrien ergaben sich die Werte 5,8 und 7,5 Jahre; vgl. Brockhoff 1989, S. 73-76.
118 Im Gegensatz zu dem der Umweltbildung. Einen Überblick über Einzelbefunde bietet Nitschke 1991, S. 81-85.
119 Zur Abgrenzung gegenüber weiteren Begriffen, wie Umweltlernen, Umwelterziehung, ökologisches Lernen und Ökopädagogik vgl. Neuß 1993, S. 5-12 und die dort diskutierte Literatur.

der *Enquete-Kommission des Deutschen Bundestags "Zukünftige Bildungspolitik - Bildung 2000"* fußt Umweltbildung auf vier Komponenten: (1.) technisch-fachliche Kompetenz für Umweltbelange, (2.) Umweltbewußtsein, (3.) Motivation (Bereitschaft) zu umweltverträglichem Verhalten, (4.) Handlungskompetenz.[120]

Unabhängig von diesem pädagogischen Zugang arbeitet die Umweltpsychologie mit verschiedensten theoretischen Ansätzen über die, vorwiegend personalen, Bedingungen umweltverträglichen Verhaltens.[121] In Abstimmung mit den organisationstheoretischen und -psychologischen Ansätzen unterscheide ich die psychographischen Bedingungen umweltverträglicher Aufgabenerfüllung im folgenden nach der Qualifikation und - hierin sind auch die anderen Komponenten von Umweltbildung enthalten - der Motivation. Die Bedingungen sind nicht nur additiv zu sehen, sie können sich auch neutralisieren, fehlende in der Wirkung ersetzen sowie auf die Beteiligten einer Entscheidung (interindividuell), wie auch auf einen einzelnen Entscheider in unterschiedlichen Situationen, einer anderen Tätigkeit/Rolle (intraindividuell) etwa, unterschiedlich wirken.

3.3.1 Qualifikation für umweltverträgliches Verhalten

Die Qualifikation eines Entscheiders setzt sich nach der in Abbildung 14 dargestellten Systematik von *Laux/Liermann* zusammen aus Wissen (Kenntnis von Tatsachen, Theorien/Wenn-dann-Beziehungen und Entscheidungsmodellen), kognitiven, sozialen und manuellen Fähigkeiten.[122] Empirische Studien zu den Bedingungen umweltverträglichen Verhaltens erheben jedoch bestenfalls die Wissenskomponente. Direkte Verhaltenswirkungen werden, mit Ausnahme ökologischer Dilemmatasituationen, nur in geringem Umfang nachgewiesen;[123] aus verschiedenen Gründen:

1. Mangelnde Spezifität der Meßskalen, d.h. die erhobenen Wissens- und Verhaltensbereiche stimmen unscharf bis nicht überein - eine Erscheinung, die auch bei anderen

---

120 Vgl. Nitschke 1989, S. 9-13; Deutscher Bundestag 1990c, S. 30f. Bei letzterem handelt es sich um ein Minderheitsvotum, das sich selbst wieder auf das Gutachten von Nitschke 1989 stützt. Vgl. auch Nitschke 1990, S. 90f.; 1991, S. 56-80, zusammenfassend S. 57; Tillmann 1989, S. 10; 1990, S. 6f.

121 Ausführlich Herr 1988, S. 32-91 und die dort diskutierte Literatur.

122 Vgl. S. 82; Laux/Liermann 1993, S. 74-76; ähnlich Drumm 1989, S. 133; Staehle, S. 161. Anders dagegen die Anforderungsarten nach dem Genfer- und REFA-Schema; vgl. REFA 1987, S. 43-46.

123 Vgl. etwa Schahn/Holzer 1989, S. 11, 40f.; Grob 1991, S. 187, 189; Diekmann/Preisendörfer 1992, S. 232 oder Monhemius 1993, S. 185, 188, 262; etwas stärker Braun 1983, S. 104.

gemessenen Bedingungs-Verhaltens-Beziehungen festzustellen ist.[124]

2. Es wird nur ein Bestandteil von Wissen erhoben: Ökologisches Wissen wird - in der Tradition der Forschungsgruppe um Maloney - meist als bloßes Faktenwissen "abgeprüft", d.h. lediglich als Kenntnis von Tatsachen nach einem Richtig/falsch-Muster.[125] Schon weitreichend und keineswegs empirischer Standard ist die Berücksichtigung von Handlungswissen, als Kenntnis (nicht als Beherrschen!) der für das spezifische Verhalten relevanten Alternativen und Techniken: etwa bei *Herr* (Wiederverwertung organischen Abfalls) als Kompostierkenntnis, bei *Schahn* (Getrenntsammlung von Müll) als Kenntnis von Vermeidungsmöglichkeiten.[126] Dagegen fehlt die Erfassung des Wissens über die ökologischen Konsequenzen eigenen Verhaltens. Und ebensowenig haben die Untersuchungen - mit Ausnahme der Forschungsgruppe um *Lecher/Hoff/Jancer* - ökologisches Denken, etwa als Denken in Kreisläufen und Wirkungsgefügen, zum Bestandteil.[127] Ein Grund dürfte der unterschiedliche methodische Aufwand sein: Ökologisches Denken und verhaltensspezifisches Folgewissen ist nicht einfach abfragbar. Ein angemessenes Verhalten auf komplexe Probleme oder Aufgaben erfordert aber gerade die Fähigkeit zu vernetztem Denken. Die wenigen empirischen Studien, die das Wissen um ökologische Zusammenhänge berücksichtigen, vor allem sind dies Laborsimulationen zu Allmende-Klemme-Situationen etwa der Forschungsgruppe um *Spada* und *Ernst*, weisen dann auch positive Einflüsse der Wissensverbesserung, hier zur Regeneration der Ressource, auf das Verhalten, hier die ökologisch angemessene Nutzung der Ressource, nach.[128] Arbeitsteilung und -organisation reduzieren zwar die Komplexität von Aufgaben - sie sind gerade dafür ersonnene Managementinstrumente mit dem Ziel der Produktivitätssteigerung. Die Anforderung vernetzten Denkens beschränkt sich deshalb aber nicht auf das Alltagshan-

---

124 Allgemein auch Lüdemann 1993, S. 118-120; zur dann speziell kritisierten Studie vgl. aber auch die Erwiderung von Diekmann/Preisendörfer 1993, S. 128f.

125 Vgl. die Items bei Maloney u.a. 1975, S. 789; Schahn/Holzer 1989, S. 4, 8; Diekmann/Preisendörfer 1992, S. 250; Monhemius 1993, S. 80; Wortmann 1994, S. 86f., 110, Anhang A, Frage 24; selbstkritisch Kastenholz 1993, S. 124-126.

126 Vgl. Herr 1988, S. 163f.; Schahn 1991, S. A 44; teilweise auch bei Kastenholz 1993, S. 217; Wortmann 1994, Anhang A, Fragen 24d, e.

127 Bislang liegt von Lecher u.a. allerdings erst das Erhebungskonzept vor. Darin sind beide Bereiche berücksichtigt: Unternehmen (Produktion) und Alltagshandeln (Konsum). Die Autoren orientieren sich dabei am Konzept des ökologischen Produktlebenszyklus (Produktlinie); vgl. Lecher u.a. 1992, S. 7-9; Lecher/Hoff 1993; Hoff/Lecher 1995, S. 8f.

128 Vgl. Spada/Opwis 1985, S. 71f. i.V.m. 75-81; Spada/Ernst 1990, S. 13f., 28; Ernst/Spada 1991, S. 66; Ernst 1993. Dort wird allerdings auch deutlich, daß die Verhaltenswirkung des Wissens um ökologische Zusammenhänge nicht isoliert stattfindet. Sie ist in Verbindung zu sehen mit seinem sozialen Wissen und

deln. Denn oben wurde bereits festgehalten, daß selbst auf der untersten Hierarchiestufe einer Organisation Freiheitsgrade im Handeln bestehen; mit der Hierarchiestufe
und - nicht notwendigerweise gekoppelt - mit dem Maß an Selbstorganisation organisatorischer Einheiten nehmen diese, und d.h. Komplexität, tendenziell weiter zu. Das
Wissen um die ökologischen Folgen eigenen Verhaltens für nachgelagerte Bear-
beitungsstufen und andere Produktlebensphasen (Produktlinie) kann schließlich auch
die Motivation in Form einer besonderen Sorgfalt bei der Aufgabenerfüllung beeinflussen.

3. Die Art des erhobenen Wissens ist verhaltensfern. Es beeinflußt Verhalten weniger
direkt als andere personale und situative Bedingungen. Wissen hat aber auch verhal-
tensnahe Bestandteile: die bereits im zweiten Punkt genannten. Deshalb ist von einer
insgesamt deutlich stärkeren Bedeutung ökologischen Wissens für umweltverträgliches
Verhalten auszugehen. Die Aussage von *Nitschke* "Wir beobachten Wissen ohne entsprechendes Handeln oder auch Handeln wider besseres Wissen"[129] steht dazu nicht
im Widerspruch; sie ist aber Hinweis darauf, daß Wissen allein nicht oder häufig nicht
genügt, entsprechendes Verhalten auszulösen.[130] Ebenso beobachtbar, mit u.U. gravierenden Folgen, sind allerdings weitere Varianten: Handeln ohne entsprechendes
Wissen sowie Handeln und nicht wissen wollen. Letzteres ist eine Form von Verdrängung, bspw. um den Zustand kognitiver Dissonanz zu überwinden.[131] Stellvertretend
für ersteres sei hier auf den Befund von *Leprich* verwiesen. Ein wesentliches Hemmnis
für die Erschließung von Stromeinsparpotentialen besteht danach in den bei privaten
wie gewerblichen Anwendern gravierenden Kenntnismängeln "sowohl in bezug auf die
neuesten Effizienztechnologien (Marktüberblick) als auch in bezug auf deren Kosten,
Beschaffung und Installierung".[132] Fehlendes Wissen (Unkenntnis, Irrtum) ist eine
Ursache nicht-intendierter Handlungsfolgen: Wissen versetzt Entscheider überhaupt
erst in einen angemessenen Informationsstand und ermöglicht damit bewußtes
Verhalten, - auch bei verbleibender Unsicherheit. Das gilt für Organisationen wie Ein-

---

seiner Erwartung über die anderen Gruppenmitglieder (deren Ziele, Wissen, Verhalten) sowie seinen persönlichen Zielen.

129 Nitschke 1989, S. 10.; ähnlich Schwarz 1993, S. 104; Birke/Schwarz 1994, S. 10f.; Meyer-Abich/Müller
1994, Sp. 2. Vgl. auch die empirischen Befunde aufgrund (fern)mündlicher Befragung und späterer, ver-
deckter Verhaltensbeobachtung bei Diekmann/Preisendörfer 1994, S. 22f. sowie in der Fallstudie von
Schenk/Kühleis 1992, S. 67f.

130 So auch seine Argumentation; er nennt mangelndes Umweltbewußtsein, Motivation und Handlungskompetenz als weitere Bedingungen; vgl. Nitschke 1989, S. 9. Vgl. weiterhin Fichter/Nitschke 1995, S. 1-3.

131 Vgl. Staehle 1989, S. 227-230 und die dort angegebene Literatur.

zelpersonen. Es dürfte für internal kontrollierte Personen von größerer Relevanz sein als für external kontrollierte. [141-143]

Grundsätzlich kann Verhalten affektiv, kognitiv und habituell, d.h. durch Emotionen, Wissen und/oder Gewohnheit initiiert sein. Von der Situation hängt es ab, welches der stärkere Auslöser ist. Betrachtet man zunächst eine Stelle in einem bestimmten Zeitpunkt, bedeutet das: Bei Konfrontation mit verschiedensten Aufgaben wird die Koexistenz verschiedener Initiierungen in ein und derselben Person - oder Organisation - wahrscheinlich. Die Wahrscheinlichkeit wächst mit der Verschiedenartigkeit der Aufgaben einer Stelle.

Weiterhin können die Prioritäten im Lebenszyklus eines bestimmten Problems tauschen. So argumentieren *Adelt/Müller/Zitzmann*, daß sich Wissen langsamer verändert, als eine gefühlsmäßige Betroffenheit entsteht und deshalb im Zeitablauf eines Problems die dominierenden Ursachen umweltverträglichen Verhaltens wechseln: von emotional zu rational zu habituell, d.h. letztendlich zur Gewohnheitsbildung und Verselbständigung entsprechender Verhaltensweisen.[133] Allerdings ist die strenge Chronologie zu einseitig. Gerade erweitertes ökologisches Wissen über die ökologischen Wirkungen bisherigen Verhaltens oder über umweltverträglichere Verhaltensmöglichkeiten kann habitualisiertes Verhalten wieder in Frage stellen. Daß dies im betrieblichen Umweltschutz in besonderem Maße ins Kalkül zu ziehen ist, wurde oben unter Unsicherheit und Veränderlichkeit ökologischen Wissens diskutiert. [2.4.3]

Ebenso bleiben Emotionen wichtige Verhaltensregulierer, selbst bzw. gerade dann, wenn Entscheider über umfassendes Vorwissen verfügen. Den Laborexperimenten von *Lantermann/Döring-Seipel/Schima* zufolge rekonstruieren ökologisch orientierte Entscheider, von ökonomisch orientierten durch den Grad des Vorwissens unterschieden, die Problemlage als erheblich unbestimmter und komplexer, geraten dadurch aber auch häufiger unter Entscheidungsstreß und schalten, wie Entscheider im allgemeinen unter Streß, auf eine emotionszentrierte Handlungsregulation um - allerdings ohne daß dadurch, wie üblicherweise, die Lösungsgüte erkennbar leidet. Umfangreiches Vorwissen beschert nicht nur häufiger komplizierte Entscheidungssituationen, sondern erlaubt diese offenbar auch: Als "affektives Superzeichen" verarbeitet ("in hohem Maße kom-

---

132 Leprich 1994, S. 102; vgl. auch die Synopse von Hemmnissen bei Deutscher Bundestag 1990b, Bd. 2, S. 385-392.

133 Vgl. Adelt u.a. 1990, S. 169.

primiert, 'vereinfacht' und funktional repräsentiert") ist es schnell, d.h. auch in intensiven Gefühlslagen, abrufbar.[134]

Wissen beeinflußt Verhalten somit einerseits über das ihm in der Chronologie bei *Adelt u.a.* zugewiesene Zeitfenster hinaus und andererseits im Zeitfenster nicht allein. Seine wachsende Bedeutung für umweltverträgliches Verhalten erwächst vor allem aus einem weiteren zeitlichen Aspekt: Umweltwirkungen sind, mit wenigen Ausnahmen, etwa Lärm oder die Zerstörung des Landschaftsbildes, (objektiv) zunehmend sinnlich nicht mehr erfahrbar. Bei schleichender Verschlechterung stellen sich sogar hier Gewöhnungseffekte ein. [135f.] Wahrnehmung - und damit bewußt und nicht zufällig umweltverträgliches Verhalten - wird also im selben, d.h. in steigendem Maß abhängig von Wissen. Je weiter die Folgen eigenen Verhaltens entfernt liegen (z.b. andere Produktlebensphasen, kommende Generation) ist es dies bereits jetzt. Arbeitsteilung erschwert sinnliche Wahrnehmung der Auswirkungen eigenen Tuns deshalb zusätzlich. Noch stärker, oder: früher, als im privaten Bereich ist bewußtes umweltverträgliches Verhalten in arbeitsteiligen Organisationen deshalb auf die Bereitstellung und Vermittlung von Wissen angewiesen. Das gilt für die Arbeitsorganisation innerhalb eines Unternehmens, erst recht für die Beziehung zwischen Unternehmen und externen Akteuren (Lieferant - Produzent - Abnehmer - Entsorger - Transporteure). Die Vermutung, daß mit wachsendem Wissen ökologisch rationales Entscheiden und Handeln doch, zwangsläufig, in den Vordergrund rückt, greift allerdings nicht. Im Positiven aktiviert Wissen um eine ökologisch kritische Situation zwar umweltorientierte Werthaltungen und formiert entsprechende Einstellungen (mit).[135] Im Negativen sei aber auf das obige Zitat von *Nitschke* verwiesen.

Ausgehend von den Ansätzen empirischer Studien wurde Qualifikation, mit Ausnahme vernetzten Denkens, bis hierher ausschließlich als Wissen diskutiert. Die Qualität eines Ergebnisses, für unser Thema das Maß an Umweltverträglichkeit des Verhaltens, hängt jedoch nicht allein von den Kenntnissen, sondern auch von den manuellen, kognitiven und sozialen Fähigkeiten des Entscheiders ab. [Abb. 14: 95] Fähigkeit bezeichnet zum einen das aufgabenspezifische technisch-fachliche Können. Nach Art der Aufgabe(n) oder Verhaltensalternative(n), ob also eine Objekt- oder Organisationsentscheidung vorliegt, können dabei stärker manuelle Fähigkeiten (Umgang mit Arbeitsobjekten und

---

134 Vgl. Lantermann u.a. 1992.
135 In der Sozialpsychologie wird Wissen deshalb auch als kognitive Komponente des Attitüden-Konzepts verortet; vgl. S. 91 und Abb. 18, S. 110.

-mitteln)[136] im Vordergrund stehen oder eher kognitive (Anwendung kognitiver Methoden, wie Entscheidungsmodellen, Planungs- und Gestaltungstechniken). Die *Enquete-Kommission "Zukünftige Bildungspolitik - Bildung 2000"* des Deutschen Bundestages etwa zählt zu einer "fach-ökologischen Kompetenzanreicherung" den schonenden, Ressourcen sparenden Umgang mit Werkstoffen und Maschinen, die Risikokontrolle sowie die Entwicklung technologischer Alternativen und neuer umweltverträglicher Verfahren.[137] Folgt man einer aufgabenorientierten Sichtweise, so lassen sich die bis zu diesem Punkt diskutierten umweltschutzbezogenen Qualifikationen unterscheiden:

1. allgemeines ökologisches Wissen
   - Wissen über Umweltprobleme (Relevanz, Merkmale, Ursachen) und ökologische Zusammenhänge;
2. aufgabenspezifische technisch-fachliche Qualifikation
   - Wissen über die (potentiellen) Konsequenzen des Arbeitsverhaltens, d.h. von Handlungsalternativen auf die Umwelt (Wirkung von Stoffen, Verfahren, Instrumenten oder Verhaltensnormen);
   - Kenntnis und Beherrschen von Methoden zur umweltverträglicheren Aufgabenerfüllung.

Mit Freiheitsgraden in der Aufgabenerfüllung, bei organisationsinternen und -externen Verhaltenssinterdependenzen und bei Veränderlichkeit der ökologischen Anforderungen an die Aufgabe, werden zum andern, und als dritte umweltschutzbezogene Komponente, zusätzlich von einer speziellen Aufgabe unabhängige kognitive und soziale Fähigkeiten, Schlüsselqualifikationen, erforderlich.[138] Schlüsselqualifikationen ergänzen die fachliche Kompetenz, sie können sie nicht ersetzen.[139] Eine einheitliche Abgrenzung hat sich nicht durchgesetzt; als besonders bedeutsam werden hervorgehoben:[140]

---

136 Vgl. auch REFA 1987, S. 44-48 ("Geschicklichkeit"); Staehle 1989, S. 61 ("Fertigkeit").
137 Das gesamte Gutachten zerfällt in ein Mehrheits- und ein Minderheitsvotum, wobei nur das Minderheitsvotum explizit zur Umweltbildung Position bezieht; vgl. Deutscher Bundestag 1990c, S. 30f.; zusammenfassend Antes 1991b, S. 21-23. Grundlage bildete ein Gutachten des IÖW Berlin; vgl. Nitschke 1989; 1990.
138 In Abb. 14, S. 95 unter den kognitiven sowie den sozialen Fähigkeiten gefaßt. Andere Bezeichnungen vgl. Kern/Schumann 1970, S. 71f. ("prozeßunabhängige", "extrafunktionale" Qualifikationen); Spreter-Müller 1988, S. 21f. ("außerfachliche-persönliche Fähigkeiten"); Nitschke 1989, S. 12f.; Deutscher Bundestag 1990c, S. 31 ("Handlungskompetenz").
139 Vgl. Steger 1991c, S. 61; Remer/Sandholzer 1992, S. 530f.
140 Zur Analyse aus der Perspektive verschiedener Disziplinen (Wirtschaftswissenschaften, Humanökologie, Umweltpsychologie und Pädagogik) vgl. Antes 1991b, Kap. 3, S. 10-26.

- die Fähigkeit, komplexe Probleme zu strukturieren, relevante Informationen zu gewinnen, nachvollziehbar aufzubereiten und daraus Lösungen abzuleiten. Diese Fähigkeit des Menschen muß generell als begrenzt angenommen werden, dennoch überschätzen sich Entscheider hier systematisch;[141]
- Kommunikations-, Kooperations- und Konfliktfähigkeit, um mit Mitarbeitern aus anderen Disziplinen und Bereichen bis hin zu gemischten Projektteams zusammenzuarbeiten;
- Autonomie zur Reflektion und Übernahme von Verantwortung für die Güte der Arbeitsleistung sowie umweltschutzspezifisch;
- (vernetztes) Denken in Kreisläufen und Wirkungsgefügen, einschließlich der Fähigkeit, langfristige Zeiträume zu überschauen ("vom Ende her denken") und eine
- Wahrnehmung der und ein Verständnis für die ökologischen wie auch sozialen und gesellschaftlichen Bezüge der Tätigkeit (auch: des Unternehmens, des Bereichs, der Abteilung).[142]

Im bislang geschlossensten Konzept beruflicher Umweltbildung geht *Nitschke* noch weiter. Als Bestandteile nennt er: Sachkompetenz und ökologische Allgemeinbildung, Gestaltungsfähigkeit, Verantwortung für die Natur und sinnliche Erfahrung.[143] Mit den beiden letzten Punkten spricht er auch Werthaltungen und Einstellungen an, die ich allerdings im nächsten Abschnitt als Motivation eigenständig diskutiere. Gleichwohl setzen daran Bildungsmaßnahmen sinnvollerweise an.

3.3.2 Motivation zu umweltverträglichem Verhalten

Qualifikation ist notwendig, bestimmtes Verhalten auszuführen, aber nicht hinreichend, es auszulösen. Hinzutreten muß die Bereitschaft, zu dem durch Qualifikation ermöglichten Verhalten, i.d.R. verbunden mit der Bereitschaft, bisheriges, weniger umweltverträgliches, möglicherweise sogar bereits habitualisiertes und/oder an Normen orientiertes Verhalten zu ändern oder aufzugeben. Bereitschaften sind zunächst latent vorhanden (Motiv, Motivstruktur). Erst durch Anreize, die in der Person selbst oder extern begründet sein können, werden sie aktiviert und aufrechterhalten (Motivation). Aktiviert werden Bereitschaften dann, wenn das Organisationsmitglied

---

141 Vgl. Dörner u.a. 1983; 1993; Preuß 1991, S. 51, 63.
142 Vgl. Steger 1991c, S. 61f.; Antes 1991b, S. 16f.; 1993b, S. 198f.; Deutscher Bundestag 1990c, S. 31; Nitschke 1989, S. 12f.; 1991, S. 76-80; Remer/Sandholzer 1992, S. 531; Pfriem 1989, S. 47f.; Stitzel/Simonis 1988, S. 17; Kreikebaum 1992b, S. 97-99; 1993d, S. 87, 90; Liepmann u.a. 1993, S. 213, 216f.
143 Vgl. Nitschke 1990, S. 90f.; 1991, S. 56-80; ähnlich Herdtke 1994, S. 14-22.

erwartet, durch sein Verhalten bestimmte Ziele erreichen und damit Bedürfnisse befriedigen oder Werte verwirklichen zu können.[144] Für die (Arbeits-) Motivation grundlegend sind damit vier Kategorien:[145]

1. Art und Stärke der Bedürfnisse: Ein Mensch weist eine Vielzahl verschiedener, und je nach Situation verschieden wirkender Bedürfnisse auf. Der Schutz der Umwelt ist ein solches Bedürfnis, Längsschnittanalysen zufolge zumindest einer wachsenden Zahl der Bevölkerung.[146] Das heißt zunächst, daß es nur eines u.a., in der konkreten Situation durchaus konkurrierenden, Bedürfnissen ist. Umweltschutz kann andererseits unterschiedliche Qualitäten eines Bedürfnisses annehmen, ob nun in der Bedürfnishierarchie von *Maslow*, der ERG-Theorie von *Alderfer* oder der Zwei-Faktoren-Theorie von *Herzberg*. Unter dem Aspekt der Umgebungseinflüsse, als umweltverträgliche Arbeitsbedingungen bzw. Arbeitsumweltschutz, als belohnte und sanktionierte Verhaltensnorm oder als Statusfaktor kann Umweltschutz (in der Reihenfolge der genannten Theorien) Sicherheitsbedürfnis, Existenzbedürfnis oder Hygienefaktor (extrinsisch) sein. Als umweltorientierte Lebenshaltung kann es der Wertschätzung (selbst oder durch andere) und der Selbstverwirklichung dienen, Wachstumsbedürfnis oder Motivator (intrinsisch) sein. Verschiedene Untersuchungen kommen bspw. zu der Einschätzung, daß für eine jeweils substantielle Gruppe das Umweltimage von Unternehmen mitentscheidendes Kriterium bei der Arbeitsplatzwahl ist - häufig als Ausschlußkriterium bei einem negativen Image.[147]

2. Werte und Einstellung: Werte sind objekt- und situationsübergreifende "Auffassungen des Wünschenswerten"[148] - einer Kultur, eines sozialen Gebildes oder eines Individuums. Der Einfluß ist wechselseitig: Kulturen prägen Werte, formen sie je spezifisch aus. Werthaltungen, also persönliche Werte, werden durch soziales Lernen erworben, u.a. durch Erfahrung, in Erziehung und Ausbildung, im privaten Lebensbereich und im Beruf. Aber zugleich prägen Werte auch Kulturen, "sie manifestieren sich

---

144 Vgl. etwa Schanz 1994, S. 90f.; Weinert 1987, S. 261-263; Hentze 1991, S. 26; Staehle 1989, S. 148, 200-202; Hill u.a. 1989, S. 67 oder Rosenstiel, von 1988, S. 217-220.

145 Die Kategorien spiegeln die herkömmliche Unterscheidung der Theorien der Arbeitsmotivation in Inhaltstheorien (z.B. Maslow, Alderfer, Herzberg, McLelland) und Prozeßtheorien (Erwartungstheorien, z.B. Vroom, Porter/Lawler; Gleichheits-/Balancetheorien, z.B. Adams, und Attributionstheorien, z.B. Weiner) wieder; vgl. die Überblicke bei Hentze 1991, S. 30-42; Weinert 1987, S. 263-283; Staehle 1989, S. 202-224 oder Scholz 1989, S. 340-359.

146 M.w.N. Tiebler 1992, S.184.

147 Vgl. Feess-Dörr u.a. 1988, S. 42, 45-49; Esch u.a. 1991, S. 12f.; Rosenstiel, von 1992; zuletzt Bartscher 1993.

in Ideen, Symbolen, in den moralischen und ästhetischen Normen, in Verhaltensregeln"[149]. Damit ist auch die Beziehung zu Bedürfnissen wechselseitig: Werte entwickeln sich aus menschlichen Bedürfnissen. So wird das Entstehen ökologischer Werte u.a. mit der Sättigung vorgeordneter (materieller) Grundbedürfnisse erklärt. Andererseits ist auch die Entwicklung bzw. das Wirksamwerden von Bedürfnissen, selbst von Grundbedürfnissen, sozio-kulturell, also auch durch Werte, bestimmt.[150]

Zwischen Werthaltung und Verhalten nehmen Einstellungen eine wichtige Mittlerposition ein. Ähnlich Werten sind Einstellungen Ergebnis sozialen Lernens - damit auch Ansatzpunkt beruflicher Umweltbildung - und fungieren als Orientierungs- und Verhaltensmaßstab. Aufbauend auf dem Modell von *Rokeach*, wird von einem hierarchischen Werte-Einstellungs-System ausgegangen.[151] Einstellungen sind demnach durch Werte geprägt und handlungsnäher. Im Gegensatz zur Werthaltung sind sie ganz konkret auf ein Objekt (z.B. eine Strategie oder Maßnahme, die Aufgabe an sich, eine Verhaltensweise, eine andere Person, eine Idee, ein Produkt, ein Verfahren) und die Situation, in die das Objekt eingebettet ist, gerichtet und nehmen unmittelbar Einfluß auf die Motivation. Gegenüber Werten werden sie deshalb aber auch als weniger überdauernd und änderungsresistent, gleichwohl noch als relativ stabil angesehen.[152]

3. Erwartungen: Bedürfnisse, Werte und Einstellungen können nur Hinweise darauf geben, was Motivation erzeugt und aufrechterhält. Damit ein Organisationsmitglied für ein bestimmtes Verhalten motiviert ist (wie), muß die Erwartung hinzukommen, Bedürfnisse so besser zu befriedigen, Werte eher zu verwirklichen als durch andere Verhaltensweisen.[153] Diese Einschätzung ist wiederum eine Funktion der Wahrnehmung über die Erreichbarkeit des Ziels und der Attraktivität des Ergebnisses. Zweckmäßig ist deshalb, zwei Varianten zu unterscheiden:[154] Anstrengungs-Resultats-Er-

---

148 "... a conception ... of the desirable", so Kluckhohns weit verbreitete Definition; vgl. Kluckhohn 1951, S. 395; vgl. auch Hillmann 1986, S. 53; Stahle 1989, S. 153.

149 Hillmann 1986, S. 54.

150 Ausführlich Hillmann 1986, S. 60-64; auch Drumm 1989, S. 247-252. Am Beispiel umweltbewußten Kaufverhaltens Monhemius 1993, S. 91-100.

151 Vgl. Rokeach 1969; 1973; mit Bezug auf umweltverträgliches Verhalten etwa Balderjahn 1986, S. 36f. oder Wimmer 1988, S. 49. Teilweise wird beides auch als Einheit gesehen. So sprechen Strümpel/Longolius (1990, S. 77-80) mit Bezug auf die Leitbilddiskussion von Weltbildern (Sichtweise des gesellschaftlichen Umfeldes) und Selbstbildern (Sichtweise der eigenen Organisation).

152 Vgl. Rosenberg/Hovland 1960, S. 1-6; Kiessler-Hauschildt/Scholl 1972, S. 12-15, 56f.; Staehle 1989, S. 157f.

153 Vgl. Laux/Liermann 1993, S. 74.

154 Vgl. die Erwartungstheorien von Vroom und Porter/Lawler, beschrieben und diskutiert bei Weinert 1987, S. 272-280; Staehle 1989, S. 212-220; Hentze 1991, S. 39f. Explizit in Abb. 14, S. 95; Laux/Liermann

wartungen sind subjektive Wahrscheinlichkeiten darüber, daß und mit welcher Effizienz bestimmte Ergebnisse durch eigenes Verhalten, bei interdependenten Entscheidungen auch durch das (mehr oder weniger) kooperative Verhalten der anderen, erreichbar sind. Resultats-Folge-Erwartungen[155] drücken aus, welche Folgen, d.h. Belohnungen oder Sanktionen, hinsichtlich der eigenen Bedürfnisse (Lebenshaltung, Einkommen, Karriere, soziale Beziehungen etc.) und Werte bei alternativen Resultaten erwartet werden.

4. Ausgleich von Spannungen: Gleichheits- oder balanceorientierte Motivationstheorien gehen davon aus, daß das Erreichen eines Gleichgewichtszustandes ein zentrales menschliches Bedürfnis ist, Dissonanzen und Ungleichheiten (Ungerechtigkeiten) dagegen Spannungszustände verursachen. Verhalten kann dann auch dadurch motiviert sein, Spannung abzubauen, d.h. ein empfundenes Auseinanderklaffen von Anspruch (idealer Gleichgewichtszustand) und Wirklichkeit zu reduzieren oder auszugleichen. Als Arbeitsmotiv wurde insbesondere die Relation zwischen Arbeitsleistung und Be-/Entlohnung - und zwar wie sie sich für ein Organisationsmitglied im Vergleich zu einem anderen darstellt - untersucht und teilweise bestätigt.

Zur Beschreibung und Erklärung der Motivation für umweltverträgliches Verhalten orientiere ich mich am umweltpsychologischen Konstrukt des Umweltbewußtseins. Den genannten Kategorien wird darin unterschiedliche Bedeutung zuteil: Die Rolle von Bedürfnissen ist beschränkt auf die Diskussion um die Ursachen des Wertewandels, etwa in Form der Postmaterialismusthese von *Inglehart* oder der These vom Verlust der Handlungskontrolle durch Umweltbelastung und -zerstörung bei *Fietkau*.[156] Wie noch zu zeigen ist, kommt aber präventive Arbeitsorganisation intrinsischen Bedürfnissen, Bedürfnissen nach Selbstverwirklichung und Wachstum in der Arbeit entgegen. Anstrengungs-Resultats-Erwartungen wird als wahrgenommene Eigenverantwortlichkeit und Verhaltenseffektivität (internale Kontrollüberzeugung, Selbst-Wirksamkeits-Erwartung) ein hoher Erklärungswert für umweltverträgliches Verhalten attestiert - ganz im Gegensatz zu Resultats-Folge-Erwartungen. Deren Vernachlässigung ist in der Verbindung mit der Vernachlässigung von Anreizen in der dominierenden Einstellungsforschung zu sehen; sie stellt ein motivationstheoretisches

---

1993, S. 74; Schanz 1994, S. 92-94; Staehle 1989, S. 488 (Handlungs-Ergebnis-, Ergebnis-Folge-Erwartung); Kossbiel 1994, S. 76, 84f. (Handlungs-Kriteriums-, Kriteriums-Anreiz-Erwartung).

155 Bei Schanz (1994, S. 93); Laux/Liermann (1993, S. 74) "Resultats-Gratifikations-Erwartung". Da negative Verhaltenskonsequenzen genauso möglich sind, habe ich die neutrale Formulierung gewählt.

Defizit dieses Forschungsstrangs dar. Explizit auf Erwartungen stellen dagegen die behavioristische-, die Rational-choice- und die Soziale-Dilemmata-Forschung ab.

Das Gerüst des Konstrukts Umweltbewußtsein bilden Werthaltungen und Einstellungen gegenüber dem Umweltschutz. Bewußtsein allein ist jedoch nicht hinreichend. Ein Entscheider kann sich ganz bewußt umweltschädlich verhalten, wie die Theorie öffentlicher Güter (Trittbrettfahrerproblem), Laborexperimente zu Allmende-Klemme-Situationen,[157] Erwartungswertberechnungen[158] oder umweltkriminelle Handlungen[159] zeigen. Umweltbewußtsein muß deshalb auch gerichtet sein - auf Umweltverträglichkeit. Abgestellt auf umweltverträgliche Aufgabenerfüllung gehe ich darauf - auf Werthaltungen und Einstellungen sowie andere Verhaltensmotive - nun näher ein.

3.3.2.1 Umweltorientierte Werthaltung

Werthaltungen gelten als die am tiefsten verwurzelten - und damit, obgleich erlernt, änderungsresistentesten - Orientierungen und Verhaltensmaßstäbe.[160] Auch unbewußt wirken sie als Wahrnehmungsfilter, beeinflussen die Wahl des Zeithorizonts, die Informationssuche und -verarbeitung und dienen, gerade in Konfliktsituationen zwischen Ökologie und Ökonomie, als Bewertungsstandards.[161] Solche Funktionen werden mit zunehmendem Verhaltensspielraum (Freiheitsgrade der Organisationsmitglieder), zunehmender Unsicherheit und bei hohem Konfliktpotential der Entscheidungssituation bedeutsam:

"In Situationen, in denen Handlungsroutinen nicht mehr greifen, Störungen auftreten, man nicht mehr weiß, was zu tun ist und welche Folgen Handlungen nach sich ziehen, in denen intensive Entscheidungs-Konflikte und Problematisierung von Wissen und Handlungen auftreten, werden Reflexionen über Bedingungen und Folgen eigener Handlungen wahrscheinlich ... - und damit auch eine Einbeziehung von Werthaltungen in die Handlungsplanung."[162]

Der Aktionsraum präventiven Umweltschutzes wurde oben als überdurchschnittlich von Unsicherheit gekennzeichnet beschrieben; ebenso sind Konflikte zwischen ökologisch und betriebswirtschaftlich verantwortetem Verhalten absehbar. Ist eine umweltschutzorientierte Werthaltung als Motiv für umweltverträgliches Verhalten also beson-

---

156 Vgl. Inglehart 1989, u.a. S. 173; Klages 1984, u.a. S. 18; auch Scherhorn 1994, S. 254-259; Fietkau 1984, S. 56-59.
157 Vgl. z.B. Spada/Opwis 1985, S. 74-81; Spada/Ernst 1990, S. 10-17; Ernst/Spada 1991; Ernst/Bayen/Spada 1992, S. 120-124 oder Huber 1991.
158 Vgl. Terhart 1986; Rückle/Terhart 1986.
159 Vgl. UBA 1994, S. 43f.
160 Vgl. Staehle 1989, S. 153f.; Hillmann 1986, S. 56; Balderjahn 1986, S. 36f.; Silberer 1991, S. 80.
161 Vgl. Lantermann/Döring-Seipel 1990, S. 636.
162 Lantermann/Döring-Seipel 1990, S. 635; vgl. auch Lantermann u.a. 1992, S. 132; Fietkau 1984, S. 66-71.

ders relevant? Und: Beruht, wie *Lantermann/Döring-Seipel* bemerken, eine der Barrieren für umweltverträgliches Verhalten "auf der Diskrepanz zwischen kulturell tradierten Werten und Werthaltungen und solchen ..., aus denen ökologisch verantwortliches Handeln erst verbindlich abgeleitet, begründet und durchgesetzt werden kann"[163]? Der Stand der Forschung legt nahe, die Fragen differenziert zu beantworten.

1. Insgesamt geht von der Werthaltung eine starke Wirkung aus. Uneinig sind die Ergebnisse jedoch darüber, ob das Verhalten signifikant unmittelbar oder stärker mittelbar beeinflußt wird. Bei *Grob* sowie für bestimmte Verhaltensbereiche bei *Balderjahn* und *Schahn* erzielen, ebenfalls bestimmte, Werthaltungen die stärkste unmittelbare Wirkung aller untersuchten Einflußgrößen überhaupt.[164] Dagegen berichten *Spada* und vor allem *Urban* von stärkeren mittelbaren Wirkungen auf verhaltensnähere Einflußgrößen.[165] Auch qualitative Fallstudien, etwa von *Nork, Hildebrandt* und *Gerhard/Kühleis* ermitteln einen starken Einfluß.[166] *Hagstotz/Kösters* bestätigen die Filterwirkung. Danach sind Werthaltungen, aber auch Einstellungen, für die "subjektiv wahrgenommene Umweltbelastung wichtiger .. als die anhand objektiver Kriterien gemessene tatsächliche Umweltbelastung"[167]. Ähnlich stellen *Ernst/Bayen/Spada* in Laborversuchen eine starke Wirkung von Werthaltungen auf die Informationsauswahl und -verarbeitung fest. Dabei erwiesen sich Personen mit extremen Standpunkten als besonders immun gegen neue Informationen.[168] Theoretisch verweist insbesondere das Konzept nicht-intendierter Konsequenzen auf die Bedeutung von Werten: Der Werthaltung entsprechend gelten bestimmte Folgen von Handlungsalternativen als erstrebenswert, andere werden bei der Wahl vernachlässigt.[169]

2. In <u>besonders</u> bedrohlich und dramatisch empfundenen Situationen zeigten sich *Reither* und *Lantermann/Döring-Seipel* zufolge allerdings gehäuft Diskrepanzen zwi-

---

163 Lantermann/Döring-Seipel 1990, S. 632; ähnlich führt Seidel (1989, S. 79) die heutigen Krisensymptome u.a. auf ein naturfernes und naturvergessenes Wertesyndrom zurück.

164 Grob stellt für die Werthaltung insgesamt auch den mit stärksten Totaleffekt fest; vgl. Grob 1991, S. 189, 196f.; Balderjahn 1986, S. 200-207, 243, 251; Schahn 1991, S. A 43-46; noch signifikant bei Kastenholz 1993, S. 119.

165 Vgl. Spada 1990, S. 625; Urban 1986, S. 372f.; 1990, S. 7, aber auch Grob 1991, S. 167f.

166 Vgl. Nork 1992, S. 343f., 361f., 402; Hildebrandt 1991, S. 26-29; Gerhard/Kühleis 1994, S. 36.

167 Hagstotz/Kösters 1986, S. 355.

168 Den Hintergrund bildete die (reale) Kontroverse um die motorisierte Sportschiffahrt auf dem Bodensee; vgl. Ernst u.a. 1992, S. 116-118, 125.

169 Vgl. Seidel/Menn 1988, S. 52f.; Luhmann 1973, S. 198.

schen Werthaltung und getroffener umweltrelevanter Entscheidung.[170] In den Vorder-
grund rückt hier offenbar vermehrt eine "nur das 'Hier und Jetzt' berücksichtigende
Wiederherstellung der Handlungs- und Funktionsfähigkeit der Person ... - auch um den
Preis einer Verletzung ansonsten subjektiv bedeutsamer umweltbezogener Werte"[171].
Eine reduzierte Handlungskontrolle erlaubt demnach weiterhin, Handeln als wertori-
entiert zu erleben, und daß die Wertstrukturen weitgehend unverändert bleiben.[172]

3. Es gibt nicht nur konkurrierende, sondern auch ein umweltverträgliches Verhalten
unterstützende allgemeine, vor allem auch traditionelle Werthaltungen; teilweise sind
diese sogar einflußreicher als die gemessenen umweltbezogenen. Insbesondere "Sparsamkeit"[173], aber auch Sozialverträglichkeit scheint umweltverträgliches Verhalten zu
fördern, eine promaterielle Werthaltung (einschließlich Ich-Bezogenheit[174])[175] oder
bestimmte Formen von (positiver) Zeitpräferenz[176] dagegen zu blockieren. Ähnlich
dürfte ein Verzicht mitausgelöst werden durch eine selbstbeschränkende Haltung. Neben der Werthaltung "an sich" zeigt sich weiterhin, bei *Grob* im Positiven
("Bereitschaft, Neues zu denken") und bei *Bogun/Osterland/ Warsewa* im Negativen
("Ignoranz", "festgefügte Ansichten"), die Bedeutung einer Offenheit gegenüber
Neuem. Die Nicht-Bereitschaft, festgefügte Deutungsmuster, zu denen auch Werthaltungen zählen, zu hinterfragen oder Strukturen und Routinen im allgemeinen, kann als
wesentliches Hemmnis für umweltverträgliches Verhalten gelten.[177] In Verbindung
mit dem organisatorischen Rahmen wirkt sich schließlich aus, welche Art von
Arbeitsmotivation, intrinsisch/sozial-integriert oder extrinsisch/ funktional-inte-

---

170 Als solche Situation wählte Reither den Verlust von 30% des Territoriums des der Versuchsperson zur Entwicklung anvertrauten Landes durch Okkupation; vgl. Reither 1985; Dörner 1993, S. 267-273; Lanter-
   mann/ Döring-Seipel 1990, S. 637.
171 Lantermann/Döring-Seipel 1990, S. 637.
172 Vgl. Reither 1985, S. 24-26.
173 So die Ergebnisse von Schahn 1991, S. A 43-46 und, über mehrere Verhaltensbereiche, von Balderjahn
   1986, S. 202-206, 243, 251. Eine größere Bedeutung umweltschutzspezifischer Werthaltungen ermitteln
   dagegen z.B. Schahn/Holzer 1989, S. 41 oder 1990, S. 200; provokativ Miersch 1993.
174 Gleichbedeutend mit der Abwertung der Interessen der durch das eigene Verhalten passiv Betroffenen, z.B.
   nachfolgender Generationen; vgl. Kirsch 1988, S. 281f.; Beyer 1992, S. 133-135. Für ökologische Dilemmata-Situationen bestätigen Spada/Opwis die Bedeutung einer gemeinnützigen Orientierung (1985, S. 81).
175 Vgl. Scherhorn 1994, S. 254-259; Grob 1991, S. 171f., 176; Balderjahn 1986, S. 251.
176 Vgl. m.w.N. Hampicke 1992, insbes. seine Differenzierung von Zeitpräferenzen. Die Jetzt-Bezogenheit
   von Verhalten ist danach nicht in allen Fällen ökologisch kritisch und deshalb weder grundsätzlich rational
   noch irrational. Ökologisch bedenklich sind (a) individuelle Ungeduld oder Kurzsichtigkeit (Myopie) und
   (b) die intergenerationelle Nutzendiskontierung. Rational ist dagegen (c) eine Ungleichbewertung aufgrund
   von Ungewißheiten oder zeitlich unterschiedlicher Knappheiten und bedingt (d) die Diskontierung mit dem
   Zins.
177 Vgl. Grob 1991, S. 189, 196; Bogun u.a. 1990, S. 90f.,192f. Zu weiteren umweltbezogenen Werten, allerdings ohne Verhaltensbezug, vgl. Billig 1994, S. 59-70.

griert,[178] vorliegt.

4. Stärker als im privaten Bereich ist Verhalten in Unternehmen durch Normen reglementiert. An anderer Stelle habe ich hervorgehoben, daß dennoch und unabhängig von der hierarchischen Position jeder Mitarbeiter Entscheidungsträger ist. [91] "Wir können uns nicht eine Situation denken, die nicht dem Gesetz der Freiheit unterstünde, d.h. der Pflicht zur *autonomen* Beurteilung der Situation..."[179] Auch ein geringer Handlungsspielraum entläßt nicht aus dieser Pflicht, wenngleich die ökologischen Folgen bei geringer Entscheidungsreichweite i.d.R. auch geringer sein dürften. Wie weit ein solches Verhalten praktisch eine Rolle spielt, ist eine andere Frage, denn es gilt auch: Mitarbeiter unterer Hierarchieebenen haben bei Sanktionen relativ mehr zu verlieren. Die grundsätzliche Frage stellt sich, wie weit sich ein Organisationsmitglied, aber auch die Organisation als Ganzes überhaupt, von nicht die Umweltverträglichkeit berücksichtigenden Ansprüchen lösen kann.[180] Systemindifferente Anforderungen und deshalb nicht disponibel, selbst oder gerade für die "verantwortlichen Leiter der Unternehmung", sind nach *Gutenberg* das Wirtschaftlichkeitsprinzip (Rationalprinzip im Hinblick auf das eingesetzte Material) und das Gebot, das finanzielle Gleichgewicht aufrechtzuerhalten.[181] Sobald diese und ökologische Anforderungen nicht vereinbar sind, sind "ökologisch-ethisch aufgeklärte Entscheidungsträger" demnach gerade wegen ihrer Werthaltung einem Normenkonflikt ausgesetzt; das gilt auch für selbstverwaltete und "alternative" Betriebe.[182] Durchdringt dieser "systemindifferente Tatbestand"[183], die "Kapitallogik"[184], Entscheidungen aber tatsächlich derart stringent - theoretisch wie empirisch? Dagegen werden Einwände vorgetragen:

- Selbst die Geschäfts- und Betriebsleitung wäre nicht etwa nur eingeschränkt, sondern jeglicher Persönlichkeit beraubt. Das aber ist paradox, wenn gleichzeitig ihre Aufgabe schlechthin die Kombination der Elementarfaktoren ist und sie deshalb "die eigentlich bewegende Kraft des betrieblichen Geschehens"[185] bildet.[186] Ganz im Gegensatz zu Gutenberg führt *Luhmann* aus:

---

178 Zur Unterscheidung von sozialer und funktionaler Integration vgl. Gorz 1989, S. 51-79.
179 Thielemann 1990, S. 49.
180 Bronner (1993, Sp. 2508) unterscheidet hier zwischen organisatorischer, juristisch und ethisch begründeter Verantwortung.
181 Vgl. Gutenberg 1929, S. 30-42; 1958, S. 189 oder 1983, S. 457-460 i.V. mit Thielemann 1990, S. 49-59.
182 Ausführlich Thielemann 1990, S. 59-68; vgl. auch Ridder 1986; 1990; Freimann 1989, S. 307-310; Pfriem 1990, S. 33.
183 Gutenberg 1951, S. 332; 1958, S. 189; 1983, S. 457.
184 Ridder 1986, S. 71, Freimann 1989, S. 309.
185 Gutenberg 1983, S. 131; vgl. auch S. 5.

"So wird ... die Vergeblichkeit (und folglich: Verbissenheit) systemexterner Erwartungen und Appelle verständlich, die keinen Zugang zum internen Netzwerk der Entscheidungsproduktion finden (und seien es: Entscheidungen über Unterlassen umweltschützender Vorkehrungen). ... was jeweils als Entscheidung wahrgenommen und behandelt wird, entscheidet das System".[187]

Auch wenn man nicht so weit geht, relativiert dies doch die Annahme einer <u>ausschließlich</u> deterministischen Verhaltenswirkung organisationsexterner Anforderungen jedweder Art.[188] Welche Möglichkeiten Organisationsmitgliedern ungeachtet systemindifferenter Tatbestände offenstehen, wird an den immer wieder festgestellten personalen Innovationswiderständen, speziell im betrieblichen Umweltschutz, aber auch an der Promotion eines umweltorientierten Wandels deutlich.[189] Ebenso dürften trotz abweichender Kulturen von Professionen (Spezialisten) und bürokratischen Organisationen keine Konflikte zwischen beiden entstehen.[190] Verschiedenste Managementinstrumente, z.B. Leitbilder, monetäre Anreize oder Kontrolle im Sinne von Überwachung (und im Gegensatz zu Controlling) sind der je spezifischen Rationalität von Organisationsmitgliedern geschuldet und damit auch das Eingeständnis von divergierenden verfolgbaren und verfolgten Interessen zu denen der Organisation. Das u.a. dieser Divergenz entspringende Phänomen der Mikropolitik hat sogar ein eigenes Forschungsprogramm begründet.

- Ohne die Definition eines Zwecks ist weder die rationale Wahl von Zielen (Effektivität) noch von Mitteln (Effizienz) möglich.[191] Die Bestimmung des Zwecks einer Organisation ist aber nicht nur stark personengebunden, d.h. an Mitglieder dieser Organisation mit ihren je besonderen Werthaltungen und Einstellungen, sondern auch eine der Mittelfindung vorgelagerte Entscheidung.[192] Dies trifft

---

186 Vgl. Thielemann 1990, S. 52.
187 Luhmann 1992, S. 168.
188 Vgl. Ortmann 1992, S. 218f.; Friedberg 1992, S. 48f.; Staehle 1992, S. 161f.; speziell für die Eigentümer kleiner bis mittlerer Unternehmen Hamer 1990, S. 49-52.
189 Zu personalen Widerständen stellvertretend Bitzer 1990, S. 178-183; Maas 1989, S. 100-104; Tebbe 1990, S. 248-250 und die dort zitierte Literatur; umweltschutzspezifisch für alle Birke/Schwarz 1994, S. 152-158. Zu umweltorientierten Möglichkeiten dagegen die Befunde u.a. bei Hildebrandt 1991, S. 29f.; Nork 1992, S. 343f., 361f., 402; Gerhardt/Kühleis 1994, S. 33-37, 62.
190 Siehe aber Scott 1968 und die Ausführungen zu konfliktrelevanten Unterschieden der Vertreter beider Kulturen S. 97 dieser Arbeit.
191 Vgl. Thielemann 1990, S. 51.
192 Bei Gutenberg selbst eine der fünf echten Führungsentscheidungen ("Festlegung der Unternehmenspolitik auf weite Sicht"); vgl. Gutenberg 1958, S. 45f.; 1962, S. 61-68; 1983, S. 135-137.

nicht nur auf die oberste Instanz zu, sondern infolge deren begrenzter Möglichkeit, durch explizite und präzise Verhaltensnormen zu steuern,[193] auch auf nachgelagerte Hierarchieebenen. Eine Zweckbestimmung kann selbstverständlich auch die Erstellung umweltverträglicher Leistungen sein.

- Wirtschaftlichkeitsprinzip und finanzielles Gleichgewicht sind nicht nur ein quantitatives und sogar monetäres, sondern vor allem auch ein "Ex-post-Sanktionssystem"[194]. Nun ist die Monetarisierbarkeit qualitativer und stofflicher, nichtsdestoweniger wettbewerbsrelevanter, Entscheidungskriterien, von denen Umweltverträglichkeit ja nur ein Beispiel ist, generell begrenzt - noch dazu unter dem Gebot vertretbarer Kosten. Deshalb herrschen "zumindest in frühen und mittleren Zeitphasen und auf den mit der Entscheidungsvorbereitung befaßten Hierarchiestufen nichtmonetäre Entscheidungs- und Gestaltungskriterien vor"[195] - und ebenfalls in von der Belohnungs- oder Sanktionsinstanz Markt zeitlich und örtlich entfernten Funktionen, wie FuE, Konstruktion, Personal, Organisation und Information (Rechnungswesen, Controlling, Revision). Begrenzt ist in einer Welt unsicherer Erwartungen, eingedenk der Instabilität des ökologischen Prognosewissens, auch die exakte Ex-ante-Quantifizierbarkeit, d.h., es sind "bloß" Wahrscheinlichkeitsprognosen, etwa als Erwartungswerte, möglich. Implizite und mehrdeutige Verhaltensnormen - Zielvorgaben sind Bezugspunkt jedweder Verantwortung und Rechenschaft[196] - sind deshalb häufig nicht zu umgehen. Unterschiedliche Annahmen über die Primärdeterminanten der Entscheidung werden so rational argumentierbar - ob von unterschiedlichen Informationsständen (asymmetrische Informationsverteilung), Qualifikationen oder Motivationen herrührend, letzteres z.B. als Verfolgung persönlicher Ziele[197] oder als verdeckte Widerstandsstrategie gegen eine nicht gewünschte Alternative.[198] Annahmen über die Primärdeterminanten sind

---

193 Vgl. Laux/Liermann 1993, S. 176f., 184-186.
194 Freimann 1989, S. 308.
195 Ähnlich spricht Kreikebaum von der "fehlende(n) Möglichkeit, zu Beginn des Planungs- und Entscheidungsprozesses quantifizierte Ziele festzulegen" (1993a, S. 60) und entwickelt sein Konzept von der Abfolge strategischer Planungsprozesse mit generellen Absichten (Unternehmenszweck, grundsätzliche Entwicklungsrichtung) und speziellen Absichten (Zielinhalt) zu Beginn und quantitativen Zielen (Zielausmaß, Erfüllungsgrad der Zielinhalte) erst gegen Ende vermittelt über die Strategien- und Maßnahmenbildung; vgl. Kreikebaum 1993a, S. 48-60, insbes. 50f., 59f.
196 Vgl. Bronner 1993, Sp. 2505f., wobei er Zielvorgaben nicht nur auf Resultate, sondern auch auf konkrete Aktivitäten, auf die Führung oder die Strategie als Ganzes gerichtet sieht.
197 Vgl. Laux/Liermann 1993, S. 86.
198 Vgl. die beiden unterschiedlichen Managementfraktionen in der Fallstudie von Gerhardt/Kühleis, wobei sich hier die "Modernisten" gegenüber den "Traditionalisten" durchsetzten (1994, S. 33-37, 62); weiterhin Hildebrandt 1991, S. 29f.

Metaentscheidungen des Organisationsmitglieds und deshalb grundsätzlich durch seine Eigenschaften und seine Umwelt (Sekundärdeterminanten) beeinflußt.[199] Unschärfen bei der Monetarisierung und der Prognose ergeben aber "auch innerhalb jeder noch so eng interpretierten Kapitallogik unaufhebbare Handlungsspiel‾räume"[200]. Die begrenzte Rationalität von Organisationsmitgliedern ist schließlich eine Ursache des ausreichend belegten und theoretisch begründeten Phänomens mikropolitischen Verhaltens.

- Das Aufkommen des Themas Unternehmenskultur ist gerade ausgelöst durch die hinsichtlich des Verhaltens von Unternehmen offenkundig gewordenen Defizite einer auf wenige Variablen systematisch verengten traditionellen Ökonomie.[201] Die Definitionen von Unternehmenskultur sind zahlreich. Im Kern wird darunter das auf das Unternehmen (die Organisation) bezogene gemeinsame Normengefüge seiner Mitglieder verstanden. Bekannte Phänomene sind auch die mit den Zielen übergeordneter Organisationseinheiten kollidierenden Sub- und Berufskulturen. Werthaltungen - auch Einstellungen - sind damit potentiell verhaltensprägend. [3.4.3.4]

- Generell läßt sich Verhalten unter das strikte Regime irgendeiner Rationalität stellen. Dann wäre aber nie eine Veränderung dessen, was Rationalität ausmacht, möglich. Über die bei statischer Betrachtung bestehenden Verhaltensspielräume eines einzelnen Organisationsmitglieds hinaus ist deshalb die unterstellte stringente Rahmenbedingung selbst fraglich. Die empirische Zielforschung revidierte dann auch die Annahme eines alles dominierenden Ziels der Gewinnmaximierung.[202] Mit solcher Pluralisierung des Zielsystems kommen aber Werthaltungen zum Zuge, zumal wenn konkurrierende Ziele in einer Entscheidungssituation aufeinandertreffen.

- Das Rationale selbst verändert sich weiterhin durch das gesamtgesellschaftliche Phänomen des Wertewandels. Dieser beschränkt sich nicht auf die Organisation des Entscheiders, sondern erstreckt sich auch auf deren Anspruchsgruppen und Wettbewerber. Eine ökologisch orientierte Organisation ist zum einen Objekt dieses Wandels, zum andern selbst wiederum Anspruchsträger, also Subjekt, gegenüber Marktpartnern - Lieferanten, Auftragnehmern[203] und Wettbewerbern[204] - und

---

199 Von Laux/Liermann am Grundmodell der Entscheidungstheorie aufgezeigt; vgl. Laux/Liermann 1993, S. 74, 77f.; Abb. 14, S. 95 dieser Arbeit.
200 Freimann 1989, S. 308. Explizit auch Berger 1992, S. 116-120.
201 Statt aller Prätorius/Tiebler 1990, S. 1f, 25-28.
202 Bereits Heinen 1966, S. 28-48, 59-132.
203 Bei der (freiwilligen) Teilnahme am "EG-Gemeinschaftssystem für ein Umweltmanagement" sind z.B. die Vorkehrungen und die Gewährleistung, "daß die auf dem Betriebsgelände arbeitenden Vertragspartner des

kann ihn dort aktiv transportieren helfen. Beides relativiert zwar nicht die Wirkung des Rationalprinzips, aber seine Maßstäbe, d.h. die Zwecke werden verändert.

Alles in allem sprechen die Argumente nicht für die Bedeutungslosigkeit systemindifferenter Tatbestände, aber gegen eine Stringenz und für die Verhaltensrelevanz von Werthaltungen und gerade dann, wenn - wie beim präventiven Umweltschutz - eingefahrene Strukturen zu überwinden und zu verändern sind. Eine umweltorientierte Werthaltung umschließt nach obigen Ausführungen verschieden konkrete Ebenen:

- allgemeine, auch traditionelle Werte, etwa die genannten: Sparsamkeit, Selbstbeschränkung/kreatürliche Bescheidenheit, gemeinnützige Orientierung, Verantwortung für zukünftige Generationen bzw. die Folgen eigenen Verhaltens,
- global auf Schutz und Schonung der Umwelt zielende Werte, etwa Ressourcenschonung, Naturerhaltung, Umweltschutz, umwelt- und energieverträgliches Verhalten sowie
- auf Schutz und Schonung der Umwelt im jeweiligen Lebensbereich (Alltags- und Berufshandeln) zielende Werte.

Mit Blick auf betriebliches Entscheiden und Handeln ist gerade diese letztgenannte Konkretisierungsstufe relevant, welcher Wert also umweltverträglicherem Wirtschaften beigemessen wird.

3.3.2.2 Einstellung zum Umweltschutz

Ein enges Begriffsverständnis von Einstellungen bezieht sich allein auf die Affekte: Einstellungen werden hier eindimensional, d.h. ausschließlich als die emotionale oder gefühlsmäßige Reaktion auf das Einstellungsobjekt, eigenständig gegenüber anderen Komponenten, definiert.[205] Diesem, auch in der Meinungsforschung üblichen Ansatz wird wegen seiner geringen Erklärungskraft nicht gefolgt. Einstellungen sind vielmehr umfassend, sie formieren sich durch

- das Wissen um die eigene (objektive) ökologische Betroffenheit,[206]
- die wahrgenommene Ernsthaftigkeit der Umweltwirkung,

Unternehmens die gleichen Umweltnormen anwenden wie es selbst" eine der elf genannten "Guten Managementpraktiken" und damit sogar explizites Prüfkriterium; EWG/1836/93, Anhang I.D.

204 Am Beispiel der Phosphatelimination aus Waschmitteln vgl. die Stakeholder-Analyse von Nork 1992, insbes. Abschn. 3.3.4, S. 336-361; empirisch auch Kirchgeorg 1990, S. 200-207.

205 Ausführlich Meinefeld 1977, S. 23-43, 169-180.

206 Das Wissen um die eigene (objektive) ökologische Betroffenheit habe ich bereits als Element von Qualifikation diskutiert. Die Bedeutung für die Entstehung von Einstellungen zum Umweltschutz soll dadurch nicht geschmälert werden.

- die emotionale persönliche Betroffenheit,
- die wahrgenommene Eigenverantwortlichkeit,
- die (erlebte und) erwartete Verhaltenseffektivität,
- die Einstellung gegenüber konkretem umweltverträglichen Verhalten (Einstellung i.e.S.) und ihre
- Verfügbarkeit sowie schließlich
- die Verhaltensbereitschaft und -absicht.

Die einzelnen Bedingungen sind voneinander nicht unbeeinflußt. Sie müssen jedoch nicht gleichgerichtet sein (pro oder contra Umweltschutz), wie teilweise unterstellt, sondern können sich durchaus widersprüchlich ausnehmen: Wirkungen können sich ausgleichen. Daß ein Organisationsmitglied sich persönlich betroffen fühlt, führt z.B. nicht notwendigerweise zu einer das eigene umweltverträgliche Verhalten befürwortenden Einstellung; sie könnte dadurch aufgehoben werden, daß keine oder vergleichsweise geringe eigene Handlungsmöglichkeiten wahrgenommen und die Verantwortung an andere Akteure weitergereicht wird.

Wahrgenommene Ernsthaftigkeit der Umweltwirkung

Objektive Problemlage und ihre subjektive (Um-)Interpretation müssen keineswegs übereinstimmen. Bereits die Informationsaufnahme erfolgt selektiv: Bedürfnisse, Erwartungen, Werte, Einstellungen (i.e.S.) und Qualifikationen filtern die Wahrnehmung der in einem Reiz enthaltenen objektiven Informationen oder die Wahrnehmung des Reizes überhaupt. Die durchgelassene Information wird sodann bewertet und gedeutet; dabei sind systematische Urteilsfehler beobachtbar.[207] Verhaltensgrundlage ist schließlich die subjektive Wirklichkeit.[208] Individuelle Verzeichnungen sind also nicht nur möglich, sondern zu erwarten. Und: Sobald mehr als ein Akteur Beteiligter ist, treffen verschieden verzeichnete Wirklichkeiten aufeinander: Der Problemgehalt ein und derselben Datenkonstellation kann voneinander außerordentlich abweichend beurteilt werden - und wird es auch, wie die obige Diskussion der unterschiedlichen Sichtweisen von Naturwissenschaftlern/Ingenieuren/Technikern einerseits und Öko-

---

207 Etwa Korrelationen zwischen Nutzen- und Risikobewertung, die Überschätzung von einmaligen Ereignissen gegenüber kontinuierlichen Schäden, die Überschätzung der Eintrittswahrscheinlichkeit seltener Ereignisse gegenüber einer Unterschätzung der "Eintrittswahrscheinlichkeit relativ häufiger Ereignisse; ausführlich m.w.N. Dierkes/Fietkau 1988, S. 46-61.
208 Vgl. Marr 1984, S. 97; Hill u.a. 1989, S. 61-63 und, bereits Bezug nehmend auf umweltverträgliches Verhalten, Grob 1991, S. 38-40.

nomen/Kaufleuten andererseits zeigt [115f.] oder auch öffentliche Auseinandersetzungen, etwa zwischen Unternehmensvertretern, Politikern und Naturschützern vor Augen führen. Umgekehrt können unterschiedliche Datenkonstellationen vom Problemgehalt her gleich gewichtet werden. Von unterschiedlichen Werthaltungen ausgehend kommen *Hagstotz/Kösters* zu dem Ergebnis:

"... ein Postmaterialist, der in einem objektiv nur schwach belasteten Regierungsbezirk lebt, äußert nahezu dieselbe subjektive Umweltbelastung wie ein Materialist, der sich bei ansonsten gleichen Bedingungen vom Erstgenannten lediglich dadurch unterscheidet, daß er in einem objektiv stark belasteten Regierungsbezirk lebt."[209]

Da Umweltschutz, wie wir sehen werden, [4.2.1:234-236] noch weitgehend Expertenorganisation ist, sind hier zwei, höchst unterschiedliche, Ergebnisse zur Wahrnehmung von Experten festzuhalten. Das erste ist ein Ergebnis aus psychologischen Laborstudien zu Hörunterschieden bei CD- oder Plattenspielern.

"Bemerkenswert war, daß die Trefferquote bei den Hi-Fi-erfahrenen Hörern keinesfalls höher lag als bei den Laien."[210]
"... erstaunlich viele Teilnehmer (hörten, Anm. R.A.) Unterschiede, die de facto nicht vorhanden gewesen sein können. Hi-Fi-Vorwissen bewirkte ... keine größere Zurückhaltung, es waren eher Laien, die hier keine Unterschiede hören konnten."[211]

Folgenschwerer war die Wahrnehmung der Reaktorfahrer von Tschernobyl: "More importantly, they had forgotten to be afraid of the dangerous beast they were driving. As the Russian report put it: 'They had lost any feeling for the hazards involved'."[212]

"Wahrgenommene Ernsthaftigkeit" hebt nicht allein auf die Informationsaufnahme ab, sie schließt auch die Verarbeitung mit ein: "Ernsthaftigkeit" kennzeichnet bereits eine Gewichtung, d.h. Bewertung hinsichtlich der erachteten Dringlichkeit des Handlungsbedarfs oder/und des erachteten Ausmaßes der Belastung. Die allgemeine Problemeinschätzung, die Einschätzung der zukünftigen Entwicklung der Umweltwirkung und die wahrgenommene Reversibilität bzw. Irreversibilität fließen in diese Bewertung mit ein. *Kley/Fietkau* definieren wahrgenommene Ernsthaftigkeit dann auch als "subjektive Wahrscheinlichkeit, die der Proband dem Bestehen bedrohlicher Zustände

---

209 Hagstotz/Kösters 1986, S. 353; die Unterscheidung Postmaterialist/Materialist wurde anhand der Inglehart-Skala gemessen (S. 351).
210 Sesín 1993, Sp. 2f. Den Probanden wurde im zweiten Fall hintereinander die gleiche Melodie auf dem gleichen CD-Spieler vorgespielt.
211 Behne/Barkowsky 1994, S. 10.
212 Reason 1987, S. 203 in seiner Metaauswertung von Berichten. Die Personengruppe der Reaktorfahrer, beschreibt er dort, "... were member of a high-prestige occupational group, perhaps not quite in the same league as cosmonauts but - in the eyes of Soviet citizen - probably not far off. They had recently won an award for grid availability"; vgl. auch Dörner 1993, S. 47-57.

und Entwicklungen zuschreibt"[213].

Balderjahn/Mennicken entwickeln eine Systematik der Faktoren, die die Risikoforschung als wesentlich für die Wahrnehmung und Bewertung von Risiken identifiziert hat.[214] Sie sind hier vollständig wiedergegeben, auch wenn einige davon in folgenden Abschnitten im Hinblick auf ihre direkte Verhaltenswirkung diskutiert werden. Zur ersten Gruppe zählen quantitative Risikomerkmale, d.h. wahrgenommene Schadenswahrscheinlichkeit (der Eintritt erwünschter Ereignisse wird überschätzt, der unerwünschter unterschätzt) und wahrgenommenes Schadenspotential (persönliche Betroffenheit; bei gleichem Gesamtpotential wird das einzelne Ereignis riskanter wahrgenommen als eine Summe von Ereignissen, z.B. Flugzeugabsturz versus Autounfälle). In qualitativer Hinsicht werden Risiken eher akzeptiert, wenn sie freiwillig eingegangen werden, als selbst kontrollierbar eingestuft werden, natürlich verursacht statt menschengemacht sind, bekannt oder vertraut sind, aktiv und passiv Betroffene identisch sind und wenn sie direkt wahrnehmbar sind. Es zeichnen sich drei grundlegende qualitative Dimensionen ab: Schrecklichkeit, Unbekanntheit und Ausgesetztsein.[215] In zwei Studien zur Beurteilung ökologischer Risiken durch Manager stellten die Autoren fest:

"Tendenziell ist den Managern der Nutzen aus einem eingegangenen Risiko genauso wichtig wie die Vermeidung weitreichender ökologischer Schäden. Die Höhe der Wahrscheinlichkeit, mit der es zu Umweltschäden kommen kann, und die Möglichkeit des Auftretens ökologischer Langzeitschäden sind dagegen von untergeordneter Wichtigkeit bei der Risikoeinschätzung."[216]

Nach der zweiten Studie identifizieren Manager ökologische Risiken hauptsächlich nach der Reichweite (individuell/global), der Betroffenheit (schwach/stark) und dem Zeitdruck (akut/latent).[217]

Empirische Untersuchungen belegen, daß die Wahrnehmung einer Situation als ökologisch ernsthaft einen starken Einfluß auf die Umweltverträglichkeit des späteren Verhaltens ausübt.[218] Im Zusammenwirken mit einer selbst zugewiesenen Verantwort-

---

213 Kley/Fietkau 1979, S. 15; vgl. auch die Items der Skala "Wahrgenommene Ernsthaftigkeit" (S. 20f.).
214 Dazu und im folgenden Balderjahn/Mennicken 1994, S. 8-13; 1995, S. 8f. Zuvor bereits mit Überblicken Dierkes/Fietkau 1988, S. 45-57; Ruff 1990, S. 56-67.
215 Vgl. Slovic u.a. 1985, zitiert nach Balderjahn/Mennicken 1995, S. 8.
216 Balderjahn/Mennicken 1995, S. 9; ähnlich 1994, S. 17f.
217 Vgl. Balderjahn/Mennicken 1995, S. 10f.
218 Vgl. Braun 1983, S. 104; Schahn/Holzer 1989, S. 40 oder 1990, S. 201; Grob 1991, S. 189, 196f.; Kastenholz 1993, S. 128f. Vgl. weiterhin die Analysen von Problemwahrnehmung und Verhalten betrieblicher Akteure (u.a. Unternehmensleitung, Beauftragte, Betriebsrat, Beschäftigte) in den Fallstudien von Hildebrandt 1991, S. 26-51; Schenk/Kühleis 1992, S. 27-68; Zimpelmann/Gerhardt/Hildebrandt 1992, Kap. 4.2,

lichkeit [141-143] ist dieser Effekt offenbar besonders stark - und offenbar besonders für Vermeidungsverhalten relevant: In der Untersuchung von *Schahn*, der sowohl beide Bedingungen als auch unterschiedliche Verhaltensweisen bei beiden Stichproben und zu je zwei unterschiedlichen Zeitpunkten erhebt, ist er jeweils der beste Prädiktor der Müllvermeidung, dagegen für die Mülltrennung bei drei der vier Stichproben nicht signifikant![219] Schließlich wurde oben die "Pluralität von Sichtweisen ein und desselben empirischen Phänomens"[220] als eine Ursache mikropolitischen Verhaltens identifiziert.

Emotionale persönliche Betroffenheit

Ökologische Betroffenheit ist umfassend; jede Stelle ist aktiv und passiv betroffen. Verhaltensrelevant ist nun allerdings, ob und wie diese objektive (existentielle) persönliche Betroffenheit an sich herangelassen und tatsächlich erlebt wird (emotionale persönliche Betroffenheit). Die Wahrnehmung einer Situation als ernst ist ein erster Übersetzungsschritt, führt aber erst zu einer allgemeinen Problemsicht. Wesentlich für die weitere persönliche Übersetzung ist die emotionale (affektive) Reaktion, d.h. die "gefühlsnahe Bedeutung, die das einzelne Individuum dem aktuellen Umweltzustand beimißt"[221].

Aus einer passiven Position heraus wird Betroffenheit empfunden als Bedrohung eigener Werte, wie "Schutz der Natur" (idelle Betroffenheit) und als Betroffenheit der eigenen Person (Selbstbetroffenheit), als Betroffenheit anderer, aktiv, als wahrgenommene Eigenverantwortlichkeit.[222] Als Auslöser von Emotionen kommt zuerst die eigene direkte, möglicherweise sich wiederholende Konfrontation mit dem Problem in Betracht. Auf Unternehmensebene zählt passiv der ganze Gestaltungsbereich des Arbeitsumweltschutzes[223] hierzu. Die unmittelbare Erfahrbarkeit ist jedoch in mehrfa-

---

S. 134-194; Kühleis/ Schenk/Zimpelmann 1994, S. 31-60; Gerhardt/Kühleis 1994, S. 33-43; Birke/Schwarz 1994.
219 Vgl. Schahn 1991, S. A 44f.; eingeschränkt Kley/Fietkau 1979 (S. 16f., 22), deren Verhaltensskala ("Aktuales Commitment") auch Vermeidungsverhalten umfaßt (5 von 10 Items), deren Auswertung allerdings nicht nach Verhaltenstypen unterscheidet.
220 Staehle 1992, S. 161.
221 Grob 1991, S. 40.
222 Zu den passiven Formen ausführlich Preuss 1991, S. 28f., 73; Mielke 1990b. S. 2; Rammstedt 1981, S. 457. Zur wahrgenommenen Eigenverantwortlichkeit unten, S. 114-117. Unternehmensstudien definieren weiterhin die von Anspruchsgruppen an Unternehmen herangetragenen ökologischen Anforderungen als Betroffenheit; vgl. dazu Abschn. 2.4.4.
223 Gemäß Artikel 118a EWG-Vertrag (vgl. Bundesregierung 1992) und der EG-Rahmenrichtlinie EWG/89/391 die Sicherheit und der Gesundheitsschutz in der Arbeitsumwelt.

cher Hinsicht erheblich eingeschränkt: Zum einen dadurch, daß ein Großteil gerade auch der schwerwiegenden Belastungen sinnlich nur schwer oder nicht erfahrbar ist, sondern nur vermittelt über Wissen, d.h. über Meßwerte, bei Anreicherungs-, d.h. schleichenden Prozessen noch dazu nur über zeitliche Meßreihen.[224] Zum andern beziehen sich die wahrgenommene Eigenverantwortlichkeit als mittelbarer Verursacher und die Betroffenheit über die Betroffenheit anderer auf von der unmittelbaren Tätigkeit räumlich und zeitlich getrennte Wirkungen und können deshalb ebenfalls nur über Veranschaulichung erzeugt werden. Die geringe Wahrnehmung ökologischer Betroffenheit von Funktionen wie Organisation, Personal und Information, wie sie auf Unternehmensebene und in der Betriebswirtschaftslehre beobachtet werden kann [3-6] ist auch dieser raum-zeitlichen Distanz geschuldet. Daß die Vermittlung von Betroffenheit wesentlich zur Änderung von Verhaltensweisen beitragen kann, demonstrieren auf betrieblicher Ebene die Erfolge der Kampagnen "Tatort Betrieb" der IG Metall.[225] Der mehrstufige Prozeß aus Wahrnehmung, ggf. Vermittlung sowie Verarbeitung bietet andererseits nicht geringe und von der Mehrzahl der Betroffenen auch angenommene Möglichkeiten der Verdrängung.

Das Gros der empirischen Studien arbeitet einen deutlichen Zusammenhang zwischen emotionaler Betroffenheit und umweltverträglichem Verhalten heraus.[226] Es zeigt sich aber auch, daß die eigene Situation mehrheitlich, z.T. deutlich, günstiger als die allgemeine Problemlage eingestuft wird.[227] Wer sich ökologisch betroffen fühlt, verhält sich umweltverträglicher; es fühlen sich aber sehr viele weniger betroffen, als sie es objektiv sind. Objektive Betroffenheit allein löst umweltverträglicheres Verhalten offenbar nicht nur nicht aus,[228] sondern wird in der Interpretation für die eigene Person tendenziell entschärft. In Untersuchungen zur allgemeinen Beurteilung von Risiken stellt sich dieses Phänomen ebenso immer wieder ein. Es wird dort als "unrealistischer Optimismus" bezeichnet - die Mehrheit einer Gruppe kann definitionsgemäß nicht unterdurchschnittlich gefährdet sein.[229]

224 Vgl. oben unter Wissen, S. 101 Preuß 1991, S. 52f.; Kösters 1993, S. 365-371.
225 Vgl. Leisewitz/Pickshaus 1992.
226 Zusammenfassend etwa Langeheine/Lehmann 1986a, S. 54f.; Adelt u.a. 1990, S. 169 oder Grob 1991, S. 41f.; zuletzt Billig 1994, S. 135, 78; dagegen Billig u.a. 1987, S. 41.
227 Vgl. etwa Ruff 1990, S. 162, 167-169, 208; Schahn/Holzer 1989, S. 20f. i.V. mit S. 6; Dierkes/Fietkau 1988, S. 73-75; Billig 1994, S. 75.
228 Hierzu auch Diekmann/Preisendörfer 1992, S. 232, 250, die die objektive "Umweltbetroffenheit" erheben und keine signifikante Verhaltenswirkung feststellen konnten.
229 Vgl. Jungermann u.a. 1991, hier S. 59; Ruff 1990, S. 61, 72f. und die dort jeweils angegebene Literatur.

Das Phänomen des unrealistischen Optimismus ist nicht auf den privaten Bereich beschränkt. Als Beleg für eine Aufgeschlossenheit gegenüber der Langlebigkeit von Produkten zitiert *Deutsch* ein Umfrageergebnis, nach dem sich 52% der im Maschinenbau befragten Unternehmen in puncto Langlebigkeit ihrem Hauptkonkurrenten überlegen fühlen. Beim Merkmal Garantiezeiten, das als Ausdruck von Langlebigkeit angesehen werden kann, lagen die Werte in allen vier untersuchten Branchen jenseits der 80%![230] Befunde zur distanten Problemwahrnehmung im betrieblichen Bereich liefern die bereits erwähnten Studien zum Umweltbewußtsein von Industriefacharbeitern: Die Sensibilisierung gegenüber einem Umweltproblem wird um so geringer, je näher dieses auf den eigenen Verantwortungsbereich - das eigene Unternehmen oder sogar die eigene Tätigkeit - bezogen wird.[231] Aber auch Manager sind davon nicht ausgenommen: "Die befragten Manager verorten ihr Unternehmen offenbar nicht im Brennpunkt der von ihnen selbst genannten zentralen ökologischen Konflikte."[232] Ähnlich berichtet *Lehmann* aus ökologischen Bewertungen: "Das Infragestellen von 'geliebten' Werkstoffen oder Produkten wird i.d.R. nicht gern gesehen."[233] *Schwarz* und *Birke* schließlich konstatieren für die untersuchten Betriebe, in Anlehnung an *Prittwitz*,[234] ein "Katastrophenparadox", d.h., "daß sich (gerade auch im zeitlichen Verlauf betrachtet) die umweltbezogenen Handlungsspielräume umgekehrt proportional zur Ausprägung der jeweiligen Umweltbelastungen verhalten"[235]. Es habe sich gezeigt, "daß in den ökologisch besonders brisanten Untersuchungsbetrieben ... eine relativ stark ausgeprägte Enthaltsamkeit im Sinne eines aktiven Umweltschutzes vorherrscht"[236]. Verdrängung persönlicher Betroffenheit ist für Prävention in hohem Maße gestaltungsrelevant, denn es zielt darauf, bisheriges Verhalten beibehalten zu können und blockiert damit Verhaltensänderungen.

---

230 Die Studie wurde von der wob MarketingKommunikation AG in Viernheim durchgeführt; vgl. Deutsch 1994, S. 73. Das bei "Langlebigkeit" unter 50% liegende Befragungsergebnis in drei Branchen weist darauf hin, daß dieser unrealistischer Optimismus nicht generell unterstellt werden kann.

231 Vgl. Bogun/Warsewa 1989, S. 47f.; Bogun u.a. 1990, S. 178f.; Heine/Mautz 1989, S. 152, 159-163, 209; für Mitarbeiter allgemein Schwarz 1993, S. 107.

232 Gessenharter u.a. 1990, S. 9-11, hier 9. Befragt wurden 34 Manager in einem mittelgroßen Unternehmen der chemischen Industrie.

233 Lehmann 1993, S. 12, Sp. 2; v.a. "bei bewährten kostengünstigen Werkstoffen mit technisch guten Eigenschaften" seien ökologisch kritische Beurteilungen "mitunter äußerst problematisch"; ebenda. Ähnlich Seidl in ihrer Intensivfallstudie eines Pflanzenschutzmittelherstellers (1994, u.a. S. 216f., 224, 251-266, 269f., 300-304).

234 Vgl. Prittwitz 1990, S. 13-27.

235 Schwarz 1992, S. 305f.; 1993, S. 107; Birke/Schwarz 1994, S. 21f.

236 Birke/Schwarz 1993, S. 22; ähnlich Schwarz 1992, S. 305; 1993, S. 106, dort allerdings noch strikter ("durchgängig") formuliert.

Wahrgenommene Kontrolle / Kausalitätsorientierung

Kontrolltheorien gehen davon aus, daß das persönliche Erleben und Selbst-Zuweisen von Verursachung (aktive Betroffenheit) von der wahrgenommenen Kontrolle, auch: Kausalitätsorientierung[237], über das Ereignis abhängt. Die Forschung zum Umweltbewußtsein rekurriert vor allem auf zwei Theorien:

- der Theorie sozialen Lernens von *Rotter* mit dem Konstrukt der internen-externen Kontrolle (Locus of control),[238]
- der Selbst-Wirksamkeitstheorie von *Bandura* mit dem Konstrukt der Selbst-Wirksamkeits-Erwartungen.[239]

Beide Ansätze gehen davon aus, daß Menschen sich und die Umwelt generell in einer Ursachenbeziehung wahrnehmen.[240] Zurückliegendes eigenes Verhalten wird dann auf seine Wirksamkeit hin beurteilt bzw. positive wie negative Ereignisse daraufhin, ob sie als Konsequenz eigenen Verhaltens eingetreten sind - mit Folgewirkung für zukünftiges Verhalten. Internal kontrollierte (autonomieorientierte) Personen haben ihre Erfahrungen dergestalt verarbeitet, daß sie allgemein überzeugt sind,

- die eigenen Geschicke und die eigene Entwicklung bestimmen zu können,
- über Möglichkeiten zu verfügen, den Staat oder die Gesellschaft zu verändern - dies möchte ich hier auf Organisationen und Teile einer Organisation ausgeweitet wissen - sowie
- bestimmte Entwicklungen verursachen zu können und damit verantwortlich zu sein.[241]

Umgekehrt schreiben external kontrollierte (kontrollorientierte) Personen Erfolg oder Mißerfolg anderen Ursachen als sich selbst zu. Eine external kontrollierte Person sieht "den Grund ihres Handelns nicht in sich selbst .., sondern in der Einwirkung äußerer Kräfte, so daß sie stets bestrebt ist, sich diesen vorteilhaft zu präsentieren, sich ihnen zu unterwerfen, sie für sich zu nutzen, kurz: sich gut zu verkaufen ..."[242]. Beide, Autonomie- und Kontrollorientierung, sind mit intentionalem Handeln vereinbar.[243] Zu nonintentionalem Verhalten führen dagegen (ebenfalls externale) fatalistische Kon-

---

237 Vgl. Gläser u.a. 1992, S. 6.
238 Vgl. Rotter 1966; Rotter/Hochreich 1979, S. 104-127; Lefcourt 1966; Joe 1971; Collins 1974; Ajzen/Madden 1986, S. 457f.; umweltschutzspezifisch etwa Trigg u.a. 1976; Balderjahn 1986, S. 53-56; Monhemius 1993, S. 73f.; Grob 1991, S. 51-58; Kastenholz 1993, S. 75-78; Scherhorn 1994, S. 268-271.
239 Vgl. Bandura 1977; umweltschutzspezifisch Mielke 1985, 1990a und b; auch Grob 1991, S. 52.
240 Hierzu auch die Pionierarbeiten von Heider 1944; 1958.
241 Vgl. Balderjahn 1986, S. 55.
242 Scherhorn 1994, S. 268f.

trollvorstellungen (impersonale Orientierung), die den "Zufall oder undurchschaubare und unkontrollierbare Mächte"[244] am Werk sehen. "In jedem Menschen sind alle drei Orientierungen wirksam, aber in unterschiedlicher Kombination ..."[245] Sie können nach Lebensbereichen (Arbeit versus Freizeit), sogar in Lebensbereichen (verschiedene Aufgaben, Rollen) verschieden und auch interaktionistisch auftreten; die Person begreift sich dann zugleich als Subjekt und Objekt und je nach Situation in unterschiedlicher Relation.[246] Die Art der Kontroll- oder Kausalitätsorientierung wirkt sich zum einen auf soziales Verhalten aus, also auf Verhalten in kulturellen Gemeinschaften, z.B. Gruppen [3.4.3.4]. Sie hat weiterhin unmittelbaren Einfluß auf die Umweltorientierung des eigenen Verhaltens. Zwei Effekte sind dabei zu beachten:[247]

1. Wahrgenommene Eigenverantwortlichkeit: das Erkennen und Eingestehen, selbst Ursache von Umweltwirkungen bzw. der Umweltwirkung zu sein, verbunden mit der Zuschreibung von Verantwortung nicht (nur) an andere - die Wirtschaft, den Staat/die Politik, die Wissenschaft, die Naturschutzverbände, die Bürgerinitiative, die Tarifparteien, die Geschäftsleitung, den Betriebsbeauftragten, den Vorgesetzten, den Betriebsrat, die Kollegen, die Lieferanten, die Kunden usw. -, sondern (auch) an sich selbst.

2. Erlebte und erwartete Verhaltenseffektivität: die Wirksamkeit, mit der eigenes umweltverträgliches Verhalten erwartet wird, ggf. vor dem Hintergrund bereits gemachter Erfahrung. Umweltverträgliches Verhalten hängt von der Erfolgsaussicht ab, d.h. von Wahrscheinlichkeit und Ausmaß, mit denen eigenes Verhalten und erwünschte Umweltwirkung in Beziehung gesetzt werden (Anstrengungs-Resultats-Erwartung [125f.]).

Daß eigene Einflußmöglichkeiten auf das spezifische Problem überhaupt wahrgenommen werden, enthält zumindest implizit eine Selbstzuschreibung von Verantwortung. Beides sind somit zwei Seiten einer Medaille. Die Wahrnehmung von eigenen Einflußmöglichkeiten hängt darüber hinaus unmittelbar von den - als Folge von Qualifikation und Wahrnehmung - subjektiv verfügbaren Handlungsalternativen und - wie auch die wahrgenommene Eigenverantwortlichkeit - von der Rückkopplung von Verhaltenskonsequenzen ab.

---

243 Vgl. Gläser u.a. 1992, S. 6.
244 Balderjahn 1986, S. 55.
245 Gläser u.a. 1992, S. 6; ähnlich Scherhorn 1994, S. 269.
246 Vgl. Hoff/Lecher 1995, S. 3, 11f..
247 Beide Aspekte bei Ester/van der Meer 1982, S. 69; Balderjahn 1986, S. 54; Wimmer 1988, S. 50, 62-65 .

Es liegt nahe und ist durch empirische Studien bestätigt, daß Personen mit internaler Kontrollwahrnehmung sich (deutlich) umweltverträglicher verhalten; nach *Kastenholz* und *Scherhorn* besteht ein enger Zusammenhang zu einer postmateriellen Werthal-tung.[248] Ähnlich der Verdrängung persönlicher Betroffenheit sind externale Kontrollwahrnehmungen dagegen geeignet, andere in der Verantwortung zu sehen oder eigene Verhaltensmöglichkeiten zu unterschätzen. Beides blockiert eigene Verhaltensänderungen.[249] *Fietkau* weist allerdings darauf hin, daß gerade auch der erlebte Verlust von Handlungskontrolle - neben anderen Verhaltensmöglichkeiten, wie Protest, Kompensation, Resignation oder Verdrängung - Initiative stimulieren kann, die Handlungskontrolle wieder zu erlangen.[250]

Einstellung gegenüber umweltverträglichem Verhalten (Einstellung i.e.S.) und ihre Verfügbarkeit

Mit der Einstellung gegenüber umweltverträglichem Verhalten (Einstellung i.e.S.) ist die Bedingung angesprochen, die in eindimensionalen Modellen, aber auch häufig in empirisch reduzierten Meßkonzepten des Attitüden-Modells mit Einstellung gleichgesetzt wird. "Gegenüber" meint Position beziehen - für oder gegen ein bestimmtes Objekt oder wie hier: ein bestimmtes Verhalten. In der Vergangenheit erfolgreiche Verhaltensweisen gegenüber dem Objekt prägen diese Einstellung und können so einen kognitiven Konservativismus entstehen lassen, der diese Verhaltensweisen auch weiterhin bevorzugen läßt.[251] *Hejl* sieht darin und in einem ähnlich ausgebildeten kulturellen Code des Gesamtsystems [3.4.3.4] den Konservativismus sozialer Systeme begründet.[252]

Die Dominanz technischer gegenüber sozial-organisatorischen Lösungsversuchen im betrieblichen Umweltschutz dürfte - im Zusammenwirken mit einer durch weitere Ursachen begründeten Beharrungstendenz gegenüber Verhaltensänderungen - eine ihrer zentralen Ursachen in einer grundsätzlichen Einstellung besitzen, nach der Um-

---

248 Vgl. Scherhorn 1994, S. 270.
249 Vgl. Trigg u.a. 1976, S. 311; Kley/Fietkau 1979, S. 17; Belk u.a. 1981, S. 309-311; Braun 1983, S. 104; Balderjahn 1986, S. 54, 236-241, 251; Herr 1988, S. 163f., 183; Schahn/Holzer 1989, S. 40; Mielke 1990b, S. 6-11; Schahn 1991, S. A 43-46; Grob 1991, S. 54, 189, 196f.; Kastenholz 1993, S. 121f.; Scherhorn 1994, S. 268-270; Wortmann 1994, S. 124f.; Urban 1990, S. 16 dagegen S.7, Urban 1986, S. 370, 372; Ruff 1990, S. 180, 213f. Zum korrigierenden Einfluß sozialer Normen auf external kontrollierte Personen vgl. unten S. 173f.
250 Vgl. Fietkau 1984, S. 56-59; auch Trigg u.a. 1976, S. 308.
251 Allgemein vgl. Hejl 1985, S. 25f.
252 Mit Bezug zu umweltverträglichem Verhalten in Organisationen vgl. auch Harde 1994, S. 6f.

weltproblemen primär durch technische Maßnahmen, und eben nicht durch Verhaltensänderungen zu begegnen ist - eine Einstellung die, wie empirische Untersuchungen immer wieder bestätigen, bei Entscheidungsträgern überproportional auftritt. Positive Erfahrungen mit technischem, gerade auch reparativem Umweltschutz wirken sich nach obigem Erklärungsmuster prägend aus. Wie die Ausführungen in Abschnitt 2.1 demonstrierten, sind reparative Erfolge für bestimmte Situationen (geringe bis mittlere Reinigungsgrade, schneller Reaktionsbedarf, Sanierung von Altlasten) ja auch theoretisch ableitbar und praktisch beobachtbar; zwar nur für diese und nicht für alle, aber eben - das ist entscheidend - für solche, die das Anfangsstadium von Umweltschutz markieren. Die Erfolgsrezepte dieses frühen Stadiums werden also auch auf Situationen mit anders gelagerten Anforderungen (unreflektiert) übertragen. Bei der Verfolgung von Sicherheitszielen ist allerdings eine langsame Verschiebung in den Einstellungen beobachtbar.[253]

Stärkere Technik- oder Verhaltensorientierung sind ein Aspekt. Andere entscheidungsrelevante Einstellungen von Mitarbeitern können sein, daß

- umweltgefährdende Stoffe (FCKW, Lösemittel usw.) durch umweltverträglichere zu ersetzen sind (Entscheidungen in Einkauf, Produktionsplanung, FuE);
- es zum Lkw keine Transportalternative gibt (Entscheidungen in Vertriebs-/Beschaffungslogistik);
- Umweltschutz das wirtschaftliche Ergebnis des Unternehmens verschlechtert (bei Investitionsentscheidungen) oder
- umweltverträgliche Produkte qualitativ schlechter sind als vergleichbare herkömmliche Produkte (Entscheidungen in Einkauf, Marketing, FuE)[254].

Es leuchtet unmittelbar ein, daß mit dem Eingenommensein für oder gegen ein bestimmtes Verhalten bereits eine Vorentscheidung für das tatsächliche Verhalten fällt.[255] Andererseits müssen Einstellungen erst noch mobilisiert werden, um verhaltensleitend zu sein. Dabei basiert die Wirkung von Einstellungen nicht allein auf ihrer Richtung und Stärke, oben beschrieben durch Wissen um objektive Betroffenheit, wahrgenommene Ernsthaftigkeit, persönliche Betroffenheit, selbst zugewiesene Ver-

---

253 Vgl. Adams 1990, § 52a, Rdnr. 1 oder den Untersuchungsauftrag zu den Sicherheitsgutachten der Hoechst AG bei Adams und Partner 1993, S. 1/1; ADL 1993, S. 1, 5-7.
254 Zu letzterem vgl. Monhemius 1993, S. 80; vgl. auch die Einstellungsskalen bei Mielke 1990a, S. 5.
255 Zu den z.T. erheblichen Defiziten der empirischen Messung, aufgrund derer häufiger nur schwache Zusammenhänge nachgewiesen werden, vgl. zusammenfassend Ajzen/Fishbein 1977, v.a. S. 912-914; Meinefeld 1977, S. 169-180. Dagegen für den Bereich umweltverträglichen Verhaltens etwa Schahn/Holzer

antwortung und erachtete Verhaltenseffektivität. Die Forschungsgruppe um *Fazio* allgemein und, darauf aufbauend, *Mielke* für verschiedene Formen umweltverträglichen Verhaltens konnten zeigen, daß auch die Verfügbarkeit, nämlich "die Leichtigkeit bzw. Geschwindigkeit, mit der eine Einstellung aus dem Gedächtnis aktivierbar ist"[256], das Ausmaß des Verhaltens mitbestimmt.[257] Das heißt, Einstellungen sind um so wirksamer, je stärker sie auf direkten Erfahrungen mit dem Einstellungsobjekt beruhen. Bei neuen Verhaltensanforderungen ist die Verfügbarkeit - von *Mielke* gemessen durch die Sicherheit im persönlichen Urteil, Einschätzung des eigenen umweltschutzbezogenen Engagements und der Verhaltenserfahrung -[258] gering und dementsprechend, weil noch nicht oder erst wenig verfestigt, auch der Einfluß auf das Verhalten.

Vertrauen

Umweltverträgliches Verhalten hängt vielfach vom Verhalten anderer Akteure ab: in durch die Kollektivgutproblematik gekennzeichneten ökologischen Dilemmatasituationen, in Unternehmen generell durch horizontale und vertikale Interdependenzen. Damit werden auch die Erwartungen über das Verhalten der Mit-Betroffenen verhaltensleitend. Untersuchungen zeigen, daß das Ausmaß eigenen Verhaltens und eigener Verhaltensbereitschaft überschätzt, das der anderen aber unterschätzt wird.[259] Man kann darin eine auf das Verhalten selbst übertragene Variante des unrealistischen Optimismus sehen. In auf Kooperationen angewiesenen Situationen kann dies umweltverträgliches Verhalten blockieren. Denn es bedeutet, daß das eigene Verhalten kooperativ, das von (potentiellen) Akteuren dagegen als nicht (ausreichend) kooperativ erlebt und erwartet wird: "Der Verfall bzw. Nichtaufbau von Kooperation (ist, Anm. R.A.) vorprogrammiert."[260] Vertrauen in ein entsprechendes Verhalten der Mit-Betroffenen fördert dagegen kooperatives Verhalten.[261] Ähnlich verhält es sich mit entgegengebrachtem Vertrauen in Situationen delegierten Handelns, bei hierarchischen Interdependenzen

---

1989, S. 11; Bamberg/Schmidt 1993, S. 94-98; Bamberg/Bien/Schmidt 1994, S. 103-106; Mielke 1985, S. 201.
256 Mielke 1990a, S. 6.
257 Vgl. Fazio u.a. 1982; Fazio/Williams 1986; Fazio/Zanna 1981, S. 189-194; Fazio 1986, v.a.S. 211-224; Mielke 1985, 1990a; insbes: 1990b.
258 Vgl. Mielke 1985, S. 197f.; 1990a, S. 6-10; zur Urteilssicherheit auch Herr 1988, S. 162.
259 Vgl. Diekmann/Preisendörfer 1991, S. 246; Diekmann 1995, S. 41, 43f.; Spada/Ernst 1990, S. 12.
260 Diekmann/Preisendörfer 1993, S. 126; vgl. weiterhin 1991, S. 245f.; 1994, S. 24.
261 Vgl. die empirischen Befunde bei Spada/Opwis 1985, S. 81; Spada/Ernst 1990, S. 22; allgemein Weimann 1991a, S. 56.

also: Vertrauen verleiht die Macht, auch im Interesse der delegierenden Instanz, z.B. umweltverträglich zu entscheiden und zu handeln.[262]

Verhaltensbereitschaft und -absicht

Die Mobilisierung von Einstellungen hängt andererseits nicht allein von Kognitionen und Affekten ab, sondern in letzter Konsequenz von der Bereitschaft und der Absicht, sich entsprechend zu verhalten - eben zu verzichten, zu sparen, umweltverträglichere Alternativen zu wählen, ggf. Einschränkungen in Kauf zu nehmen oder Opfer zu leisten.[263] *Winter* bezeichnet die Verhaltensbereitschaft/-absicht deshalb als "effektives Reaktionspotential".[264] Sowohl im Attitüden-Modell (Verhaltensbereitschaft) als auch in der Theorie geplanten Verhaltens (Intention, Verhaltensabsicht) ist sie offenem Verhalten unmittelbar vorgelagert.[265] Ohne ihr Vorhandensein führen - ähnlich einer geringen Verfügbarkeit - selbst stark ausgeprägte Einstellungen weniger wahrscheinlich zu einem bestimmten Verhalten.[266]

"... the immediate antecendent of any behavior is the *intention* to perform the behavior in question. The stronger a person's intention, the more the person is expected to try, and hence the greater the likelihood that the behavior will actually be performed."[267]

Die Verhaltensbereitschaft/-absicht war dann auch bereits Bestandteil der frühen Studien der Forschungsgruppe um *Maloney* ("verbal commitment").[268] Wo empirisch getestet, konnte eine relativ hohe Verhaltenskonsistenz nachgewiesen werden.[269] Die Konsistenz, d.h. die erklärte Verhaltensvarianz, ist allerdings nicht so hoch, daß sie als einziger oder einzig wesentlicher Verhaltensprädiktor angesehen werden kann.[270]

262 Hinsichtlich einer Langfristorientierung (Abmilderung von Zeitpräferenz) von Weizsäcker, C. Chr. v. anhand der Principal-Agent-Beziehung ausgeführt (1994, S. 14f i.V.m. 1-4, 9f.).
263 Vgl. die Typologie in Abb. 10, S. 61. Die Erfassung der Opferbereitschaft, auch: willingness to pay, spielt in volkswirtschaftlichen Analysen zu den Kosten und Nutzen des Umweltschutzes eine herausragende Rolle; vgl. z.B. Wicke 1991, S. 59-99.
264 Winter 1981, S. 63.
265 Das Attitüden-Modell wurde auf umweltverträgliches Verhalten übertragen etwa von Bruhn 1978, S. 48f., 77; Monhemius 1990, S. 42; Urban 1986; 1990, S. 6f.; die Theorie geplanten Verhaltens von Herr 1988, S. 107; Bamberg/Bien/Schmidt 1995, S. 93.
266 In der Theorie geplanten Verhaltens ist sie definitionsgemäß der einzige direkt wirkende Prädiktor; vgl. S. 96f.
267 Ajzen/Madden 1986, S. 454; ähnlich Urban 1986, S. 366.
268 Vgl. Maloney/Ward 1973, S. 787f.; Maloney u.a. 1975, S. 584.
269 Vgl. Kley/Fietkau 1979, S. 16; Braun 1983, S. 104; Herr 1988, S. 160-162; Urban 1986, S. 372; 1990, S. 7; Kastenholz 1993, S. 131.
270 Dazu selbst Bamberg/Schmidt 1994, S. 80, 99.

3.3.2.3 Kosten-Nutzen-Abwägung / andere Verhaltensmotive

Umweltschutz ist lediglich ein Verhaltensmotiv u.a. Sofern nicht dominant, wird selbst ein Organisationsmitglied, das zu umweltverträgliche(re)m Verhalten bereit ist, zwischen Kosten und Nutzen dieses Verhaltens abwägen[271] - unter den oben bereits ausgeführten Begrenzungen, denen rationales Entscheiden selbst wieder unterliegt, im wesentlichen Wahrnehmungsverzerrungen und suboptimale Informationsgrade hinsichtlich der Primärdeterminanten, die durch Zeitverzögerungen und unklare Kausalitäten oder Wechselwirkungen erschwerte Abschätzung (Erwartung) von Handlungsfolgen sowie ihre Aggregation in einem einheitlichen Bewertungsmaßstab.[272]

Für umweltschutzmotivierte Organisationsmitglieder besteht der Nutzen zunächst in der Verbesserung der Umweltqualität selbst. Das Verhalten muß also überhaupt eine gewisse ökologische Effektivität erwarten lassen. Nutzen entsteht weiterhin bei Komplementaritäten. Umweltverträgliches Verhalten hilft dann, weitere, eventuell sogar wichtigere, durch die Organisation gesetzte oder persönliche Ziele zu erreichen. Umweltschutz ist hier Mittel zum Zweck. Auch für nicht umweltschutzmotivierte Organisationsmitglieder kann umweltverträgliches Verhalten hier vorteilhaft und damit rational sein. Auf die eigene Organisationseinheit bezogen sind Beiträge denkbar zur Existenzsicherung (Vermeidung von Skandalen und Haftungsfällen), zum Erhalt bzw. zur Steigerung der Wettbewerbsfähigkeit (Erhöhung der Produktivität durch Ressourceneinsparung, Verbesserung der Marktposition) oder allgemein zur besseren Erfüllung von Zielvorgaben. Komplementäre persönliche Ziele können die Arbeitsinhalte (Arbeitsbereicherung), die Karriere oder Entlohnung betreffen; die Beiträge hierzu sind in starkem Maße vom organisatorischen Rahmen der Aufgabenerfüllung abhängig. [3.4.3]

Unmittelbare Kosten umweltverträglichen Verhaltens sind die damit verbundenen Anstrengungen, wie Mehraufwand in der Ausführung und für die Koordination mit vor- oder nachgelagerten Arbeitsschritten, bei Verhaltensänderungen der Verzicht auf Gewohnheiten und Routinen, die Überwindung des Beharrungsvermögens verfestigter Strukturen oder die Gewinnung neuer Kooperationspartner. So fanden *Diekmann/Preisendörfer* ihre These tendenziell bestätigt, daß Umweltbewußtsein am ehesten in

---

271 So die Grundannahme des Rational-choice und des behavioristischen Forschungsansatzes; vgl. auch die theoretische Analyse bei Kirsch 1991, S. 251-259.
272 Vgl. auch das "Principle of boundet rationality" von Simon 1957, S. 198f.; mit Bezug zu umweltverträglichem Verhalten auch Dierkes/Fietkau 1988, S. 42-44; zu erwarteten Handlungsfolgen die Beispiele bei Lüdemann 1993, Fn. 14, S. 123f.

"Low-Cost-Situationen" in umweltverträgliches Verhalten umgesetzt wird, d.h. in Situationen, "die keine einschneidenden Verhaltensänderungen erfordern, keine größeren Unbequemlichkeiten verursachen und keinen besonderen Zusatzaufwand verlangen".[273] Scherhorn weißt darauf hin, daß sich nicht die absolute, sondern die relative Höhe der Kosten hindernd auswirkt, also übermäßige Unbequemlichkeiten umweltverträglichen- oder Attraktivitäten umweltschädigenden Verhaltens.[274] Treten situativ unterschiedliche Kosten-Nutzen-Relationen auf, führt das dazu, daß das Verhaltensmuster ein- und desselben Entscheiders nicht einheitlich ist: "Es (gibt, Anm. R.A.) weder den durchgängigen Umweltsünder noch den konsistenten Umweltschützer."[275]

Umweltschutzkriterien (x_i)	Häufigkeit der Selbstdeklaration	Kriterienrangfolge $(\bar{x}_i)$	Rangfolge der Umweltbelastung je Kriterium $(\bar{y}_i)$		
			LKW	Bahn	Schiff
Landschaftsverbrauch	10	3,7.	1,1.	2.1.	2,8.
Energieverbrauch	13	3,0.	1,0.	2,2.	2,6.
Lärm	20	3,2.	1,1.	1,9.	2,9.
Transportsicherheit	20	2,7.	1,5.	2,0.	2,3.
Schadstoffemissionen	36	1,9.	1,0.	2,6.	2,4.
Gesamtindikator der Umweltbelastung	$\sum_{i=1}^{5}(6-\bar{x}_i)\,\bar{y}_i$		17,7	34,0	39,7

$\bar{x}_i$ = Die fünf Kriterien sollten von den Befragten in eine Rangfolge gebracht werden, wobei der erste Rang für das wichtigste Kriterium steht. Das arithmetische Mittel $\bar{x}_i$ bildet für jedes Kriterium den Durchschnitt seiner Plazierung.

$\bar{y}_i$ = Für jedes Kriterium hatten die Befragten unter den drei Transportmitteln eine Rangfolge zu bilden, wobei das belastendste den ersten, das am wenigsten belastende den dritten Rang erhielt. $\bar{y}_i$ bildet die arithmetischen Mittel über alle Befragten je Kriterium ab. Der Gesamtindikator [22] vergleicht dagegen LKW, Bahn und Schiff über alle Kriterien hinweg.

Abb. 20: Umweltwirkungen des Verkehrs und der Transportmittel im Urteil betrieblicher Entscheider über die Transportmittelwahl (n=42)
Quelle: Antes/Prätorius/Steger 1992/1993, S. 576.

Ebenso sind erwartete Nachteile umweltverträglichen Verhaltens, die Verletzung anderer Motive, als Kosten zu werten. Konflikte können sowohl zu persönlichen wie auch zu organisationsbezogenen Zielen bestehen. Einer eigenen Untersuchung zur Trans-

---

273 Diekmann/Preisendörfer 1992, S. 239-243, hier: S. 240. Ihre gleichlautende Aussage hinsichtlich des vom Umweltbewußtsein getrennt erhobenen Umweltwissens ist dagegen mit Einschränkung zu versehen: die Wissens-Items beziehen sich nur sehr eingeschränkt auf die durch die Verhaltens-Items abgedeckten Bereiche; zu den Items vgl. S. 249f.; ähnlich Meyer-Abich/Müller 1994, Sp. 5; bissiger Miersch 1993.
274 Scherhorn 1994, S. 259-267.
275 Diekmann/Preisendörfer 1994, S. 23 und die empirischen Befunde S. 22f.; 1992, S. 235-239.

portmittelwahl im Güterverkehr zufolge ist bspw. die Nichterfüllung von Mindeststandards bei vorrangigen Leistungskriterien (Schnelligkeit, Pünktlichkeit, Zuverlässigkeit, Flexibilität), auch wenn sie auf systembedingte Nachteile zurückzuführen ist, ausschlaggebend dafür, daß Entscheider zu Lasten der Bahn überwiegend den Lkw bevorzugen, obwohl ihnen die verstärkte Umweltbelastung durch die Wahl dieser Alternative bewußt ist - der Lkw wurde, wie Abbildung 20 zeigt, als deutlich belastender als die Bahn eingestuft - und eine grundsätzliche Bereitschaft zur umweltverträglicheren Transportmittelwahl besteht.[276]

Persönliche Zielkonflikte können durch eine erwartete negative Wirkung umweltverträglichen Verhaltens auf Arbeitsinhalt (Leistungsverdichtung), Karriere und Entlohnung auftreten. Der Verlust des eigenen Arbeitsplatzes infolge Prävention wäre die extreme High-Cost-Situation.[277] Insgesamt hängt die Motivation zu umweltverträglichem Verhalten somit ganz entscheidend vom Gewicht zum Umweltschutz komplementärer und konkurrierender Motive ab.

Darüber hinaus und analog zur Ebene Staat-Organisation (Verhalten von Organisationen) nimmt auch auf der Ebene Organisation-Individuum (Verhalten in Organisationen) die Umwelt die Eigenschaft eines Kollektivguts an. Die individuelle Kosten-Nutzen-Abwägung gegenüber anderen Organisationsmitgliedern sieht sich somit den als Free-Rider (Trittbrettfahrer) oder auch als soziales Dilemma bekannten Entscheidungskonflikten gegenüber: Bei fehlender Internalisierung werden die Kosten "sozialisiert" (externalisiert). Dadurch besteht ein Anreiz, sich nicht in dem Maße umweltverträglich zu verhalten wie es die eigene ökologische Betroffenheit gebote und der organisatorische Rahmen u.U. erlaubte, nicht aber zwingend vorgibt. In Allmende-Situationen liegt dieser Anreiz darin, die gemeinsam bewirtschaftete Ressource - auf Organisationen übertragen etwa als unternehmenseigene Deponie vorstellbar - nicht bis zum Schnittpunkt von Grenznutzen und Grenzkosten, sondern darüber hinaus bis zum Schnittpunkt mit den Durchschnittskosten zu nutzen.[278] Auch schwindet mit

275 Diekmann/Preisendörfer 1994, S. 23 und die empirischen Befunde S. 22f.; 1992, S. 235-239.
276 Vgl. Antes u.a. 1992, S. 739-755; 1993, S. 749f. Bezeichnenderweise tritt dieser Zwiespalt bei der untersuchten Gruppe der Umweltschutzinnovatoren besonders hervor (1993a, S. 749f.); zu diesem Phänomen vgl. auch Hallerbach 1993; Miersch 1993, S. 47.
277 Empirisch, wobei häufig noch nicht einmal die höheren Anforderungen präventiven Umweltschutzes im Vordergrund stehen, Kasper 1988, S. 8f.; Heine/Mautz 1989, S. 100-113; Bogun/Osterland/Warsewa 1990, S. 203f.; Osterland/Warsewa 1993, S. 338f.; Zimpelmann/Gerhardt/Hildebrandt 1992a, S. 150, 156, 164, 178f., 183; Schenk/Kühleis 1992, S. 63-65, 68; Hildebrandt/Zimpelmann 1993, S. 385; Gerhardt/Kühleis 1994, S. 40, 42f.; Kühleis/Schenk/Zimpelmann 1994, S. 53f., 58f.; aber ebenso Bogun/Hildebrandt 1994, S. 25.
278 Vgl. Diekmann/Preisendörfer 1993, S. 133.

zunehmender Zahl beteiligter Verursacher der Erfolgsbeitrag des einzelnen bzw. bei umweltschädigendem Verhalten die Sanktionswahrscheinlichkeit. Es kann dann ein Punkt erreicht werden, an dem es - wie *Olson, Weimann* oder *B. Frey* zeigen, auch für umweltbewußte Entscheider - rational ist, sich nicht umweltverträglich zu verhalten: Der eigene Beitrag zur Verbesserung der Umweltqualität wäre marginal - möglicherweise nicht einmal meßbar -, verursachte aber u.U. nicht unerhebliche Kosten und vor allem Nutzenentgänge (soziales Dilemma).[279] Eine ethische Werthaltung kann dieses Kalkül aufheben.[280] Auch ändert sich die Situation, je kleiner die Gruppe ist. Der potentielle Erfolgsbeitrag des einzelnen wird dann größer und erfahrbar. Ebenso nimmt die gegenseitige Beeinflussung zu, und zwar nicht nur ex post in Form von Verhaltensfolgen, sondern als Erwartung in bezug auf das Verhalten und vor allem die Reaktion der anderen Gruppenmitglieder auf das eigene Verhalten bereits ex ante.[281] Die Frage nach dem Einfluß von sozialer Kontrolle und von Gruppennormen wird bei der Diskussion der situativen Bedingungen wieder aufgenommen und vertieft. [3.4.3.4]

Infolge der Wirkung umweltverträglichen und umweltunverträglichen Verhaltens auf andere Verhaltensmotive können selbst dem Umweltschutz gegenüber positiv eingestellte Organisationsmitglieder demotiviert und negativ eingestellte motiviert werden; für neutral eingestellte gilt beides. Situative Einflüsse werden mitbestimmend. Demnach ist der Grad der Internalisierung individueller, durch die Art der Aufgabenerfüllung verursachter Umweltwirkungen ausschlaggebend für das individuelle Kosten-Nutzen-Verhältnis umweltverträglichen Verhaltens. Dabei kann für das einzelne Organisationsmitglied extern sowohl organisationsextern (Anspruchsgruppen) als auch - intern (andere Organisationseinheiten) bedeuten.

3.4 Situative Einflüsse

In Abschnitt 3.1 habe ich die Einflüsse eines irgendwie gearteten, somit auch umweltverträglichen Verhaltens in personale und situative unterschieden. Die Situation unterscheide ich im folgenden weiter nach dem tangierten Umweltproblem [3.4.1], dem strategischen [3.4.2] und organisatorischen Rahmen [3.4.3] umweltverträglichen Ver-

279 Vgl. Olson 1968, S. 52-54, 62f.; Weimann 1991a, S. 52-60 oder 1991b, S. 269-274; Frey, B. 1990, S. 39-46.
280 Aufgrund von Laborexperimenten Weimann 1991b, S. 274-278, explizit 278; vgl. auch die Befunde von Laborexperimenten bei Spada/Ernst 1990, S. 15f.; Ernst/Spada 1991, S. 64; Scherhorn 1994, S. 262-266.
281 Vgl. Weimann 1991a, S. 54-56. Allgemein bereits Olson 1968, S. 52-58; vgl. auch Glance/Huberman 1994.

haltens sowie der Verfügbarkeit umweltverträglicher Alternativen. Dadurch ist zunächst die objektive Wirklichkeit beschrieben. Deutlich wurde bisher aber auch - und das ist in den nachfolgenden Abschnitten immer wieder zu vergegenwärtigen -, daß diese nicht allein, sondern wesentlich ihre (subjektive) Wahrnehmung und Interpretation verhaltensmaßgebend ist.[282] Andererseits wird über den strategischen und organisatorischen Rahmen, vermittels Leitbilder und Verhaltensspielräume, selbst wieder Einfluß auf den Stellenwert und die Richtung von Wahrnehmung und Interpretation ausgeübt.

3.4.1 Das Umweltproblem

Ein und dieselbe Person verhält sich bei verschiedenen Tätigkeiten, d.h. gegenüber verschiedenen Umweltproblemen nicht notwendigerweise in gleichem Maße umweltverträglich. Angesichts der Vielzahl der Einflüsse ist ein einheitliches umweltorientiertes Verhaltensmuster sogar weniger wahrscheinlich. Untersuchungen, die mehr als bloß einen Verhaltensbereich einbeziehen, bspw. energie- und wassersparendes Verhalten, umweltbewußtes Einkaufen und Abfalltrennung, legen dann auch, bisweilen erhebliche, Schwankungen im Grad der Umweltverträglichkeit offen.[283] Nach den Analysen von *Lehmann* ist für diese Verhaltensbandbreiten die Verschiedenartigkeit der Umweltprobleme selbst mit ausschlaggebend.[284] Signifikante Korrelationen ergaben sich hinsichtlich folgender Merkmale: Alter des Umweltproblems, geographische Nähe ("Betroffenheit"), Informationsquelle, Häufigkeit der Information, Gefährdung der eigenen Gesundheit, zukünftige Dauer des Problems (schleichende, z.T. bleibende Schäden), (gesellschaftlicher) Lösungsaufwand, Beeinträchtigung der individuellen Lebensqualität.[285]

Eine je nach Art des Umweltproblems unterschiedliche Wahrnehmung ermitteln *Karger/Wiedemann*. Die Analyse ergibt zunächst vier Cluster von Umwelt- und Naturgütern mit jeweils ähnlicher Wertschätzung, wobei Unterschiede zwischen dem

---

282 Vgl. die von Hackmann genannten, der Systematik psychographischer Bedingungen in Abschnitt 3.3 sehr ähnlichen, den Wahrnehmungsprozeß von Aufgaben beeinflussenden Faktoren (1969, S. 118f.); ins Deutsche übertragen bei Staehle 1989, S. 636.
283 Vgl. u.a. Schahn/Holzer 1989, S. 11; Diekmann/Preisendörfer 1992, S. 235-239; Balderjahn 1986, S. 202-207, 236-240; Grob 1991, S. 159; Gierl 1987, S. 6f; Billig 1994, S. 100.
284 Für die Zwischenauswertung der Hauptuntersuchung danke ich Jürgen Lehmann herzlich. Befragt wurden in einer Pilotstudie 200 junge Erwachsene und in der Hauptstudie 1.600 Schüler zwischen 14 und 18 Jahren. Andere Studien untersuchen diesen Zusammenhang nicht! Vgl. Lehmann/Gerds 1991; Lehmann 1993a, S. 240-242; 1993 b.
285 Vgl. Lehmann 1993b.

Schutz des Menschen und dem Schutz der Natur deutlich werden. Die wichtigsten Kriterien, nach denen sich die Wertschätzung orientiert, sind: räumlicher Bezug, Anzahl der Betroffenen, Bedrohungspotential, Vorstellbarkeit, persönliche Betroffenheit, Existentialität, Symbolwert, Signalwert, Handlungszuständigkeit und Wissenstand.[286]

Die Merkmale sind auf das Alltagshandeln abgestellt. Eine systematische Prüfung für berufliches Handeln erfolgte - mit Ausnahme der Risikobewußtseinsstudien von *Balderjahn/Mennicken* - [137] bislang nicht. Zu einzelnen Kriterien liegen gleichwohl Ergebnisse vor. Hervorzuheben, weil durch verschiedene Untersuchungen und Berichte verdichtet, sind die besondere Mobilisierungswirkung in der Schnittmenge von Arbeitsumwelt- und Umweltschutz sowie der Distanzeffekt.[287] In Unternehmen dürften weitere Problemmerkmale relevant sein. Da ebenfalls an anderen Stellen dargestellt, soll hier ein Überblick genügen:

- betroffener produktiver Faktor: Arbeitsleistung, Arbeits- und Betriebsmittel, Werkstoffe;
- Entstehungsort: input- (Ressourcenwahl), throughput- (Ressourceneinsparung, Stoffkreisläufe, Emissionen, Störfälle) oder outputorientiert (Produkt-/Leistungserstellung);
- betroffenes Umweltmedium;
- Zeitskala (gegenüber Zeitpräferenz [Fn.176: 129]);
- Reaktionszeit: akut - latent - potentiell;
- selbstbestimmte oder durch andere (interne/externe Akteure) oktroyierte Wahl;
- Strukturiertheit der Problemstellung;
- (erwartete) Veränderlichkeit der Problemstellung;
- Art des Änderungsbedarfs: Technik - Struktur - Verhalten;
- Tiefe des Änderungsbedarfs: Verzicht - Einschränkung, Änderung - Ergänzungen - Substitution, Produkt/Leistung - Funktionserfüllung.

3.4.2 Der strategische Rahmen umweltverträglichen Verhaltens

Der strategische Rahmen gibt die grundsätzliche Ausrichtung des Verhaltens von und in Organisationen vor. Dabei sind zwei Gruppen von Organisationsmitgliedern zu unterscheiden. Die erste, zahlenmäßig kleinere - der Anteil schwankt mit dem Ausmaß

---

286 Vgl. Karger/Wiedemann 1994.
287 Stellvertretend für ersteres Leisewitz/Pickshaus 1992; 1993, S. 381f.; Hildebrandt/Zimpelmann 1993, S. 388. Zu letzterem vgl. Abschn. 3.3.2.2, S.139f.

der Delegation und Partizipation -, zieht aus dem strategischen Rahmen unmittelbar Orientierung. Die meisten dieser Organisationsmitglieder wiederum sind nicht nur direkter Adressat, sondern gleichzeitig Gestalter des strategischen Rahmens.[288] Planungsträger sind die Unternehmensleitung, die Geschäfts- und Funktionsbereichsleiter, die Planungsabteilung oder -stabstelle und spezielle Gremien (Planungsausschüsse).[289] Die Entwicklung sowie kritische Reflektion und ggf. Revision von Absichten und Zielen, Strategien und Maßnahmen sind also originäre Aufgabe dieser Stelleninhaber. Auf die zweite, auch bei hohem Delegations- und Partizipationsgrad zahlenmäßig überlegene Gruppe wirkt der strategische Rahmen nur mittelbar: indem (idealtypisch) die Verhaltensnormen dieser Organisationsmitglieder aus den Absichten und Zielen (Deduktion) und die (Teil-) Aufgaben aus den Strategien und Maßnahmen (Arbeitsteilung) heruntergebrochen sind. Umweltwirkungen bestimmter Zuschnitte von Aufgaben und Verhaltensnormen sind Teil einer umfassenderen Analyse der Stelle zu einem späteren Zeitpunkt. [3.4.3.3] In den beiden folgenden Abschnitten interessieren deshalb ausschließlich Umweltwirkungen der grundlegenden Elemente des strategischen Rahmens. Grundlage ist das Konzept strategischer Unternehmensplanung von *Kreikebaum*.[290] Hinzuweisen ist noch darauf, daß die These von *Chandler* "structure follows strategy" in dieser Einseitigkeit heute auch empirisch nicht mehr aufrechtzuerhalten ist.[291] Gerade weil der strategische Rahmen kein Endzustand, eben nicht statisch, ist, sondern Ausdruck eines ständigen Lernprozesses und mikropolitischer Prozesse in Organisationen, unterliegt seine (Weiter-) Entwicklung auch Einflüssen aus der Organisation heraus. Strategie und Struktur sind deshalb in einer Wechselbeziehung zu sehen.

3.4.2.1 Absichten und Ziele

Absichten und Ziele sind die grundlegenden durch die Organisation, d.h. durch ihre Entscheidungsträger, sich selbst gesetzten Normen. Damit sind sie fester Bestandteil einer Organisationskultur. [3.4.3.4] Wie Normen allgemein, dienen sie dazu, das individuelle und kollektive Verhalten der Organisationmitglieder zu steuern, zu koordi-

---

288 Die oben entwickelten Kategorien aktive und passive Betroffenheit sind übertragbar.
289 Ausführlich Kreikebaum 1993a, S. 108-113.
290 Vgl. Kreikebaum 1993a, S. 48-61; ausgespart sind die Umweltbedingungen (S. 34-40).
291 Vgl. jeweils m.w.N. Gabele 1979; Kreikebaum 1990d, S. 155f.; 1993a, S. 115-117; Staehle 1989, S. 429, 625; Werkmann 1989, S. 48-60 i.V.m. 75-77; Ortmann u.a. 1990, S. 558-566; Schanz 1994, S. 63f.

Ebene	Aussagen über	Bezeichnungen	
		Kreikebaum	sonstige Konzepte
1: Focus	Unternehmenszweck, Einstellungen gegenüber Mitarbeitern + externen Anspruchsgruppen	generelle Absichten	Unternehmens -leitbild -philosophie -grundsätze -leitlinien -charta
2: Konkretisierung	Zielinhalte (Art + Richtung der Ziele)	spezielle Absichten	Ziele
3: Operationalisierung	Zielausmaße + -präferenzen (Erreichungsgrad, Optimierungs-, Präferenzfunktion)	Ziele	Zielfunktion

Abb. 21: Die normative Ebene des strategischen Rahmens
Quelle: nach Kreikebaum 1993, S. 48-51, 59f.

nieren und zu kontrollieren oder Selbstkontrolle zu ermöglichen. Die normative Ebene des strategischen Rahmens ist in Abbildung 21 dargestellt.

Absichten kennzeichnen demnach die langfristige Ausrichtung der Unternehmenspolitik. Unter den mit generellen Absichten vergleichbaren Bedeutungsinhalten ausgestatteten Begriffen findet der des Leitbildes zunehmend Verbreitung, aktuell insbesondere in der Technikgeneseforschung.[292] Organisations- respektive Unternehmensleitbilder bilden dort lediglich einen Ausschnitt, andere Ausschnitte sind organisations- und akteursübergreifende Technikleitbilder, persönliche oder gesellschaftliche Leitbilder.[293]

"Leitbilder bündeln die Intuitionen und das (Erfahrungs-)Wissen der Menschen darüber, was ihnen einerseits als machbar und andererseits als wünschbar erscheint."[294]

"Leitbilder sind keine konkreten Zielvorstellungen, sondern sind generalisierte, vereinfachende Formeln, Etiketten oder Metaphern. Sie setzen Normen und sind Instrumente der organisatorischen und gesellschaftlichen Einflußnahme und Kontrolle. Sie erlauben es, gleichermaßen als rational und legitim empfundene Programme zu entwerfen und durchzusetzen."[295]

---

292 Vgl. m.w.N. Gabele 1983; Brauchlin 1984; Grünig 1988; Bleicher 1992a; Hopfenbeck 1989, S. 691-699. Schon mit Bezug zum betrieblichen Umweltschutz Senn 1986, S. 138-145, 299- 307; Strümpel/Longolius 1990; Dierkes 1989, S. 11f., 16f.; Dierkes/Marz 1992a, S. 227-238; Antes 1992a, S. 497; Steger 1993a, S. 183-185; Niggemeyer 1993, S. 4f, 33-39. Meffert/Kirchgeorg (1993, S. 133f, 138) sprechen vom Leitbildcharakter von Unternehmensgrundsätzen; ähnlich Dierkes/Hähner 1991.

293 Vgl. Dierkes 1989, S. 15-17; Dierkes u.a. 1992, S. 15-25; Koolmann 1992, S. 23-31, i.V.m. der strategischen Unternehmensplanung S. 49-53.

294 Dierkes/Marz 1992b, Abstract.

295 Strümpel/Longolius 1990, S. 75.

Bleicher hebt als wesentliche Aufgabe die "ganzheitliche (Hervorh. R.A.) Integration arbeitsteiliger Systeme" hervor.[296] Die steuernden und koordinierenden Funktionen von Leitbildern haben insbesondere *Dierkes* und *Marz* differenziert herausgearbeitet. Sie unterscheiden Leit- (Nr. a-c) und Bildfunktionen (d-f):

a. kollektive Projektion: Fixierung eines gemeinsamen Fluchtpunktes projezierter Wünsche und Wirklichkeit im Zukunftshorizont der Menschen;

b. synchrone Voradaption: Vor-/Grobabstimmung der je verschiedenen (Unterschiedlichkeit individueller Dispositionen, Verschiedenartigkeit sozialer Positionen, Spezifik der jeweiligen Profession/Wissenskultur) Wahrnehmungs- und Bewertungsmuster der Organisationsmitglieder;

c. funktionales Äquivalent: ersatzweise Orientierungslinie für Diskurse, die anhand der traditionellen Regelsysteme und Entscheidungslogiken (noch) nicht oder nur unzureichend geführt werden können;

d. kognitiver Aktivator: bildliche Repräsentationsform, die zu aktiverem und kreativem Problemlösen motiviert;

e. individueller Mobilisator: Mobilisation nicht der kognitiven, sondern auch der emotionalen, volitiven und affektiven Potentiale und damit der ganzen Persönlichkeit;

f. interpersoneller Stabilisator: vergleichsweise kosten- und verlustarme, alltägliche Kooperation durch Dämpfung der bei Kooperationen (zwangsläufig) auftretenden Spannungen (Senkung von Transaktionskosten).[297]

Die spezifische Wirkung unternehmerischer Absichten, sowohl des Unternehmensleitbildes wie der konkretisierenden Zielinhalte, und von Zielen auf die Umweltverträglichkeit des Verhaltens hängt von vier Festlegungen und Konstellationen ab:[298]

1. ob Umweltschutz expliziter und umfassender Bestandteil der Norm ist - oder nicht;

2. der wahrgenommenen Wirkung (Richtung, Stärke) der Beziehung zwischen Umweltschutz und den anderen Norminhalten;

3. der Wichtung (Präferenzordnung)

    a. zwischen Umweltschutz und den anderen Norminhalten und

    b. der anderen Norminhalte untereinander;

4. den Optimierungskriterien für Umweltschutz und allen anderen Normen.

---

296 Bleicher 1992a, S. 13 oder 1992b, S. 71.
297 Vgl. Dierkes/Marz 1992a, S. 229-231; 1992b, S. 15-23; Dierkes u.a. 1992, S. 41-58; ähnlich Steger 1993a, S. 183.
298 Entsprechend dem Befund der Zielforschung wird die These von der Existenz eines alles dominierenden Ziels der Gewinnmaximierung verworfen und statt dessen ein pluralistisches Zielsystem angenommen.

Eine starke Motivation zu umweltverträglichem Verhalten ist bei expliziter Berücksichtigung des Umweltschutzes in der Norm (1.) zu erwarten[299] - wenn dies mit einer vorrangigen Stellung im Normensystem bzw. auf der Normenebene einhergeht (3a). Bei einer nachrangigen Bedeutung unterliegt der Umweltschutz trotz der expliziten Berücksichtigung konkurrierenden Kriterien. Bloße Verlagerungseffekte können induziert oder eine Nicht-Beachtung wichtiger Aspekte verfestigt werden, wenn die Berücksichtigung nur partiell erfolgt, also quantitativ und/oder qualitativ nicht der Bedeutung der Norm entspricht. Ist etwa ausschließlich die Umweltsicherheit angesprochen, kann eine ressourcenschonende Wirkung der grundlegenden internen Norm nicht erwartet werden. Ähnliches gilt für prozeß- und produktbezogenen Umweltschutz. Eine ungenügende-, d.h. Nicht- oder nachrangige Berücksichtigung kann teilweise - aber auch nicht mehr - ausgeglichen werden bei Komplementarität mit den anderen Norminhalten (2.). Umweltschutz ist dann nicht mehr Zweck, sondern Mittel zum Zweck, die Erfüllung dieses anderen Zwecks kann, muß aber nicht umweltverträglich geschehen.[300] Wichtig ist dann zusätzlich, daß gerade die vorrangigen Norminhalte komplementär und nicht konkurrierend zum Umweltschutz sind bzw. - die subjektive Wahrnehmung darüber ist entscheidend - wahrgenommen werden (3b.). Grundsätzlich besteht in solchen Fällen aber das u.a. als Entstehungsbedingung nicht-intendierter Folgen diskutierte Problem [101-103] weiter, daß mit der Formulierung von Zwecken Partei gegen andere Werte ergriffen wird.[301]

"... spezifische Wirkungen (werden, Anm. R.A.) nach Maßgabe von Wertgesichtspunkten als erstrebenswert ausgezeichnet .. unter Neutralisierung anderer Wertaspekte der Folgen des Handelns. Zwecksetzung zeichnet einmal rein kausal einen Bereich von geeigneten Mitteln und von strategischen Hindernissen als systemrelevant aus. Alle anderen Züge der Umwelt versinken demgegenüber in den Hintergrund des Gleichgültigen, das weder stört noch hilft. Zum anderen gestattete der Zweck dem System, Folgen dieser Mittel, die außerhalb des Zweckes liegen, für unerheblich oder allenfalls für in Kauf zu nehmende Kosten zu halten, die das Handeln nicht hindern. Der Zweck heiligt das Mittel; er müßte aufgegeben werden, wenn es kein Mittel gäbe, das er heiligen könnte. Nur wenn mehrere funktional äquivalente Mittel sich anbieten, können weitere Folgen als zusätzliche Kriterien, als Nebenbedingungen, die möglichst auch erfüllt werden sollten, herangezogen werden."[302]

---

299 Vgl. Kreikebaum 1993a, S. 179f.; Seidel 1990, S. 335.
300 Ein Beispiel aus dem Recht ist die erst jetzt - und auch nur als Staatsziel - erfolgte Aufnahme des Umweltschutzes in das Grundgesetz. Dennoch wurden bereits aus den bestehenden Grundrechten Umweltschutzpflichten, allerdings auch -schranken abgeleitet. Ein ähnliches Beispiel ist bei einer Umweltorientierung der Arbeitsbeziehungen mit der Betriebsverfassung gegeben; vgl. Abschn. 3.4.3.2.
301 Vgl. Weber 1973, S. 150; Seidel/Menn (1988, S. 47,52f., 58f.) sehen in der Zweckspezifikation eine zentrale Bedingung umweltverträglichen Verhaltens in Betriebswirtschaften.
302 Luhmann 1973, S. 198.

Bei lediglich impliziter, wenn auch positiver Berücksichtigung des Umweltschutzes entfällt deshalb aber die gezielte Steuerung, Koordination und Kontrolle. Umweltverträgliches Verhalten ist zwar erleichtert, aber bloß als Zufallsprodukt aus der Konstellation anderer Einflüsse. Die Spannbreite möglicher Verhaltenssignale reicht somit von einer expliziten, umfassenden und vorrangigen Berücksichtigung des Umweltschutzes bei gleichzeitiger Komplementarität mit den anderen wichtigen Norminhalten und jeweils hohen Zielerreichungsgraden (positives Extremum) bis zu einer Nichtberücksichtigung bei gleichzeitiger Dominanz konkurrierender, ebenfalls mit hohen Zielerreichungsgraden versehener Norminhalte (negatives Extremum). Die Wahrscheinlichkeit intendierter und nicht-intendierter negativer ökologischer Handlungsfolgen ist im ersten Fall am geringsten, im zweiten am höchsten.

Schließlich wirken Optimierungskriterien (Zielerreichungsgrade) steuernd, koordinierend und - wegen der durch sie erreichten Operationalisierung - kontrollierend (4.). Eine generelle Aussage ist nur insoweit möglich, als auch hier Umweltschutz- und zu Umweltschutz komplementäre Normen konkurrierenden Normen gegenüberstehen. Geringe (hohe) Zielerreichungsgrade für erstere und/oder hohe (geringe) für letztere reizen ein gering(hoch)-intensives umweltverträgliches Verhalten an. Die Umweltwirkung der Richtung der Optimierung hängt dagegen vom Zielinhalt ab: Je nachdem können Maximierung (z.B. Material-/Energieeinsparung) umweltverträgliches Verhalten fördern - und umgekehrt hemmen.

Verfehlt wäre es, eine mechanistische Wirkung des Normensystems zu unterstellen. Sie ist immer vor dem persönlichen und dem arbeitsorganisatorischen Hintergrund des jeweiligen Organisationsmitglieds zu sehen. Insbesondere wird die Wirkung um so größer ausfallen, je ähnlicher sich Absichten und Ziele der Organisation einerseits und persönliche Werthaltungen und Einstellungen andererseits sind.[303] Klaffen beide auseinander, sind Widerstände und abweichendes Verhalten wahrscheinlich. Das gilt - aus Sicht des einzelnen - sowohl für Versuche, trotz eines den Umweltschutz konkurrierenden Normensystems der Organisation, sich dennoch umweltverträglich zu verhalten, als gerade auch umgekehrt für Widerstände gegen die Umsetzung umweltverträglicher Absichten und Ziele. Das Ausmaß divergierenden Verhaltens hängt neben den beschriebenen inhaltlichen Aspekten von der Stärke der Absichten und Ziele

---

303 Vereinfachend wird hier unterstellt, daß die Umweltorientierung des organisatorischen Rahmens durch konsistente Ableitung der der Absichten und Ziele entspricht; zur Umweltwirkung des organisatorischen Rahmens vgl. ausführlich Abschn. 3.3.4.3.

sowie der Motivation ab, vor allem inwieweit das Organisationsmitglied sich selbst (eher) internal und external kontrolliert wahrnimmt.

Die empirische Zielforschung hat die Wirkung betrieblicher - zumal strategischer - Normen auf die Umweltverträglichkeit individuellen Verhaltens bisher nicht untersucht. Das Augenmerk liegt seit den ersten Studien durch *Töpfer* und *Fritz u.a.* auf der Erforschung des Zielsystems selbst, d.h. der Ermittlung des Stellenwertes und der Beziehung umweltschutzbezogener gegenüber den herkömmlichen Zielinhalten.[304] *Nitze* stellt in seiner (Organisations-) Studie fest, daß Unternehmen mit einem Umweltleitbild und formulierten Umweltzielen überdurchschnittlich viele organisatorische Maßnahmen durchführen und daß die Linienmanager "in praktisch allen diesen Unternehmen in ihrem Tätigkeitsbereich neben ihrer üblichen Verantwortung auch die Verantwortung für den Umweltschutz"[305] tragen. Faßt man Strategien als menschengemacht, d.h. als Ergebnis individuellen Verhaltens (der Planungsträger) auf und als vorprägend, geben auch die Kausalanalysen von *Kirchgeorg* Anhaltspunkte.[306] Markt- wie innengerichtete Umweltschutzstrategien, aber auch Rückzugsstrategien werden danach am ehesten durch Umweltschutzziele hervorgerufen, während die herkömmlichen Zielinhalte keine oder nur untergeordnete Beiträge leisten. "Angesichts dieser Wirkungsbeziehungen ist das Umweltschutzziel als bedeutende Steuerungsgröße zur Planung und Durchsetzung eines ökologieorientierten Unternehmensverhaltens zu werten."[307] Abbildung 22 legt die Schlußfolgerung nahe, daß Zielkomplementaritäten einen nachrangigen Stellenwert von Umweltschutz teilweise ausgleichen.

Grundhaltung	relativer Stellenwert des Umweltschutzes (12 Zielinhalte)	Beziehungen zu den anderen Zielinhalten, insgesamt
innovativ	mittel (7.)	deutlich komplementär
selektiv	hoch (3.)	überwiegend komplementär
innengerichtet aktiv	mittel (8.)	deutlich negativ
passiv	niedrig (10.)	deutlich negativ

Abb. 22: Zielinhalte und ökologische Grundhaltungstypen
Quelle: nach Kirchgeorg 1990, S. 248-255; auch in Meffert/Kirchgeorg 1993, S. 186-190.

---

304 Vgl. Töpfer 1985; Fritz u.a. 1985. Zeitlich anschließend insbes. die Ergebnisse der Forschungsgruppen um (a) Raffée und (b) Meffert und Kirchgeorg; zu (a) vgl. Fritz u.a. 1985; Fritz u.a. 1988; Raffée u.a. 1988; Raffée/Fritz 1990; Raffée/Förster/Fritz 1992; zu (b) Meffert/Kirchgeorg 1989; Meffert u.a. 1989, S. 20-27; Kirchgeorg 1990, S. 232-240; Meffert/Kirchgeorg 1993, S. 184-186; vgl. weiterhin Nitze 1991, S. 168-172; Coenenberg u.a. 1994, S. 85f.; Coenenberg 1994, S. 39f.
305 Nitze 1991, S. 171.
306 Im folgenden Kirchgeorg 1990, S. 238-246.
307 Kirchgeorg 1990, S. 244.

3.4.2.2 Strategien und Maßnahmen

Strategien zeigen an, wie ein Unternehmen den Absichten gemäß langfristig seine Ressourcen einsetzt, um Erfolgspotentiale zu erschließen und zu erhalten. Maßnahmen stellen die Umsetzung sicher, d.h. beide werden parallel entwickelt.[308] Idealtypisch liegt mit der(n) Strategie(n) die Gesamtaufgabe des Unternehmens, die ihrerseits wieder Ausgangspunkt für die Zerlegung in Teilaufgaben und für die Stellenbildung ist, fest.[309] Bei der Revision von Strategien vor dem Hintergrund bereits entwickelter Strukturen ist allerdings keine einseitige (lineare) Kausalität, sondern eine wechselseitige Beeinflussung anzunehmen (s.o.).

Hinsichtlich eines umweltverträglichen Verhaltens von Organisationsmitgliedern sind zwei Strategiekategorien zu unterscheiden: die des Umweltschutzes und die des Unternehmens. **Umweltschutzstrategien** kennzeichnen die grundsätzliche Ausrichtung gegenüber ökologischen Anforderungen nach Zeitpunkt, Richtung, Ausmaß und Inhalt. Mit den ersten drei Merkmalen befaßt sich das Schrifttum ausführlich. Gängige Typisierungen dabei sind aktiv/passiv, offensiv/defensiv, reaktiv/proaktiv, differenzierter etwa Innovation/Anpassung/Rückzug/Passivität/Widerstand,[310] indifferent/risiko-/chancen-/innovationsorientiert[311] oder - empirisch ermittelt - innovativ/innengerichtet aktiv/selektiv/passiv[312].[313] Die Bezeichnung als Norm- oder Basisstrategie[314] macht explizit deutlich, daß einem Organisationsmitglied entgegengesetztes Verhalten nicht mehr ohne weiteres möglich ist, denn es gerät unter internen Legitimations- und Konformitätsdruck. Je nach Auslegung der Strategie kann sich das sowohl positiv wie negativ auf die Umweltverträglichkeit seines Verhaltens auswirken.

Für diese Arbeit wurde eine inhaltliche Unterscheidung, d.h. nach dem ökologischen Effekt von Strategien und Maßnahmen, entwickelt. [Abb. 10: 61] Dabei wurde Prävention u.a. explizit durch die Einbeziehung der die Umweltwirkungen verursachenden Organisationsmitglieder definiert. [91f.] Die Möglichkeit und Wahrschein-

---

308 Vgl. Kreikebaum 1993a, S. 56-59. Maßnahmen sind damit von den "alltäglichen, geschäftlichen Aktivitäten, die sich im Rahmen der operativen Planung ergeben", abzugrenzen (S. 59). Aufgrund der Synchronisation kann sich die Analyse im folgenden auf die strategische Ebene beschränken.

309 Vgl. Grochla 1982, S. 114.

310 Vgl. Stitzel 1977, S. 40-43 i.V.m. 52-54; weiterentwickelt bei Kirchgeorg 1990, S. 44-51 i.V.m. 137-142 oder Meffert/Kirchgeorg 1993, S. 151-153.

311 Vgl. Steger 1993a, S. 207 i.V.m. 211-225 oder 1992b, S. 274-283.

312 Vgl. Kirchgeorg 1990, S. 142-148; auch bei Meffert/Kirchgeorg 1993, S. 175-177.

313 Vgl. auch die Übersichten bei Kirchgeorg 1990, S. 35-45; Meffert/Kirchgeorg 1993, S. 146-150; Türck 1991, S. 152-159; vgl. auch Anhang 1, S. 316-319.

314 Vgl. Steger 1993a, S. 206f. oder 1992b; Kirchgeorg 1990, S. 44f., 137-142; Meffert/Kirchgeorg 1993, S. 146-153.

lichkeit zu umweltverträglichem Verhalten ist bei Prävention somit am größten. Dagegen zeichnen sich Reparatur- und Kompensationsstrategien dadurch aus, daß die Ursache unangetastet bleibt. Beides sind Strategien mit Bedarf an konzentrierten, hoch arbeitsteiligen Strukturen (spezialisierte Umweltschutzbeauftragte und -abteilung). Die Möglichkeit von Organisationsmitgliedern zu umweltverträglichem Verhalten ist demnach äußerst gering: Die organisationsweite Einbindung der Mitarbeiter paßt nicht in die Logik dieser Strategietypen. Duldungsstrategien sehen umweltverträglicheres Verhalten als das tolerierte Maß - im Extrem die völlige Abstinenz - sogar explizit nicht vor. [4.2.1]

Ökologische Effektivitäts- und Norm-/Basisstrategien lassen sich nicht eindeutig einander zuordnen. Defensive Strategien haben als Richtschnur die gesetzliche Minimalauslage, diese wiederum hat bislang eindeutig reparativen Umweltschutz befördert. [1.1, 4.2.1] Durch neuere Entwicklungen im Umweltrecht, insbesondere die persönliche Haftung von Organisationsmitgliedern, [3.4.3.1] gewinnt Prävention allerdings an Bedeutung. Auch reaktives Verhalten muß nicht Prävention ausschließen, wie oben gezeigt wurde; das hängt von der verbliebenen Reaktionszeit ab - je geringer sie ist, desto wahrscheinlicher wird Reparatur. [16f.] Entsprechendes gilt für passive und anpassende Strategien. Dagegen enthalten Widerstandsstrategien zwar ein präventives Element - allerdings zur Verhinderung von Umweltschutz; teilweise wird sogar, wie die Kriminalstatistik belegt,[315] gezielt gegen gesetzliche Normen verstoßen. Unter allen Stratietypen ist umweltverträgliches Verhalten einzelner Organisationsmitglieder hier am stärksten erschwert. Am günstigsten sind die Voraussetzungen bei Innovation und Chancenorientierung. Unter den oben geschilderten Bedingungen [60-64] ist auch Rückzug eine Form von Prävention.[316]

In der Literatur zum Risikomanagement werden Umweltschutzstrategien schließlich nach der Art der Risikobewältigung typisiert. Im Vordergrund steht jedoch das Management der aus Umweltbelastungen resultierenden Risiken für das Unternehmen. Umweltschutz ist ein Derivat davon. Das zeigt sich besonders darin, daß die Strategien das ganze Spektrum von Prävention (v.a. durch Vermeiden, z.T. durch Vermindern, Überwälzen und Versichern) bis einschließlich zur Inkaufnahme von Umwelt-

---

315 Vgl. UBA 1994, S. 43f.; 1995a, S. 64f.
316 So auch Kirchgeorg 1990, S. 48; Meffert/Kirchgeorg 1993, S. 152f. 169.

schäden (explizit durch Selbsttragen, z.T. durch Überwälzen, überwiegend bei Versicherern) abdecken.[317]

Nun ist, darauf wurde schon bei der Wirkung der unternehmerischen Absichten hingewiesen, für Betriebswirtschaften Umweltschutz kein Selbstzweck. Aus gestalterischer Sicht ist deshalb die Grundsatzentscheidung für präventiven Umweltschutz mit den allgemeinen Strategie(n) des Unternehmens abzustimmen. Aus Sicht eines einzelnen Entscheiders stellt sich die Frage nach der Vereinbarkeit von präventivem Umweltschutz mit der für ihn maßgeblichen Strategie. Die zweite Kategorie sind somit die **Unternehmensstrategien**. Exemplarisch sei hier die wettbewerbsstrategische Ausrichtung nach den Kriterien des Marktverhaltens und der Wettbewerbsvorteile/Marktabdeckung herausgestellt.[318] Das Marktverhalten wird in der Literatur nach Pionier-/First- und Folger-/Followerstrategie unterschieden.[319] Da die Forderung nach Prävention durch Defizite ausgelöst ist, bedarf es eines organisatorischen Wandels - so eine Ausgangsthese dieser Arbeit. [1.1] Eine Folgersstrategie zögert Wandel jedoch erst einmal hinaus, insbesondere dann, wenn die Konsequenzen nachhaltig und die ökonomischen Risiken hoch sind. Bei ersatzlosem Verzicht und Strukturveränderung, den beiden präventiven Strategietypen, ist genau das der Fall. Es besteht deshalb aller Grund zur Annahme, daß die strategischen Bedingungen eines umweltverträglichen Verhaltens des einzelnen Organisationsmitglieds am günstigsten bei einer Pionierstrategie sind. Auch eine Followerstrategie läßt einen Wandel zu - aber relativ zum Wettbewerb zeitverzögert. Denn sie bedarf der Anstöße von außen, d.h. der Firststrategie mindestens einer der Konkurrenten.

Niedrige Kosten und Differenzierung sind nach *Porter* die beiden grundlegenden potentiellen Wettbewerbsvorteile eines Unternehmens. Kombiniert mit der Breite der Marktbearbeitung, branchenweit oder segmentiert, ermittelt er drei Typen von Wettbewerbsstrategien.[320] In Abbildung 23 ist die Verträglichkeit mit ausgewählten ökonomischen Wirkungen von Umweltschutzaktivitäten verglichen. Die Matrix zeigt zweierlei: Bestimmte Wirkungen umweltverträglichen Verhaltens sind nicht verträglich mit bestimmten Wettbewerbsstrategien, und gleiche Auswirkungen haben je nach

---

317 Die Risikobewältigungsstrategien und ihre Präventionswirkung sind ausführlich bereits in Abschn. 2.2.1 diskutiert; vgl. S. 29-31 Steger gliedert sie in die Normstrategien ein (1993a, S. 212; 1992b, S. 276-279).
318 Zu diesen und weiteren Klassifikationen vgl. Kreikebaum 1993a, S. 52-56; Staehle 1989, S. 610-615.
319 Vgl. Pfeiffer u.a. 1991, S. 15f., 44-50.; Porter 1986, S. 239-251; mit Bezug zu Umweltschutzstrategien Steger 1993a, S. 213-216; Schmidt, R. 1991, S. 162-168; Meffert/Kirchgeorg 1993, S. 157-159 ("Timingstrategien").
320 Vgl. Porter 1986, S. 31f.; beschrieben sind diese ebenda, S. 32-43; Porter 1987, S. 62-69.

Auswirkungen Umweltschutz Wettbewerbsstrategien	Kostenerhöhung	Minderung der Gebrauchseigenschaften	Zusatznutzen	Innovation
Kostenführerschaft	−	0	0	+
Differenzierung	0	−	+	+
Nischenpolitik:				
a) kostenorientiert	−	0	0	+
b) differenzierend	0	−	+	+

− negativer Zusammenhang, 0 neutraler Zusammenhang,
+ positiver Zusammenhang

Abb. 23: Verträglichkeit von ökonomischen Wirkungen von Umweltschutzaktivitäten mit Wettbewerbsstrategien nach Porter
Quelle: Steger 1993a, S. 208.

Wettbewerbsstrategie unterschiedliche Konsequenzen. Anders: Jede Wettbewerbsstrategie bietet spezifische Ansatzpunkte und Blockaden umweltverträglichen Verhaltens:[321]

- **Differenzierung/Qualitätsführerschaft:** Umweltverträglichkeit eröffnet als Qualitätsmerkmal zusätzliche Differenzierungsmöglichkeiten. Durchgängig wird deshalb Kompatibilität attestiert. Vernachlässigt wird darüber, daß in nicht wenigen Fällen umweltverträgliches Verhalten Abstriche bei anderen Qualitätsmerkmalen verlangt. Da die subjektive Wahrnehmung zählt, ist es zunächst unerheblich, ob die herkömmlichen Ansprüche berechtigt oder überzogen und nur auf vermeintliche Qualitäten ausgerichtet sind (überhäufige Lieferungsfrequenzen, aufwendige Verpackungen, Verwendung ausschließlich von Primärrohstoffen und -halbprodukten u.a.m.). Eine eigene Untersuchung zur Transportmittelwahl ergab dann auch, daß die Erfüllung der herkömmlichen Standards in kaum geringerem Umfang auch von der umweltverträglicheren Variante, der Schiene, zu erfüllen ist und daß dies infolge immanenter (Verteilung in der Fläche) oder konstruierter Nachteile (v.a. Lieferschnelligkeit, -pünktlichkeit, -service) nicht umstandslos vorausgesetzt werden kann. [148]

---

321 Dazu und im folgenden Steger 1993a, S. 208-210; aber auch schon 1988a, S. 153f. Vgl. auch Türck 1991, S. 175-186; Kirchgeorg 1990, S. 109-115; Schmidt, R. 1991, S. 183-192; Meffert/Kirchgeorg 1993, S. 154-157.

- **Kostenführerschaft:** Auch hier wird durchgängig eine, diesmal tendenziell negative Wirkung unterstellt. So gelten die Sunk costs und Umstellungskosten eines Strukturwandels und der Neueinstieg auf der Erfahrungskurve als wesentliche Hemmnisse integrierter Verfahrensinnovationen.[322] Ebenso sind Strukturveränderungen, die "Durchsetzung neuer Kombinationen", häufig mit erhöhten Kosten verbunden: für FuE, Organisations- oder Personalentwicklung. Andererseits gehen Ressourcenschonung, etwa als effiziente Energie- und Materialausbeute (integrierter Umweltschutz), unmittelbar mit Kostensenkung einher.[323] Hier wird die These vertreten, daß nicht zuletzt aufgrund defizitärer Kostenrechnungen (a) positive Beiträge umweltverträglichen Verhaltens und (b) negative Beiträge umweltschädlichen Verhaltens zu einer Strategie der Kostenführerschaft systematisch unterschätzt werden.[324] Das Resultat ist dann zwar zunächst das gleiche - eine in der Mehrzahl defensive, reparative Umweltschutzstrategie -, eine günstigere Konstellation ist aber immerhin durch unternehmensinterne Entscheidungen gestaltbar. Bei einer infolge steigender Rohstoffpreise oder umweltpolitischer Setzungen (v.a. Öko-Steuern und Abgaben) anzunehmenden Verteuerung der Ressourcen weitet sich das Potential, durch effizienten Umweltschutz Kostenvorteile zu erlangen, ohnehin aus.

- **Nischenstrategie/Konzentration auf Schwerpunkte:** Der Unterschied der nischenorientierten Varianten von Differenzierung und Kostenführerschaft liegt in der Ausschließlichkeit, mit der das Segment bearbeitet wird. In Segmenten kann die Sensibilität (Elastizität) gegenüber Umweltschutz deshalb erheblich höher, aber auch erheblich geringer als im Mittel sein. Die Möglichkeiten umweltverträglichen Verhaltens weiten sich entsprechend aus oder verengen sich. Aufgrund der Ausschließlichkeit nimmt die Abhängigkeit von Anspruchsgruppen einer Nische stark zu und gleichzeitig die kurzfristige Flexibilität eines Segmentwechsels ab. Bei nicht oder weniger sensiblen Anspruchsgruppen führt dies dann zu einem überproportional erhöhten Risiko abweichenden, umweltverträglichen Verhaltens.

- **Outpacing:** Beim Outpacing werden die Strategien Differenzierung und Kostenführerschaft sequentiell oder parallel kombiniert.[325] Die Essenz besteht darin, daß die eine Strategie der anderen den Boden bereitet. Die Beziehung zu Umweltschutzstrate-

---

322 Vgl. Hartje/Lurie 1984, S. 16-29; m.w.N. Antes 1988, S. 74f.; Hartje 1990, S. 144-161.
323 Vgl. m.w.N. Antes 1988, S. 72-74.
324 Vgl. Abschn. 4.2.2, S.280f. Ähnlich sieht Schmidt, R. (1991, S. 186) kostenorientierte Wettbewerbsvorteile speziell durch integrierten Umweltschutz realisierbar.
325 Vgl. Porter 1986, S. 39-47; Türck 1991, S. 186-192; Schmidt, R. 1991, S. 190-192.

gien ist nicht eindeutig. Die Qualitätskomponente kann umweltverträgliches Verhalten in stärkerem Ausmaß zulassen als bei reiner Kostenorientierung. Bietet Umweltverträglichkeit aber lediglich einen Zusatznutzen zu erhöhten Preisen, ist, wie die bereits erwähnte Transportmittelwahl-Studie belegt,[326] auch das Gegenteil möglich. Umgekehrt beobachtet *Schmidt*, daß integrierte Umweltschutztechniken häufig beide Effekte (niedrigere Kosten, höhere Produktqualität) realisieren.[327]

Zu den organisatorischen und personellen Anforderungen der Wettbewerbsstrategien macht *Porter* nur knappe Ausführungen. Das rigide Strukturdesign bei Kostenführerschaft und das eher lockere bei Differenzierung erinnern stark an die Gegenüberstellung von mechanistischen und organischen Systemen bei *Burns/Stalker*.[328] An anderer Stelle mißt er der Unternehmenskultur, genauer: dem "Fit" zwischen Unternehmenskultur und Strategie, besondere Bedeutung bei. Danach entsprechen der Kostenführerschaft am ehesten Sparsamkeit, Disziplin und Genauigkeit, der Differenzierung dagegen Innovation, Individualität und Risikobereitschaft.[329] Die unterschiedlichen Strategien sind in Abbildung 24 noch einmal zusammengefaßt.

Die umweltorientierte Verhaltenswirkung von Wettbewerbsstrategien ist empirisch kaum untersucht. *Schmidt* kommt für die chemische Industrie zu dem Ergebnis, daß der Einsatz integrierter Umweltschutztechnik im allgemeinen auf technologischer Pionierarbeit, der von End-of-the-pipe-Technik dagegen auch auf Folgerstrategien basiert.[330] Geringfügig besser ist die Datenlage bei Umweltschutzstrategien. Auf Grundlage derselben Studie gelangt *Kreikebaum* zu Aussagen über die den integrierten Umweltschutz fördernde Bedingungen. Unter anderen sind dies qualifizierte und motivierte Mitarbeiter, intensive unternehmensinterne und -externe Kommunikation und Kooperation, die Unterstützung durch Machtpromotoren[331] sowie flexible, Selbstorganisationsprozesse ermöglichende Organisationsstrukturen.[332] Die eigene Güterverkehrsstudie zeigt, daß eine Strategie der Qualitätsführerschaft auch bei Teilleistungen, wie dem Transport, zur Wahl von Alternativen (Lkw) zwingen kann,

---

326 Vgl. Antes/Prätorius/Steger 1992.
327 Vgl. Schmidt, R. 1991, S. 192.
328 Vgl. Porter 1987, S. 69f.; Burns/Stalker 1971, S. 119-122. Zur Verhaltenswirkung organisatorischer Strukturen vgl. ausführlich den nachfolgenden Abschn. 3.4.3.
329 Vgl. Porter 1986, S. 47f. Zur Verhaltenswirkung einer Unternehmenskultur, insbes. auch zur Kritik an diesem bloß instrumentellen Verständnis von Unternehmenskultur vgl. Abschn. 3.4.3.4, S.211-213.
330 Vgl. Schmidt, R. 1991, S. 166.
331 Vgl. dazu auch Ostmeier 1990, S. 220-224.
332 Vgl. Kreikebaum 1990, S. 53; 1990c, S. 117f.; 1992a, S. 166-168; auch Schmidt, R. 1991, S. 140f.

STRATEGIEN

Umweltschutzstrategien

Richtung + Ausmaß des Engagements an sich

Norm-/Basisstrategien
- aktiv/passiv
- offensiv/defensiv
- reaktiv/proaktiv
- indifferent/risiko-/chancen-/innovationsorientiert
- Innovation/Anpassung/Rückzug/Passivität/Widerstand

Risikobewältigungsstrategien
vermeiden/mindern/überwälzen/versichern/selbst tragen

Inhalte

Strategien qualitativen Wachstums (Kreikebaum)
Reduzierung Ressourcenverbrauch/Rezyklierung/umweltfreundliche Technologie/umweltfreundliche Produkte/aktiver Umweltschutz

umweltbezogene Strategietypen (Jacobs)
abwehrorientierte/output-/prozeß-/zyklus-/

Strategien der Nachhaltigkeit (Huber)
Suffizienz Effizienz Konsistenz

ökologische Effektivitätsstrategien (Antes)
Prävention/Reparatur/Kompensation/Duldung

Unternehmensstrategien

innerorganisatorischer Geltungsbereich
Gesamtorganisation / Bereich

... **Wettbewerbsverhalten**

Marktverhaltens-/Timingstrategien
Pionier-First/Folger-Follower

Wettbewerbsvorteile-/Marktabdeckungsstrategien
Kostenführerschaft/Differenzierung/Konzentration/Outpacing

Abb. 24: Umweltschutz- und Unternehmensstrategien

165

die nach eigener Einstellung nicht umweltverträglich sind.[333] Die an Basisstrategien orientierte Auswertung von Kirchgeorg läßt wegen der verschiedenen Abgrenzungskriterien nur wenige Rückschlüsse für unsere Zwecke zu, zumal auch noch entscheidende Substrategien weder eindeutig formuliert noch verbindlich definiert sind.[334] Der Rückzug aus Märkten ist am ehesten durch eine ausgeprägte Kostenorientierung motiviert, dagegen konträr zu einer Nischenstrategie. Vielmehr wird für Konzentration der relativ höchste Einfluß auf innovatives, aktives, offensives Verhalten ermittelt.[335]

3.4.3 Der organisatorische Rahmen umweltverträglichen Verhaltens - Fremd- und Selbstorganisation

Mit dem organisatorischen Rahmen sind die bei *von Rosenstiel* als soziales Dürfen und bei *Laux/Liermann* als organisationsinterne und -externe Umwelt umrissenen Einflüsse eines bestimmten Verhaltens angesprochen. [94-96] Seine Relevanz für eine umweltverträgliche Aufgabenerfüllung wurde bereits an mehreren Stellen dieser Arbeit deutlich: Erstens steckt er über die Umsetzung der beiden Prinzipien organisatorischer Gestaltung, d.h. über das Ausmaß an Arbeitsteilung und Spezialisierung (Differenzierung) sowie die Formen der Steuerung und Koordination der so entstandenen Teilaufgaben, die Möglichkeiten eines Organisationsmitglieds ab, sich umweltverträglich zu verhalten. Zweitens nimmt er Einfluß auf alle anderen Bedingungen umweltverträglichen Verhaltens:

- über die Aus-/Weiterbildung auf die Qualifikation (individuelles Können);
- über Verhaltenserwartungen auf die Motivation (individuelles Wollen) und die objektive Ermöglichung;
- über die Internalisierung externer Kosten individuellen Verhaltens ebenfalls auf die Motivation;
- über die Definition und Koordination der Aufgaben auf die organisationsspezifische Aneignung des Umweltproblems sowie

---

333 Vgl. Antes/Prätorius/Steger 1992, S. 749f. Bezeichnenderweise hatte die Teilgruppe der "Umweltschutzinnovatoren" mit den höchsten Lkw-Anteil, obwohl sie überdurchschnittlich pro Bahn und contra Lkw eingestellt war. Zwei für den Verhaltensspielraum mitentscheidende Punkte konnten allerdings nicht geklärt werden: ob die Anspruchsniveaus überzogen waren und ob die Wahrnehmung der an sie gerichteten Ansprüche verzerrt war.
334 Vgl. Kirchgeorg 1990, S. 137-142, 258f., 316.
335 Vgl. Kirchgeorg 1990, S. 258f.

- über die Ermöglichung bestimmter Informationsstände auf die subjektive Verfügbarkeit umweltverträglicher Alternativen.

Der organisatorische Rahmen eines Organisationsmitglieds ist umfassend. Er stellt sich in unterschiedlichen Situationen und zu verschiedenen Zeitpunkten kaum identisch dar. Daneben sind intra- und interindividuelle Unterschiede der Organisationsmitglieder zu beachten. Die Ausblendung bestimmter Verhaltenseinflüsse, etwa Kognitionen in behavioristischen oder materielle Anreize in kognitionsorientierten Erklärungsansätzen umweltverträglichen Verhaltens, ebenso wie eine daraus folgende Monokultur beim bevorzugten Steuerungs- und Koordinationsinstrumentarium genügt dieser Vielschichtigkeit nicht. Das zeigt sich am begrenzten Erklärungsgehalt dieser Partialmodelle,[336] aber auch an anderen theoretischen und empirischen Befunden:

- Organisatorische Maßnahmen wirken je nach (allgemeiner) Arbeitsmotivation unterschiedlich. Bei einer instrumentellen Ausrichtung ist Beeinflußbarkeit vor allem über soziale Normen und extrinsische Anreize (Sanktionen inklusive) gegeben, bei intrinsischer Motivation dagegen in erster Linie über eine anspruchsvolle Definition der Aufgabe. Daß Organisationsmitglieder mit vorwiegend extrinsischer Motivation kein hypothetisches Konstrukt sind, zeigen empirische Untersuchungen zumindest die Untersuchung von *Meißner* zeigt aber auch, daß die Arbeitsergebnisse gegenüber intrinsisch Motivierten nicht notwendigerweise schlechter sind.[337] Das heißt auch, daß gleiche Arbeitsleistung unterschiedlich motiviert sein kann - Arbeitsinhalte sind ein wichtiger, nicht aber der einzige Motivator.[338]

- Ähnlich arbeiten *Stolz/Türk* vier organisationale Einbindungsmuster, "spezifische Entsprechungsverhältnisse der Koexistenz von Individuum und Organisation", heraus, mit je typischen, für unterschiedliche Objekte (z.B. Erfolgsdefinition, Zeitperspektive und normative Verhaltenskontrolle) geltenden Orientierungen: (a) instrumentalistisch (Orientierung an organisationalen, materiellen oder statusbezogenen Sanktionen), (b) bürokratisch (an organisatorischen verwaltungsmäßigen Regeln), (c) professionalistisch (an beruflichen Standards) und (d) organisationspolitisch (an organisationalen Leitwerten).[339]

- *Kirsch* modelliert das Kosten-Nutzen-Kalkül umweltverträglichen Verhaltens: Bei Kosten-Nutzen-fixierten "Opportunisten" - mit der völligen Elastizität als Extremum - greifen Anreize stärker, bei verhaltensfixierten "Rigoristen" - Extremum hier ist die völlige Kosten-Nutzen-

---

336 Hierzu auch die Diskussion von und die Kritik an normativ-generalisierenden sowie differentiellen Konzepten präventiv-prospektiver Arbeitsgestaltung und die Hinwendung zur optionalen Gestaltung (individualisierbare Tätigkeitsspielräume) bei Hacker/Raum 1991, S. 10-15.

337 Meißner untersuchte die Phase der Ideengenerierung. Allerdings war die Bewertung in zweifacher Weise lediglich quantitativ: Die Trennung beider Gruppen erfolgte über den Median, gemessen wurde die Zahl innovativer Ideen; vgl. Meißner, Wo. 1988, S. 182; 1989, S. 148-150; vgl. auch Kern/Schumann 1985, S. 237-251; Staehle 1989, S. 649f.; Laux/Liermann 1993, S. 513; Schanz 1991, S. 14; indirekt Kreikebaum/Herbert 1988, S. 188.

338 Vgl. die Tabellen der bi- und multivariaten Auswertung des Bezugsrahmens bei Meißner, Wo. 1988, S. 179f. oder 1989, S. 149, 165. Allerdings vernachlässigt auch Meißner wichtige Bedingungen, im wesentlichen die Qualifikation sowie materielle Anreize; vgl. auch Hopfenbeck 1989, S. 278-287; Thierry 1986; Weinert 1992, Sp. 130.

339 Vgl. Stolz/Türk 1993, Sp. 851-853.

Unelastizität des Verhaltens - dagegen Ge- und Verbote.[340]

- Feldversuche (Freilandeier im Supermarkt) von *Diekmann/Preisendörfer* kommen bei unterschiedlichen Einflußmaßnahmen - Preissenkung und moralischer Appell - zu nahezu identischen Verhaltenswirkungen.[341]

- Anhand des Energiesparverhaltens privater Haushalte machen *Frey/Stahlberg/Wortmann* darauf aufmerksam, daß (Konsum-)Verzicht und Effizienzsteigerung (Investition in neue Haushaltstechnologien) auf zwei psychologisch vollkommen verschiedenen Verhaltensweisen beruhen und von unterschiedlichen Faktoren beeinflußt werden: auf der einen Seite häufiges Wiederholen schonenden Verhaltens bis hin zur grundsätzlichen Änderung von Verhaltensweisen (Verzicht), auf der anderen Seite eine einmalige Investitionsentscheidung. Nach empirischen Befunden folgen letztere primär ökonomischen Kriterien, während der Verzicht vorrangig von Werthaltungen und wahrgenommenen sozialen Normen bestimmt wird.[342]

Für das weitere Vorgehen festzuhalten ist folgendes. Der organisatorische Rahmen

- ist menschengemacht - und deshalb prinzipiell veränderbar. Er ist die Folge vergangener Entscheidungen von Organisationsmitgliedern. Gegenwärtige Entscheidungen sind der Verhaltensrahmen von morgen;

- er markiert den objektiven Verhaltensspielraum;

- dieser wird subjektiv wahrgenommen und redefiniert;

- je nach Individuum und Situation wirken die Einflüsse unterschiedlich. Eine Analyse des organisatorischen Rahmens muß deshalb umfassend angelegt sein.

Noch 1992 hält *Frese* als Ergebnis einer Analyse fest: "... die empirische Organisationsforschung (steht, Anm. R.A.) bei der Untersuchung der Verhaltenswirkung von Organisationsstrukturen noch ganz in den Anfängen"[343]. Bereits ausgeführt wurde, daß die Umweltforschung individuelles Verhalten nahezu ausschließlich im privaten Lebensbereich untersucht. Darunter sind, u.a. mit Anreizen und sozialen Normen als Gruppennormen, allerdings auch Ergebnisse zu Bedingungen Einflüsse, die den Verhaltensrahmen eines Organisationsmitglieds mit ausmachen, und die im folgenden berücksichtigt werden. Der organisatorische Rahmen umweltverträglicher Aufgabenerfüllung ist nicht vollständig selbst-, sondern zu einem guten Teil fremdorganisiert. Fremdorganisation geschieht durch Gesetzgebung, Rechtsprechung und Normungssysteme, [3.4.3.1] Selbstorganisation durch Ausgestaltung der jeweiligen Stelle [3.4.3.3] und durch gemeinsame soziale Normen [3.4.3.4]. Die Arbeitsbeziehungen

---

340 Vgl. Kirsch 1991, S. 257-259.
341 Vgl. Diekmann/Preisendörfer 1994, S. 24.
342 Vgl. Frey, D. u.a. 1990, S. 685f.
343 Frese 1992a, S. 291; ähnlich 1993, S. 104.

weisen Elemente von Fremd- und Selbstorganisation auf. Sie werden in einem eigenen Kapitel diskutiert. [3.4.3.2][344]

3.4.3.1 Gesetzgebung, Rechtsprechung und Normungssysteme

Neben das durch die Organisation gesetzte, strukturelle und kulturelle, soziale Dürfen und Sollen tritt erstens, in Gestalt gesetzlicher Regelungen, ein Müssen. Gerade der betriebliche Umweltschutz und der Arbeitsumweltschutz sind in wesentlichen Teilen durch die Politik fremdbestimmt (Minimalauslage). Regelungsebenen sind sowohl das nationale Verwaltungs-, Zivil-, Straf- und Ordnungswidrigkeitenrecht als auch (zunehmend) das EU-Recht.[345] Aus Sicht des einzelnen Organisationsmitglieds können dabei drei Arten von Eingriffen unterschieden werden: (1.) inhaltliche Vorgaben, (2.) organisatorische Vorgaben und (3.) die rechtliche Zuweisung von Verantwortung.[346] Deren verhaltenssteuernde Wirkung auf den einzelnen ist jedoch unter zwei Einschränkungen zu sehen: Erstens dominieren reparative Anreize klar und konstant über präventive. Zweitens werden aus dem Grundgesetz zwar Pflichten zu staatlichem Umweltschutzhandeln abgeleitet. Gleichzeitig setzt es aber auch einer zu starken Einschränkung der Organisationsfreiheit von Unternehmen Schranken;[347] auch dem Kooperationsprinzip[348] würden zu tiefe Eingriffe zuwiderlaufen. Die bestehenden Regelungen bewegen sich nach herrschender Meinung im Rahmen der grundrechtlichen Pflichten und unterhalb seiner Schranken. Soweit der Gesetzgeber aber nicht auf das einzelne Organisationsmitglied durchgreift, hängt der Anreiz zu umweltverträglichem Verhalten davon ab, wie das Unternehmen die Internalisierung intern umsetzt. Es kann die Vorgaben an den internen Ort der Verursachung (Stelle) durchleiten oder sogar verstärken (z.B. umweltschutzbezogene Kostenstellen- und -trägerrechnung, interne Verrechnungspreise), aber auch puffern (Gemeinkostenschlüsselung, Konzentration von Umweltschutzaufgaben in Stellen).[349] Eine Internalisierung auf der "Unternehmensoberfläche" verändert demnach das Kalkül der verursachenden Organisationseinheit nicht zwingend.

---

344 Zu anderen Systematisierungen i.V.m. betrieblichem Umweltschutz vgl. Nitze 1991, Kapitel 4; Middelhoff 1992, Kapitel 2; Matzel 1994, Teil E.1 und E.2; Jacobs 1994, Teil II, S. 93-218.
345 Zur Übersicht vgl. Nobbe 1993, S. 12-19. Eine Synopse bieten Schottelius/Küpper-Djindjic 1993; vgl. weiterhin Ossenbühl 1986.
346 Vgl. auch Antes 1994a, S. 25; anders RSU 1994, S. 164, Tz. 314.
347 Vgl. Hoppe/Beckmann 1989, S. 53-72; Kloepfer 1989, S. 50-54.
348 Vgl. dazu BMU 1986, S. 19f.; Wicke 1991, S. 144-146.
349 Gut erkennbar wird hieran auch die mittelbare ökologische Betroffenheit bei Organisationsentscheidungen.

(1.) Inhaltliche Vorgaben: Das nationale Umweltrecht enthält eine Fülle inhaltlicher Anforderungen an die Leistungserstellung, die deshalb hier nicht einzeln aufgeführt werden können.[350] In welchem Ausmaß diese zu den ursächlich Verantwortlichen vordringen und dort Verhaltensänderungen auslösen (können), ist - aus gerade ausgeführten Gründen - wesentlich der Selbstorganisation der Unternehmen überlassen und damit unternehmensspezifisch. Selbst die staatlichen Instrumente der direkten Verhaltenssteuerung - Erlaubnisverfahren (Planfeststellungs-, Genehmigungsverfahren, UVP), Auflagen (Ge-/Verbote) und ihre Überwachung - haben als Adressaten i.d.R. die Gesamtorganisation oder spezielle Beauftragte (s. unten), nicht aber eine bestimmte Organisationseinheit. Erst recht trifft dies auf ökonomische Anreize setzende Instrumente der indirekten Verhaltenssteuerung - Abgaben, Kompensationslösungen, Finanzierungshilfen - zu, die noch dazu als Verhaltensalternative die Beibehaltung des Status quo erlauben.[351] Insgesamt scheinen gerade die staatlichen Vorgaben Verhaltensweisen zu initiieren und zu unterstützen, die auf reparativen und kompensierenden Umweltschutz gerichtet sind:[352]

- Grenzwerte nach dem "Stand der Technik" begünstigen sehr stark Investitionen in nachsorgenden statt vorsorgenden Umweltschutz.[353]

- Auch die staatliche Regulierungspraxis liefert Hemmnisse für umweltverträgliches Entscheiden und Handeln. Beispielsweise kommt *Leprich* in seiner Analyse der Möglichkeiten einer rationellen Verwendung elektrischer Energie zu dem Ergebnis:

  "Eine auf Einsparung und Substitution elektrischer Energie gerichtete Geschäftspolitik eines EVU (Energieversorgungsunternehmen, Anm. R.A.) führt bei der heutigen Aufsichtspraxis in der Bundesrepublik in den allermeisten Fällen zu einer 'Bestrafung' des EVU, eine Ankurbelung des Absatzes wird hingegen 'belohnt'."[354]

- Schließlich findet dort, wo eine Fremdorganisation von Aufgaben durch den Gesetzgeber erfolgt, teilweise sogar eine Wegverlagerung von den Belastungsquellen statt (s. 2.).

---

350 Vgl. aber Schreiner 1993, jeweils den Unterabschnitt "Rechtliche Grundlagen" der Kapitel 10. Fertigungswirtschaft (S. 133), 11. betriebliche Abfall- (S. 148-153), 12. betriebliche Wasser- (S. 170f.) und 13. betriebliche Energiewirtschaft (S. 187f.).

351 Zu umweltpolitischen Instrumenten ausführlich Wicke 1991, S. 167-382; zur juristischen Diktion vgl. Hoppe/Beckmann 1989, §§ 8,9; Kloepfer 1989, § 4 C, D. Gesetzesbeispiele für allgemein formulierte Adressaten sind: "Träger des Vorhabens" (UVPG), "Einleiter" (AbwAG), "Betreiber" (AbwAG, BImSchG, StörfallV, AbfG, GenTG), "Arbeitgeber" (GefStoffV), "Unternehmer" (WHG, GGVS), "Hersteller" (VerpackV), "Beförderer", "Inhaber" (GGVS), "Hersteller", "Einführer" (ChemG).

352 Neben den folgenden Ausführungen vgl. auch die Synopse von Hemmnissen im Wärme- und Strombereich bei Deutscher Bundestag 1990b, Bd. 2, S. 385-392.

353 Vgl. Siebert 1985, S.2; ausführlich Antes 1988, S. 76f. m.w.N.; Hagen 1992, S. 139-144, 157-159; Beyer 1992, S. 256-260; Steger 1993a, S. 101f.; weiterhin das Beispiel der TA-Luft, S. 65 dieser Arbeit.

International tritt zunehmend und mit Anspruch auf Prävention die Europäische Union hervor, neben den rechtlich unverbindlichen Empfehlungen und Stellungnahmen und Umweltprogrammen[355] vor allem durch Richtlinien und Verordnungen.[356] Wesentlich ist erstens die Umweltaudit-Verordnung[357] und hier speziell die die inhaltlichen Vorgaben liefernden Anhänge I.C. ("Zu behandelnde Gesichtspunkte") und I.D. ("Gute Managementpraktiken"). Diese greifen auf nahezu alle betrieblichen Funktionen, d.h. auf dortige Stellen und Stelleninhaber, durch.[358] Die Verordnung ist auch deshalb die dem Präventionskriterium "Ganzheitlichkeit" deutlich am nächsten kommende umweltpolitische Norm. Sie sieht zwar eine freiwillige Beteiligung vor, als Lieferant kann ein Unternehmen dennoch gezwungen sein, sich der Auditierung zu unterwerfen: Die Verordnung verlangt vom auditierenden Unternehmen, seine Lieferanten einzubeziehen.[359] Auch ist zu erwarten, daß umweltorientierte Unternehmen aus einer Eigenmotivation als Anspruchsgruppe gegenüber ihren Lieferanten auftreten und eine Zertifizierung verlangen - ähnlich der beobachtbaren Auslistung von Lieferanten ohne Qualitätszertifikat nach DIN-ISO 9000ff.

Die zweite hier wesentliche EU-Norm sind die Richtlinien zum Arbeitsumweltschutz, insbesondere die Rahmenrichtlinie, auf deren Grundlage mittlerweile dreizehn Einzelrichtlinien erlassen wurden.[360] Artikel 5 Absatz 1 verpflichtet den Arbeitgeber, "für die Sicherheit und den Gesundheitsschutz der Arbeitnehmer in bezug auf alle Aspekte, die die Arbeit betreffen, zu sorgen" und dabei die "Grundsätze der Gefahrenverhütung" nach Artikel 6 Absatz 2 zu beachten; u.a. sind dies die Vermeidung von

354 Leprich 1994, S. 329. Zur Analyse vgl. S. 320-330 (Deutschland) und 275-281 (USA).
355 Die Umweltprogramme bilden allerdings die Grundlage für die Rechtsetzung der EU; zum aktuellen fünften Aktionsprogramm vgl. S. 45
356 Verordnungen der EU sind in allen Teilen verbindlich, Richtlinien nur hinsichtlich ihres Ziels; die Wahl der Form und der Mittel ist den Mitgliedsstaaten frei; vgl. Engelhardt 1985, S. 31; Hoppe/Beckmann 1989, S. 34, Rdnr. 33-38 oder Kloepfer 1989, S. 297-300, Rdnr. 22-29.
357 Vgl. EWG/1836/93; korrekt "Verordnung des Rates über die freiwillige Beteiligung gewerblicher Unternehmen an einem Gemeinschaftssystem für das Umweltmanagement und die Umweltbetriebsprüfung". Das Audit ist somit nur einer von zwei Teilen. Eingebürgert hat sich jedoch, zumal auch in Vorentwürfen enthalten, die auch hier gebrauchte Kurzbezeichnung.
358 Explizit betroffen sind Stellen und Stelleninhaber in Aus- und Weiterbildung (Anhang I.C.11. und I.D.1. i.V.m. I.B.2.), Controlling (I.C.1., I.D.6./7. i.V.m. I.D.2./3.), Investitionsplanung (I.C.6., I.D.2.), Produktionsplanung/FuE (I.C.7, I.D.2.), Beschaffung/Materialwirtschaft (I.C.3./4./8., I.D.11.), Arbeitsbewertung (I.D.2./3.), interne Berichterstattung (I.C.11.), externe Berichterstattung (I.C.12., I.D.9.), Vertrieb/Absatz (I.D.10.). Über die Vorgaben zur Formalisierung, Überwachung und Kontrolle sowie Dokumentation (ausführlich unter Punkt (b)), sind weitere Funktionen abgedeckt; vgl. auch den ausführlichen Kommentar von Antes/Clausen/Fichter 1995.
359 Vgl. EWG/1836/93, Anhang I.D.11. i.V.m. I.C.8.; Antes/Clausen/Fichter 1995, S. 693.
360 Vgl. EWG/89/391; weiterhin Pickert 1993a, Werthebach/Wienemann 1993a, Pickert/Scherfer 1994; Scholz 1993, S. 38-42. Zur nationalen Umsetzung vgl. den Referentenentwurf BMAS 1995 und dern Kommentar bei o.V. 1995g.

Risiken (a), die Gefahrenbekämpfung an der Quelle (c)[361] und die Integration von Technik, Arbeitsorganisation, Arbeitsbedingungen, sozialen Beziehungen sowie der Einfluß der Umwelt auf den Arbeitsplatz (g).[362] Detailregelungen enthalten weiterhin die Einzelrichtlinien, etwa die Konstruktionsgrundsätze hinsichtlich der Sicherheit und Gesundheit in der Maschinenrichtlinie.[363]

Neben dem Staat setzen zahlreiche öffentlich- und privatrechtliche Organisationen und Arbeitskreise verpflichtende und freiwillig orientierende Normen. Soweit es sich um die Technikklauseln handelt, auf die Umweltschutzgesetze häufig verweisen,[364] ist die Wirkung auf den einzelnen so wie bereits skizziert. Anders verhält es sich mit direkt auf bestimmte Tätigkeiten abstellenden Normen:

- Für die für Produktentwicklung, Konstruktion und Markenpolitik zuständigen und verantwortlichen Mitarbeiter haben produktbezogene technische Regeln, etwa des DIN, des RAL oder des VDI, obwohl sie nicht rechtsverbindlich sind, erhebliche Bedeutung. Hier ist ein Prozeß eingeleitet, Umweltschutzkriterien sukzessive zu integrieren.[365] Teilweise sind oder werden auch umweltschutzspezifische Normensysteme entwickelt: etwa vom RAL die Vergabekriterien für das Gütezeichen "Blauer (Umwelt-)Engel" oder die VDI-Richtlinie 2243 "Recyclinggerechtes Konstruieren".[366] Gerade die Produktentwicklung ist auch Gegenstand internationaler Normungsbestrebungen.[367]

- Für Mitarbeiter in der Aus- und Weiterbildung sind die Aus- und Fortbildungsordnungen verbindlich. Bei deren Neuordnung werden zunehmend umweltbezogene Lernziele berücksichtigt.[368] Wichtige Impulse erhielt diese Entwicklung durch die Empfehlungen des Haupt-

---

361 Zur problematischen Formulierung "an der Quelle" vgl. S. 65. dieser Arbeit.
362 Auch Zwingmann 1993, S. 79f.; Pickert sieht darin in erster Linie auf Prävention zielende Pflichten (1993b, S. 23f.)
363 Vgl. EWG/89/392, Artikel 3 i.V.m. Anhang I.1.1.2.
364 Tendenziell abgestuft von einem eher konventionalen zu einem maximalen Standard: "Allgemein anerkannte Regel der Technik", "Stand der Technik", "Stand von Wissenschaft und Technik"; vgl. m.w.N. Kloepfer 1989, S. 57-59; Hoppe/Beckmann 1989, S. 45f.; Müggenborg 1990, S. 911-913.
365 So hat das DIN 1991 den Umweltschutz als Normungsziel in seine Satzung aufgenommen, 1992 in Kooperation mit dem Umweltbundesamt die "Koordinierungsstelle Umweltschutz" eingerichtet - ihre Aufgabe ist die Berücksichtigung des Umweltschutzes in der nationalen, europäischen und internationalen Normung, v.a. der produktbezogenen Normung - und 1993 eigens einen "Normenausschuß Grundlagen des Umweltschutzes" (NAGUS) eingerichtet mit den Aufgabenbereichen Terminologie, Umweltmanagement/ Umweltaudit, Produkt-Ökobilanzen und umweltbezogene Kennzeichnung; vgl. UBA 1993a, S. 142; 1994, S. 131f.; BMU 1992; 1993; Rühl 1994; o.V. 1994b. Zum aktuellen Sachstand der Produktnormung vgl. DIN 1994a; 1994b; Neitzel 1994; UBA 1995a, S. 305f.
366 Zu RAL vgl. RAL 1989; zu VDI vgl. VDI 1993; Beitz 1991; m.w.Bsp. UBA 1992, S. 118-126; 1993a, S. 134-143; 1994, S.124-128; 1995, S. 292-298, 307f..
367 Vgl. EWG/880/92.
368 Vgl. BIBB 1988; 1991a, S. 6-8; Ehrke 1991, S. 247f.; Brötz 1991. Mit der Umsetzung hapert es jedoch erheblich, so der aktuelle empirische Befund von Fichter/Nitschke 1995, S. 2.

ausschusses[369] des BIBB.[370] In der Ausbildereignungsverordnung hat Umweltschutz dagegen noch keinen Niederschlag gefunden.[371]

- Schließlich sind in der Qualitätssicherung (DIN EN ISO 9000-9004)[372] und werden derzeit im Umweltschutz sowohl auf internationaler (ISO, EU/CEN) wie nationaler Ebene (DIN) Normen für Managementinstrumente und -systeme entwickelt.[373] Sofern von der Kommission nach Artikel 12 der EU-Umweltaudit-Verordnung anerkannt, können diese an die Stelle der Verordnung treten.[374]

(2.) Organisatorische Vorgaben: Detaillierte organisatorische Vorgaben enthalten das nationale Umweltverwaltungs- sowie Arbeitsschutzrecht, zunehmend auch das EU-Recht. Angesprochen sind Organisationsmitglieder sowohl in Rollen aktiver Betroffenheit (z.B. als vertretungsberechtigtes Organ oder in der Überwachung) als auch passiver Betroffenheit (Schutz-, Informations-/Auskunftsrechte, Arbeitsverweigerungsrechte). Grundrechtliche Schranken verhindern jedoch auch hier zu tiefe staatliche Normierungen. Die wesentlichen organisatorischen Eingriffe sind:

- **Institutionelle Verpflichtungen:** Verpflichtend ist die Bestellung von Betriebsbeauftragten für Umweltschutz[375] und - relevant für sich überschneidende Anforderungen des Arbeitsumwelt- und Umweltschutzes - von Sicherheitsbeauftragten[376], Betriebsärzten und Fachkräften für Arbeitssicherheit[377] sowie von Ausschüssen[378]. Mit

---

369 Im Hauptausschuß des BIBB beraten Bund, Länder, Arbeitnehmer- und -geberorganisationen gemeinsam über die Ziele der Berufsbildung.

370 Vgl. BIBB 1988 i.V.m. 1991b, auch 1991a, S. 3, 6-8; vgl. auch Reichel 1992, S. 13f.; kritisch dagegen Biehler-Baudisch 1992, S. 64.

371 Vgl. Ehrke 1993, S. 19.

372 Vgl. DIN EN ISO 9000-9004.

373 Einzelne Staaten haben bereits Umweltmanagementnormen entwickelt oder Normentwürfe vorgelegt, bekannt ist v.a. der British Standard 7750; vgl. auch Fichter 1993 und die Synopse bei UBA 1993c. Deutschland legte erst kürzlich einen ersten Entwurf vor; vgl. DIN V 33921. Auf ISO-Ebene ist das im Juni 1993 gegründete Technical Commitee 207 beauftragt, solche Normen zu entwickeln, eine DIN-ISO-Vornorm liegt ebenfalls vor; vgl. DIN ISO 14001. Zum Zusammenhang der internationalen und nationalen Normungsgremien und -arbeiten vgl. die Übersichten bei Peglau/Schulz 1993, S. 874-882; Clausen 1994; Koch 1994; Förschle/Hermann/Mandler 1994, S. 1099f.; TAB 1994a; Griffiths 1995. Zur Übertragung der Qualitätsnormen auf den betrieblichen Umweltschutz vgl. Krieshammer/Rademacher 1991; Ellringmann 1993; Adams 1993; Groll 1993; Petrick 1994; Petrick/Eggert 1994. Kritisch dagegen Meyer, B. 1994; Johann/Werner 1994. Differenziert auch Peglau/Schulz 1993, S. 882-887; Schieler 1995, S. 107-110.

374 Vgl. EWG/1836/93, Artikel 12.

375 Die Bezeichnung existiert in den Gesetzen so nicht, hat sich aber als Sammelbezeichnung der gesetzlichen Beauftragten durchgesetzt. Im Entwurf des Allgemeinen Teils eines Umweltgesetzbuches sind diese unter dem Begriff "Umweltbeauftragte" harmonisiert; vgl. Kloepfer u.a. 1991, §§ 95-102, S. 74-77, 377-393; Kloepfer 1993, S. 1128f. Zu bestellen sind Immissionsschutz- und Störfall- (§ 53, 58a BImSchG; §§ 1-6 5. BImSchV; § 5 (2) 12. BImSchV=StörfallV), Gewässerschutz- (§ 21a WHG), Abfall- (§ 11a AbfG; § 54 KrW-/AbfG), Gefahrgut- (GbV), Gefahrstoff- (§ 11 (4) GefStoffV), Strahlenschutzbeauftragte (§ 29 StrlSchV) und Beauftragte für biologische Sicherheit sowie Projektleiter (§ 6(4) i.V.m. § 3 Satz 10, 11 GenTG sowie §§ 14, 16 GenTSV).

376 Vgl. §§ 719, 720 RVO.

377 Vgl. §§ 1 (Erfordernis), 2-4 (Betriebsärzte), 5-7 (Fachkräfte), 8-11 (Gemeinsame Vorschriften) ASiG.

§ 52a (1) BImSchG und § 53 (1) KrW-/AbfG, der Benennung eines Umwelt-Verantwortlichen aus den Reihen des Unternehmensorgans oder der Gesellschafter,[379] wird Umweltschutz definitiv zur Führungsaufgabe.[380] Bei der seit 13.4.1995 möglichen (freiwilligen) Beteiligung am EU-Umweltaudit ist ein für die Anwendung und Aufrechterhaltung verantwortlicher "Managementvertreter" zu bestellen.[381] Vorerst noch hypothetisch ist die analog eines Arbeitsdirektors im Entwurf des Umweltgesetzbuches vorgesehene verpflichtende Bestellung eines "Umweltschutzdirektors".[382]

Die verschiedenen Betriebsbeauftragten haben sich für die Organisation des betrieblichen Umweltschutzes als sehr stark prägend erwiesen.[383] In größeren Unternehmen führt die Stellenbildung sogar zu eigenen Abteilungen und Hierarchien. Diese verändern die Organisation jedoch additiv: Die vorhandenen Funktionen, Einheiten und Rollen können weitgehend unverändert fortbestehen; die neue Funktion Umweltschutz wird parallel zu den bereits bestehenden Funktionen organisiert.[384] Die arbeitsteilige Konzentration der neuen Funktion umgeht zu starke, grundrechtlich bedenkliche Detaileingriffe in die vorhandene Organisation. Dadurch bleibt die Zahl der Organisationsmitglieder, deren Rolle sich durch institutionelle Verpflichtungen ändert, auf ein Mindestmaß beschränkt - auf die Schnittstellen mit den Aufgaben der Betriebsbeauftragten. Potentiell, d.h. den definierten Aufgaben der Beauftragten entsprechend,[385] liegen diese in Produktion (Kontrolle, Beratung), Beschaffung (Beratung), FuE (Beratung), Investitionsplanung (Stellungnahmen), Aus- und Weiterbildung (Aufklärung) und Geschäftsleitung (Berichtpflicht, Anhörungsrecht). [230f.; 239-245]

---

378 Nach § 55 (3) BImSchG, § 21c (3) WHG und - weniger bestimmt - § 11c (3) AbfG ist bei Bestellung mehrerer Betriebsbeauftragter ein Koordinationsausschuß Umweltschutz zu bilden, nach § 11 ASiG ein Arbeitsschutzausschuß. Das neue KrW-/AbfG regelt in § 55 (3) analog zum BImSchG. § 6 (4) GenTG sieht als Alternative zur Bestellung eines Beauftragten die Möglichkeit eines Ausschusses für biologische Sicherheit vor.

379 Für Adams ist dies "der wohl einschneidendste Eingriff in die Organisationsfreiheit des Unternehmens, der wegen des Gesetzesvorbehaltes möglich ist (1990, § 52a, Tz. 18); weniger einschneidend Feldhaus, der "die Organisationsfreiheit des Unternehmens unangetastet" sieht (1991, S. 928).

380 Zumal die Gesamtverantwortung des Organs oder der Gesellschafter weiterbesteht; vgl. § 52a (1) Satz 2 BImSchG und die Gegenäußerung der Bundesregierung auf die Stellungnahme des Bundestages zum Gesetzentwurf (Deutscher Bundestag 1989, S. 45f.).

381 Vgl. EWG/1836/93, Anhang I.B.2.

382 Vgl. Kloepfer u.a. 1991, § 94, S. 73f. u.d. Kommentar S. 377-388; Kloepfer 1993, S. 1128; Rehbinder 1990; 1994, S. 46-53; zu letzterem auch die bei Fritz (1994, S. 98-101) dokumentierte kontroverse Debatte hierüber.

383 Zuletzt Jacobs 1994, S. 226-228; Dyckhoff/Jacobs 1994, S. 722-724; zusammenfassend Schwaderlapp 1995, S. 45f.

384 Vgl. Antes 1991a, S. 148; 1992a, S. 500-502. Zur Unterscheidung von additiver und integrierter Organisation des Umweltschutzes ausführlich auch Abschn. 4.2.1 dieser Arbeit.

385 Vgl. §§ 54, 56, 58b BImSchG; 11b, d AbfG; 55 Krw-/AbfG; 21b, d WHG; §§ 14 (Projektleiter) und 18 (Beauftragter) GenTSV; § 719 (2-4) RVO; §§ 3, 6 ASiG.

Eine Beteiligung am EU-Umweltaudit weitet den Kreis der betroffenen Organisationsmitglieder jedoch erheblich aus. Zum einen legt die erste der "Guten Managementpraktiken" fest: "Bei den Arbeitnehmern wird <u>auf allen Ebenen</u> (Hervorh. R.A.) das Verantwortungsbewußtsein für die Umwelt gefördert."[386] Zum andern sind die Umweltauswirkungen sowohl der gegenwärtigen Tätigkeiten (Nr. 3) als auch jeder neuen Tätigkeit (Nr. 2) zu prüfen.[387] Bei konsequenter Umsetzung sind somit potentiell die Organisationsmitglieder aller Hierarchieebenen und in allen Bereichen Adressaten und Akteure betrieblichen Umweltschutzes.[388]

- **Mitteilungspflichten zur Organisation:** § 52a (2) BImSchG, § 53 (2) KrW-/AbfG, § 7 (4) 12.BImSchV (= StörfallV) und § 29 (1) 2 StrlSchV erlegen Unternehmen gegenüber den Genehmigungsbehörden Mitteilungspflichten zur Betriebsorganisation auf.[389] Darüber hinaus enthalten die Mitteilungspflichten keine Vorgaben, wie eine umweltschutzsichernde Betriebsorganisation auszusehen hätte. Unterstellt wird vielmehr, daß bereits zur Erfüllung der materiellen Normen organisatorische Vorkehrungen notwendig sind.[390] Dennoch sind sich die Gesetzeskommentare einig über gewisse Mindestanforderungen an die Mitteilung. Nach *Rehbinder* zählen dazu ein die internen Kooperationsbeziehungen festlegender und die Kompetenzen klar abgrenzender Organisationsplan, Richtlinien für das Umweltschutz- und Sicherheitsmanagement, Regelungen zur organisatorischen Einbindung und zum Einsatz der Betriebsbeauftragten, ein geregeltes Berichts- und Informationssystem, Betriebsanweisungen, ein Überwachungs- und Wartungskonzept, ein Störfallmanagement, die Schulung des Sicherheitsverhaltens der Mitarbeiter sowie die Dokumentation der Betriebsorganisation.[391] Die Eigenverantwortung und Selbstkontrolle des Unternehmens ("Betreibers") wird durch die Mitteilungspflicht gestärkt, denn die Offenlegung versetzt staatliche

---

386 EWG/1836/93, Anhang I.D.1.; weiter konkretisiert in Anhang I.B.2.a-d.

387 Vgl. EWG/1836/93, Anhang I.D.

388 Vgl. hierzu auch die Kommentare der "Guten Managementpraktiken" bei Peglau/Schulz 1993; Antes/ Clausen/ ichter 1995, S. 685-687.

389 Nicht aufgenommen ist hier die Vielzahl weiterer, jedoch inhaltlicher Mitteilungspflichten, etwa die Melde- und Informationspflichten nach §§ 11, 11a StörfallV (12. BImSchV) oder die Pflicht für Unternehmen zur Erstellung von Abfallwirtschaftskonzepten und -bilanzen in den Landesabfallgesetzen Nordrhein-Westfalens (§ 5 LAbfG NRW) und Brandenburgs (§§ 10, 11 LAbfVG Brandenburg), zukünftig auch nach §§ 19, 20 KrW-/AbfG.

390 So bereits die Bundesregierung in ihrer Argumentation <u>gegen</u> den vom Bundesrat eingebrachten Passus; vgl. Deutscher Bundestag 1989, S. 45f. Übereinstimmend auch die Gesetzeskommentare; vgl. Feldhaus 1991, S. 928, 933; Hansmann 1990, S. 4, Rdnr. 7; Fluck/Laubinger 1991, S. 26, Rdnr. D 12; Jarass 1993, S. 650, Rdnr. 6; Rehbinder 1994, S. 37f., 41.

Behörden in die Lage, sich auf die "Kontrolle des Kontrollsystems" zu beschränken.[392] Internen Entscheidern kann (bzw. soll) die hierzu erforderliche systematische Analyse und Dokumentation jedoch Schwachstellen aufdecken und Anlaß zu Verbesserungen geben.[393] Bei - der freiwilligen - Beteiligung am EU-Umweltaudit besteht zwar keine Mitteilungspflicht gegenüber der Behörde, wohl aber eine Offenlegungspflicht gegenüber dem zertifizierenden unabhängigen Umweltgutachter.[394]

- **Pflichten zur Eigenüberwachung:** Zur Gewährleistung der Umweltsicherheit sehen das Umweltverwaltungsrecht und das EU-Recht zahlreiche Detailregelungen vor; die EU-Umweltaudit-Verordnung dehnt diese auch auf den Ressourcenschutz aus. Die Regelungen betreffen den Vorgang der Überwachung als solchen,[395] die Durchführung von Schwachstellenanalysen[396] und Dokumentationspflichten[397]. Mit der Dokumentation des bestimmungsgemäßen Betriebs einer Anlage kann der Betreiber schließlich die Ursachenvermutung widerlegen und damit zivilrechtliche Haftungsansprüche ausschließen.[398] Zur Sicherung dieser Pflichten wurde im wesentlichen die Institution des Betriebsbeauftragten, in der EU-Verordnung die des Managementvertreters geschaffen.[399]

---

391 Vgl. Rehbinder 1994, S. 56f.; weiterhin Hansmann 1990, S. 5, Rdnr. 9-12; Adams 1990, § 52a, Tz. 16-29; Rebentisch 1991, S. 314f.; Fluck/Laubinger 1991, S. 27-29, Rdnr. D 14-22; Feldhaus 1991, S. 933f.; Jarass 1993, S. 650f., Rdnr. 8f; Manssen 1993, S. 282f.Fn 787.

392 So bereits die Begründung des Gesetzgebers für die Novellierung des BImSchG; vgl. Deutscher Bundestag 1989, S. 13. Übereinstimmend auch die Literatur, vgl. Feldhaus 1991, S. 933; Knopp/Striegl 1992, S. 2010; Kloepfer 1993, S. 1127; Rehbinder 1994, S. 56.

393 Vgl. Feldhaus 1991, S. 933; Kloepfer 1993, S. 1127; Fluck/Laubinger 1991, S. 24, Rdnr. D 1. Beispielhaft die beiden Sicherheitsgutachten zur Hoechst AG: Die Störfallserie gab dem Hessischen Umweltministerium Anlaß, Organisationsdefizite zu vermuten, externe Gutachter auf der Grundlage des § 52a BImSchG zu beauftragen und die Ergebnisse öffentlich zu machen; vgl. Adams und Partner 1993; ADL 1993.

394 Vgl. EWG/1836/93, Artikel 4, Abs. 2 und 5 i.V.m. Anhang I.B.2.-5.

395 Bspw. §§ 26, 27, 29 BImSchG, § 19i WHG, § 6 (1) 1 StörfallV, § 18 GefStoffV, §§ 15 (1) 5 und 25 (2-3) GenTG oder die Umweltbetriebsprüfung nach Artikel 2f, 3d sowie Anhang II der EU-Umweltaudit-Verordnung (EWG/1836/93).

396 Wesentlich sind die Sicherheitsanalyse nach § 7 StörfallV, bei Beteiligung am EU-Umweltaudit die Prüfungen nach Artikel 3 (b,d) i.V.m. Anhang II EWG/1836/93, die Ermittlungspflichten nach § 6 (1) GenTG, §§ 5 und 8 (4) GenTSV, Artikel 3 (a) und 9 (1) a,b der EU-Arbeitsumweltschutz-Rahmenrichtlinie EWG/89/391 (Arbeitsplatzanalyse; kommentierend Pickert 1993b, S. 24-34) bzw. § 16 (1-2) GefStoffV i.V.m. Artikel 1 (10., 11.) 2.GefStoffÄndV. Durch die 2. Novelle wurden die Anforderungen deutlich zurückgenommen, so sind aus der Substitutionsprüfung nach Abs. 2 die "Umweltbelange" herausgenommen; vgl. auch o.V. 1994d; o.V. 1994j.

397 Beispielsweise §§ 6 (2,3), 8, 9 StörfallV; § 27 BImSchG; Anhang I.B.4./5. EWG/1836/93, § 6 (3) GenTG oder § 16 (3a) GefStoffÄndV i.V.m. TRGS 222 (Gefahrstoffverzeichnis, -kataster); hier wurden ebenfalls Anforderungen gegenüber der GefStoffV zurückgenommen; vgl. auch o.V. 1994d, o.V. 1994f; o.V. 1994j.

398 Vgl. § 6 (2-4) UHG; § 34 GenTG.

399 Zu den Beauftragten vgl. bereits oben; speziell hier §§ 54 (3), 58b BImSchG, § 11b (1) AbfG, § 21b (1) 1 WHG, § 18 GenTSV; zum Managementvertreter EWG/1836/93, Anhang I.B.2.; weiterhin § 14 GenTSV (Projektleiter).

- **Beteiligungsrechte von Mitarbeitern und Vertretungsorganen** (**Mitbestimmung**): Gesetzliche und tarifvertragliche Normen des Umwelt-, aber auch des Arbeitsumweltschutzes verpflichten Unternehmen zu Schutzmaßnahmen gegenüber den Mitarbeitern und räumen diesen Rechte ein. In Verbindung mit der Arbeitnehmervertretung können sich weitere Rechte der Mitarbeiter ergeben; sie werden im Folgeabschnitt "Arbeitsbeziehungen" zusammen behandelt. [3.4.3.2]

(**3.**) **Rechtliche Zuweisung von Verantwortung:** Mit Blick auf Prävention besonders interessant ist die rechtliche Zuweisung von Verantwortung an den einzelnen, obwohl sie auf Sicherheitsziele beschränkt ist und Ressourcenziele ausklammert. Während die verwaltungsrechtliche Verantwortung grundsätzlich beim Unternehmen als juristischer Person liegt, sind nach dem Zivilrecht auch, nach dem Straf- und Ordnungswidrigkeitenrecht sogar ausschließlich natürliche Personen, d.h. Geschäftsleitung und Mitarbeiter, verantwortlich.[400] Ohne direkt in Strukturen, Instrumente und Abläufe einzugreifen, werden dadurch externe Kosten in das Kalkül des verursachenden Organisationsmitglieds internalisiert.[401]

Innerhalb des Umweltrechts hat dieser Ansatz in den letzten Jahren erhebliches Gewicht erlangt: im Zivilrecht durch das Produkt- (zum 1.1.1990) und das Umwelthaftungsgesetz (zum 1.1.1991),[402] im Strafrecht war es zuletzt die Rechtsprechung, insbesondere das Lederspray-Urteil des Bundesgerichtshofs (6.7.1990),[403] das Holzschutzmittelurteil des Frankfurter Landgerichts (25.5.1993)[404] und das Urteil ebenfalls des Frankfurter Landgerichts zur umweltgefährdenden Abfallbeseitigung;[405] zum 1.11.1994 ist ein verschärftes Umweltstrafrecht in Kraft getreten[406]. Durch die verwaltungsrechtlichen Mitteilungspflichten zur Betriebsorganisation (s.o.) sind die Verantwortlichkeiten der Behörde sogar transparent. Die dadurch erleichterten zivil-

---

400 Ausführlich Vögele 1993a, S. 24-33; 1993b; Eidam 1993, S. 181-191, 295-314; allgemein Bronner 1993.
401 Auf der Mikroebene hebt Siebert die neben der Ex post-Haftung antizipierende (Ex-ante-)Wirkung der - das ist entscheidend: Gefährdungs- - Haftung hervor: Der Verursacher ist gehalten, Schadenskosten in seinem Entscheidungskalkül zu berücksichtigen; vgl. Siebert 1986, S. 18f.; 1988, S. 111, 119; auch Panther 1992, S. 130-132, 241; Feess-Dörr 1992a, S. 723-725, 729.
402 Zivilrechtliche Haftungstatbestände konnten bis dahin ausschließlich aus den §§ 823ff., 906, 1004 BGB abgeleitet werden; vgl. Vögele 1993b, S. 84-89; Eidam 1993, S. 187-189 i.V.m. 99-115.
403 Vgl. BGH 1990; auch Vögele 1993b, S. 116-123.
404 Vgl. IHG 1993. In der Revision hob der BGH jüngst (2.8.95) das Urteil jedoch wieder auf und wies es an das Landgericht zurück; vgl. o.V. 1995e; o.V. 1995f.
405 Vgl. o.V. 1995m.
406 Vgl. 31.StrÄndG/2.UKG i.V.m. o.V. 1993j, S. 236; o.V. 1994c; Knopp 1994; Schmidt/Schöne 1994, S. 2517-2519; Schünemann 1994, S. 173-177. Zur Kritik der Wirkungslosigkeit der Änderungen Schulz 1994; o.V. 1995a. Bisher gelten die §§ 324-330d StGB; hierzu auch Eidam 1993, S. 199-244; Tumat 1993, Kap. 3.3.2.1, 3.3.2.2.

und strafrechtlichen Durchgriffsmöglichkeiten werden bei Organisationsmitgliedern das "Bewußtsein ihrer Verantwortlichkeit auch für Umweltschutz zweifellos stär⁻ ken"407. Die Pflicht auch zur Namensnennung ist allerdings umstritten. [Fn. 391]

Die zivil- und strafrechtlichen Verantwortungszurechnungen sind der hierarchischen Stellung entsprechend abgestuft; das Ordnungswidrigkeitenrecht ahndet vergleichbar mit dem Strafrecht.408 Bei der Delegation von Kompetenzen, d.h. Rechten und Pflichten, und bei Anweisungen gehen nur die Ausführungspflichten auf das Organisationsmitglied über, bestimmte Sorgfaltspflichten verbleiben dagegen weiterhin bei der Instanz.409 Die zivilrechtliche Haftung von Organisationsmitgliedern hat das Bundesarbeitsgericht in seiner Rechtsprechung eingeschränkt: In voller Höhe und allein haften sie nur bei Vorsatz oder grober Fahrlässigkeit, bei mittlerer Fahrlässigkeit anteilmäßig (fachliche und disziplinarische Vorgaben) und bei leichtester Fahrlässigkeit nicht; hier hat das Unternehmen den Schaden allein zu tragen.410 Ebenso wird strafrechtlich Vorsatz und Fahrlässigkeit vorausgesetzt.411 Die ursprüngliche Beschränkung der Arbeitnehmerhaftung lediglich auf gefahrengeneigte Arbeiten ist durch Vorlagebeschluß des Großen Senats des Bundesarbeitsgerichts (12.6.1992), durch Übernahme dieser Rechtsauffassung durch den Bundesgerichtshof (21.9.1993) und durch abschließenden Entscheid des BAG (27.9.1994) aufgehoben und auf alle betrieblich veranlaßten Tätigkeiten ausgeweitet.412

---

407 Manssen 1993, S. 283.

408 Ausführlich Vögele 1993b; Eidam 1993, S. 97-177, 182-191, 199-244 sowie das Tableau im Anhang; vgl. auch Knopp/Striegl 1992; Adams 1992. Speziell zur strafrechtlichen Haftung weiterhin Himmel 1991, Tumat 1993; Schünemann 1994.

409 Die Sorgfaltspflichten der delegierenden oder anweisenden Instanz erstrecken sich auf Auswahl (Fachkundigkeit, Zuverlässigkeit), Instruktion (Einweisung, Anweisung) und Kontrolle des Delegierten, bei Fehlerhandeln auch auf ein Eingreifen; vgl. Eidam 1993, S. 164f. oder Vögele 1993b, S. 133f.

410 Vgl. Vögele 1993b, S. 89-94; Lipperheide 1993; Kraushaar 1994; Otto 1995; dort auch zur Wendung und Kehrtwendung der Rechtsprechung.

411 Neben dem erfüllten Tatbestand, der Rechtswidrigkeit, der Schuldfähigkeit und dem Nicht-Vorliegen von Schuldausschließungsgründen; vgl. Vögele 1993b, S. 100f.

412 Dies sei deshalb geboten, weil der Arbeitgeber den Arbeitsprozeß technisch und organisatorisch steuern, der Arbeitnehmer dagegen diesen vorgegebenen Arbeitsbedingungen weder tatsächlich noch rechtlich ausweichen könne. Eine unbeschränkte Schadenshaftung des Arbeitnehmers führe "zu unzumutbaren, finanziellen Belastungen oder gar zur Gefährdung der wirtschaftlichen Existenz", sie stelle "einen unverhältnismäßigen Eingriff in das Recht des Arbeitnehmers auf freie Entfaltung seiner Persönlichkeit (Art. 2 Abs. 1 GG) und sein Recht auf freie Berufsausübung (Art. 12 Abs. 1 S. 2 GG) dar"; BAG 1992 i.V.m. BGH/GmS OGB 1993; zitiert nach Kraushaar 1994, S. 355; weiterhin BAG 1994 sowie die Kommentierung bei Otto 1995; Schnauder 1995, S. 596-598.

3.4.3.2 Arbeitsbeziehungen

Die Arbeitsbeziehungen[413] weisen sowohl Elemente der Fremd- als auch der Selbstorganisation auf. Sie könnten damit in die Analyse des vorangegangenen Abschnitts und der beiden nachfolgenden einbezogen werden. Ihrer eigenständigen (auch: mikro-)politischen und infrastrukturellen Bedeutung für das Arbeitsverhalten wird eine Aufsplittung jedoch nicht gerecht. Ebenso würde der Zusammenhang zwischen den verschiedenen Ebenen der Arbeitsbeziehungen zerrissen.

Abbildung 25 gibt einen bereits auf den betrieblichen Umweltschutz bezogenen Überblick.[414] Das Verhalten eines Organisationsmitglieds wird demnach unmittelbar oder mittelbar beeinflußt durch Selbstorganisation auf

- der Tarifebene zwischen Arbeitgeberverband oder dem Unternehmen und der Gewerkschaft. Formen sind Lohn- und Gehalts-, Lohnrahmen- und Manteltarifverträge, Verträge des bürgerlichen Rechts sowie Aktionen und Kampagnen,
- der Unternehmens-/Betriebsebene zwischen Leitungs- und Kontrollorganen einerseits und Gewerkschaft (Aufsichtsrat) und betrieblichen Vertretungsorganen andererseits. Betriebsvereinbarungen (nach §§ 77, 88 BetrVG), sonstige Absprachen, Aktionen und Kampagnen sowie Direktionsrecht und Stellenbildung sind die maßgeblichen Formen,
- der Arbeitsplatzebene mit dem direkten Vorgesetzten. Relevant sind die Definition der Stelle und die dem Vorgesetzten (Instanz) übertragenen Kompetenzen sowie die durch die vorgelagerten Ebenen zugewiesenen Rechte und Pflichten.

Allen Ebenen gibt der Staat einen Rahmen vor: arbeitspolitische Normen erstens als Tarifautonomie und zweitens als Beteiligungsrechte und -pflichten auf Unternehmens- und Betriebsebene sowie unmittelbar am Arbeitsplatz. Weiterhin sind in Normen des Arbeits- und Gesundheitsschutzes sowie des Umweltschutzes Beteiligungsrechte enthalten. Im Gegensatz zum Tarif- und Mitbestimmungsrecht[415] tritt die Europäische Union hier zunehmend in Erscheinung (Arbeitsschutzrichtlinien, Umweltaudit-Verordnung).

---

413 Auch als industrielle Beziehungen bezeichnet. Im weiteren verwende ich die sektorneutrale Bezeichnung.
414 Allgemein vgl. Müller-Jentsch 1986, S. 21.
415 Vgl. Hommelhoff/Mecke 1992, Sp. 1391-1393. Aktuell ist aber die EU-Richtlinie über die Einrichtung europäischer Betriebsräte; vgl. EG/94/45.

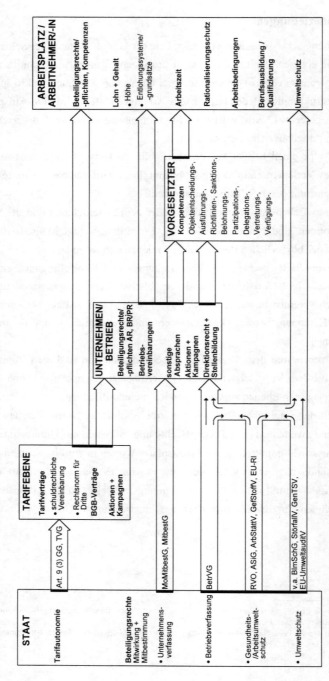

*AR = Aufsichtsrat; BR = Betriebsrat; PR = Personalrat

Abb. 25: Betrieblicher Umweltschutz im System der Arbeitsbeziehungen

Tarifautonomie und Mitbestimmung können versuchen, die Bedingungen umweltverträglichen Arbeitsverhaltens über die gesetzliche Minimalauslage hinaus zu verbessern.[416] Bedeutend sind aber auch die Umweltwirkungen bestehender Regelungen. Im weiteren gehe ich näher auf die für die Umweltverträglichkeit wesentlichen Regelungsinhalte ein: (1.) Beteiligungsrechte, (2.) Entlohnungssysteme und -grundsätze, (3.) Arbeitsbedingungen, (4.) Qualifizierung, (5.) Umweltschutz. Diese sind keinesfalls allein relevant für die Organisationsmitglieder, auf die sie primär zielen. Die Regelungen haben immer auch Rückwirkungen auf andere an der Aufgabenerfüllung Beteiligte oder durch die Inanspruchnahme von Rechten Betroffene.

(1.) Beteiligungsrechte: Beteiligungsrechte können dem Organisationsmitglied selbst oder seiner Interessenvertretung eingeräumt sein. Sie sind formuliert als Mitbestimmungsrechte (Initiative, Zustimmung, Widerspruch) oder - ohne direkte Entscheidungskompetenz - als Mitwirkungsrechte (Anhörung, Information, Beratung).[417] Während Betriebs- oder Personalräten Beteiligungsrechte in ihrer ganzen Bandbreite eingeräumt werden, sind die des einzelnen Organisationsmitglieds vor allem konzentriert auf Informationsrechte, teilweise auch noch auf die Rechte auf Anhörung und Beschwerde, Arbeitsverweigerung und Qualifikation. Für das staatliche Normengerüst kann eine systematische Umweltorientierung der Arbeitsbeziehungen nicht festgestellt werden. Markant sind zwei Sachverhalte: Erstens enthalten die Unternehmens- und insbesondere die Betriebsverfassung keine umweltschutzspezifischen Regelungen. Zum Zeitpunkt ihrer Entwicklung war betrieblicher Umweltschutz kein Thema;[418] er war auch nicht Gegenstand seitheriger Novellen.[419] Dennoch sind einige Formulierungen so gehalten, daß sich daraus in Verbindung mit Arbeitsschutz- und Umweltschutznormen auch umweltschutzbezogene Beteiligungsrechte ableiten; Abbildung 26 listet die wichtigsten auf.[420] Zweitens sind zwar Beteiligungsrechte nach arbeits-

---

416 Die durch Stellenbildung entspringenden Bedingungen sind dem nachfolgenden Abschn. 3.4.3.3 vorbehalten.

417 Vgl. Dlugos 1980, Sp. 1343-1348; Chmielewicz/Inhoffen 1977, S. 598f.; Kreikebaum/Herbert 1988, S. 140. Individuelle Beteiligungsrechte und die einer Stelle zugewiesenen Kompetenzen ergänzen sich; vgl. Abb. 31, S. 200.

418 Trotzdem treffen die Neufassung des BetrVG (1972), das MitbestG (1976) und das BPersVG (1974) mit der beginnenden bundesdeutschen Umweltpolitik zeitlich zusammen.

419 Zu diesbezüglichen Forderungen von Seiten der Gewerkschaften vgl. Brüggemann/Riehle 1992, S. 62-65; Hildebrandt 1992, S. 365.

420 Vgl. weiterhin die Übersichten bei Trümner 1991; Meißner/Schran 1991; Hildebrandt 1992, S. 354-356; Siederer 1993, S. 229-250; IG Chemie 1991, S. 12-24; Däubler 1992, S. 141-146; Muscheid 1995, S. 24-32; Faber 1995a.

§	Beteiligungsrechte von Betriebsrat (BR) und Arbeitnehmern (AN)
§ 28	Bildung von weiteren Betriebsausschüssen des BR (Abs. 1,2) oder gemeinsamen Ausschüssen mit dem Arbeitgeber (Abs. 3)
§ 45	Thematisierung auf Betriebs- und Abteilungsversammlungen
§ 70	Initiativrecht der Jugendvertretung in Fragen der Berufsbildung
§ 77/88	Möglichkeit freiwilliger Betriebsvereinbarungen
§ 80	Allgemeine Aufgaben des BR : Kontroll-, Informations- und Initiativrechte und -pflichten des BR
§ 81	Informationsrecht des AN über Unfall- und Gesundheitsgefahren sowie Maßnahmen und Einrichtungen zur Abwehr
§ 82 (1)	Anhörungs- und Initiativrecht des AN zur Gestaltung von Arbeitsplatz und Arbeitsablauf
§ 84	Beschwerderecht des AN
§ 87	Mitbestimmungsrechte des BR, insbes. Abs. 1, Ziffer 7: Gesundheitsschutz
§ 89	Informations- und Beratungsrechte des BR im Arbeits- und Gesundheitsschutz
§ 90	Informations- und Beratungsrechte des BR bei der Planung von Neu-, Um- und Erweiterungsbauten, technischen Anlagen, Arbeitsverfahren und -abläufen oder Arbeitsplätzen
§ 91	korrigierendes Mitbestimmungsrecht des BR in Bezug auf § 90
§ 92	Informations-, Beratungs- und Initiativrecht des BR bei der Personalplanung
§ 96-98	Beratungs-, Initiativ- und Mitbestimmungsrechte bei der Berufsbildung
§ 106	Informations- und Beratungsrechte des Wirtschaftsausschusses, v.a. auch die Generalklausel in Abs. 3, Ziffer 10

Abb. 26: Auf den Umweltschutz übertragbare Beteiligungsrechte im Betriebsverfassungsgesetz

schutzspezifischen Regelungen vorgesehen. Allerdings beziehen diese die Wirkungen auf die außerbetriebliche Umwelt überwiegend nicht mit ein.[421] Und die Umweltschutznormen wiederum beinhalten, wie Abbildung 27 veranschaulicht, nur vereinzelt Beteiligungsrechte.[422] Aktuelles Beispiel ist die EU-Umweltaudit-Verordnung: institutionalisierte Rechte fehlen völlig.[423]

---

421 Explizit für Gefahrstoffe dagegen die GefStoffV in § 1: "... den Menschen vor arbeitsbedingten und sonstigen Gesundheitsgefahren und die Umwelt vor stoffbedingten Schädigungen zu schützen ..."

422 Vgl. auch Meißner, D./Schran 1991; Siederer 1993, S. 251-255; IG Chemie 1991, S. 24-54; Hien 1995, S.8.

423 Eine nicht institutionalisierte Einbindung der Arbeitnehmer ist dagegen explizit vorgesehen, u.a. nach den Anhängen I.D.1 i.V.m. I.B.2.a-d; vgl. auch Antes/Clausen/Fichter 1995, S. 685-687. Zu den i.V.m. mit dem BetrVG dennoch bestehenden Möglichkeiten von Betriebsräten ausführlich Teichert 1995, S. 47-76 und das dort abgedruckte Positionspapier des DGB, Anhang 1, S. 95-105.

Gesetz / Verordnung	§ / Artikel	Beteiligungsrechte von Arbeitnehmern (AN) und Betriebsrat (BR) - Personalrat (PR)
EU-Rahmenrichtlinie Arbeitsumweltschutz EWG/89/391	Präambel	Mitwirkungsrechte von AN + BR
	1	Information, Anhörung, ausgewogene Beteiligung, Unterweisung v. AN+BR
	6 (3) c	Anhörungsrecht von AN + BR bei Planung und Einführung neuer Technologien
	8 (3) a	Informationsrecht AN über Gefahren und Schutzmaßnahmen
	10	umfassende Informationsrechte für AN + BR
	11	umfassende Anhörungs- und Beratungsrechte von AN + BR
	12	Unterweisungsrecht von AN + BR
RVO	719 (2)	Mitwirkung des BR bei der Bestellung von Sicherheitsbeauftragten
	719 (4)	Beratungsrecht des BR mit dem/den Sicherheitsbeauftragten
ASiG	8 (3)	Informationspflicht gegenüber BR bei Ablehnung einer von den Betriebsärzten oder Fachkräften für Arbeitssicherheit vorgeschlagenen Maßnahme
	9	Betriebsärzte und Fachkräfte für Arbeitssicherheit
	9 (1)	Zusammenarbeit mit dem BR
	9 (2)	Informations- und Beratungsrechte des BR zu Arbeitsschutz und Unfallverhütung
	9 (3)	Mitbestimmungsrecht des BR bei der Bestellung und Abberufung
	11	Bildung, Zusammensetzung und Aufgabe des Arbeitsschutzausschusses
	12 (4)	Informationsrecht des BR durch die Gewerbeaufsicht über Auflagen gegenüber dem Arbeitgeber
GefStoffV / 2.GefStoffÄndV	20	Unterweisungsrecht AN (auch TRGS 555: Betriebsanweisung)
	21 (1-5)	Informations-, Beratungs- und Initiativrechte von AN und BR
	21 (6)	Recht der AN auf Einschaltung der Überwachungsbehörden und auf Arbeitsverweigerung[*]
WHG AbfG Krw-/AbfG BImSchG	21b (4) 11b(3) 55 (1) 3 54 (1)	Informationsrechte der AN durch den Betriebsbeauftragten über Umweltwirkungen und Einrichtungen und Maßnahmen zur Abhilfe
BImSchG Krw-/AbfG	55 (1a) 55 (3) 1	Informationsrecht des BR über die Bestellung, Abberufung und Veränderungen des Aufgabenbereichs von Betriebsbeauftragten
12.BImSchV / StörfallV	11 (4)	Informationsrecht des BR bei akuten und potentiellen Störfällen sowie einer potentiellen Gefährdung des Bedienungspersonals
	11a	Informationsrecht der AN über Sicherheitsmaßnahmen und richtiges Verhalten bei einem Störfall
GenTSV	12	Unterweisungsrecht der AN zur Arbeitssicherheit
	14 (1) 4, 5	Unterweisungs- und Qualifikationsrecht der AN durch den Projektleiter
	16 (1)	Anhörungsrecht des BR/PR bei Bestellung des Beauftragten für biologische Sicherheit
	18 (1) 2	umfassendes Beratungsrecht des BR/PR durch den Beauftragten
	Anhang VI	Informations- und Unterrichtungsrecht von AN oder BR/PR über Risiken, Sicherheitsmaßnahmen und bei Betriebsstörungen; Initiativrechte

[*] Im Fall asbestkontaminierter Arbeitsplätze zuletzt durch das LAG Köln und das BAG bestätigt; dokumentiert in o.V. 1994h und o.V. 1994i.

Abb. 27: Direkte Beteiligungsrechte von Arbeitnehmern und Betriebs- und Personalrat in Umweltschutz- und Arbeitsschutzgesetzen

Beteiligungsrechte können aber auch durch die Sozialpartner ausgehandelt werden. Als stellvertretend für die Tarifebene können gelten:[424]

- die außertarifliche Vereinbarung der Tarifpartner der chemischen Industrie aus dem Jahr 1987, u.a. Fragen des Umweltschutzes regelmäßig in den Wirtschafts-, alternativ in den Arbeitsschutzausschüssen der Unternehmen zu beraten;[425]

- § 2a des Manteltarifvertrags 1989 der Druckindustrie, der zum Gesundheitsschutz weitgehende Beteiligungsrechte formuliert: individuelle Beschwerde- und verbesserte Informationsrechte, verknüpft mit dem Recht, sich an geeignet erscheinende Fachleute zu wenden, nachdem man sich erfolglos an den Arbeitgeber gewandt hat, sowie ein Kontroll- und Initiativrecht des Betriebsrates.[426] Eine knapp vier Jahre nach Abschluß durchgeführte Betriebsrätebefragung macht allerdings deutlich, wie langsam sich die vereinbarten Beteiligungsrechte durchsetzen: in 54,2% der Betriebe (137) existierte noch keine Gefahrstoffliste, 57,7% (150) führten nicht die mindestens einmal jährlich vereinbarte Unterweisung durch, nur in 28% (74) lagen in allen Abteilungen Beschwerdescheine aus. Drei Viertel (73%, 180) sahen zum Zeitpunkt der Befragung auch keine, ein Fünftel (18%, 45) durchweg positive Erfahrungen.; In 32,1% der Betriebe hatten sich bis dahin Beschäftigte überhaupt beschwert; auch innerhalb dieser Betriebe ist die Inanspruchnahme die Ausnahme;[427]

- die Firmentarifverträge zum Gesundheits- und Umweltschutz, die die Gewerkschaft Holz und Kunststoff mit zwei Wohnmobilherstellern 1992 abgeschlossen hat. Die wichtigsten Regelungen umfassen die Gestaltung der Arbeitsbedingungen und die Wahl von Arbeitsmitteln und Arbeitsstoffen, die Aufforderung an die Beschäftigten, aktiv mitzuwirken, Beschwerderechte bei Nichteinhaltung von Bestimmungen, Reklamationsrechte bei "umweltschädigendem Verhalten des Arbeitgebers und beim Einsatz von gefährlichen Arbeitsstoffen", ein Arbeitsverweigerungsrecht, wenn der Arbeitgeber eine wirtschaftlich vertretbare Substitution gefährlicher Arbeitsstoffe verhindert, ein Initiativ- und Informationsrecht des Betriebsrates hinsichtlich der Überprüfung von Arbeitsmitteln und -stoffen sowie die Einrichtung eines Gesundheits- und Umweltschutzausschusses;[428]

- der in der Bauwirtschaft rückwirkend zum 1. November 1994 in Kraft getretene Tarifvertrag zum Umwelt- und Arbeitsschutz zwischen dem, ebenfalls erst im November 1994 gegründeten, Unternehmerverband Umweltschutz + Industrieservice[429] und der IG Bau-Steine-Erden. Für Beschäftigte und Betriebsrat sind Informations-, Beratungs-, Initiativ-, Qualifikations- und Beschwerderechte vorgesehen. Die Zusammenarbeit von Betriebsrat und Umweltschutzbeauftragtem ist ebenso geregelt wie die paritätische Besetzung eines zu bildenden Umweltschutzausschusses. Eine Erweiterung der Ausbildungsordnungen wird angestrebt.[430]

---

424 Bestandsaufnahmen bieten national Scherer/Sterkel 1993; Antes 1992b, S. 7-10, 14-18; Schmidt, E. 1993; europaweit Hildebrandt/Schmidt 1994, u.a. S. 177-180.

425 Dokumentiert in BAG Chemie 1990, S. 16; IG Chemie 1987; vgl. auch Scherer/Sterkel 1993, S. 173-179.

426 Dokumentiert in o.V. 1990; Stautz 1993, S. 17; Scherer/Sterkel 1993, S. 167-173, hier: 168; vgl. auch o.V. 1989 und die Analyse bei Zwingmann 1989, S. 716-718.

427 Vgl. Kooperationsstelle Hamburg 1992a; 1992b, S. 12-19; Stautz 1993, S. 49-53.

428 Vgl. GHK 1992a, § 14 "Arbeits-, Gesundheits- und Umweltschutz", S. 25-27; GHK 1992b, Ziffer 68 (gleichlautend), S. 20-22; o.V. 1993d.

429 Darin sind Unternehmen organisiert, die Produktionsrückstände und Industrieabfälle vor allem aus der Chemie-, Eisen- und Stahlindustrie entsorgen (Schlacken, Schlämme etc.); vgl. o.V. 1995b.

430 Vgl. Unternehmerverband Umweltschutz + Industrieservice 1995, S. 31-45 oder IG Bau-Steine-Erden 1995, S. 27-37; abgedruckt auch in o.V. 1995c.

Trotz dieser und noch einiger weiterer Beispiele wurden erst in wenigen Branchen tarifliche Vereinbarungen zum Umweltschutz oder auch zum umweltschutzrelevanten Gesundheitsschutz getroffen. Zahlreicher sind da schon Betriebsvereinbarungen. Von einer breiten Entwicklung kann mit Ausnahme bei der chemischen Industrie jedoch auch hier noch nicht gesprochen werden.[431] Den tariflichen Vereinbarungen vergleichbar sind drei Bestandteile erkennbar: Beteiligungsrechte für Beschäftigte und ihre Interessenvertretung, institutionelle Regelungen (Wirtschafts-/Umweltschutzausschüsse, Mitbestimmung bei Bestellung/Abberufung von Betriebsbeauftragten) sowie die Verknüpfung dieser beiden mit inhaltlichen Aspekten (Arbeitsbedingungen, Umweltschutz, Qualifizierung; dazu nachfolgend 2, 3, 4).[432]

(2.) Entlohnungssysteme/-grundsätze: Ein Bezug der Lohn- oder Gehaltshöhe zur Umweltverträglichkeit des Verhaltens kann m.E. nur für spezialisierte Umweltschutzstellen hergestellt werden, indem es Grundbedürfnisse befriedigt und Status verleihen kann.[433] Für solche Stellen sind, wegen des direkten Zusammenhangs zwischen Entgelt und Umweltschutzaufgabe, Motivationseffekte möglich; sie dürften aber ohnehin überwiegend, vor allem die der Betriebsbeauftragten, im außertariflichen Bereich liegen. Eine größere Wirkung für eine Organisation insgesamt kann durch Entlohnungssysteme und Grundsätze verursacht werden, die eine umwelt- oder gesundheitsgefährdende Arbeitsorganisation festschreiben oder zu einem entsprechenden Verhalten anhalten. Dazu zählen Erschwerniszuschläge oder höhere Eingruppierungen bei Inkaufnahme von Umwelteinflüssen, wie Staub, Öl, Gase oder Lärm. Ebenso sind Beispiele

---

431 Aktuell sind in der chemischen Industrie knapp 60 Betriebsvereinbarungen abgeschlossen; in IG Chemie-Papier-Keramik 1994 sind 53 dokumentiert (Stand Oktober 1994). Eine Befragung der Arbeitskammer des Saarlandes vom Februar 1994 unter Betriebs- und Personalräten stellt für 17,4% (34) der Betriebe und Verwaltungen umweltschutzbezogene Betriebsvereinbarungen fest; vgl. Arbeitskammer des Saarlandes 1994, S. 236. Mit 15% (42) der Unternehmen ermittelt die Angestelltenkammer Bremen eine ähnliche Größenordnung; vgl. Muscheid 1993, S. 30f. oder 1995, S. 65.

432 Zu einzelnen Betriebsvereinbarungen vgl. IG Chemie 1994 und die Auswertung bei Teichert/Küppers 1990; weiterhin o.V. 1992b; o.V. 1993e; Teichert 1993; o.V. 1994e; Fürstenberger Fleischwaren GmbH 1993. Zu möglichen Inhalten von Betriebsvereinbarungen vgl. auch, allerdings nicht systematisch, das Rechtsgutachten von Siederer 1993, S. 270-276.

433 Ein indirekter Einfluß ist allerdings nicht nur denkbar, sondern wird in Gewerkschaften intensiv diskutiert: Geht man von einem verhandelbaren "Gesamtpaket" an Verbesserungen aus, schränken Verbesserungen in einem Punkt Möglichkeiten an anderen Punkten ein und umgekehrt. Dadurch entstehende "Verteilungskonflikte" mit den traditionellen Schwerpunkten Löhne/Gehälter und Arbeitszeit(verkürzung) erschweren die Hinzunahme neuer Themen, wie Umweltschutz oder - schon länger bekannt - Arbeitsorganisation allgemein. Stellvertretend für diese Diskussion vgl. Obst/Schmidt 1993, S. 11; Lang 1993, S. 90-92.

dokumentiert, in denen Akkordlohnregelungen einem schonenden Umgang mit natürlichen Ressourcen in Form von Betriebsmitteln und Werkstoffen entgegenstehen.[434]

(3.) Arbeitsbedingungen: Arbeitsbedingungen haben eine physische, psychische und soziale Komponente.[435] Unmittelbar umweltschutzrelevant sind die physischen Arbeitsbedingungen (Arbeitsabläufe, -umgebung, -stoffe, -mittel), d.h. Umwelteinflüsse wie Lärm, Gase oder Stäube, die die Sicherheit und Gesundheit von Organisationsmitgliedern beeinträchtigen können. Freiheitsgrade in der Arbeit und bestimmte soziale Arbeitsbedingungen können die Möglichkeiten umweltverträglichen Verhaltens mittelbar verbessern. [3.4.3.3] In Verbindung mit den Beteiligungsrechten wurden die für die Umweltverträglichkeit des Arbeitsverhaltens wesentlichen Regelungen bereits dargestellt. Nur beispielhaft seien hier deshalb angeführt: für die Betriebsverfassung § 87 (1) 7 BetrVG sowie der autonome Arbeitsschutz (§§ 90-91 BetrVG),[436] für sonstige gesetzliche Normen die Rahmenrichtlinie der EU zum Arbeitsumweltschutz (u.a. Artikel 6 (3) c, 10-12) und die GefStoffV (u.a. §§ 20-21) sowie für Vereinbarungen zwischen den Sozialpartnern die Tarifverträge zum Gesundheitsschutz.

(4.) Qualifizierung: Die Bedeutung der Qualifikation für umweltverträgliches Verhalten wurde ausführlich in Abschnitt 3.3.1 analysiert. Die dort genannten Bestandteile von Umweltbildung werden in den Arbeitsbeziehungen jedoch nur ansatzweise aufgegriffen. Geregelt sind zum einen allgemeine Beteiligungsrechte an betrieblichen Qualifikationsmaßnahmen, bspw. die §§ 70, 96-98 BetrVG. Zum andern bestehen auf den verschiedenen Ebenen, allerdings nur vereinzelt, konkrete Regelungen über das allgemeine Recht auf Qualifikation sowie über umweltschutzbezogene Qualifikationsinhalte:

- Der <u>Gesetzgeber</u> hat in der EU-Umweltaudit-Verordnung die Qualifikation als "zu behandelndes Kriterium" Nr. 11 - "Information und Ausbildung des Personals in bezug auf ökologische Fragestellungen" - und als "Gute Managementpraktik" Nr. 1 - "Bei den Arbeitnehmern wird auf allen Ebenen das Verantwortungsbewußtsein für die Umwelt gefördert" - an prominenten Stellen verankert.[437] "Aufklärungsrechte" über die Umwelt-, Sicherheits- und Gesundheitswirkungen von Anlagen sowie

434 Vgl. Scherer/Sterkel 1993, S. 126.
435 Vgl. Kreikebaum 1977, S. 506f.; 1985, S. 50-57; 1992c, Sp. 821f.; 1993b, Sp. 1675; Kreikebaum/Herbert 1988, S. 11f.
436 Dazu ausführlich auch Kreikebaum 1983; Kreikebaum/Bokranz 1983; Kreikebaum/Herbert 1988, S. 143-160; Kreikebaum/Herbert 1990.
437 EWG/1836/93, Anhänge I.C.11. und I.D.1. i.V.m. I.B.2.a-d.

Maßnahmen und Einrichtungen zu ihrer Verhinderung bestehen gegenüber den Betriebsbeauftragten.[438] Unterweisungspflichten des Arbeitgebers enthalten die Richtlinien der EU zum Arbeitsumweltschutz (u.a. EWG/89/391 Artikel 6 (3) d, 12), die GenTSV (§§ 12, 14/4.,5.) und § 20 GefStoffV i.v.m. TRGS 555 (Betriebs- und Arbeitsanweisungen). An die Betriebsbeauftragten sind bestimmte Qualifikationsanforderungen gestellt.[439] § 37 BetrVG räumt dem Betriebsrat das Recht auf Schulungs- und Bildungsveranstaltungen ein, sofern die dort vermittelten Kenntnisse für seine Arbeit erforderlich (Absatz 6) oder geeignet (Absatz 7) sind. Darunter können auch, so die Einzelfallentscheidungen verschiedener Arbeitsgerichte und aktuell letztinstanzlich des BAG, Seminare zum betrieblichen Umweltschutz fallen.[440]

- Auf der <u>Tarifebene</u> sind die bislang einzigen umweltschutzbezogene Vereinbarung zur Qualifizierung die bereits erwähnten in der Bauwirtschaft [184] und die außertarifliche in der chemischen Industrie aus dem Jahre 1987. Letztere sieht Informationsveranstaltungen für Betriebsräte durch eine gemeinsam zu gründende, mittlerweile gegründete, Gesellschaft[441] vor.[442]

- In <u>Betriebsvereinbarungen</u> nimmt die Qualifikation breiteren Raum ein. Sie bleibt dann allerdings häufig auf Mitglieder des Betriebsrates oder eines durch die Vereinbarung gegründeten Umweltausschusses beschränkt.[443]

(5.) Umweltschutz: Eine unmittelbare Relevanz der Arbeitsbeziehungen für umweltverträgliches Verhalten ist überall dort gegeben, wo Regelungen einen konkreten Bezug zwischen Aufgaben oder Anforderungen des Umweltschutzes einerseits und dem Organisationsmitglied oder seiner Interessenvertretung andererseits herstellen. Ent-

---

438 Vgl. § 54 (1) 4 BImSchG, § 11b (1) 3 AbfG, § 55 (1) 3 KrW-/AbfG, § 21b (1) 4 WHG, Anhang VI J. (1) GenTSV (allgemein durch den Betreiber), §§ 3 (1) 2/4, 6 (4) ASiG und Rahmenrichtlinie EWG/89/391 zum Arbeitsumweltschutz i.V.m. § 21 GefStoffV.

439 Vgl. § 55 (2) BImSchG, §§ 7-9 5.BImSchV, § 21c (2) WHG, § 11c (2) AbfG, § 55 (3) KrW-/AbfG, §§ 15, 17 GenTSV, § 2 GbV, § 7 ASiG.

440 Im Fall des LAG und AG München ging es um ein Seminar "Ökobilanzen als Instrument betrieblicher Umweltpolitik". Das LAG hat ausdrücklich die mit dem Verweis auf einen lediglich allgemeinen umweltpolitischen Bezug begründete Klage der Vereinigung bayerischer Arbeitgeberverbände zurückgewiesen und den Bezug zur Tätigkeit des Betriebsrates sowie die Geeignetheit betont; vgl. o.V. 1993f; o.V. 1993g; o.V. 1994g; zu weiteren Urteilen vgl. o.V. 1991b; o.V. 1991c. Das BAG hat die Klage der bayerischen Arbeitgeberverbände nunmehr endgültig zurückgewiesen; vgl. dazu o.V. 1996a und b.

441 Die Gesellschaft wurde zum 17.12.1987 gegründet. Die GIBUCI ("Gesellschaft zur Information von Betriebsräten über Umweltschutz in der chemischen Industrie") wird gemeinsam verwaltet. Seit Gründung finden regelmäßig Veranstaltungen statt. Der Gesellschaftsvertrag ist dokumentiert in BAG Chemie 1990, S. 18f.

442 Vgl. BAG Chemie 1990, S. 16.

443 Vgl. Teichert/Küppers 1990, S. 761 sowie die in Fn. 1, S. 149 angegebenen Quellen.

sprechende gesetzliche Normen sind gemäß der Abbildungen 25 [180], 26 [182] und 27 [183] die Ausnahme; sie beschränken sich im wesentlichen auf Störfälle (12.BImSchV/StörfallV) und Umweltbildung (s. unter Qualifikation). Die Möglichkeiten der Sozialpartner, diese Bereiche auszuweiten, sind umstritten.[444] Ungeachtet einer restriktiven Auslegung durch starke oder herrschende Literaturmeinungen sind in der Praxis der Arbeitsbeziehungen solche Ausweitungen erfolgt. Als tarifliche Vereinbarung allerdings noch immer die Ausnahme sind aktuell der umfassende Tarifvertrag für die Industrieabfälle entsorgende Unternehmen sowie von 1988 eine Protokollnotiz zum Lohn- und Arbeitszeittarifvertrag in der Forstwirtschaft über die Verwendung eines umweltverträglichen Arbeitsstoffes - ein mit dem "Blauen Engel" des Umweltbundesamtes ausgezeichnetes Kettenschmieröl - beim Gebrauch von Motorsägen.[445] Der Tarifebene zuzurechnen sind auch (zunächst) einseitige Aktionen und Kampagnen einer der Tarifparteien. Die bekannteste ist die von der IG Metall Baden-Württemberg initiierte und mittlerweile auf andere Regionen ausgeweitete Kampagne "Tatort Betrieb" mit dem Ziel der Substitution gesundheits- und umweltgefährdender Arbeitsstoffe.[446] Die Beteiligten konstatieren zum einen effektive Einsparungen, im wesentlichen ausgelöst durch Zusammenarbeit auf der Ebene Betriebsrat, besonders dessen für Arbeitssicherheit zuständige Mitglieder, und den überwiegend aufgeschlossenen Geschäftsleitungen.[447] Zum andern wurden bei Beschäftigten offenbar "Konfliktvermeidungsstrategien und eine arbeitskulturelle Gewöhnung an Belastungen"[448] durchbrochen und ein verändertes Umwelt- und Gesundheitsbewußtsein sowie -verhalten bewirkt.[449] Allerdings wird auch von Abwehrhaltungen gegen eine so empfundene weitere Einschränkung von Freiheitsgraden berichtet.[450]

Schließlich zeigen die Betriebsvereinbarungen, daß im Gegensatz zu engen Auslegungen im Schrifttum Umweltschutz in seiner ganzen Breite bis hin zu unternehmeri-

---

444 Zu juristischen Positionen ausführlich Siederer 1993, S. 277-290 (Betriebsvereinbarungen) und 293f., 301-330 (Tarifverträge); BAG 1995. Zu den inhaltlichen Möglichkeiten vgl. Schmidt, E. 1989, S. 678-680; 1992, S. 298f.; Siederer 1993, S. 270-276, 300f.

445 Vgl. o.V. 1995b, c; Scherer/Sterkel 1993, S. 185-188.

446 Vgl. die ausführliche Auswertung bei Leisewitz/Pickshaus 1992; auch Scherer/Sterkel 1993, S. 180-185; zur aktuellen Entwicklung o.V. 1994k.

447 Vgl. Leisewitz/Pickshaus 1992, S. 53 i.V.m. 26. Über das Ausmaß der Einsparungen schwanken die Angaben zwischen 2000t CKW (PER und TRI) bei nunmehr 350 CKW-freien Betrieben von 400 beteiligten (vgl. Scherer/Sterkel 1993, S. 181) und 5000t - das wäre die Hälfte der Ausgangsmenge - bei 350 CKW-freien gegenüber 260 weiteren Betrieben, von denen bei einem weiteren Drittel die Ablösung bevorstand (vgl. Leisewitz/Pickshaus 1992, S. 18f.)

448 Leisewitz/Pickshaus 1992, S. 57.

449 Vgl. Leisewitz/Pickshaus 1992, S. 57-59; Scherer/Sterkel 1993, S. 183.

450 Vgl. Scherer/Sterkel 1993, S. 183.

schen Sachentscheidungen durch die Sozialpartner thematisiert werden kann. So machen *Teichert/Küppers* unter den bis Mai 1990 vorliegenden 28 Vereinbarungen ausgehandelte Informations- und Beratungsrechte u.a. zu folgenden Inhalten aus: Umweltschutzinvestitionen, Lagerung und Transport gefährlicher Arbeitsstoffe und Güter, Grundsätze der Abfallentsorgung (je 28), Einhaltung staatlicher Normen, Betriebsstörungen (je 27), Genehmigungsverfahren (26), Umwelt-Jahresberichte der Betriebsbeauftragten, Umwelt(fort-)bildung (je 24), Einführung neuer Produktionslinien (22), Umweltschutzrichtlinien und -grundsätze, Alt- und Ersatzstoffe (je 10).[451] Eine Auswertung über Stand und Form der Umsetzung liegt bislang jedoch noch nicht vor.

3.4.3.3 Die Stelle

Bislang bin ich vom einzelnen Entscheider als der kleinsten Organisationseinheit ausgegangen. Das formale strukturelle Pendant einer Organisation ist die Stelle (rollentheoretisch: Position). Stellen sind das Ergebnis von Arbeitsteilung; sie entstehen aus der Zerlegung einer (Gesamt-)Aufgabe in einzelne Aktivitäten und deren Synthese zu einem Aufgabenkomplex, der durch eine Person oder einige Wenige bewältigt werden kann.[452] Zur Erfüllung der (Teil-)Aufgaben werden der Stelle weiterhin - teilweise auch dem Stelleninhaber direkt - Kompetenzen und Verantwortung zugeordnet; dabei ist das Kongruenzprinzip[453] zu beachten. Nach dem Ausmaß der Zuordnung werden Ausführungsstellen, Leitungsstellen (Instanzen) und Stabstellen unterschieden. Den Zusammenhang zwischen den Strukturdimensionen der Organisation und der Stelle gibt Abbildung 28 wieder.

Die Wirkung dieser Strukturdimensionen wurde und wird vor allem im Zusammenhang mit der Arbeitsmotivation und dem Innovationsverhalten untersucht. Heute geht man allgemein davon aus, daß mit der erlebten Bedeutung einer Aufgabe - ihrer Identität (Ganzheitlichkeit), Sinnhaftigkeit, Varietät (Anforderungswechsel) und Autonomie - die Arbeitsmotivation der Mehrheit der Aufgabenträger wächst.[454] Das dabei zugrundegelegte Menschenbild setzt sich gestalterisch fort in den Ansätzen zur Humani-

---

451 Vgl. Teichert/Küppers 1990, S. 758 sowie die Auswertung von Hildebrandt/Schmidt (1994, S. 177-182) in zehn europäischen Ländern.
452 Die Stelle wird in der Literatur deshalb als "zunächst rein fiktiv" (Kreikebaum 1975, S. 17), als "grundsätzlich unabhängig von dem jeweiligen Stelleninhaber" (Picot 1984, S. 112; ähnlich Laux/Liermann 1993, S. 194) oder als "abstrakt gedachte Einheit" (Hill u.a. 1989, S. 130) bezeichnet und vom Stelleninhaber analytisch getrennt.
453 Übereinstimmung von Sachaufgabe, Kompetenz und Verantwortung.
454 Vgl. Meißner, Wo. 1989, S. 83-91, 149; Schanz 1994, S. 158-163.

Strukturdimension Organisation	Strukturdimension Stelle / Arbeitsrolle
Sachaufgabe	
• Spezialisierungsgrad (Arbeitsteilung, Differenzierung)	⇨ **Aufgabendefinition und Anforderungsniveau**
• Standardisierungsgrad	⇨ **Aufgabenregulierung / -normierung**
• Formalisierungsgrad	⇨ **Aufgabenformalisierung**
• Entscheidungs- zentralisationsgrad	⇨ **Kompetenzumfang**
• Strukturierungsgrad des Kommunikationssystems	⇨ **Kommunikationsfreiheit**
Verantwortung/Kompetenz	

Abb. 28: **Zusammenhang zwischen der Struktur der Organisation und der Stelle/ Arbeitsrolle**
Quelle: In Anlehnung an Thom 1980, S. 245.

sierung der Arbeit[455] oder, weiter gespannt, des Human-Resources Management[456] mit expliziten Empfehlungen zur Arbeitsorganisation. Ähnlich scheint Verhalten um so weniger innovativ, je rigider und gebundener die Strukturen ausfallen.[457] Diese Betrachtung wurde weiter ausdifferenziert nach den einzelnen Phasen des Innovationsprozesses.[458] Zur grundlegenden These vom "organisatorischen Dilemma" - Konzeption, Vorschlag, Annahme und Durchsetzung von Neuerungen verlangten je spezifische Strukturdesigns mit tendenziell zunehmender Rigidität und Gebundenheit von der Generierung zur Realisierung - sind die empirischen Befunde jedoch nach wie vor gegensätzlich.[459] Festzuhalten ist auch, daß die Forderung nach umweltverträglichem Verhalten das gesamte Entscheiden und Handeln umfaßt. Innovationen sind hiervon lediglich ein, wenn auch bedeutender, Ausschnitt.

---

455 Statt aller Kreikebaum/Herbert 1988; Kreikebaum 1993b.
456 Statt aller Hopfenbeck 1989, S. 199-406.
457 Wegweisend die Arbeit von Burns/Stalker 1961 mit ihrer idealtypischen Unterscheidung zwischen mechanistischer und organischer Organisationsform. Vgl. auch die Überblicke über das Forschungsfeld bei Frese 1992a, S. 266-294; Kieser/Kubicek 1992, S. 382-392; Staehle 1989, S. 433-442. Speziell zu Umweltschutzinnovationen die empirischen Befunde bei Schmidt, R. 1991, S. 128-130, 140; Kreikebaum 1990c, S. 117f.; 1992a, S. 167.
458 Wegweisend hier Wilson 1966; vgl. auch die umfassende Diskussion theoretischer Ansätze bei Tebbe 1990, S. 38-79; Thom 1980, S. 45-53, 305-323 und die organisationspsychologische, allerdings auf die Ideengenerierung konzentrierte Arbeit von Meißner, Wo. 1989, S. 82-156, v.a. 149.
459 Pro u.a. Thom 1980, S. 393f.; Tebbe 1990, S. 74-79, 92-113; contra u.a. Manns 1992, S. 170-172 m.w.N. und speziell zu Umweltschutzinnovationen Schmidt, R. 1991, S. 133-135; umfassende Überblicke über den Stand der Forschung m.w.N. bei Corsten 1989, S. 28-30; Tebbe 1988, S.80-91.

Aufgrund der ökologischen Betroffenheit jedweder wirtschaftlichen Aktivität ist auch jede Stelle aktiv und passiv ökologisch betroffen. Wie jeweils konkret und welche Möglichkeiten ein Organisationsmitglied dabei objektiv hat, sich umweltverträglich zu verhalten, hängt von der Art der Ausstattung der Stelle mit (Teil-)Aufgaben, Verantwortung und Kompetenzen ab, den Informations- und Kommunikationsmöglichkeiten, Kontrollen und monetären Anreizen sowie von Verhaltensinterdependenzen mit anderen Stellen.

Definition der Aufgabe

Mit der Sachaufgabe werden implizit die potentiellen Wirkungen einer Stelle festgelegt - auf die Umwelt, aber auch auf Qualität und Gesundheit. Die Stelle wird zum Verursacher (aktive ökologische Betroffenheit), u.U. sie selbst (z.B. Gesundheitswirkungen), v.a. aber andere, mit ihr durch die Leistungserstellung verflochtene organisationsinterne Stellen oder Externe zum Empfänger (passive ökologische Betroffenheit). Dagegen ist sie nicht auch zwangsläufig für die Bewältigung der von ihr verursachten Wirkungen zuständig, kompetent und verantwortlich. Durch das zeitliche Auseinanderfallen von Ursache, Wirkung und u.U. Schaden wird Arbeitsteilung zwischen der Erfüllung der Aufgabe und der Behandlung der dabei entstehenden Wirkungen möglich. Die Behandlung kann organisationsintern anderen Stellen, Beauftragten für Umweltschutz z.B. oder Zentralbereichen[460], übertragen sein, [4.2.1: 232-262] teilweise auch externen Dienstleistern (z.B. Entsorgern). Die ökologische Betroffenheit läßt sich durch die Kriterien der Aufgabengliederung näher bestimmen:[461]

a. die **Funktion**, in der die Stelle angesiedelt ist, und die daraus abgeleiteten <u>Tätigkeiten</u> (Verrichtungen): Bedeutsam ist, daß manche Funktionen (Logistik, Produktion, Marketing/Absatz) eher zu unmittelbaren, andere (FuE/Konstruktion, Planung, Organisation, Personal, Rechnungswesen, Controlling, Revision) eher zu mittelbaren Umweltwirkungen tendieren oder beides auf hohem Niveau vereinen (Beschaffung/ Einkauf).[462] Der stoffliche Bezug der Tätigkeit zur Umwelt ist zweifellos bei unmittelbarer Wirkung am offensichtlichsten (herstellbar) - mit entsprechender Wirkung auf die Motivation (Wahrnehmung des Umweltproblems und der ökologischen Folgen des

---

460 Dazu Kreikebaum 1993c, Sp. 2603-2605.
461 Zu den Kriterien allgemein vgl. Hill u.a. 1989, S. 123f.; Picot 1984, S. 111; Staehle 1989, S. 631f.; Welge 1987, S. 396f. oder Wittlage 1989, S. 56-62.
462 Gemäß Entropiesatz ist keine Funktionsausübung ohne unmittelbare Umweltwirkung möglich; vgl. S. 10, 75-78. Hier geht es jedoch um deren Gewicht in Relation zu mittelbaren Wirkungen.

eigenen Verhaltens, Verhaltensbereitschaft und -absicht) zu umweltverträglichem Verhalten. Funktionen und Tätigkeiten, die Qualifikation, Motivation und organisatorischen Rahmen von (anderen) Organisationsmitgliedern beeinflussen, wirken mittelbar auf die Umwelt - über das beeinflußte Verhalten der Zielperson. Ihr ökologisches Potential - die Arbeit will hiervon ja gerade Zeugnis ablegen - ist jedoch kaum weniger relevant, oft sogar weitreichender, allerdings schwerer erkennbar.

Eine Besonderheit stellt die Funktion Umweltschutz dar. In diesem Fall sind Stellen oder Abteilungen explizit mit Umweltschutzaufgaben betraut. Der Bezug zur Umwelt ist direkt erkennbar, soweit lediglich mit Beratungskompetenzen ausgestattet, wie die gesetzlich vorgegebenen Betriebsbeauftragten,[463] ist die Wirkung dennoch eher mittelbar.[464]

Neben der Art ist auch der Grad der Aufgabengliederung relevant: Die Umweltwirkungen der Gesamtaufgabe sind größer als die einer Teilaufgabe. Eine hohe ökologische Betroffenheit auf unteren und bereits auf der ausführenden Ebene, z.B. als Störfallpotentiale durch Bedienungsfehler, ist dadurch nicht ausgeschlossen. Mit der Zerlegung in (infinitesimal kleine) Einzelaufgaben geht allerdings zunehmend der Überblick über die Vorgeschichte und die Folgen des eigenen Verhaltens verloren; gegenüber der ökologischen Betroffenheit der Gesamtleistung schrumpft die Zeitskala der ökologischen Betroffenheit des Stelleninhabers. Genau ein Überblick über den ökologischen Lebenszyklus des Produktes oder der Produkte (Produktlinie), zu deren Erstellung die eigene Tätigkeit beiträgt, wäre aber wichtig für Wahrnehmung und Bewertung. Es ist dann die Frage, ob diese durch alternative Instrumente, wie die Informations-Rückkopplung gewährleistet ist.

Bei Übertragung mehrerer Aufgaben können stelleninterne Interdependenzen ökologisch relevant werden. Eine Interdependenz besteht, wenn Aufgaben hinsichtlich mindestens eines ihrer Gliederungskriterien gleich oder ähnlich sind, da daraus häufig monolithische Entscheidungssachverhalte folgen, etwa die Verwendung eines bestimmten (mehr oder weniger umweltverträglichen) Betriebsmittels für alle Aufgaben einer Stelle, die diese Art von Betriebsmittel benötigen. Die oben referierten Ergebnisse zur distanten Problemwahrnehmung [140] und zu einem Low-cost-Verhalten [147f.] legen weiterhin Verhaltensinterdependenzen zwischen den Kern- und Hilfstä-

---

463 Ausnahme ist der Störfallbeauftragte nach § 5 (2) der 12. BImSchV (StörfallV), dem bereits nach dem Gesetz Entscheidungskompetenzen zu übertragen sind; vgl. dazu den Kommentar von Rebentisch 1991, S. 313f.

464 Unmittelbar wäre die Wahl von Arbeitsmitteln; s.u.

tigkeiten einer Stelle nahe: (Initiativen zu) Verhaltensänderungen könnten sich danach zunächst und vor allem auf ökologisch weniger relevante, aber mit geringeren Änderungskosten versehene Tätigkeiten konzentrieren und die letztlich entscheidende Kerntätigkeit außer Ansatz lassen - also gerade nicht zum "Zentrum der Risikoproduktion"[465] vordringen. So dominieren beim stellenbezogenen Umweltschutz in den Unternehmen gegenwärtig zwei Themen: die Verwendung umweltverträglicher Büromaterialien und die getrennte Sammlung von Abfällen;[466]

b. die **Aufgabentypen**, die der Stelle zugeordnet sind: Objektaufgaben (operative Tätigkeiten/Arbeitsverrichtungen und Objektentscheidungen), Organisationsaufgaben (operative Tätigkeiten und Organisationsentscheidungen) und Kommunikationsaufgaben (operative Tätigkeiten, Kommunikationsentscheidungen).[467] Organisationsentscheidungen zielen auf die "Basisvariablen organisatorischer Gestaltung": Vorgabe von Verhaltensnormen, Eröffnung/Begrenzung von Verfügungsmöglichkeiten über Ressourcen, ergänzende Maßnahmen (Information, Qualifikation, Motivation).[468] Die Umweltwirkungen von Organisations- und Kommunikationsentscheidungen sind mittelbar; Objektentscheidungen und operative Tätigkeiten können unmittelbar und mittelbar Umweltwirkungen verursachen.[469] Darüber hinaus können Stellen Kerntätigkeiten und Hilfs- oder unterstützende Tätigkeiten umfassen;

c. das **Objekt**, an dem (Arbeits-/Betriebsmittel, Werkstoffe) oder in bezug auf das (Produkt/Dienstleistung, Kunden/-gruppen, Regionen/Märkte, Mitarbeiter/-gruppen, organisationsinterne Dienstleistungen: Planung, Information, Organisation, Bildung, Kontrolle) ein Stelleninhaber seine Tätigkeit ausübt: Objekte weisen je spezifische Umweltbezüge auf, ob als Arbeitsstoff (z.B. Lösemittel, Metallreinigungsmittel/CKW, Kühlschmierstoffe), Produkt (z.B. Auto, chemische Erzeugnisse), Region (Tourismusbranche, regionale Kulturen), Markt (Investitions-, Ge-/Verbrauchsgut) oder Mitarbeiter (kaufmännische/naturwissenschaftliche/technische Berufe, marktnahe/-ferne Abtei-

---

465 Weidner 1984, S. 45.

466 Beispielhaft die qualitativen Befunde in den empirischen Studien von Schülein/Brunner/Reiger 1994, S. 66f.; Föste 1994, S. 138f., 140, 177; Nitschke u.a. 1995, S. 136f., 281f.

467 Hierzu Laux/Liermann 1993, S. 193f. i.v.M. S. 80 und 201 dieser Arbeit. Vgl. auch den qualitativen Unterschied, den Jahnke (1994, S. 186-188) macht zwischen Entscheidungen über den engeren Unternehmenszweck, die die "absolute Ökologieverträglichkeit" bestimmen - sie liegen "per definitione im Einflußbereich der Unternehmensführung" - und nachgeordneten Entscheidungen im Rahmen des engeren Unternehmenszwecks, die die relative Ökologieverträglichkeit bestimmen.

468 Vgl. Laux/Liermann 1993, S. 132-135, 163-173.

469 Störfälle sind z.B. zwar durch falsche Organisationsentscheidungen (Prozeßplanung, Qualifikation des Bedienungspersonals, fehlende Sicherheitstechnik und Notfallpläne) und evtl. Kommunikationsentscheidun-

lungen). Je nachdem, wie bestimmend ein Objekt für den Stellen- oder Rolleninhaber bis hin zur Gesamtorganisation ist (z.b. Fließfertigung oder Ein-Produkt/Markt-Unternehmen, wie die Mehrzahl der Kfz-Hersteller), wie stark es nach herkömmlichen Anforderungen optimiert erscheint (z.b. Verpackungen oder Stoffe wie FCKWs und Phosphate) und wie stark es bereits routiniert oder etabliert ist, sind darüber hinaus (a) die Verhaltensspielräume, und damit -möglichkeiten, des einzelnen unterschiedlich weit und werden von diesem (b) die Bezüge zur Umwelt sehr unterschiedlich thematisiert, teilweise tabuisiert;[470]

d. die **Phase** der Aufgabenerfüllung mit den beiden sich überlagernden Zuordnungen Planung/Durchführung/Kontrolle und Input/Throughput/Output, der die Stelle zugeordnet ist;[471]

e. der **Ort**, an dem die Aufgabe durchgeführt wird: Er kann inner- oder außerbetrieblich (Leistungserstellung beim Kunden/Kooperationspartner, Baustellenfertigung) liegen, den Standort als Ganzes betreffen (global/regional/lokal unterschiedliche Problemlagen und -evidenzen) sowie national/regional/lokal unterschiedliche Kulturen.

Die Aufgabendefinition gestaltet somit inhaltliche und strukturelle Bedingungen einer Stelle; sie ist darüber auch für deren personale Bedingungen grundlegend. Denn die Anforderungen an Qualifikation und Motivation eines Stelleninhabers bestimmen sich aus der Komplexität (Strukturiertheit), der Variabilität (Veränderlichkeit in der Zeit), der Häufigkeit und der Ähnlichkeit der der Stelle übertragenen Aufgaben.[472] In seiner empirischen Studie, allerdings beschränkt auf die Generierung innovativer Ideen, ermittelte Meißner für den Anforderungswechsel einer Tätigkeit und bezogen auf intrinsisch hoch Motivierte die zweitstärkste Signifikanz unter 21 Variablen.[473]

Normierung der Aufgabe

Verhaltensnormen beeinflussen die organisatorischen Möglichkeiten eines Stelleninhabers zur Prävention; er ist dadurch in bestimmter Weise verantwortlich - oder eben

---

gen (Weitergabe/Einholung von Information) angelegt, unmittelbar ausgelöst aber durch falsche Objektentscheidungen und/oder operative Tätigkeiten.

470 Selbst in einem dem Umweltschutz gegenüber aufgeschlossenen Unternehmen; vgl. Seidl (1993, u.a. 216f., 224, 251-266, 269f. 300-304).

471 Die These vom organisatorischen Dilemma setzt hier an, indem sie eine phasenspezifisch unterschiedliche Wirkung der Strukturdimensionen [Abb.28: 216] auf das Innovationsverhalten annimmt.

472 Vgl. Picot 1984, S. 138-144; ähnlich Laux/Liermann 1993, S. 261-271 (mit Bezugnahme auf die Primärdeterminanten der Entscheidung); Staehle 1989, S. 632; Welge 1987, S. 398; Grochla 1982, S. 184-186.

473 Vgl. Meißner, Wo. 1989, S. 149.

nicht verantwortlich - gegenüber den durch die eigene Tätigkeit (Eigenverantwortung) und/oder durch die anderer Organisationsmitglieder (Fremdverantwortung) (potentiell) verursachten Umweltwirkungen. Bei Haftungsfragen des Umweltrechts wird der Verantwortung im Unternehmen bereits heute herausragende Bedeutung zuteil. [177f.] Allgemein sagen Verhaltensnormen darüber aus, welche Informationen ein Stelleninhaber/Rollenträger beschaffen, welche Informationen er an andere Organisationsmitglieder weitergeben und welche Verhaltensalternative (Objekt- bzw. Organisationsalternative) er jeweils wählen soll.[474] Sie können nach Inhalt und Präzision unterschiedlich ausgelegt sowie der Stelle/Rolle, aber auch der Person zugeordnet sein. Je schwächer eine Aufgabe normiert ist, desto entscheidender werden strategische und kulturelle Orientierung der Organisation sowie Qualifikation und Motivation des Stelleninhabers für eine angemessene, hier: auch umweltverträgliche, Aufgabenerfüllung. Eine starke Normierung ist zweischneidig: Bezieht sie ökologische Kriterien mit ein, steigt die Wahrscheinlichkeit eines umweltverträglichen Verhaltens, zumal Normen i.d.R. mit Sanktionen gekoppelt sind. Der Einfluß bleibt jedoch auf die durch die Norm(en) erfaßten ökologischen Wirkungen beschränkt. Eine starke Normierung befördert externe Kontrollwahrnehmungen [141-143], senkt die Eigenmotivation[475] und kann auch Reaktanz gegenüber den ökologischen Anforderungen hervorrufen. Sind die für die Aufgabe relevanten ökologischen Kriterien nur partiell oder gar nicht berücksichtigt oder überholt sich das in Normen eingeflossene Wissen über ökologische Verhaltensfolgen, wird - zumal in Verbindung mit den Sanktionen - ganzheitlich umweltverträgliches Verhalten sogar erheblich erschwert: Denn erstens wird eine (eigene) Interpretationsleistung auf Kompatibilität oder Konkurrenz zwischen normierten und nicht normierten Anforderungen notwendig und, bei Konkurrenz, zweitens, eine kritische Reflektion, ggf. gekoppelt mit sanktioniertem normverletzenden Verhalten oder einer Verbesserungsinitiative. Beides ist aber Ausdruck einer internalen Kontrollwahrnehmung und aktiven Auseinandersetzung; es erhöht zudem die Kosten umweltverträglichen Verhaltens.

---

474 Vgl. Laux/Liermann 1993, S. 167.
475 Meißner, Wo. ermittelt die Autonomie - der Grad an Standardisierung und Formalisierung (vgl. nächster Abschn.) als eine der wichtigsten Variablen für die Generierung innovativer Ideen (1989, S. 149).

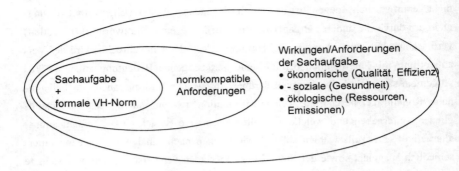

Abb. 29: Verhaltensnormen und die Integration der Wirkungen von Sachaufgaben

Das Schrifttum unterscheidet Normen in dreierlei Hinsicht: ex-/implizit, fallweise/generell, ein-/mehrdeutig.[476] Explizite Verhaltensnormen geben einem Stelleninhaber die Aktivitäten eindeutig vor, im allgemeinen als bedingte Weisungen ("wenn-dann"). Hier besteht kein formaler[477] Ermessensspielraum. Flexibler und mit weniger Verwaltungsaufwand wirken implizite Normen - Zielvorgaben. In deren Rahmen hat ein Organisationsmitglied freies Ermessen bei der Auswahl von Alternativen.[478] Die Primärdeterminanten sind im Gegensatz zur expliziten Formulierung weniger gebunden.

In bestehenden Verhaltenssormen sind neue Anforderungen wie die nach Umweltverträglichkeit bestenfalls - sonst wären sie nicht neu - implizit enthalten. Der formale Verhaltensspielraum hängt dann davon ab, wie verträglich implizite Norm und neue Anforderung sind und wie sie wahrgenommen werden [155-158] oder wie konkret und interpretationsfähig die implizite Norm hinsichtlich der Primärdeterminanten formuliert ist.

Fallweise Verhaltensnormen gelten für den Einzelfall, d.h. für eine bestimmte Entscheidungssituation einer bestimmten Stelle/Person. Dieses Verfahren ist für Instanz und ausführende Stelle erheblich aufwendig. Deshalb greift die erstmals von *Gutenberg* als "Substitutionsprinzip der Organisation" beschriebene Rationalisierung.[479] Das ist die als Standardisierung und Programmierung bezeichnete Tendenz, bei peri-

---

476 Statt aller und nachfolgend Laux/Liermann 1993, S. 175-180.
477 Vgl. die Diskussion zur Verhaltensrelevanz von Werten, S. 108-110.
478 Vgl. auch Hax 1969, S. 42f.
479 Vgl. Gutenberg 1983, S. 238-242; im Register (S. 520); 1962, S. 144-147; 1958, S. 50 dagegen "Substitutionsgesetz"; vgl. auch Kreikebaum 1975, S. 56f.

odisch wiederkehrenden, sich inhaltlich weitgehend angenäherten und einfach struktu-rierten Aufgaben die fallweisen durch generelle Regeln zu ersetzen.[480] Die Verhal-tensspielräume eines Stelleninhabers werden dadurch zunehmend gebunden, schema-tisiert und routinisiert. Es vollzieht sich ein "Prozeß der Abnahme dispositiver Frei-heiten, vornehmlich in den unteren Zentren betrieblicher Steuerung und Lenkung"[481] Darüber hinaus verliert die Stelle, und damit die Organisation als Ganzes, Flexibilität gegenüber sich ändernden Datenkränzen.[482]

Picot 1984, S. 125-128	Welge 1987, S. 426	Hill/Fehlbaum/Ulrich 1987, S. 280-283	Corsten 1989, S. 27f.
Abläufe Rahmenbedingungen Fähigkeiten Output Planungs-/ Kontrollsysteme Dokumentation Wertorientierung	Zeitregeln/zeitliche Vorgaben Handlungsanweisun-gen Arbeitsmethoden Ergebnis(se) Kooperation + Kommunikation	operative Aktivitätsfol-gen • physische Trans-for-mationsprozesse • administrative Pro-zesse Leitungsprozesse • aufgabenbezogene • personenbezogene	Arbeitsabläufe Arbeitsgrundsätze Verhaltensabläufe Arbeitsmethoden Verwendung von Arbeitsmitteln

Abb. 30: Gegenstände von Standardisierung und Programmierung

Mögliche Anwendungsbereiche von Standardisierung veranschaulicht Abbildung 30. Dabei wird deutlich, daß Standardisierung ein allgemeines Gestaltungsprinzip ist, das dem Stelleninhaber nicht allein auf seine Aufgabe(n) i.e.S. beschränkt begegnet. Die Standardisierung kann weiterhin speziell auf eine Stelle oder auf größere Organisati-onseinheiten, bis hin auf Gesamtunternehmensebene zielen.

Eindeutige und mehrdeutige Verhaltensnormen unterscheiden sich schließlich durch ihre Präzision. Je präziser, desto geringer ist der formale Ermessensspielraum des Or-ganisationsmitglieds, bei eindeutiger Regelung ist er Null.[483] Eine Einschränkung

---

480 Vgl. weiterhin Grochla 1982, S. 174f.; Picot 1984, S. 124f.; Hill u.a. 1989, S. 266f.; Thom 1980, S. 248f.; Kieser/Kubicek 1992, S. 110-114.
481 Gutenberg 1983, S. 242; ähnlich Kreikebaum 1975, S. 57.
482 Mit zunehmender Dynamik und Komplexität der zu regulierenden Aufgabe nehmen Substitutionsmöglich-keiten deshalb ab, soll die Anpassungsfähigkeit der Organisation nicht aufs Spiel gesetzt werden; statt aller Gutenberg 1983, S. 241. Kreikebaum führt an dieser Stelle das Prinzip der flexiblen Gestaltung genereller Regelungen ein (1975, S. 57f.); anders Kieser/Kubicek "flexible Programme" (1992, S. 110f.) und das Konzept der Selbstorganisation; dazu Probst 1992, m.w.N.
483 Die Betonung liegt auch hier auf "formal". Arbeitsrechtlich bestehen bestimmte Arbeitsverweigerungs-, Beschwerderechte und wird das Recht auf Veröffentlichung von Mißständen diskutiert; vgl. Wendeling-Schröder 1991 und § 21 (6) GefStoffV. Ein Beschwerderecht enthalten auch der Manteltarifvertrag der Druckindustrie v. 10.3.1989 in § 2a zum Gesundheitsschutz (vgl. o.V. 1990; Stautz 1993, S. 17f., 49-53; Scherer/Sterkel 1993, S. 167-173) und § 15a des Manteltarifvertrags der papierverarbeitenden Industrie von 1991 (vgl. o.V. 1991a).

(Präzision) kann auch durch Ausschluß bestimmter Alternativen oder durch intersubjektive Überprüfbarkeit der Primärdeterminanten gegeben sein.

Im Zusammenhang mit betrieblichem Umweltschutz weist *Matzel* darauf hin, daß Stelleninhaber ihr Verhalten auch selbst programmieren: über erlernte Handlungsmuster, die bei einem entsprechenden Stimulus abgerufen werden - das eigene Verhalten wird routinisiert und habitualisiert. "Solche kognitiven Programme (im Original fett, R.A.) erschweren .. die Berücksichtigung zusätzlicher Umweltschutzanforderungen bei der Aufgabenerfüllung, da die Mitarbeiter ihre alten Handlungsmuster ablegen müssen."[484]

Formalisierung der Aufgabe

Formalisierung beschreibt die schriftliche Fixierung und Dokumentation formaler Regeln.[485] Sie ist ein "typisches Merkmal von Bürokratisierung"[486] und kann sich nach einer von *Pugh u.a.* allgemein übernommenen Einteilung erstrecken auf organisatorische (formale) Regeln (Strukturformalisierung), den Informationsfluß ("Aktenmäßigkeit aller Vorgänge") sowie die Leistungserfassung und -beurteilung (Leistungsdokumentation).[487] So sind die Ausstattung von Stellen, damit auch ihre Trennung von einer bestimmten Person, u.a. in Arbeitsanweisungen, Checklisten (Pflichtenheften, Prüflisten ...) und Stellenbeschreibungen, ihre Beziehung zu anderen Stellen in Organisationsplänen, -handbüchern u.ä. dokumentiert.

Die Formalisierung selbst generiert externe Effekte lediglich im Maße der dabei eingesetzten Arbeitsmittel. Durch die intersubjektive Transparenz gewinnt ein formalisierter Gegenstand jedoch an Klarheit und Verbindlichkeit. Andererseits kann der objektive wie subjektive Verhaltensspielraum gegenüber (noch) nicht normierten Anforderungen weiter sinken - mit entsprechender Wirkung auf Kontrollwahrnehmung und Eigenmotivation (s.o.). Formalisierung findet allerdings - wie die Normierung allgemein - auch gezielt im betrieblichen Umweltschutz statt. Konfrontiert ist ein Stelleninhaber damit vor allem der hinsichtlich Umweltsicherheit, etwa der bereits genann-

---

484 Matzel 1994, S. 165; vgl. auch die Überlegungen zu den Nutzen und Kosten veränderten umweltverträglichen Verhaltens S. 120-122 dieser Arbeit.
485 Vgl. Pugh u.a. 1968, S. 75; Kieser/Kubicek 1992, S. 159f.; Grochla 1982, S. 175f.; Thom 1980, S. 261. Teilweise werden auch "durch Tradition zum Standard gewordene Verhaltenserwartungen und Gepflogenheiten" als Formalisierung gewertet; vgl. Thom 1980, S. 261 m.w.N. (Fn 26). Dieser Sachverhalt wird hier dagegen als Element der Unternehmenskultur gesehen und unter den sozialen Normen diskutiert; vgl. Abschn. 3.4.3.4.
486 Vgl. Kieser/Kubicek 1992, S. 159.

ten Pflichten zur Mitteilung und zur Eigenüberwachung [175f.] oder durch Alarm- und Gefahrenabwehrpläne (Störfallverhalten, Meldeketten) nach § 5 (3) 1 der StörfallV (12.BImSchV), beim Umgang mit Gefahrstoffen durch gemäß § 14 der GefStoffV und der TRGS 220 verfaßte Sicherheitsdatenblätter oder durch gemäß § 12 GenTSV oder § 20 GefStoffV und der TRGS 555 zu erstellende Betriebsanweisungen. Letztere definiert in Abs. 1:

"(2) Betriebsanweisungen sind arbeitsplatz- und tätigkeitsbezogene verbindliche schriftliche Anordnungen und Verhaltensregeln des Arbeitgebers an Arbeitnehmer zum Schutz vor Unfall- und Gesundheitsgefahren sowie zum Schutz der Umwelt beim Umgang mit Gefahrstoffen. ...

(4) Arbeitnehmer, die beim Umgang mit Gefahrstoffen beschäftigt werden, müssen anhand der Betriebsanweisung über die auftretenden Gefahren sowie über die Schutzmaßnahmen unterwiesen werden. ... Inhalt und Zeitpunkt der Unterweisungen sind schriftlich festzuhalten und von den Unterwiesenen durch Unterschrift zu bestätigen."[488]

Darüber hinaus, d.h. freiwillig, können Umweltschutzinhalte in die allgemein vorhandenen Formalisierungsinstrumente, z.B. Stellenbeschreibungen, Verfahrens-/Arbeitsanweisungen und Unterweisungsrichtlinien integriert sein oder bekannte Instrumente gezielt für Umweltschutzaufgaben genutzt werden.[489] Im Zuge verschärfter zivil-, straf- und ordnungswidrigkeitsrechtlicher Umweltverantwortung und im Umweltverwaltungsrecht mit § 52a (2) BImSchG und § 53 KrW-/AbfG explizit vorgegeben hat die Dokumentation des Umwelt-Sicherheitsmanagements mittlerweile sogar herausragende Bedeutung für eine mögliche Entlastung betrieblicher Entscheider.[490] Aufgrund der verstärkten Haftungsansprüche i.V.m. den zahlreichen Formalisierungs- und Dokumentationspflichten setzen sich, in Anlehnung an Organisationshandbücher, zunehmend Umweltschutzhandbücher durch.[491] In den beiden Gutachten zur Organisation des Sicherheits- und Umweltmanagements bei der Hoechst AG, veranlaßt vom *Hessischen Umweltministerium* aufgrund der Störfälle zu Beginn des Jahres 1993, spielt dann auch die Dokumentation in Verbindung mit § 52a BImSchG eine zentrale Rolle der Bewertung - und weitgehenden Entlastung.[492] Mit der Anwendung der DIN-ISO-Normen 9000-9004 zur Qualitätssicherung auf das Umweltmanagement[493] und

---

487 Vgl. Pugh u.a. 1968, S. 76; Kieser/Kubicek 1992, S. 160-167; Thom 1980, S. 261.
488 TRGS (Technische Regel für Gefahrstoffe) 555 "Betriebsanweisung und Unterweisung nach § 20 GefStoffV".
489 Mit Beispielen Matzel 1994, S. 171-178.
490 Statt aller und ausführlich Vögele 1993b, zum § 52a BImSchG vgl. Adams 1990, §52a, Rdnr. 17.
491 Vgl. Antes 1993a; Matzel 1994, S. 178f.; Davidsohn/Löhr 1991, S. 340-347; Sandrock 1991, S. 43-45; LfU 1994.
492 Vgl. Adams und Partner 1993; ADL 1993; zusammenfassend jeweils die Seiten 4/1-38 und 1-6.
493 Vgl. Ellringmann 1993; Groll 1993 oder Petrick 1994.

der Beteiligung am EU-Umweltaudit oder vergleichbaren Normen[494] werden die Standardisierung und Formalisierung des Umweltschutzes auch über das Sicherheitsmanagement hinaus systematisch und umfassend ausgeweitet. [4.3.3]

Kompetenzumfang

Keine Pflichten ohne Rechte. Ein Stelleninhaber ist verpflichtet, die ihm übertragenen Aufgaben im Sinne der Organisation zu erfüllen. Damit er dieser Verantwortung entsprechend entscheiden und handeln kann, sind ihm bestimmte Rechte, Kompetenzen, delegiert. In Abhängigkeit von der Art der Aufgabe können das die in Abbildung 31 dargestellten sein:

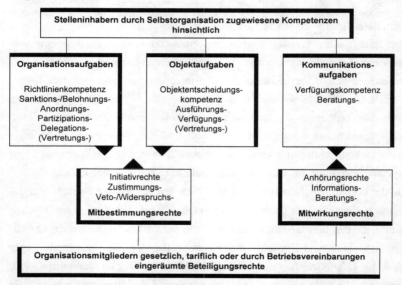

Abb. 31: Kompetenzarten in Abhängigkeit von der Art der Aufgabe und Beteiligungsrechte
Quelle: Kompetenzarten in Anlehnung an Laux/Liermann 1993, S. 193f.[495]

Es liegt auf der Hand, daß mit dem Kompetenzumfang die Einflußmöglichkeiten auf eigenes und fremdes Tun und Unterlassen steigen. Das eröffnet auch hinsichtlich des Umweltschutzes Möglichkeiten, positive wie negative. Zu beachten ist, daß "die Delegation von Kompetenzen .. keine Teilung, sondern im Gegenteil eine Addition von

---

494 Vgl. EWG/1836/93; DIN V 33921; DIN ISO 14001.
495 Ähnlich, aber ohne Verknüpfung mit Aufgabentypen Hill u.a. 1989, S. 126-129; Picot 1984, S. 113.

Verantwortung mit sich (bringt)"[496]. Keine Instanz ist deshalb aus der Verantwortung für das umweltverträgliche Verhalten nachgeordneter Stellen entlassen. Die Gesamtverantwortlichkeit eines Vorgesetzten für eine richtige Aufgabenerfüllung in seinem Bereich bleibt bestehen. Bei der umweltrechtlichen Haftung ist dies in Gestalt der Verantwortungskette und der Sorgfaltspflichten der Delegierenden oder Anweisenden bereits jetzt von entscheidender Bedeutung; [177f.] es ist auf den gesamten - präventiven wie reparativen und kompensierenden - betrieblichen Umweltschutz zu übertragen.

Informations- und Kommunikationssmöglichkeiten

Die Möglichkeiten zur Information und Kommunikation sind eine Frage eingeräumter Kompetenzen und bereitgestellter Ressourcen. Verhaltensnormen können weiterhin entsprechende Pflichten definieren - als Hol- oder Bringschuld. Die hervorgehobene Bedeutung ökologischen Wissens für präventiven Umweltschutz und bewußt umweltverträgliches Verhalten [3.3.1] fordert jedoch eine eigenständige Diskussion gegenüber vorangegangenen Abschnitten. Ausgangspunkt bildet der durch die Sachaufgabe kreierte Informationsbedarf über die Primärdeterminanten der Entscheidung, Informationen über die aktive wie passive ökologische Betroffenheit und die Verhaltenseffektivität eingeschlossen sowie der stellenübergreifende Abstimmungsbedarf. Besonders wichtig scheinen dabei Informationen über Verhaltensfolgen zu sein. Dadurch wird ein Organisationsmitglied oftmals überhaupt erst in die Lage versetzt, sowohl seine aktive ökologische Betroffenheit (Verhaltensfolgen) als auch Erfolge seines umweltverträglichen Verhaltens (Verhaltenseffektivität) zu erkennen.[497] Darüber hinaus erlauben erst Rückkopplungen, Erfahrungen zu sammeln und damit Lerneffekte.[498] Dem gegenüber stehen der Wissensstand (Informationsgrad, -stand) und auch die Einstellung des Organisationsmitglieds. Sie sind nur z.T. auf seine Fähigkeiten und Bedürfnisse, zum andern Teil eben auf die Möglichkeiten zur Informationsbeschaffung und -verarbeitung zurückzuführen.

Wenngleich der Stand der Forschung aufgrund der geschilderten Besonderheiten der für eine bestmögliche Aufgabenerfüllung erforderlichen Information oft nicht entspricht, [2.4.3: 71-75] spiegelt er doch das objektiv verfügbare ökologische Wissen

---

496 Hill u.a. 1989, S. 134.
497 Vgl. S. 115-117 dieser Arbeit zur wahrgenommenen Kontrolle. Der Effekt war noch größer, wenn die Rückkopplung mit monetären Anreizen verknüpft wurde; vgl. Frey, D. u.a. 1990, S. 682f. m.w.N.; Midden 1983, zitiert nach Dierkes/Fietkau 1988, S. 166-168.
498 Allgemein Putz-Osterloh 1992, Sp. 586.

über Verhaltensfolgen und -alternativen wider. Einem Unternehmen muß selbst dieser Wissensstand nicht verfügbar sein - mangels eigener FuE und/oder externer Kommunikation. Damit entsteht ein erster Wissens"bruch". Eine zweite Bruchstelle bilden Informationen der Organisation über die unternehmens- und stellenspezifische Ist-Situation, d.h. Kenntnisse darüber, in welcher Weise Wirkungen durch eine konkrete Aufgabenstellung überhaupt verursacht und empfangen,[499] aber auch reduziert werden und welche Anforderungen ökologischer Anspruchsgruppen latent oder potentiell vorhanden sind. Dazu bedarf es auch eines Methodenwissens zur Frühaufklärung, zur Potential- sowie zur internen Schwachstellenanalyse und -bewertung[500].[501] Selbst wenn beide Arten von Informationen in der Gesamtorganisation ausreichend vorhanden sind, heißt das noch nicht, daß sie dem einzelnen Stelleninhaber in einem für eine umweltverträgliche Aufgabenerfüllung notwendigem Maß auch zugänglich sind. Die Informations- und Kommunikationskanäle zur - aber auch von der! - einzelnen Organisationseinheit stellen die dritte potentielle Bruchstelle ökologisch angemessener Informationsgrade dar.

Einem geringen Informationsgrad von Stelleninhabern entgegenzuwirken, hat eine Organsiation verschiedene Möglichkeiten. Zu den beiden erstgenannten ist die Organisation in gewissem Umfang, vor allem im Rahmen der Umweltsicherheit, auch gesetzlich verpflichtet;[502] es werden jedoch immer wieder erhebliche Umsetzungsdefizite berichtet. [4.2: 274f.]

1. Ein Stelleninhaber kann durch die Organisation systematisch mit Informationen versorgt werden. Hierfür stehen wiederum zwei Wege offen: die berufliche Aus- und Weiterbildung im Rahmen der (a.) Personalentwicklung sowie (b.) die institutionalisierten betrieblichen Informationssysteme. (a.) Die Aus- und Weiterbildung vermittelt, weiterentwickelt und trainiert die für ein umweltverträgliches Arbeitsverhalten not-

---

499 Bspw. durch über Lieferanten bezogene verunreinigte oder belastete Werkstoffe.
500 Vgl. Steger/Antes 1991, S. 21-29.
501 Vgl. die aktuellen Übersichten bei Hopfenbeck/Jasch 1993; Schulz/Schulz 1993, aber auch schon Strebel 1980, S. 130-143; Schmidt, H. 1985; Pfriem 1986, S. 212-219; Senn 1986, S. 171-178; Freimann 1989; Wicke u.a. 1992, S. 538-562; Meffert/Kirchgeorg 1993, S. 104-127; Schreiner 1993, S. 271-288; Steger 1993a, S. 237-285.
502 Vgl. bereits i die Abschnitte 3.4.3.1 und 3.4.3.2. So (1.) die Informationspflicht der Betriebsangehörigen durch Betriebsbeauftragte über schädliche Umwelteinwirkungen sowie Einrichtungen und Maßnahmen zu ihrer Verhinderung; (2.) die jährliche Berichtspflicht der Betriebsbeauftragten an den Anlagenbetreiber nach § 54 BImSchG, § 11b AbfG, § 55 (1) KrW-/AbfG, § 21b WHG, § 18 (2) GenTSV; (3.) die Informationspflichten gegenüber Mitarbeitern nach der EU-Umweltaudit-Verordnung EWG/1836/93, Anhänge I.C.11. i.V.m. I.D.1. und I.B.2.a-d; (4.) das Anlegen eines Gefahrstoffkatasters ("Verzeichnis aller Gefahrstoffe") nach § 16 (3a) GefStoffV und TRGS 222 i.V.m. der Arbeitsbereichsanalyse nach § 18 und TRGS

wendigen Qualifikationen. Als solche wurden in Abschnitt 3.3.1 allgemeine, technisch-fachliche und Schlüsselqualifikationen herausgearbeitet. Defizite hier sind nur begrenzt durch andere Informations- und Kommunikationsinfrastrukturen ausgleichbar. Ähnlich wie starke Verhaltensnormen und Formalisierung verringern sie zudem die internale Kontrolle eines Organisationsmitglieds und können darüber seine Motivation absenken. (b.) Planung, internes Rechnungswesen, Controlling und Revision formen unmittelbar oder über Rückkopplungsinformationen zeitverzögert das Kalkül (die Primärdeterminanten) eines Organisationsmitglieds oder vorgesetzter Instanzen mit. Für die Umweltverträglichkeit des daran orientierten Verhaltens ist es deshalb wichtig, daß diese Informationssysteme Umweltwirkungen aufzeigen (stofflich-energetische Informationen) und externe Kosten verursachungsgerecht internalisieren (monetäre Informationen). Sind diese Bedingungen nicht erfüllt, fehlt einem Organisationsmitglied die inhaltlich korrekte Information[503] für eine bessere, umweltverträglichere, Entscheidung. Bei nicht ausreichender Internalisierung entsteht sogar - bewußt oder unbewußt - ein Anreiz, Ressourcennutzungen und negative externe Effekte zu verursachen. Es genügt deshalb nicht, daß die Organisation über Informationen verfügt, für das Kalkül des einzelnen Entscheiders - des (potentiellen) Verursachers - ist sie nur dann von Belang, wenn sie an ihn durchgeleitet wird, und das wiederum ist der Fall, wenn sie sich in seinen die Entscheidung vor- und nachbereitenden Informationsinstrumenten und Entscheidungsmodellen - Planungsmethoden, Checklisten, Kosten-, Investitionsrechnungen, internen Verrechnungspreisen u.a.m. - niederschlägt. So verringert eine zur Verursachung unterproportionale Schlüsselung von Gemeinkosten (Kostenstellen- und/oder -trägerrechnung) die Anreize zu umweltverträglichem und kooperativem Verhalten. Empirisch belegt sind etwa Unterschiede im privaten Energiesparverhalten, je nach individueller oder kollektiver Heizkostenabrechnung.[504]

2. Ein Organisationsmitglied kann auch durch formale Regeln, bis hin zu sekundärorganisatorischen Maßnahmen (Arbeitskreise z.B.) dazu gehalten sein, Informationen zu beschaffen, weiterzugeben, auszutauschen. Die Bindung kann sich auf Wege, Ort, Art, Zeitpunkt und Inhalt der Information erstrecken. Dadurch kann ein bestimmtes Maß an Kommunikation und Information sichergestellt werden - mangelnde

---

402, 403; (5.) die An- und Unterweisungspflichten nach § 12 GenTSV, § 20 GefStoffV und TRGS 555 sowie § 6 (1) 4, 5 StörfallV.

503 Bezogen auf das zum Zeitpunkt der Entscheidung objektiv mögliche ökologische Wissen.

504 Vgl. Diekmann/Preisendörfer 1991, S. 246f.; 1993, S. 131; 1994, S. 25f. Der Abrechnungsmodus war nur eine, jedoch die signifikanteste Abweichungsursache.

Kommunikationsbereitschaft zwischen den Beteiligten, hervorgerufen auch durch unterschiedliche Berufskulturen, [115f.] ist nämlich, wie *Kreikebaum* auch für den Umweltschutz zeigt,[505] kein gering zu schätzendes Hemmnis.

3. Bei komplexen, veränderlichen, wenig ähnlichen und wechselseitig abhängigen Aufgaben erweist sich gebundene Kommunikation jedoch als unzureichend, weil sie (1.) wenig flexibel gegenüber sich ändernden Datenkränzen ist und (2.) einem schnellen und komplexen Wissenstransfer nicht gerade förderlich. Angemessen und empirisch bestätigt ist hier vielmehr die Möglichkeit - entsprechende Ressourcen eingeschlossen - einer offenen, d.h. ungehinderten, internen - horizontal, vertikal und lateral - wie externen Kommunikation.[506] Diese Möglichkeiten auszuschöpfen setzt andererseits die Fähigkeit und Bereitschaft zu ggf. bereichs- und/oder disziplinenübergreifender Kommunikation voraus.

Anreiz und Kontrolle

Abhängig vom jeweiligen Handlungsspielraum können sich Anreize und Kontrollen auf alle Determinanten der Entscheidung auswirken. Ihr Zweck besteht darin, die Wahrscheinlichkeit einer guten Aufgabenerfüllung, d.h. im Sinne der Organisationsziele, zu erhöhen. Dafür stehen der Kontrolle verschiedene Wege offen: Ihre Ergebnisse können einem Organisationsmitglied Anpassungsinformationen liefern (Anpassungseffekt, s.o.), sie können sein Verhalten argumentativ stützen oder einem Rechtfertigungszwang unterwerfen (Rechtfertigungseffekt), und sie können durch die Verknüpfung mit Belohnungen und Sanktionen nicht verträgliches Verhalten verhüten, verträgliches motivieren (Verhütungseffekt).[507]

Sanktionen befördern normenkonformes Verhalten.[508] Sie sichern dadurch einen Mindeststandard; allerdings gibt es auch das Phänomen der Reaktanz oder des abwei-

---

505 Vgl. Kreikebaum 1990c, S. 119f.
506 Vgl. die Befragungsergebnisse: für die Entstehung von Innovationen Meißner, Wo. 1989, S. 149; speziell für Umweltschutzinnovationen Schmidt, R. 1991, S. 128, 140; Kreikebaum 1990c, S. 117; 1992a, S. 167; 1995a, S. 9; für den betrieblichen Umweltschutz allgemein Gessenharter u.a. 1990, S. 7 i.V.m. S. VII; für umweltorientierte Produktinnovationen Seidl 1993, S. 246.
507 Vgl. Laux/Liermann 1993, S. 468-470; zu den Formen von Kontrolle ausführlich S. 471-504, 597-602; zur Motivationswirkung von Anreizen auch Schanz 1991. Anreiz und Kontrolle können demnach auch als Informationen aufgefaßt werden, wiewohl umgekehrt Informationen als Anreiz und Kontrolle interpretierbar sind.
508 Wirkungsbedingungen sind nach Hofer, der auch Belohnungen als - positive - Sanktionen auffaßt, daß der Sanktionsadressat (a) weiß, welches Verhalten erwünscht ist, (b) er den Zusammenhang zwischen Sanktion und Norm erkennt, (c) den Sanktionssender als sanktionsfähig betrachtet und (d) dem durch die Sanktion geschaffenen Ereignis einen hohen Wert beimißt (1987, Sp. 1800-1803).

chenden Verhaltens[509]. Über diesen Standard hinaus ist ihre Motivationswirkung begrenzt, zumal dann, wenn zu intensive Kontrollen ein Gefühl der ständigen Überwachung produzieren. "Alle Energien richten sich (dann, Anm. R.A.) darauf, möglichst viele persönliche Vorteile zu erringen, ohne die Aufmerksamkeit der Kontrolle zu erregen."[510] Reflektion, produktive Kritik und Innovation sind mit solch unauffälligem und angepaßtem Verhalten kaum vereinbar.[511] Ist die Verhaltensnorm selbst problematisch, weil bei ihrer Formulierung erfolgsrelevante Folgewirkungen nicht beachtet wurden oder veränderte Anforderungen eine veränderte Aufgabenerfüllung verlangten, wirkt bloßes normenkonformes Verhalten deshalb kontraproduktiv für das Erreichen der Organisationsziele. Auch stößt in einer Welt unsicherer Erwartungen die Kontrolle impliziter Verhaltensnormen schnell an ihre Grenzen.[512]

Kontrollen werden dadurch nicht überflüssig.[513] Eine Motivierung von Organisationsmitgliedern, die über den - zudem statischen - Mindeststandard hinausgehen soll, bedarf aber verstärkt positiver Leistungsanreize.[514] Intrinsische Anreize werden durch den Zuschnitt der Aufgabe selbst begründet. Darauf bin ich in den vorangegangenen Abschnitten bereits ausführlich eingegangen. Festzuhalten bleibt hier die generelle Tendenz, "daß sehr eng spezialisierte Tätigkeiten kaum Resultate bieten können, die dauerhaft als intrinsische Belohnungen empfunden werden"[515]. Extrinsische Anreize stellen auf materielle und immaterielle Gratifikationen ab. Schon die Erwartung von Belohnungen oder Sanktionen wirkt als Anreiz (Resultats-Folge-Erwartung). Allerdings können extrinsische Anreize eine instrumentelle Einstellung zur Arbeit fördern, bei der ein den Belohnungskriterien entsprechendes Verhalten bloß noch die Mittel liefert für eine Kompensation durch Konsum, d.h. außerhalb der Aufgabenerfüllung.[516]

Wie schon beim Informationssystem aufgezeigt, ist auch bei Anreizen die verursachungsgerechte Internalisierung externer Effekte entscheidend. Ein Kernproblem dabei ist die Wahl der geeigneten Bemessungs- und Beurteilungsgrundlagen bei einer leistungs- und anforderungsabhängigen Entgeltdifferenzierung.[517] Die Principal-

---

509 Vgl. etwa Cohen 1972; Wiswede 1973.
510 Hax 1965, S. 204; ähnlich Hofer 1987, Sp. 1803; Laux/Liermann 1993, S. 505.
511 Vgl. auch Meißner 1989, S. 117f.
512 Ausführlich Laux/Liermann 1993, S. 465f., 476f.
513 Vgl. Laux/Liermann 1993, S. 509f.; Meißner 1989, Wo. S. 118.
514 Hierzu und im folgenden Laux/Liermann 1993, S. 510-514; speziell zu Innovationsanreizen Becker 1991.
515 Laux/Liermann 1993, S. 511.
516 Bezogen auf Arbeiter vgl. Gorz 1989, S. 67-70; hier auf Organisationsmitglieder allgemein übertragen.
517 Am Beispiel von Vergütungssystemen vgl. auch Kossbiel 1994, S. 79-89.

Agent-Beziehungen analysierend weisen *Laux/Liermann* für erfolgsorientierte Prämiensysteme nach, daß nur bei einigen Bemessungsgrundlagen "ein Anreiz besteht, die Interessen der Anteilseigner wahrzunehmen, bei den anderen .. erzielt der Vorstand bzw. ein Spartenleiter einen finanziellen Vorteil, wenn er ... von dem für die Anteilseigner optimalen Investitions- und Finanzierungsprogramm abweicht"[518]. So bestehen Tendenzen, bei einer am Umsatz abhängigen Prämie in den Entscheidungskalkülen die Kosten zu vernachlässigen und bei einer Orientierung am ROI längerfristige sowie noch rentable, nicht aber ROI maximierende Investitionsprogramme.[519] Am Beispiel des Umsatzes, etwa der Umsatzbeteiligung von Einkäufern im Handel, zeigt sich weiterhin, daß schon die Bemessungsgrundlage selbst präventiven Umweltschutz konterkarieren kann: Umweltverträgliches Verhalten, das mit einer Schrumpfung, Stagnation oder auch bloß einem unterproportionalen Umsatzwachstum einhergeht - dazu zählen Strategien und Maßnahmen des Verzichts sowie des Übergangs von einer Produkt-/Absatz- zu einer Funktions-/Dienstleistungsorientierung - wird sanktioniert.[520]

Ein zweites Problem besteht in der korrekten Erfolgs- und Mißerfolgszurechnung. Verwerfungen können entstehen, wenn sich die Zeitskalen von Wirkung (Schadensentstehung oder Entlastung) und von Bemessungsgrundlage unterscheiden. Wahrscheinlich ist, daß aufgrund ihrer oft großen Zeitskalen die ökologische Wirkung nicht vollständig erfaßt wird, denkbar ist umgekehrt aber auch, daß andere Ursachen in die Bewertung mit einfließen. Am Beispiel umweltverträglicher Produktentwicklung veranschaulicht *Shen* den ersten Fall, die Demotivation durch eine Nicht-Zurechnung positiver Effekte:

"When the scope of design is broadened from that portion of the life-cycle controlled by individual players to other participants, interest in life-cycle design can dwindle. In particular, it can be difficult for one party to take actions that mainly benefit others."[521]

Sollen Kontrollen und Anreize umweltverträgliches Verhalten gezielt stimulieren, müssen sie schließlich entsprechende Kriterien enthalten.[522] Ist das nicht der Fall, geschieht umweltverträgliches Verhalten entweder zufällig, dann, wenn das Verfolgen von Umwelt- und herkömmlichen Kriterien sich deckt,[523] oder trotzdem, d.h. bei be-

518 Laux/Liermann 1993, S. 534-561, hier: 535; ähnlich Laux 1992, Sp. 118-120
519 Vgl. Laux/Liermann 1993, S. 509, 556.
520 Am Beispiel von Energieversorgungsunternehmen m.w.N. Leprich 1994, S. 149.
521 Shen 1995, S. 157f.
522 So auch Frese 1992b, Sp. 2447.
523 Vgl. hierzu die Ausführungen zum Zielsystem, S.126-128.

reits entwickelten starken, auf Umweltverträglichkeit gerichteten Werthaltungen und Einstellungen. Aber auch für solche Organisationsmitglieder verschlechtert sich das Nutzen-Kosten-Verhältnis umweltverträglichen Verhaltens, wenn Kontrollen und Anreize das Kriterium der Umweltverträglichkeit vernachlässigen oder dazu sogar konkurrieren. Neben den bereits ausgeführten umwelt- und gesundheitsgefährdenden Regelungen in Tarifverträgen [185f.] seien im folgenden weitere Beispiele für die Umwelt-un-verträglichkeit von Anreizen und Kontrollen genannt:

- Leistungsabhängige, variable Entgelte können im Widerspruch zu umweltverträglichem Verhalten stehen. Konflikte entstehen bei Entscheidungen über kostenintensive Umweltschutzmaßnahmen bei gleichzeitiger Beteiligung an einem rein monetär definierten Erfolg oder wenn Prämien an Leistungsstandards gebunden sind, die bei Verletzung von Umweltschutznormen leichter zu erfüllen sind.[524]

- Auf der operativen Ebene mit Vergütungen verbunden ist weiterhin das betriebliche Vorschlagswesen. Die Bewertungskriterien steuern die Ideenfindung und damit auch die Umweltverträglichkeit der Vorschläge. Allerdings existieren gerade für dieses Instrument schon zahlreiche Praxis-Beispiele, die die Umweltverträglichkeit als Kriterium integrieren - mit positiven Erfahrungen.[525]

- Die Zeitskalen von Kontrollen und Anreizen sind oft erheblich kürzer als ökologische. Als Extremum können die quartalsweisen Erfolgsverantwortlichkeiten gelten,[526] aber auch Jahresperioden senken die individuellen Nutzen-Kosten-Relationen sehr vieler umweltverträglicher Verhaltensweisen ab. Eine organisationsinterne wie -externe Fluktuation von Organisationsmitgliedern aus dem Betroffenheitsbereich eigener ökologischer Verhaltensfolgen heraus, bevor diese wirksam werden, verstärkt den Effekt.

- Innovateure können in Konflikt mit bestehenden (Macht-)Strukturen geraten. Ist dann Umweltverträglichkeit kein Kriterium bei der Leistungsbeurteilung ist auch umweltverträgliches Verhalten wenig karrierefördernd, oft bestenfalls laufbahnneutral, zumal dann, wenn das Umweltbewußtsein der vorgesetzten - und beurteilenden - Instanz noch wenig ausgeprägt ist.[527]

Insgesamt geht es somit um die Umweltverträglichkeit des Anreiz- und Kontrollinstrumentariums. Empirische Ergebnisse liegen bislang allerdings erst für privates umweltverträgliches Verhalten vor. Sie sind weiterhin im wesentlichen auf die behavioristische Forschungsrichtung beschränkt, die im Gegensatz zur kognitionsorientierten

---

524 Vgl. Matzel 1994, S. 206. Beides ist allerdings auch ein Beispiel dafür, daß einzelne Rahmenbedingungen nicht isoliert gesehen werden können. Bei vollständiger Internalisierung von Umweltwirkungen, d.h. bei korrekter Zurechnung durch die Kosten- und Leistungsrechnung (vgl. den Abschn. zuvor) wären nämlich zahlreiche Umweltschutzmaßnahmen nicht kostensteigernd, sondern kostenentlastend. Ebenso können einer negativen Wirkung von Prämien gleichzeitig gezielte Sanktionen entgegenwirken.
525 Vgl. Hopfenbeck 1990, S. 400; Winter 1987, S. 28; 1993 S. 56; m.w.N. Kreikebaum 1993d, S. 90; Steih 1995, Kap. 7.
526 Besonders US-amerikanische Unternehmen dienen hier als Negativbeispiel; vgl. Held 1991, S. 13; Steger 1993b, S. 145; Zahrnt 1993, S. 114. Weizsäcker, C. Chr. v. führt das auf eine delegiertem Handeln grundsätzlich innewohnende Tendenz zu hohen Zeitpräferenzen zurück (1994, S. 1, 9f.).
527 Vgl. Antes 1991a, S. 154; 1992a, S. 506.

Forschung Verhalten dezidiert über seine Folgen bzw. damit verbundener Stimuli als steuerbar ansieht. Die Studien ergeben kein einheitliches Bild; teilweise werden beachtliche monetäre Effekte auf das Energiespar- und Wegwerfverhalten sowie die Abfalltrennung berichtet.[528] Ein zu massiver Einsatz finanzieller Anreize wird allerdings kritisch gesehen, weil u.U. die Entwicklung einer intrinsischen Motivation behindert wird oder eine bereits vorhandene verlorengeht.[529]

Verhaltensinterdependenzen

Mögliche Wirkungen der Interdependenzen zwischen den Aufgaben einer Stelle habe ich bereits ausgeführt, ["Definition der Aufgabe": 192f.] ebenso die der vertikalen (hierarchischen) Interdependenzen zwischen Stelle und vorgesetzter Instanz. ["Normierung der Aufgabe": 194-198] Hier geht es um die horizontalen Interdependenzen zwischen dem Organisationsmitglied und anderen Stellen, respektive Organisationseinheiten, d.h. die arbeitsorganisatorische Abhängigkeit eigener Verhaltensmöglichkeiten von anderen.

Als zusätzliches Leistungskriterium erhöht Umweltverträglichkeit den Abstimmungsbedarf. Dadurch stellen sich Verhaltensinterdependenzen dem Organisationsmitglied zunächst einmal als Hemmnis umweltverträglichen Verhaltens dar. Der Effekt kann (entscheidend) abgemildert sein, wenn das Organisationsmitglied das dominierende Element des Verhaltensverbundes ist oder es von einer ähnlich umweltorientierten Motivation des/der anderen ausgehen kann.[530] Interdependenzen erschweren die eindeutige Erfolgszurechnung und setzen integrativen Anreizsystemen (z.B. Gesamterfolg) Grenzen.[531] Mit *Frese* können horizontale Verhaltensinterdependenzen[532] auftreten (1.) als sequenzielle Interdependenzen und (2.) als Überschneidung von Entscheidungsfeldern.[533]

---

528 Vgl. den Forschungsüberblick bei Herr 1988, S. 8-31; auch Frey, D. u.a. 1990, S. 681. Diekmann/Preisendörfer 1992, S. 246f.; bei Monhemius (Produktkauf) dagegen eher gering (1993, S. 202).
529 Vgl. Frey, D. u.a. 1990, S. 681; Diekmann/Preisendörfer 1991, S. 248f.; 1994, S. 26; Schahn 1993, S. 40.
530 Vgl. S. 119 über die Auswirkungen von Vertrauen auf Verhalten.
531 Vgl. Laux 1989.
532 Frese wählt als Begriff "Entscheidungsinterdependenz". Da ich den Akt des Entscheidens von dem des Handelns trenne und beide zusammen als Verhalten definiere, wird der Begriff von Frese durch den der "Verhaltensinterdependenz" ersetzt.
533 Vgl. Frese 1993, S. 29-39; anders Thompson 1967, S. 54f.; Laux/Liermann 1993, S. 208-212. Zum Vergleich des hier gewählten Ansatzes mit und zur Kritik an dem verbreiteten Ansatz von Thompson vgl. m.w.N. Frese 1993, S. 38f.

(1.) Sequenzielle Interdependenzen beschreiben (innerbetriebliche) Leistungsverflechtungen, d.h., "daß die Entscheidungen einer Einheit, die interne Umwelt ... einer anderen Einheit zielrelevant verändern"[534]. Sie bestehen neben den bei der ökologischen Betroffenheit aufgezeigten indirekten oder mittelbaren Wirkungen dispositiver Funktionen (Planung, Organisation, Information) etwa zwischen

- Entwicklung/Konstruktion von Produkten und Verfahren - Absatz - Einsatz/Gebrauch (auch unternehmensintern) - bei Rücknahme[535]: Entsorgung/Recycling;
- Einsatz/Substitution von Werkstoffen - Wahl alternativer Betriebsmittel;
- Standortwahl - Transportketten/-mittelwahl.[536]

Leistungsverflechtungen sind weiterhin in Prozeßketten und ihrer Verknüpfung in Produktionskonzepten gegeben. Bei Just-in-time-Fertigung bspw. gewinnt die zeitlich nachgelagerte fertigungslogistische Kette über erhöhte Anforderungen verschärften Einfluß auf die Gestaltung der Transportlogistik; bei Kuppelproduktion kann über einzelne Verfahren nicht unabhängig entschieden werden.

Systematisch lasssen sich Interdependenzen anhand der Produktionstypen beschreiben.[537] So zeigen die Organisationstypen der Produktion raum-zeitliche Abhängigkeiten von Arbeitskräften und Betriebsmitteln auf.[538] Neben der Definition der einzelnen Aufgabe durch Verrichtungs- und/oder Objektzentralisation gewährleistet die Einhaltung des Organisationsprinzips die Koordination der beteiligten Einheiten einer Kette, schafft damit aber auch vom einzelnen nicht isoliert veränder- oder aufhebbare Verbindlichkeiten. Dabei variieren die Verhaltensspielräume je nach Produktionstyp. Sehr strikt wirken Interdependenzen bei Fließfertigung, größere Freiheitsgrade sind dagegen bei Werkstattfertigung gegeben.[539]

Interdependenzen beeinflussen nicht nur das operative Verhalten in den durch sie vorgezeichneten Strukturen. Sie können vor allem auch dispositive Freiheiten über die Struktur der Leistungserstellung erheblich einschränken. Strukturveränderung ist aber eine maßgebliche Strategie präventiven Umweltschutzes. Die durch Interdependenzen mitbegründete Veränderungsresistenz von Strukturen ist als eines der größten Hemm-

---

534 Frese 1993, S. 30
535 Aktuell bei Mehrwegsystemen, Automobilen und Elektronikgeräten.
536 Vgl. auch das allgemeine Beispiel zu Beschaffung - Produktion - Absatz bei Frese 1993, S. 31-33 und die Kombination von Prozeßketten bei Wildemann 1993, Sp. 3397-3400.
537 Vgl Küpper 1979; Habenicht 1993, Sp. 3386f.
538 Zu den Typen ausführlich m.w.N. Kreikebaum 1979; 1990d, S. 187-194; auch Gutenberg 1983, S. 96-108; Kieser/Kubicek 1992, S. 308-312, 317-319.
539 Vgl. Kieser/Kubicek 1992, S. 312-314; zu Analysezwecken weiterhin das Konzept des Tätigkeitsspielraums S. 83f. dieser Arbeit.

nisse für die präventive Ausrichtung betrieblichen Umweltschutzes anzusehen. So kann nachsorgende Umwelttechnik leichter in eine herrschende Produktionsstruktur eingepaßt werden, weil sie deren Stabilität nicht gefährdet.[540]

Frese sieht Leistungsverflechtungen ausschließlich intern. Infolge gesamtwirtschaftlicher Arbeitsteilung kann ein Organisationsmitglied aber auch abhängig von außerbetrieblichen Leistungsverflechtungen sein oder werden: zu Lieferanten, Abnehmern/Kunden, bei FuE-Kooperationen oder sonstigen Vertragspartnern. Ein anschauliches Beispiel, so auch eigene Erfahrungen aus Praxisprojekten,[541] liefert die Einführung von Mehrwegsystemen, bei der - optimal sogar marktweit - die entsprechenden Organisationseinheiten von Produzenten, Verpackungsherstellern, Transporteuren (Retrodistribution) und Handel kooperieren müssen.[542] Ähnlich ist die Anforderung an die Akteurskette beim Management von Stoffströmen.[543]

(2.) Entscheidungsfelder können sich - intern wie extern - hinsichtlich der Ressourcen und Märkte **überschneiden.** Ressourceninterdependenzen entstehen beim Zugriff zweier (auch mehrerer) Organisationseinheiten auf den gleichen Engpaßfaktor, etwa eine Produktionsanlage oder ein Investitionsmittel. Das Verhalten in sozialen Dilemmata ist hier einzuordnen. Wird der selbe Markt bedient, liegen Marktinterdependenzen vor. So traten bei der Einführung umweltverträglicher Produktvarianten befürchtete Imageschäden des eingeführten, vergleichbaren Produkts häufiger als Hemmnis in Erscheinung.[544]

3.4.3.4   Kulturelle Gemeinschaften

Jedes Organisationsmitglied ist in seinem Verhalten kulturell beeinflußt - als Teil einer vertikalen, horizontalen oder lateralen Gemeinschaft mit anderen Organisationsmitgliedern, u.U. auch als Teil einer Gemeinschaft mit Externen. Die Organisationsforschung bearbeitet solche Einflußnahmen konzentriert unter zwei Themen - dem der

---

540 Vgl. Antes 1988, S. 74; Steger 1990a, S. 37; TAB 1994b, S. 104.
541 Einführung von Mehrweg-Getränkekisten, Transportwanne im deutschen Buchhandel.
542 Vgl. auch Nork 1992, S. 341-349. Nork führt die Substitution von Phosphaten u.a. auf die im Gegensatz zu den Wettbewerbern vertikale Integration der Henkel KGaA (Grundstofflieferant) zurück.
543 Vgl. Man/Flatz 1994, S. 176, 179f., 184. Zu den Begriffen und Inhalten von Stoffstrom und Stoffstrommanagement wesentlich Deutscher Bundestag 1993, v.a. S. 63-72, 286-289; 1994, S. 84f., Kap. 4-6 (S. 90-632).
544 Vgl. Antes 1988, S. 61; Deutsch 1994, S. 151f.

Organisationskultur und dem der Gruppennorm -, Verhaltenseinflüsse organisationsübergreifender Kulturen dagegen nur randständig.

Organisationskultur

Soziale Gemeinschaften - Ethnien, Staaten oder eben Organisationen - sind Kulturen. Sie sind kein neuer Erkenntnisgegenstand der Organisationsforschung, auch dann nicht, wenn man Kulturen noch enger auf Unternehmen eingrenzt.[545] Allerdings setzte in neuerer Zeit verstärktes Interesse ein; *Prätorius/Tiebler* nennen als entscheidende Auslöser die Suche nach den Gründen wirtschaftlicher Überlegenheit vor allem japanischer Unternehmen, die wissenschaftliche Distanzierung von Führungstechnokratie und Kritik am traditionellen kontingenztheoretischen Forschungsprogramm sowie den auch in Unternehmen ausstrahlenden und stattfindenden gesellschaftlichen Wertewandel.[546]

Angesichts der verschiedenen beteiligten Disziplinen verwundert es nicht, daß eine Einigung darüber, was eine Organisations- oder Unternehmenskultur darstellt, nicht zu erkennen ist. Im Kern wird darunter das auf die Organisation bezogene gemeinsame Normengefüge (Werte, Einstellungen, Konventionen) seiner Mitglieder verstanden. Das wohl meist zitierte Modell[547], das von *Schein*, unterscheidet drei Ebenen:
- sichtbare, häufig aber nicht dechiffrierbare Artefakte und Kreationen (z.B. Bekleidungsvorschriften, Bürogestaltung, Sprache, Rituale);
- teils sichtbare, bewußte und unbewußte Werte;
- als selbstverständlich angenommene, aber unsichtbare und unbewußte Grundannahmen (z.B. Beziehung zur Organisationsumwelt, Menschenbild).[548]

Heute werden im allgemeinen zwei Richtungen der Organisationskulturforschung unterschieden. Deren hier wesentlichen Aussagen und Konsequenzen sind:[549]

(1.) Instrumenteller Ansatz ("Das Unternehmen hat Kultur"): In expliziter oder impliziter Anlehnung an den Kontingenzansatz gilt Kultur als eine wichtige neue organisatorische Variable. Ein Unternehmen hat Kultur, wie es auch über bestimmte Strategien oder Strukturen verfügt. Hervorgehoben wird die das Verhalten steuernde

---

545 Vgl. den historischen Überblick bei Prätorius/Tiebler 1990, S. 12-14.
546 Vgl. Prätorius/Tiebler 1990.
547 Vgl. u.a. Scholz 1989, S. 414; Staehle 1989, S. 466f.; Prätorius/Tiebler 1990, S. 39f.; Bleicher 1991, S. 732f.; Frese 1993, S. 125f.; Schanz 1994, S. 282f. sowie umweltschutzbezogen Seidl 1993, S. 125-132.
548 Vgl. Schein 1985, S. 14.

und koordinierende Funktion (durch Integration, Koordination, Motivation, Identifikation) und die Möglichkeit, Kultur gezielt, relativ beliebig und kurzfristig gestalten zu können.

(2.) Metapheransatz ("Das Unternehmen ist Kultur"): Diese Forschungsrichtung versteht sich ausdrücklich im Gegensatz zur Annahme von Kultur als einer Verhaltens- und Gestaltungsvariablen u.a., bisweilen auch zur grundsätzlichen Annahme, Verhalten (ausschließlich) zweckrational erklären sowie steuern und koordinieren zu können.[550] Die Qualität von Kultur reicht tiefer: Als "root metapher", als "ideelles Metasystem" prägt sie das Ganze. Die Art der Leitbilder, Strategien oder Strukturen selbst - ob etwa proaktiv oder passiv, ob partizipativ oder direktiv - ist dann das Resultat einer bestimmten Kultur.[551] "Die Umweltorientierung eines Unternehmens hängt damit nicht 'auch' von Unternehmenskultur ab, sondern sie ist eine spezifische unternehmenskulturelle Leistung."[552]

Zunächst unterstellen beide Ansätze grundsätzlich die Verhaltenswirksamkeit von Unternehmenskultur. Da Werthaltungen und Einstellungen der Unternehmensmitglieder ihr zentrales Element sind und auf deren Verhaltenswirkungen in Abschnitt 4.3 bereits ausführlich eingegangen wurde, wird diese Annahme übernommen und nicht mehr weiter begründet - auch wenn zu berücksichtigen ist, daß das Ganze mehr ist als die Summe seiner Teile.

Unterschiede in dem Punkt, wie Verhalten beeinflußt wird, resultieren aus dem ergebnisorientierten Verständnis von Unternehmenskultur im instrumentellen Ansatz gegenüber dem prozeßorientierten Verständnis im Metapheransatz: Der Verhaltensrahmen eines Organisationsmitglieds im Zeitpunkt t=0 ist das Ergebnis von Verhalten - dem anderer und u.U. seines eigenen - im Zeitpunkt t-1. Das Verhalten im Zeitpunkt t-1 bestimmte sich u.a. aus Werthaltungen und Einstellungen (personaler Einfluß) und dem Verhaltensrahmen (situativer Einfluß) zu diesem Zeitpunkt t-1. Dieser Verhaltensrahmen resultiert seinerseits aus dem Verhalten im Zeitpunkt t-2 und so weiter. Das heißt: Alles, was eine Organisation darstellt, ist - von Fremdorganisation einmal abgesehen, aber auch die ist, wie speziell für den Umweltschutz gezeigt wurde, noch interpretierbar - Ausdruck ihrer spezifischen Kultur. Im Zeitpunkt des Verhaltens eines

---

549 Zu umfassenden Darstellungen vgl. etwa Scholz 1989, S. 409-417; Staehle 1989, S. 477-484; Prätorius/Tiebler 1990, S. 30-36; Seidl 1993, S. 110-122; Hammerl 1994, S. 82-86.
550 Vgl. Dierkes/Marz 1992a, S. 227.
551 Zu verschiedenen Merkmalen ausführlich Bleicher 1991, S. 747-757.
552 Dierkes/Marz 1992a, S. 228.

Organisationsmitglieds aber drückt sich die Unternehmenskultur von gestern auch in formal gewordenen und nunmehr eigenständig wirkenden Einflüssen aus. Oder, mit *Seidel/Menn*: "Erst setzt Verhalten Struktur, dann soll Struktur Verhalten setzen und so fort."[553] Deshalb wird in dieser Arbeit zwar dem Metapheransatz in seiner grundlegenden Bedeutung der Unternehmenskultur für Verhalten gefolgt. Verhalten wird aber - dafür steht dieser Absatz 3.4 - nachhaltig auch als zweckrational beeinflußt und beeinflußbar angesehen. Das ist die Perspektive des instrumentellen Ansatzes, der allein jedoch eine Momentaufnahme und statisch ist: Kultur gilt isoliert als eine steuernde und koordinierende Variable[554] u.a..

Organisationskultur wirkt in zwei Richtungen: der erfolgreichen Anpassung an die Organisationsumwelt und der internen Integration der Organisationsmitglieder.[555] Dabei kann, so die einhellige Auffassung, eine sehr mächtige Kultur entstehen. Denn eine aus bewährten Verhaltensmustern "im Laufe der Zeit erworbene kollektive Programmierung"[556] oder internalisierte Grundannahmen und -überzeugungen werden nicht mehr ohne weiteres hinterfragt.[557] In bezug auf Umweltschutz - grundsätzlich in bezug auf irgend eine Aufgabe - ist eine starke Kultur an sich neutral. Sofern umweltorientiert, kann sie umweltverträgliches Verhalten absichern und rückversichern. Umgekehrt kann sie diese oder eine bestimmte Form umweltverträglichen Verhaltens erschweren oder verhindern.[558] Weiterhin kann sich eine geschlossene, änderungsfeindliche Kultur "dysfunktional auf die Integration des Umweltschutzes auswirken".[559]

Empirisch ist die Wirkung von Organisationskultur auf individuelles Verhalten nur schwer zu fassen, wenn nicht nur oberflächliche Artefakte erhoben werden sollen. So kommt *Hammerl* in ihrer standardisierten, auf umweltbewußte Unternehmenskulturen gerichteten Untersuchung zu dem Ergebnis: "Unternehmenskultur ist mit einer geschlossenen Fragestellung nicht zu analysieren. Es bietet sich für das Erfassen der Unternehmenskultur eher das Interview an."[560] Solche Studien sind Mangelware. Ar-

---

553 Seidel/Menn 1988, S. 69.
554 Der Begriff "Variable" wurde bisher vermieden, weil er eine beliebige Gestaltbarkeit gerade auch der persönlichen Eigenschaften suggeriert. Genau dies unterstellt der instrumentelle, bezeichnenderweise oft als Variablenansatz titulierte Ansatz.
555 Vgl. Frese 1993, S. 125-128; Seidl 1993, S. 138-142.
556 Scholz 1989, S. 409.
557 Vgl. oben; weiterhin Frese 1993, S. 125f.; Scherhorn 1989, S. 61f.
558 Mit Beispielen zur "Ökologieorientierung von Produktinnovationen" Seidl 1993, S. 142-149.
559 Matzel 1994, S. 229.
560 Hammerl 1994, S. 216. Vgl. dort auch die wenigen festgestellten Korrelationen, S. 211-213.

beitspolitische Fallstudien zu Entwicklungspfaden betrieblichen Umweltschutzes beschreiben den nachhaltigen Beitrag sowohl organisationskultureller Aufgeschlossenheit zur Umweltorientierung, als auch den von Ignoranz und Tabuisierung zur ökologischen, sozialen und betriebswirtschaftlichen Eskalation.[561] Vereinzelt wird der erhebliche Druck sichtbar, der im Kollegenkreis ausgeübt wird, Umwelt- und Gesundheitsbelastungen hinzunehmen.[562] Mittels einer Intensivfallstudie bei einem Hersteller von Pflanzenschutzmitteln arbeitet *Seidl* Verhaltenswirkungen heraus, die zu Optimierungen der Umweltverträglichkeit im Rahmen der bestehenden Strukturen führen:[563] Nach herkömmlichem Verständnis von Umweltschutz kann die untersuchte Division gegenüber Wettbewerbern als überdurchschnittlich umweltorientiert gelten; von den Divisionsmitgliedern selbst wird eine Führungsposition im Umweltengagement reklamiert (211f.). Dennoch trifft die "Ökologieorientierung von Produktinnovationen" auf Grenzen, die *Seidl* in Grundannahmen der Unternehmenskultur lokalisiert:

"In den unternehmenskulturellen Grundannahmen wird davon ausgegangen, dass Pflanzenbehandlungsmittel nicht a priori umweltschädlich sind. Ökologische Probleme durch Pflanzenbehandlungsmittel werden vielmehr auf unsachgemässe, übermässige Verwendung ... etc. zurückgeführt - die Problemursachen werden also im Bereich der sozialen Verantwortungsdimension gesehen (und nicht hinsichtlich der ökologischen Wirkung, Anm. R.A.)." (217)

"Das unternehmerische Selbstverständnis, Produzentin von Pflanzenbehandlungsmitteln zu sein, ist eine unternehmenskulturelle Grundannahme." (225)

"Ziel ist in erster Linie die Befallsfreiheit der Pflanze von Schaderregern; im Blickfeld steht der Schaderreger und die Suche nach chemischen Produkten, um eine Infektion oder Besiedlung der Wirtspflanzen zu verhindern. Dieses Verständnis von Pflanzenschutz bedingt, dass die Krankheitssymptome (Befall) bekämpft und nicht die Ursachen der Pflanzenkrankheiten angegangen werden." (252)

"Das naturwissenschaftliche Weltbild und die Tradition der Division bringen eine "Kultur der Nachsorge" hervor. Dabei steht die Symptombehandlung im Vordergrund, während die Vorsorge und die Vermeidung von Problemen vernachlässigt werden. Diese "Kultur der Nachsorge" bestimmt auch das Veständnis von der Tätigkeit der Division. Dieses nämlich besteht in der Entwicklung und Vermarktung von Pflanzenbehandlungsmitteln, mit denen nachsorgend Schaderreger von Pflanzen - also Krankheitssymptome - bekämpft werden. Ebenso sind die Ansätze zur Lösung ökologischer Probleme von der "Kultur der Nachsorge" geprägt. Beispielsweise zielen auch IPM-Aktivitäten hauptsächlich auf eine relative Befallsfreiheit ab ... und sind nicht auf die Stärkung der Pflanzengesundheit ausgerichtet. ... Zugleich fehlt in der Division eine "Kultur der Problemvermeidung". Im Forschungsbereich wird dies beipiels-

---

561 Vgl. Bogun/Hildebrandt 1994; Gerhardt/Kühleis 1994; Kühleis/Schenk/Zimpelmann 1994; Zimpelmann/Gerhardt/ Hildebrandt 1992; Birke/Schwarz 1994.
562 Vgl. Zimpelmann/Gerhard/Hildebrandt 1992, S. 149-158, 178f., 182f.
563 Seidl 1993; die folgenden Seitenangaben im Text beziehen sich auf diese Quelle. Vgl. ebenfalls Gorsler 1991; zur methodischen Kritik daran Antes 1992c, S. 26.

weise daran deutlich, dass die Systemzusammenhänge der Landwirtschaft bisher sehr wenig erforscht werden." (256)[564]

Bisher wurde Organisationen eine monolithische Kultur unterstellt. Das kann, muß aber nicht so sein. Zum einen können kulturfremde Werte, d.h. solche von Anspruchsgruppen (zwangsläufig und oberflächlich) übernommene, nicht aber oder noch nicht wirklich als Grundannahme und -überzeugung verinnerlichte Werte, zu Widersprüchen zwischen der z.b. in den Absichten oder im Leitbild postulierten und sichtbaren und der letztendlich wirksamen Kultur führen.[565] Gerade bei einem wesentlich oder ausschließlich durch äußeren gesellschaftlichen und wirtschaftlichen Druck (z.b. staatliche Normen, öffentliches Image, drohende Auslistung als Zulieferer) zustande gekommenen Umweltschutz muß ein solches Auseinanderfallen angenommen werden. Zum andern bilden sich in Organisationen verschiedene Kulturen heraus - aufgrund der formalen, raum-zeitlichen Differenzierung von Organisationseinheiten oder bei informalen Gruppen.[566] Relevant werden solche Unterschiede bei Verhaltensinterdependenzen. Die Beziehung von Subkulturen untereinander und zur Gesamtkultur kann komplementär, konfliktär oder neutral sein. An Stelle der Organisationskultur kann eine starke Subkultur das Verhalten maßgeblich beeinflussen. Diese Desintegration kann eine durch die Gesamtorganisation gewollte Umweltorientierung blockieren. Eine Desintegration kann jedoch auch umgekehrt ihre Wurzeln in einer grundsätzlichen Unangepaßtheit der Unternehmenskultur an die Wert- und Normenstrukturen der Umwelt haben. Da Subkulturen Veränderungen eher aufgreifen - insbesondere solche mit Kontakt zur Organisationsumwelt - kann eine Desintegration deshalb auch einen umweltorientierten Organisationswandel einleiten.[567] Zwischen Subkulturen können ebenfalls Konflikte auftreten, etwa zwischen FuE und Controlling. Darauf bin ich schon bei den sozio-ökonomischen Eigenschaften von Organisationsmitgliedern ausführlich eingegangen. [115f.] Zu verorten sind hier auch die mit unterschiedlichen Phasen der Leistungserstellung in Verbindung gebrachten mechanistischen und organischen Subkulturen.[568]

---

564 Vgl. weiterhin Seidl 1993, Abschn. 9.4., S. 300-308.
565 Vgl. Schein (1985, S. 17), der damit die zweite Ebene seines Modells (s.o.) beschreibt; Seidl 1993, S. 130f.
566 Vgl. Bleicher 1991, S. 740-742, empirisch Schmidt, R. 1990, S. 206-209.
567 Vgl. auch Matzel 1994, S. 229f.
568 Vgl. Burns/Stalker 1961, S. 96-125; Bleicher 1991, S. 743f.; zur Literatur weiterhin die Fn. 4, S. 153 dieser Arbeit. Die empirischen Befunde zur Existenz des "organisatorischen Dilemmas" sind allerdings gegensätzlich; vgl. Fn. 5, S. 153..

Gruppennormen

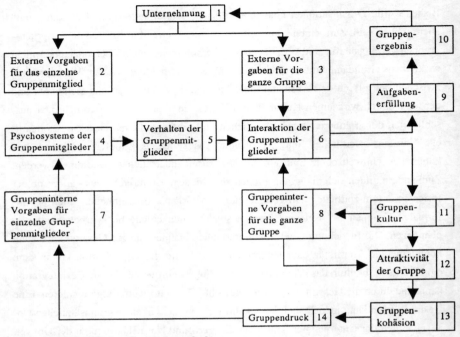

Abb. 32: Modell des Gruppenverhaltens
Quelle: Krüger 1994, S. 322; angelehnt an Hill/Fehlbaum/Ulrich 1989, S. 88.

Ist das einzelne Organisationsmitglied die kleinste organisatorische Einheit, so ist die Gruppe die kleinstmögliche Subkultur einer Organisation. In der Regel ist jedes Organisationsmitglied Mitglied einer, oft mehrerer Gruppen. Die Organisationsforschung bezeichnet als Gruppe eine begrenzte Zahl von Mitgliedern,[569] die direkt und über einen längeren Zeitraum hinweg miteinander interagieren. Dabei kann sich eine gemeinsame Identität entwickeln.[570] Gruppen können formal durch die Organisation gebildet sein oder sich informal herausbilden;[571] im letzten Fall häufig zur Erfüllung sozialer, aber auch grundlegender individueller Bedürfnisse. Eine zentrale Stellung bei der Er-

569 Genaugenommen handelt es sich somit um Kleingruppen-Forschung; die begriffliche Erweiterung auf Großgruppen, z.B. Sparten, hat sich nicht durchgesetzt.
570 Vgl. Weinert 1987, S. 318; Rosenstiel, v. 1987, S. 230f.; Staehle 1989, S. 242f.; Hill/Fehlbaum/Ulrich 1989, S. 85; Laux/Liermann 1993, S. 82f. oder Krüger 1994, S. 321.
571 Dagegen Rosenstiel, v. (1987, S. 249f.), der als sozialpsychologisches Phänomen Gruppe nur die informale Gruppe anerkennt.

klärung des Verhaltens von und in Gruppen nimmt die Rollentheorie [98-100] ein. Abbildung 32 enthält ein darauf aufbauendes Modell des Gruppenverhaltens.

Das einzelne Gruppenmitglied sieht sich Verhaltenserwartungen (Rollen, Status) aus zwei Richtungen (bei Mitgliedschaft in mehr als einer Gruppe auch aus mehreren) gegenüber: gruppenextern (2) aus der Leitung der Organisation und aus anderen Organisationseinheiten sowie gruppenintern (7) von den übrigen Gruppenmitgliedern. Ebenso unterliegt das Zusammenwirken der Gruppenmitglieder externen Einflüssen (3; Zielvorgaben, Aufgaben- und Kompetenzverteilung u.a.m.) und internen Einflüssen (8; z.B. Formulierung interner, u.U. abweichender Leistungsstandards). Über die Entwicklung einer Gruppenkultur, auch: Gruppenidentität, kommt es für das individuelle Verhalten zu zwei hier wichtigen Effekten, die ein Durchsetzen oder Abblocken umweltverträglichen Verhaltens gegenüber anderen Teilen der Organisation bewirken können: Zum einen gewährt die Gruppe ihren Mitgliedern Unterstützung und Rückhalt gegenüber Anforderungen der (Rest-)Organisation (nicht abgebildet).[572] Zum andern entsteht Konformitätsdruck im Hinblick auf Gruppennormen und -standards.[573] Andererseits sind "in sozialen Normen Toleranzen eingebaut .., die zur Definition der Norm gehören. Variabilität selbst kann Norm sein ..."[574]. Nach *Hollander* markiert das Ausmaß zugestandener persönlicher Freiräume ("Idiosynkrasiekredit") unmittelbar den Status des Gruppenmitglieds.[575] Ebenso kann sich in formalen Gruppen, deren Mitglieder verschiedenen Bereichen angehören - *Frese* zeigt dies am Beispiel von Koordinationsausschüssen -, infolge von Ressortegoismen eine der Gruppenuniformität entgegengesetzte Tendenz einstellen.[576]

Von welchen Fakoren hängt das Ausmaß konformen oder abweichenden Verhaltens ab? *Staehle* nennt eine ganze Reihe:[577]

- erwartete Sanktionen bei Normerfüllung/-verletzung: Die Sanktionsmöglichkeiten selbst steigen mit der Attraktivität und Kohäsion einer Gruppe;
- Gruppenkohäsion, d.h. der Zusammenhalt der Gruppe: Kohäsionsfördernd wirken kleine Gruppengrößen, eine homogene Zusammensetzung (z.B. Ausbildung, Einstellungen), die Möglichkeit häufiger sozialer Kontakte, Wettbewerbsverhältnisse

---

572 Vgl. Weinert 1987, S. 317; Schanz 1994, S. 250f.
573 Vgl. Laux 1979, S. 222-224; Weinert 1987, S. 317; Krüger 1994, S. 321-323; Staehle 1989, S. 252-259; Rosenstiel 1987, v. S. 236-241; Hill/Fehlbaum/Ulrich 1989, S. 94f..
574 Wiswede 1973, S. 23.
575 Vgl. Hollander 1958, S. 120f.
576 Vgl. Frese 1993, S. 149f.; zu Zielkonflikten in Gruppen auch Laux 1979, S. 157f.; Laux/Liermann 1993, S. 122f.

mit anderen Gruppen im Gegensatz zu Wettbewerb in der Gruppe sowie Einigkeit über Gruppenziele;[578]

- Stärke der Normbindung: Ein Gruppenmitglied kann in die Normen der Gruppe lediglich eingewilligt haben oder diese persönlich anerkennen bis hin zu einer völligen Internalisierung;[579]
- Legitimität der Normen;
- Instrumentalität der Normen zur eigenen Bedürfnisbefriedigung;
- Konsistenz und Widerspruchsfreiheit des Normensystems.

Die Ausrichtung an den Verhaltenserwartungen der Gruppe hängt schließlich von der wahrgenommenen Kontrolle (Kausalitätsorientierung) ab: Ein external kontrolliertes (kontrollorientiertes) Gruppenmitglied wird sich normenkonform verhalten, ja selbst versuchen, Kontrolle über andere Gruppenmitglieder auszuüben. Dagegen wächst mit einer internalen Kontrollwahrnehmung (Autonomieorientierung) auch die Wahrscheinlichkeit abweichenden Verhaltens.

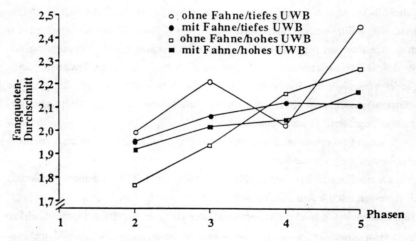

UWB   = Umweltbewußtsein
Fahne = öffentlich sichtbare Selbstverpflichtung zu einer bestandsgerechten Fangquote von 2%

Abb. 33:   Umweltorientierte soziale Norm (Selbstverpflichtung) und Ressourcennutzung in einer ökologischen Dilemma-Situation (Fischereikonfliktspiel)
Quelle: Mosler 1995, S. 159

---

577 Im folgenden Staehle 1989, S. 254.
578 Vgl. Staehle 1989, S. 257f.
579 Vgl. Staehle 1989, S. 255; Weinert 1987, S. 328.

218

Gruppennormen und -standards können sich auf die individuellen Aufgabenerfüllung(en) der Gruppenmitglieder beziehen oder auf Entscheidungen, die die Gruppe als Ganzes fällen muß, oder auf die kollektive Ausführung der Entscheidung. In der empirischen Umweltforschung lassen sich hierzu folgende Schwerpunkte und Befunde festmachen:

1. Personenbefragungen untersuchen teilweise den Einfluß des sozialen Umfeldes (Nachbarschaft, Freundeskreis, Familie, Arbeitskollegen[580]) auf das individuelle Verhalten hin. Es werden solche Verhaltensbereiche gewählt, aus denen sich für das Umfeld keine unmittelbaren Folgen ergeben (z.B. Einkauf, Abfalltrennung, Pkw-Benutzung). Die Korrelationen sind überwiegend signifikant.[581] Besonders wirksam ist offenbar die Sichtbarkeit des Verhaltens.[582] Die Effekte treten jedoch nicht bei allen Personen gleichermaßen auf: Personen mit ausgeprägtem Umweltbewußtsein verhalten sich vor allem aufgrund ihres Umweltbewußtseins umweltverträglicher. Es sind speziell die Personen mit geringem Umweltbewußtsein, die sich aufgrund der umweltorientierten Gruppennorm trotzdem umweltverträglich, zumindest umweltverträglicher als ohne Norm verhalten![583]

2. Individuelles Verhalten mit unmittelbaren Rückwirkungen auf die Gruppe ist Gegenstand von Laborexperimenten zu Ressourcenkonflikten (ökologisches Dilemma, Allmende-Klemme). Dabei wie auch in der theoretischen Analyse zeigt sich, daß gerade kleine Gruppen darin erfolgreich sind, das Kollektivgut nicht zu übernutzen, sondern im Rahmen der Regenerationsraten zu bewirtschaften. Bereits *Olson* führt das kollektivgutverträgliche kooperative individuelle Verhalten auf die ungleich stärkeren sozialen Druckmittel kleiner Gruppen zurück.[584]

---

580 Bei Kastenholz (1993, S. 146f. i.V.m. 225) u.a. erfaßt, aber in der Auswertung nicht gesondert ausgewiesen.

581 Vgl. Herr 1988, S. 170-175 ("Sanktionsakzeptanz"); Adelt/Müller/Zitzmann 1990, S. 167f.; Diekmann/Preisendörfer 1992, S. 232f., 236-238 oder Diekmann 1995, S. 45, 47 ("Nachbarschaftskontakte"); Mielke 1985, S. 200-205 ("wahrgenommene Erwartung an das eigene Verhalten"); Kastenholz 1993, S. 146f. (dito.); Bamberg/Schmidt 1993, S. 30-33; Bamberg/Bien/Schmidt 1995, S. 106 (dito., jedoch bezogen auf die Verhaltensabsicht); differenziert Monhemius 1993, S. 200-203 (Engagement des und Statuswirkung im Freundeskreis); dagegen Urban 1986, S. 370 i.V.m. 372 (in der Interpretation der Ergebnisse hält er aber weiterhin an einem Einfluß fest!, S. 374); Borsutzky/Nöldner 1989, S. 59, 111 (der mögliche Einfluß von Nachbarn und Bekannten wurde direkt erfragt und von 14 Kriterien als am unwichtigsten angegeben!); Wortmann 1994, S. 122f.

582 Vgl. Adelt/Müller/Zitzmann 1990, S. 168; Diekmann 1995, S. 45f.

583 Vgl. Mielke 1985, S. 202-205 (als Indikator für Umweltbewußtsein dient die Einstellungs-Verfügbarkeit); Mosler 1995, S. 159.

584 Vgl. Olson 1968, S. 61f.; weiterhin Frey, B. 1990, S. 42-46; Weimann 1991a, S. 55-59; Glance/Hubermann 1994, S. 37f. Im Einperiodenfall nutzen auch kleine Gruppen nichts, da dann keine Zeit zur Sanktionierung besteht. Deshalb steigen in den Laborexperimenten mit bekannten Spielende in der letzten Spielphase die Verbräuche oft sprunghaft, wie es auch in Abb. 33 geschieht.

3. Die kollektive Aufgabenerfüllung kann (a) die Entscheidungsfindung oder (b) die Ausführung betreffen. Mit (a) hat sich die Umweltforschung bisher nicht, mit (b) nur am Rande beschäftigt. Aus der Gruppenforschung ist zu (a) allerdings mit dem "Risk shift" ein Phänomen bekannt, das auch ökologisch relevant werden kann. Es bezeichnet die Tendenz von Gruppen, riskanter zu entscheiden als die einzelnen Gruppenmitglieder bei alleiniger Entscheidung.[585] Von den potentiellen Ursachen ist hier besonders die der Verantwortungsdiffusion erwähnenswert: Das größere Risiko wird akzeptiert, weil sich die Verantwortung bei einem Fehlschlag auf alle Gruppenmitglieder verteilt.[586] In späteren Untersuchungen wurde allerdings auch der gegenteilige Effekt, also risikoscheueres Gruppenverhalten, beobachtet.[587] Durch Gruppen in (a) oder (b) verursachte Umweltprobleme können auch auf ein weiteres Phänomen zurückzuführen sein: das Gruppendenken: Mit wachsender Homogenität läuft eine Gruppe - auch eine Gruppe von Fachleuten - Gefahr, nur noch einseitig wahrzunehmen, zu entscheiden und zu handeln, dabei sich gegenseitig zu bestätigen, während Kritik durch Konformitätsdruck implizit unterbunden ist.[588] Die Berichte zur Reaktorkatastrophe von Tschernobyl auswertend und auf das von *Janis* für kleine, kohäsive Expertengruppen analysierte Phänomen des Gruppendenkens ("groupthink") Bezug nehmend, stellt *Reason* fest:

"The 'groupthink' syndrome has eight principal symptoms. Five of these could reasonably be ascribed to the Chernobyl operators. Their actions were certainly consistent with an 'illusion of invulnerability'. It is likely that they 'rationalized away' any worries (or warnings) they might have had about the hazards of their endeavour. Their single-minded pursuit of repeated testing implied 'an unswerving belief in the rightness of their action'. They clearly underestimated the opposition: in this case, the system's intolerance to being operated within the forbidden reduce-power zone. Any adverse outcomes were either seen as unlikely, or possibly not even considered at all. Finally, if any one operator experienced doubts, they were probably 'self-censored' before they were voiced."[589]

Tschernobyl war offenbar eine extreme Folge von Gruppendenken. Allerdings ist Gruppendenken nicht auf Aufgaben mit katastrophalem Störfallpotential beschränkt. Es kann alle Aufgabenbereiche einer Organisation durchziehen und dort zur Abschottung gegenüber ökologischen Anforderungen führen.

---

585 Vgl. m.w.N. Laux 1979, S. 224; Staehle 1989, S. 266f.
586 Vgl. Staehle 1989, S. 267f.; Laux 1979, S. 224, Fn. 89; Frese 1993, S. 151. Die psychischen Prozesse sind demnach ähnlich der Kollektivgutproblematik bei großen Gruppen, wo der eigene Erfolgsbeitrag als marginal erachtet wird und ein verträglicheres Verhalten deshalb unterbleibt.
587 Vgl. Laux 1979, S. 224f.
588 Vgl. Krüger 1994, S. 322f.; Janis 1972; Dörner 1993, S. 55.
589 Reason 1987, S. 204; auch Dörner 1993, S. 55f.

Organisationsübergreifende Kulturen

Kulturelle Prägungen von Organisationsmitgliedern müssen ihren Ursprung weder ausschließlich noch primär in der eigenen Organisation haben. Sie können, die einzelne Organisation übergreifend, auch bestimmten Berufen oder Hierarchien/Positionen eigen sein. Berufsspezifische Kulturen werden vornehmlich als Konflikt zwischen Spezialisten und bürokratischen Organisationen thematisiert. Solche Konflikte entstehen, weil erstens Spezialisten zwei Systemen (Kulturen) angehören - der Berufsgruppe (Profession) und der Organisation - und weil zweitens das professionelle und das bürokratische System auf grundsätzlich verschiedenen Organisationsprinzipien beruhen.[590] Die Konflikte treten nach *Scott* auf als (1.) Widerstand gegen bürokratische Regeln, (2.) Zurückweisen von bürokratischen Standards, (3.) Widerstand gegen bürokratische Überwachung, (4.) bedingte Loyalität gegenüber der Bürokratie.[591]

In ihrer Art sind die Konflikte unterschiedlich. Nummer eins und drei haben ihre Ursache im wesentlichen in den divergierenden Organisationsprinzipien. Die zitierte Reaktorkatastrophe von Tschernobyl ist gerade ein Beispiel für den Widerstand gegen bürokratische Regeln und Standards, wobei sich der Widerstand hier nicht individuell, sondern kollektiv in der gesamten, aus Experten bestehenden Bedienungsmannschaft formierte. Für die Konflikte zwei und vier sind die divergierenden Anforderungen der beiden Kulturen an die Aufgabenerfüllung ausschlaggebend. Die stärkere Bindung an die externe Kultur der Berufsgruppe führt *Scott* auf zwei Ursachen zurück: erstens das Berufsethos, d.h. die in der im wesentlichen organisationsexternen Ausbildung erfahrenen und verinnerlichten Ideale und Standards der Berufsausübung.[592] Zweitens haben Spezialisten die Anerkennung ihrer Fachkollegen zu verlieren, auf die sie auf ihren Karrierepfaden zwischen den Organisationen aber angewiesen sind.[593]

Ein Beispiel für einen starken Verhaltenseinfluß organisationsübergreifender hierarchiespezifischer Kulturen berichten *Leisewitz/Pickshaus*. Im Zusammenhang mit der Auswertung der "Tatort Betrieb"-Kampagne der IG-Metall sprechen sie für die opera-

590 Vgl. Scott 1968, S. 201-203.
591 Vgl. Scott 1968, S. 205.
592 Vgl. Scott 1968, S. 208f.
593 Vgl. Scott 1968, S. 211f.

tive Ebene von einer "arbeitskulturelle(n) Gewöhnung an Belastungen"[594], die ein präventives Gesundheitsverhalten häufig behindere.[595]

"Dabei kommt den geschichtlich gebildeten Werten und Normen der Arbeitskultur eine besondere Bedeutung zu. Sie liefern die traditionell verfestigten 'Raster', mit denen Arbeitsbelastungen und -risiken interpretiert und bewertet werden. ... Gerade die Fähigkeit, hohe Belastungen aushalten zu können, wurde in der Arbeiterbewegung zu einem positiv besetzten Wert, der in weitem Maße gegen die vorbeugende Thematisierung von schleichenden Gesundheitsgefahren immunisiert."[596]

3.4.4 Verfügbarkeit umweltverträglicher Alternativen

Umweltverträgliches Verhalten kann gewollt sein, es muß gekonnt sein und es kann sozial normiert sein. All dies kann sich jedoch nur im Rahmen dessen ergeben, was in der Situation an Handlungsalternativen möglich ist. Ein Betriebsmittel, ein Werkstoff oder eine Dienstleistung sind nur substituierbar, sofern eine umweltverträglichere Alternative (1) entwickelt und (2) verfügbar ist oder (3) verfügbar gemacht werden kann. (1) stellt, organisationsübergreifend, auf die objektive, (2) entscheidungsbezogen auf die situative oder subjektive Verfügbarkeit ab. Im günstigsten Fall entspricht die situative der objektiven Verfügbarkeit, häufig wird sie geringer sein: bewußt - dann fehlen bislang die Zugriffsmöglichkeiten auf die Handlungsalternative - oder infolge von Informationsdefiziten unbewußt.[597] Lassen die situativ verfügbaren Handlungsalternativen nicht den angestrebten Erfolg erwarten, liegt es c.p. (v.a. Beibehaltung des Anspruchs auf Prävention) nahe, den Alternativenraum auszuweiten (3): durch die Suche nach und den Zugriff auf objektiv bereits verfügbare oder die Neuentwicklung von Handlungsalternativen. Die Anstrengungen, die ein Organisationsmitglied hierzu unternimmt, hängen von der Konstellation seiner Motivation und Qualifikation mit dem organisatorischen Rahmen ab. Doch selbst bei besten persönlichen Voraussetzungen ist der Alternativenraum nicht beliebig ausdehnbar. Es kann deshalb notwendig sein, die Ansprüche auf Prävention abzusenken oder sogar - die Legitimation von Reparatur zeigt dies [15-17] - ganz aufzugeben.

3.5 Zusammenfassung

Kapitel 3 baut auf drei zentralen Annahmen auf: 1. Alles Verhalten in Unternehmen - auch das von Gruppen - läßt sich auf das einzelne Organisationsmitglied zurückführen.

---

594 Leisewitz/Pickshaus 1992, S. 57.
595 Vgl. auch Dobernowsky u.a. 1991, S. 192f.
596 Leisewitz/Pickshaus 1992, S. 32.

222

2. Gleichzeitig verursachen nicht anonyme Objekte - "das" Produkt, "das" Verfahren, "die" Dienstleistung - sondern die dahinterstehenden Entscheidungen und Handlungen die Umweltwirkungen. 3. Kein Verhalten ist ohne Umweltwirkung. Die ökologische Betroffenheit einer Organisation ist umfassend. Es gibt somit kein Organisationsmitglied, das keine Umweltwirkung verursacht. Daß Umweltwirkungen nach Qualität und Quantität höchst unterschiedlich auftreten und dementsprechend die ökologische Betroffenheit der Mitglieder einer Organisation differiert, ändert nichts an der grundsätzlichen Feststellung.

Wenn Prävention, wie in dieser Arbeit, eng definiert wird als Vermeidung, Verminderung oder Verbesserung der verursachenden Aktivität, müssen deshalb Überlegungen zur Organisation von Prävention am einzelnen Organisationsmitglied und an den Einflüssen umweltverträglich(er)en Arbeitsverhaltens ansetzen. Das voranstehende Kapitel 3 versucht, diese Arbeit zu leisten. Organisationstheoretischen und -psychologischen Verhaltensmodellen entsprechend unterscheide ich die Vielzahl von Bedingungen in letztendlich fünf Kategorien. Verhalten überhaupt, demnach auch umweltverträgliches, hängt zum einen von persönlichen Merkmalen des Organisationsmitglieds ab: (1.) seinem Können (Qualifikation) und (2.) seinem Wollen (Motivation). Dem gegenüber stehen Einflüsse der Situation. Zunächst ist dies (3.) die Art des Umweltproblems selbst. In Organisationen wesentlich ist (4.) das durch den organisatorischen Verhaltensrahmen sozial normierte Dürfen und Sollen des Einzelnen. Die (5.) Verfügbarkeit von Handlungsalternativen begrenzt objektiv den Möglichkeitenraum. Die fünf Kategorien wurden weiter aufgespalten in einzelne Verhaltensbedingungen. Sie sind in Abbildung 34 zusammenfassend dargestellt. Vorrangig untersucht habe ich die direkten Verhaltenswirkungen. Durch ihre wechselseitige Beeinflussung können Wirkungen weiterhin verstärkt, kompensiert, aber auch überkompensiert werden. Letzteres ist etwa der Fall, wenn trotz geringem Umweltbewußtsein umweltorientierte soziale Normen zu umweltverträglichem Verhalten veranlassen oder umgekehrt selbst bei ausgeprägtem Umweltbewußtsein aufgrund erwarteter negativer sozialer Sanktionen umweltverträgliches Verhalten unterbleibt. Deshalb kann allgemeingültig weder ein zentraler Einfluß, auf den sich alles reduzieren ließe und auf den sich Gestaltung folglich konzentrieren könnte, angenommen werden noch die Notwendigkeit, daß alle Bedingungen gleichzeitig in bestimmter Weise erfüllt sein müßten.

---

597 Zu letzterem vgl. auch in Abschn. 4.4.3.3 "Informations- und Kommunikationsmöglichkeiten", S. 201-204.

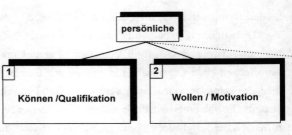

persönliche

1 Können /Qualifikation

2 Wollen / Motivation

11 allgemeines ökologisches Wissen

12 technisch-fachliche Qualifikation
- Wissen über ökologische Verhaltenskonsequenzen
- Kenntnis und Beherrschen umweltverträglicherer Methoden

13 Schlüsselqualifikationen
- Umgang mit Komplexität
- vernetztes-/Langfristdenken
- Kommunikations-, Kooperations-, Konfliktfähigkeit
- Autonomie zur Reflektion
- Übernahme von Verantwortung für die Güte der Arbeitsleistung
- Verständnis ökologischer/sozialer Bezüge der Tätigkeit

21 umweltorientierte Werthaltung
- allgemeine postmaterielle und traditionelle (Sparsamkeit, Verantwortung ...) Werte
- globale umweltorientierte Werte (Naturerhaltung ...)
- lebensbereichspezifische umweltorientierte Werte (Arbeit, Privatbereich)

22 Einstellung zum Umweltschutz
- wahrgenommene Ernsthaftigkeit
- emotionale persönliche Betroffenheit
- Kontrollorientierung (wahrgenommene Eigenverantwortlichkeit + Verhaltenseffektivität)
- Einstellung zu konkretem Verhalten und ihre Verfügbarkeit (direkte Verhaltenserfahrung)
- Vertrauen
- Verhaltensbereitschaft/-absicht

23 andere Motive / Kosten-Nutzen-Abwägung
- Arbeitsmotivation (ex-/intrinsisch, sozial/funktional integriert)
- Unbequemlichkeiten (Low-/high-cost-Situationen)

situative		
3 Das Umweltproblem Merkmale	**4** Dürfen/Sollen Organisatorischer Rahmen	**5** Objektive Ermöglichung äußere Gegebenheiten

- Schutz von Mensch,
  Umwelt und/oder Natur
  (Arbeits-/Umwelt-
  /Naturschutz)
- betroffenes
  Umweltmedium
- Alter/Dauer
- Dringlichkeit
  /Bedrohungspotential
- selbstbestimmte/
  oktroyierte Wahl
- Vorstellbarkeit
- Strukturiertheit
- (erwartete)
  Veränderlichkeit,
  Zeitskala
- Symbol-/Signalwert
- Entstehungsort (Input,
  Throughput, Output)
- betroffener produktiver
  Faktor (Arbeitsleistung,
  Betriebsmittel,
  Werkstoffe)
- Art der Prävention
  (Sparen, Verzicht,
  Strukturänderung)

41 **strategischer Rahmen**
  - Absichten/Ziele
  - Strategien/Maßnahmen
42 **organisatorischer
  Rahmen**
  - Gesetzgebung
    (Aufgabendefinition,
    institutionelle
    Verpflichtungen,
    Mitteilungspflichten,
    Eigenüberwachung,
    Beteiligungsrechte,
    Haftung)
  - Rechtsprechung
  - Normen (DIN, ISO, VDI,
    BIBB ...)
  - Arbeitsbeziehungen
    (Tarifverträge,
    Betriebsvereinbarungen,
    Kampagnen)
  - Stellendefinition (Aufgabe,
    Verantwortung,
    Kompetenzen,
    Informations-/Kommuni-
    kationsstrukturen,
    Anreiz/Kontrolle,
    Interdependenzen)
  - kulturelle Gemeinschaften
    (Organisationskultur,
    Gruppennormen,
    organisationsübergreifend
    / Berufsethos)

51 **Verfügbarkeit von
  Handlungsalternativen**
  - objektiv
  - aufgabenbezogen
52 **Verfügbarmachung**
  - Neuentwicklung

Abb. 34: **Einflüsse auf die Umweltverträglichkeit des Arbeitsverhaltens**

225

4. Ansätze zur Gestaltung eines präventiven betrieblichen Umweltschutzes

"Wir werden gewinnen, und der industrielle Westen wird verlieren. Sie können nicht viel dagegen unternehmen, da die Gründe für Ihr Versagen bei ihnen selbst liegen. Für Sie liegt der Kern des Managements darin, die Ideen aus den Köpfen der Chefs in die Hände der Arbeitskräfte zu übertragen. Für uns besteht der Kern des Managements aus der Kunst, die intellektuellen Ressourcen aller Mitarbeiter im Dienste der Firma zu mobilisieren und zu vereinen."[1]

"Damit ist der Betriebsrat von dem Beteiligungsentschluß (am Umweltmanagementsystem und am Zertifizierungsverfahren nach der EU-Umweltaudit-Verordnung, Anm. R.A.) weder zu informieren, noch hat eine Beratung stattzufinden. Ebensowenig trifft den Arbeitgeber zu diesem Zeitpunkt die Pflicht, einzelne Arbeitnehmer gemäß § 81 Abs. 3 BetrVG zu unterrichten."[2]

In den vorangegangenen Kapiteln wurde der Rahmen eines präventiven betrieblichen Umweltschutzes entwickelt. Hier geht es nun um seine Gestaltung. Entsprechende Ausführungen zu Reparatur, Kompensation und Duldung treten, soweit sie nicht zur Unterscheidung herangezogen werden, in den Hintergrund.[3] Im weiteren trenne ich nach Fremd- und Selbstorganisation. Fremdorganisation ist durch Eingriffe externer Anspruchsgruppen bewirkt und kennzeichnet die minimale Auslage[4] einer Aufgabe. Sie ist damit fester Bestandteil jedweden betrieblichen Umweltschutzes. Ich konzentriere mich auf staatliche Fremdorganisation. [4.1] Soweit sie bereits in Abschnitt 3.4.3.1 [S.169-178] analysiert wurde, werden nur noch einmal die für das weitere Vorgehen wesentlichen Punkte rekapituliert. Sodann werden Möglichkeiten der Selbstorganisation diskutiert, wobei in Abschnitt 4.2 theoretische und in 4.3 praktische Fragen den Verlauf bestimmen. In allen drei Teilen greife ich auf empirische Befunde zurück. Neben einer Reihe von Studien ist dies insbesondere die FUUF-Studie, an der ich als Mitarbeiter des Instituts für Ökologie und Unternehmensführung an der European Business School e.V. mitgewirkt habe.[5]

Die Studie der "Forschungsgruppe umweltorientierte Unternehmensführung" (FUUF) wurde im Zeitraum von 1989 bis April 1990 im Auftrag des Umweltbundesamtes durchgeführt. Forschungsziel war, (a) eine umfassende Bestandsaufnahme und (b) Möglichkeiten der Kostensenkung und Erlössteigerung durch Umweltschutz aufzuzeigen und deren Bedingungen zu

---

1 Firmengründer Konosuke Matsushita, zitiert nach Wassermann 1992, S. 1f.
2 Die Bundesvereinigung der Deutschen Arbeitgeberverbände (BAG 1995, S. 7).
3 Dazu v.a. Jacobs 1994, S. 93-151, 215-218; vgl. auch Seidel 1990, S. 335; Matzel 1994, S. 101-157.
4 Zu diesem Begriff bereits Seidel 1990, S. 335.
5 Insbesondere bei der Entwicklung der Fragebögen (u.a. zu Unternehmensführung, Organisation und Personalwesen), Durchführung der Befragung (mündlich, schriftlich) und Auswertung der Ergebnisse. Weitere Mitglieder der FUUF-Kerngruppe mit dem IÖU waren das Institut für gewerbliche Luftreinhaltung und Wasserwirtschaft e.V. (IWL), die beiden Unternehmensverbände Förderkreis Umwelt future e.V. und der Bundesdeutsche Arbeitskreis für umweltbewußtes Management (B.A.U.M.), das Gerling Welt Institut für Risiko-Beratung Plus Sicherheits-Management GmbH (GRIPS) sowie Prof. Dr. Volker Stahlmann.

ermitteln. Die Fragestellung war demnach eine andere als in der vorliegenden Untersuchung. Deshalb werden Ergebnisse auch nur selektiv vorgestellt. Die Untersuchung wurde als standardisierte, weitgehend geschlossene Befragung durchgeführt. Mündliche Interviews vor Ort wurden mit 592 Mitgliedern aus der Geschäftsführung bundesdeutscher Unternehmen (verarbeitendes Gewerbe, vereinzelt Dienstleister) durchgeführt (Mantelfragebogen). Zusätzlich wurden schriftlich Funktionsbereichsleiter befragt. Die Stichprobe beträgt demnach n = 592; die Rückläufe der Funktionsbereichsbögen sahen wie folgt aus: Materialwirtschaft (111), Produktion (115), Forschung und Entwicklung (103), Marketing (103), Public Relations (107), Organisation (90), Rechnungswesen (102), Controlling (96), Personal (102). Für Unternehmen unter 500 Mitarbeitern wurde der bereichsspezifische Teil erheblich reduziert auf einen Mittelstandsbogen mit ausgewählten Fragen der einzelnen Bereiche. Entsprechend erhöhen sich bei diesen Fragen die Stichproben. Schließlich wurden einige separate Studien durchgeführt (Finanzdienstleister, Handel, Wertanalyse, Auswertung Investitionsprogramm). Damit stellt die Studie, auch im internationalen Vergleich, die bislang umfassendste empirische Untersuchung zum betrieblichen Umweltschutz dar.[6] Ohne Zweifel sind dazu seither Weiterentwicklungen erfolgt. Abgesehen davon, daß sich strukturelle Zusammenhänge langsamer verändern als einzelne Aspekte, ist in der Unternehmenspraxis aber selbst beim Controlling - der hinsichtlich ihrer Umweltorientierung theoretisch bestentwickeltsten Führungsfunktion - ein Durchbruch auf breiter Basis noch nicht zu verzeichnen.[7]

4.1 Fremdorganisation als Ausgangspunkt: Die gesetzliche Minimalauslage

Möglichen Umweltrisiken begegnen wir durch	in erster Linie	in zweiter Linie	in dritter Linie	keine Angabe	Gesamt
technische Maßnahmen	82,3% (487)	9,1% (54)	4,6% (27)	4,1% (24)	100% (592)
organisatorische Maßnahmen	15,4% (91)	53,4% (316)	21,5% (127)	9,8% (58)	100% (592)
personelle Maßnahmen	8,4% (50)	24,7% (146)	55,2% (327)	11,7% (69)	100% (592)
Gesamt**	628	516	481	151	1.776

* Angaben der Geschäftsleitung (=Mantelfragebogen; n=592)
** Die ungleiche Verteilung in den Prioritätsstufen ergibt sich dadurch, daß bei einer Reihe von Unternehmen zwei, z.T. auch alle drei Maßnahmenformen gleich bedeutsam sind.

Abb. 35: Maßnahmenformen gegen Umweltrisiken (FUUF-Studie)

Unternehmen begegnen Umweltrisiken in erster Linie durch technische Maßnahmen. [Abb. 31] Die Nachrangigkeit sozial-organisatorischer Ansätze bedeutet jedoch nicht, daß das Gros der Unternehmen über keine Aufbauorganisation zum Umweltschutz ver-

---

6 Zum ausführlichen Forschungsbericht vgl. FUUF 1991; als Kurzfassung Antes/Steger/Tiebler 1992. Zu Auswertungen des Autors vgl. weiterhin Antes/Tiebler/Steger 1991 (Unternehmensführung); Antes 1991c; 1995 (Organisation); 1991d (Handel).
7 Trotz einer Reihe von Pilotprojekten, dem kürzlich erschienenen "Handbuch Umweltcontrolling" (UBA 1995b) und einsetzenden Umweltaudits.

fügt. Schon aufgrund gesetzlicher Auflagen hat die Mehrzahl eine Minimalorganisation zu installieren. Die Tiefe staatlicher Eingriffe in die Unternehmenshoheit ist immer vor dem Hintergrund grundrechtlicher Pflichten, aber auch Schranken staatlichen Umweltschutzhandelns zu sehen. Als Schranken fungieren die Grundrechte

- auf Berufsfreiheit (Art. 12),
- auf allgemeine Handlungsfreiheit (Art. 2, Abs. 1),
- auf Grundeigentum sowie auf den eingerichteten und ausgeübten Gewerbebetrieb (Art. 14),
- auf Sicherung anderer eventuell konfligierender Pflichten (Sozialstaatsprinzip) sowie
- der Grundsatz der Verhältnismäßigkeit (Rechtsstaatsprinzip).[8]

Dennoch liegt die Organisation des betrieblichen Umweltschutzes nicht völlig im freien Ermessen des Unternehmens. In einer Reihe von Regelungen macht der Gesetzgeber Vorgaben zur aufbau- und ablauforganisatorischen Gestaltung. Diese Regelungen bewegen sich nach herrschender Meinung im Rahmen der grundrechtlichen Pflichten und unterhalb seiner Schranken. Als wesentlich wurden in Abschnitt 3.4.3.1 bereits herausgearbeitet:

a. inhaltliche Vorgaben in Form direkter Verhaltenssteuerung (Erlaubnisverfahren, Auflagen, Überwachung) und ökonomischer Anreize (Abgaben, Steuern);[9]

b. institutionelle Verpflichtungen als Bestellung von Betriebsbeauftragten, Bildung von Ausschüssen bei mehreren Betriebsbeauftragten, Benennung eines Umweltschutz-Verantwortlichen auf der Ebene der Geschäftsführung nach § 52a (1) BImSchG) und § 53 (1) Krw-/AbfG;

c. Mitteilungspflichten zur Betriebsorganisation gegenüber der Behörde nach § 52a (2) BImSchG, § 53 (2) KrW-/AbfG, § 7 (4) StörfallV, § 29 (1) 2 StrlSchV;

d. Pflichten zur Eigenüberwachung;

e. Beteiligungsrechte von Mitarbeitern und ihren Vertretungsorganen gemäß Umwelt-, Arbeits- und Gesundheitsschutzrecht sowie der Betriebsverfassung;[10]

f. die zivil-, straf- und ordnungswidrigkeitsrechtliche Zuweisung von Verantwortung an einzelne Organisationsmitglieder, insbesondere die Geschäftsleitung, abgestuft aber auch an Aufgabenträger allgemein, wobei die verwaltungsrechtlichen Mittei-

---

8 Zu den Grundrechtspflichten und -schranken Hoppe/Beckmann 1989, S. 53-72; Kloepfer 1989, S. 50-54.
9 Die freiwillige Zertifizierung nach den verschiedenen Normen zum Umweltmanagement und die dort enthaltenen Regelungen werden separat in Abschn. 4.3.3 behandelt.
10 Vgl. auch Abschn. 3.4.3.2, S. 179-189 sowie 4.3.2, S. 292-296.

lungspflichten (siehe c.) Behörden und Gerichten die Verantwortlichkeiten, aber auch: Nachlässigkeiten, transparent machen.[11]

Drei Effekte dieser Eingriffe stechen in der Unternehmenspraxis hervor: Sie sind, mit geringen Ausnahmen, erstens auf die Organisation der Umweltsicherheit gerichtet und entfalten eine sehr geringe Präventionswirkung. Dies ist, wie im nachfolgenden Abschnitt 4.2 zu zeigen sein wird, eine Folge davon, daß sich zweitens die Pflichten zur Bestellung von Betriebsbeauftragten als besonders prägend erwiesen haben: Sie sind heute, wie die FUUF-Studie erbrachte, mit Abstand die verbreitetste Form, Aufgaben des Umweltschutzes zu institutionalisieren. [Abb. 37, S. 236] Teilweise liegt das in der noch jungen Historie der meisten der anderen Eingriffe i.V.m. dem Zeitbedarf für deren Umsetzung begründet. Diese sind aber auch weniger detailliert. So enthalten die Mitteilungspflichten - immerhin haftungsrelevant - keine Vorgaben, wie eine umweltschutzsichernde Betriebsorganisation auszusehen hätte. [175] Die grundrechtlichen Schranken verhindern zu detaillierte Einschnitte in die Organisationsfreiheit von Unternehmen. Deshalb verbleiben drittens den Unternehmen trotz der Eingriffe weite Spielräume der Selbstorganisation des betrieblichen Umweltschutzes.

Das zeigt sich gerade an der detailliertesten aufbauorganisatorischen Vorgabe, den Betriebsbeauftragten. Der Gesetzgeber gibt damit zunächst eine objektbezogene, d.h. auf Gefährdungsbereiche ausgerichtete Organisation vor. Weiterhin weist er den Betriebsbeauftragten Kontroll-, Informations- und Innovationsfunktionen zu und kreiert parallel eine verrichtungsorientierte Organisation; konkret:

a. die innerbetriebliche Kontrolle der Anlagen auf Einhaltung von Vorschriften und Rechtsverordnungen sowie die Erfüllung erteilter Bedingungen und Auflagen;

b. die Aufklärung der Betriebsangehörigen über die von den Anlagen ausgehenden schädlichen Umwelteinwirkungen sowie über Einrichtungen und Maßnahmen zu ihrer Verhinderung;

c. die jährliche Berichtspflicht gegenüber dem Anlagenbetreiber über die im Rahmen der Aufgaben getroffenen und beabsichtigten Maßnahmen;

d. die Initiative zur Entwicklung und Einführung umweltfreundlicher Verfahren und Erzeugnisse sowie

---

11 Nach dem Entwurf des Allgemeinen Teils eines Umweltgesetzbuches würden einzelne Punkte noch deutlich intensiviert, so die Pflicht zur Berufung eines Umweltschutzdirektors in das Unternehmensorgan (§ 94) oder die Stärkung der Position der nunmehr so bezeichneten Umweltbeauftragten (§§ 95-102); vgl. Kloepfer u.a. 1991.

e. die Stellungnahme zu Investitionsentscheidungen, die für den Gewässerschutz, den Immissionsschutz und die Abfallversorgung bedeutsam sein können.[12]

Von der Entstehungsgeschichte und der Konstruktion der Gesetze her (Einhaltung von Ge- und Verboten) ist die Kontrolle (a.) die wesentliche Aufgabe der Betriebsbeauftragten: Mit dem Institut der Betriebsbeauftragten überträgt der Gesetzgeber einen Teil seiner Kontrollmacht in die Eigenverantwortung von Unternehmen (Deregulierung durch Selbstkontrolle). Die weiteren Aufgaben sind so definiert, daß sie vor allem diese zentrale Funktion absichern helfen. Im Mittelpunkt steht dabei die Information verschiedener Stellen und Instanzen in unterschiedlicher Intensität: durch regelmäßige schriftliche (c.) und mündliche Berichterstattung die Geschäftsführung, durch bedarfsweise Stellungnahmen die Investitionsverantwortlichen (e.) sowie durch bedarfsweise Unterrichtung die Inhaber von Stellen, die der betreffenden Anlage zuzuordnen sind (b.). Dagegen kann von der Anlage der Gesetze her in der Innovation (d.) nicht eine herausragende oder gar die entscheidende Funktion gesehen werden. Bei der Bewertung der präventiven Effektivität dieser Organisationsform ist darauf zurückzukommen. [4.2]

Horizontal entsteht mit den Betriebsbeauftragten eine zu vorhandenen betrieblichen Funktionen additive Funktion und damit auch eine separate Organisationseinheit, in größeren Unternehmen entstehen daraus aus Beauftragtenstellen zusammengefaßte Umweltschutzabteilungen und Netzstrukturen.[13] Über die vertikale Einordnung enthalten die Gesetze dagegen nur insoweit Anhaltspunkte, als die Betriebsbeauftragten zur Durchsetzung ihrer Aufgaben mit Vortragsrechten bei der Geschäftsführung (BImSchG, KrW-/AbfG) oder einer entscheidenden Stelle oberhalb des zuständigen Betriebsleiters (WHG, AbfG) ausgestattet sind. Weisungsbefugnisse gegenüber den anderen Funktionen und Bereichen sehen die Gesetze - Ausnahme ist die Kann-Bestimmung für den Störfallbeauftragten nach § 58c (3) BImSchG - nicht vor, innerhalb der Funktion Umweltschutz selbst kann durch Abteilungsbildung allerdings Linienkompetenz entstehen. Insgesamt überwiegen Beratungskompetenzen. Betriebsbeauftragte weisen damit typische Merkmale von Stäben auf. Als Ansprechpartner für alle Betriebsangehörigen sollen sie darüber hinaus auch Dienstleistungsstelle mit Querschnitts- und Koordinationsfunktion sein.

---

12 In dieser detaillierten Form sind die Vorgaben beschränkt auf §54+56 BImSchG; §11b+d AbfG; § 53 KrW-/AbfG; §21b+d WHG; §§ 14, 18, 19 GenTSV.
13 Beispielhaft für Großunternehmen der chemischen Industrie Specht 1988, S. 29-44 (abgedruckt auch in Wicke u.a. 1992, S. 62-67); Middelhoff 1992, S. 117-351, 367-372; 1994a, S. 314f.

4.2 Organisationstheoretische Überlegungen

Die Organisation einer (Gesamt-)Aufgabe besteht grob aus zwei Vorgängen: der Zerlegung (Differenzierung) der Aufgabe in Teilaufgaben und ihrer Zusammenfassung zu Stellen und Abteilungen - daraus entsteht eine bestimmte Konfiguration (Gliederungsbreite und -tiefe) - sowie die Steuerung und Koordination dieser Einheiten im Hinblick auf die Ziele des Unternehmens. Die nächsten beiden Abschnitte setzen sich damit unter der Maßgabe einer präventiven Organisation auseinander. Die gesetzliche Minimalauslage wird theoretisch eingeordnet, und ihre Effekte werden in die Argumentation miteinbezogen.

4.2.1 Arbeitsteilung und Konfiguration[14]

4.2.1.1 Funktional-additive Organisation und Integration als entgegengesetzte Gestaltungskonzepte

Arbeitsteilung wird in zwei Dimensionen vollzogen: Über die Horizontale einer Organisation sind Aufgaben, Verantwortlichkeiten und Kompetenzen auf hierarchisch voneinander unabhängige Bereiche, d.h. Sparten und/oder Funktionen zu verteilen (Diffusion) oder in einem eigenen Bereich, einer eigenen Einheit zusammenzufassen (Konzentration). Vertikal können sie ebenfalls zerlegt und an untergeordnete Instanzen oder Stellen delegiert werden, dadurch wird der (De-)Zentralisationsgrad bestimmt.[15] Diese beiden Dimensionen werden häufig als Primärorganisation bezeichnet und eine dritte Dimension, die die Einheiten übergreifende Sekundärorganisation (Teams, Kollegien, Zirkel, strategische Geschäftseinheiten), eingeführt.[16] Die Organisation betrieblichen Umweltschutzes ist damit vorstellbar als Kontinuum zwischen zwei entgegengesetzten Gestaltungskonzepten:

(1.) der funktional-additiven Organisation von Umweltschutzaufgaben und

(2.) der Integration umweltorientierter Anforderungen in die jeweiligen Aufgaben.[17]

---

14 Grundlegend bereits in Antes 1991a; 1992a; 1994a; 1995 bearbeitet.

15 Speziell in der Literatur über die Organisation des Umweltschutzes werden beide Dimensionen häufig als Bestimmung des (De-)Zentralisationsgrades zusammengefaßt. Da beide Dimensionen jedoch auf unterschiedliche Sachverhalte abstellen, verwischen dadurch Aussagen; vgl. Seidel 1990, S. 337; Middelhoff 1992, S. 61f.; Matzel 1994, S. 101; Jacobs 1994, S. 126, Fn. 2; dagegen Frese/Kloock 1989, S. 22f.; Frese 1992b, Sp. 2439.

16 Mit Bezug auf Umweltschutz Seidel 1990, S. 337f.; Steger 1993a, S. 345; Jacobs 1994, S. 197-209; auch Matzel 1994, S. 128f.

17 Vgl. auch Schreiner 1993, S. 314f.; Steger 1993a, S. 344f.; Meffert/Kirchgeorg 1993, S. 290f.; Nitze 1991, S. 53; Matzel 1994, S. 48f.; Jacobs 1994, u.a. S. 158f.; Birke/Schwarz 1994, S. 31.

(1.) Funktional-additive Organisation: Mit funktional-additiv bezeichne ich die völlige Konzentration von Umweltschutzaufgaben in eigenen Einheiten: Umweltschutz wird neben den bereits bestehenden Funktionen als eigene Funktion, in Umweltschutzstellen- oder -abteilungen, institutionalisiert, also zusätzlich zu den bestehenden Organisationseinheiten, die dabei kaum verändert werden. Von wenigen Schnittstellen abgesehen, werden Umweltschutzaufgaben weitgehend parallel - prozeßunabhängig - zu anderen betrieblichen Aufgaben wahrgenommen. Funktional-additiv ist von der hierarchischen Ebene unabhängig. Es kann etwa ein eigenes Ressort im Unternehmensorgan (Geschäftsführung), einen eigenen Zentralbereich auf Konzernebene, eine der Sparte angegliederte Stabstelle oder eine Umweltschutzstelle auf Werksebene und die aus solchen speziellen Einheiten bestehende Umweltschutzgesamtorganisation bezeichnen. Sekundärorganisatorische Maßnahmen zählen ebenfalls dazu, sofern sie ausschließlich Umweltschutzeinheiten koordinieren. Prägnantes Beispiel für eine funktional-additive Primär- und Sekundärorganisation sind die gesetzlichen Betriebsbeauftragten und die bei mehreren Beauftragten zu bildenden Ausschüsse.

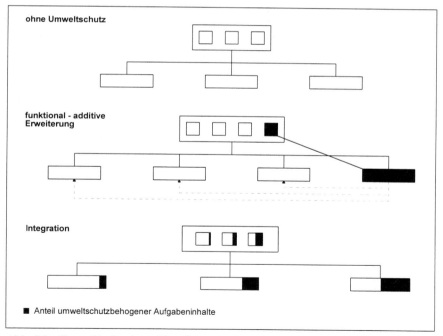

Abb. 36a: Umweltorientierte Erweiterung eines einfachen Liniensystems

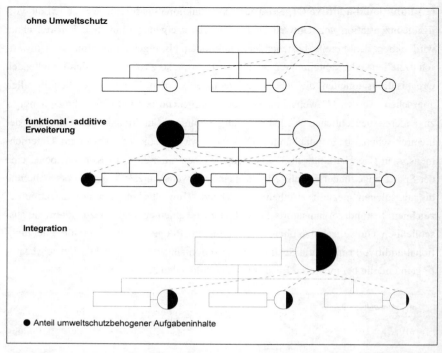

ohne Umweltschutz

funktional - additive Erweiterung

Integration

● Anteil umweltschutzbehogener Aufgabeninhalte

Abb. 36b: Umweltorientierte Erweiterung eines einfachen Stab-Liniensystems

(2.) Integration: Die Integration erweitert die Aufgaben organisatorischer Einheiten um umweltorientierte Anforderungen: Die Umweltverträglichkeit der Aufgabenerfüllung wird zum Verhaltenskriterium überall dort, wo ökologische Betroffenheit unmittelbar oder mittelbar entsteht: also etwa als Einkaufskriterium bei der Beschaffung von Werkstoffen, im Pflichtenheft des Konstrukteurs, bei Investitionsentscheidungen über Betriebsmittel oder bei der Wahl von Anreiz- oder Informationssystemen. Der integrative Ansatz ist somit umfassend. Im Extremum entspricht er einer Diffusion auf allen Hierarchieebenen gemäß der ökologischen Betroffenheit der jeweiligen Stellen. Eine dezentrale Konzentration, d.h. die Einrichtung von Umweltschutzstellen auf mittleren und/oder unteren Hierarchiestufen, ist allerdings noch keine Integration. Von *Schwa derlapp* stammt hierzu ein treffendes und eingängiges Sinnbild: "Da werden in den Baum der Unternehmenshierarchie ein oder ein paar neue 'Äste' eingefügt oder den bestehenden Ästen werden jeweils 'Blätter' für umweltrelevante Felder und Aufgabeninhalte angeklebt."[18] Am Beispiel der umweltorientierten Erweiterung von einfachen Einlinien- und Stab-Linien-Systemen stellen die Abbildungen 36a und b noch einmal den Unterschied zwischen beiden Gestaltungskonzepten dar.[19]

In der Unternehmenspraxis dominiert die funktional-additive Organisation klar und darunter wiederum die Betriebsbeauftragten, mit zunehmender Unternehmensgröße auch zu Umweltschutzabteilungen zusammengefaßte Beauftragtenstellen oder ein Netz von Umweltschutzstellen über alle Hierarchieebenen;[20] teilweise werden diese an die bereits bestehende und i.d.R. ebenfalls institutionalisierte Funktion Arbeitssicherheit angebunden. [4.3.1: 289-291] Alle anderen Formen werden deutlich weniger genutzt - maximal von etwa einem Drittel der Unternehmen.[21] Die nahezu völlige Identifikation betrieblichen Umweltschutzes mit technischen Kategorien bestätigt sich erneut: Mit Umweltschutzaufgaben betraute Institutionen sind fast ausnahmslos dem technischen Bereich zugeordnet.[22] In Deutschland kann die Dominanz der Betriebsbeauftragten auf die gesetzliche Minimalauslage zurückgeführt werden. Darüber hinaus gehender Umweltschutz orientiert sich i.d.R. an den so vorgezeichneten Strukturen. Sind Umweltschutzinstitutionen erst einmal geschaffen, werden ihnen dann auch weitere Aufgaben zugewiesen.[23] Empirische Ergebnisse aus anderen Ländern, die institutionelle Verpflichtungen durch staatliche Fremdorganisation nicht (Schweiz) oder nur in deutlich reduzierter Form (Österreich) kennen, legen den grundsätzlichen Schluß nahe, daß die Konzentration von Aufgaben - ob zentral oder dezentral - das dominierende Organisationsprinzip im betrieblichen Umweltschutz ist.[24]

---

18 Schwaderlapp 1993, S. 9, Sp. 2.
19 Zu funktional-additiven Gestaltungsmöglichkeiten ausführlich Schreiner 1993, S. 317-320; Meffert/Kirchgeorg 1993, S. 292-297; v.a. Matzel 1994, S. 117-122, 135-154.
20 Neben dem FUUF-Ergebnis in Abb. 37 in der Tendenz ähnlich die empirischen Befunde bei Raffée/Förster/Krupp 1988, S. 52f.; BDI 1990, S. 63; Kirchgeorg 1990, S. 158-161; Ostmeier 1990, 220; Middelhoff 1992, S. 367-378; 1994a, S. 314f.; KPMG/Wagschal 1992, S. 15; Jacobs 1994, S. 226-230; Dyckhoff/Jacobs 1994, S. 722-724; Coenenberg u.a. 1994, S. 93; Hammerl 1994, S. 197; Hildebrandt 1995, S. 151 sowie die Metaauswertung bei Schwaderlapp 1995, S. 53.
21 Zwischen Mantel- und Organisationsbogen sind in Abb. 37 zwei größere Abweichungen erkennbar. Bei den Beauftragten dürfte dies auf die im Mantelbogen getroffene Unterscheidung zwischen gesetzlichen Minimal- und freiwillig erweiterten Kompetenzen zurückzuführen sein. Der erhebliche Unterschied bei Projektteams kann aus den Daten nicht erklärt werden.
22 Vgl. auch Deutsche BP AG 1986, S. 10, Frage 8.
23 Vgl. Theißen 1990, S. 165-175; Antes 1991c, S. 299f.; eingeschränkt, Middelhoff 1992, S. 382.
24 Für Österreich gaben 60% (n=153) der von der VÖI schriftlich befragten Unternehmen die Existenz einer Umweltschutzstelle oder -abteilung an; vgl. VÖI 1989, S. 33f. i.V.m. 36; zu den gesetzlichen Bedingungen vgl. Mittendorfer 1993, S. 6-17, 128-139. Für die Schweiz vgl. Middelhoff 1992; 1994a, S. 314f.; 1994b, S. 390; Nitze 1991, S. 127, 253. Nitze will zwar ein Überwiegen integrativer Elemente erkennen, die Erhebung gibt m.E. aber eine solche Aussage nicht her: Die Delegation wird nur quantitativ, also nicht nach Inhalten, und ausschließlich auf Managementebenen erfaßt (S. 134f.), ebenso wird bei den Führungssystemen nicht

Institution	Geschäftsleitung (Mantelbogen, n = 592)	Leiter Organisation (Organisationsbogen, n = 90, N = Mantelbogen = 592)		
		gehören organisatorisch eher zum		
		techn. Bereich	kaufm.. Bereich	keine Angabe
Betriebsbeauftragte für Umweltschutz	54,0% (320)	62,2% (56)	51	2	3
Umweltschutzbeauftragte*	45,9% (272)				
Stabstellen	26,9% (159)	34,4% (31)	20	5	6
Projektteams	38,0% (225)	24,4% (22)	17	3	2
Umweltausschüsse/ Gremien	20,9% (124)	21,1% (19)	13	2	4
Environmental Circles	8,5% (50)	5,6% (5)	3	1	1

* Im Mantelbogen wurde zwischen den gesetzlich bestellten Betriebsbeauftragten und den mit erweiterten Kompetenzen ausgestatteten Umweltschutzbeauftragten unterschieden.

Abb. 37: Existenz von Institutionen mit Umweltschutzaufgaben (FUUF-Studie)

Organisationsformen wie Teams und Ausschüsse, die nicht allein auf Umweltschutzexperten zurückgreifen, sondern Mitarbeiter stärker einbeziehen, werden lediglich von einer, wenn auch starken, Minderheit genutzt. Dabei bewegen wir uns hier immer noch auf der Ebene institutionalisierten Umweltschutzes, d.h. einer nach wie vor, wenn auch nicht mehr ganz so konzentrierten Bearbeitung des Themas. Eine die Primärorganisation umfassende Integration stellt dies noch nicht dar, zumal besonders Teams zeitlich begrenzt eingerichtet werden. Integration dort ist den FUUF-Ergebnissen zufolge die Ausnahme. So schlägt sich in Stellenbeschreibungen die Anforderung nach einer umweltverträglicheren Aufgabenerfüllung nur begrenzt nieder. Die Aussagen der Organisations- und Personalverantwortlichen liegen fast identisch bei 29,7% bzw. 30,1%;[25] nur noch 19,1% geben an, bei der Einstellung auch auf Umweltschutzkenntnisse zu achten. Darüber hinaus kann die Berücksichtigung qualitativ höchst unterschiedlich ausfallen; die Daten lassen hier keine weiter differenzierte Aussage zu. Bei gut zwei

---

deutlich, ob diese die Gesamtorganisation tatsächlich durchdringen oder nur an der "Oberfläche" (z.B. Leitbild) oder auf Umweltschutzstellen beschränkt (z.B. Umweltkonzepte und -richtlinien) wirken (S. 126-128). Zur methodischen Kritik hieran, allerdings in anderer Absicht, bereits Matzel 1994, S. 8f.

25 Nicht berücksichtigt sind die Stellenbeschreibungen für die Umweltschutzinstitutionen. Dem Organisationsbogen zufolge sind dies weitere 14,1% der Unternehmen.

Dritteln der Unternehmen jedenfalls sind über die Umweltschutzinstitutionen hinaus ökologische Anforderungen überhaupt kein Bestandteil von Stellenbeschreibungen.

4.2.1.2 Prävention als Aufgabe der Führung, von Experten oder jedes Organisationsmitglieds?

Prinzipielle Gestaltungsmöglichkeiten und betriebliche Realität sind nun theoretisch und empirisch mit den Anforderungen von Prävention [2.3, 2.4] zu konfrontieren. Das, vorweggenommene, Ergebnis der Analyse legt eine Mischform der Verteilung von Umweltschutzaufgaben nahe, bei der (1.) aufbauend auf einer nachhaltigen Unterstützung durch die Geschäftsführung und (2.) neben der Wahrnehmung spezifischer Umweltschutzaufgaben durch Experten (funktional-additive Organisation) vor allem (3.) umweltverträgliches Entscheiden und Handeln der Organisationsmitglieder (Integration) befördert wird, ergänzt um (4.) sekundärorganisatorische Maßnahmen.[26] Im einzelnen:

(1.) Prävention als Führungsaufgabe (Zentralisation): Betrieblicher Umweltschutz ist zwingend eine Aufgabe der Geschäftsführung. Das ergibt sich schon rechtlich aus Haftungsüberlegungen; vor allem aber resultiert dies aus der inhaltlichen Aufgabenstellung.

Noch recht allgemein schließt die umfassende ökologische Betroffenheit auch - jedoch nicht ausschließlich, wie die Aussage "Umweltschutz ist Chefsache" bisweilen mißverständlich interpretiert wird - die Aktivitäten der Unternehmensführung mit ein. Bestandteil der Aktivitäten der Unternehmensführung sind nach *Gutenberg* vor allem (aber nicht nur) echte Führungsentscheidungen. *Gutenberg* arbeitet drei Merkmale heraus (wobei er das dritte aus den ersten beiden ableitet):

- das Maß an Bedeutung, das eine Entscheidung für den Bestand eines Unternehmens hat (qualitatives Gefälle zwischen Entscheidungen);
- Entscheidungen, die nur aus dem Unternehmen als Ganzes getroffen werden können (im Gegensatz zu Ressortentscheidungen);
- solche Entscheidungen können - im Interesse des Unternehmens - nicht an andere Personen delegiert werden.

Echte Führungsentscheidungen müssen alle drei Merkmale aufweisen. *Gutenberg* unterscheidet fünf Arten:

---

26 Ähnlich Matzel 1994, S. 48f., 155 i.V.m. 158.; Jacobs 1994, S. 192-198.

- Bestimmung und Festlegung der Unternehmenspolitik auf weite Sicht,
- Koordinierung der großen betrieblichen Teilbereiche,
- Beseitigung von Störungen außergewöhnlicher Art im laufenden Betrieb,
- geschäftliche Maßnahmen von außerordentlicher betrieblicher Bedeutung,
- Besetzung der Führungsstellen in Unternehmen.[27]

Zweifellos lassen sich auch im betrieblichen Umweltschutz solche echten Führungsentscheidungen identifizieren.[28] In besonderem Maße trifft dies auf präventiven Umweltschutz zu. Die Reduktion von Wirkungsursachen [2.4.1] kann, besonders in Verbindung mit der Ganzheitlichkeit von Problemsicht und -behandlung [2.4.2:], das Gesamtunternehmen betreffende Strukturveränderungen notwendig machen und zu einer mangelnden Teilbarkeit der umweltschutzbezogenen Entscheidung führen.[29] Für solche Fälle verweist das Promotorenmodell ausdrücklich auf die bedeutende Rolle von Machtpromotoren;[30] empirisch bestätigt wurde es für integrierte Umweltschutzinnovationen.[31] Hier ist strategische Führung und bereichsübergreifende Koordination gefordert. Schließlich verursachen Organisations- und Objektentscheidungen auf der obersten Ebene mittelbar, aber nachhaltig, ökologische Betroffenheit auf den nachgelagerten Hierarchien. Die grundsätzlich von Führungsstellen in besonderem Maß ausgehende mittelbare ökologische Betroffenheit macht auch deren Besetzung aus Sicht der Prävention zu einer echten Führungsentscheidung. Schließlich kann präventiver Umweltschutz für das "Geschäft" außerordentlich bedeutsam sein. Zu denken ist hier an Verzichtsstrategien, aber auch an den Aufbau umweltverträglicherer Produktlinien. Störungen des laufenden Betriebs sind eine Wirkungsursache vom Typ 2 (zurückliegend, aber weiter betrieben). Ihre "Beseitigung" kann durch Beheben der Ursache (Prävention), aber auch durch Verlagerung der Wirkung (Zeitaufschub durch Reparatur) erfolgen. Die kurzen Reaktionszeiten dürften hier eher den reparativen Umweltschutz begünstigen. [16f.]

Das Unternehmensorgan ist vor die Entscheidung gestellt, die echten Führungsentscheidungen innerhalb des Organs zu verteilen und die darüber hinaus gehenden Umweltschutzaufgaben entweder ebenfalls wahrzunehmen oder an nachgelagerte Ebenen zu delegieren. Auf Organebene selbst ist die Frage nach einer Konzentration oder einer

---

27 Vgl. Gutenberg 1962, S. 59-76; 1983, S. 135-140.
28 Zu der Herleitung vgl. Kreikebaum 1987, Sp. 1899f.; 1988a, S. 155.; Antes 1992a, S. 495f.; 1994, S. 28.
29 Vgl. Frese 1992b, Sp. 2439f.
30 Vgl. Witte 1973, S. 17f.
31 Vgl. Ostmeier 1990, S. 220-224 für Produkte; Schmidt, R. 1991, S. 132, 201 für Produkte und Verfahren.

Diffusion aufgeworfen: Liegen alle Zuständigkeiten, Verantwortlichkeiten und Kompetenzen bei einem Mitglied, oder werden sie gemäß der ökologischen Betroffenheit des jeweiligen Ressorts verteilt? Der Gesetzgeber verlangt für unter das BImSchG (§ 52a(1)) und das KrW-/AbfG (§ 53 (1)) fallende Unternehmen die Benennung eines Verantwortlichen, nach dem gegenwärtigen Entwurf des UGB-AT (§ 94) einen Umweltschutzdirektor, hält aber gleichzeitig fest, "die Gesamtverantwortung aller Organmitglieder oder Gesellschafter bleibt hiervon unberührt" (§ 52a (1) bzw. § 53 (1)), ähnlich § 94 (2) UGB-AT).[32] Insbesondere ist Prävention umfassender als die "genehmigungsbedürftige Anlage(n)", auf die sich diese Regelungen beschränken. Die Überlegungen zur Verteilung im Unternehmensorgan sind identisch mit denen über Konzentration und/oder Diffusion auf den nachgelagerten Ebenen und werden dort diskutiert.

(2.) Prävention als Expertenaufgabe (funktional-additive Organisation, Konzentration): Mit einer funktional-additiven Organisation werden Umweltschutzaufgaben zentral und dezentral in spezialisierten Stellen konzentriert. Gründe für eine Konzentration können sein:

- kurzfristige Reaktionsfähigkeit;
- Berücksichtigung relevanter (z.B. Repräsentation) oder Vermeidung störender Interdependenzen (Leistungsverflechtungen) bzw. bessere Koordination der in allen Umweltschutzbereichen anfallenden Aufgaben und
- optimale Nutzung von Ressourcen.[33]

Hinzu kommt, daß der gesetzliche Minimalzuschnitt den Unternehmen durch die Betriebsbeauftragten funktional-additive Strukturen unterhalb des Unternehmensorgans vorgibt (s.o.). Daraus wird oft - und oft ohne Bezug zu Zwecken und ohne Diskussion der Alternativen -[34] die Notwendigkeit abgeleitet, Umweltschutz prinzipiell funktional-additiv zu organisieren. Die Forderung ist in dieser Allgemeingültigkeit jedoch weder empirisch noch theoretisch haltbar, insbesondere nicht für präventiven Umweltschutz. In dieser Reihenfolge soll dies begründet werden; stellvertretend an den Be-

---

32 Entsprechend die Kommentare bei Adams 1990, § 52a, Rdnr. 11; Hansmann 1990, § 52a, Rdnr. 6f.; Fluck/Laubinger 1991, § 52a, Rdnr. A8, C28; Jarass 1993, S. 648, Rdnr. 1. Übereinstimmend dazu auch die Auslegung des Aktiengesetzes zur Gesamthaftung des Vorstandes auch Ressortentscheidungen.
33 Die in der Literatur genannten Gründe sind vielfältiger, lassen sich jedoch auf diese drei zurückführen; vgl. Senn 1986, S. 309; Thomas 1988, S. 2162f.; 1992, S. 5; Frese/Kloock 1989, S. 22-24; Frese 1992b; Sp. 2442-2445; Schulz/Wicke 1989, S. 9f.; Wicke u.a. 1992, S. 40; Paul 1989, S. 290; Middelhoff 1992, S. 61f.; Matzel 1994, S. 103f.
34 Beispielhaft Thomas 1988, S. 2162; 1992, S. 3: "Zunächst ist davon auszugehen (Hervorh. R.A.), daß die Funktion Umweltschutz von einer organisatorisch selbständigen Stelle wahrgenommen werden sollte."

triebsbeauftragten: Sie sind die herausragende funktional-additive Organisationsform und (deshalb) die am besten untersuchte.

Eine Bewertung der umweltschutzbezogenen Effektivität bestimmter Organisationsformen muß nach den verschiedenen Absichten einer Umweltorientierung differenzieren. In Abschnitt 2.3 habe ich diese nach Prävention, Reparatur, Kompensation und Duldung unterschieden. Auch der Gesetzgeber definiert mit seinen umweltpolitischen Prinzipien Absichten; das Vorsorgeprinzip etwa ist mit § 5 (1) BImSchG sogar in das "Leitgesetz" des deutschen Umweltrechts aufgenommen.[35] Weiterhin definiert der Gesetzgeber Aufgaben der Betriebsbeauftragten, vor allem der nach dem BImSchG, dem WHG und dem AbfG bzw. KrW-/AbfG zu bestellenden. Sie dienen der Literatur als Grundlage für eine allgemeine Systematik von Umweltschutzaufgaben, -verrichtungen oder -funktionen: Innovation, Sicherheit und Kontrolle (Überwachung), interne und externe Information, Personalentwicklung sowie Repräsentation (Behörden, Verbandsarbeit).[36]

Wie kommen die Betriebsbeauftragten diesen Aufgaben nach? Besonders interessieren hier Aufgaben, die den präventiven Umweltschutz befördern. An erster Stelle ist dies die Initiative zur Entwicklung und Einführung umweltfreundlicher Verfahren und Erzeugnisse (Innovation). Auch die Aufklärung der Betriebsangehörigen kann als Bestandteil einer Personalentwicklung unter dem Ziel der Beförderung umweltverträglichen Verhaltens aufgefaßt werden. Mit den anderen Aufgaben reagiert der Betriebsbeauftragte auf Entwicklungen im Produktionsprozeß; seine Rolle kann ein Beauftragter hier aber auch aktiv interpretieren. Die Aussagen der bisherigen Studien sind folgende:

- In einer schriftlichen Befragung (1977) von 412 Betrieben aus fünf emissionsintensiven Wirtschaftsgruppen kommt *Ullmann* zu dem Ergebnis, "daß den ... innovativen Aufgaben relativ untergeordnete Bedeutung zukommt"[37], Produktinnovationen erreichen sogar mit das niedrigste arithmetische Mittel überhaupt. Eindeutig dominiert die Kontrollfunktion, die Mitarbeiteraufklärung nimmt den dritten Rang ein, beschränkt allerdings auf deren Instruktion. (S. 1004) Insgesamt sieht er die Aufgabenschwerpunkte "im eher Routinemäßigen" und bezweifelt, daß die Intensivierung umweltschutzorientierter Innovationen durch die Beauftragten "erreicht wurde bzw. erreicht werden kann" (S. 1011). Selbst eine Hinwirkung auf eine "besonders fortschrittliche Entsorgungs- (also: Reparatur-, Anm. R.A.) Technologie" sieht

35 Vgl. Abschn. 2.2.2, 2.2.3, 2.3; dort aber auch zur mißverständlichen Begriffsverwendung in Umweltpolitik und -recht, die zur strengeren Abgrenzung von Prävention in dieser Arbeit führte.
36 Als Bezug dient hier Matzel 1994, S. 54f.; ähnlich Ullmann 1981, S. 1006; Kreikebaum 1988a, S. 157f.; Steger 1988, S. 236; Theißen 1990, S. 7f.; Nitze 1991, S. 49; Frese 1992b, Sp. 2436; Middelhoff 1992, S. 58; Föste 1994, S. 65f.; Schwaderlapp 1995, S. 42;.
37 Ullmann 1981, S. 1004; weitere Seitenangaben im Text.

Ullmann nicht gegeben und spricht sich wegen unzureichender umweltpolitischer Effektivität sogar für die Abschaffung dieses Instituts aus. (S. 1011-1013)

- Ende 1985/Anfang 1986 führte *Repenning*, selbst Betriebsbeauftragter der Deutschen BP AG, eine schriftliche Befragung von 284 Betriebsbeauftragten durch. Die "Beurteilung und Erfassung von Kosten des Umweltschutzes" (72,9%) und die "rechtliche Beurteilung von Umweltschutz-Vorschriften" (71,8%) waren die wichtigsten Aufgaben vor - nicht näher spezifizierten - "Fragen der technischen Entwicklung" (64,4%); gesondert erfragt wurde die "Überwachung von Produktion" (60,9%), "Produkten" (22,5%) und "anderen Unternehmensbereichen" (37,7%). Der "Produktentwicklung" (25,%) und Forschung (19,0%) widmet sich nur eine Minderheit, obwohl lediglich quantitativ nach einer Bearbeitung überhaupt und nicht einmmal nach deren Qualität gefragt wurde.[38] Informationsveranstaltungen führen überhaupt nur 57% durch und dann recht wenig: 26,1% eine, 12% zwei, nur ein Fünftel drei und mehr.[39]

- *Theißen* wertete (a) 96 Interviews mit leitenden Mitarbeitern aus Betrieben von vier umweltintensiven Branchen und (b) 35 Interviews mit Betriebsbeauftragten dieser Betriebe aus.[40] In der univariaten Analyse stellt sie einen fördernden Einfluß der Betriebsbeauftragten auf den Einsatz von End-of-the-pipe-Techniken fest, nicht dagegen auf Recycling-[41] und integrierte Techniken.[42] Insgesamt, d.h. im Zusammenhang mit der multivariaten Analyse, wertet sie die Ergebnisse "im Hinblick auf die Wirksamkeit der UB (Umweltschutzbeauftragten, Anm. R.A.) vernichtend. Sie lassen den Schluß zu, daß die Umweltschutzbeauftragten nur in äußerst geringem Maße umweltschutzfördernde Wirkungen entfalten können ... (Sie können, Anm. R.A.) lediglich im Bereich ihrer Überwachungsfunktion positive Wirkungen erzielen .., nicht aber im Rahmen ihrer, vom Gesetzgeber als vorrangig angesehenen Innovationsfunktion."[43] Dazu passen die Ergebnisse zur Qualifikation und Motivation. Bei den Inhalten von Weiterbildung wird vor allem Wert auf Umweltrecht (Gruppen "unerläßlich" und "sehr bedeutend" auf 5er Skala: 83,1%; n=23) und End-of-the-pipe-Technik (68,6%) gelegt, deutlich weniger auf integrierte Technik (48,3%), wobei Weiterbildung überhaupt nur in geringem Umfang üblich ist.[44] 77% der Beauftragten haben "zwangsweise diese Aufgabe auferlegt bekommen".[45]

- *Nitze* befragte schriftlich 1990 überwiegend Deutschschweizer Unternehmen. Die komprimierte Auswertung über die Verteilung von Umweltschutzaufgaben in den 197 ökologisch betroffenen Unternehmen[46] zeigt Abbildung 38. Die Angaben erscheinen insgesamt recht hoch. In der Stichprobe (638) waren allerdings auch 69 Mitglieder der Schweizerischen Vereinigung für ökologisch bewußte Unternehmensführung enthalten. Aufgrund der anzunehmenden überdurchschnittlichen Umweltorientierung dieser Unternehmen ist eine systematische Verzerrung zu erwarten; die Anteile beider Gruppen sind nicht kenntlich gemacht. Ebenfalls wurde die Aufgabenbewältigung rein quantitativ und nicht ihre Güte erfragt. Mit diesen Einschränkungen ergaben sich gegenüber den bereits berichteten Ergebnissen - diesmal ohne staatliche Vorgaben - ähnliche Schwerpunkte und Defizite: Innovationsaufgaben, besonders

---

38 Vgl. Deutsche BP AG 1986, S. 14/Frage 25; S. 15f./Frage 27.
39 Vgl. Deutsche BP AG 1986, S. 17/Frage 34. "0-mal" und "keine Angaben" wurden leider zu einem Ergebnis vermischt (43,0%).
40 Vgl. Theißen 1990, S. 122 i.V.m. 274, Tab. 1.2.
41 Recyclingtechniken wurden von Theißen demnach als eigene Kategorie erfaßt.
42 Vgl. Theißen 1990, S. 135 i.V. m. 277, Tab. 9, 9a.
43 Theißen 1990, S. 147.
44 Vgl. Theißen 1990, S. 151f. i.V.m. 286f., Tab. 31-33.
45 Theißen 1990, S. 155.
46 Von den 218 Rückläufen gaben 21 an, in keinem Teilmarkt, Produktbereich oder Geschäftsfeld von der Umweltproblematik betroffen zu sein; vgl. Nitze 1991, S. 123-125.

	STELLE					
	integriert		spezialisiert			
	Unter-nehmens-leitung (1)	Linien-manage-ment (2)	Umwelt-beauf-tragte (3)	Fachstelle (Zentral-bereich, Stab) (4)	Ausschuß (5)	Projekt-gruppe Qualitäts-zirkel (6)
Häufigkeit d. organisat. Maßnahme (n=197)	83%	78%	33%	27%	10%	35%
davon:						
A U F G A B E N (n=x% v.197)						
Führung (1), Beratung/ Mitentscheidung (2-6)	74	54	63	51	50	42
• Umweltorientierung d. Unternehmens-planung	80	52	67	57	55	47
• größere Umwelt-schutzinvestitionen	67	56	59	45	45	37
Kontrolle	34	53	66	70	20	28
• Einhaltung v. Geset-zen + Auflagen	(bedeu-tende	59	71	69	20	28
• interne Umwelt-schutz-Richtlinien	Uwsch-aufgaben + -pro-jekte)	47	62	71	20	28
innerbetriebliche Information	k.A.	48	69	65	35	25
Innovation	46	51	38	50	43	43
• Produkte/Sortiment	46	51	28	39	40	46
• Produktions-/ Ferti-gungsverfahren	46	52	47	69	45	38
Repräsentation	53	35	59	59	30	0
innerbetriebliche Weiterbildung	k.A.	24	57	63	25	31
externe Beratung (Kunden, Lieferanten ..)	k.A.	29	37	37	20	28
Umweltschutzprojekte: Leitung + Betreuung	15	44	56	59	20	0

Abb. 38: Verteilung von Umweltschutzaufgaben auf Stellen
Quelle: Zusammengestellt nach Nitze 1991, S. 127, 138, 141, 151, 153, 160, 167.

bei Produkten, sind stark vernachlässigt. Der Item zur Erfragung der Weiterbildung ist wenig aussagekräftig; er kann die einfache Unterrichtung bis hin zum komplexen Qualifizierungs-programm umfassen. Präventiv könnte die Beratung der Unternehmensführung und die Pro-jektmitarbeit wirken. Auch hier wären jedoch qualitative Angaben notwendig.

- Die geringe Wirkung auf Produktinnovationen bestätigt die Auswertung einer Untersuchung durch *Ostmeier*, die 1988 bei Mitgliedern der Unternehmensführung von 197 Unternehmen der Konsum- und Investitionsgüterindustrie durchgeführt wurde. Unter anderem analysierte er anlehnend an das Promotorenmodell die Wirkung unterschiedlicher Gespannstrukturen auf den Erfolg umweltschutzorientierter Produktinnovationen: Gespanne mit Betriebsbeauftragten verzeichnen - auch dann, wenn die Geschäftsleitung als Machtpromotor auftritt - z.T. deutlich schlechtere Ergebnisse.[47]

- In der eigenen *FUUF-Studie* war die schriftliche Befragung der Organisationsverantwortlichen (n=90) über die Verteilung von Umweltschutzaufgaben nach Umfang und Qualität vorgesehen,[48] aufgrund der zu geringen Antworten erfolgte jedoch keine Auswertung. Eine Querauswertung über verschiedene Fragen des Mantel- sowie des Organisationsfragebogens ergibt jedoch die deutliche Tendenz, daß Betriebsbeauftragte wesentlich öfter Sicherheits- als wettbewerbsorientierte Innovationsaufgaben wahrnehmen. Letztere werden überwiegend durch Projektteams und Ausschüsse bearbeitet.[49] Entsprechend sind ihnen unter allen Umweltschutzinstitutionen vergleichsweise am wenigsten, Projektteams und Ausschüssen dagegen am häufigsten Beratungs- und Initiativrechte eingeräumt. Umgekehrt verfügen sie über die relativ stärksten Vetorechte und (auf die Sicherheit bezogene) Weisungsbefugnisse gegenüber der Linie.[50] Damit stimmig ist ein Ergebnis des Mantelbogens, wonach Unternehmen, die in der konsequenten Verfolgung des Umweltschutzes keinen Wettbewerbsvorteil sehen, sich überproportional - häufig sogar ausschließlich - auf die Betriebsbeauftragten als einzige interne Informationsquelle stützen.[51]

- 1990/1991 führten *Dyckhoff* und *Jacobs* eine standardisierte schriftliche Befragung bei bundesdeutschen (BRD alt) metallerzeugenden und -verarbeitenden Unternehmen mit einem Mindestumsatz von 100 Millionen DM durch.[52] Alle erhobenen Aufgaben zusammengenommen stellten sie fest, "daß der Intensitätsgrad des Umweltmanagements mit dem Grad der Institutionalisierung spezieller Umweltschutzeinheiten tendenziell steigt" (729/237). Allerdings dominiert in der strategischen Ausrichtung die "Verwertung und Vernichtung (treffender: Verteilung) gegenüber der Vermeidung" (720/224). Die weitere Auswertung ergibt dann auch, daß insbesondere von zentral konzentrierten Einheiten reparative und repräsentative Aufgaben wahrgenommen werden. Von sonstigen Einheiten werden dagegen am ehesten, neben dem Versicherungsschutz, die präventionsorientierten Aufgaben, besonderes die Produktentwicklung, durchgeführt. (730/239, 278) Den geringen Stellenwert von Prävention führen die Autoren auf das - im Gegensatz zu speziellen Einheiten - "Fehlen der passenden Strukturen" (731/241) zurück. "Die speziellen Umweltschutzeinheiten sind für solche komplexen und mit gravierenden Auswirkungen für die betrieblichen Abläufe verknüpften Innovationsaufgaben anscheinend weniger geeignet."[53] Das günstigere Bild bei "Investitionen in Maschinen und Anlagen" wird mit der Schwerpunktsetzung auf End-of-the-pipe-Technik begründet. (731/241)

- Die Forschungsgruppe um *Nitschke* und *Fichter* führte 1993/94 eine umfassende Untersuchung über Stand und Perspektiven der Umweltbildung durch. Bestandteil waren u.a. 101 nicht standardisierte Interviews in 28 Institutionen, darunter zwölf Unternehmen (18 Bil-

---

47 Vgl. Ostmeier 1990, S. 220-224.
48 Vgl. Frage 9 im Fragebogen Organisation, abgedruckt bei FUUF 1991, Anhang II.
49 Vgl. Antes 1991c, S. 302; auch Antes/Steger/Tiebler 1992, S. 388, Rdnr. 37.
50 Vgl. Antes 1991c, S. 300.
51 Vgl. Antes/Tiebler/Steger 1991, S. 254-256, 259.
52 Vgl. Dyckhoff/Jacobs 1994; Jacobs 1994, S. 319-243; weitere Seitenangaben im Text: (../..).
53 Dyckhoff/Jacobs 1994, S. 731. Jacobs (1994, S. 241) formuliert sogar strenger und ersetzt "anscheinend weniger" durch "kaum".

dungsfälle) aller Größenordnungen.[54] Sechs der Unternehmen haben Umweltschutzstellen eingerichtet (Beauftragte). Die Autoren stellen fest; daß "der Austausch und Kontakte zwischen Umweltschutzpersonal und Bildungspersonal zu Umwelt- und Umweltbildungsfragen eine äußerst bescheidene Rolle" (S. 232) spielten. In der Ausbildung gab es nur bei zwei Unternehmen einen nennenswerten Austausch, in der Weiterbildung sah es etwas besser aus. Insgesamt ergeb sich "das ernüchternde Bild von der (mangelnden) abteilungsübergreifenden Kommunikation" (S. 233, auch 108, 111).

- Ein quantitativ günstigeres Bild zeichnet die standardisierte, bei 138, allerdings mehrheitlich besonders umweltorientierten, Unternehmen durchgeführte Befragung von *Weiß*.[55] Immerhin 41% kooperieren, bei weiteren 36% ist allein der Umweltbereich zuständig. (S. 17) Jedoch agiert "bei der Entwicklung und Verfolgung von Gesamtkonzepten (Umweltschutz in Aus- und Weiterbildung, Anm. R.A.) der Personalbereich konsequenter als der Umweltbereich" (S.22).

- Der Abschluß dieser Auswertungen zum betrieblichen Umweltschutz soll die Intensivfallstudie von *Föste* 1990/91 in zwei mittelständischen, den Ausführungen zufolge überdurchschnittlich umweltschutzorientierten Unternehmen bilden, da sie in sich die Diskrepanz anschaulich macht über nicht eingelöste, trotzdem immer wieder den funktional-additiven Strukturen zugedachte Präventionswirkungen. Die Ausgangsthese - "der Umweltschutzbeauftragte ist in umweltorientierten, mittleren Industrieunternehmen der Wegbereiter und Katalysator für einen präventiven und personengetragenen Umweltschutz"[56] - ist im wesentlichen auch das Resümee der Analyse. Generalisierend erfolgt daraus eine Neubestimmung der Funktionen des Umweltschutzbeauftragten: Die Kontroll- sei zu einer Controller-, die Informations- zu einer Qualifikations-, die Repräsentations- zu einer Relaisfunktion auszubauen, die Innovationsfunktion bleibe die zentrale Funktion, und neu ergebe sich die Kooperation mit den Betriebsakteuren, vor allem dem Betriebsrat. (216-221) Im Vergleich zur durch die anderen Studien gezeichneten Praxis sind die beiden Beauftragten zweifellos überdurchschnittlich aktiv. Gerade deshalb ist die Feststellung bemerkenswert: "Beide Umweltschutzbeauftragte engagieren sich besonders im Bereich der Abfallentsorgung" (S. 138, auch 148); später spricht *Föste* sogar von der "Spezialisierung ... auf die Abfallentsorgung" (S. 139). Zuvor schon verletzt er die eigene Definition von Prävention, wenn er u.a. die mit Hilfe des Beauftragten installierte Abwasserbehandlungslage als "erste Elemente eines vorsorgenden Umweltschutzes" (S. 136) bezeichnet. Wenig präventionsfördernd sind auch die Mitarbeiterbeziehungen, obwohl Prävention ja personengetragen sein soll (u.a. S. 104-106): "Der Informationsfluß ... gestaltet sich hauptsächlich als Einweg-Kommunikation vom Umweltschutzbeauftragten an die Belegschaft. Bisher konnte in den Firmen kein Klima entstehen, in dem Beschäftigte offen über Umweltschutzprobleme diskutieren" (S. 181). Beide Beauftragte werden zwar "täglich von Vorgesetzten und Beschäftigten" - jedoch: "besonders zur Abfallentsorgung um Rat und Information gefragt" (S. 177). Das Vorschlagswesen wird kaum genutzt. (S. 179) In Unternehmen A sind immerhin "erste Ansätze einer Diskussion des Umweltschutzes durch die Beschäftigten initiiert" (S. 161). Dagegen gelten sowohl dem Geschäftsführer (S. 154) als auch dem Beauftragen (S. 178) von Unternehmen B die Mitarbeiter nicht etwa als Innovationspotential, sondern als Fehlerquelle. Die Philosophie findet ihren Niederschlag in einem im wesentlichen nachsorgend ausgelegten "house-keeping"-Konzept,

---

54 Vgl. Nitschke u.a. 1995, S. 46 i.V.m. 225; weitere Seitenangaben im Text. Kürzer Fichter/Nitschke 1995.
55 Vgl. Weiß 1995.
56 Föste 1994, S. 39. Als Prävention wird zunächst, sehr interpretationsfähig, die "Vermeidung von Umweltbelastungen" (S. 39) bezeichnet, später, mit Bezugnahme auf das Konzept von Kreikebaum, der prozeß- und produktintegrierte Umweltschutz (S. 205-209); weitere Seitenangaben im Text.

ein an die Mitarbeiter gerichtetes Erziehungsprogramm für Umweltschutz durch "Sauberkeit". (S. 172f.) Der Betriebsrat sieht ein nur sehr geringes auf die Arbeit bezogenes Umweltbewußtsein entwickelt. (S. 174) Der Beauftragte von Unternehmen A hat zum Zeitpunkt der Befragung diese Stelle sieben Jahre inne; seit der gleichen Zeit ist er Sicherheitsingenieur. (S. 140) Der Beauftragte von Unternehmen B war zunächst Werkschutzleiter, er ist seit 1978, also 13 Jahre, Abfallbeauftragter und dem Arbeitsschutz unterstellt. (S. 141)

- Ähnlich zu diesen Studien lauten die Befunde zum Qualitätsmanagement und zum Arbeitsumweltschutz. Die wesentlichen Aussagen wurden im Vorgriff bereits ausgeführt [2.2.5: 48-58], deshalb sei an dieser Stelle nur aus zwei Studien berichtet.

Specht/Schmelzer befragten 37, vorwiegend große Unternehmen zum Qualitätsmanagement in der Produktentwicklung. Eine rein nachgeschaltete Qualitätskontrolle erzielte bei allen untersuchten Qualitätswirkungen - und überwiegend signifikant - die schlechtesten Ergebnisse, eine integrierte Qualitätsverantwortung dagegen durchgehend das beste.[57]

Besonders interessant aufgrund starker Parallelen bei der staatlichen Fremd- und der daran anknüpfenden Selbstorganisation ist der Arbeitsumweltschutz. Zu seiner Handhabung beim Einsatz neuer Technologien führten *Pröll*, *Thon-Jacobi* und *Vollmer* Intensivfallstudien in verschiedenen Branchen durch, ergänzt um eine standardisierte schriftliche Befragung in Großunternehmen des verarbeitenden Gewerbes (n=169)[58] Zu den "professionellen Repräsentanten" (S. 149) durch das Arbeitssicherheitsgesetz auferlegten primärpräventiven Aufgaben - u.a. Beratung in Fragen der Ergonomie und der menschengerechten Arbeitsgestaltung - faßt *Pröll* zusammen: "Unsere Befunde belegen, daß selbst 15 Jahre nach Inkrafttreten des ASiG der Alltag der betrieblichen Arbeitsschutzexperten von diesen weiterreichenden Programmzielen im umfassenden Prävention ziemlich unberührt geblieben ist." (S. 149) Im technischen Arbeitsschutz seien die klassischen Routinen und Instrumente der Unfallverhütung, in den letzten Jahren auch des Gefahrstoffwesens von "herausragender Bedeutung" (S. 149). "Im krassen Gegensatz dazu stellen sich Praktiken der gestalterischen Einflußnahme auf die ergonomische Qualität von Arbeitsplatz, Arbeitsorganisation und Arbeitsablauf (im Orig. fett, Anm. R.A.) als unterentwickelte, nicht einmal in Ansätzen routinisierte Handlungsfelder des technischen (und medizinischen) Arbeitsschutzes dar. Sie sind im Gesamtkontext der Alltagsarbeit der betrieblichen Arbeitsschutzexperten weitgehend irrelevant." (S. 150) *Pröll* konstatiert einen auf Unfall- und Berufskrankheitenverhütung reduzierten technischen Arbeitsschutz (S. 150). Daran ändert auch eine Vielzahl von Schnittstellen zur Fabrikplanung nichts, denn "Planungsbeteiligung bedeutet "für den technischen Arbeitsschutz in aller Regel Beteiligung an der ausführenden, detaillierenden (im Orig. fett, Anm. R.A.) Planung. Fälle einer systematischen Einbindung des betrieblichen Arbeitsschutzes in die Phase der Vorplanung, in der z.T. sehr arbeitsschutzbedeutsame Grundsatzentscheidungen (über die Technologiewahl z.B.) fallen, sind uns nicht bekannt geworden." (S. 150) Analoge Befunde, "zumeist nocht deutlicher" (S. 151), berichtet *Pröll* vom medizinischen Arbeitsschutz. (S. 151f.)

Das Gesamtbild ist eindeutig: Konsequent zur Gesetzeskonstruktion dominiert in der Arbeit der Betriebsbeauftragten die anlagenbezogene Kontrolle und die sie unterstützenden Aufgaben der Information. Dagegen kommen alle empirischen Studien, ob sie sich hauptsächlich oder u.a. mit der Effektivität von Betriebsbeauftragten auseinandersetzen, zu der Aussage, daß die große Mehrheit die ihnen zugedachte Präventions-

---

57 Vgl. Specht/Schmelzer 1992, S. 543f.
58 Vgl. Pröll 1991, S. 25-30, 198-200; Seitenangaben im weiteren im Text.

wirkung nicht oder nur in äußerst bescheidenem Umfang entfaltet. Dabei ist noch zu berücksichtigen, daß häufig nur die Quantität - ob überhaupt oder, bereits differenziert, die Intensität - und kaum die Qualität - Umfang und Tiefe - der Aufgabenwahrnehmung erhoben wurde. Wo dies dennoch geschieht, verstärkt sich die Vermutung, daß die Diskrepanz zwischen Anspruch und Wirklichkeit eher noch größer als geringer ist - noch dazu vor dem Hintergrund, daß die Einbeziehung von im Umweltschutz überdurchschnittlich aktiven Unternehmen in die Erhebung eine systematische, positive Verzerrung bedeuten kann. Untersuchungen zum Qualitätsmanagement und zum Arbeitsschutz untermauern diesen Befund. Und auch internationale Vergleiche industrieller Arbeitsorganisation sind dazu stimmig: *Naschold* kommt zu dem Schluß, daß die erheblichen Produktivitätsvorteile japanischer "Best-Practice-Unternehmen" aus einer "primärpräventiven Arbeitsorganisation" resultieren, die auf die "Beherrschung der Inputfaktoren und des Prozesses selber angelegt sind", während westliche Arbeitsorganisation, besonders bundesdeutsche, noch überwiegend ergebnisorientiert, d.h. nachläufig und auf funktionsbezogene statt funktionsübergreifende Optimierung ausgerichtet ist.[59]

Damit handelte es sich nicht mehr um eine auf den Umweltschutz beschränkte, sondern grundlegende Erscheinung: Die Präventionseffekte einer bloßen Konzentration von Anforderungen zu eigenständigen Aufgaben sind offenbar gering. Andererseits verweist die Existenz der Minderheit darauf, daß ihr Wirken unter bestimmten Bedingungen präventiv ausgerichtet sein kann. Deshalb stellt sich die Frage, ob "lediglich" die Bedingungen momentan noch ungünstig sind - und dementsprechend zu verbessern wären bei grundsätzlicher Beibehaltung dieses Gestaltungsansatzes -[60] oder ob ein innerer Zusammenhang zwischen funktional-additiver Gestaltung und Reparatur besteht. Dazu sind die eingangs genannten Argumente für eine Konzentration auf ihre Relevanz für präventive Aufgaben zu prüfen.

Reaktionsschnelligkeit: Mitunter ist es notwendig, Ressourcen nicht nur in ausreichender Quantität und Qualität, sondern auch möglichst schnell einsetzen zu können. Konzentration ist hier tendenziell überlegen. Zwar ist die Wahrscheinlichkeit bei Diffusion größer, "irgendwelche" Ressourcen näher am Ort des Ereignisses vorzufinden, diese müssen aber auch in ausreichender Kapazität vorhanden sein. Aus Gründen der

---

59 Vgl. Naschold 1992, hier. S. 222.
60 Umfassende Maßnahmendiskussion mit Schwerpunkt auf den psychographischen Eigenschaften bei Theißen 1990, S. 215-225; Föste (1994, S. 219) stellt die Qualifikation in den Vordergrund.

Wirtschaftlichkeit wird eine Organisation aber nicht in jeder Einheit ausreichende Kapazitäten für alle Fälle vorhalten können. Demnach sind Ereignisse möglich, bei denen trotz Diffusion Ressourcen von anderen Stellen beansprucht werden müssen. Die dabei auftretenden Abstimmungsprobleme können zu einer kurzfristigeren Reaktionsfähigkeit gebündelter Ressourcen führen. Allerdings ist die Reaktionsschnelligkeit gerade keine typische Anforderung bei Entscheidungen über Verzichte und Strukturveränderungen, sondern eher beim Umgang mit Symptomen und entfällt somit als Argument für eine Konzentration im präventiven Umweltschutz.

Interdependenzen: Grundsätzlich treten bei jeder Organisationseinheit Interdependenzen mit anderen Einheiten auf - als Leistungsverflechtungen oder als Überschneidung von Entscheidungsfeldern. [208-210] Damit entsteht die Aufgabe, diese Einheiten zu koordinieren. Unter der Maßgabe, die Koordinationskosten gering zu halten, und der weiteren Annahme, daß die Koordination innerhalb einer Einheit einfacher als die zwischen Einheiten ist, ist es eine Überlegung, gleichartige Aufgaben in eigenen Einheiten zu konzentrieren. Geschieht dies durchgängig für alle Hierarchien, entsteht eine separate Funktion. Für den Umweltschutz wurde diese Tendenz oben empirisch belegt [Abb. 37: 236]; sie ist auch bei anderen Aufgaben, wie Qualitätssicherung und Arbeitsschutz, gegeben. Eine verbreitete Auffassung lautet demnach: "Die Berücksichtigung von Interdependenzen fördert die Tendenz zur Konzentration umweltschutzbezogener Aufgaben in einem Teilbereich."[61] Zur Logik dieses Vorgehens gehört die "Vermeidung bzw. Verringerung organisatorischer Schnittstellen zu anderen Teilbereichen"[62]. Bezieht man jedoch die Absichten über die Art des angestrebten Umweltschutzes mit ein, muß differenziert werden: Konzentration zur Minimierung von Interdependenzen fördert die Bearbeitung einer Aufgabe, hier die des Umweltschutzes, die erst auf Wirkungen gerichtet ist. Sie verstößt elementar gegen gestaltungsrelevante Merkmale von Prävention: gegen die Ganzheitlichkeit von Problemsicht und -behandlung, gegen die ökologische Betroffenheit sämtlicher organisatorischer Einheiten und Funktionen und gegen die Reduktion der Wirkungsursachen. [2.4] Funktional-additive Strukturen entstehen durch Arbeitsteilung. Das heißt, Zuständigkeit, Verantwortung und Kompetenz für die Umweltverträglichkeit der Aufgabenerfüllung werden von der verursachenden Aktivität wegverlagert: Der Stellen-/Positionsinhaber ist von den Um-

---

61 Frese 1992b, Sp. 2442f.; ähnlich Thomas 1988, S. 2162f.; 1992, S. 5; differenziert Matzel 1994, S. 104. Auch Frese differenziert später für die Aufgabe der Überwachung - was er als Diffusion bezeichnet ist allerdings eine dezentrale Konzentration. (1992b, Sp. 2444f., v.a. Abb. 1)

weltwirkungen seiner Entscheidungen und Handlungen entbunden. Indem Reparatur, Kompensation und auch Duldung die Ursache unbeschadet fortbestehen lassen, erlauben es diese Strategien auch, sich weitestgehend auf die Einrichtung spezialisierter Umweltschutzstellen zu beschränken. Maßnahmen zur Mobilisierung oder Entwicklung eines umweltorientierten Verhaltenspotentials erscheinen unter dieser Maßgabe weder sinnvoll, noch haben Stellen-/Positionsinhaber einen Grund zur Annahme, (potentieller) Verursacher von Umweltbelastungen zu sein. Vielmehr wird die Einstellung befördert, daß Umweltschutz zunächst und vor allem Aufgabe der anderen ist - und wer liegt da näher als die eigenen Umweltschutzexperten?

"Freilich liegt in der Fixierung des betrieblichen Umweltschutzes auf die Betriebsbeauftragten das hohe Risiko, einen elementaren Bestandteil zukunftsorientierter Unternehmenspolitik auf eine Ressortfunktion abzuschieben und damit dann schon hinreichend geregelt zu sehen."[63]

"Die Vorstellung: einer macht alles, ist der Anfang vom Ende. Denn dann machen alle anderen nichts mehr."[64]

Mit spezialisierten Stellen entsteht jedoch eine zeitliche und räumliche Distanz zur Ursache, und es entstehen (Transaktions-)Kosten, diese Distanz wieder zu überbrücken und die Ursachen zu verändern. Da jede Überbrückung der Minimierung von Schnittstellen und Transaktionskosten gerade entgegenläuft, werden sie die Ausnahme bleiben. Damit ist aber auch Ganzheitlichkeit nicht mehr gewährleistet, somit bspw. ein Produktlinien- oder Stoffstrommanagement nicht umsetzbar. Denn dieses ist in besonderem Maß auf horizontale, d.h. funktionenübergreifende Koordination angewiesen.

Die Affinität zwischen additiven Strukturen und additiver Aufgabenerfüllung schlägt sich in den Unternehmen in zwei Entwicklungen nieder, auf die ich isoliert bereits eingegangen bin: Zum einen ist dies die Dominanz entsprechender Strukturen, mitausgelöst durch die institutionellen Vorgaben im Umweltrecht, [4.1] zum andern ist es das Ergebnis ihrer Arbeit: seit Beginn der statistischen Erfassung (1979 für das Jahr 1975) dominieren die Investitionen in additive Technik klar die in integrierte Technik. Der bislang geringste Anteil der additiven Technik an den gesamten Umweltschutzinvestitionen war 1978 mit immer noch 70,0% erreicht (Maximum 1987: 86,2%), der maximale Anteilswert für integrierte Investitionen 1980 mit noch keinem

---

62 Frese 1992b, Sp. 2443.
63 Pfriem 1989, S. 44.
64 Biedenkopf, Kurt in einem Interview des Zweiten Deutschen Fernsehens am 18.10.1995, 18.40 Uhr. Er sagte dies allerdings in einem anderen Zusammenhang, nämlich über die Aufgabenverteilung in einer politischen Organisation.

Viertel (23,8%; Minimum 1987: 12,7%)! [Abb. 1: 2] Die Grenzen des prozeßunabhängigen Organisationsansatzes zeigen sich deutlich auch auf anderen Feldern: In Qualitätssicherung wie im betrieblichen Gesundheitsschutz werden mit Total Quality Management und Gesundheitsförderung genau deshalb Konzepte zunehmend erprobt, die den Mitarbeitern wieder umfassendere Verantwortung und Kompetenzen für die Wirkungen eigenen Arbeitsverhaltens übertragen. Für präventiven Umweltschutz folgt aus alledem, eine der umfassenden ökologischen Betroffenheit gemäßere Organisationsentwicklung einzuleiten.

Die Vermeidung umweltschutzbedingter Interdependenzen durch Konzentration vermeidet vor allem Prävention. Daß dies zumindest dauerhaft Kosteneffizienz gewährleistet, kann nach den Ausführungen in Abschnitt 2.1 [17-21] grundsätzlich nicht angenommen werden - es ist eher wenig wahrscheinlich. Aufgrund einer verrichtungsorientierten Analyse kommt *Matzel* darüber hinaus zu dem Ergebnis, daß Konzentration bei Aufgaben der Innovation, der prozeßabhängigen Kontrolle, der Informationsbeschaffung und teilweise der Personalentwicklung die Interdependenzen erhöht.[65]

Optimale Ressourcennutzung: "Konzentrationstendenzen lassen sich auch aus dem Ziel einer möglichst umfassenden Nutzung vorhandener Ressourcen - beim Umweltschutz ist vor allem an personengebundenes Know-how zu denken - ableiten."[66] Das ist das einzige, wenngleich gewichtige Argument, das für Prävention mittels Konzentration spricht - allerdings mit einer wesentlichen Einschränkung. Dazu ist die für die umweltverträgliche Erfüllung einer Aufgabe benötigte Qualifikation in eine aufgabenspezifische und eine umweltschutzspezifische zu unterscheiden. Die aufgabenspezifische Qualifikation liegt grundsätzlich beim Stellen-/Positionsinhaber in den jeweiligen Bereichen. Wollte man Prävention weitgehend funktional-additiv bearbeiten, hieße das aufgrund der umfassenden ökologischen Betroffenheit, daß diese Stellen für alle Verrichtungen mit bedeutsamen Umweltwirkungen so qualifiziert werden müßten, daß die Aufgaben ausgelagert - etwa aus FuE, Materialwirtschaft, Produktion, Absatz, Controlling, Revision und Personalwesen - und von den Umweltschutzstellen erfüllt werden müßten. Das ist - um nur die beiden zugunsten einer Konzentration angeführten Argumente zu gebrauchen - weder betriebswirtschaftlich im Sinne einer optimalen Nutzung vorhandener Ressourcen noch im Sinne der Minimierung von Interdependen-

---

65 Vgl. Matzel 1994, S. 105-108; dem Begriff der Konzentration hier entspricht bei Matzel der der Zentralisation.
66 Frese 1992b, Sp. 2444.

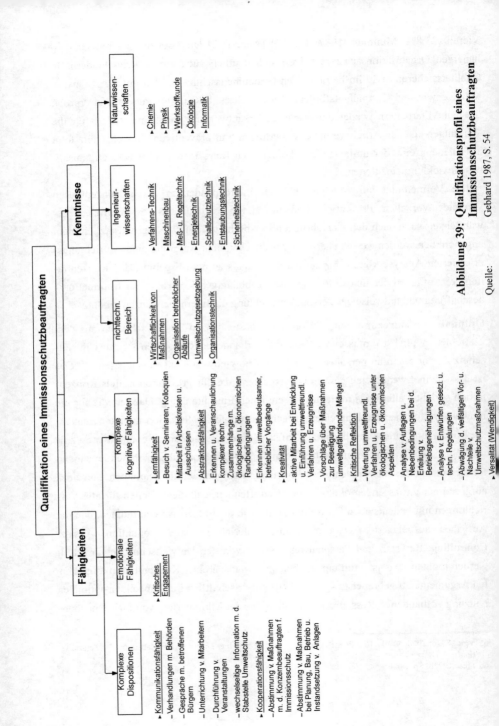

Abbildung 39: Qualifikationsprofil eines Immissionsschutzbeauftragten

Quelle: Gebhard 1987, S. 54

zen: Für alle umweltbedeutsamen Bereiche entstünde eine Parallelorganisation. Es überfordert auch die Umweltschutzstelle(n). Das von *Gebhard* entwickelte, speziell im "nichttechnischen Bereich" nicht einmal vollständige Anforderungsprofil eines Immissionsschutzbeauftragten macht dies sehr anschaulich. Es erinnert mehr an die Methapher von der "eierlegenden Wollmilchsau". [Abb. 39] Andererseits ist es nicht effizient, und wohl auch nicht möglich, alle Organisationsmitglieder zu Umweltschutzexperten auszubilden. Genau das wäre aber bei ausschließlicher Integration zwangsläufig, denn auf professionelle Umweltschutzqualifikationen kann bei Prävention nicht verzichtet werden. Eine der optimalen Ressourcennutzung entsprechende Organisation von präventivem Umweltschutz würde dann bedeuten, die aufgabenspezifische technisch-fachliche Qualifikation der Stelleninhaber zu nutzen und diese ihrer jeweiligen ökologischen Betroffenheit zu qualifizieren, dagegen Umweltschutzstellen dann einzurichten, wenn "so spezifische Anforderungen .. (auftreten, Anm.R.A.), daß eine Konzentration der Aufgaben und damit verbunden die Realisierung von Spezialisierungsvorteilen sinnvoll ist"[67] - etwa bezüglich des Umweltrechts oder der ökologischen Bewertung von Umweltwirkungen.[68] Dabei ist die Reflektionsfähigkeit und -bereitschaft von Spezialisten [136] durch Maßnahmen der Personalentwicklung sicherzustellen.

Präferenz für Symptombehandlung: Überhaupt nicht thematisiert ist im Zusammenhang funktional-additiver oder integrierter Organisation von Prävention eine Tendenz, die *Jänicke* für spezialisierte größere Systeme bei der Behandlung industriegesellschaftlicher Problemlagen offengelegt hat.[69] *Jänicke* untersucht, welcher Art die Strategien staatlicher- und marktlicherseits im Umweltschutz, im Gesundheitsschutz und bei der inneren Sicherheit sind. Danach entwickeln einmal etablierte spezialisierte Systeme eine Präferenz für technokratische Symptombekämpfung. (S. 8-13, 108f.) Sie verdanken ihre Existenz der <u>fortdauernden</u> Existenz unerwünschter Wirkungen. Ihre Legitimation ziehen sie aus der Umwandlung und Behandlung von Wirkungen. Mit jeder Vermeidung wird dagegen die eigene Arbeitsgrundlage entzogen. Daraus entsteht ein latentes Interesse am Problembestand, denn es "widerspricht aller historischen Erfahrung, daß solche Organisationen ihre eigenen Existenzbedingungen durch Zieler-

---

67 Frese 1992b, Sp. 2444.
68 Vgl. hierzu auch die verrichtungsorientierte Diskussion bei Matzel 1994, S. 105-108.
69 Vgl. Jänicke 1979; alle weiteren Seitenangaben im Text.

füllung (ursächliche Problemlösung) untergraben, statt sie zu erweitern." (S. 110)[70] Das bringt solche Organisationsformen dazu, die ihnen überlassenen Probleme dort aufzugreifen, "wo sie regelmäßig anfallen, wo sie jedermann offensichtlich sind und 'öffentlich Nachfrage' über publizistische Alarmmeldungen optimal erzielt, entsprechende Budget-Erweiterungen optimal legitimiert werden können. Dies kann nicht die Ebene vorsorglicher, einmaliger Eingriffe am Anfang der problematischen Kausalkette sein, sondern deren Endpunkt - die Symptom-Front (im Orig. kursiv, R.A.).'' (S. 110)

Erklären die zuvor diskutierten Argumente strukturelle (Interdependenzen) und qualifikatorische (Ressourcen) Tendenzen zu Reparatur und Kompensation, verweist die Analyse von *Jänicke* ganz allgemein auf das tendenzielle Eigeninteresse funktional-additiver Systeme oder Subsysteme an einer Symptombehandlung und eine entsprechend geringe Motivation an einer Ursachenreduktion. Speziell im betrieblichen Umweltschutz und im Arbeitsumweltschutz liegt auch die von *Jänicke* als Bedingung herausgestellte industriell-bürokratische Interessenkoalition vor: zwischen der unternehmensintern institutionalisierten Selbstkontrolle und ihrem externen Gegenpart in Form der staatlichen Genehmigungs- und Überwachungsbürokratie. Beider Arbeitsgrundlagen sind "kalkulierbar-regelmäßige Problembestände" (S. 8; im Orig. kursiv, R.A.).

Die Argumente, mit denen für den betrieblichen Umweltschutz eine funktional-additive Organisation begründet wird, sind somit bezüglich einer präventiven Ausrichtung empirisch und theoretisch überwiegend zurückzuweisen. Unzutreffende, mehr implizit unterstellte als explizit formulierte Annahmen dieser Position sind:

- Umweltwirkungen verursachende Strukturen und Abläufe können für Prävention unverändert beibehalten werden. Auch präventiver Umweltschutz ist weitgehend ein technisches Problem, bei dem Fragen einer Organisationsentwicklung nur randständig als funktional-additive Ergänzung bearbeitet werden brauchen.

- Alle Aufgaben im Umweltschutz stellen die gleichen formalen Anforderungen an den Aufgabenträger. Deshalb ist eine Organisationsform für alle Aufgaben gleich geeignet.

- Die Argumentation verkennt zudem das sich entwickelnde Eigeninteresse funktional-additiver Strukturen an einem arbeitsgenerierenden und -legitimierenden Problembestand.

---

70 Ähnlich Ortmann u.a. (1990, S. 536) zum organisatorischen Konservativismus bei der Einführung neuer EDV-Systeme.

Als Ergebnis findet betrieblicher Umweltschutz bis heute weitgehend als anlagenbezogener Reparaturbetrieb statt, der sich auf die Behandlung von Emissionen beschränkt und diese technisch zu optimieren sucht. Prävention bedarf einer anderen Ausrichtung. Funktional-additive Organisationseinheiten werden dadurch nicht überflüssig.[71] Zum einen sind Reparatur und/oder Kompensation fester Bestandteil betrieblichen Umweltschutzes. [Abb. 10: 61] Aus Gründen der Reaktionsschnelligkeit, der Minimierung von Interdependenzen und der optimalen Ressourcennutzung sind Aufgaben der innerbetrieblichen Kontrolle,[72] der Berichterstattung und Information teilweise sowie der Repräsentation gegenüber Behörden völlig prozeßunabhängig zu organisieren.[73] Für einen präventiven Umweltschutz ergibt sich - mit einer Ausnahme - aus den gestaltungsrelevanten Merkmalen dagegen die Notwendigkeit der Integration: Kriterien der Umweltverträglichkeit sind von den Organisationsmitgliedern bei der Erfüllung ihrer Aufgaben zu berücksichtigen. In Verbindung mit dem Gebot umfassender, also medien-, raum- und zeitübergreifender Minimierung braucht es hierfür allerdings ein Expertenwissen, das bei einem herkömmlichen Stelleninhaber nur in Ausnahmefällen vorliegt, vorliegen kann. Deshalb auch wird in der Literatur - wenn ein über Reparatur hinauszielender Umweltschutz beschrieben wird - die Rolle der Betriebsbeauftragten als Fach- und/oder Prozeßpromotor in der informatorischen Unterstützung der jeweiligen Stellen gesehen: "hinsichtlich des Aufzeigens der ökologischen Schwachstellen und der ökologischen Beurteilung möglicher Alternativen"[74].[75] Gehen wir zum Grundmodell der Entscheidungstheorie zurück, können Organisationsmitglieder bei der Wahl der Primärdeterminanten ihrer Entscheidung [94] auf ökologisches Expertenwissen in zweierlei Form angewiesen sein:

- bei der Suche und Definition von Indikatoren zur Erfassung der ökologischen Dimension möglicher Umweltzustände[76] (Informationsstruktur), von umweltschutz-

71 Deshalb wird die funktional-additive Organisation bei mir nicht, auch nicht tendenziell, negativ bewertet, wie Matzel (1994, S. 48, Fn. 28) mit Verweis auf frühere Quellen (Antes 1991a, S. 150; 1992a, S. 500-504) behauptet. Allerdings sind ihr hinsichtlich Prävention die ausgeführten Grenzen gesetzt.
72 Bei der Kontrolle kann sich auch die Frage der Integration, also einer prozeßabhängigen Kontrolle - etwa analog zum TQM - ergeben oder die einer prozeßunabhängigen Zuweisung zur Revision; dazu Steger/Antes 1991, S. 33-38.
73 Vgl. auch Matzel 1994, S. 105-108; Jacobs 1994, S. 131.
74 Hallay/Pfriem 1992, S. 185.
75 Vgl. Kreikebaum 1990c, S. 118f.; Schmidt, R. 1991, S. 200-202; Hallay/Pfriem 1992, S. 186-189; Stahlmann 1988, S. 54-56; 1994, S. 227-230; Jacobs 1994, S. 193f. 197-200.
76 Unter Umwelt wird hier die entscheidungsrelevante Umwelt im allgemeinen verstanden; vgl. Laux/Liermann 1993, S. 44.

bezogenen Handlungsalternativen sowie einer umweltschutzbezogenen Zielfunktion (Zielgrößen, Präferenzfunktion, Optimierungskriterien);

- für umweltschutzbezogene Bewertungen bei der Bildung von Wahrscheinlichkeitsurteilen über die Umweltzustände sowie bei der Zuordnung von Ergebnissen zu den Handlungsalternativen.

Bei Prävention ist somit die Konzentration zum Aufbau notwendigen Spezial-/ Expertenwissens vorteilhaft. Die damit einhergehende und skizzierte Funktion eines Serviceleisters - in das Promotorenmodell[77] übersetzt: eines umweltschutzspezifischen Fach-, u.U. auch Prozeßpromotors[78] - hätte für funktional-additive Umweltschutzstellen, etwa die Betriebsbeauftragten, eine neue Qualität. Sie geht deutlich über die oben berichtete gegenwärtige Praxis hinaus.

(3.) Prävention als Bereichsaufgabe (Integration, Diffusion): Integration überträgt dem einzelnen Organisationsmitglied Zuständigkeit, Verantwortung und Kompetenz für die umweltverträgliche Erfüllung seiner Aufgaben. Es entsteht ein situatives Dürfen und Sollen umweltverträglichen Verhaltens. [Abb. 34: 224f.] Über Leistungsverflechtungen und Unterstellungsverhältnisse durchdringt die Anforderung nach umweltverträglicher Aufgabenerfüllung die gesamte Horizontale und Vertikale der Organisation. Integration macht den Kern eines präventiven betrieblichen Umweltschutzes aus. Die wesentlichen Argumente wurden im Verlauf dieser Arbeit bereits genannt und diskutiert: Alle Tätigkeiten der Organisationsmitglieder - Organisations-, Objekt- und Kommunikationsaufgaben - lösen Umweltwirkungen aus. Wenn Wirkungsursachen reduziert werden sollen, sind folglich zunächst alle Organisationsmitglieder Adressaten der Anforderung nach umweltverträglicher Aufgabenerfüllung. "Zunächst" bezieht sich auf die grundsätzliche Feststellung. Da die einzelnen Organisationsmitglieder hierarchisch unterschiedlich eingeordnet sind und/oder an verschiedenen Punkten von Interdependenzen - anders formuliert: in unterschiedlicher Zusammensetzung Objekt-, Organisations- und Kommunikationsentscheidungen treffen sowie operative Tätigkeiten durchführen - ergeben sich je nach Stelle sehr unterschiedliche ökologische Tragweiten. Diese genau zu bestimmen mit der Absicht, eine Rangfolge für eine Strategie und Maßnahmen der präventionsorientierten Organisationsentwicklung zu gewinnen

---

77 Vgl. Witte 1973; Hauschildt/Chakrabarti 1988.
78 Der Prozeßpromotor definiert sich u.a. durch seine einzelne Stellen übergreifende Kenntnis der Organisation. Das kann gegeben sein bei Rekrutierung von Umweltschutzexperten aus der eigenen Organisation - bei der Bestellung der gesetzlichen Beauftragten ist das der Regelfall - oder bei einer objektbezogenen Innen-

oder zumindest zentrale Stellen zu identifizieren, bedürfte es des Instrumentes einer "ökologischen Aufgabenanalyse" oder einer "ökologischen Arbeitsbewertung". Ein solches Instrument ist bislang nicht entwickelt.[79] Die Entwicklung kann hier auch nicht geleistet werden. Immerhin geben einige bekannte Instrumente Anhaltspunkte:

- Herkömmliche Verfahren der Arbeitsbewertung, etwa das Genfer- und das REFA-Schema, beziehen bei den Arbeitsbedingungen Kriterien der Umweltsicherheit ein. Dabei werden aber Umgebungseinflüsse auf die Arbeit und nicht die Wirkungen erhoben, also lediglich eine, dazu eingeschränkte, passive Betroffenheit ermittelt. Mit der Anforderungsart "Verantwortung" wird aktive Betroffenheit erfaßt, explizit allerdings nur mit rudimentärem Umweltschutzbezug ("für die Sicherheit anderer").[80] Eine Ausnahme bildet die arbeitsorientierte Arbeitssystembewertung nach *Rupp*, die ausdrücklich Umweltwirkungen (Luft, Wasser, Abfall, Rohstoff-/Energieverbrauch) berücksichtigt.[81]

- Nach § 16 (3a) GefStoffV i.V.m. TRGS 222 haben Unternehmen ein Verzeichnis von Gefahrstoffen zu erstellen und fortzuschreiben, das neben Bezeichnungen, Einstufung und Mengen die Arbeitsbereiche enthalten muß. Ergänzend schreibt § 18 i.V.m. TRGS 402 und 403 Überwachungspflichten in Form von Arbeitsbereichsanalysen vor. Beides könnte zu einem stellenbezogenen Gefahrstoffkataster weiterentwickelt werden, wäre aber immer noch auf die passive ökologische Betroffenheit beschränkt.

- Der von den erfaßten Umweltwirkungen umfassendste Ansatz stellt die vom *Institut für ökologische Wirtschaftsforschung* entwickelte Methodik der Ökobilanzierung dar.[82] Auf der Basis einer systematischen Erfassung des Inputs und Outputs von Stoff- und Energieflüssen ist dort u.a. die Erstellung von Prozeßbilanzen vorgesehen bzw. möglich. Prozesse werden dabei definiert als "Abfolge von funktionalen, räumlich und zeitlich zusammenhängenden Arbeitsschritten"[83]. Prinzipiell können damit die Leistungsverflechtungen von Stellen und damit der durch Objektentscheidungen und operative Tätigkeiten bestimmte Teil ihrer ökologischen Betroffenheit transparent gemacht werden: die passive Betroffenheit durch Erfassung der Input-, die aktive ökologische Betroffenheit über die Erfassung der Outputströme. Eine ganzheitlich umweltorientierte Aufgabenbewertung müßte ähnliches für Organisations- und Kommunikationsentscheidungen leisten. Dabei ist gerade das Sichtbarmachen von mittelbarer ökologischer Betroffenheit bedeutend, denn es kann ganz andere Stellen als Ursache identifizieren und so als Ansatzpunkt notwendig erscheinen lassen als die bloße Betrachtung unmittelbarer Betroffenheit. Die Analyse könnte sich auch auf einzelne Stellen beschränken und deren Ausstrahlungseffekte in die Gesamtorganisation ermitteln (aktive Betroffenheit) oder die Ursachen bestimmter unerwünschter Wirkungen durch die Gesamtorganisation zurückverfolgen (passive Betroffenheit). Die Bewertung selbst könnte über die bei der Ökobilanzierung erprobten Verfahren erfolgen.[84]

---

strukturierung funktional-additiver Organisationseinheiten, z.B. Abfall- oder Energiemanagement; zu letzterem vgl. Schreiner 1993, S. 78-80; Matzel 1994, S. 137f.

[79] Zur Bestimmung des Qualifikationsbedarfs schlägt Nitschke (1991, S. 52-54) eine, allerdings noch recht grobe, Bewertungsmatrix vor.

[80] Vgl. REFA 1987, S. 43-46 i.V.m. 54-58; auch Hopfenbeck 1989, S. 300f.; Hacker 1986, S. 510-519; Scholz 1989, S. 98f.

[81] Vgl. Rupp 1984, S. 163-183, S. 208f.; Würdigung und Kritik bei Freimann 1989, S. 140f.

[82] Vgl. Hallay/Pfriem 1992; Stahlmann 1994, S. 147-156, 172-261.

[83] Hallay/Pfriem 1992, S. 80.

[84] Vgl. den Überblick bei Rubik 1994, S. 237-240.

Jedenfalls sind direkt und indirekt verursachte, möglicherweise durch Anspruchs-gruppen verstärkte ökologische Betroffenheiten nicht gleichmäßig über die Stellen einer Organisation verteilt. Organisationsentscheidungen verursachen mittelbar Umweltwirkungen, indem sie den Verhaltensrahmen der weisungsgebundenen Empfänger gestalten.[85] Die (potentiellen) Wirkungen nehmen mit der hierarchischen Stellung des Entscheiders tendenziell zu. Entscheidungen und Handlungen auf der ersten Hierarchieebene weisen demnach eine besondere ökologische Tragweite auf. Aus diesem Grund kann bereits auf der obersten Führungsebene Umweltschutz nicht auf ein einzelnes Organmitglied beschränkt sein.[86] Die dann auf den nachfolgenden Ebenen von ökologischen Anforderungen ausgenommenen Bereiche wären erheblich.[87] Ganz allgemein wird mit Organisationsentscheidungen das Verhalten von Stelleninhabern in Führungs- und Servicefunktionen, also Planung, Organisation, Personalwesen und Information (Rechnungswesen, Controlling, Revision) ökologisch relevant. Objektentscheidungen können sowohl direkt als auch indirekt Umweltwirkungen auslösen. Die indirekten Wirkungen sind tendenziell an den Anfangspunkten von Leistungsverflechtungen am größten. Damit sind Funktionen wie FuE, Konstruktion, Beschaffung und Standortplanung besonders angesprochen. Kommunikationsentscheidungen können mittelbar, in Form übermittelter oder unterlassener Informationen (z.B. über die Entwicklung bestimmter Umweltindikatoren oder Handlungsalternativen) Umweltwirkungen beeinflussen.[88] Operative Tätigkeiten (Arbeitsverrichtungen) lösen dagegen zunächst unmittelbar Umweltwirkungen aus, bei Leistungsverflechtungen möglicherweise auch mittelbar (z.B. Entstehen von Ausschuß).

Die Berücksichtigung solcher Umweltwirkungen durch Integration ökologischer Anforderungen verändert eine Aufgabe. Allgemein können deren Anforderungen anhand ihrer Strukturiertheit, ihrer Variabilität (Veränderlichkeit) und ihres Umfangs (Komplexität) sowie bei mehreren übertragenen Aufgaben anhand deren Ähnlichkeit

---

85 Die Form der Übermittlung, z.B. die Wahl des Mediums, ist eine Objektentscheidung. Hierher gehört auch die Anregung, Verkehrsaufkommen durch Bildschirmkonferenzen zu ersetzen.
86 Dies unterscheidet sich von der in § 52a (1) BImSchG und § 53 (1) KrW-/AbfG festgehaltenen Verantwortung aller Organmitglieder. Denn diese sind nicht für ihren Bereich, sondern im Rahmen ihrer Sorgfaltspflicht nurfür die Wahrnehmung der immissionsschutz- bzw. abfallrechtlichen Aufgaben durch den den Behörden angezeigten Verantwortlichen gesamtverantwortlich.
87 Die Einrichtung einer Stelle des Umweltschutzdirektors, wie im Entwurf des allgemeinen Teils des Umweltgesetzbuches vorgesehen (§ 94), ist deshalb zumindest kritisch zu hinterfragen.
88 Die Wahl der Übermittlungsform ist auch hier eine Objektentscheidung.

256

beschrieben werden.[89] Unter Beachtung der Primärdeterminanten der Entscheidung wirkt sich eine Integration folgendermaßen aus:

- Erhöhter Umfang: Umweltverträglichkeit stellt ein zusätzliches Kriterium dar, sie ersetzt keine traditionellen Kriterien. Die Zahl der Variablen erhöht sich und damit der Umfang der Aufgabe. Zudem ist das Kriterium Umweltverträglichkeit, indem es sich aus verschiedenen Eigenschaften zusammensetzt (z.B. Energie-/Materialverbrauch, Emissionen) selbst komplex. Hinsichtlich der Primärdeterminanten sind vor allem weitere (ökologische) Zielgrößen zu beachten; dadurch treten auch neue Informationskategorien hinzu. Die Präferenzfunktion ist anzupassen. Die Suche nach Alternativen, die das Anspruchsniveau des erweiterten Zielgrößenkatalogs mindestens erfüllen, wird anspruchsvoller.[90]

- Geringere Strukturiertheit: Die in der umweltschutzbezogenen Produktlinienmatrix [Abb. 2: 13] veranschaulichten Anforderungen von Umweltverträglichkeit führen zusammen mit der Unsicherheit ökologischen Wissens zu einer geringeren Strukturiertheit: Verschiedene Umweltwirkungen einer Aufgabe können verschiedene Alternativen sinnvoll erscheinen lassen. Unter einer i.d.r. Vielzahl möglicher Zielgrößen ist eine Auswahl zu treffen, für die keine naturgesetzlichen Vorgaben existieren und die somit eine Konvention darstellt. Die Unstrukturiertheit setzt sich aufgrund von Zielgrößenkonflikten und der Verschiedenartigkeit der Meßdimensionen in der Präferenzfunktion fort. Häufig sind ökologische Zielgrößen nicht komplementär (weshalb auch hinsichtlich der Umweltverträglichkeit paretooptimale Maßnahmen die Ausnahme sind [78f.]). Sie sind weiterhin nicht dimensionsgleich (z.B. Messung in Stück, kg, kWh, m^2, m^3). Dadurch ergibt sich schon allein bei Ökobilanzierungen das Problem der Aggregation[91], und erst recht bei der Zusammenführung mit den herkömmlichen Zielgrößen. Die Bewertung der Handlungsalternativen (Ergebnisse) muß u.U. bei geringem Informationsgrad über die Umweltwirkungen erfolgen. Möglicherweise ist auch das Entscheidungsmodell zu modifizieren.

- Erhöhte Veränderlichkeit: Weil ökologisches Wissen in Teilbereichen noch relativ gering entwickelt ist, wird aktuelles Wirkungswissen, bspw. über die Toxizität einzelner Stoffe oder das Zusammenwirken unterschiedlicher Stoffe auf Organismen,

---

89 Vgl. Laux/Liermann 1993, S. 261-271; teilweise anders Grochla 1982, S. 184-186; Picot 1984, S. 138-144; Hill/Fehlbaum/Ulrich 1989, S. 325-328.
90 Immer wieder zu beobachten bei der Substitution von Arbeitsstoffen.
91 Zu einem kritischen Überblick vgl. Rubik 1994, S. 237-240.

beständig überholt oder widerlegt. Das kann im wesentlichen eine veränderte Zielfunktion und Zuordnung von Ergebnissen notwendig machen. Weiterhin entwickelt sich Lösungswissen dynamisch, vor allem weil "Umweltverträglichkeit" - unabhängig von der konkreten Aufgabe - i.d.R. auf mehrere Wirkungen abstellt und deshalb erstens ein einmal erreichtes Niveau nicht von Dauer, sondern nur relativ in der Zeit ist und zweitens jede zu beachtende Wirkung die Ansatzpunkte für Verbesserungen erhöht und damit auch die Wahrscheinlichkeit für neu entdeckte oder entwickelte Alternativen.

- Geringere Ähnlichkeit: Jede Aufgabe unterliegt tendenziell den drei soeben beschriebenen Entwicklungen. Sind einem Organisationsmitglied mehrere Aufgaben zugewiesen, verringert die Verschiedenartigkeit ihrer Umweltwirkungen die Ähnlichkeit untereinander.

Integration macht die einzelne Aufgabe somit anspruchsvoller. Daraus können bedeutende intrinsische Motivationseffekte resultieren. Deshalb ist davon auszugehen, daß intrinsisch motivierte und sozial integrierte[92] Organisationsmitglieder eher eine Eigenmotivation zur umweltverträglichen Aufgabenerfüllung und damit zu einem präventiven Umweltschutz aufweisen oder entwickeln. Daß sich extrinsisch Motivierte oder funktional Integrierte in Organisationen grundsätzlich weniger umweltverträglich verhalten, kann daraus jedoch noch nicht abgeleitet werden. Voraussetzungen für eine Motivation beider Charaktere sind, daß Integration nicht lediglich zu Leistungsverdichtung führt [Konfiguration], und eine entsprechend angepaßte Verhaltenssteuerung und -koordination [4.2.2].

Im Gegensatz zu speziellen Umweltschutzstellen ist die Integration kaum untersucht. Die wenigen Ergebnisse könnten so interpretiert werden, daß auf Prävention zielende Aufgaben überwiegend oder zumindest stärker als andere integrativ organisiert sind. Insbesondere die Entwicklung umweltverträglicherer Produkte scheint, wenn sie stattfindet, den Bereichen zugewiesen.[93] Allerdings ist die Abgrenzung in den Studien in zweierlei Hinsicht oft zu ungenau, um dies sicher erkennen zu können: Erstens wird die Integration nicht hinreichend erfaßt,[94] zweitens sind die Aufgaben noch

---

92 Zur funktionalen und sozialen Integration vgl. Gorz 1989, S. 52-61.
93 Zu Nitze vgl. Abb. 38 dieser Arbeit; Jacobs 1994, S. 239 i.V.m. 278 oder Dyckhoff/Jacobs 1994, S. 730; Raffée/Förster/Krupp 1988, S. 159; Kreikebaum 1990c, S. 117; Schmidt, R. 1991, S. 128f., 132, 140.
94 Nitze (1991, Anhang I, Fragen 13, 15-20, 23, 24) etwa bezieht ausschließlich das (Linien-)Management mit ein, der zweite von ihm verwendete Indikator - die Umweltorientierung von Führungssystemen - ist ausschließlich quantitativ gestaltet, z.B. "mind. 2 Umweltkonzepte", er enthält teilweise sogar nachsorgende

zu allgemein bezeichnet[95]. Darüber hinaus wird nur die Aufgabenverteilung an sich, nicht aber deren Erfolg oder Mißerfolg erhoben.[96]

(4.) Prävention durch Sekundärorganisation: Mit zunehmender horizontaler und vertikaler Differenzierung wird die Koordination von Prozessen erschwert: Die Gesamtaufgabe gerät aus dem Blickfeld und außer Kalkül, es erwächst eine Tendenz zu Bereichsegoismus und -partikularismus. Aufgrund der durch die Produktlinie gegebenen funktionsübergreifenden Interdependenzen ist jedoch die Ganzheitlichkeit von Problemsicht und -behandlung eines der zentralen Merkmale präventiver Organisation. Weiterhin ist das einzelne Organisationsmitglied selbst bei hinreichender Motivation und Qualifikation in seinen Möglichkeiten zu umweltverträglichem Verhalten nicht autark (Verhaltensrahmen). Thematisch sind schließlich eine ganze Reihe von Disziplinen berührt. Im Endeffekt müssen i.d.R. Organisationsmitglieder verschiedener fachlicher und arbeitsorganisatorischer Herkunft einander zuarbeiten und sich abstimmen. Deshalb wird es oft zweckmäßig sein, die Primärorganisation durch eine Sekundärorganisation zu ergänzen. Sekundärorganisatorische Maßnahmen sind geeignet, daß die Beteiligten - aktiv und passiv Betroffene - kooperieren und sich frühzeitig koordinieren: in Form von Ausschüssen, Arbeitskreisen, Zirkeln oder (Projekt-)Teams.[97] Da Prävention eine umfassende und dauerhafte Anforderung an Unternehmen darstellt, wird die punktuelle und zeitweise Einrichtung von Teams nicht ausreichend sein.[98]

Gruppenorientierte Organisationsformen sind nicht schon per se von Vorteil:[99] Im allgemeinen kann auch bei klar definiertem Auftrag nicht von einer identischen Ausprägung der Primärdeterminanten unter den Gruppenmitgliedern ausgegangen werden.[100] Eigene Interessenlagen sind wahrscheinlich. Die Analyse in Abschnitt 3.4.3.4 [216-220] erbrachte sowohl umweltschutzfördernde als auch -hemmende Verhaltenseinflüsse auf das einzelne Gruppenmitglied. Umgekehrt kann ein einzelnes Mitglied, z.B. in der Allmende-Klemme vergleichbaren Situationen, das Verhalten der

---

Subkriterien, z.B. "Abfallbeseitigungs-/-entsorgungskonzept". Der Fragebogen von Jacobs (1994, S. 278) enthält lediglich eine nicht näher definierte Kategorie "sonstige Einheiten".

95 Bei produktionstechnischen Innovationen unterscheiden weder Nitze (1991, Anhang I, Frage 14) noch Jacobs (1994, S. 277) in reparative und integrierte; dagegen Kreikebaum 1990c; Schmidt, R. 1991.

96 So bei Raffée/Förster/Krupp 1988; Nitze 1991; Jacobs 1994; Dyckhoff/Jacobs 1994.

97 Vgl. Seidel 1990, S. 338; Nitze 1991, S. 62-66; Steger 1993, S. 345; Matzel 1994, S. 153f., 213-221; Jacobs 1994, S. 197, 200-209; allgemein etwa Kieser/Kubicek 1992, S. 393-398.

98 Am Beispiel Verpackungsplanung vgl. Behring/Dyckhoff 1995, S. 166.

99 Dagegen kommen Behring/Dyckhoff (1995, S. 167) für die Verpackungsplanung zu einer ausnahmslos positiven Beurteilung <u>dauerhafter</u> Kommissionen.

100 Wäre dies trotzdem der Fall, erbrächten Gruppen gerade keinen Vorteil; vgl. Laux/Liermann 1993, S. 113.

ganzen Gruppe positiv wie negativ beeinflussen oder kann die Gruppe einem Gruppendenken erliegen.[101]

Untersuchungsergebnissen zufolge sind Projektteams die häufigste sekundärorganisatorische Maßnahme; die Angaben schwanken zwischen 24% und 40% der befragten Unternehmen.[102] Dauerhafte Einrichtungen sind offenbar seltener: Die Studien vermelden zwischen 10% und 21%.[103] Hinsichtlich der Arbeitsergebnisse läßt die *FUUF-Studie* eine relativ klare Arbeitsteilung gegenüber Betriebsbeauftragten erkennen: Wenn Teams, Ausschüsse/Gremien oder Zirkel eingerichtet sind, sind ihnen vor allem Innovationsaufgaben übertragen.[104] Berichtet wird von der hervorgehobenen Bedeutung teamorientierter Organisationsformen für die Realisierung integrierter Umweltschutzinnovationen,[105] für die Einführung eines Umweltcontrollings[106] oder der Durchführung von Umweltaudits[107] In der Gesundheitsförderung und im Total Quality Management sind neben stellenbezogenen Maßnahmen Zirkel das zentrale strukturelle Instrument.

4.2.1.3 Konfiguration

Die Hinzunahme einer neuen Aufgabe zu den bestehenden führt grundsätzlich zu einer Erweiterung einer Organisation. Funktional-additive Einheiten erweitern definitionsgemäß die Gliederungsbreite. An den Schnittstellen kann die Kapazität der jeweiligen Stelle überschritten werden, so daß sich lokal auch die Gliederungstiefe verstärken kann. Da Schnittstellen bei Konzentration jedoch zu minimieren sind, ist diese Frage im wesentlichen auf die Linieninstanzen spezieller Umweltschutzstellen sowie die Binnenstrukturierung der separaten Funktion Umweltschutz beschränkt. Die Konfiguration ändert sich somit auf relativ einfache Weise: Sie wird ergänzt, während die bestehende Gliederung weitgehend unverändert bleibt. Insgesamt schottet die bloße Verbreiterung die herkömmlichen Aufgaben von der neuen Aufgabe ab.

---

101 Zu den Koordinationsvor- und -nachteilen von Gruppen allgemein vgl. Laux/Liermann 1993, S. 109-125.
102 Die FUUF-Studie [Abb. 37: 236] ermittelt 24,4% (Organisationsbogen) bzw. 38,0% (Mantelbogen); Nitze [Abb. 38: 242], allerdings inklusive Qualitätszirkel 35%; Coenenberg u.a. (1994, S. 93) 40% (n=483).
103 Die FUUF-Studie [Abb. 37: 236] ("Ausschüsse/Gremien") ermittelt 21,1% (Organisationsbogen) bzw. 20,9% (Mantelbogen); Nitze [Abb. 38: 242] ("Ausschüsse") 10%; Coenenberg u.a. (1994, S. 93) ("Qualitätszirkel") 15%.
104 Vgl. Antes 1991c S. 300.
105 Vgl. Schmidt, R. 1991, S. 129, 140f.; Kreikebaum 1990c, S. 118.
106 Vgl. Hallay/Pfriem 1992, S. 190-192.
107 Vgl. Steger/Antes 1991, S. 39; Fichter 1995b, S. 190.

Integration kann sich sowohl auf die Gliederungsbreite als auch -tiefe auswirken. Unter Beachtung der oben aufgezeigten Wirkung von Prävention auf die Aufgabe eines Organisationsmitglieds sollen die möglichen Wirkungen einer Integration auf die Konfiguration wieder anhand einer einfachen Linienorganisation aufgezeigt werden: Trifft die Aufgabenerweiterung auf ausreichende Leerkapazitäten (organizational slack), verändert sich an der Konfiguration nichts. Übersteigt die Erweiterung die Kapazität einer Ebene, treten negative Effekte einer Leistungsverdichtung auf. Deshalb ist eine (sind) neue Stelle(n) einzurichten - die Struktur verbreitert sich. Möglicherweise wird nun aber die Leitungsspanne der Instanz dieser Ebene überfordert, so daß vertikal weiter differenziert werden muß.[108] In diesem Falle wird die Struktur tiefer gegliedert. Eine tiefe Gliederung macht Kommunikation (Dienstweg) und Entscheidungsfindung schwerfälliger. Jedoch ist festzuhalten, daß auch eine funktional-additive Organisation den anspruchsvolleren Anforderungen an die Gesamtleistung nicht entgeht. Deshalb wäre - abgesehen von der bereits dargelegten geringen prinzipiellen Eignung - die Entscheidung nicht die zwischen der Bestellung eines oder möglichst weniger Spezialisten und der Erweiterung der Aufgaben aller Organisationsmitglieder sowie möglicherweise der Gliederungstiefe, sondern die zwischen funktionalen Äquivalenten, d.h. eine der ökologischen Qualität der integrativen Erweiterung entsprechende quantitative Ausstattung mit speziellen Umweltschutzstellen - also eine erhebliche Verbreiterung mit geringem innovativen und produktiven Gehalt. In Zusammenhang mit einer möglichen Tiefenwirkung wird weiter kritisiert, daß die Integration dem ganzheitlichen Denken nicht hinreichend Rechnung trage.[109] Hier liegt ein Mißverständnis vor, denn es ist gerade die Integration, die durch die Zuständigkeit, Verantwortlichkeit und Kompetenz für die (ökologischen) Folgen eigenen Verhaltens den Horizont über die eigene Stelle hinaus erweitert. Daß dieser Effekt nur begrenzt sein kann, ist kein Argument gegen Integration, sondern ein Argument für sekundärorganisatorische Koordination.

Die Integration ökologischer Anforderungen kann andererseits in eine generelle Reorganisation eingebettet sein, bei der bisher durch Arbeitsteilung Instanzen und funktional-additive Stellen (z.B. Zentralbereichen) zugewiesene Aufgaben wieder an die nachgeordneten Stellen rückverlagert werden. Instanzen werden dadurch entlastet und c.p. die Leitungsspanne erhöht. Die Struktur wird breiter, nicht tiefer. Im Gegenteil:

---

108 Zum Zusammenhang zwischen Leitungsspanne und Gliederungstiefe vgl. etwa Kreikebaum 1975, S. 29f.; Laux/Liermann 1993, S. 203f.; Grochla 1982, S. 108-111 oder Kieser/Kubicek 1992, S. 150-152.

Die (Re-)Integration kann sogar zur Einsparung von Hierarchieebenen führen.[110] In Maßen findet eine solche Entwicklung bereits statt. Die Impulse dazu kommen aus verschiedenen[111] Richtungen: der Humanisierung der Arbeit (Arbeitsbereicherung, teilautonome Arbeitsgruppen), dem Arbeits- und Gesundheitsschutz, der Verbesserung von Qualität und Produktivität. Die Erweiterung des Verhaltensspielraums setzt eine entsprechende Arbeitsmotivation und Qualifikation, wie sie für den präventiven Umweltschutz in Abschnitt 3.3 entworfen wurde, voraus, oder diese sind parallel zu entwickeln. Die darauf gerichteten Maßnahmen sprechen nur einen Teil des Verhaltensrahmens an. Grundsätzlich ist das ganze System der Verhaltenssteuerung und -koordination anzupassen.[112]

4.2.2 Verhaltenssteuerung und -koordination

Die folgenden Ausführungen gelten für jedes Organisationsmitglied, ob als Inhaber einer Linien- oder einer speziellen Umweltschutzstelle. Wegen der zentralen Bedeutung für präventiven Umweltschutz ist jedoch Integration unterstellt. Damit sind die in den Abschnitten 3.3 und 3.4 ausführlich diskutierten Einflüsse einer umweltverträglichen Aufgabenerfüllung organisationsweit zu beachten. Zur Systematisierung verhaltenssteuernder (auch: -koordinierender) Maßnahmen (Organisationsentscheidungen) wird das von *Laux/Liermann* entwickelte Konzept der "Basisvariablen organisatorischer Gestaltung" zugrunde gelegt.[113] Sie bezeichnen die grundsätzlichen Möglichkeiten der Verhaltenskoordination.[114] Jede, mithin auch der umweltverträglichen Aufgabenerfüllung dienende Koordinationsmaßnahme kann auf sie zurückgeführt werden:

- das Einräumen oder Begrenzen der Verfügungsmöglichkeiten über Ressourcen,
- die Vorgabe von Verhaltensnormen und die Entwicklung einer gemeinsamen Werthaltung sowie
- ergänzende Maßnahmen.

---

109 Vgl. Meffert/Kirchgeorg 1993, S. 279.
110 Ortmann u.a. (1990) zeigten, daß genau hier ein erheblicher mikropolitischer Konfliktherd entsteht, der einen derartigen Strukturwandel hemmt; vgl. auch Kap. 5.
111 Bei einem engen inneren Zusammenhang.
112 Vgl. auch das Beispiel bei Pfriem 1995a, S. 361f.
113 Vgl. Laux/Liermann 1993, S. 165-174.
114 Auch (begrenzte) Selbstkoordination ist nicht frei von Organisation, sondern setzt die Gestaltung und Gewährleistung des Verhaltensspielraums des einzelnen oder der Gruppe voraus.

4.2.2.1 Einräumen oder Begrenzen der Verfügungsmöglichkeiten über Ressourcen

Die Verfügungsmöglichkeiten über Ressourcen bestimmen objektiv die Aktionsmöglichkeiten eines Organisationsmitglieds. Eine Beschränkung wirkt als absolute Verhaltensrestriktion: Ähnlich einer Vorauswahl wird die Menge der Aktionsmöglichkeiten begrenzt (einige sind dann nicht mehr möglich).[115] Umgekehrt erweitern zusätzliche Verfügungsmöglichkeiten die Menge möglicher Aktionen. Allerdings besteht damit keine Sicherheit darüber, daß und inwieweit das Organisationsmitglied die zusätzlichen Möglichkeiten erkennt und ausschöpft.[116]

Verfügungsmöglichkeiten können eingeräumt werden über Betriebsmittel (z.B. Telefon, PC), aber auch als Zeit- oder Kostenbudget.[117] Hinsichtlich einer umweltverträglichen Aufgabenerfüllung besonders relevant sind sie als ausreichende Möglichkeiten der Information und Kommunikation. Das ergibt sich zum einen aus dem im allgemeinen unzureichenden umweltschutzspezifischen Informationsgrad eines Stelleninhabers: Wenn aus Gründen optimaler Ressourcennutzung umweltschutzspezifisches Expertenwissen in spezialisierten Stellen aufgebaut wird, muß - zumal angesichts erhöhter Veränderlichkeit ökologischer Anforderungen - ein Zugriff darauf möglich sein. Angesichts der Vielfältigkeit ökologischen Wissens wird weiterhin organisationsübergreifende Kommunikation notwendig. Zum andern erfordert das Gebot umfassender Minimierung eine stellen- und funktionsübergreifende Abstimmung. Kommunikationsbedarf besteht somit hinsichtlich der Informationsbeschaffung als auch für die Umsetzung der Ergebnisse individuellen Lernens in organisationale Veränderungen.[118]

4.2.2.2 Vorgabe von Verhaltensnormen und Entwicklung einer gemeinsamen Werthaltung

Eine zweite Basisvariable bilden die Kriterien, nach denen Organisationsmitglieder entscheiden und handeln. Die zentrale Verhaltensnorm einer Organisation sind ihre strategischen Absichten. [3.4.2.1: 153-158] Sie sind für Teilaufgaben weiter zu ope-

---

115 Die Basisvariable ist nicht identisch mit der Verfügbarkeit von Alternativen; vgl. Abschn. 3.4.4.
116 Vgl. Laux/Liermann 1993, S. 165.
117 In der Literatur weitgehend auf die Betriebsbeauftragten beschränkt diskutiert; vgl. die gesetzlichen Betreiberpflichten in § 55 (4) BImSchG, § 11c (4) AbfG, § 21c (4) WHG. Als Ausnahmen vgl. Matzel 1994, S. 185-197; Matzel/Sekul 1995 und Günther 1995.
118 Zu letzterem Fichter 1994, S. 17, Sp. 1; Wengelowski/Breisig 1994, S. 9, Sp. 3.

rationalisieren. [3.4.3.3: 189-210] In einem hoch strukturierten und wenig veränderlichen Umfeld und bei einer wenig umfänglichen Gesamtaufgabe ist der obersten Instanz eine zentrale Koordination mittels expliziter, generalisierter und eindeutiger Verhaltensnormen möglich. Sind diese Bedingungen verletzt - im präventiven Umweltschutz ist dies tendenziell der Fall -, wird die Delegation von Verantwortung und Kompetenzen und damit eine dezentrale Koordination notwendig. Die Entscheidung darüber stellt sich für jede weitere Instanz, an die delegiert wurde, im Rahmen ihrer Teilaufgabe erneut.

Soll ein Stellen-/Positionsinhaber seine Aufgabe umweltverträglich erfüllen, müssen seine Verhaltensnormen im Einklang damit stehen. Explizit und eindeutig formulierte Verhaltensnormen gewähren keinen formalen Ermessensspielraum. Deshalb muß in ihnen das Ausmaß der umweltverträglichen Aufgabenerfüllung festgelegt sein, ansonsten bleibt dem Organisationsmitglied nur der Normenverstoß zugunsten umweltverträglichen Verhaltens. Bei impliziten und mehrdeutigen Verhaltensnormen steigt die Wahrscheinlichkeit umweltverträglicher Aufgabenerfüllung mit der Berücksichtigung ökologischer Anforderungen, dem Umfang ihrer Berücksichtigung und ihrer Gewichtung gegenüber anderen Kriterien. Eine Nichtberücksichtigung schließt, so haben die Ausführungen zur Verhaltenswirkung von Absichten und Zielen gezeigt [155-158] umweltverträgliches Verhalten nicht aus. Im Rahmen seines verbleibenden Verhaltensspielraums kann das Organisationsmitglied umweltverträgliche Alternativen suchen und auswählen, sofern sie komplementär oder mindestens neutral zu den Norminhalten sind. Solches bedarf dann aber schon einer besonderen Motivation, denn die Aufgabenerfüllung wird anspruchsvoller; da die Instanz aber genau dies nicht beabsichtigte, wird sie weder zusätzliche Ressourcen zur Verfügung stellen (und aus anderen Verwendungen abziehen), noch wird sie die Umweltverträglichkeit als besonderen Erfolgsmaßstab honorieren, zumal es auch nicht ihr eigener Erfolgsmaßstab gegenüber der ihr vorgesetzten Instanz ist. Verhaltensinterdependenzen mit Organisationsmitgliedern und eine kulturelle Einbindung in eine Gemeinschaft von Organisationsmitgliedern, deren Verhaltensnormen ebenso keine ökologischen Anforderungen berücksichtigen, erschweren zusätzlich die Umsetzung. Die Ausführungen zu sozialen Dilemmata (Ressourceninterdependenz) zeigten weiterhin, daß das umweltschädigende Verhalten eines einzigen Akteurs - egal, ob einfach gedankenlos oder zur kurzfristigen eigenen Erfolgsmaximierung - das Verhalten der gesamten Gruppe "nach unten ziehen" kann. Die Existenz solcherart motivierter Organisationsmitglieder kann grundsätzlich nicht ausgeschlossen werden. Aus alledem folgt, daß auch implizite und mehrdeutige Verhaltensnormen ökologische Anforderungen enthalten sollten: als Bestandteil der Zielvorgabe impliziter Normen und als Präzisierung mehrdeutiger Normen[119]. Dadurch verändern sich individuelle Kosten-Nutzen-Kalküle: Die Position einer umweltverträglichen Aufgabenerfüllung wird nachhaltig gestärkt, die der individuellen Nutzenmaximierung auf das Organisationsziel Umweltverträglichkeit orientiert. In Verbindung mit den Ausführungen über die Verhaltenswirkungen kultureller Normen [3.4.2.1: Absichten und Ziele, 3.4.3.3: Normierung der Aufgabe, 3.4.3.4: Kulturelle Gemeinschaften] werden zwei organisatorische Notwendigkeiten sichtbar: erstens die umweltorientierte Revision der Verhaltensnormen und zweitens, darüber hinaus, die Entwicklung einer umweltorientierten Organisationskultur. Grundlegend für beides ist die Verpflichtung zu einem umweltverträglichen Wirtschaften in den generellen Absichten (auch: Unternehmensgrundsätze, -leitbild [Abb. 21: 154]). Ökologische Anforderungen sind dann durchgängig in die Verhaltensnormen der Organisation zu integrieren. Wird dieser Schritt nicht vollzogen, bleibt auch die umweltorientierte Formulierung der generellen Absichten unverbindlich mit nur vagem Bezug oder sogar in Kontrast zu konkreten Entscheidungen und Handlungen. Genau hier besteht den FUUF-Ergebnissen zufolge in der Mehrzahl der Unternehmen ein Bruch.

Nach Angaben der Befragten im Mantelbogen ist der Umweltschutzgedanke bei 418 Unternehmen in die Unternehmensgrundsätze integriert, das sind 84,6% der Unternehmen mit Unternehmensgrundsätzen (494) oder 70,6% aller Unternehmen. Als selbständiges Unternehmensziel ist Umweltschutz aber nur noch ausnahmsweise formuliert: Unter den fünf wichtigsten Unternehmenszielen erreicht er gerade 0,6% aller (spontanen) Nennungen.[120] Entsprechend ist das Bild bei den Zielen der Funktionsbereiche. Ob in der Produktion (emissionsarme Produktion, effiziente Energieausnutzung), in FuE (Entwicklung umweltfreundlicher Produkte/Stoffe/Verfahren, verbesserte Energiegewinnung/-ausnutzung) oder im Marketing (Umweltorientierung zeigen): Umweltverträglichkeit taucht als Verhaltensnorm praktisch nicht auf. Einzig in der Materialwirtschaft wird Umweltschutz hoch gewichtet. Da die Befragten aber alle Ziele recht wichtig einstufen, ist die relative Bedeutung wieder eher nachrangig (von 10: 5. Energie sparen, 7. Emissionen vermindern, 8. Ressourcen sparen, 9. Einsatz umweltverträglicher Materialien). Die Beziehung zu anderen Zielen wird dagegen außerordentlich positiv gesehen. Auf Führungsebene gilt das vor allem für die mit Abstand (57,6% der Befragten) als wichtigstes Unternehmensziel deklarierte "Sicherung der Unternehmensexistenz": 59,9% sehen eine komplementäre, nur 6,0% eine konkurrierende Beziehung. Überragend ist die Komplementarität mit "weichen" Faktoren, wie "Ansehen in der Öffentlichkeit" (86,8%) oder "Mitarbeitergewinnung/-motivation" (72,4%). Zielkonkurrenz in nennenswertem Umfang wird lediglich zu kurzfristigen ökonomischen Zielen "Gewinn/ROI

---

119 Auch mehrdeutige Normen schließen bestimmte Handlungsalternativen aus, sonst wären sie keine Norm; vgl. Laux/Liermann 1993, S.178.

120 Ausführlich Antes/Tiebler/Steger 1991, S. 202f.

steigern" (33,1%) und "Liquidität sichern" (32,2%) gesehen.[121] Das sind nun aber gerade die Ziele, die bei kurzen Entscheidungshorizonten im Vordergrund stehen. Auf der Bereichsebene werden die Zielbeziehungen ebenfalls überwiegend positiv eingestuft. Dies und das Ausmaß umweltorientierter Unternehmensgrundsätze sprechen für eine gewisse unternehmenskulturelle Verankerung des Umweltschutzgedankens. Insgesamt kann eine umweltorientierte Verhaltenskoordination mittels Verhaltensnormen jedoch nicht festgestellt werden.

Andererseits sind auch einer ausschließlich formalen Koordination Grenzen gesetzt. Implizite und mehrdeutige Normen sind aus obengenannten Gründen nicht zu umgehen. Dadurch entsteht zwischen Instanz und nachgeordneter Stelle Raum für unterschiedliche Interpretationen.[122] Mikropolitisches und wertorientiertes Verhalten sind empirische Belege dafür. Auch kann eine ausschließlich mittels expliziter und eindeutiger Verhaltensnormen steuernde Instanz auf Kommunikationsentscheidungen des nachgeordneten Organisationsmitglieds angewiesen oder davon beeinflußbar sein. Operative Tätigkeiten können mehr oder minder sorgfältig ausgeführt werden. Schließlich sind Kalküle, also auch Verhaltensnormen, ein Mittel zur Verringerung von Komplexität. Weil die Aufnahme von Umweltschutzkriterien dem schon an sich zuwiderläuft, können u.U. nur einige, die im Moment der Normformulierung am wichtigsten erscheinenden, berücksichtigt werden.[123] Daraus entstehen weitere Verhaltensspielräume. Dennoch bleibt die Notwendigkeit einer umweltverträglichen Koordination. Ergänzende Maßnahmen können darauf hinwirken. [4.2.2.3] Die Notwendigkeit aber bleibt bestehen, denn diese Maßnahmen sind selbst das Ergebnis des Verhaltens von Organisationsmitgliedern.

Zur umweltverträglichen Koordination entscheidend beitragen kann eine gemeinsame, auf Umweltverträglichkeit gerichtete Werthaltung der Organisationsmitglie⁻der.[124] Eine solche kulturelle Prägung drückt sich in einer entsprechenden generellen Absicht oder in einem Leitbild aus, wenn diese sich nicht in einigen vom sonstigen Unternehmensgeschehen losgelösten Formulierungen erschöpfen, sondern kollektiv, also in einem Aufgabenzusammenhang präsent sind.[125] Ein empirischer Befund zur beruflichen Umweltbildung etwa lautet: "Die Leitbildqualität erweist sich als ein zentraler, vielleicht sogar als der wichtigste Einflußfaktor für die konzeptionell-praktische

---

121 Ausführlich Antes/Tiebler/Steger 1991, S. 205f.; ähnlich Meffert/Kirchgeorg 1989, S. 18-20; 1993, S. 38; Kirchgeorg 1990, S. 238f.; anders Raffée/Förster/Fritz 1992, S. 249-251.
122 Vgl. Laux/Liermann 1993, S. 178f.
123 Vgl. die Vielfalt möglicher Kriterien in Abb. 2, S. 13; dazu auch Matzel 1994, S. 201-204.
124 Laux/Liermann (1993, S. 166, 172) ordnen die "Beeinflussung der Motivationsstrukturen" unter die ergänzenden Maßnahmen ein. Da eine gemeisame Werthaltung jedoch auch Substitut zu einer formalen Verhaltensnorm sein <u>kann</u>, werden hier beide zusammen behandelt.
125 Vgl. Dierkes/Marz 1992a, S. 231f.

Qualität der Umweltbildung."[126] Die Art der Entstehung trägt dazu maßgeblich bei. [s. unten zur Partizipation] Solche Leitbilder oder generellen Absichten formen die Kultur einer Organisation grundlegend. Angesichts der Dominanz von Reparatur, Kompensation und Duldung bedeutet dies in der Mehrzahl der Unternehmen einen geplanten Wandel der Organisationskultur. Die genauen Inhalte einer präventiven Organisationskultur sind organisationsspezifisch. Grundsätzlich ist jedoch - den strukturellen Merkmalen von Prävention entsprechend - ihre Ausrichtung auf die Vermeidung, Verminderung oder Verbesserung der Ursachen und auf ganzheitliche Herangehensweisen sowie die Anerkennung umfassender ökologischer Betroffenheit.

Die Instrumentalisierung von Organisationskultur ist umstritten. [211f.] Dem instrumentellen Ansatz mit seiner Annahme beliebiger Gestaltbarkeit von Werthaltungen und Einstellungen wird hier auch nicht gefolgt. Unterstellt wird dagegen, daß (Organisations-)Kulturen menschengemacht sind - überwiegend durch die Mitglieder selbst. Also sind sie grundsätzlich gestaltbar. Aufgrund der Stabilität von Einstellungen und noch mehr von Werthaltungen sind Organisationskulturen allerdings einer kurzfristigen Veränderung entzogen.[127] Zu berücksichtigen ist weiterhin, daß grundlegende Orientierungen - davon sind grundlegende Umweltorientierungen nicht ausgenommen - nachteilig wirken können; dann nämlich, wenn sie gegen alle sonstigen Signale abschotten. Um die Anpassungsfähigkeit der Organisation zu gewährleisten, müssen deshalb auch "starke" Kulturen offen sein gegenüber neuen Entwicklungen, gegenüber Kritik und Veränderung.[128]

4.2.2.3 Ergänzende Maßnahmen

Ergänzende Maßnahmen sollen die Wahrscheinlichkeit erhöhen, daß die Organisationsmitglieder im Sinne der Organisationsziele entscheiden und handeln. Werden die Verhaltensnormen umdefiniert und soll eine präventive Organisationskultur entstehen, sind dementsprechend auch die bislang genutzten ergänzenden Maßnahmen einer Revision zu unterziehen. Möglicherweise werden auch neue, umweltschutzspezifische Maßnahmen relevant. Zu ergänzenden Maßnahmen zählen die Verbesserung der In-

---

126 Nitschke u.a. 1995, S. 194; zum Untersuchungsdesign vgl. S. 212 dieser Arbeit. Die Leitbildqualität wird anhand folgender Kriterien definiert: Grad der Handlungsorientierung, Vielfalt/Differenziertheit der formulierten Ziele, Reflektion/Fundierung, Kongruenz der Zielvorstellungen von Leistung und Lehrenden; vgl. S. 182.

127 Zur "Leitbild-Transformation" vgl. Dierkes/Marz 1992a, S. 233-238.

128 Zur Kritik eines "Managements durch Ideologie" ausführlich Kieser/Kubicek 1992, S. 123-125.

formationen über Verhaltensnormen, die Verbesserung der Informationsstände und Fähigkeiten sowie die Motivierung der Organisationsmitglieder.[129] Im Rahmen dieser Arbeit können nur einige Maßnahmen selektiv vorgestellt und diskutiert werden. Unterstellt werden die in Kapitel 3 getroffenen Aussagen über die Bestandteile von Qualifikation und Motivation und deren Verhaltenswirkung.

Verbesserung der Informationen über Verhaltensnormen

Bei der Übermittlung von Verhaltensnormen können Mißverständnisse auftreten. Sie können durch persönliche Weisung, Redundanzen, Rücksprachemöglichkeiten und Formalisierung [198f.] verringert werden.

Verbesserung der Fähigkeiten und der Informationsstände

Die Qualifikation zu einer umweltverträglichen Aufgabenerfüllung hängt von den Fähigkeiten und dem Informationsstand des Organisationsmitglieds ab. Beides kann sich auch auf dessen Motivation auswirken. Der systematische Ort der Qualifikation ist die **Aus- und Weiterbildung**, auch Personalentwicklung; die Umweltforschung hat hierfür den Begriff der beruflichen Umweltbildung geprägt. Die empirischen Studien vermitteln das folgende Bild:

- In der *FUUF-Studie* wurde von den Mitgliedern der Geschäftsführung die ökologische Betroffenheit der Personalwirtschaft, in deren Aufgabenbereich die Qualifikation der Organisationsmitglieder fällt, absolut und im Vergleich zu anderen Funktionen als recht gering beurteilt. [Abb. 41] Und ebenso werden personalpolitische Maßnahmen gegenüber organisatorischen und vor allem technischen als nachrangig betrachtet. [Abb. 35: 228] Dennoch gibt immerhin jeweils fast die Hälfte der Personalverantwortlichen an, Umweltschutzaspekte sehr stark oder stark in die Ausbildung (48,6% bei n = 102) oder die betriebliche Weiterbildung (46,9%) einzubeziehen. Bei etwas abgewandelten Fragen an anderen Stellen geben noch 37,5% an, das Umweltbewußtsein durch Weiterbildungsmöglichkeiten zu fördern bzw. 29,4/28,4%, die Weiterbildung als Anreizinstrument stark/wenig zu nutzen. Umgekehrt heißt das, daß etwa die Hälfte angibt, keine umweltschutzbezogene Aus- und Weiterbildung zu betreiben. Dennoch wird das ökologische Wissen der Organisationsmitglieder außerordentlich hoch beurteilt. Allerdings war nicht nach fachspezifischen Kenntnissen und Fertigkeiten gefragt. Auffallend ist in Abbildung 40 noch das *relativ* geringe Wissen, das den nicht leitenden Mitarbeitern und ihrer Interessenvertretung zuerkannt wird. Adressat der Weiterbildung sind eindeutig Führungskräfte gegenüber Angestellten und gewerblichen Arbeitnehmern.[130] Auch nach Funktionsbereichen verteilt sich die Teilnahme recht unterschiedlich. Dabei zeigt sich eine in der Tendenz bemerkenswerte Übereinstimmung zu der in der Geschäftsleitung wahrgenommenen

---

129 Vgl. Laux/Liermann 1993, S. 166, 168-173.
130 Hieraus resultiert möglicherweise auch die unterschiedliche Einschätzung des allgemeinen ökologischen Wissens. Allerdings erklärt dies nicht die ähnliche Einstufung durch die Leiter der Organisation.

ökologischen Betroffenheit. Einziger "Ausreißer" ist die strategische Planung. Durch ihre Rückstufung wird die technische Ausrichtung des Umweltschutzes noch verstärkt. Angesichts der ungleichen Verteilungen ist die Selbstdeklaration in Abbildung 40 eine eklatante Fehleinschätzung.

Gruppe	Die allgemeinen Kenntnisse und das Wissen um ökologische Zusammenhänge sind sehr groß/groß	
	Leiter Personal (n=102, N=592)	Leiter Organisation (n=90, N=592)
Vorstand/Geschäftsführung	92,0%	92,9%
Management/leitende Angestellte	84,3%	84,9%
Mitarbeiter	47,2%	47,4%
Betriebsrat	78,2%	65,9%
Betriebsbeauftragte f. Umweltschutz	98,7%	94,8%
Sonstige Umweltschutzinstitutionen	90,7%	87,5%

Abb. 40: Einschätzung des ökologischen Wissens von Organisationsmitgliedern (FUUF-Studie)

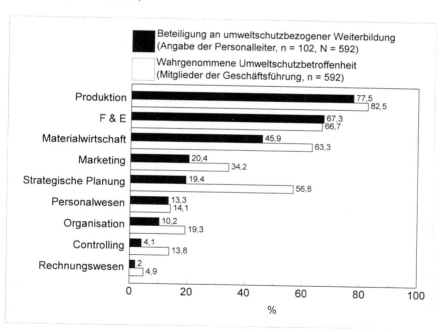

Abb. 41: Beteiligung an umweltschutzbezogener Weiterbildung nach Funktionsbereichen (FUUF-Studie)

- Eine kritischere Einschätzung gegenüber den eigenen Mitarbeitern fördert die Umfrage der *Bayreuther Initiative* im Jahre 1989 bei 201 Unternehmen zutage. So fordert etwa die Hälfte aller Unternehmen von mindestens 50% ihrer Diplomkaufleute ökologisches Sachwissen, das über das Allgemeinwissen hinausgeht. Gleichzeitig wird ein deutlicher Nachholbedarf eingeräumt. Eine besondere Bedeutung des Personalwesens resultiert daraus jedoch nicht: Es ist, analog zu den FUUF-Ergebnissen nachrangig - in den Status-quo-Einschätzungen wie in den Zukunftserwartungen.[131]

- *Simon/Kaml* führten 1989 eine Erhebung zum Weiterbildungsbedarf in 369 Unternehmen von 3 bis 1000 Mitarbeitern durch.[132] Insgesamt bestätigt sich die schon in anderen Studien festgestellte einseitige technische, funktional-additive und zentrale Organisation des Umweltschutzes. (S. 8f.) Selbst diese strukturell eng begrenzte Zahl unter den Mitarbeitern weist eigenen Angaben zufolge bei 41,2% der Unternehmen weder eine Aus- noch eine Weiterbildung im Umweltschutz auf; vor allem, weil sie bis dahin als "nicht notwendig" erachtet wurde! (45,4%; S. 11) In starkem Kontrast dazu steht der Wunsch an einer Umweltschutzqualifikation dieser Personengruppe (86,2%; S. 13) und noch mehr die Bereitschaft zu einer entsprechenden Förderung der Mitarbeiter allgemein (94,8%; S. 15).

- Ebenfalls an der Universität Lüneburg befragte *Weiß* im Jahre 1994 Unternehmen nach der Qualität ihrer Umweltbildung.[133] Die 138 auswertbaren Fragebögen stellen keine repräsentative Stichprobe dar (im Gegensatz zur Autorenmeinung): 96 sind Mitglieder von B.A.U.M., weitere 17 bilden eine Gruppe "Öko-Pioniere", und 25 zählen zu den 100 größten Unternehmen. (S. 11) Unter den Annahmen, daß mit zunehmender Unternehmensgröße (Gruppe "100-Größte") und Umweltorientierung (Gruppen "B.A.U.M.-Mitglieder" und "Öko-Pioniere") die Wahrscheinlichkeit von Umweltbildungsaktivitäten steigt, sind die Ergebnisse noch systematisch ins Positive verzerrt. Und dennoch verfügen selbst diese Unternehmen nur zu 37% über eine systematische Aus- und Weiterbildung zum Umweltschutz (Aus- oder Weiterbildung: 57%). (S. 21) Der größte Teil schult maximal 5% seiner Mitarbeiter, nur 10% schulen mindestens jeden fünften Mitarbeiter. (S. 33) Dominante Zielgruppe sind die Spezialisten (57%), bedeutend sind weiterhin Linieninstanzen (52%) - nicht dagegen die Geschäftsführung! (17%) sowie mit Produktion (45%) und Beschaffung/Materialwirtschaft (36%) zwei Funktionen mit ersichtlich unmittelbarer ökologischer Betroffenheit. (S. 23) Die Aus- und Weiterbildung ist zwar die nächst wichtige Zielgruppe (33%). Wegen der gleichzeitigen Zielgruppenkonzentration strahlt dieser Umstand aber nicht in die gesamte Organisation aus. Angesichts der von 86% geäußerten Überzeugung, Umweltschutz gehe jeden Mitarbeiter an, spricht *Weiß* von einer "größere(n) Diskrepanz zwischen Anspruch und Wirklichkeit" (S. 39).

- Eine deutliche Mehrheit der von *Nitze* 1990 befragten schweizer Unternehmen bietet kein umweltschutzbezogenes Aus- und Weiterbildungsprogramm an, sondern beschränkt sich auf das bedarfsweise Informieren.[134] Mit sinkender Unternehmensgröße wächst dieser Anteil beträchtlich (> 500 Beschäftige: 37%, 50-499: 43%, < 49: 68%). Das Gegenstück ist nur bei einer verschwindend geringen Minderheit realisiert (11%, 3%, 4%). Zahlreicher sind die Unternehmen mit sporadischen, themenblockweisen Veranstaltungen (42%, 26%, 20%). Das Interessante an der vierten Gruppe, die keinerlei Umweltbildung durchführt, aber bereit wäre, den Besuch externer Maßnahmen zu finanzieren, ist nicht ihr Anteil (25%, 36%, 20%). Bemerkenswert ist vielmehr, daß aus der Gesamtgruppe der Unternehmen ohne Umweltbildung die

---

131 Vgl. Esch/Müller/Remer 1991, S. 28-32; Bayreuther Initiative 1990, S. 26-37, 43-48.
132 Vgl. Simon/Kaml 1990, S. 1; alle weiteren Seitenangaben im Text.
133 Vgl. Weiß 1995; alle weiteren Seitenangaben im Text.
134 Vgl. Nitze 1991, S. 191-194.

klare Mehrheit - trotz erkennbar sozialer Erwünschtheit von Umweltbildung - selbst diese reichlich unverbindliche Antwortmöglichkeit ausschlägt. Die Angaben sind stimmig zu der geringen Bedeutung, die die Umweltbildung als Aufgabe der Unternehmensleitung und des Linienmanagements einnimmt. [Abb. 38: 242] "Das heisst letztlich, dass ökologisches Wissen entweder gar nicht oder bestenfalls in sehr unsystematischer Form an die Mitarbeiter weitergegeben wird."[135]

- Die ermittelten Defizite verhalfen der bereits erwähnten qualitativen Studie der Forschungsgruppe um *Nitschke* und *Fichter* [243] zu dem Titel "Berufliche Umweltbildung - wo steckst Du".[136] Zu den gravierendsten zählen die Autoren die Nicht-Aktivität sehr vieler Unternehmen und die Minimalaktivität bei vielen der verbleibenden Unternehmen. Nur eine Minderheit der Lehrenden und, noch weniger, der Lernenden können die Umweltrelevanz von Berufen und Arbeitsplätzen angemessen, d.h. Mitteleinsatz als auch Sinn und Zweck thematisierend, bewerten (97f./2) Weiterhin sind den Lehrenden häufiger die Ziele ihrer Umweltbildung nicht klar, bisweilen sind die Inhalte bis zur Unkenntlichkeit integriert, und häufig beschränkt sich Umweltbildung auf Abfall- und (Gefahren-)Abwehrbildung. "Fast 50% der Inhalte lassen sich auf den Dreifachnenner Abfall/Entsorgung, Gefahrstoffe und Arbeitsschutz bringen." (a: 281) Daß die Erinnerung der Lernenden an die Bildungsinhalte allzu schnell verblaßt und der Einfluß auf Verhaltensänderungen diffus bleibt, erscheint nur konsequent. (280f./2) Insgesamt konstatieren die Autoren "ein richtiggehendes Syndrom ...: 'Die Vorherrschaft des defensiven Denkens'." (a: 282) Es verteilt sich asymmetrisch: Die Instanzen ("Leitungspersonal") zeigten sich tendenziell aufgeschlossener als das Lehrpersonal. (a: 283)

Bei aller Unterschiedlichkeit der Studien entsteht doch der Gesamteindruck, daß trotz positiver Unternehmensbeispiele[137] die Aus- und Weiterbildung der Förderung einer umweltverträglichen Aufgabenerfüllung überwiegend nicht gerecht wird. Auf der Grundlage ihrer Studie leitet die Forschungsgruppe um *Nitschke* und *Fichter* eine "Leitvorstellung gelungener Umweltbildung" ab, deren 13 Kriterien im folgenden übernommen werden:[138]

- gründliche Auseinandersetzung mit den Umweltschutzbezügen des Berufs (Mitteleinsatz, Endprodukte);

- Orientierung durch klare und offensive Leitbilder;

- Verbindung von Integration und Sonderformen;

- die "richtigen Inhalte" (Umweltbildung statt "Abfallbildung", Vielschichtigkeit);

- Einsatz vielfältiger Methoden;[139]

- bewußte Beachtung der sozialen Qualität (Mitsprache und Anerkennung der Lernenden, Glaubwürdigkeit);

- Verschaffung nachhaltiger Erfahrung und Erlebnisorientierung;

---

135 Nitze 1991, S. 194.
136 Vgl. (a) Nitschke u.a. 1995 und (b) Fichter/Nitschke 1995; alle weiteren Seitenangaben im Text (a/b).
137 Vgl. die Rangliste bei Nitschke u.a. 1995, S. 188; die Beispiele in Hopfenbeck/Willig 1995, S. 294-334.
138 Vgl. Nitschke u.a. 1995, S. 292-296; Fichter/Nitschke 1995, S. 3f.
139 Vgl. dazu auch Hopfenbeck/Willig, Teil 7, S. 203-251.

- Erkundung von konkreten Problemsituationen und Handlungsmöglichkeiten "vor Ort";
- tatsächliches Handeln als Bestandteil der Wirkungsqualität (Einbeziehung konkreter Aufgabenerfüllung);
- Rückkopplung für das eigene Handeln (z.b. Erfassung von Verbräuchen und Verbrauchsänderungen);
- Aktionen über den Handlungsspielraum am Arbeitsplatz hinaus;
- öffentliche Anerkennung (organisationsintern und -extern);
- Erzeugung von Verbindlichkeit durch Prüfungen.

Die Kooperation und Vernetzung der Akteure beruflicher Umweltbildung sehen die Autoren als die wesentliche Voraussetzung, Umweltbildung entsprechend dieser 13 Kriterien erfolgreich umzusetzen. Das betrifft die Zusammenarbeit zwischen Bildungs- und Umweltschutzexperten, in ausdifferenzierten Organisationen auch zwischen Schulungszentrum und den einzelnen Abteilungen (insbesondere in der Ausbildung) sowie die Verzahnung mit anderen personalpolitischen Instrumenten (z.b. Leistungsbeurteilungen und Laufbahnplanung). Eine weitere organisationsinterne Voraussetzung ist die Schulung des Bildungspersonals selbst.

Der Aus- und Weiterbildung obliegt es, die Orientierung in einer konkreten Entscheidungssituation zu erleichtern. Dazu kann u.a. die Bereitschaft und Fähigkeit zur Kommunikation und zum Umgang mit Informationsinstrumenten und Entscheidungsmodellen entwickelt sowie der Informationsstand über Handlungsalternativen und deren Konsequenzen erweitert werden. In der konkreten Entscheidungssituation muß ein Organisationsmitglied i.d.R. weitere Informationen beschaffen.[140] Die **Verbesserung des Informationsstandes** kann von der Organisation als Holschuld betrachtet werden, d.h. dem Ermessen des Organisationsmitglieds überlassen sein. Eine Stelle kann von sich aus Informationen vertikal, horizontal und lateral zur Verfügung stellen. Als Bringschuld kann die Informationsweitergabe auch vorgegeben sein. [202f.] Die Informationskategorien ergeben sich aus den Primärdeterminanten der Entscheidung. Bedeutend ist der Informationsstand über die eigene, passive wie aktive, ökologische Betroffenheit: Die Verdrängung oder die Unkenntnis persönlicher Betroffenheit kann als einer der zentralen personalen, die Vernachlässigung in den Koordinationsinstrumenten als einer der zentralen strukturellen [3.4.3.3:] Hemmfaktoren umweltverträglichen Verhaltens gelten. Weitere Kategorien sind Informationen über ökonomischökologische Verhaltensrestriktionen (Umweltzustände, Zielfunktion) und über umweltverträgliche Alternativen.[141] Zu den prioritären Maßnahmen präventiver Organisationsentwicklung zählt deshalb, die eingesetzten Informationsinstrumente und Entscheidungsmodelle einer umweltschutzorientierten Revision zu unterziehen und ggf. um umweltschutzspezifische zu ergänzen und eine Kommunikationskultur zu fördern. Die Mindestanforderung besteht auch hier in der Umsetzung umweltrechtlicher Vorgaben. Zunächst erfolgt nun (1.) ein empirischer Blick auf die umweltschutzbezogenen Informations- und Kommunikationsstrukturen in Unternehmen. [3.4.3.3: 201-204] Anschließend werden Informationsinstrumente, die dispositive und/oder operative Tätigkeiten unterstützen, herausgegriffen: (2.) Instrumente der strategischen Planung, (3.) das interne Rechnungswesen mit (3a.) der Kosten- und Erlösrechnung sowie (3b.) Ökobilanzen und Kennzahlensystemen. Ein weiteres Instrument ist die Revision. Hier ist das hochaktuelle Umweltaudit angesprochen. Darauf gehe ich unter organisationspraktischen Überlegungen in Abschnitt 4.3.3 ein.

(1.) Unternehmensinterne Informations- und Kommunikationsstrukturen: Zwei breit angelegte, voneinander unabhängige Untersuchungen der Umweltberichte von Unternehmen - die eine international in mehr als 70 Unternehmen Nordamerikas, Japans und Europas, die andere vorwiegend als Totalerhebung deutscher Unternehmen (rund 60) - kommen zu dem übereinstimmenden Ergebnis, daß nicht externe Anspruchsgruppen, sondern die eigenen Mitarbeiter der wichtigste Adressat sind; von japanischen Unternehmen wurden sie hinter den Konsumenten als zweitwichtigste Gruppe eingestuft.[142] Offenbar besteht auch seitens der Organisationsmitglieder selbst ein erheblicher Informationsbedarf. Gleichwohl können solche Berichte zwar unternehmensspezifische, aber keine aufgabenspezifische Informationen vermitteln. Die Notwendigkeit der Weitergabe und des, beidseitigen, Austauschs aufgabenspezifischer Information bleibt bestehen; sie ist auch empirisch bestätigt. [Fn. 506: 204] Die Strukturen dafür sind jedoch bei der Mehrzahl der Unternehmen nicht sonderlich ausgeprägt: Bei der Analyse der Betriebsbeauftragten wurde deren eingeschränkte Informationstätigkeit deutlich, [244f.] obwohl im präventiven Umweltschutz gerade diese Aufgabe die Notwendigkeit von Umweltschutzspezialisten begründet. [249] Ebenso

---

140 Vgl. Laux/Liermann 1993, S. 170f.
141 Pfriem (1995a, S. 316f.) stellt diese Kategorien aus Gesamtunternehmenssicht auf und unterscheidet die erstgenannte noch in Stoff- und Energieflußinformationen über die unternehmensinternen Aktivitäten und solche aus dem ökologischen Lebenszyklus der Produkte.

sind dauerhaft angelegte sekundärorganisatorische Maßnahmen, deren wesentlicher Bestandteil der Informationsaustausch ist, wenig verbreitet. [Abb. 37: 237, 260] Abbildung 43 stellt die Ergebnisse von *Nitze* über die Verbreitung unternehmensinterner Informations- und Kommunikationswege dar. Die regelmäßige Information und Kommunikation ist danach die Ausnahme (41%), häufiger - allerdings ohne Angabe, wie häufig - ist die bedarfsweise (59%). Weiterhin fällt auf, daß Umweltschutzinformationen überwiegend eine Holschuld sind.

Die Informationen werden...

je nach Bedarf beim Vorgesetzten oder einem internen Spezialisten erfragt

je nach Bedarf als Traktandum bei Sitzungen, Konferenzen usw. weitergegeben

je nach Bedarf durch Kurzpräsentationen an die Mitarbeiter weitergegeben

an einem Anschlagbrett oder in einer Hauszeitung bekannt gegeben

n Sitzungen, Konferenzen usw. unter einem regelmässig behandelten raktandum behandelt

im Rahmen von internen Weiterbildungsveranstaltungen angeboten

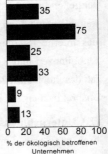

% der ökologisch betroffenen Unternehmen

Die Informationen werden...

ausschliesslich nach Bedarf als Traktandum bei Sitzungen, Konferenzen usw. weitergegeben

je nach Bedarf beim Vorgesetzten/einem internen Spezialisten erfragt oder als Traktandum bei Sitzungen, Konferenzen usw. weitergegeben

usschliesslich nach Bedarf beim Vorgesetzten oder einem internen pezialisten erfragt

an einem Anschlagbrett oder in einer Hauszeitung bekannt gegeben oder je nach Bedarf als Traktandum bei Sitzungen, Konferenzen usw. weitergegeben

je nach Bedarf als Traktandum bei Sitzungen, Konferenzen usw.. oder durch Kurzpräsentationen an die Mitarbeiter weitergegeben

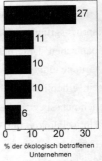

% der ökologisch betroffenen Unternehmen

(alle anderen Kombinationen kommen in weniger als 3 % der Unternehmen vor)

Abb. 42: **Verbreitung umweltschutzbezogener Informations- und Kommunikationswege**
Quelle: Nitze 1991, S. 186f.

Unternehmen unterliegen einer Reihe gesetzlicher Pflichten zur umweltschutzbezogenen Information ihrer Mitarbeiter. Neben den - vernachlässigten (s.o.) - Informati-

---

142 Vgl. Deloitte Touche Tohmatsu/IISD/Sustain Ability Ltd. 1993, S. 28f.; Fichter/Clausen 1994, S. 5; Clau-

onspflichten der Betriebsbeauftragten sind insbesondere die Vorgaben der auch umweltschutzrelevanten Gefahrstoffverordnung herauszustellen. Diese beinhaltet das Erstellen von Betriebsanweisungen (§ 20) sowie, in Verbindung mit der Ermittlungspflicht nach § 16 (3a) (Erstellung eines Gefahrstoffverzeichnisses) und der Überwachungspflicht nach § 18 (Arbeitsbereichsanalysen), die "Pflicht zur Unterrichtung und Anhörung der Arbeitnehmer in besonderen Fällen" (§ 21). Über die Einhaltung dieser Vorgaben wurde in jüngster Zeit eine Vielzahl von Untersuchungen vorgelegt. Die Ergebnisse sind in der Tendenz gleichlautend. Deshalb wird nur eine Auswahl vorgestellt:

a. Einer Umfrage der IG Metall Bezirk Küste Ende 1991 in 87 Betrieben unter Beschäftigten, die Umgang mit Kühlschmierstoffen haben, zufolge war fast zwei Dritteln der Befragten (über 2.700 Beschäftigte und Betriebsräte = Rücklaufquote 81%) eine Betriebsanweisung nicht bekannt (64,6%), knapp 60% waren nicht unterwiesen.[143]

b. 19% der von der bayerischen Gewerbeaufsicht bei metallverarbeitenden Betrieben 1992 angewiesenen Mängel über Arbeitsschutzmaßnahmen ebenfalls bei Kühlschmierstoffen (= 2.272 von rund 12.000 bei 4.000 Anlagen in mehr als 1.400 Betrieben) entfielen auf fehlende Betriebsanweisungen und mündliche Unterweisungen.[144]

c. Von 265 antwortenden Betriebsräten der Druckindustrie der Regionen Bayern, Hessen und Nord gaben nur 42,3% an, daß Unterweisungen stattfanden, mit diesen waren wiederum nur 57% zufrieden. Betriebsanweisungen / Sicherheitsdatenblätter / Gefahrstofflisten fehlen in 36/16,3/54,2% der Betriebe, in 31,8/37,4/21,7% sind sie teilweise vorhanden.[145]

d. Bei Kontrollen der brandenburgischen Arbeitsschutzbehörden (1992: 459 Betriebsbereiche, 1993: 119) wurden Mängel festgestellt u.a. bezüglich der Ermittlungspflicht (17%/13%), der Sicherheitsdatenblätter (36%/36%), der Arbeitsbereichsanalysen (51%/24%), der Betriebsanweisungen (61%/56%) und der Unterweisungen (53%/50%).[146]

e. Bei 240 Betriebsuntersuchungen der hessischen Arbeitsschutzaufsicht im Rahmen des 1993 gestarteten ASCA-Programmes ("Arbeitsschutz und sicherheitstechnischer Check in Anlagen") wiesen 87% Mängel bei der Erstellung von Betriebsanweisungen auf (u.a. 26% für keinen Stoff vorhanden; 47% nicht für alle Stoffe; 24% mit erheblichen Mängeln; Mehrfachnennungen) und 52% bei deren Bekanntgabe und der Unterweisung (u.a. 11% nicht bekannt gegeben; 33% nicht durchgeführt; Mehrfachnennungen). [147]

Die Häufigkeit und Intensität der Mängel ist bemerkenswert, zumal wesentliche Normen seit der ersten Gefahrstoffverordnung (1986) nahezu unverändert in Kraft sind (§§ 20,21); relativ neu (1993) ist lediglich § 16 (3a).

---

sen/ Fichter 1994, S. 13.
143 Vgl. o.V. 1993a; IG Metall Küste 1994, S. 2-4; Lißner 1994, S. 265-267.
144 Vgl. Bayerisches Staatsministerium 1993, S. 74.
145 Vgl. Stautz 1993, S. 53-61.
146 Vgl. Landesinstitut für Arbeitsschutz und Arbeitsmedizin 1993, S. 46; 1994, S. 112f.; o.V. 1995h.
147 Vgl. Albracht/Gillich 1995, S. 18-20. Vgl. weiterhin (f.) Geray 1992, S. 67f.; 1993, S. 434; (g.) IG Metall 1994, S. 6; o.V. 1994k; (h.) Carl 1994, S. 68; (i.) o.V. 1995i; (j.) o.V. 1995j; (k.) Dreitzel 1995.

(2.) Instrumente der strategischen Planung: Die Wahl von Strategien bestimmt die Entwicklungskorridore einer Organisation nachhaltig. Präventiver Umweltschutz ist aufgrund seiner Strukturwirkungen und des tendenziell erhöhten Zeitbedarfs für Strukturänderungen demnach in die strategische Planung zu integrieren. Einzelne Instrumente werden hier nicht weiter vorgestellt.[148] Die Integration ist bei den meisten Instrumenten jedoch einfach; teilweise sind, so mit dem Ökologie-Portfolio, auch umweltschutzspezifische Ausprägungen entwickelt.[149] Genutzt werden sie nach den *FUUF*-Ergebnissen jedoch von maximal einem Drittel der Unternehmen. Abbildung 43 zufolge scheint das aber mehr in einem allgemeinen Nichteinsetzen begründet, als umweltschutzspezifisch zu sein: Die große Mehrzahl der Unternehmen, die mit den Instrumenten regelmäßig planen, integriert auch Umweltschutzaspekte. Eine Ausnahme bilden allein Risikoanalysen, in die bei einem Verbreitungsgrad von 64,7% über die Hälfte (55,7%) Umweltschutzaspekte integriert.

Planungsinstrument	Einsatz			Integratio Umweltschutz	
	nein	sporadisch	regelmäßig	ja	nein
Portfolioanalyse	64,2% (380)	18,9% (112)	16,9% (100)	15,2% (90)	84,8% (502)
Stärke-/Schwächenanalyse	35,0% (297)	30,7% (182)	34,3% (203)	31,9% (189)	68,1% (403
Potential-/Lückenanalyse	59,3% (351)	20,6% (122)	20,1% (119)	18,9% (112)	81,1% (480)
Konkurrentenanalyse	22,1% (131)	27,0% (160)	50,8% (301)	29,7% (416)	70,3% (176)
Branchenstrukturanalyse	33,3% (197)	27,5% (163)	39,2% (232)	23,3% (138)	76,7% (454)
Marktanalyse	17,4% (103)	24,2% (143)	58,4% (346)	34,3% (203)	65,7% (389)
Erfahrungskurvenkonzept	72,6% (430)	13,0% (85)	14,4% (77)	7,6% (45)	92,4% (547)
Produktlebenszyklus-konzept	64,9% (384)	17,2% (102)	17,9% (106)	14,4% (85)	85,6% (507)
Wertschöpfungsketten	70,3% (416)	12,3% (73)	17,4% (103)	10,5% (62)	89,5% (562)
Umwelt-Szenario-Analysen	71,1% (421)	19,3% (114)	9,6% (57)	21,5% (127)	78,5% (465)
Cross-Impact-Analysen	88,3% (523)	7,1% (42)	4,6% (27)	4,4% (26)	95,6% (566)
Diffusionskurvenkonzept	92,4% (547)	4,7% (28)	2,9% (17)	3,9% (23)	96,1% (569)

Abb. 43: **Einsatz von Planungsinstrumenten und Integration des Umweltschutzes (n=592) (FUUF-Studie)**

---

148 Vgl. dazu Kreikebaum 1993a, S. 41-47, 62-104.
149 Vgl. Steger 1993a, S. 239-253, 275f., 281-284; Meffert/Kirchgeorg 1993, S. 104-113; Zabel 1994b, S. 70-73.

(3.) internes Rechnungswesen: Das interne Rechnungswesen ist das traditionelle betriebswirtschaftliche Informationssystem und deshalb auch für den Umweltschutz von herausragender Bedeutung. Zwei Arten von Informationen sind zu unterscheiden (wobei Zurechnungsprobleme einmal außer Acht gelassen sind): Stofflich-energetische Informationen (Mengengerüst) können die ökologischen Folgen umfassend abbilden, z.B. mit Hilfe von Ökobilanzen (3b.). Monetäre Informationen (Wertgerüst) sind in der Lage, ökologische Folgen in dem Ausmaß anzuzeigen, wie sie das Unternehmen mit Kosten belasten (3a.). Ebenso kann das Wertgerüst die Entlastung von monetär bewerteten Umweltwirkungen sowie durch Umweltschutz erzielte Erlöse anzeigen.

(3a.) Kosten- und Erlösrechnung: Grundsätzlich können Kosten und Erlöse an den organisationsinternen Ort der Verursachung durchgeleitet, verstärkt (z.B. durch Verrechnungspreise) oder gepuffert (z.B. Gemeinkostenschlüssel) werden. Aus Gründen der Prävention als auch des Erkennens der Wirtschaftlichkeit von Umweltschutz sind Umweltschutzkosten und -erlöse verursachungsgerecht anzuzeigen, d.h. Kostenträgern und -stellen zuzurechnen: Die Nicht- oder unterproportionale Zurechnung von Belastungen belohnt umweltnutzendes, die von Entlastungen sanktioniert umweltverträglicheres Verhalten; dazu wird die Möglichkeit intrinsischer Motivation vergeben, bereits vorhandene Informationen über Verhaltensfolgen und über Entlastungserfolge an das Organisationsmitglied zurückzukoppeln. Bei der Zurechnung sind drei Kategorien von Umweltwirkungen zu beachten: (1.) durch Umweltschutz reduzierte und durch unterlassenen Umweltschutz verbleibende, (2.) input-, throughput- (prozeß-) und outputbezogene, (3.) Ressourceneinsatz und negative externe Effekte. Anhand dieser drei Kategorien lassen sich die durch Umweltkosten- und -erlösrechnungen erzielbaren Effekte aufzeigen. Dabei sind Sonderrechnungen von integrierten Rechnungen zu unterscheiden.[150] Sonderrechnungen sind ein "parallel zur bestehenden Kosten- und Erlösrechnung angelegtes Informationssystem"[151]. Die im Schrifttum entwickelten und diskutierten Ansätze stellen sich dann wie folgt dar; für eine detailliertere Darstellung sei auf die jeweiligen Quellen verwiesen:

a. Im wesentlichen aus den Umweltberichten der Unternehmen umweltsensibler Branchen, Verbandsdarstellungen,[152] aber auch den jährlichen Erhebungen des statistischen Bundesamtes [Abb. 1: 2] sowie nachfrageseitigen Analysen des Marktes für Umweltschutztechnik und -

---

150 Zu dieser Unterscheidung vgl. Kloock 1993, S. 192f.
151 Wagner/Janzen 1991, S. 125.
152 Vgl. auch die Erfassungs- und Auswertungsempfehlung des VDEW 1986.

dienstleistungen[153] bekannt ist der Ausweis von Umweltschutzinvestitions- und -betriebsko-sten. Es handelt sich hierbei um eine Sonderauswertung der herkömmlichen Kosten- und Er-lösrechnung nach über die gesamte Kategorie 2 hinweg durch den Staat, durch sonstige An-spruchsgruppen und freiwillig internalisierten Kosten. Kosten unterlassenen Umweltschutzes sind soweit erfaßt, als direkt Auszahlungen zur Berechtigung eines bestimmten Ver-schmutzungsniveaus (Abgaben, Steuern, Zertifikate) erfolgen. Der unternehmensseitige Verwendungszweck ist vorwiegend der der Außendarstellung (Public Relations) und der all-gemeinen Mitarbeiterinformation. Bezeichnenderweise beschränkt sich die Sonderrechnung auf die Kosten. Prinzipiell zeigen solche Aufstellungen verursachter Umweltwirkungen, weil monetär bewertet, auch ein Rationalisierungspotential für Umweltschutzkosten an.

b. Ebenfalls eine Sonderrechnung stellt die von *Wagner/Janzen* konzipierte "Umwelt-Budget-Rechnung" dar, die die Umweltkosten- und -nutzen von Umweltschutzprojekten erfaßt.[154] Die Rechnung ist auf die externen Effekte beschränkt.

c. Mit der "Eco-rational-Path-Method" (EPM) entwickeln *Schaltegger/Sturm* eine Methodik, Prozesse und Produkte nach finanzwirtschaftlichen und ökologischen Kriterien integriert zu bewerten. Die Entscheidungsregel leitet sich aus der Relation Deckungsbeitrag/Schad-schöpfungseinheiten des jeweiligen Objektes ab.[155]

d. Das Gros der theoretischen Arbeiten wählt einen integrativen Ansatz, wobei für die ge-nannte Kategorie 2 die internalisierten Kosten möglichst umfassend als Kostenarten erfaßt und weitgehendst verursachungsgerecht Kostenstellen und -trägern zugerechnet werden.[156] Für den am offensichtlichsten wahrnehmbaren Teil der Umweltwirkungen einer Organisation sind damit wichtige Voraussetzungen für ein umweltverträgliches Verhalten erfüllt. Es verbleiben aber auch hier noch Probleme der sachlichen und zeitlichen Abgrenzung sowie der Abgrenzung von Erlösen.[157]

e. Für die Verrechnung der noch nicht internalisierten externen Kosten liegen zwei Konzepte vor. *Kloock* und *Roth* schlagen eine "externe" (bei *Roth* "ökologieorientierte") Kostenrech-nung vor, die grundsätzlich analog zu der in Punkt c. dargestellten "internen" ("umweltschutz-orientierten") Kostenrechnung aufzubauen ist.[158] *Kreikebaum/Türck* entwickeln auf der Basis der Nutzwertanalyse ein Punktbewertungsverfahren. Dadurch wird ebenfalls eine (dimen-sionslose) Gesamtbewertung möglich; die Punkte werden später in monetäre Größen über-führt.[159] Beide Ansätze erlauben, bereits verursachte, der Organisation zwar noch nicht aktuell, aber latent und potentiell internalisierbare Umweltwirkungen in das monetäre Kalkül von Organisationsmitgliedern zu überführen. Allerdings tauchen besondere Probleme der genauen Definition und Abgrenzung der nicht internalisierten Umweltwirkungen sowie ihrer anschlie-ßenden monetären Bewertung auf. Darüber hinaus wird auch die Erfassung der durch betrieb-lichen Umweltschutz erreichten Verbesserung der Umweltqualität in einer umweltschutz-orientierten Nutzen-Kosten-Rechnung vorgeschlagen.[160]

---

153 So durch das IfO (u.a. Sprenger/Knödgen 1983, S. 83-98) oder das RWI (u.a. Halstrick-Schwenk u.a. 1994, S. 33-52).
154 Vgl. Wagner/Janzen 1991, S. 124-128; Wagner 1993, Sp. 3669f.
155 Vgl. Schaltegger/Sturm 1992, Übersichten auf S. 137, 202.
156 Vgl. Fleischmann/Paudtke 1977: Schreiner 1992, S. 479f.; 1993, S. 259-265; Wicke u.a. 1992, S. 247-254; Haasis 1992, S. 118-122; Schulz/Schulz 1993, S. 34-38; Kloock 1990, S. 7-21; m.w.N. 1993, S. 194-203; Roth 1992, S. 76-90; 105-156; Wagner 1993, Sp. 3669f.; Günther 1994, S. 227-260.
157 Vgl. Schreiner 1992, S. 477f. oder 1993, S. 265-267.
158 Vgl. Kloock 1990, S. 8, 22-27; Roth 1992, S. 74-76, 157-221.
159 Vgl. Kreikebaum/Türck 1993.
160 Vgl. Kloock 1990, S. 8, 28-34; Roth 1992, S. 75, 222-250.

f. Bei Leistungsverflechtungen bietet sich die pretiale Lenkung zur Verhaltenskoordination an. Allgemein besteht das Kernproblem darin, einen Verrechnungspreis zu bestimmen, bei dem das Gesamtoptimum erreicht wird.[161] Mit der pretialen Lenkung können Preise für Stoff- und Energieflüsse sowie internalisierte Kosten weiterverrechnet werden. Auch für interne Umweltschutzdienstleistungen bietet sich eine Koordination mittels Verrechnungspreisen an. So hatte ein Unternehmen, mit dem wir am Institut für Ökologie und Unternehmensführung zusammenarbeiten, für die Nutzung seiner unternehmenseigenen Deponie den Organisationseinheiten Verrechnungspreise vorgegeben mit der Absicht, über das Anreizen von Reststoffvermeidungs- und -verminderungsinnovationen den Zeitraum der Deponieverfügbarkeit zu verlängern.[162] Die gleichen Überlegungen können für unternehmenseigene Klär- und Recyclinganlagen angestellt werden.[163]

① Reststoffstrom	② Kosten der Produktion			③ Kosten der Entsorgung	④ Ge- samt	⑤ Prioritäten -folge	
	Einkaufs -kosten	Personal	Abschrei -bung			③	④
Ausfälle und Nacharbei- ten	1.006	270	---	- 14[1]	1.262	5.	1.
Umadjustierung beim Färben	256	931	---	6	1.193	4.	2.
Schnittreste	167	---	---	---	176	---	7.
Produkt-/ Transport- verpackung am Produkt	---	---	--	461	461	1.	5.
Sonstige Verpackungs- materialien	182	99	48	9	338	3.	6.
Abwasser	521	---	---	257	778	2.	3.
(Ab-)wärme	744	---	---	---	744	---	4.
Gesamt	2.876	1.300	48	719	4.943	---	---

Abb. 44: Stoffflußbezogene Kostenrechnung am Beispiel eines Textilherstellers (alle Kostenangaben in TDM/Jahr)

Quelle: Erweitert nach Kunert AG/Kienbaum GmbH/IMU 1995, S. 35.

g. Eine u.U. erheblich verbesserte monetäre Information über Umweltwirkungen liefert die stoff- und energieflußbezogene Kostenrechnung. Die Flüsse werden vom Input, über die internen Prozesse bis zum Output durchgängig verfolgt. Zugerechnet werden dann nicht allein die internalisierten Kosten, sondern auch die Preise der eingesetzten Ressourcen und die Kosten

---

161 Vgl. Laux/Liermann 1993, S. 393-417.
162 Die Verfügungsmöglichkeit einer eigenen Deponie wurde angesichts der Schwierigkeit, neue Deponien auszuweisen, sowie stark steigender Entsorgungskosten als strategischer Wettbewerbsvorteil erachtet.
163 Dazu Günther 1995, S. 33; mit Beispiel auch Kloock 1993, S. 201f. Weiterhin Lethmathe 1994, S. 11-18.

ihrer internen Bearbeitung.[164] Das dem Bericht des Modellprojektes bei der Kunert AG entnommene Kostenbeispiel des Reststoffstroms in Abbildung 44 veranschaulicht, daß die internalisierten Kosten einen nur geringen Teil der bereits erfaßten monetären Umweltinformationen abbilden. Die umfassende Transparenz bewirkt zweierlei: Sie zeigt erstens eine höhere Wirtschaftlichkeit präventiven Umweltschutzes - im Beispiel ist sie bedeutend - an. Sie kann zweitens, so ebenfalls im Beispiel, zu einer betriebswirtschaftlich veränderten Prioritätenfolge der Maßnahmenbereiche führen.[165]

Im Gegensatz zu diesen Entwürfen sind zwei empirische Beobachtungen evident: Die erste ist die immer wieder, aber i.d.R. als Einzelfälle berichtete Wirtschaftlichkeit umweltschutzorientierter Maßnahmen. Der Überraschungseffekt selbst bei größeren Kosteneinsparungen und die Häufigkeit seines Auftretens sind ein Indikator für systematische Defizite in der Kostenrechnung von Unternehmen. Denn gerade diese rentablen Kostensenkungspotentiale müßte das herkömmlichen betriebswirtschaftlichen Kriterien folgende Informationssystem bereits anzeigen.

Der zweite wesentliche und repräsentative Befund ist der einer in der Mehrzahl der Unternehmen unzureichend entwickelten Umweltkostenrechnung. Der *FUUF*-Studie zufolge sieht nur jedes fünfte bis zehnte Unternehmen sein Rechnungswesen dazu in der Lage, umweltschutzbedingte Kosten und Erlöse organisatorischen Einheiten (Kostenstellen; 16,8%), Investitionsobjekten (Kostenträger; 18,6%) oder Produktlinien (Kostenträger; 10,2%) zuzurechnen [Abb. 45a]. Auch Kostenarten werden nicht vollständig erfaßt.[166] Genau dies aber ist für eine möglichst verursachungsgerechte Internalisierung Voraussetzung. Nach der neueren Untersuchung der Forschungsgruppe um *Coenenberg* haben solch gravierenden Defizite weiterhin Bestand.[167] Mit knapp der Hälfte der befragten Unternehmen werden noch am ehesten Kosten für Verpackung und Energie verursachungsgerecht zugerechnet [Abb. 45b].[168] Damit fällt die Kosten- und Erlösrechnung als entscheidungssteuerndes Instrument eines präventiven Umweltschutzes bislang i.d.R. aus. Erst recht gilt dies für die verursachten, aber noch nicht internalisierten Umweltschutzkosten.

---

164 Vgl. Kunert/Kienbaum/IMU 1995, S. 18-23; LfU 1994, S. 83-86; Arndt 1995, S. 254-258; Burschel/Fischer/ Wucherer 1995; auch Günther 1994, S. 228-237.
165 Wenn alle Umweltwirkungen monetarisiert und internalisiert sind, trifft diese Prioritätenfolge auch ökologisch zu. Zumindest im Modellprojekt wurden jedoch nicht alle externen Kosten, sondern lediglich die internalisierten berücksichtigt. Deshalb ist bei umfassender stofflich-energetischer Bewertung erneut eine andere Rangfolge möglich.
166 Vgl. auch Prior/Teitscheid 1991, S. 327-332.
167 Vgl. Coenenberg u.a. 1994. S. 93-96.
168 Im Gegensatz dazu bemerken die Autoren im Kommentar, daß "bereits heute ... weitgehend verursachungsgerecht zugerechnet" wird; Coenenberg u.a. 1994, S. 95; analog Coenenberg 1994, S. 57.

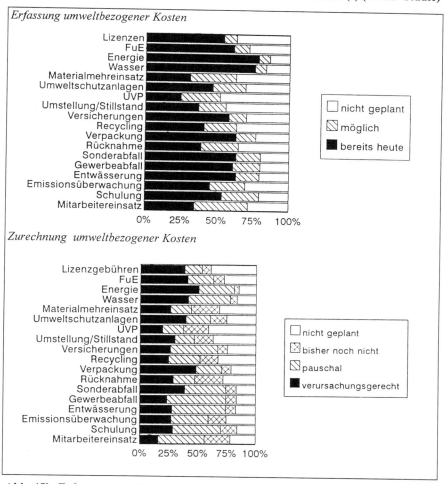

Unser Rechnungswesen erlaubt eine Betrachtung umweltschutzbedingter Erlös- und Kostenentwicklungen nach folgenden Kriterien (n=167)

30,5%	Umweltschutzbereiche (z.B. Luftreinhaltung, Abfall)
16,8%	Organisatorische Einheiten (Umweltschutzstellen, Bereiche)
18,6%	Investitionsobjekte/-vorhaben
10,2%	Produktlinien (ökologischer Produktlebenszyklus)

Abb. 45a: Erfassung und Zurechnung von Umweltschutzkosten (I) (FUUF-Studie)

Erfassung umweltbezogener Kosten

□ nicht geplant
▨ möglich
■ bereits heute

Zurechnung umweltbezogener Kosten

□ nicht geplant
⊠ bisher noch nicht
▨ pauschal
■ verursachungsgerecht

Abb. 45b: Erfassung und Zurechnung von Umweltschutzkosten (II) (n=473)
Quelle: Coenenberg u.a. 1994, S. 96; Coenenberg 1994, S. 56

Im Gegensatz zu diesen Befunden lassen Entwicklungen in der Umweltpolitik eine weiter wachsende Bedeutung des betrieblichen Rechnungswesens und insbesondere der Kostenrechnung erwarten. Dazu gehört erstens die zunehmende Internalisierung externer Kosten, d.h. die Verringerung des Teils der externen Kosten, die sich bislang nicht in der Erfolgsrechnung von Verursachern niederschlagen. Zweitens ändert sich für Unternehmen bei einem verstärkten Einsatz marktwirtschaftlicher Instrumente (v.a. Steuern, Abgaben, Lizenzen, Zertifikate) die Art der umweltpolitischen Information und damit auch die Art der betrieblichen Entscheidung: Ordnungsrecht setzt mit den Grenzwerten punktgenaue stoffliche-energetische Vorgaben. Deren Einhaltung ist prioritär; daß dies möglichst kostengünstig erreicht wird, ist eine nachgelagerte Entscheidung des Verursachers. Marktwirtschaftliche Instrumente stellen höhere Anforderungen an das interne Rechnungswesen. Von ihnen gehen direkt Preissignale aus. Sie unterstellen weiterhin unterschiedliche, unternehmensspezifische Kostenoptima und lassen deshalb Verhaltensbandbreiten zu. Dadurch ist es dem einzelnen Unternehmen möglich, innerhalb der erlaubten Bandbreite seine eigenen kostenoptimalen Umweltschutzniveaus zu ermitteln.

(3b.) Ökobilanzen und Kennzahlen: Internalisierte Kosten sind zwar unmittelbar erfolgswirksam, decken bei der gegenwärtigen Umweltpolitik i.d.R. jedoch nur einen Teil einer Umweltwirkung ab.[169] Zudem bestehen Transformationsprobleme: Grenzwerte und direkte Preisvorgaben (z.B. Abgaben, Steuern) sind in letzter Konsequenz nicht naturwissenschaftlich, sondern politisch gesetzt. Bei der Bildung der Ressourcenpreise können Knappheiten sowie die Überwälzung der bereits vor dem Bezug internalisierten negativen externen Effekte der Gewinnung und Herstellung von anderen Einflüssen überlagert werden. Einen von solchen Effekten unverfälschten und umfassenden Überblick über die Stoff- und Energieflüsse[170] in, durch und aus dem Unternehmen liefern Ökobilanzen.[171] Nach dem allgemein anerkannten Schema des *Insti-*

---

169 So auch Weizsäcker, E.U. 1990, S. 145, 147. Vor diesem Hintergrund hat Weizsäcker die Metapher von der "ökologischen Wahrheit der Preise" geprägt; ebenda.
170 Auch komplexe Betriebsmittel und Werkstoffe lassen sich auf diese Kategorien zurückführen.
171 Eine Erfassung der Umweltwirkungen auf den Vorstufen bis ins letzte Detail verbieten allerdings die Erhebungskosten; dazu bereits Fn.2, S. 22

tuts für ökologische Wirtschaftsforschung lassen sie sich für Prozesse, Produkte,[172] Standorte (Betriebe) und die Substanz erstellen.[173]

Davon ausgehend sind zwei hier interessierende verhaltensorientierte Aufbereitungen möglich: Analog zur Kostenrechnung können erstens die erhobenen Umweltwirkungen (Wirkungsarten) Stellen und Trägern zugerechnet werden. Es entsteht eine Umweltwirkungsrechnung.[174] Je Verursacher werden so die Umweltwirkungen umfassend transparent; Periodenvergleiche erlauben Erfolgsrückkopplungen und Abweichungsanalysen. Für Träger (Produkte und Prozesse) ist eine umfassende Bilanzierung erwünscht. Ein analoges Vorgehen bei der Stellenrechnung bedeutete, für jede Stelle eine Ökobilanz zu führen. Für eine ökologische Aufgabenanalyse oder Arbeitsbewertung [255] ist dies die fundierteste Grundlage. Für die alltägliche Aufgabenerfüllung wären die Informationen jedoch, da sie äußerst komplex sind, kaum operabel; sie enthielten zudem auch alle von der Stelle nicht beeinflußbaren Umweltwirkungen. Die Kosten eines durchgängigen Systems von Stellenbilanzen (Erstellung, Zeitbedarf der Stelleninhaber zur Informationsaufnahme und -verarbeitung) wären erheblich. Deshalb bietet sich zweitens an, auf ein allgemein bereits genutztes Instrument, das der Kennzahlen bzw. eines Kennzahlensystems zurückzugreifen. Kennzahlen sind auf ein bestimmtes Objekt verdichtete Informationen über quantifizierbare Sachverhalte.[175] Kennzahlen reduzieren die Komplexität einer Entscheidungssituation. Sie lassen sich an den spezifischen Bedarf (u.a. beeinflußbare Umweltwirkungen) einer Stelle - auch einer Stelle auf der ausführenden Ebene - anpassen, können so als Zielgrößen bei der Formulierung von Verhaltensnormen dienen und als Bemessungsgrundlage von Anreizen. Kennzahlen können - gerade auch sinnlich nicht wahrnehmbare - Umweltwirkungen veranschaulichen. Bei einem Vergleich mit anderen Perioden, Stellen und Objekten können sie Verhaltenserfolge oder -mißerfolge rückkoppeln und Ausgangspunkt von Abweichungsanalysen sein. Komplexitätsreduktion birgt andererseits Nachteile in sich: Informationsverdichtung geht immer einher mit einem Verlust an Transparenz.

---

172 Speziell für ökologische Produktbewertungen ist auch das Instrument der Produktlinienanalyse entwickelt. Grundlegend ist auch hier die phasenübergreifende Betrachtung. Die drei wesentlichen Unterschiede zur Ökobilanz sind die qualitative statt der quantitativen Informationserhebung (nicht bzw. je nach Verfahren: -bewertung), die Betrachtung der gesamten Produktlinie gegenüber dem auf das Unternehmen begrenzten Abschnitt und die Hinzunahme ökonomischer und sozialer Kriterien; vgl. Projektgruppe/Öko-Institut 1987.

173 Vgl. Hallay/Pfriem 1992, S. 58-60.

174 Vgl. die methodisch gleichen Vorschläge einer Schadschöpfungsarten-, -stellen- und -trägerrechnung ("Schadschöpfungs-Leistungsrechnung") bei Schaltegger/Sturm 1992, S. 177-191 sowie einer Umwelteinwirkungsarten-, -stellen- und -trägerrechung bei Arndt 1992.

175 Vgl. Reichmann 1993, Sp. 2159, 2162; Hopfenbeck 1989, S. 768f.

Damit der Vorteil übersichtlicher Information genutzt werden kann, sind die Kennzahlen, an denen sich ein Organisationsmitglied orientieren soll, weiterhin auf ein handhabbares Maß zu beschränken. Bei vielfältigen Umweltwirkungen kollidiert dies mit dem Anspruch einer umfassenden Information. Durch Auswahl geraten bestimmte Wirkungen aus dem Blickfeld, die sich bei fortschreitendem ökologischen Wissen aber doch als bedeutsam herausstellen können. Kennzahlen repräsentieren den Wissensstand zum Zeitpunkt ihrer Konstruktion und sind deshalb von Zeit zu Zeit selbst einer Revision zu unterziehen.

Kennzahlen und Kennzahlensysteme sind unternehmensindividuell zu gestalten. Dementsprechend wurden vielfältige Vorschläge ihrer umweltorientierten Konstruktion unterbreitet.[176] Einer Einteilung von *Hopfenbeck* folgend kann eine Kennzahl eine absolute Zahl oder eine Verhältniszahl sein. Verhältniszahlen wiederum können eine Teilgröße zu einer Gesamtgröße (Gliederungszahl), verschiedene logisch verknüpfte Größen (Beziehungszahl) oder eine aktuelle Größe zu einem Basiszeitpunkt (Indexzahl) in Beziehung setzen.[177] Sie können dies auch für monetäre Informationen und für eine Kombination aus monetären mit stofflich-energetischen Informationen, was spezifischere kostenrechnerische Aussagen möglich macht.

Den Angaben der Controllingverantwortlichen in der *FUUF*-Studie zufolge (n=167) werden umweltschutzspezifische Informationsinstrumente auf stofflich-energetischer Grundlage in eher noch geringerem Umfang genutzt als erweiterte herkömmliche Instrumente: Stofflisten (24,6%), Material-/Stoffflußrechnungen (14,4%), Energieflußrechnungen (14,4%), Emissionskataster (10,8%), Ökobilanzen (3,0%). Die Werte für Stofflisten (26,5%) und Ökobilanzen (4,7%) werden durch Angaben im Mantelbogen (n=592) bestätigt.

Ähnlich fällt der Befund von *Nitze* aus. "Nur 40% der ökologisch betroffenen Unternehmen machen sich die Mühe, ökologisch relevante Stoff- oder Energiemengen überhaupt zu erfassen und teilweise auch zu bewerten. Vor allem die größeren Unternehmen spielen dabei eine Vorreiterrolle."[178] Die häufigsten Nennungen entfielen noch auf betriebliche Energiebilanzen (24%), weiterhin auf betriebliche Stoffbilanzen

---

176 Vgl. Stahlmann 1988, S. 141-144; Hallay/Pfriem 1992, S. 148-156; Clausen/Hallay/Strobel 1992; European Green Table 1993; Hopfenbeck/Jasch 1993, S. 330-350; Böhm/Halfmann 1994; Coenenberg 1994, S. 57f.; Günther 1994, S. 289-323; Pfriem 1995a, S. 321-329.

177 Vgl. Hopfenbeck 1989, S. 769.

178 Nitze 1991, S. 181.

(17%), Abfallbuchhaltung (17%), Prozeßbilanzen (10%), Produktbilanzen (8%) und ökologische Buchhaltung (2%).179

Der in einer **Gesamtbetrachtung** deutlich werdende Status quo der Maßnahmen zur **Verbesserung der Fähigkeiten und des Informationsstandes** ist aus Sicht der Voraussetzungen für einen präventiven Umweltschutz unzureichend. Angesichts der geringen ökologischen Betroffenheit, die die große Mehrzahl der hier Verantwortlichen ihrem eigenen Aufgabenbereich zumißt, ist das nur konsistent. Defizite bei den Informationsinstrumenten vergeben darüber hinaus Möglichkeiten, Wettbewerbspotentiale zu erkennen, und erschweren eine wettbewerbliche Argumentation pro Umweltschutz. So ist es der Mehrzahl der Unternehmen weder möglich, frühzeitig Wettbewerbskräfte noch Wertschöpfungspotentiale zu identifizieren, noch umweltpolitisch bereits internalisierte Kosten intern verursachungsgerecht zuzuweisen. Das Erkennen von Umweltwirkungen beschränkt sich weitgehend auf Risikoanalysen und bestimmte Umweltschutzkostenarten. Dabei wurde in den Untersuchungen noch nicht einmal die Güte der Informationen erhoben und die Höhe des Prozentanteils der Organisationsmitglieder, der solche Informationen jeweils erhält oder dem solche Informationen zugänglich sind, sondern lediglich, ob im Unternehmen diese Information überhaupt, d.h. einer beliebigen Stelle vorliegt. Eine Rückkopplung ökologischer Verhaltensfolgen und ökonomischer Folgen umweltverträglichen Verhaltens an das einzelne Organisationsmitglied ist unter diesen Umständen als Ausnahme anzunehmen. Unter den Motiven für betrieblichen Umweltschutz rangieren Markt- und Wertschöpfungspotentiale in der *FUUF*-Studie dann auch am Ende.180

Motivierung der Organisationsmitglieder

Die Motivation zu umweltverträglichem Verhalten kann neben der bereits diskutierten Internalisierung des entsprechenden Organisationsleitbildes in die individuellen Werthaltungen sowie einer besseren Qualifikation durch Partizipation und Anreize gefördert werden. **Partizipation** heißt, Stelleninhaber an der Entscheidungsfindung der vorgesetzten Instanz durch Mitwirkungs- (Anhörung, Information, Beratung) und Mitbestimmungsrechte (Initiative, Zustimmung, Widerspruch) [Abb. 31: 200] zu beteili-

---

179 Vgl. Nitze 1991, S. 183.
180 Vgl. Antes/Tiebler/Steger 1991, S. 208 oder Antes/Steger/Tiebler 1992, S. 380.

gen.[181] Das kann zwei positive Effekte nach sich ziehen: Erstens kann sich die Motivation des Stelleninhabers, die Verhaltensnorm zu befolgen, erhöhen: weil sie gemeinsam ermittelt wurde oder weil ein ganzheitlicher Eindruck des eigenen Beitrags in einem Leistungsverbund möglich und damit auch die Notwendigkeit, diesen gut zu erfüllen, erfahrbar wird. Somit kommt Partizipation der bei Prävention verstärkt zu beachtenden Interdependenzen entgegen. Partizipation kann zweitens die Güte einer Entscheidung, hier deren Umweltverträglichkeit, verbessern: Sie erschließt den Zugang zum spezifischen Wissen über die zu koordinierende Teilaufgabe und zum Ideenpotential der Träger dieses Wissens.[182] Insbesondere wird durch Partizipation der von den Entscheidungs- und Handlungsfolgen Betroffenen eine umfassendere Bewertung eben dieser Folgen möglich. Es ist deshalb nur konsequent, auch horizontal Betroffene zu beteiligen. Das kann in Form oder im Rahmen sekundärorganisatorischer Maßnahmen geschehen. Betroffenenpartizipation, so der schon oben vorgetragene Einwand, ist allerdings nicht schon an sich von Vorteil, sondern nur dann, wenn es gelingt, die jeweils partikularen Rationalitäten der Betroffenen zumindest in Teilen zu überwinden.[183] Das bei der Mehrzahl der Organisationsmitglieder aller Hierarchieebenen entwickelte allgemeine Umweltbewußtsein [113-115] ist hierfür eine gute Grundlage. Bei konkretem Bezug auf Verrichtungen und Objekte wird jedoch ebenso mehrheitlich die persönliche Betroffenheit verdrängt, [139f.] was das Finden und Umsetzen ganzheitlicher Alternativen erschwert. Die Kosten einer Betroffenenpartizipation liegen in den ausgeweiteten Kommunikationsaufgaben aller Beteiligten.

Anreize bestehen in der Gewährung von Belohnungen und der Verhängung von Sanktionen. [204-208] Das Entscheidende bei Belohnungen, so ergab die Analyse ihrer Verhaltenswirkung, ist nicht so sehr, umweltschutzspezifische Belohnungen einzuführen, sondern die vorhandenen auf ihre Umweltverträglichkeit zu überprüfen und ggf. zu verändern.[184] Die Bemessungsgrundlage steht dabei im Vordergrund. Idealerweise werden über das zugestandene Maß hinausgehende Umweltwirkungen als auch Entlastungen verursachungsgerecht internalisiert. Fallen die Zeitskalen von Umweltwirkungen und Bemessungsgrundlage auseinander, ist dieser Zustand tendenziell verletzt.

---

181 Partizipation ist demnach von der Delegation, der Übertragung von Verantwortung und Kompetenzen, zu unterscheiden.

182 So auch Petersen (1995, S. 29), aus der Einführung eines Umweltmanagementsystems nach der EU-Umweltauditverordnung berichtend.

183 Die entwickeltste Kritik an der Gleichsetzung von Betroffenenpartizipation mit der weiter als Umweltverträglichkeit gefaßten Sozialverträglichkeit trägt Wiesenthal (1990) vor.

184 Erste Überblicke bieten Seidel 1990; 1991, S. 338f.; Steinle/Lawa/Schollenberg 1993, S. 13.

Sanktionen sind der Wahrscheinlichkeit geschuldet, daß kein Wert, auch nicht der des Umweltschutzes mit seiner hohen gesellschaftlichen Akzeptanz, von allen Mitgliedern einer kulturellen Gemeinschaft internalisiert ist.[185] Abweichende Motivstrukturen können bei konfligierenden Motiven aber zu abweichendem Verhalten führen. Der "innere Widerstand gegen eine naturverträgliche Ökonomie"[186] kann im konkreten Fall etwa ausgelöst sein durch die Möglichkeit kurzfristiger persönlicher Erfolgsmaximierung zu Lasten der Gemeinschaft (z.B. ökologische Dilemmata/Allmende-Klemme) oder die durch Integration drohenden Verluste an Legitimation, Status und Macht. Aufgrund des Gebots der Ganzheitlichkeit einerseits, Verhaltensinterdependenzen und der daraus resultierenden Notwendigkeit zur Kooperation andererseits verfügt auch ein einzelner Akteur über Blockademacht. Die konsequente Blockade eines einzigen Akteurs kann aber, so etwa die Erfahrung mit Situationen sozialer Dilemmata, das Verhalten der ganzen Gruppe "nach unten" und weitreichendste Umweltschäden nach sich ziehen. Sanktionen sollen der Mißachtung von Verhaltensnormen und dem Mißbrauch von Verhaltensspielräumen begegnen. Sie sind andererseits ein Instrument, Mindeststandards abzusichern, keines um innovatives Verhalten anzureizen. Ihre Wirksamkeit wird objektiv begrenzt, wenn das Mitglied die Organisation verläßt, bevor eine solchermaßen verursachte Umweltwirkung erkannt und zugerechnet wird. Weiterhin besteht eine Grauzone hinsichtlich der Überprüfbarkeit des Mißbrauchs. Keinesfalls ist Fehlverhalten automatisch mit mißbräuchlichem Verhalten gleichzusetzen. Die Sanktionierung jeglicher Fehler führt lediglich dazu, daß ein Organisationsmitglied sein persönliches Risiko minimiert. Ohne Toleranz für Fehler sind bestimmte Lernprozesse nicht möglich

Die Verbreitung einiger Anreize wurde in der *FUUF*-Studie durch Befragung der Personalleiter erhoben. [Abb. 46] Nur wenige der angesprochenen Anreize sind in größerem Umfang ausgeprägt. Zwei Nennungen fallen aus dem Rahmen, relativieren sich aber: der erleichterte Informationszugriff angesichts der vorausgegangenen Analyse des Informationssystems, die Mitwirkung am betrieblichen Vorschlagswesen durch die Befragten selbst bei der Antwort auf erhöhte Prämien.

---

185 Wo Sicherheit über das Gegenteil besteht, sind Sanktionen demnach überflüssig. Dies kann in weltanschaulichen Organisationen oder - bezogen auf den Umweltschutz - Unternehmen des sogenannten alternativen Sektors der Fall sein, aber auch in "Öko-Pionier- Unternehmen".

186 Scherhorn 1989; ähnlich 1994, S. 270. Scherhorn bezieht seine Aussage auf den privaten Lebensbereich des Konsums.

Anzreiz	Angaben in % (n=102)			
	stark	wenig	nicht	keine Angabe
Leichter Zugriff auf entsprechende Information	46,1	15,7	15,7	22,5
Betriebliches Vorschlagswesen (BVW)	45,1	24,5	11,8	18,6
Erhöhte Prämien f. Umweltschutzideen im BVW	11,8	6,9	58,8	22,5
Belohnungssysteme für Ideen zum Umweltschutz (Erfolgsprämien, Boni)	12,7	14,7	48,0	24,5
Mitwirkung in Qualitätszirkeln	20,6	16,6	36,3	26,5
Verschaffung von Anerkennung bei besonderen Ideen/Leistungen auf dem Umweltsektor	22,5	21,6	33,3	22,5
Anreize zur Vermeidung umweltschädlicher Verhaltensweisen (z.B. Verantwortungszurechnung bei langwirkenden Projekten)	14,7	13,7	48,0	23,5
Weiterbildungsmöglichkeiten im Umweltschutz	29,4	28,4	20,6	21,6
Betriebsversammlungen zur Klärung von Umweltschutzfragen	10,8	17,7	49,0	22,5

Abb. 46: Anreize zur Förderung von Umweltbewußtsein und umweltverträglichem Verhalten (FUUF-Studie)

4.3 Organisationspraktische Überlegungen

Im vorangegangenen Abschnitt wurden die Konturen, gestalterischen Instrumente, aber auch die z.T. erheblichen Lücken zwischen dem Soll und dem Ist eines präventiven betrieblichen Umweltschutzes dargelegt. Demnach besteht die Notwendigkeit eines organisatorischen Wandels (Organisationsentwicklung). Im folgenden werden einige Konzepte daraufhin untersucht, ob sie einen solchen Wandel unterstützen können. Die Ausführungen beschränken sich auf vier Konzepte, denen im aktuellen Diskurs um betriebliches Umweltmanagement besondere Bedeutung beigemessen wird: Qualitätsmanagement, Arbeitsumweltschutz, die Arbeitsbeziehungen und die Einführung normierter Umweltmanagementsysteme. Die Ausführungen sind kurz gehalten. Auf die Darstellung der Konzepte selbst wird verzichtet, denn die drei erstgenannten wurden in ihren Grundzügen bereits dargestellt; [2.2.5: 48-58; 3.4.3.2: 179-189] für die letztgenannten wird auf die Normen und die relativ homogenen Kommentare in der Literatur verwiesen.

4.3.1 Anknüpfung an inhaltlich und strukturell affine Aufgaben?

Es liegt nahe, zum Umweltschutz inhaltlich und strukturell affine Aufgaben als Anknüpfungspunkt zu sehen, zumal dann, wenn diese durch eine Organisation bereits wahrgenommen werden. Als solche Aufgaben werden im Schrifttum das **Qualitätsmanagement** und der **Arbeitsumweltschutz** diskutiert. In Abschnitt 2.2.5 wurde auch deren präventiver Gehalt dargelegt. Allerdings ist diese präventive Ausrichtung nicht zwingend, sondern kennzeichnet bestimmte Alternativen unter anderen, Qualitätsmanagement und Arbeitsumweltschutz organisatorisch umzusetzen: Total Quality Management und Gesundheitsförderung. Deren strukturelle Nähe zum präventiven Umweltschutz, wie er hier entwickelt wurde, ist in der Tat sehr eng: Bei den gestaltungsrelevanten Merkmalen [2.4] bestehen wesentliche Gemeinsamkeiten. Die Folge sind gleichlautende Gestaltungsansätze, d.h.:

- entsprechende Ausrichtung des organisatorischen Verhaltensrahmens des einzelnen Organisationsmitglieds, insbesondere unter Beachtung von Interdependenzen (Prozeßorientierung, Verhältnisprävention);
- verstärkte Beteiligung von Betroffenen und vermehrte kooperative, sekundärorganisatorische Aufgabenbearbeitung (Gruppenarbeit, Zirkel);
- Ausrichtung auf einen kontinuierlichen Verbesserungsprozeß (Null-Fehler-Philosophie, veränderliche Informationsgrundlagen).

Prävention stellt demnach kein auf den Umweltschutz beschränktes, sondern ein themenübergreifendes Leitbild und Gestaltungskonzept dar, wobei die Themen sich aus den Wirkungen, die die Aufgabenerfüllung verursacht, ergeben: den Wirkungen auf Qualität, Gesundheit und die natürliche Umwelt. Auch die Begründung für Prävention lautet bei allen drei Themen gleich: begrenzte Wirksamkeit eines erst die Wirkungen behandelnden technisch-reparativen (kurativen, nachsorgenden, symptombehandelnden) Ansatzes bei mit den Anforderungen - Fehlerminimierung, Verhütung von Gesundheitsgefährdungen und chronischen Krankheiten, Grenzwerte - steigenden Grenzkosten.

Wie im Umweltschutz, so dominiert aber auch im Qualitätsmanagement und im Arbeitsschutz die Reparatur. Beide sind gegenüber dem Umweltschutz auch die älteren und über gewachsenere Organisationsstrukturen verfügende Themen. Die Diskussion um die strukturelle Anbindung von Umweltschutzaufgaben an das Qualitätsmanagement oder den Arbeitsschutz lebt nun just zu einer Zeit auf, in der die weitgehendst funktional-additive Bearbeitung von Qualität und Gesundheit aufgrund ihrer begrenzten Effektivität und Effizienz unter erhöhten Legitimationsdruck geraten ist. Das Bemühen, die umstrittene Position durch Erschließung neuer, zukunftsträchtiger Themen - dem Umweltschutz - zu stärken, ist aber weder im Interesse von Prävention im Umweltschutz, noch im Interesse von Prävention im Qualitätsmanagement oder im Arbeitsschutz. Es ist nicht plausibel, daß ein System mit erheblichen Präventionsdefiziten im angestammten Aufgabenbereich auf einen anderen Aufgabenbereich übertragen gerade dort Prävention bewirkt. Entscheidend ist somit, daß auch hinsichtlich Qualität und/oder Gesundheit präventive Absichten verfolgt werden. Dann kann es sinnvoll sein, für Aufgaben des Qualitätsmanagements, Umwelt- und Arbeitsschutzes, die auch bei Prävention zu konzentrieren sind, [252f.] gemeinsame spezialisierte Stellen einzurichten. Aufgrund der unterschiedlichen Anspruchsgruppen mit ihren unterschiedlichen Anforderungen - bei Qualität im wesentlichen der Kunde, beim Umweltschutz dagegen vielfältige vom Staat über Kunden bis zur allgemeinen Öffentlichkeit - sind die Aufgaben aber dennoch nur in Teilen ähnlich. Eine strukturelle Affinität ist demnach nur bedingt gegeben. Aber auch inhaltlich bestehen lediglich Schnittmengen zwischen den Aufgaben, weder stimmen sie völlig überein, noch ist die eine Aufgabe eine Unter-/Teilmenge einer anderen Aufgabe, wie manchmal der Eindruck erweckt wird.

Qualität - Umweltverträglichkeit: Die Qualität eines Produkts oder einer Dienstleistung kann anhand einer Reihe von Kriterien definiert werden. Umweltverträglichkeit kann eines oder mehrere dieser Kriterien darstellen.[187] Bei einer Produktlinienbetrachtung [Abb. 2: 13] können grundsätzlich alle, auch in den vor- und nachgelagerten Prozessen entstehenden Umweltwirkungen als qualitätsgenerierend aufgefaßt werden. Da die Umweltwirkungen sehr vielfältig sein können, ist dies eine Frage der Handhabbarkeit einer großen Zahl von Zielgrößen. Mit der Zahl der Zielgrößen steigt weiterhin die Wahrscheinlichkeit von Zielkonflikten (z.B. Lieferfrequenz, Einsatz von Sekundärrohstoffen).[188] Ebenso verliert die einzelne Zielgröße tendenziell an Gewicht, so daß die bereits bei der Vorgabe von Verhaltensnormen festgestellte Situation einer nunmehr zwar expliziten Berücksichtigung, aber weiterhin relativen Bedeutungslosigkeit eintreten kann. [265f.] Die Definition von Mindestanforderungen kann dem abhelfen, engt jedoch den Raum zulässiger Alternativen ein. Bei Existenz mehrerer Mindestanforderungen kann dies Zielgrößenkonflikte verschärfen.

---

187 Oess (1993, S. 37-55) etwa zählt zu seinen zwölf Qualitätskriterien die "Umweltfreundlichkeit" sowie die "Haltbarkeit".
188 Zur Problematik der Entscheidung bei mehreren Zielgrößen Laux 1982, S. 64-67.

<u>Gesundheitsverträglichkeit</u> - <u>Umweltverträglichkeit</u>: Die Schnittmenge zwischen Gesundheits- und Umweltverträglichkeit bilden die Emissionen, d.h. Teile der Umgebungseinflüsse[189], auch: physiologische Belastungen[190], am Arbeitsplatz (z.B. Lärm, Staub, Gase/Dämpfe, Raumklima, toxische Arbeitsstoffe, Unfall-/Störfallgefahren). Außerhalb dieser Schnittmenge blendet jeder Aufgabenbereich den anderen aus: Dem Arbeits-/Gesundheitsschutz ist bspw. die Produktlinienbetrachtung eines präventiven Umweltschutzes fremd, dem Umweltschutz die psychischen Arbeitsbelastungen. Die Konsequenz kann, auch nicht-intendiert, [101-103] in der Problemverlagerung jeweils in den anderen Bereich bestehen. Eine zweite Konsequenz kann sein, daß bei Vereinnahmung eines Aufgabenbereichs dieser zukünftig auf seine Schnittmenge reduziert wird, der Umweltschutz etwa eng auf einen Arbeitsumweltschutz.[191] Als ein Ergebnis aus Fallstudien bezeichnet *Schwarz* "die Auslegung des betrieblichen Umweltschutzes als thematisch erweiterter Arbeitsschutz (als) notwendigerweise probleminadäquat"[192].

Es existiert ein zweites Konfliktfeld innerhalb der Schnittmenge, das aus der unterschiedlichen räumlichen Perspektive resultiert: Im traditionellen Verständnis ist, vereinfachend dargestellt, dem Arbeitsschutz Genüge getan, wenn bspw. eine Emission nach außen geleitet wird, dem Umweltschutz genau umgekehrt, wenn diese innerhalb des Raumes verbleibt.[193] Ebenso interessieren unterschiedliche gefährliche Eigenschaften eines Stoffes. Als Beispiele nennt *Wölcke* die FCKW "mit ihren nahezu idealen Eigenschaften als Arbeitsstoff, aber ihrer schädigenden Wirkung für die Ozonschicht"[194] oder umgekehrt künstliche Mineralfasern, die "vom Umweltschutz wegen der vernachlässigbaren Expositionen gering bewertet"[195] werden. Festzuhalten bleibt aber auch, daß bei Verfolgung präventiver Ansätze - durch die Bereinigung der identischen Ursachen - diese Konflikte teilweise oder ganz entfallen.

---

189 Vgl. REFA 1987, S. 46, 54-58; Oppolzer 1993, S. 78-112.
190 Vgl. Kreikebaum/Herbert 1988, S. 114f.
191 Vgl. Hildebrandt 1994, S. 148-150.
192 Schwarz 1992, S. 303; vor dem Hintergrund der Auswertung der IG-Metall-Kampagne "Tatort Betrieb" ähnlich Leisewitz/Pickshaus 1992, S. 69.
193 Dabei sind Grenzwerte, also die Minimalauslage, im Umweltschutz erheblich schärfer formuliert; vgl. Leisewitz/Pickshaus 1992, S. 41.
194 Wölcke 1994, S. 41. Nach Birke (1994, S. 134) führten im Gegenzug die FCKW-Ersatzstoffe, "zumindest ihre Erstanwendung zu vermehrten Arbeitsschutzunfällen".
195 Ebenda.

4.3.2 Umweltorientierung der Arbeitsbeziehungen?[196]

"Die Bearbeitung ökologischer Probleme als zerstörerische Folgen der Reichtumsproduktion ist im System der industriellen Beziehungen, in dem es zentral um die gesellschaftliche Reichtumsverteilung geht, gar nicht vorgesehen."[197]

Zur Untersuchung eines dennoch möglichen und sinnvollen Beitrags der Arbeitsbeziehungen zum Umweltschutz sind auch hier die beiden schon häufiger angeführten Aspekte zu trennen: die Umweltverträglichkeit der Arbeitsbeziehungen und ihr gezielter Einsatz für betrieblichen Umweltschutz. Mit dem ersten Aspekt sind Umweltwirkungen angesprochen, die durch die Arbeitsbeziehungen auf anderen Politikfeldern ausgelöst werden, wie etwa bereits für Entlohnungssysteme und -grundsätze angesprochen. [185] Die unter der Hoheit der unternehmensinternen Akteure gestalteten Regelungen - z.B. Unternehmenstarifverträge und vor allem Betriebsvereinbarungen - sind in diese Richtung zu prüfen und ggf. abzuändern.

Arbeitsbeziehungen können darüber hinaus Umweltschutz gezielt stützen. Das Potential hängt von der Art des Umweltschutzes, seine Ausschöpfung von der Motivation der Tarifpartner ab. Bei Reparatur, aber auch bei Kompensation und Duldung bieten die Arbeitsbeziehungen, wie Gestaltungsvariablen allgemein, tendenziell nur geringe Möglichkeiten, betrieblichen Umweltschutz zu fördern - im Großteil der Organisation ist der Umweltschutz eben nur rudimentär organisiert. In diesem Rahmen sind dann durchaus Regelungen, z.B. über eine verbesserte Information von Mitarbeitern und Betriebsrat durch die Betriebsbeauftragten, vorstellbar. Da die Tätigkeit aber strukturell von Umweltschutzaufgaben entkoppelt und die Umweltschutzaufgaben in eigenen Stellen konzentriert wurden, können solche Übereinkünfte nur eine sehr beschränkte Wirkung entfalten. Dagegen sind bei Prävention die Organisationsmitglieder deutlich stärker am Umweltschutz zu beteiligen. Wenn, dann wird gerade präventiver Umweltschutz eine Umweltorientierung der Arbeitsbeziehungen unterstützen. Ein zwingendes Erfordernis zur Beteiligung der Interessenvertretung über das gesetzliche Mindestmaß hinaus ist damit aber noch nicht gegeben. Ihr Ausschluß kann zwar kontraproduktiv wirken: weil eine Gestaltungsalternative, die u.U. zu günstigeren Ergebnissen führt, unberücksichtigt bleibt und weil Widerstände aufgebaut werden können, die die Ergebnisse anderer Alternativen verschlechtern. Andererseits wurden im Abschnitt zuvor mögliche Widersprüche zwischen Arbeitsschutz - einem traditionellen

---

196 Die folgenden Ausführungen entstammen teilweise einer Stellungnahme für das Umweltbundesamt; vgl. Antes 1993c; auch Antes 1994b.
197 Birke/Schwarz 1994, S. 20; gleichlautend Schwarz 1992, S. 302.

gewerkschaftlichen Politikfeld - und Umweltschutz deutlich. Ebenso stehen betriebliche Interessenvertretung und Tarifparteien für ein Stellvertreterhandeln und gerade nicht für direkte Partizipation der Betroffenen. Deshalb kann eine Beteiligung der betrieblichen Vertretungsorgane immer "nur" ergänzend sein - in Form eines Hinwirkens auf die Verbesserung der psychographischen und situativen Verhaltensbedingungen. In diesem Rahmen können Tarifparteien und Vertretungsorgane eine aktive Rolle zur Entwicklung eines präventiven betrieblichen Umweltschutzes übernehmen. Beispiele dazu und die Themenfelder wurden bereits in Abschnitt 3.4.3.2 ausgeführt. [179-189]

Von den Tarifparteien hat nahezu jede Gewerkschaft weitere Initiativen und weitergehende Vorstellungen entwickelt. Dazu zählen

- die Formulierung genereller Absichten für die eigene Organisation;[198]
- die Abgabe von Erklärungen zu bestimmten Umweltschutzthemen;[199]
- die Entwicklung von Normvorschlägen zu Tarifverträgen und (Muster-)Betriebsvereinbarungen,[200]
- das Anbieten von Arbeitshilfen[201] und Beratung[202].[203]

Dennoch ist die Ausweitung der Arbeitsbeziehungen innerhalb der Gewerkschaften umstritten. In einer 1990/91 durchgeführten umfassenden Bestandsaufnahme konstatieren *Scherer/Sterkel* eine gewisse Konzeptions- und Orientierungslosigkeit, teilweise gepaart mit einer Abneigung, die Arbeitsbeziehungen auf den Umweltschutz auszuweiten.[204] Durch die gerade genannten Aktivitäten hat sich diese Bild etwas zugunsten des Umweltschutzes verschoben.

Bei Arbeitgeberverbänden bestätigte sich in derselben Untersuchung als grundsätzliches Hemmnis die Befürchtung nach einer - durch Tarifverträge und Betriebsvereinbarungen - institutionalisierten, d.h. dauerhaften Einschränkung des Direktionsrechts

---

198 Z.B. durch die IG Metall (1993) im Rahmen ihres Projekts "Tarifreform 2000" oder die gemeinsamen Leitsätze der IG Bergbau und Energie, der IG Chemie-Papier-Keramik und der Gewerkschaft Leder (1993).

199 Etwa von der Gewerkschaft Textil-Bekleidung (GTB 1994) oder der Deutschen Angestellten Gewerkschaft (DAG 1994).

200 So von der Gewerkschaft ÖTV (1995) über einen Rahmentarifvertrag für ökologisches Wirtschaften; von der Gewerkschaft NGG (1992; auch o.V. 1992c) der "Rahmen für einen ökologischen Tarifvertrag" oder die Muster-Betriebsvereinbarung der DAG (1991, 1993, 1994).

201 Beispielsweise Ausbildungsmaterialien (IG Chemie-Papier-Keramik 1990, IG Metall 1991); aktuell insbesondere zur Arbeitnehmerbeteiligung bei Umweltaudits (NGG 1994; Teichert 1995 für die Hans-Böckler-Stiftung).

202 Etwa die Umweltberatung des DGB in den neuen Bundesländern (DGB 1993, Heuter 1993; o.V. 1995) oder als Informationsmaterialien, z.B. über Gefahrstoffe.

203 Vgl. auch die laufende Berichterstattung im Informationsdienst Arbeit & Ökologie-Briefe. Europaweit vgl. die Auswertung bei Hildebrandt/Schmidt 1994, S. 175-177.

204 Vgl. Scherer/Sterkel 1993, S. 117-135.

über den Hebel des betrieblichen Umweltschutzes.[205] Aufgeschlossenheit bestand teilweise gegenüber einer unverbindlichen und temporären Zusammenarbeit. Häufiger wurde aber selbst diese kategorisch abgelehnt, vor allem auf Verbandsebene.[206] Mit dem Abschluß gemeinsamer Erklärungen, von Abkommen, Tarifverträgen und Betriebsvereinbarungen ist diese Position durch Branchenverbände und Unternehmen zunehmend unterhöhlt - wie im übrigen das auch von Gewerkschaften vorgetragene Argument der Nicht-Praktizierbarkeit. Dennoch spricht sich die Bundesvereinigung der Deutschen Arbeitgeberverbände in einem aktuellen arbeitsrechtlichen Gutachten zur EU-Umweltaudit-Verordnung wieder weitest möglich gegen eine Beteiligung aus:[207] So wird ein Initiativ- oder Informationsrecht über die Beteiligung am EU-Gemeinschaftssystem abgesprochen (S. 7), die Schulung des Personals auf "in der Regel mitbestimmungsfreie Informationsveranstaltungen" (S. 17) abgewertet und vom Abschluß einer umfassenden Betriebsvereinbarung abgeraten (S. 2, 22-24), davon ausgenommen werden punktuelle Vereinbarungen (S. 23f.).

Als Gesamtergebnis ihrer Studie halten *Scherer/Sterkel* fest, daß das Umweltengagement der Verbände fest eingebunden ist in die traditionellen Mitgliederinteressen und dort auch seine Grenzen findet.[208] Komplementär zu den Interessen der Beschäftigten ist präventiver Umweltschutz etwa durch die Humanisierung der Arbeit (Arbeitsbereicherung durch anspruchsvollere und eigenverantwortlichere Tätigkeit, Verringerung physischer Belastungen) oder durch die erhöhte Arbeitsplatzsicherheit (Wettbewerbsfähigkeit durch höhere Produktivität und bessere Produkte). Konkurrierend ist ein arbeitsplatz- und besitzstandsgefährdender Strukturwandel sowie eine Leistungsverdichtung (Kapazitätsüberlastung durch Arbeitsbereicherung ohne Ausgleich). [260] Ein Blick auf die Unternehmensebene zeigt dann, daß bei den Interessenvertretungen negative Anknüpfungen überwiegen. Die empirischen Befunde sind einhellig: Häufig wird ein Handlungsbedarf geleugnet, eine eigene Mitverantwortung und -arbeit abgelehnt, dagegen die anderen Akteure (Unternehmensleitung, Staat/Behörden) in der Pflicht gesehen.[209] Als Gründe ermitteln *Hildebrandt/Zimpelmann* und *Birke/Schwarz* unabhängig voneinander, aber weitgehend übereinstimmend:

---

205 Dagegen bezeichnete der BDI in einer eigenen Publikation im selben Zeitraum Betriebsvereinbarungen als "gangbaren Weg"; vgl. BDI 1990, S. 23.
206 Vgl. Scherer/Sterkel 1993, S. 93-111.
207 Vgl. BAG 1995, alle weiteren Seitenangaben im Text; auch o.V. 1995l.
208 Vgl. Scherer/Sterkel 1993, S. 205-208.
209 Vgl. Eisbach/Bohnenkamp/Bontrup 1988, u.a. S. 223, 228 (schriftliche Befragung mit anschließenden Intensivinterviews in 76 Unternehmen des Maschinenbaus und der Holz- und Kunststoffindustrie); Schwarz

- die Einbindung in ein gemeinsames Unternehmensinteresse;
- keine/unzureichende arbeits- und umweltrechtliche Zuständigkeit;
- fehlende Kenntnisse und Informationen;
- geringe Sensibilität für den Umweltschutz;
- Kapazitätsgrenzen, Überforderung mit anderen Aufgaben;
- mangelndes Interesse seitens der Beschäftigten;
- mangelnde Unterstützung und Beratung seitens der Gewerkschaft;
- Selbstblockierung durch Fraktionierung des Betriebsrates.[210]

Die oben berichteten positiven Beispiele sind offenbar vereinzelte Initiativen. Als Ausnahme wird allein die Schnittmenge mit dem Arbeits- und Gesundheitsschutz, insbesondere der Gefahrstoffbereich, berichtet. Bei den Mitarbeitern und ihrer Interessenvertretung scheint hier eine besondere Motivation zu bestehen.[211] Wichtig ist jedoch festzuhalten, daß diese Verhaltensmuster bei einer in starkem Maße reparativen, kompensierenden und duldenden Umweltschutzpraxis beobachtet werden. Sie sind damit weniger ein Argument gegen eine Unterstützung von Prävention durch die (Akteure der) Arbeitsbeziehungen, sondern eher eine Bestätigung für eine geringe Mitarbeiterbeteiligung - und die geringe Zweckdienlichkeit einer Beteiligung - bei Reparatur, Kompensation und Duldung. Wo Mitarbeiter und Interessenvertretung dann einbezogen sind, dominiert eine negative Anknüpfung an den Umweltschutz. "Eine präventive Umweltschutzpolitik dagegen würde die Negativanknüpfung dieser reaktiven Politik aufheben und positive Anknüpfungen ermöglichen."[212] Das läßt eine ganz andere Motivation der Mitarbeiter und ihrer Interessenvertretung erwarten. Nun bedeutet Prävention nicht ausschließlich positive Anknüpfungen (s.o.). Eine Kooperation mit Betriebsrat und Gewerkschaften liegt aber gerade auch deshalb nahe, um den Wandel zu umweltverträglichen Strukturen sozial verträglich zu gestalten. Daß "Konfliktorte, -gegenstände und -linien ... grundsätzlich anders (liegen, Anm. R.A.) als beim industriellen Konflikt"[213], kann eine kulturelle Hemmschwelle zum Eintritt in Kooperationsbeziehungen sein - auf beiden Seiten. Damit ist aber auch eine besondere Chance

---

1992, S. 304; Birke/Schwarz 1994, S. 20f., 161-167 (5 Intensiv- und weitere Kurzfallstudien in "durchschnittlichen" Unternehmen); Hildebrandt/Zimpelmann 1993, S. 385f.; Hildebrandt 1995, S. 146 (10 Intensivfallstudien zu Umweltpionieren und Skandalfällen vorwiegend der Chemie- und Metallindustrie).

210 Vgl. Hildebrandt/Zimpelmann 1993, S. 386f.; Hildebrandt 1995, S. 146f.; Schwarz 1992, S. 304; Birke/Schwarz 1994, S. 21, 166f.

211 Vgl. Scherer/Sterkel 1993, S. 134, 194; Leiseweitz/Pickshaus 1992, S. 68f.; Hildebrandt/Zimpelmann 1993, S. 385f.; Hildebrandt 1995, S. 147; Muscheid 1993, S. 16; 1995, S. 50.

212 Hildebrandt 1995, S.154.

213 Schwarz 1993, S. 303.

für den Umweltschutz gegeben. Für die Arbeit der betrieblichen Interessenvertretung bedeutete dies zweifellos einen Qualitätssprung, etwa wie ihn *Birke* und *Schwarz* als "betriebsökologisches Co-Management"[214] entwerfen.

"Co-Management wird oft gleichgesetzt bzw. verwechselt mit einem lückenlosen Gegenmanagementkonzept, was Kapazitäten und Kompetenzen der betrieblichen Interessenvertretung und die industriellen Beziehungen tatsächlich sprengt. Co-Management kann und soll den Betriebsrat nicht zur "zweiten Führungsebene" oder Stabsabteilung machen, sondern ihn befähigen, die Managementpolitik in konfliktorischer Kooperation argumentativ-fachlich zu ergänzen als eine Art betriebsinternes "Management-Controlling".[215]

Potentielle Rollen eines Betriebsrates wären dann die des Moderators, des Schrittmachers und Multiplikators, als Frühwarn- und Informationssystem und als Relais der intern-externen Kommunikation.[216]

4.3.3   Umsetzung der Normensysteme zum Umweltmanagement?

Mit dem weltweit ersten Standard für Umweltmanagementsysteme, dem British Standard 7750 (März 1992) wurde eine neue Entwicklung im betrieblichen Umweltschutz eingeleitet. Mittlerweile existieren verschiedene Normen und Normentwürfe parallel:

1. auf EU-Ebene die am 13.7.1993 in Kraft getretene und seit 13.4.1995 gültige Verordnung EWG/1836/93 (Umweltaudit-, EMAS-VO)[217];
2. auf internationaler Ebene Entwürfe der ISO zu einer Normenreihe 14000ff.;
3. nationale Normen, wie der BS 7750 oder die deutsche Vornorm DIN V 33921;
4. mit den DIN-ISO 9000-9004 bestehen bereits formal ähnliche Normen zur Qualität.

Ihr (1-3) Ziel ist die Einführung sowie die anschließende und regelmäßig sich wiederholende Prüfung und Zertifizierung.[218] Bei bestandener - freiwilliger - Teilnahme nach EU-Verordnung darf für den zertifizierten Standort - nicht aber für Produkte - mit einer Teilnahmeerklärung geworben werden (Art. 10). Internationale und nationale Normen können von der Kommission hierfür als gleichwertig anerkannt werden (Art. 12 i.V.m. Art. 19). Die EU-Verordnung ist somit die grundlegende Norm und steht deshalb im Vordergrund der weiteren Ausführungen. Reflektiert werden soll die Frage, ob ein normengerechtes Umweltmanagement präventiven Umweltschutz befördert.

---

214   Birke/Schwarz 1994, S. 168.
215   Birke 1994, S. 143.
216   Vgl. Birke/Schwarz 1994, S. 169.
217   Wegen des Aufbaus der Zulassungssysteme für die Umweltgutachter ist - im Gegensatz zu sonstigen EU-Verordnungen - die Umsetzung in nationales Recht erforderlich. Das deutsche Umweltauditgesetz (UAG) ist am 14.12.1995 in Kraft getreten.
218   Die Bezeichnung Umwelt- oder Ökoaudit-Verordnung ist deshalb ungenau, hat sich aber durchgesetzt.

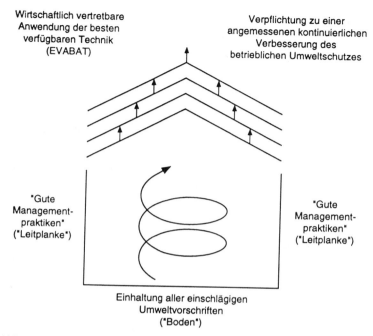

Abb. 47: **Grundlegende Verhaltensnormen der EU-Umweltaudit-Verordnung**
Quelle: Dyllick 1994, S. 20.

Das fünfte, und aktuelle, Aktionsprogramm der EU, das die Vorsorge programmatisch in den Mittelpunkt rückt, [44] nennt Audits ausdrücklich als zweckdienliches Instrument auf Unternehmensebene.[219] In der Präambel der Verordnung selbst wird die Absicht der Vorsorge herausgestellt. Dazu werden im wesentlichen organisatorische Vorgaben gemacht und das Audit - sinngemäß wären auch die Begriffe Revision, Prüfung oder Schwachstellenanalyse - als System-/Verfahrensaudit ausgelegt: Im Vordergrund stehen nicht Soll-/Ist-Vergleiche (Ergebnisaudit), sondern die Prüfung der Sollvorgaben und die Prüfung ob die eingerichteten Managementsysteme eine gute Erfüllung dieser Sollvorgaben, festgelegt in der "Umweltpolitik" (Art. 2a/3a i.V.m. Anh. I.A.3., I.C. und I.D.) und den "Umweltzielen" (Art. 2d/3e i.V.m. Anh. I.A.4.), erwarten lassen.[220] Die angestrebte Funktionsweise der Verordnung veranschaulicht Abbildung 47. Die "Einhaltung aller einschlägigen Umweltvorschriften" (Art. 3a) bildet den Min-

---

219 Vgl. EG 1992, S. 33.

deststandard. Darüber hinaus ist ein kontinuierlicher Verbesserungsprozeß, begrenzt durch die "wirtschaftlich vertretbare Anwendung der besten verfügbaren Technik" (Art. 3a), sicherzustellen. Konkrete Leistungsmaßstäbe dafür werden nicht vorgegeben. Als Orientierung dienen die elf "Guten Managementpraktiken" (Anhang I.D.). Von der beabsichtigten umweltpolitischen Wirkung sind sie vergleichbar mit den Grundsätzen ordnungsgemäßer Buchführung und Bilanzierung. Die inhaltlichen Vorgaben sind somit dynamisch ausgelegt, sie sollen ein hohes Maß an Flexibilität gegenüber einer sich weiterentwickelnden Theorie und Praxis gewährleisten, sind daher mehrdeutig und interpretationsbedürftig.

Vergleicht man nun die formalen und inhaltlichen Vorgaben der Verordnung[221] mit den in den vorangegangenen Abschnitten entwickelten Anforderungen an einen präventiven betrieblichen Umweltschutz, zeigt sich ein über das nationale deutsche Umweltrecht deutlich hinausgehendes Potential:

- Reduktion der Wirkungsursache: Die Guten Managementpraktiken postulieren ein umfassendes, d.h. für alle Umweltwirkungen und nicht bloß für den Abfall geltendes Vermeidungsgebot (Nr. 4), sie stellen die schonende Bewirtschaftung von Ressourcen gleichberechtigt neben das Ziel der Umweltsicherheit (Nr. 4, Präambel), fordern den Einsatz umweltfreundlicher, d.h. integrierter Technologien (Nr. 4) und sehen ausdrücklich eine Produktorientierung vor (Nr. 3, Anhang I.C.7.).

- Ganzheitlichkeit von Problemsicht und -behandlung: Die Guten Managementpraktiken 2 und 3 geben in Verbindung mit den Anhängen I.B.3. ("Auswirkungen auf die Umwelt") und I.C.7. ("Zu berücksichtigende Gesichtspunkte") die umfassende Bewertung von Tätigkeiten, Verfahren und Produkten vor.[222] Der ökologische Produktlebenszyklus und die Umweltwirkungen, wie in der Produktlinienmatrix dargestellt, [Abb. 2: 13] sind weitgehend zu beachten. Den ganzheitlichen Anspruch unterstreicht eine umfassend auf externe Akteure - Behörden, Öffentlichkeit, Kunden, Lieferanten und Vertragspartner - ausgeweitete Kooperation.

- Unsicherheit und Veränderlichkeit ökologischen Wissens: Periodische Umweltbetriebsprüfungen und kontinuierliche Verbesserungen sind nicht nur wesentliche Be-

---

220 Zu Ergebnis- und Verfahrensaudits vgl. Steger/Antes 1991, S. 30f.
221 Auf deren Darstellung kann hier nicht eingegangen werden. Zu den formalen, in der Literatur weitgehend übereinstimmend kommentierten Vorgaben, vgl. den bislang einzig durchgängigen Kommentar von Waskow 1994 sowie die umfassende Darstellung bei Fichter 1995a; dort auch eine umfassende Literaturliste (Antes/Fichter/Gellrich 1995). Zur Kommentierung der Inhalte (Gute Managementpraktiken) bislang allein Peglau/Schulz 1993, Abschn. 3.1.3; Antes/Clausen/Fichter 1995.

standteile eines Umweltaudits nach EU-Verordnung. Sie machen auch eine systematische Erhebung, Verarbeitung, Dokumentation und Kommunikation von Umweltinformationen notwendig (Umweltinformationssystem). Explizit (Nr. 6) oder zumindest implizit zeigen sich solche Anforderungen dann auch in sämtlichen elf Guten Managementpraktiken. Dadurch werden unter Umweltschutzgesichtspunkten die Managementfunktionen Planung und Kontrolle (Controlling, Revision und Rechnungswesen eingeschlossen) deutlich aufgewertet. Durch die offene Formulierung der Anforderungen i.V.m. der Pflicht zur kontinuierlichen Verbesserung wird Flexibilität gegenüber veränderten Informationsständen eingefordert.

- <u>Ökologische Betroffenheit sämtlicher organisatorischer Einheiten und Funktionen</u>: Die umfassende ökologische Betroffenheit wird implizit durch die von den inhaltlichen Anforderungen betroffenen Funktionen und Einheiten anerkannt. Explizit gewinnt die Mitarbeiterorientierung über die im nationalen Recht bereits erfolgte Verschärfung der persönlichen Verantwortung im Bereich der Umweltsicherheit hinaus nachhaltig an Bedeutung. Die erste der Guten Managementpraktiken verlangt: "Bei den Arbeitnehmern wird auf <u>allen</u> (Hervorh. R.A.) Ebenen das Verantwortungsbewußtsein für die Umwelt gefördert." Anhang I.B.2.a.-d. führt dies noch detaillierter aus und nennt eine Reihe von - keineswegs alle - in Abschnitt 3.3 dieser Arbeit untersuchten psychographischen Verhaltenseinflüssen, z.B. die Kenntnis und Wahrnehmung der Verhaltensfolgen. Dies soll über Ausbildung und Information - die Weiterbildung ist nicht genannt - erreicht werden (Anhänge I.B.2., I.C.11.).

Insgesamt birgt die Verordnung erhebliche Entwicklungsmöglichkeiten in Richtung eines präventiven Umweltschutzes. Eine solche Entwicklung kann jedoch nicht zwangsläufig erwartet werden. Die sozial-organisatorische Akzentverschiebung kann sich als vordergründig herausstellen: System-/Verfahrensaudits bauen nämlich wesentlich auf strukturellen Regelungen auf. Deren Funktionalität und Einhaltung wird durch Rundgänge, Beobachtungen, Mitarbeiterinterviews und vor allem Dokumentenprüfungen geprüft. Das Beispiel der formal ähnlich aufgebauten DIN-ISO 9000ff. lehrt, daß eine <u>erhebliche</u> Formalisierung bei der Einrichtung des Managementsystems stattfindet, während gleichzeitig die Inhalte - eine effektive Verbesserung der Qualität oder hier der Umweltverträglichkeit - und präventionsnotwendige Struktur- und Personalent-

---

222 Bei Verfahren und Produkten nur für Neue. Mit dem Verschwinden von Altprodukten und -verfahren verringert sich die Lücke jedoch sukzessive.

wicklungen in den Hintergrund treten können.[223] Denn das Motiv einer Organisation, sich der Zertifizierung zu unterwerfen, kann höchst unterschiedlich sein: Naheliegend erscheint zunächst ein Qualitäts- oder Umweltbewußtsein und die daraus entspringende Absicht einer effektiven Verbesserung. Das Motiv kann aber auch fremdbestimmt sein und dann schlicht im Erhalt des Zertifikats bestehen. So ist die erfolgreiche Zertifizierung nach DIN-ISO 9000ff. zunehmend Voraussetzung dafür, den Status als Lieferant zu erhalten oder zu erlangen - der Abnehmer kann dadurch auch sein Haftungsrisiko (ProduktHG) auf seine Vorlieferanten abwälzen.[224] Das Entstehen einer analogen Motivation für das Umweltaudit ist absehbar, zumal die Verordnung die Einbeziehung vor- und nachgelagerter Stufen vorgibt (Anhänge I.C.8., I.D.11.).

Ein Vergleich der Verordnung mit der DIN Vornorm 33921 und dem Entwurf der DIN ISO 14001 untermauert das Argument, daß formale Aspekte die inhaltlichen zurückdrängen können. In der DIN V 33921 finden sich die inhaltlichen Vorgaben der Verordnung nur noch teilweise wieder: Entfallen sind die Anhänge I.C. ("Zu berücksichtigende Gesichtspunkte") und I.D. ("Gute Managementpraktiken"), übernommen ist Anhang I.B.3. ("Auswirkungen auf die Umwelt"). In der DIN ISO 14001 fehlen sämtliche über die gesetzliche Minimalauslage hinausgehenden materiellen Vorgaben; die Forderung nach kontinuierlicher Verbesserung ist ohne jeden inhaltlichen Bezug und damit beliebig (4.1.b.). Eine präventive Auslegung des betrieblichen Umweltschutzes bleibt weiterhin möglich, wird jedoch weniger wahrscheinlich.

Erste, nicht repräsentative Erfahrungen aus der Umweltauditierung sind ambivalent. Offenbar gibt es eine starke Tendenz, die verkürzt als Verharren in oder sogar als Festigung von funktional-additiven Strukturen plus Bürokratismus skizziert werden kann. Die von der Zertifizierung nach DIN ISO 9000ff. bekannte Entwicklung scheint sich zu wiederholen. Es mangelt, so die Begleitforschung zum Öko-Audit-Förderprogramm des Landes Hessen, an einer "Diffusion in die Normalität der Linienverantwortung der betrieblichen Funktionsbereiche"[225]; "eine partizipative Orientierung konnte nicht beobachtet werden"[226]. Mit der mangelnden Integration im "Einklang" steht ein weiterer Befund zur Ausrichtung der "Umweltpolitik": "Die teilweise wörtliche Wiedergabe des Verordnungstextes (der Guten Managementpraktiken, Anm. R.A.) führt ..

---

223 Deshalb sprechen für den Umweltschutz Pfriem (1995b, S. 4) von einem "Bürokratierisiko"; Dyllick/Hummel (1995, S. 27) von der "bürokratischen Gefahr"; Fichter/Gellrich (1995, S. 28) vom "Bürokratismus"; Degenhardt u.a. (1995, S, 95) von "buchhalterischer Rückwärtsgewandtheit".
224 Zur Abfallentsorgung vgl. auch das Urteil des BGH (1994, S. 18f.).
225 Degenhardt u.a. 1995, S. 120.
226 Freimann/Schwaderlapp 1995, S. 47; ähnlich Freimann 1995, S. 192.

dazu, daß die Leitlinien einiger Unternehmen isoliert und aufgesetzt wirken. Es entsteht der Eindruck, daß mit den Leitlinien ein umweltpolitischer Überbau ohne Bezug zur Unternehmenswirklichkeit installiert wird."227

Dagegen findet eine akribische Dokumentation statt. Die dabei bevorzugten Handbücher bedienen - neben dem Beraterwunsch nach standardisierbaren Leistungen - gleich zwei der gewichtigsten Motive für betrieblichen Umweltschutz:228 erstens die Haftungsvorsorge - mit der Umweltvorsorge nicht notwendigerweise identisch - durch die nachprüfbare Einhaltung von Normen. "Es geht darum, (Klagen und Haftungsansprüchen, R.A.) möglichst keine Angriffspunkte zu bieten ..."229 Trotz dieses reduzierten Anspruchs läßt sich zweitens imagefördernd Umweltschutzhandeln demonstrieren.

Demgegenüber stehen Einzelbeispiele, die zeigen, daß durch die und auf Basis der Verordnung eine präventionsorientierte Organisationsentwicklung erst angestoßen wird. Als grundlegende Bestandteile erscheinen die Integration, die Partizipation, die Qualifikation, die Einrichtung eines Controllings (Ökobilanzierung, Kennzahlen) sowie eine angemessene Dokumentation.230

Insgesamt scheint die ökologische Breitenwirkung der Verordnung gegenwärtig primär in einem Bereinigen von (unbewußten) Rechtsverstößen und der Herstellung von Rechtssicherheit für - vor allem kleine und mittlere - Unternehmen zu bestehen (compliance audit). Mit der (selbstinduzierten) Verringerung von Vollzugsdefiziten kann zweifellos eine Verbesserung der Umweltsituation erwartet werden; daß dies verstärkt präventiven Umweltschutz bewirkt aufgrund der noch weitgehend reparativen Wirkung des Umweltrechts [4.1: 228-231] dagegen überwiegend nicht. Ob die Verordnung über die besonders engagierten Beispiele hinaus eine präventionsgerechte Breitenwirkung entfalten kann, hängt bei unveränderter Motivationslage demnach entscheidend davon ab, daß diese bzw. die jeweils innovativen Bestandteile des Managementsystems als Standard für die anzustrebende kontinuierliche Verbesserung durchgesetzt werden.

227 Degenhardt u.a. 1995, S. 84; ähnlich Freimann/Schwaderlapp 1995, S. 48.
228 Vgl. Dyllick/Hummel 1995.
229 Dyllick/Hummel 1995, S. 27.
230 Vgl. Fichter/Gellrich 1995; Lehmann 1995; Lehmann/Steinfeldt 1995; Karczmarzyk 1995; Pfriem 1995b, S. 6f.; Kunert AG 1994, S. 14f.; vereinzelt ansatzweise bei Freimann/Schwaderlapp 1995; Degenhardt u.a. 1995; Freimann 1995, S. 190-194.

5. Grenzen und Hemmnisse präventiven Umweltschutzes

Zu Beginn der Arbeit habe ich aus den Grenzen von Reparatur die Notwendigkeit eines präventiven Umweltschutzes abgeleitet. [2.1: 15-24] Diese Notwendigkeit enthebt Prävention jedoch nicht einer kritischen Analyse ihrer Umsetzungschancen, zumal ja die entgegengesetzten Strategien und Maßnahmen dominieren. Noch an gleicher Stelle wurden deshalb Situationen beschrieben, die der Prävention entzogen sind und deshalb Reparatur legitimieren. Weitere Hemmnisse werden bei der Darstellung und Diskussion des Gestaltungsobjekts, der Gestaltungsbedingungen und -ansätze sichtbar. Anstelle eines Resümees und als Gegenpol zum Beginn der Arbeit wird darauf nun konzentriert, auch unter Einschluß bisher nicht beachteter Argumente, eingegangen. Die Grenzen und Hemmnisse eines präventiven Umweltschutzes sind ökologischer, individueller, kollektiver und struktureller Art, wobei häufiger das eine aus dem anderen folgt oder eine wechselseitige Beeinflussung stattfindet. Eine eindeutige Zuordnung ist deshalb nur teilweise möglich. Die Ausführungen werden auch zeigen, daß die wenigsten unausweichlich sind. Wesentlich sind die folgenden:

1. Entropie: [2.1: 15; 2.4.4: 84-88] Eine absolute, durch die Ökologie gezogene Grenze besteht in der durch Nutzung zwingend hervorgerufenen Umwandlung hoher in niedrigere Energie- und Stoffkonzentrationen. Mit Blick auf sämtliche - und nicht einzelne Aktivitäten (Verzicht) - einer Organisation heißt das, daß auch eine nach aktuellem Wissensstand ökologisch optimierte Leistungserstellung immer noch Umweltwirkungen verursacht. Allerdings kann Prävention Entropieprozesse eher verlangsamen als Reparatur und Kompensation; Duldung setzt solche Prozesse ungebremst fort.

2. Kosten: [2.1: 17-21] Die Kosten von Reparatur steigen mit dem Reinigungsgrad exponentiell; zudem ist Reparatur weitgehend unproduktiv. Kurz- bis mittelfristig kann jedoch auch Prävention höhere Kosten verursachen. Diese wachsen tendenziell mit der Tiefe der Struktureingriffe. Die Angaben der Befragten in der FUUF-Studie bestätigen die in Abschnitt 2.1 genannten Aspekte. Als ausschlaggebend für den Einsatz integrierter Techniken werden genannt (Controllingleiter, n=72 / Produktionsleiter, n=115): Energieeinsparungen (78%/71%), Materialeinsparungen (68%/57%), Einsatz umweltverträglicher und kostengünstiger Materialien (61%/60%), günstigere Betriebs- und Wartungskosten (48%/39%), Verkürzung der Fertigungszeiten (42%/41%), verbesserte Produktqualität (47%/47%), geringere Investitionskosten (33%/40%). Dagegen wird additive Technik aus folgenden Gründen eingesetzt (Controllingleiter): weil integrierte Technik den Austausch noch nicht amortisierter, voll funktionsfähiger Anlagen erfordert (67%), diese Anlagen nicht weiterveräußert werden können (51%), Prozeßumstellungen zu Anpassungs- und Umstellungskosten (55%) sowie zu höheren Akquisitionskosten führen (38%) und als noch nicht ausgereift angesehen werden (46%). Additive Technik sei weiterhin leichter in die gegebene Produktionsstruktur einzugliedern (41%), deren Erfahrungskurveneffekt zudem voll ausgeschöpft werden kann (39%).

3. Zeit: [2.1: 16f., 24; 2.4.1-3: 72-84] Ein markantes Merkmal von Prävention ist ihre tendenziell langfristige Orientierung. Dennoch und gerade deshalb unterliegt sie zeitlichen Restriktionen. 1. Liegen Ursachen zurück und sind sie mittlerweile beendet, z.B. Altlasten (Typ 1), ist keine Prävention mehr möglich. 2. Tritt in der laufenden Leistungserstellung eine Gefahrensituation [73f.] ein (Typ 2a), wird eine kurzfristige Reaktion notwendig. Da Verzichte und Strukturveränderungen tendenziell längere Entscheidungs- und Umsetzungszeiträume in Anspruch nehmen, ist Reparatur die i.d.R. verbleibende Handlungsalternative. Je weniger eine Gefahr in der laufenden Leistungserstellung (Typ 2b) oder bei Neuvorhaben (Typ 3) gegeben ist, wird Prävention objektiv möglich. 3. Die Zeitskala der Umweltwirkung(en) kann absolut zu lang sein, um ein Wahrscheinlichkeitsurteil über die möglichen Umweltzustände und Ergebnisse (Unsicherheit i.e.S.) zuzulassen. Prognoseunsicherheit kann sogar hinsichtlich der relevanten Indikatoren und der Zielgrößen selbst entstehen. Für beide Typen von Entscheidungssituationen sind andererseits Entscheidungsregeln und -hilfen entwickelt: bei Unsicherheit i.e.S. etwa die Maximin-, Maximax- und Laplace-Regel oder das Hurwicz-Prinzip,[231] für den zweiten Fall die etwa in der Technikfolgenabschätzung eingesetzte Szenarioanalyse.[232] 4. Weiterhin können zu lange relative Zeitskalen gegeben sein. Relative Zeitskalen stellen nicht ab auf die Möglichkeit, sondern auf die Motivation zur Berücksichtigung von Langzeitwirkungen. Umweltwirkungen können die (erwartete) Lebensdauer der Organisation überschreiten, was die Bereitschaft zu ihrer Berücksichtigung absenken mag. Derselbe Effekt kann bereits eintreten, wenn der Zeithorizont strategischer Planungen überschritten wird.[233] Demotivieren kann schließlich die erwartete oder sogar bereits geplante Fluktuation von Entscheidern aus

---

231 Dazu, zur Kritik und zur Relativierung der Kritik Laux 1982, S. 115-128.
232 Vgl. Steger 1993a, S. 241-248, 275-277; Kreikebaum 1993a, S. 192; Günther 1994, S. 281f.
233 Vgl. Stitzel/Wank 1990, S. 110f.

dem Folgenbereich ihres Verhaltens - extern, aber auch innerhalb der Organisation - bevor die positive oder negative Folge erkennbar und zugerechnet wird.

4. Wissen: [2.4.3: 78-84; 3.3.1: 117-123] Das Wissen über ökologische Folgen ist in vielen Bereichen nur gering entwickelt. Mangelndes Folgenwissen schränkt jedoch die Bewertbarkeit von Handlungsalternativen ein. Es ist dann die Frage, wie weit unvollkommene Information präventives Handeln noch zuläßt und ob die Wahrscheinlichkeit nicht intendierter negativer Folgen [101-103] nicht zu groß wird. Ist also Reparatur angeraten oder sogar zwingend - eine Strategie, die durch das Abwarten von Gefahren die Prognosezeiträume verkürzt und die Prognoseunsicherheit so verringert oder - im Extremum - durch das Abwarten von Ereignissen Ergebnissicherheit erreicht? *Kirsch* bejaht die Frage entschieden.[234] Dazu differenziert er zwei Arten von Wissen: Instrumentalwissen, das aus realen (eigenen oder fremden) Erfahrungen resultiert, und Modelle, in denen "die aus realen Erfahrungen resultierenden Wissenselemente zu einem in sich konsistenten Bild zusammengeführt werden"[235] (fiktive Erfahrungen, z.B. eines Atomkriegs oder des Ozonlochs). Je spärlicher der Anteil realer Erfahrungen an Modellen, desto höher sei die Prognoseunsicherheit; deshalb bedürfe rationales Handeln eines bestimmten Maßes an Instrumentalwissen.[236] Die Aneignung von Instrumentalwissen kann aber nur das Ergebnis von Lernprozessen sein. "In dieser Situation ist das zum rationalen - präventiven <u>und</u> (Hervorh. R.A.) kurativen - Handeln unabdingbar nötige Instrumentalwissen nur zu erwerben durch den Verzicht auf präventives Handeln."[237] Der These ist in dieser Pauschalität zu widersprechen, ausgehend von zwei Fragen: Wie groß ist der Teil der Umweltwirkungen, bei denen nach dieser Argumentation selbst (ausreichendes Instrumentalwissen) Prävention möglich ist? Treffen auf den verbleibenden Teil die Überlegungen von *Kirsch* so zu?

Es gibt zwei Arten von Umweltwirkungen: Ressourcennutzung und negative externe Effekte. Wissen kann für unseren Zweck ebenfalls unterschieden werden in Folgenwissen zur Bewertung von Umweltwirkungen und in Methodenwissen zum Erkennen und Anwenden von Handlungsalternativen [122]. Da alle Energie- und Stoffströme die Entropie erhöhen und alle Stoffströme in natürliche Senken einmünden, deren Belastbarkeit teilweise erreicht oder schon überschritten ist, sind in quantitativer Hinsicht deren Verringerung und Verlangsamung die grundlegenden Prinzi-

234 Vgl. Kirsch 1988; 1989.
235 Kirsch 1988, S. 273.
236 Vgl. hierzu auch den Einfluß direkter Erfahrung auf die Einstellungsverfügbarkeit, S. 130.

pien.[238] Für den gesamten Bereich der Ressourcenschonung ist das instrumentale Folgenwissen damit als ausreichend anzusehen. Das Methodenwissen zum Erkennen der Energie- und Stoffströme ist mittlerweile ebenfalls objektiv vorhanden (v.a. Ökobilanzen, Kennzahlen). Geringer sind die Informationsstände über Handlungsalternativen, so wird eine "Effizienzrevolution" gefordert,[239] und Substitute müssen häufig erst einmal entwickelt werden. Andererseits wären allein durch den breiten Einsatz der gegenwärtig jeweils umweltverträglichsten Alternativen schon heute erhebliche Entlastungen möglich. Mit dem ersatzlosen Verzicht (Suffizienz) und verbesserter Effizienz sind auch zumindest die weiterführenden Strategien bekannt.

Bei negativen externen Effekten dagegen ist das Folgenwissen deutlich geringer entwickelt. Jedoch sind die Wissensdefizite unterschiedlich verteilt: Großen Unsicherheiten unterliegt häufig noch die Abschätzung der Wirkungen von Stoffeinträgen und Eingriffen in die Umwelt (Zielgrößenwerte/Ergebnisse), während die Informationsstände über die Stoffeinträge und Eingriffe an sich (Zielgrößen) erheblich besser sind oder unter Anwendung des Methodenwissens sein könnten. Das heißt, auch dort, wo objektiv Wissensgrenzen bestehen und/oder unverhältnismäßige Kosten der Informationsgewinnung und -verarbeitung ein Hemmnis darstellen - wobei letzteres aber auch eine strategische Bewertung ist -, können negative externe Effekte bei einem lediglich "begründeten Anfangsverdacht" quantitativ reduziert werden. Grundsätzlich geeignete Handlungsalternativen (Strategien und Maßnahmen) sind auch hier der ersatzlose Verzicht und die Verbesserung der Effizienz. Bereits mit Hilfe des bekannten Methodenwissens lassen sich somit, wie bei der Ressourcenschonung, erhebliche Entlastungen erreichen.[240]

Unzureichende Informationsstände sind zweifellos eine bedeutende objektive Schranke für Prävention. Sie treffen aber nur auf einen Teil der Umweltwirkungen zu. Und auch dort sind bei Unsicherheit i.e.S. über die Ergebnisse (Umweltwirkungen bei bekannten Zielgrößen) robuste Verhaltensregeln, die die Umweltwirkungen dennoch reduzieren, bekannt.[241] Am geringsten ist das Wissen bei Unsicherheit über die Zielgrößen. Auch wenn es nicht ohne weiteres übertragbar ist, andererseits bestehen

237 Kirsch 1988, S. 274.
238 Vgl. Deutscher Bundestag 1994, S. 550; allerdings nur auf die Senken der Stoffströme abhebend.
239 Vgl. Weizsäcker, E.U. v. 1990, S. 142, 164; Schmidt-Bleek 1993, S. 26f., 167-173.
240 Für die CO_2-Reduktion z.B. Deutscher Bundestag 1990b, Bd. 1, S. 89-96; Bd. 2, S. 374-468.
241 Dazu auch die von der Enquete-Kommission entwickelten vier grundlegenden Regeln; vgl. Deutscher Bundestag 1994, S. 42-53.

strukturelle Identitäten und inhaltliche Überschneidungen zum Umweltschutz, lautet ein Befund von *Rosenbrock* aus dem Gesundheitsschutz dazu:

"Auch der häufig gehörte Einwand, daß die Wirksamkeit vor allem unspezifischer Präventionsmaßnahmen erst noch erwiesen werden müsse, es fehle also an Wissen, bevor in Prävention investiert werden könne, trägt nicht. Ein Blick auf die Gesundheitsgeschichte lehrt etwas anderes. Viele äußerst wirksame Strategien der Krankheitsverhütung wurden quasi experimentell, d.h. ohne feste Kenntnis ihrer positiven Effekte, entworfen und umgesetzt. Gerade unspezifische Formen der Prävention, zu denen angesichts der multifaktoriellen Genese der modernen Volkskrankheiten keine Alternative sichtbar ist, können meist nicht im vorhinein ihre Wirksamkeit unter Beweis stellen."[242]

Der Fall ist nicht verallgemeinerbar. Allein, daß selbst bei ungünstigsten Informationsständen die Möglichkeit besteht, Erfolge zu erzielen, widerspricht dem von *Kirsch* anempfohlenen fatalistischen Verhalten. Umgekehrt wäre durch eine breite Anwendung des bereits entwickelten Instrumentalwissens Prävention in erheblichem Umfang möglich.[243]

5. Wahrnehmung: [3.3.2.2: 135-138] Die Wahrnehmung einer Umweltwirkung und von persönlicher Betroffenheit ist wesentlich durch kognitive Fähigkeiten und eine gegenläufige Motivation begrenzt. Viele Umweltwirkungen sind sinnlich nicht, nur schwer oder erst zeitverzögert - mit der Schädigung der Senken - erkennbar. Sofern die Wirkungen bekannt sind, läßt sich dies auf die reine Information reduziert durch andere Darstellungsformen (s. Punkt 7.) ausgleichen, teilweise läßt sich dabei auch Anschaulichkeit erreichen, die unmittelbare Erfahrbarkeit entfällt jedoch als Motivator. Letzteres wiederum erleichtert es zu verdrängen, von Umweltwirkungen passiv betroffen oder sogar deren Verursacher zu sein. Die distante Problemwahrnehmung fällt hierunter und ist ein entscheidendes Hemmnis umweltverträglichen Verhaltens, denn sie dient ja gerade der Negation, Verhalten und/oder Verhältnisse zu ändern. Hinzu tritt häufig ein kulturelles, bis auf die gesellschaftliche Ebene reichendes Tabu anzuerkennen, daß jede Aktivität, auch die eigene, zwingend Umweltwirkungen verursacht. Weiterhin sind nicht nur Umweltwirkungen, sondern auch die Erfolge präventiven Verhaltens erschwert wahrnehmbar: Diese sind genau dann am größten, wenn die Ursache nicht mehr oder erst gar nicht vorhanden ist. Deshalb braucht es Vergleichsobjekte. Bei schon bestehender (Ursache vom Typ 1) unmittelbarer Betroffenheit, ist diese Bedingung am ehesten, bei potentieller mittelbarer Betroffenheit tendenziell am

---

242 Rosenbrock 1991, S. 12.
243 Dazu auch die Erwiderung von Weichhart (1989, S. 268-270); Summerer (1989, S. 283f.) auf Kirsch (1989).

geringsten gegeben. Bestimmte Darstellungsformen, z.B. Kennziffern als Basisindizes, können die Wahrnehmung kognitiv verbessern.

Diese Wahrnehmungsbarrieren betreffen nun nicht alle Arten von Umweltschutz gleichermaßen, sondern bewirken einseitig eine Bevorzugung von Reparatur und bestimmten Formen der Kompensation gegenüber Prävention sowie von technischen gegenüber sozial-organisatorischen Strategien und Maßnahmen:

a. Entstandene Schäden sind eher wahrnehmbar als entstandene Wirkungen und diese wiederum eher als ihre bestehenden oder gar potentiellen Ursachen. Das heißt, die ersichtliche Notwendigkeit von Umweltschutz wächst mit der Ausbreitung von Wirkungen; sie ist bei Störfällen am ehesten gegeben, bei schleichenden Verschlechterungen am wenigsten.[244]

b. Prävention verlangt Organisationsmitgliedern wegen der notwendigen Integration in weit stärkerem Ausmaß Verhaltensänderungen ab als additiv realisierbare Reparatur und Kompensation. Verhaltensänderungen enthalten zumindest das implizite Eingeständnis, Verursacher zu sein. Reparatur und Kompensation erlauben es dagegen, aktive ökologische Betroffenheit (weiterhin) zu verdrängen.[245] Eingangs wurde bereits die eindeutige Präferenz von Entscheidungsträgern für technische Alternativen gegenüber Verhaltensänderungen belegt. [3f.]

c. Reparatur konnte in der Vergangenheit - und kann es häufig noch - als erfolgreich wahrgenommen werden: in Stadien beginnenden Umweltschutzes, bei Altlasten und nach Störfällen. Die Wahrnehmung integrativ erzielter Erfolge ist schwieriger (s.o.). Eine Präferenz für Reparatur kann deshalb auch dadurch entstehen, daß solche positive Wahrnehmung auch auf zukünftige und andere Situationen übertragen wird. Erinnert sei hier nur an die Übertragung jeglicher Umweltschutzaufgaben auf die Betriebsbeauftragten. [252f., 231]

d. Technische Maßnahmen sind leichter wahrnehmbar als sozial-organisatorische und additive leichter als integrierte. Das heißt, vor allen anderen Maßnahmen bestätigen technisch-additive - sich selbst und anderen - die eigenen Umweltschutzaktivitäten. Am Ende der "Wahrnehmbarkeitsskala" stehen integrierte sozial-organisatorische Maßnahmen. Aber auch unter den sozial-organisatorischen Maßnahmen ist zu unterscheiden, sind zwei Formen besser darstellbar und wahrnehmbar als andere: funktio-

---

244 Vgl. hierzu auch die Diskussion des umweltrechtlichen Prinzips der Gefahrenabwehr in Abschn. 2.2.3, S. 36f.
245 Allgemein zur "unbewußt gesteuerten Vermeidung unangenehmer emotionaler Zustände" Preuss 1991, S. 55f.

nal-additive, insbesondere Beauftragte oder ganze Umweltschutzabteilungen (einschließlich Werkschutz) sowie Formalisierungen durch ihre Dokumentation, insbesondere Handbücher. Als wichtiger Aspekt tritt hier die Imagewirkung auf externe Anspruchsgruppen hinzu. Additive Umwelttechnik, eine funktional-additive Organisation, Umwelthandbücher, selbst von Betriebsgeschehen weitgehend losgelöste Umweltleitlinien signalisieren besonders gut: "Wir tun etwas."[246] Entsprechend dominiert dieser Teil des Umweltschutzes die Außendarstellung. Ein Umkehreffekt der Außendarstellbarkeit auf die Art des Umweltschutzes wurde noch nicht untersucht, scheint angesichts der hohen Bedeutung, der dem Umweltimage von Verantwortlichen beigemessen wird, [247] aber möglich.

6. Komplexität: [78f.] Komplexität überfordert vielfach die kognitiven Fähigkeiten zur Informationsaufnahme, -verarbeitung und -speicherung. Zwei Verhaltensmuster sind beobachtbar: Die eigene Fähigkeit zum Umgang mit Komplexität wird tendenziell überschätzt[248] und: "Wir haben die starke Tendenz, vernetzte und komplexe Sachverhalte auf lineare Strukturen zu reduzieren. Wir denken nicht ganzheitlich, sondern in Elementen."[249] Weiterhin "besteht generell das Bestreben nach einer Kausalattribution (im Original kursiv, R.A.), einer Ursachenerklärung des Phänomens. Es handelt sich dabei um ein Grundbedürfnis des Menschen"[250]. Additive Handlungsalternativen kommen diesem Bedürfnis nach Komplexitätsredutkion entgegen, indem sie partielle Aufgaben definieren und diese nacheinander angehen, bspw. in der Bearbeitungskette: Einsatz von Luftfiltern - Ausweis und Erstellen einer Deponie - Deponierung der zurückgehaltenen Schadstoffe - Abdichten der Deponie gegen Sickerwasser. Integration verlangt dagegen simultanes Verhalten. Die weitreichendste Form der Prävention, die Struktursubstitution, weist auch die höchste Komplexität auf.

7. Ökologische Blindheit der verhaltenssteuernden und -koordinierenden Instrumente: Bei der Darstellung empirischer Befunde über verhaltenssteuernde und -koordinierende Instrumente wurde immer wieder die mangelnde Integration ökologischer Kriterien deutlich, etwa bei Verhaltensnormen, Planungsinstrumenten, der Aus- und Weiterbildung, dem Informations- und Kommunikationssystem oder bei Anreizen.

---

246 Als anschauliches aktuelles Beispiel die schon mehrfach angesprochene Abfallvermeidung und die Abfallentsorgung - von der kleinräumigen Ebene des eigenen Arbeits- und Lebensbereiches bis auf die gesamtwirtschaftliche Ebene mit dem Dualen System.
247 Vgl. Antes/Tiebler/Steger 1991, S. 195, 199.
248 Instruktiv Dörner 1993, u.a. die Experimente S. 22-57.
249 Preuss 1991, S. 63.

[262-287] Demnach stehen die situativen Einflüsse einem umweltverträglichen Verhalten der meisten Organisationsmitglieder entgegen. Unterstützt wird dies noch durch die dominierend funktional-additiven Strukturen. [235f.] Die Ergänzung des Instrumentariums um spezifische ökologische (z.B. Umweltleitlinien, Ökobilanzen, Umweltschutzvorschlagwesen) entfaltet die in ihnen liegenden Möglichkeiten deshalb nur begrenzt, wenn das bisherige Instrumentarium unverändert bleibt. Es existieren dann parallele, u.U. kollidierende Signale, wobei dem Neuen, offenbar bloß Zusätzlichen, der Rang einer Nebenbedingung eingeräumt werden dürfte, die erst bei funktional äquivalenten Alternativen zum Zuge kommt. [156] Eine bloße Ergänzung ist deshalb nicht ausreichend. In der Regel bedeutender ist die Überprüfung der Umweltverträglichkeit des eingesetzten Instrumentariums und ggf. seine Anpassung. Eine Ausnahme hiervon dürfte die Erfassung der Stoff- und Energieströme sein, weil sie Voraussetzung für eine fundierte ganzheitliche Bewertung der Umweltwirkungen ist.

8. Arbeitsteilung: [3.4.3.3: 191f., 208-210] Arbeitsteilung zerlegt die Gesamtaufgabe in Teilaufgaben. Mit jeder Teilung geht für den einzelnen Stelleninhaber die Übersicht über die Produktlinie zunehmend verloren, so dies nicht durch andere Mittel kompensiert wird.

Mit jeder Teilung entstehen auf der Produktlinie durch interne Stellenbildung oder externe Auslagerung auch weitere Akteure. Durch deren Tendenz zu partieller Optimierung (z.B. "Bereichsegoismus") können Gegensätze zum Gesamtoptimum (umfassende Minimierung entlang der Produktlinie) entstehen. Deshalb bedarf es einer umfassenden Kultur der Kooperation. Dazu zählen die der Instanz möglichen direkten Mittel der Koordination. Dazu zählt weiterhin, eine entsprechende Werthaltung oder zumindest Einstellung organisationsweit zu entwickeln und zu praktizieren.

Für die gesamtwirtschaftliche Arbeitsteilung entlang der Produktlinie, d.h. die Außenbeziehungen mit Vertragspartnern, gilt dies um so mehr, als Möglichkeiten der direkten Einflußnahme entfallen. Gute und schlechte Beispiele, so eigene Erfahrungen aus verschiedenen Praxisprojekten, liefern Mehrwegsysteme mit der Vielzahl von Akteuren, deren Systeme der Leistungserstellung in Übereinstimmung gebracht werden müssen.

9. Sozial-organisatorischer Konservativismus oder strategy follows structure: Generell treffen neue Anforderungen, so auch die nach umweltverträglicher Leistungser-

---

250 Preuss 1991, S. 64.

stellung und Aufgabenerfüllung auf bestehende Strukturen[251]: auf anerkannte Paradigmen, auf eine technische Infrastruktur, auf eine bereits vorhandene Konfiguration, auf ein bestimmtes Steuerungs- und Koordinationsinstrumentarium, auf standardisierte Arbeitsabläufe, auf habitualisierte Verhaltensweisen und verfestigte Rollenerwartungen, auf eine in bestimmter Richtung entwickelte Arbeitsmotivation und -qualifikation. Strukturen sind zwar ein notwendiges Mittel, Komplexität zu verringern, sind aber auf herkömmliche persönliche und Organisationsziele ausgerichtet. Solche Strukturen können neuen Anforderungen entsprechen. Häufig tun sie das aber gerade nicht, vor allem dann, wenn sich die neue Anforderung nicht punktuell, sondern auf ganzer Breite und Tiefe stellt bzw. aus Sicht des einzelnen Entscheiders auf Verhaltensinterdependenzen erstreckt, wie dies für den präventiven Umweltschutz anhand der umfassenden Betroffenheit gezeigt wurde. [2.4.4: 84-88] Verstetigte und verfestigte Strukturen bzw. das Beharrungsvermögen der Strukturträger können sich dann zu einem mächtigen Hemmnis der Neuerung entwickeln und zwar selbst dann, wenn diese nach dem Wirtschaftlichkeitsprinzip rational erscheint.

In verschiedenen Zusammenhängen haben sich Autoren mit diesem Phänomen auseinandergesetzt. Auf der Suche nach Einflußgrößen von Organisationsstrukturen erhebt *Kubicek* die "begrenzte Wahl von Begrenzungen strukturbezogener Wahlmöglichkeiten" zum Paradigma.[252] *Gruson/Ladrière* arbeiten bei der Analyse des uns umgebenden ökonomischen und sozialen Systems mit dem Begriff der schweren Strukturen ("structures lourdes").[253] Für die Einführung von Fertigungstechnik stellen *Kieser/Kubicek* einen ausgeprägten organisatorischen Konservativismus zugunsten technozentrischer (Konzentration und Zentralisierung) und zu Lasten anthropozentrischer (Integration) Entwicklungspfade fest.[254] Die Forschungsgruppe um *Ortmann* erkennt bei der Einführung und ersten Nutzung computergestützter Informations- und Planungssysteme "Entscheidungskorridore", die zu einer "Unbeweglichkeit des Tankers 'Organisation' " führen und zu Inkrementalismus, muddling through und strategischer bricolage (Stückwerktechnologie).[255] Einer Innovationsbereitschaft auf technologischem Gebiet stehe ein ausgeprägter Konservativismus bei der Umsetzung organisatorischer Innovationen gegenüber.[256] *Naschold* schließlich beobachtet in der

---

251 Der Begriff ist hier, der Literatur entsprechend, weit gefaßt.
252 Vgl. Kubicek 1980, S. 43-57, hier: S. 44.
253 Gruson/Ladrière 1992, Teil 2, zitiert nach Diefenbacher 1994, S. 31.
254 Vgl. Kieser/Kubicek 1992, S. 325-348 m.w.N.
255 Vgl. Ortmann u.a. 1990, S. 65-67, 415-423.
256 Vgl. Ortmann u.a. 1990, S. 455-457.

Automobilindustrie ein "Beharrungsvermögen ... gegenüber sozialorganisatorischen Innovationserfordernissen"[257] ("sozialer Konservativismus") und führt dies auf ein "historisches, langfristig entwickeltes Gesamtarrangement von Institutionen und Normen"[258] zurück. "Organisationsreformen ... weisen meist nur begrenzten Erfolg auf."[259] Entsprechend stellen die Autoren fest, daß eine präventive Arbeitsorganisation "nicht konsequent genug umgesetzt"[260] wird und bei der Einführung der EDV-Systeme eher die vorhandene Struktur gestützt wird - *Ortmann u.a.* sprechen sogar von einer "mikropolitisch motivierten Forderung nach einer 1:1-Abbildung der alten Praxis auf das neue System in vielen unserer Fälle"[261] -, als daß die eröffneten Produktivitäts- und Flexibilisierungspotentiale durch Dezentralisierung und flachere Hierarchien (Abbau, Ausdünnung, Reorganisation) ausgeschöpft werden.[262]

Entscheidungen über Umweltschutzstrategien und -maßnahmen sind davon nicht frei - im Gegenteil: Prävention stellt Paradigmen in Frage (Wachstum versus Verzicht, Produkt- versus Funktionsorientierung) und greift in vorhandene Strukturen ein, um Ursachen zu vermeiden, zu vermindern, zu ersetzen. Entscheidungen über Prävention sind auch Entscheidungen über eine Andersverteilung von Macht und Status: Ganz im Gegenteil dazu lassen Reparatur, Kompensation und Duldung erstens die Prozesse und Produkte weitgehend unverändert und stärken zweitens die durch die gesetzliche Minimalauslage überwiegend bereits praktizierte funktional-additive Struktur des Umweltschutzes. [4.1: 228-231] Deren Träger haben dann tendenziell auch eine Präferenz für die Symptombekämpfung. [251f.] Mikropolitik findet hier weitgehend darüber statt, ob Umweltschutzaufgaben an andere funktional-additive Machtbasen (Qualitätssicherung, Arbeitssicherheit) [4.3.1: 289-291] abgetreten werden (müssen). Stehen auch präventive Handlungsalternativen zur Disposition, erweitert sich die mikropolitische Arena.

"Obwohl in allen Fallbeispielen die meist kurzfristige Rentabilitätsorientierung dominiert, hat sie die Erfolgschancen der betrieblichen Umweltschutzmaßnahmen nicht eindeutig bestimmt. Entscheidend für die Nutzung der in allen Fallbeispielen offenstehenden Gestaltungsspielräume und Optionen eines weitergehenden Umweltschutzes waren jeweils die spezifische Konstellation von entscheidungsrelevanten Akteuren (im Management und im Betriebsrat) ihren Interessen, Leitbildern, Fachkompetenzen und ihrem betriebspolitischen Durchsetzungsvermögen. Die daraus entstehenden Handlungs- und Konfliktkonstellationen prägten

---

257 Naschold 1989, S. 5 oder 1990, S. 8.
258 Naschold 1989, S. 8 oder 1990, S. 10.
259 Naschold 1989, S. 5 oder 1990, S. 8.
260 Naschold 1993, S. 221, Sp. 3.
261 Ortmann u.a. 1990, S. 456.
262 Vgl. Ortmann u.a. 1990, S. 10f., 532-541.

innerbetrieblichen Verlauf und Ergebnis der Umweltschutz-Projekte. Ihr eher veränderungs-resistenter und strukturkonservierender Einfluß bewirkte,

- daß sich bei der Konzeption der betrieblichen Umweltpolitik überwiegend nachsorgende und kompensatorische Umwelttechniken durchsetzen konnten,
- deren Weiterentwicklung zu integrierten Umweltschutz-Konzepten infolge mangelnder oder blockierter "Optionsfähigkeit" der Akteure und Betriebsstrukturen behindert wurde,
- daß infolgedessen die Umweltschutzmaßnahmen ihrerseits nur ausnahms- und ansatzweise das betriebliche Geschehen und die Produktionsstrukturen verändern konnten."[263]

Die Befunde legen den Schluß nahe, daß die Beziehung zwischen Strategie und Struktur in beide Richtungen gesehen werden muß. Prävention wird dadurch nicht verunmöglicht, wie zahlreiche, dennoch in der Minderzahl befindliche, Beispiele beweisen.[264] Keinesfalls kann jedoch angenommen werden, daß sich ein organisatorischer Wandel hin zu Prävention im allgemeinen und einem präventiven betrieblichen Umweltschutz im besonderen ohne mikropolitische Konflikte befördern läßt oder dabei zumindest immer sich die Struktur letztendlich an der Strategie orientiert. Was für die Organisationskultur im gesamten festgehalten wurde, [212f.] gilt auch für das Verhältnis von Strategie und Struktur als Teil dieser Kultur: Der Verhaltensrahmen der Gegenwart ist durch das Entscheiden und Handeln der Vergangenheit entstanden. Mit Ausnahme von Neugründungen ist Struktur schon da, bevor Strategie auf den Plan tritt; das gilt, wenn auch abgemildert, auch für Neugründungen aus bestehenden Strukturen heraus. Strategien reifen in Strukturen, die des Umweltschutzes bislang vornehmlich in funktional-additiven. Wie dargestellt: Die Generierung präventiver Strategien und ihre Durchsetzung ist dadurch nicht ausgeschlossen, bedarf jedoch, weil der Automatismus nicht gegeben ist, der machtpolitischen Unterstützung.[265]

Die wenigsten Hemmnisse können somit als Grenzen von Prävention angesehen werden. Unausweichlich ist die Entropie. Aber unter allen Handlungsalternativen birgt gerade Prävention das größte Potential, entropische Prozesse zu verlangsamen. Weiterhin setzt die Zeit einer Prävention Grenzen. Bei Altlasten und kurzen Reaktionsfristen kann nur noch reparativ oder kompensierend vorgegangen werden. Das Folgenwissen ist bei negativen externen Effekten oft noch sehr gering entwickelt und auch Komplexität kann eine ganzheitliche Aufgabenerfüllung überfordern. Schon diese beiden Hemmnisse sind aber nicht mehr verallgemeinerbar, sondern situativ. Sie können

---

263 Birke/Schwarz 1994, S. 156. Zum Design der Studie vgl. Fn.1 S. 230 dieser Arbeit. Vgl. auch Schmidt, R. 1991, S. 203f.

264 Exemplarisch die empirischen Studien von Schmidt, R. 1991; Kreikebaum 1990c; Hildebrandt 1995; Conrad 1995.

265 Empirisch Ostmeier 1990, S. 220-224; vgl. auch S. 191 dieser Arbeit.

durch entsprechende Maßnahmen (FuE, Training) zudem verringert oder durch robuste Verhaltensregeln abgemildert werden. Erst recht trifft dies auf die anderen Hemmnisse - längere Zeitskalen, Kosten, Wissen, Wahrnehmung, ökologische Blindheit der verhaltenssteuernden und -koordinierenden Instrumente, Arbeitsteilung und sozial-organisatorischer Konservativismus - zu. Prävention ist hier erschwert, insbesondere wenn mehrere Hemmnisse zusammentreffen, jedoch nicht ausgeschlossen. Die sozial-organisatorischen Möglichkeiten dazu wurden aufgezeigt. Sie sind nicht bloß theoretisch gegeben, wie positive Beispiele belegen. Zugegebenermaßen ist Prävention noch die Ausnahme. Außer der ökologischen Vorteilhaftigkeit hat sie Reparatur und Kompensation jedoch einen entscheidenden Vorteil voraus: Sie ruft über die ganze Horizontale und Vertikale einer Organisation ein breiteres Spektrum des Arbeitsvermögens und der Arbeitsmotivation ab. Prävention ist dadurch humaner. Spätestens in strategischer Perspektive ist Prävention dadurch auch ökonomischer. Denn sie erschließt diese Potentiale nicht nur überhaupt erst, sie wird - das ist ihre Logik - diese Potentiale auch weiterentwickeln. Reparatur und Kompensation sind - ebenfalls aus ihrer Logik heraus - daran weder interessiert noch dazu in der Lage. Es ist deshalb kein Zufall, daß neuere Konzepte in anderen Aufgabenfeldern als dem des Umweltschutzes - Verbesserung von Produktivität, Qualität und Gesundheit/Arbeitssicherheit - funktional-additive Strukturen verschlanken und dabei auch auf Strategien und Maßnahmen zurückkommen, die ursprünglich zur Humanisierung der Arbeit entwickelt wurden, aber eher unbeachtet blieben.

Anhang

1   Klassifikation umweltorientierten Entscheidens und Handelns in der   316
    Literatur

2   Typologie des betrieblichen Umweltschutzes [Abb. 10:] am Beispiel   320
    des Güterverkehrs

Anhang 1:   Klassifikationen umweltorientierten Entscheidens und Handelns in der Literatur

	POLITISCHE EBENE						PRIVAT
1. Gerau 1978: 117-119	2. Lersner 1984	3. Jänicke 1988: 15f.	4. Prittwitz 1988; 1990: 71-93	5. Keck 1988: 118	6. Weizsäcker, E.U. 1990: 227f.	7. Weizsäcker, E.U. 1994: 320; Huber 1994	8. Grießhammer 1986: 14-18
Basisstrategien des Umweltschutzes	**ökologische Prioritätenfolge**	**umweltpolitische Strategien**	**Idealtypen der Umweltpolitik**	**Möglichkeiten umweltpolitischen Handelns**	**Antworten auf umweltbelastende Produkte und Produktionsmethoden**	**Strategien nachhaltiger Entwicklung**	**Handlungsmöglichkeiten des ökologisch bewußten Verbrauchers**
technologiepolitisch • Entsorgung • Innovation strukturpolitisch	1. Vermeiden 2. Mindern an der Quelle 3. Passivschutz	Nachsorge • Reparatur/Kompensation von Umweltschäden • Entsorgung durch additive Technik Vorsorge • ökologische Modernisierung durch umweltfreundliche Technik • Strukturveränderung	Gefahrenabwehr: akute, kurzfristige + begrenzte Probleme Vorsorge/Prävention: Verhaltensabläufe mit gut abschätzbarem, sich regelmäßig reproduzierendem Risiko strukturelle Ökologisierung: grundsätzliche Veränderung der Lebens- und Arbeitsbedingungen	Reduktion der verursachenden Tätigkeit Reduktion der externen Effekte durch technische Umstellungen in der verursachenden Tätigkeit Reduktion der durch die externen Effekte hervorgerufenen Beeinträchtigungen durch Schutzmaßnahmen auf Seiten der Betroffenen	Verzichten Ersetzen Rezyklieren/Saubermachen Verlagern	Suffizienz Effizienz Konsistenz	1. positiver Verzicht 2. Verhaltensalternative (Eigenaktivität statt Produktverwendung) 3. aktives Sparen 4. Produktalternative (das ökologisch verträglichste Produkt)

Anhang 1: Klassifikationen umweltorientierten Entscheidens und Handelns in der Literatur (Fortsetzung)

	UNTERNEHMENSEBENE			
9. Haller 1986: 31f, 1991: 178f; Steger 1988: 201-203 / 1993: 263-267; 1992: 279; Steger/Antes 1991: 19-22, 40-42; Meffert/Kirchgeorg 1992: 161-167 / 1993: 167-174	10. Ullmann 1976: 271-303	11. Strebel 1980: Kap. 4.4	12. Kreikebaum 1981: 152-158 / 1993: 180-189	13. Schreiner 1988 / 1993: 33-35
Risikobewältigungs-, Risikomanagementstrategien	**Teilstrategien zur Verringerung der Umweltbelastung**	**umweltpolitische Konzeptionen der Betriebswirtschaft**	**Strategien qualitativen Wachstums**	**Umweltschutzziele**
Vermeiden • Substitution • integrierte Verfahren • Organisationsstrukturen und Entscheidungsprozesse Vermindern • fehlerfreundliche Systeme • Recycling • additiver Umweltschutz • Katastrophenschutz • Sicherheitsstandards Überwälzen • Umweltverträglichkeits-zertifikate • Fremdentsorgung • Haftungshöchstgrenzen Versichern Selbst tragen Kommunizieren (Risikodialog)	Reduktion der Umweltbelastung • Reduktion des Aktivitätsvolumens (Vermeiden, Sparen) • Änderung der Aktivitätsstruktur (Produktmix, Sortiment) • Verbesserung des ökologischen Wirkungsgrads je Aktivität • Verhinderung des Entstehens von Belastung (Rohstoffsubstitution, Verfahrenstechnik, Produktmodifikation) • Verminderung und Transformation nach dem Entstehen (Recycling, Abfallbehandlung, Konzentration) Erhöhung der assimilativen Kapazität • Verdünnung • bessere Auslastung ökologischer Kapazitäten	unverzögert wirksame Konzeptionen • Umweltbelastung • relative Schonung • inputorientiert (Vermeidung, Sparen, Substitution) • outputorientiert (Abfallvermeidung, -minderung, -umwandlung, -nutzung, -diffusion) • Fremdentsorgung verzögert wirksame Konzeptionen • Information • F & E	Reduzierung des Ressourcenverbrauchs Rezyklierung Ersatz umweltschädigender durch umweltfreundliche Technologien umweltfreundliche Produktpolitik Beseitigung von Umweltschäden durch aktiven Umweltschutz	inputorientiert • vermeiden (ersatzloser Verzicht, Substitution) • vermindern outputorientiert • vermeiden • vermindern • umwandeln • verwenden

317

Anhang 1: Klassifikationen umweltorientierten Entscheidens und Handelns in der Literatur (Fortsetzung)

		UNTERNEHMENSEBENE		
14. Hopfenbeck 1990: 73f.	15. Kirchgeorg 1990: 46-50, 138; Meffert/Kirchgeorg 1993: 151-153	16. Kirchgeorg 1990: 144-148	17. Meffert 1985: 50-53; Meffert/Kirchgeorg 1993: 111-113	18. Steger 1992: 274-283; 1993: 206-212
Prinzipien des Verminderns von Umweltbelastungen	**umweltorientierte Basisstrategien**	**ökologische Grundhaltungen** (empirisch ermittelte Cluster)	**strategische Stoßrichtung** (Portfolioanalyse)	**umweltorientierte Normstrategien** (Portfolioanalyse)
Vermeidung = Verzicht Verminderung • Sparen • Substitution • Emissionsverminderung Verwertung = Recycling Beseitigung • Deponierung • Verbrennung	Widerstand Passivität Rückzug Anpassung Innovation	Passive innengerichtete Aktive Selektive Innovatoren	Kontinuität Rückzug/kostenoptimale Anpassung Profilierung/Differenzierung Innovation	indifferent risikoorientiert (→ vgl. 9. Risikobewältigungsstrategien) chancenorientiert • innovationsorientiert

318

Anhang 1: Klassifikationen umweltorientierten Entscheidens und Handelns in der Literatur (Fortsetzung)

UNTERNEHMENSEBENE		
19. Frese/Kloock 1989, S. 6f.	20. Matzel 1994, S. 37-42	21. Jacobs 1994, S. 67-91
Typologie betrieblicher Umweltpolitik	umweltschutzbezogene Basisstrategien	umweltbezogene Strategietypen
Umweltschutz als: passiv • exogenes Sachziel • vorgetäuschtes Formalziel aktiv • endogenes Sachziel • endogenes Formalziel	defensive • Widerstand • Rückzug offensive • Anpassung • Innovation	abwehrorientierte outputorientierte prozeßorientierte • zyklusorientierte

Anhang 2: Typologie des betrieblichen Umweltschutzes [Abb. 10: 61] am Beispiel des Güterverkehrs

ABSICHTEN (LEITBILD)	UMWELTSCHUTZSTRATEGIE	UMWELTSCHUTZMAßNAHMEN: Beispiel Güterverkehr
PRÄVENTION Vermeidung, Verminderung, Verbesserung der verursachenden Aktivität	ersatzloser Verzicht	• Auslistung / Rückzug, Unterlassen • Sparen durch Rücknahme überhöhter Anspruchs- /Aktivitätsniveaus	- Abkehr von transportintensiven Leistungen - Transporthäufigkeit senken (überhöhte Frequenzen, Kleinstmengen) - Achslasten verringern - schonendes Fahrverhalten
	Strukturveränderung	• Struktursubstitution - Neudefinition d. Aufgabe, Funktionsorientierung - Änderung d. Leistungsrahmens • integrierter Umweltschutz Modernisierung d. Leistung + Leistungserstellung	- Wandel vom Lkw-Transporteur zum Logistik-Dienstleister - Standortpolitik, Beschaffungs- / Absatzwege und -formen (Werke, Außenläger, Güterverteilzentren, produktionsnahe Zulieferer) - Organisationstyp d. Produktion - Lebensdauerverlängerung (Transportmittel u. -behältnisse) - Wahl umweltverträglicher Verkehrsträger (Binnenschiff, Bahn, kombinierter Verkehr) - Standardisierung Verpackungssysteme, Mehrwegsysteme soweit speziell Lkw-Transport: - optimierte Routenplanung - Geschwindigkeitsbegrenzer - Einsatz von Lkw's mit geringerem Kraftstoffverbrauch - Einsatz von Lkw's mit optimierter Kraftstoffqualität - Einsatz geräuschärmerer Fahrzeuge (aggregatseitige Maßnahmen)
		• Auslagerung	- Übertragung v. Transport + Abwicklung an Spediteur

Duldung der verursachten Aktivität : → Entstehen von Umweltwirkungen an der Quelle → Freisetzung → Ausbreitung → Anreicherung → Schaden

Anhang 2: Typologie des betrieblichen Umweltschutzes[Abb. 10: 61] am Beispiel des Güterverkehrs (Fortsetzung)

ABSICHTEN (LEITBILD)	UMWELTSCHUTZSTRATEGIE	UMWELTSCHUTZMAßNAHMEN: Beispiel Güterverkehr
REPARATUR Umwandlung, Behandlung von Umweltwirkungen	*additive Umwelttechnik* • Anlagensicherheit	- Auffangwannen / unterkellerte Lagerhallen f. Gefahrgüter - Doppelwände + Mehrfachkammern bei Transportbehältnissen
	• vorgeschalteter Umweltschutz	- Fahrzeugkonzept Topas
	• nachgeschalteter Umweltschutz / end of the pipe - Rückhaltung / Konzentration, Verdünnung - Umwandlung - Nutzung, Entsorgung	- Katalysator, Partikelfilter - Motorkapselung - Altauto-Recycling - Verkehrsleitsysteme - Katastrophenpläne
	• Sanierung	- Restauration v. Baudenkmälern + Infrastrukturbauten
	• passiver Schutz - Belastungsanpassung Betroffener - Erhöhung d. Assimilationskapazität u. Regenerationsfähigkeit v. Ökosystemen	- Lärmschutzwände / -fenster - Kalkung v. Waldböden - Züchtung luftschadstoffresistenter Pflanzen
KOMPENSATION Ausgleich beibehaltener Umweltwirkungen	*Eingriffsausgleich* • andernorts • Entschädigungszahlungen • Renaturierung	- "Biotopverlagerungen", Aufforstungen für Infrastrukturbauten - entfällt, da Fläche für Infrastruktur verbraucht
DULDUNG alternativlose Inkaufnahme von Umweltwirkungen	*Schädigung* • Indifferenz • Ignoranz	- Beibehaltung status quo - Leugnen von Umweltwirkungen - Nicht-Wahrnehmen von Umweltwirkungen
	• Widerstand	- Lobbyarbeit - Konfrontation - Verletzung staatlicher Normen

Normenverzeichnis

- Gesetze und Urteile -

Abl	*Amtsblatt der Europäischen Gemeinschaften*
ArbuR	*Arbeit und Recht*
BAG	*Bundesarbeitsgericht*
BArbBl	*Bundesarbeitsblatt*
BGBl	*Bundesgesetzblatt*
BGH	*Bundesgerichtshof*
BVerwGe	*Bundesverwaltungsgericht*
GmS-OGB	*Gemeinsamer Senat der Obersten Gerichtshöfe des Bundes*
GS	*Großer Senat*
DIN-ISO	*Deutsches Institut für Normung - International Standard Organization*
NJW	*Neue Juristische Wochenschrift*
RGBL	*Reichsgesetzblatt*
TRGS	*Technische Regel für Gefahrstoffe*
VDI	*Verein Deutscher Ingenieure*

AbfG - Abfallgesetz: Gesetz über die Vermeidung und Entsorgung von Abfällen. Vom 27.8.1986 (BGBl I, S. 1410, ber. S. 1501), zuletzt geändert durch Gesetz vom 27.6.1994 (BGBl I, S. 1440).

AbwAG - Abwasserabgabengesetz: Gesetz über Abgaben für das Einleiten von Abwasser in Gewässer. In der Fassung der Bekanntmachung v. 6.11.1990 (BGBl I, S. 2432), geändert durch Gesetz vom 5.7.1994 (BGBl I, S. 1453).

ArbStättV - Arbeitsstättenverordnung: Verordnung über Arbeitsstätten. Vom 20.3.1975 (BGBl I, S. 729), zuletzt geändert durch Änderungsverordnung vom 1.8.1983 (BGBl I, S. 1054).

ASiG - Arbeitssicherheitsgesetz: Gesetz über Betriebsärzte, Sicherheitsingenieure, und andere Fachkräfte für Arbeitssicherheit. Vom 12.12.1973 (BGBl I, S. 1885), geändert durch Jugendarbeitsschutzgesetz vom 12.4.1976 (BGBl I, S. 965).

AtomG - Atomgesetz: Gesetz über die friedliche Verwendung der Kernenergie und den Schutz gegen ihre Gefahren. In der Fassung der Bekanntmachung vom 15.7.1985 (BGBl I, S. 1565), zuletzt geändert durch Gesetz vom 19.7.1994 (BGBl I, S. 1618).

BAG (1992): BAG (GS), Haftung des Arbeitnehmers, Beschluß vom 6.12.1992 - GS 1/89.

BAG (1994): BAG (GS), Haftung des Arbeitnehmers, Beschluß vom 27.9.94 - GS 1/89 (A), auszugsweise in: ArbuR, Heft 2/1995, S. 70-72.

BetrVG - Betriebsverfassungsgesetz: Vom 15.1.1972 (BGBl I, S. 13), zuletzt geändert durch Gesetz vom 24.7.1986 (BGBl I, S. 1110).

BGB - Bürgerliches Gesetzbuch: Vom 18.8.1986 (RGBl, S. 195) BGBl III 400-2), mit allen späteren Änderungen.

BGH (1990): Strafrechtliche Produkthaftung - Lederspray-Entscheidung, Urteil vom 6.7.1990, in: NJW, Heft 40/1990, S. 2560-2569.

BGH/GmS OGB (1993): Haftung des Arbeitnehmers, Beschluß vom 21.9.93 - 3255 - GmS-OGB 1/93.

BImSchG - Bundes-Immissionsschutzgesetz: Gesetz zum Schutz vor schädlichen Umwelteinwirkungen durch Luftverunreinigungen, Geräusche, Erschütterungen und ähnliche Vorgänge. In der Fassung der Bekanntmachung vom 14.5.1990 (BGBl I, S. 880), zuletzt geändert durch Gesetz vom 27.6.1994 (BGBl I, S. 1440).

5.BImSchV - 5. Bundes-Immissionsschutzverordnung: Fünfte Verordnung zur Durchführung des Bundes-Immissionsschutzgesetzes (Verordnung über Immissionsschutz- und Störfallbeauftragte). Vom 30.7.1993, (BGBl I, S. 1433).

12.BImSchV (auch StörfallV) - 12. Bundes-Immissionsschutzverordnung: Zwölfte Verordnung zur Durchführung des Bundes-Immissionsschutzgesetzes (Störfall-Verordnung). Vom 20.9.1991 (BGBl I, S. 1891).

BMAS - Bundesminister für Arbeit und Sozialordnung (1995): Entwurf eines Gesetzes zur Umsetzung der EG-Rahmenrichtlinie Arbeitsschutz und weiterer Arbeitsschutz-Richtlinien, Bonn 21.7.1995.

BNatSchG - Bundesnaturschutzgesetz: Gesetz über Naturschutz und Landschaftspflege. In der Fassung der Bekanntmachung vom 12.3.1987 (BGBl I, S. 889), zuletzt geändert durch Gesetz vom 6.8.1993 (BGBl I, S. 1458).

BPersVG - Bundespersonalvertretungsgesetz: Vom 15.3.1974 (BGBl I, S. 693).

British Standard 7750: Specification for environmental management systems, British Standard Institution, London.

BVerwGe 72 (Hrsg.) (1986): Entscheidungen des Bundesverwaltungsgerichts, Bd. 72, Nr. 44, S. 300-332.

ChemG - Chemikaliengesetz: Gesetz zum Schutz vor gefährlichen Stoffen. In der Fassung der Bekanntmachung vom 25.7.1994 (BGBl I, S. 1703) zuletzt geändert durch Gesetz vom 2.8.1994, (BGBl I, S. 1963).

DIN EN ISO 9000: Normen zum Qualitätsmanagement und zur Qualitätssicherung/QM-Darlegung, Berlin August 1994.

DIN EN ISO 9001: Qualitätsmanagementsysteme - Modell zur Qualitätssicherung/QM-Darlegung in Design, Entwicklung, Produktion, Montage und Wartung, Berlin August 1994.

DIN EN ISO 9002: Qualitätsmanagementsysteme - Modell zur Qualitätssicherung/QM-Darlegung in Produktion, Montage und Wartung, Berlin August 1994.

DIN EN ISO 9003: Qualitätsmanagement - Modell zur Qualitätssicherung/QM-Darlegung bei der Endprüfung, Berlin August 1994.

DIN EN ISO 9004: Qualitätsmanagement und Elemente eines Qualitätsmanagementsystems, Berlin August 1994.

DIN ISO 8402: Qualitätsmanagement und Qualitätssicherung - Begriffe, Berlin März 1992.

DIN ISO 14001: Umweltmanagementsysteme - Spezifikationen und Leitlinien zur Anwendung (ISO/DIS 14001), Entwurf, Berlin 1995.

DIN V 33921: Umweltmanagementsysteme - Anforderungen für die Entwicklung, Einführung und Aufrechterhaltung, Vornorm, Stand Februar 1995, Berlin.

EEA - Gesetz zur Einheitlichen Europäischen Akte vom 28.2.1986. Vom 19.12.1986 (BGBl II, S. 1102).

EG/94/45: Richtlinie des Rates vom 22. September 1994 über die Einsetzung eines Europäischen Betriebsrats oder die Schaffung eines Verfahrens zur Unterrichtung und Anhörung der Arbeitnehmer in gemeinschaftsweit operierenden Unternehmen und Unternehmensgruppen, in: ABl, Nr. L 254 v. 30.9.94, S. 64-72.

EUV - Gesetz zum Vertrag vom 7 Februar 1992 über die Europäische Union (BGBl II, S. 1251) und Bekanntmachung über das Inkrafttreten des Vertrags über die Europäische Union vom 19. Oktober 1993 (BGBl II/1993, S. 1947).

EWG/1836/93: Verordnung des Rates der Europäischen Gemeinschaften vom 29. Juni 1993 über die freiwillige Beteiligung gewerblicher Unternehmen an einem Gemeinschaftssystem für das Umweltmanagement und die Umweltbetriebsprüfung, in: ABl v. 10.7.93, Nr. L 168/1-18.

EWG/80/778: Richtlinie des Rates vom 15. Juli 1980 über die Qualität von Wasser für den menschlichen Gebrauch, in: ABl, Nr. L 229 v. 30.8.1980, S. 11-29.

EWG/880/92: Verordnung des Rates der Europäischen Gemeinschaften vom 23. März 1992 betreffend ein gemeinschaftliches System zur Vergabe eines Umweltzeichens, in: Abl, Nr. L 99 v. 11.4.1992, S. 1-7.

EWG/89/391: Richtlinie des Rates der Europäischen Gemeinschaften vom 12. Juni 1989 über die Durchführung von Maßnahmen zur Verbesserung der Sicherheit und des Gesundheitsschutzes der Arbeitnehmer bei der Arbeit, in: ABl, Nr. L 183 v. 29.6.89, S. 1-8.

EWG/89/392: Richtlinie des Rates vom 14. Juni 1989 zur Angleichung der Rechtsvorschriften der Mitgliedsstaaten für Maschinen, in: ABl, Nr. L 183 v. 29.6.1989, S. 9-16.

GbV - Gefahrgutbeauftragtenverordnung: Verordnung über die Bestellung von Gefahrgutbeauftragten und die Schulung der beauftragten Personen in Unternehmen und Betrieben. Vom 12.12.1989 (BGBl I, S. 2185).

GefStoffÄndV - Gefahrstoff-Änderungsverordnung: Zweite Verordnung zur Änderung der Verordnung zum Schutz vor gefährlichen Stoffen. Vom 19.9.1994 (BGBl I, S. 2557; BArbBl, 11/1994, S. 65).

GefStoffV - Gefahrstoffverordnung: Verordnung zur Novellierung der Gefahrstoffverordnung, zur Aufhebung der Gefährlichkeitsmerkmalsverordnung und zur Änderung der Ersten Verordnung zum Sprengstoffgesetz. Vom 26.10.1993 (BGBl I, S. 1782, 2049), zuletzt geändert durch Verordnung vom 19.9.1994 (BGBl I, S. 2557).

GenTG - Gentechnikgesetz: Gesetz zur Regelung der Gentechnik. In der Bekanntmachung vom 16.12.1993 (BGBl I, S. 2066), geändert durch Gesetz vom 24.6.1994 (BGBl I, S. 1416).

GenTSV - Gentechnik-Sicherheitsverordnung: Verordnung über die Sicherheitsstufen und Sicherheitsmaßnahmen bei gentechnischen Arbeiten in gentechnischen Anlagen. In der Bekanntmachung der Neufassung vom 14.3.1995 (BGBl I, S. 298).

GG - Grundgesetz: Vom 23.5.1949 (BGBl, S. 1), zuletzt geändert durch Gesetz vom 30.8.1994 (BGBl I, S. 2245).

GGVS - Gefahrgutverordnung Straße: In der Bekanntmachung der Neufassung vom 13.11.1990 (BGBl I, S. 2453).

KOM(93) 423 endg.: Vorschlag für eine Richtlinie des Rates der Europäischen Gemeinschaften über die integrierte Vermeidung und Verminderung der Umweltverschmutzung (IVU), Brüssel 14. September 1993.

KOM(95) 88 endg.: Geänderter Vorschlag für eine Richtlinie des Rates über die integrierte Vermeidung und Verminderung der Umweltverschmutzung, in: Abl, Nr. C 165 v. 1.7.1995, S. 9-14.

KrW-/AbfG - Kreislaufwirtschafts- und Abfallgesetz: Gesetz zur Förderung der Kreislaufwirtschaft und Sicherung der umweltverträglichen Beseitigung von Abfällen. Vom 27.9.1994 (BGBl I, S. 2705)

LAbfG NW - Landesabfallgesetz: Abfallgesetz für das Land Nordrhein-Westfalen (GV NW, S. 250). Vom 21.6.1988, zuletzt geändert durch Gesetz vom 14.1.1992 (SGV NW 74).

LAbfVG Brandenburg - Landesabfallvorschaltgesetz Brandenburg: Vorschaltgesetz zum Abfallgesetz für das Land Brandenburg. Vom 20.1.1992. Gesetz- und Verordnungsblatt für das Land Brandenburg, Teil I, Nr. 1 v. 27.1.1992, S. 16-26.

MitbestG - Mitbestimmungsgesetz: Gesetz über die Mitbestimmung der Arbeitnehmer. Vom 4.5.1976 (BGBl I, S. 1153).

MoMitbestG - Montan-Mitbestimmungsgesetz: Gesetz über die Mitbestimmung der Arbeitnehmer in den Aufsichtsräten und Vorständen der Unternehmen des Bergbaus und der Eisen und Stahl erzeugenden Industrie. Vom 21.5.1951 (BGBl I, S. 347), zuletzt geändert durch Gesetz vom 19.12.1985 (BGBl I, S. 2355).

ProduktHG - Produkthaftungsgesetz: Vom 15.12.1989 (BGBl I, S. 2198)

RVO - Reichsversicherungsverordnung: Vom 15.12.1924 (RGBl, S. 779), zuletzt geändert durch Gesetz vom 25.7.1986 (BGBl I, S. 1169).

StGB - Strafgesetzbuch: In der Fassung der Bekanntmachung vom 10.3.1987 (BGBl I, S. 945, ber. S. 1160), zuletzt geändert durch Gesetz vom 27.6.1994 (BGBl I, S. 1440).

31.StrÄndG/2.UKG: Einunddreißigstes Strafrechtsänderungsgesetz - Zweites Gesetz zur Bekämpfung der Umweltkriminalität. Vom 27.6.1994, (BGBl I, S. 1440).

StrlSchV - Strahlenschutzverordnung: Verordnung über den Schutz vor Schäden durch ionisierende Strahlen. In der Bekanntmachung der Neufassung vom 30.6.1989 (BGBl I, S. 1321), zuletzt geändert durch Berichtigung vom 16.10.1989 (BGBl I, S. 1926).

TRGS 220: Sicherheitsdatenblatt für gefährliche Stoffe und Zubereitungen, Ausgabe September 1993, in: BArbBl, 9/1993, S. 36-45.

TRGS 222: Verzeichnis der Gefahrstoffe "Gefahrstoffverzeichnis", Ausgabe November 1994, in: BArbBl, 11/1994, S. 63-65.

TRGS 402: Ermittlung und Beurteilung der Konzentrationen gefährlicher Stoffe in der Luft in Arbeitsbereichen, in: BArbBl, 11/1986, S. 92; ergänzt in: BArbBl, 9/1993, S. 77.

TRGS 403: Bewertung von Stoffgemischen in der Luft am Arbeitsplatz, in: BArbBl, 10/1989, S. 71f.

TRGS 555: Betriebsanweisung und Unterweisung nach § 20 GefStoffV, Ausgabe März 1989, in: BArbBl, 3/1989, S. 85-87.

TRGS 555 Anhang 1: Beispiele für arbeitsplatz- und tätigkeitsbezogene Betriebsanweisungen, Ausgabe Oktober 1989, in: BArbBl, 10/1989, S. 62-71.

TVG - Tarifvertragsgesetz: In der Fassung vom 25.8.1969 (BGBl I, S. 1323), geändert durch Gesetz vom 29.10.1974 (BGBl I, S. 2879).

UAG - Umweltauditgesetz: Gesetz zur Ausführung der Verordnung (EWG) Nr. 1836/93 des Rates vom 29. Juni 1993 über die freiwillige Beteiligung gewerblicher Unternehmen an einem Gemeinschaftssystem für das Umweltmanagement und die Umweltbetriebsprüfung. Vom 7.12.1995 (BGBl I, 1591).

UIG - Umweltinformationsgesetz: Gesetz zur Umsetzung der Richtlinie 90/313/EWG des Rates vom 7. Juni 1990 über den freien Zugang zu Informationen über die Umwelt. Vom 8.7.1994 (BGBl I, S. 1490).

UmweltHG - Umwelthaftungsgesetz: Vom 10.12.1990 (BGBl I, S. 2634).

UVPG: Gesetz über die Umweltverträglichkeitsprüfung. Vom 12.2.1990 (BGBl I, S. 205), zuletzt geändert durch Gesetz vom 27.12.1993 (BGBl I, S. 2378).

VDI 2243 - VDI-Richtlinie 2243: (1993): Recyclingorientierte Gestaltung technischer Produkte: Grundlagen und Gestaltungsregeln, Düsseldorf 1984, Neubearb. 1993.

VerpackV - Verpackungsverordnung: Verordnung über die Vermeidung von Verpackungsabfällen. Vom 12.6.1991 (BGBl I, S. 1234), geändert durch Verordnung vom 26.10.1993 (BGBl I, S. 1782).

WHG - Wasserhaushaltsgesetz: Gesetz zur Ordnung des Wasserhaushalts. In der Fassung der Bekanntmachung vom 23.9.1986 (BGBl I, S. 1529, bereinigt S. 1654), geändert durch Gesetz vom 27.6.1994 (BGBl I, S. 1440).

Literaturverzeichnis[1]

Quellenkürzel:

ABl	*Amtsblatt der Europäischen Gemeinschaften*
ADL	*Arthur D. Little, Wiesbaden*
AiB	*Arbeitsrecht im Betrieb*
ArbuR	*Arbeit und Recht*
ASQ	*Administrative Science Quarterly*
BB	*Betriebs-Berater*
BddW	*Blick durch die Wirtschaft*
BFuP	*Betriebswirtschaftliche Forschung und Praxis*
BGBl	*Bundesgesetzblatt*
BIBB	*Bundesinstitut für Berufsbildung, Berlin*
BMU	*Bundesministerium für Umwelt, Naturschutz und Reaktorsicherheit*
BT-Drucks.	*Drucksache des Deutschen Bundestages*
BWP	*Berufsbildung in Wissenschaft und Praxis*
DB	*Der Betrieb*
DBW	*Die Betriebswirtschaft*
DGB	*Deutscher Gewerkschaftsbund*
DVBl	*Deutsches Verwaltungsblatt*
EG	*Europäische Gemeinschaften*
FAZ	*Frankfurter Allgemeine Zeitung*
FÖB	*Forschungsinformationsdienst ökologisch orientierte Betriebswirtschaftslehre*
FR	*Frankfurter Rundschau*
GewArch	*Gewerbe-Archiv*
GMH	*Gewerkschaftliche Monatshefte*
FU	*Freie Universität*
HBS	*Hans-Böckler-Stiftung*
HdUR	*Handwörterbuch des Umweltrechts*
HWB	*Handwörterbuch der Betriebswirtschaft*
HWFüh	*Handwörterbuch der Führung*
HWO	*Handwörterbuch der Organisation*
HWProd	*Handwörterbuch der Produktion*
ifo	*Institut für Wirtschaftsforschung, München*
IfUB	*Institut für Umweltbildung im Beruf, Berlin*
IÖU	*Institut für Ökologie und Unternehmensführung an der European Business School e.V., Oestrich-Winkel*
IÖW	*Institut für ökologische Wirtschaftsforschung, Berlin*
IÖU	*Institut für Ökologie und Unternehmensführung e.V., Oestrich-Winkel*
JuS	*Juristische Schulung*
KZfSS	*Kölner Zeitschrift für Soziologie und Sozialpsychologie*
LUMIS	*Institut für empirische Literatur- und Medienforschung, Siegen*

---

1 Quellen mit Verfasserangaben, wie "Müller, B.", "Schmidt, S." oder "Meier, H." zu ermitteln ist nicht gerade eine dankbare Aufgabe. Um die Anzahl der gerauften Haare bei den Benutzern dieses Literaturverzeichnisses zu minimieren, habe ich überall dort, wo sie angegeben sind, die vollständigen Namen der Verfasser aufgeführt. Leider war dies nicht immer möglich. Zugunsten der Benutzerfreundlichkeit nehme ich die Uneinheitlichkeit der Verfasserangaben gerne in Kauf.

Ms.	Manuskript
NJW	Neue Juristische Wochenschrift
NVwZ	Neue Zeitschrift für Verwaltungsrecht
QZ	Qualität und Zuverlässigkeit
REFA	Verband für Arbeitsstudien und Betriebsorganisation
RKW	Rationalisierungs-Kuratorium der Deutschen Wirtschaft
RWI	Rheinisch-Westfälisches Institut für Wirtschaftsforschung, Essen
SOFI	Soziologisches Forschungsinstitut, Göttingen
UBA	Umweltbundesamt
UWF	Umwelt Wirtschafts Forum
UWSF	Zeitschrift für Umweltwissenschaften und Schadstoff-Forschung
VDI	Verein Deutscher Ingenieure
VÖW	Vereinigung für ökologische Wirtschaftsforschung, Berlin
WGMU	Wissenschaftliche Gesellschaft für Marketing und Unternehmensführung e.V., Münster
wisu	Wirtschaftsstudium
WZB	Wissenschaftszentrum Berlin
WSI	Wirtschafts- und Sozialwissenschaftliches Institut des Deutschen Gewerkschaftsbundes GmbH
ZBU	Zeitschrift für berufliche Umweltbildung
ZfB	Zeitschrift für Betriebswirtschaft
zfbf	Zeitschrift für betriebswirtschaftliche Forschung
zfo	Zeitschrift Führung + Organisation
ZfP	Zeitschrift für Personalforschung
ZfS	Zeitschrift für Soziologie
ZfP	Zeitschrift für Personalforschung
ZfU	Zeitschrift für Umweltpolitik und Umweltrecht

Achleitner, Paul M. (1985): Soziopolitische Strategien multinationaler Unternehmen, Bern/Stuttgart 1985.

Adams und Partner GmbH (1993): Gutachten zur Organisation der Sicherheit der Hoechst AG, hrsg. v. Staatlichen Amt für Immissions- und Strahlenschutz Hessen, Frankfurt am Main 1993.

Adams, Heinz W. (1988): Sicherheit nicht durch Technik, sondern durch Organisation, in: BddW v. 2.2.1988.

Adams, Heinz W. (Hrsg.) (1990): Konsequenzen für den Umweltschutz: Die 3. Novelle zum Bundes-Immissionsschutzgesetz und ihre Umsetzung im Unternehmen: Ein Praxiskommentar, Frankfurt am Main 1990.

Adams, Heinz W. (1992): Sicherheits- und Umweltschutzmanagement, in: Umwelt und Energie - Handbuch für die betriebliche Praxis, Loseblatt, Heft 1/1992, Gruppe 12, S. 141-174.

Adams, Heinz W. (1993): Qualitätsmanagement-Normen unterstützen die Organisation des Umweltschutzes, in: QZ, Nr. 10/1993, S. 556-559.

Adelt, Peter/Müller, Horst/Zitzmann (1990): Umweltbewußtsein und Konsumverhalten, in: Rüdiger Szallies/Günter Wiswede (Hrsg.), Wertewandel und Konsum, Landsberg/Lech 1990.

ADL - Arthur D. Little (1993): Überprüfung der Organisation des Sicherheitsmanagements der Hoechst AG, hrsg. v. Staatlichen Amt für Immissions- und Strahlenschutz Hessen, Frankfurt am Main 1993.

Ajzen, Icek/Fishbein, Martin (1977): Attitude-behavior relations: A theoretical analysis and review of empirical research, in: Psychological Bulletin, 84, Nr. 5/1977, S. 888-918.

Ajzen, Icek/Fishbein, Martin (1980): Understanding attitudes and predicting social behavior, Englewood Cliffs/New Jersey 1980.

Ajzen, Icek/Madden, Thomas J. (1986): Prediction of goal-directed behavior: Attitudes, intentions and perceived behavioral control, in: Journal of Experimental Social Psychology, 1986, S. 453-474.

Albracht, Gerd/Gillich, Peter (1995): Neue Präventionsinstrumente der staatlichen Arbeitsschutzaufsicht am Beispiel des ASCA-Programmes des Landes Hessen, Referat auf dem Sicherheitskolloquium von DEGAS e.V am 26.1.1995 in Magdeburg, Manuskript, hrsg.v. Hessisches Ministerium für Frauen, Arbeit und Sozialordnung, Wiesbaden 1995.

Altner, Günter (1988): Ethische Fundierung des Präventionsprinzips in Technik, Wirtschaft und Gesellschaft, in: Udo Ernst Simonis (Hrsg.), Präventive Umweltpolitik, Frankfurt am Main/New York 1988, S. 79-91.

Amelang, Manfred u. a. (1976): Über einige Schritte der Entwicklung einer Skala zum Umweltbewußtsein, Hamburg 1976 (Forschungsbericht Psychologisches Institut Hamburg).

Angermaier, Max/Schmitthenner, Horst/Zwingmann, Bruno (1991): Arbeit und Gesundheit in der gewerkschaftlichen Politik, in: WSI-Mitteilungen, Nr. 9/1991, S. 522-532.

Antes, Ralf (1988): Umweltschutzinnovationen als Chancen des aktiven Umweltschutzes für Unternehmen im sozialen Wandel, Berlin 1988 (IÖW-Schriftenreihe; 16/88).

Antes, Ralf (1991a): Organisation des Umweltschutzes - Aufgaben des Personalwesens, in: Personalführung, Nr. 3/1991, S. 148-154.

Antes, Ralf (1991b): Qualifikationen für ein betriebliches Umweltmanagement - Eine Bestandsaufnahme unter besonderer Berücksichtigung der Anforderungen an Wirtschaftswissenschaftler, Oestrich-Winkel 1991 (Arbeitspapiere des IÖU; 17).

Antes, Ralf (1991c): Ergebnisse des Fragebogens Organisation, in: Umweltbundesamt (Hrsg.), Umweltorientierte Unternehmensführung, Berlin 1991 (UBA-Berichte; 11/91), Kapitel 6, S. 287-320.

Antes, Ralf (1991d): Umweltorientierte Untrnehmensführung im Handel, in: Umweltbundesamt (Hrsg.), Umweltorientierte Unternehmensführung, Berlin 1991 (UBA-Berichte; 11/91), Kapitel 15, S. 617-662.

Antes, Ralf (1992a): Die Organisation des betrieblichen Umweltschutzes, in: Ulrich Steger (Hrsg.), Handbuch des Umweltmanagements, München 1992, S. 487-509.

Antes, Ralf (1992b): Industrielle Beziehungen und betrieblicher Umweltschutz, in: BJU-Umweltschutz-Berater, Loseblatt, 13. Erg. Lfg. Oktober 1992, Kapitel 4.10.3., Köln.

Antes, Ralf (1992c): Organisation des betrieblichen Umweltschutzes - Drei aktuelle Publikationen, in: IÖW/VÖW-Informationsdienst, Nr. 3-4/92, S. 25f.

Antes, Ralf (1993a): Betriebliche Organisation des Umweltschutzes in kleinen und mittleren Unternehmen - Eindrücke von einem UTECH-Seminar, in: IÖW/VÖW-Informationsdienst, Nr. 2/93, S. 18-20.

Antes, Ralf (1993b): Ökologie in Aus- und Weiterbildung - ökologisch orientierte Personalpolitik, in: Norbert Kluge u.a. (Hrsg.), Umweltschutz und gewerkschaftliche Interessenvertretung, Düsseldorf 1993 (HBS; Graue Reihe - Neue Folge 56), S. 196-203.

Antes, Ralf (1993c): Stellungnahme zum Gutachten des IÖW, in: Scherer, Klaus-Jürgen/Sterkel, Gabriele, Umweltschutz und Arbeitsbeziehungen, Berlin 1993 (UBA-Texte; 40/93), S. 377-387.

Antes, Ralf (1994a): Organisation des Umweltschutzes in Unternehmen, in: UWF, Heft 6, Juli 1994, S. 25-31.

Antes, Ralf (1994b): Auf den Spuren umweltverträglichen Verhaltens - Eine Diskussion neuerer Publikationen zum Thema, in: IÖW/VÖW-Informationsdienst, Nr. 5/94, S. 22f.

Antes, Ralf (1994b): Betrieblicher Umweltschutz: Präventionsansatz bietet bessere Beteiligungsmöglichkeiten, in: Arbeit & Ökologie-Briefe, Nr. 13/1994, S. 13f.

Antes, Ralf (1995): Umweltverträgliches Entscheiden und Handeln in Unternehmen - Empirische Ergebnisse aus dem FUUF-Projekt, in: Jürgen Freimann/Eckart Hildebrandt (Hrsg.), Praxis der betrieblichen Umweltpolitik, Wiesbaden 1995, S. 21-38.

Antes, Ralf/Clausen, Jens/Fichter, Klaus (1995): Die guten Managementpraktiken in der EU-Audit-Verordnung, in: DB, Heft 14/1995, S. 685-693.

Antes, Ralf/Fichter, Klaus/Gellrich, Carsten (1995): Literatur "EG-Öko-Audit-Verordnung", in: Klaus Fichter (Hrsg.) Die EG-Öko-Audit-Verordnung, München/Wien 1995, S. 297-306.

Antes, Ralf/Prätorius, Gerhard/Steger, Ulrich (1992/1993): Umweltschutz und Transportmittelwahl - Ergebnisse einer empirischen Untersuchung im Güterverkehr, in: DBW, Nr. 6/1992, S. 735-759; Errata, in: DBW, Nr. 4/1993, S. 576.

Antes, Ralf/Prätorius, Gerhard/Steger, Ulrich (1993): Umweltschutz und Transportmittelwahl - Stellungnahme zu den Diskussionsbeiträgen von Helmut Baumgarten, Wolf-Rüdiger Bretzke, Peter Klaus und Hanspeter Stabenau, in: DBW, Nr. 4/1993, S. 572-575.

Antes, Ralf/Steger, Ulrich/Tiebler, Petra (1992): Umweltorientiertes Unternehmensverhalten - Ergebnisse aus einem Forschungsprojekt, in: Ulrich Steger (Hrsg.), Handbuch des Umweltmanagements, München 1992, S. 375-393.

Antes, Ralf/Tiebler, Petra (1990): Das Umweltproblem in den Wirtschaftswissenschaften: Betriebswirtschaftslehre, in: Eberhard Feess-Dörr u. a., Erster Zwischenbericht zum Forschungsprojekt "Entwicklung und Erprobung eines Curriculums zur Integration der Ökologie in die wirtschaftswissenschaftliche Ausbildung", Oestrich-Winkel 1990 (Arbeitspapiere des IÖU; 16), S. 58-142.

Antes, Ralf/Tiebler, Petra/Steger, Ulrich (1991): Ergebnisse der Interviews mit Mitgliedern der Geschäftsleitung der Unternehmen zum Themenbereich "Unternehmensführung", in: Umweltbundesamt (Hrsg.), Umweltorientierte Unternehmensführung, Berlin 1991 (UBA-Berichte; 11/91), Kapitel 5, S. 185-267.

Arbeit & Ökologie-Briefe (1989ff.): Frankfurt am Main.

Arbeitskammer des Saarlandes (1994): Befragung der Betriebs- und Personalräte über Aktivitäten im betrieblichen Umweltschutz, in: Arbeitskammer des Saarlandes, Bericht an die Regierung des Saarlandes 1994, Saarbrücken 1994, S. 228-239.

Arndt, Hans-Knud (1992): Methodische Überlegungen zur Ökobilanzierung, in: IÖW/VÖW-Informationsdienst , Nr. 6/1992, S. 7-9.

Arndt, Hans-Knud (1995): Flußkostenrechnung - eine Umweltkostenkonzeption für das Umweltmanagement, in: Klaus Fichter (Hrsg.), Die EG-Öko-Audit-Verordnung, München/Wien 1995, S. 249-259.

AWV - Arbeitsgemeinschaft für wirtschaftliche Verwaltung (1991): Organisation des betrieblichen Umweltschutzes, Teil I, Eschborn 1991 (AWV-Schrift 01 490).

AWV - Arbeitsgemeinschaft für wirtschaftliche Verwaltung (1992): Organisation des betrieblichen Umweltschutzes, Teil II, Eschborn 1992 (AWV-Schrift 01 507).

BAG - Bundesarbeitgeberverband Chemie e.V. (1990): Außertarifliche Sozialpartner-Vereinbarungen, Wiesbaden 1990.

BAG - Bundesvereinigung der Deutschen Arbeitgeberverbände (1995): Arbeitsrechtliche Fragen bei der Einführung des Umweltmanagementsystems nach der Umwelt-Audit-Verordnung der EG, Rundschreiben vom 18.07.1995, Köln.

Balderjahn, Ingo (1986): Das umweltbewußte Konsumentenverhalten: Eine empirische Studie, Berlin 1986.

Balderjahn, Ingo/Mennicken, Claudia (1994): Der Umgang von Managern mit ökologischen Risiken und Krisen: Ein verhaltenswissenschaftlicher Ansatz, Potsdam 1994 (Lehr- und Forschungsberichte des Lehrstuhls für BWL Schwerpunkt Marketing; 2/1994).

Balderjahn, Ingo/Mennicken, Claudia (1995): Risikomanagement aus verhaltenswissenschaftlicher Sicht, in: UWF, Heft 2/1995, S. 20-29.

Bamberg, Günter/Coenenberg, Adolf Gerhard (1992): Betriebswirtschaftliche Entscheidungslehre, 7. überarb. Aufl., München 1992.

Bamberg, Sebastian/Bien, Walter/Schmidt, Peter (1995): Wann steigen Autofahrer auf den Bus um? Oder: Lassen sich aus sozialpsychologischen Handlungstheorien praktische Massnahmen ableiten?, in: Andreas Diekmann/Axel Franzen (Hrsg.), Kooperatives Umwelthandeln, Chur/Zürich 1995, S. 89-111.

Bamberg, Sebastian/Schmidt, Peter (1993): Verkehrsmittelwahl - eine Anwendung der Theorie geplantes Verhalten, in: Zeitschrift für Sozialpsychologie, 1993, S. 25-37.

Bamberg, Sebastian/Schmidt, Peter (1994): Auto oder Fahrrad? Empirischer Test einer Handlungstheorie zur Erklärung der Verkehrsmittelwahl, in: KZfSS, Heft 1/1994, S. 80-102.

Bandura, Albert (1977): Self-efficacy: Toward a unifying theory of behavioral change, in: Psychological Review, Vol. 84, No. 2/1977, S. 191-215.

Bardmann, Theodor M. (1990): Wenn aus Arbeit Abfall wird - Überlegungen zur Umorientierung der industriesoziologischen Sichtweise, in: ZfS, Heft 3/Juni 1990, S. 179-194.

Barnard, Chester J. (1938): The functions of the executive, Cambridge/Mass. 1938.

Bartmann, Hermann (1992): Präventive Umweltpolitik, in: Hermann Bartmann/Klaus Dieter John (Hrsg.), Präventive Umweltpolitik, Wiesbaden 1992, S. 11-25.

Bartscher, Thomas R. (1991): Projektthema "Förderung von umweltfreundlichem Mitarbeiterverhalten", in: FÖB, 12. Ausgabe Nov./Dez. 1991, S. 12f.

Bartscher, Thomas R./Krüssel, Peter (1993): Ökologische Werthaltungen bei Führungsnachwuchskräften, in: ZfP, Nr. 2/1993, S. 195-226.

BASF AG (1993): Denken, Planen, Handeln - Umweltbericht 1992, Ludwigshafen 1993.

BASF AG (1994): Umweltbericht 1993, Ludwigshafen 1994.

BASF AG (1995): Umweltbericht 1994, Ludwigshafen 1995.

Baumgarten, Helmut (1993): Dialogbeitrag zum Artikel "Umweltschutz und Transportmittelwahl" von Antes/Prätorius/Steger, in: DBW, Nr. 4/93, S. 569-572.

Bayer AG (1993): Umweltbericht Bayer AG, Leverkusen 1993.

Bayer AG (1994): Namen Zahlen Fakten, Leverkusen 1994.

Bayer AG (1995): Umweltbericht 1995, Leverkusen 1995.

Bayerisches Staatsministerium für Arbeit und Sozialordnung, Familie, Frauen und Gesundheit (1993): Jahresbericht der Gewerbeaufsicht des Freistaates Bayern 1992, Teil 4/Sonderberichte: Überprüfung der Arbeitsschutzmaßnahmen beim Umgang mit Kühlschmierstoffen, München 1993, S. 72-76 (Kurzmeldung in Arbeit & Ökologie-Briefe, Nr. 7/1993, S. 6).

Bayreuther Initiative (1990): Auswertung der Personalbedarfsschätzung für Diplomkaufleute mit ökologischem Sachwissen, Manuskript, Bayreuth 1990.

BDI - Bundesverband der Deutschen Industrie (1990): Umweltorientierte Unternehmensführung in der Praxis, in: BDI, "Umweltorientierte Unternehmensführung" - Eine Zwischenbilanz, Köln 1990 (BDI-Dokumentation), S. 52-74.

Bechmann, Arnim (1984): Leben wollen - Anleitungen für eine neue Umweltpolitik, Köln 1984.

Beck, Ulrich (1986): Risikogesellschaft - Auf dem Weg in eine andere Moderne, Frankfurt am Main 1986.

Beckenbach, Frank (1990): Die volkswirtschaftliche Theorie der Firma, in: Jürgen Freimann (Hrsg.), Wiesbaden 1990, S. 75-104.

Becker, Fred G. (1991): Innovationsfördernde Anreizsysteme, in: Günther Schanz (Hrsg.), Handbuch Anreizsysteme in Wirtschaft und Verwaltung, Stuttgart 1991, S. 568-593.

Begon, Michael/Harper, John L./Townsend, Colin R. (1991): Ökologie - Individuen, Populationen und Lebensgemeinschaften (Ecology; aus d.engl.übers.v. Dieter Schroeder u. Beate Hülsen), Basel u. a. 1991.

Behne, Klaus-Ernst/Barkowsky, Johannes (1994): Analoge und digitale Musikwiedergabe im unmittelbaren Vergleich - eine Studie zur hypothesengeleiteten Wahrnehmung, Hannover 1994 (Forschungsberichte des Instituts für musikpädagogische Forschung, Hochschule für Musik und Theater; 1).

Behring, Peggy/Dyckhoff, Harald (1995): Koordination der Verpackungsplanung im Industriebetrieb, in: zfo, Nr. 3/1995, S. 165-168.

Beitz, Wolfgang (1991): Die Weiterentwicklung der VDI-Richtlinie "Recyclinggerechtes Konstruieren" zu umweltfreundlicher Produktgestaltung, in: Rolf Kreibich u. a. (Hrsg.), Ökologisch produzieren, Weinheim/Basel 1991, S. 159-173.

Belk, Russell/Painter, John/Semenik, Richard (1981): Preferred solutions to the energy crisis as a function of causal attributions, in: Journal of Consumer Research, Vol. 8, December/1981, S. 306-312.

Benda, Ernst (1984): Umweltvorsorge und Recht, in: Umweltbundesamt (Hrsg.), Das Vorsorgeprinzip im Umweltschutz, Symposium am 12.10.1984 in Berlin, Berlin 1984 (UBA-TEXTE ; 25/84).

Berger, Ulrike (1992): Rationalität, Macht und Mythen, in: Willi Küpper/Günther Ortmann (Hrsg.), Mikropolitik, 2. durchges. Aufl., Opladen 1992, S. 115-130.

Berke, Jürgen/Deutsch, Christian (1992): Qualitätsmanagement: Probleme mit Null-Fehler-Konzepten, in: Wirtschaftswoche, Nr. 25/1992, S. 58-68.

Beschorner, Dieter (1990): Öko-Bilanz: Entscheidungshilfe für eine umweltfreundlichere Wirtschaftsweise, in: Jürgen Freimann (Hrsg.), Ökologische Herausforderung der Betriebswirtschaftslehre, Wiesbaden 1990, S. 163-176.

Beyer, Hans-Martin (1992): Das Vorsorgeprinzip in der Umweltpolitik, Ludwigsburg/Berlin 1992.

BGH (1994): 2 StR 620/93, Urteil vom 2.3.1994.

BIBB - Bundesinstitut für Berufsbildung (1988): Empfehlung des Hauptausschusses des Bundesinstituts für Berufsbildung zur Einbeziehung von Fragen des Umweltschutzes in die berufliche Bildung vom 5. Februar 1988, in: BWP, Nr. 2/1988, S. 59f.

BIBB - Bundesinstitut für Berufsbildung (Hrsg.) (1991a): Umweltschutz in der beruflichen Bildung - Ergebnisse, Veröffentlichungen und Materialien aus dem BIBB, Berlin 1991.

BIBB - Bundesinstitut für Berufsbildung (1991b): Empfehlung des Hauptausschusses zum Umweltschutz in der beruflichen Bildung, in: Bundesanzeiger, Nr. 48 v. 9.3.91, S. 1600; auch in: BWP, Nr. 3/1991, S. 41.

Bichler, Klaus (1992): Als Alternative das JIT-Lager, in: Beschaffung aktuell, Nr. 1/1992, S. 34-38.

Bick, Hartmut u. a. (1984): Umwelt - kein "freies Gut", in: Hartmut Bick u. a. (Hrsg.), Angewandte Ökologie - Mensch und Umwelt, Bd. 1, Stuttgart 1984, S. 3-54.

Biehler-Baudisch, Hilde (1992): Entwicklungen und Perspektiven der beruflichen Aus- und Weiterbildung im Umweltschutz, in: Gesellschaft für Berufliche Umweltbildung (Hrsg.), Schritte zu einem Netzwerk beruflicher Umweltbildung - Tagungsreader, Dortmund 1992, S. 63-66.

Billig, Axel (1994): Ermittlung des ökologischen Problembewußtseins der Bevölkerung, Berlin 1994 (UBA-TEXTE; 7/94).

Billig, Axel/Briefs, Dirk/Pfahl, Arne D. (1987): Das ökologische Problembewußtsein umweltrelevanter Zielgruppen - Wertwandel und Verhaltensänderung, Berlin 1987 (UBA-TEXTE; 21/87).

Binswanger, Hans-Christoph u. a. (1983): Arbeiten ohne Umweltzerstörung - Strategien für eine neue Wirtschaftspolitik, Frankfurt am Main 1983.

Birke, Martin (1992): Ökologie als bricolage? Über Schwierigkeiten und Chancen, Ökologie in den Normalbetrieb zu integrieren, in: Kommune, Nr. 3/1992, S. 34-47.

Birke, Martin (1994): Warum Arbeits- und Umweltschutz weder in eins noch in Konkurrenz gesetzt werden sollen, in: Eckart Hildebrandt u.a (Hrsg.), Umweltschutz und Arbeitsschutz zwischen Eigenständigkeit und Gemeinsamkeit, Düsseldorf 1994 (HBS Graue Reihe - Neue Folge 77), S. 133-145.

Birke, Martin (1995): Betriebsökologie als Mikropolitik, in: Jürgen Freimann/Eckart Hildebrandt (Hrsg.), Praxis der betrieblichen Umweltpolitik, Wiesbaden 1995, S. 159-171.

Birke, Martin/Schwarz, Michael (1993): Betriebliche Strategien im Umweltschutz - Fallstudien und arbeitspolitische Schlußfolgerungen, in: WSI Mitteilungen, Nr. 6/1993, S. 368-375.

Birke, Martin/Schwarz, Michael (1994): Umweltschutz im Betriebsalltag - Praxis und Perspektiven ökologischer Arbeitspolitik, Opladen 1994.

Bitzer, Bernd (1990): Innovationshemmnisse im Unternehmen, Wiesbaden 1990.

Blazejczak, Jürgen u. a. (1993): Umweltschutz und Industriestandort, Berlin 1993 (UBA-Berichte; 1/93).

Bleicher, Knut (1991): Organisation, 2. vollst. neubearb. Aufl., Wiesbaden 1991.

Bleicher, Knut (1992a): Leitbilder - Orientierungsrahmen für eine integrative Management-Philosophie, Stuttgart 1992.

Bleicher, Knut (1992b): Kodifizierung und Kommunikation unternehmungspolitischer Konzepte in Leitbildern, in: Die Unternehmung, Nr. 2/1992, S. 59-78.

BMI - Bundesminister des Innern (1971): Umweltpolitik - Das Umweltprogramm der Bundesregierung, BT-Drucksache VI/2710 v. 14.10.1971, Bonn 1971.

BMI - Bundesminister des Innern (1976): Umweltbericht '76 - Fortschreibung des Umweltprogramms der Bundesregierung v. 14.7.1976, BT-Drucksache VII/5684.

BMI - Bundesminister des Innern (1983): Abschlußbericht der Projektgruppe "Aktionsprogramm Ökologie" - Argumente und Forderungen für eine ökologisch ausgerichtete Umweltvorsorgepolitik, Umweltbrief Nr. 29 v. 28.10.1983.

BMU - Bundesminister für Umwelt, Naturschutz und Reaktorsicherheit/DIN - Deutsches Institut für Normung (1993): Vereinbarung über die Berücksichtigung von Umweltbelangen in der Normung, in: Umwelt, Nr. 1/1993, S. 8f.

BMU - Bundesminister für Umwelt, Naturschutz und Reaktorsicherheit (1986): Leitlinien Umweltvorsorge - Leitlinien der Bundesregierung zur Umweltvorsorge durch Vermeidung und stufenweise Verminderung von Schadstoffen, Umweltbrief Nr. 33 v. 17.12.1986.

BMU - Bundesminister für Umwelt, Naturschutz und Reaktorsicherheit (1992): Produktnormung und Umweltschutz, Bonn 1992.

BMU - Bundesminister für Umwelt, Naturschutz und Reaktorsicherheit (1993): Produktnormung und Umweltschutz - Bericht über die Arbeiten der Koordinierungsstelle Umweltschutz im DIN für den Zeitraum Januar 1992 bis Juni 1993, Bonn 1993.

Böge, Stefanie (1993): Erfassung und Bewertung von Transportvorgängen: Die produktbezogene Transportkettenanalyse, in: Läpple, Dieter (Hrsg.), Güterverkehr, Logistik und Umwelt, Berlin 1993, S. 131-159.

Böhm Matthias/Halfmann, Marion (1994): Kennzahlen und Kennzahlensysteme für ein ökologieorientiertes Controlling, in: UWF, Heft 8/1994, S. 9-14.

Böhret, Carl (1990): Folgen - Entwurf für eine aktive Politik gegen schleichende Katastrophen, Opladen 1990.

Böttcher, Oskar (1994): Ein pauschaler Pestizid-Grenzwert ist kostspielige Vorsorge ins Blaue hinein, in: FR, Nr. 26 v. 1.2.1994, S. 6.

Bogun, Roland/Hildebrandt, Eckart (1994): Arbeitsschutz und Umweltschutz: Die Fallstudie Bremer Vulkan, Berlin 1994 (WZB papers; FS II 94-205).

Bogun, Roland/Osterland, Martin/Warsewa, Günter (1990): "Was ist überhaupt noch sicher auf der Welt?" - Arbeit und Umwelt im Risikobewußtsein von Industriearbeitern, Berlin 1990.

Bogun, Roland/Warsewa, Günter (1989): Zwischen ökologischem Problembewußtsein und Risikoakzeptanz - Welche Konsequenzen ziehen Industriearbeiter aus der Umweltkrise?, in: Mitteilungen aus der Zentralwissenschaftlichen Einrichtung (ZWE) "Arbeit und Betrieb", Nr. 22/Juli 1989, S. 43-52.

Bollinger, Pia/Ellwanger, Gunther (1988): Umweltwirkungen des Eisenbahnverkehrs: ein Vergleich mit anderen Verkehrsträgern, in: Die Bundesbahn, Nr. 8/1988, S. 713-716.

Borsutzky, Doris/Nöldner, Wolfgang (1989): Psychosoziale Determinanten des Energiesparverhaltens, Regensburg 1989.

Bosetzky, Horst (1972): Die instrumentelle Funktion der Beförderung, in: Verwaltungsarchiv, Band 63, Heft 4/1972, S. 372-384.

Bosetzky, Horst (1992): Mikropolitik, Machiavellismus und Machtkumulation, in: Willi Küpper/Günther Ortmann (Hrsg.), Mikropolitik, 2. durchges. Aufl., Opladen 1992, S. 27-37.

Boudon, Raymond (1979): Widersprüche sozialen Handelns, Darmstadt/Neuwied 1979.

Boudon, Raymond (1980): Logik gesellschaftlichen Handelns, Neuwied/Darmstadt 1980.

Brandenburg, Uwe (Hrsg.) (1990): Prävention im Betrieb: Workshop auf der 24. wissenschaftlichen Jahrestagung der Deutschen Gesellschaft für Sozialmedizin und Prävention, München 1990.

Brandts, Hubert (1990): Ethische Aspekte der Prävention und Arbeitssicherheit, Bochum 1990 (Medizinethische Materialien des Zentrums für Medizinische Ethik; Heft 37).

Brauchlin, Emil (1984): Schaffen auch Sie ein Unternehmungsleitbild, in: Management-Zeitschrift io, Nr. 7-8/1984, S. 313-316.

Braun, Axel (1983): Umwelterziehung zwischen Anspruch und Wirklichkeit, Frankfurt am Main 1983.

Braun, Norman/Franzen, Axel (1995): Umweltverhalten und Rationalität, in: KZfSS, Heft 2/1995, S. 213-248.

Braunschweig, Arthur/Müller-Wenk, Ruedi (1993): Ökobilanzen für Unternehmen, Bern u. a. 1993.

Breier, Siegfried/Vygen, Hendrik (1994): Titel XVI. Umwelt, in: Lenz, Carl Otto (Hrsg.), EG-Vertrag - Kommentar zu dem Vertrag zur Gründung der Europäischen Gemeinschaften, Köln/Basel/Wien 1994, S. 922-977.

Brockhaus (1835): Allgemeine deutsche Real-Enzyklopädie für die gebildeten Stände, Achte Originalaufl., Achter Band O bis Q, Leipzig 1835.

Brockhaus (1981): Brockhaus-Enzyklopädie: in 24 Bänden, 17. völlig neubearb. Aufl. des Großen Brockhaus, Bd. 25 Ergänzungen A-Z, Wiesbaden 1981.

Brockhaus (1989): Brockhaus-Enzyklopädie: in 24 Bänden, 19. völlig neubearb. Aufl., Bd. 8 Fru-Gos, Mannheim 1989.

Brockhaus (1992): Brockhaus-Enzyklopädie: in 24 Bänden, 19. völlig neubearb. Aufl., Bd. 17 Pes-Rac, Mannheim 1992.

Brockhaus (1994): Brockhaus-Enzyklopädie: in 24 Bänden, 19. völlig neubearb. Aufl., Bd. 23 Us-Wej, Mannheim 1994.

Brockhoff, Klaus (1989): Schnittstellen-Management: Abstimmungsprobleme zwischen Marketing und Forschung und Entwicklung, Stuttgart 1989.

Brötz, Rainer (1991): Umweltschutz in der kaufmännischen Berufsausbildung, in: Gewerkschaftliche Bildungspolitik, Nr. 11/1991, S. 250-253.

Bronner, Rolf (1993): Verantwortung, in: Waldemar Wittmann (Hrsg.), HWB, 5. völlig neu gest. Aufl., Bd. 3, Stuttgart 1993, Sp. 2503-2513.

Brückner, Bernhard (1994): Neue Anforderungen an Arbeitsschutz und betriebsbezogenen Umweltschutz aus der Sicht der (Arbeitsschutz-)Behörde, Wiesbaden 1994, Manuskript.

Brüderl, Josef/Preisendörfer, Peter (1995): Der Weg zum Arbeitsplatz: Eine empirische Untersuchung zur Verkehrsmittelwahl, in: Andreas Diekmann/Axel Franzen (Hrsg.), Kooperatives Umwelthandeln, Chur/Zürich 1995, S. 69-88.

Brüggemann, Beate/Riehle, Rainer (1991): Ökologie und Mitbestimmung, 2. Aufl., Düsseldorf 1991 (HBS Manuskripte; 57).

Bruhn, Manfred (1978): Das soziale Bewußtsein von Konsumenten. Erklärungsansätze und Ergebnisse einer empirischen Untersuchung in der Bundesrepublik Deutschland, Wiesbaden 1978.

Bruhn, Manfred (1992): Integration des Umweltschutzes in den Funktionsbereich Marketing, in: Ulrich Steger (Hrsg.), Handbuch des Umweltmanagements, München 1992, S. 537-555.

Brunner, Franz J. (1987): Einfluß der Qualität auf die Betriebswirtschaft im Unternehmen, in: CIM Management, Nr. 2/1987, S. 12-18.

Burgi, Martin (1995): Das Schutz- und Ursprungsprinzip im europäischen Umweltrecht, in: Natur und Recht, Heft 1/1995, S. 11-15.

Burhenne, Wolfgang E./Irwin, Will A. (1986): The World charter for nature, Berlin 1986 (Beiträge zur Umweltgestaltung; A 90).

Burns, Tom/Stalker, G. M. (1961): The management of innovation, London 1961.

Burschel, Carlo J./Fischer, Hartmut/Wucherer, Christian (1995): Umweltkostenmanagement, in: UWF, Heft 4/1995, S. 62-65.

Butterbrodt, Detlef u. a. (1993): Qualitätsmanagementsysteme: branchenübergreifend eingeführt?, in: QZ, Nr. 10/1993, S. 551-555.

Cansier, Dieter (1978): Die Förderung des umweltfreundlichen technischen Fortschritts durch die Anwendung des Verursacherprinzips, in: Jahrbuch für Sozialwissenschaft, Band 19/1978, Heft 2, S. 144-163.

Carl, Claudia (1994): Gesundheitsschutz am Arbeitsplatz zwischen Anspruch und Wirklichkeit, in: WSI Mitteilungen, Nr. 1/1994, S. 67-70.

Cartwright, Dorwin (Hrsg.) (1963): Feldtheorie in den Sozialwissenschaften, Bern/Stuttgart 1963.

Chmielewicz, Klaus/Inhoffen, Anton O. (1977): Die Mitbestimmung nach dem Betriebsverfassungsgesetz 1972 aus organisatorischer Sicht, in: DBW, Nr. 4/1977, S. 591-613.

Christ, C. (1991): Produktionsintegrierter Umweltschutz am Beispiel der chemischen Industrie, in: VDI-Koordinierungsstelle Umwelttechnik (Hrsg.), Integrierter Umweltschutz, Düsseldorf 1991 (VDI-Berichte; 899).

Clausen, Jens (1994): Stand der Normung von Umweltmanagementsystemen und Umweltaudits, in: IÖW/VÖW-Informationsdienst, Nr. 2/94, S. 13-15.

Clausen, Jens/Fichter, Klaus (1994): Umweltberichte, Umwelterklärungen - Hinweise zur Erstellung und Verbreitung, hrsg.v. Förderkreis Umwelt future e.V., Osnabrück 1994.

Clausen, Jens/Hallay, Hendric/Strobel, Markus (1992): Umweltkennzahlen für Unternehmen, Berlin 1992 (IÖW-Diskussionspapier; 20/92).

335

Coenen, R./Klein-Vielhauer, S./Meyer, R. (1995): TA-Projekt "Umwelttechnik und wirtschaftliche Entwicklung" - Integrierte Umwelttechnik - Chancen erkennen und nutzen, Endbericht, Bonn (TAB Arbeitsbericht; 35).

Coenenberg, Adolf Gerhard (1994): Auswirkungen ökologischer Aspekte auf betriebswirtschaftliche Entscheidungen und Entscheidungsinstrumente, in: Schmalenbach-Gesellschaft - Deutsche Gesellschaft für Betriebswirtschaft (Hrsg.), Unternehmensführung und externe Rahmenbedingungen, Kongreß-Dokumentation 47. Betriebswirtschafter-Tag 1993, Stuttgart 1994, S. 33-58.

Coenenberg, Adolf Gerhard/Baum, Heinz-Georg/Günther, Edeltraud/Wittmann, Robert (1994): Unternehmenspolitik und Umweltschutz, in: zfbf, Nr. 1/1994, S. 81-100.

Cohen, Albert K. (1972): Abweichung und Kontrolle, 3. Aufl., München 1972.

Collins, Barry E. (1974): Four components of the rotter internal-external scale, in: Journal of Personality and Social Psychology, Nr. 3/1974, S. 381-391.

Conrad, Jobst (1995): Erfolgreiches Umweltmanagement im Vergleich: generalisierbare empirische Befunde?, in: Jürgen Freimann/Eckart Hildebrandt (Hrsg.): Praxis der betrieblichen Umweltpolitik, Wiesbaden 1995, S. 125-138.

Corsten, Hans (1989): Überlegungen zu einem Innovationsmanagement - organisationale und personale Aspekte, in: Hans Corsten (Hrsg.), Die Gestaltung von Innovationsprozessen, Berlin 1989, S. 1-56.

Corsten, Hans/Rieger, Hannes (1994): Das Entropiegesetz - Begriff und Anwendung aus betriebswirtschaftlicher Perspektive, in: wisu, Nr. 3/1994, S. 218-227.

Daele, Wolfgang van den (1981): 'Unbeabsichtigte Folgen' sozialen Handelns - Anmerkungen zur Karriere des Themas, in: Joachim Matthes (Hrsg.), Lebenswelt und soziale Probleme, Frankfurt am Main/New York 1981, S. 237-245.

DAG - Deutsche Angestellten Gewerkschaft, Bundesvorstand (1991): Muster-Betriebsvereinbarung für einen aktiven betrieblichen Umweltschutz, in: Arbeit & Ökologie-Briefe, Nr. 5/1991, S. 15f.

DAG - Deutsche Angestellten Gewerkschaft (1993): Rahmen-Gesamt-Betriebsvereinbarung "Betrieblicher Umweltschutz in der ... Warenhaus AG", Entwurf, in: WiPo-Dienst der DAG, Februar 1993, S. 21-25.

DAG - Deutsche Angestellten Gewerkschaft (1994a): Gesamtbetriebsvereinbarung "Umweltschutz in der Kaufhof Warenhaus AG", in: WiPo-Dienst der DAG, Mai 1994, S. 27-31.

DAG - Deutsche Angestellten Gewerkschaft (1994b): Den Umweltschutz voranbringen, in: WiPo-Dienst der DAG, April 1994, S. 7-12.

Däubler, Wolfgang (1992): Betriebsverfassung und Ökologie, in: Karin Roth/Reinhard Sander (Hrsg.), Ökologische Reform der Unternehmen, Köln 1992, S. 136-150.

Davidsohn, Martin/Löhr, Volker (1991): Die systembezogene Organisation des Umweltschutzes, in: Heinz W. Adams (Hrsg.), Die Organisation des betrieblichen Umwelschutzes, Frankfurt am Main 1991, S. 337-352.

DECHEMA/GVC/SATW (Hrsg.) (1990): Produktionsintegrierter Umweltschutz in der chemischen Industrie, Frankfurt am Main 1990.

Degenhardt, Jens u.a. (1995): Pilot-Öko-Audits in Hessen: Erfahrungen und Ergebnisse, hrsg. v. Hessischen Ministerium für Wirtschaft, Verkehr und Landesentwicklung, Wiesbaden 1995.

Deloitte Touche Tohmatsu International/IISD-International Institute for sustainable development/ Sustain Ability Ltd (1993): Coming clean - Corporate environmental Reporting, o.O. (London) 1993.

Deutsch, Christian (1994): Abschied vom Wegwerfprinzip - Die Wende zur Langlebigkeit in der industriellen Produktion, Stuttgart 1994.

Deutsche BP-Aktiengesellschaft (1986): BP Umweltschutz-Enquete 1986, Hamburg 1986.

336

Deutscher Bundestag 11. Wahlperiode (1989): Entwurf eines Dritten Gesetzes zur Änderung des Bundes-Immissionsschutzgesetzes - Gesetzentwurf der Bundesregierung, Bonn, Drucksache 11/4909 v. 30.06.89.

Deutscher Bundestag, 11. Wahlperiode (Hrsg.) (1990a): Schutz der Erdatmosphäre, Zwischenbericht der Enquete-Kommission "Vorsorge zum Schutz der Erdatmosphäre" , 3. erw. Aufl., Bonn/Karlsruhe 1990.

Deutscher Bundestag, 11. Wahlperiode (Hrsg.) (1990b): Schutz der Erde, Endbericht der Enquete-Kommission "Vorsorge zum Schutz der Erdatmosphäre" , 2 Bände, Bonn 1990.

Deutscher Bundestag, 11. Wahlperiode (Hrsg.) (1990c): Schlußbericht der Enquete-Kommission "Zukünftige Bildungspolitik - Bildung 2000", Bonn 1990 (Drucksache 11/7820 v. 5.9.1990)

Deutscher Bundestag, 12. Wahlperiode (Hrsg) (1992): Beschlußempfehlung und Bericht des Ausschusses für Umwelt, Naturschutz und Reaktorsicherheit zu dem Antrag der Fraktion der SPD - Drucksache 12/1290 - Einsetzung einer Enquete-Kommission "Schutz des Menschen und der Umwelt - Bewertungskriterien und Perspektiven für umweltverträgliche Stoffkreisläufe in der Industriegesellschaft", Bonn 1992 (Drucksache 12/1951 v. 16.1.1992).

Deutscher Bundestag, 12. Wahlperiode (Hrsg) (1993): Verantwortung für die Zukunft - Wege zum nachhaltigen Umgang mit Stoff- und Materialströmen, Zwischenbericht der Enquete-Kommission "Schutz des Menschen und der Umwelt" Bonn 1993.

Deutscher Bundestag, 12. Wahlperiode (Hrsg.) (1994): Die Industriegesellschaft gestalten - Perspektiven für einen nachhaltigen Umgang mit Stoff- und Materialströmen, Bericht der Enquete-Kommission "Schutz des Menschen und der Umwelt", Bonn 1994.

DGB - Deutscher Gewerkschaftsbund (1993): Umweltberatungsprogramm der Gewerkschaften in den neuen Bundesländern: Ziele und Aktionen, Düsseldorf 1993.

Dick, Petra (1993): Mikropolitik in Organisationen, in: ZfP, Nr. 4/1993, S. 440-467.

Diefenbacher, Hans (1994): Ökologische Produktpolitik und Sustainable Development, in: Simone Hellenbrand/Frieder Rubik (Hrsg.), Produkt und Umwelt, Marburg 1994, S. 25-40.

Diekmann, Andreas (1995): Umweltbewusstsein oder Anreizstrukturen? Empirische Befunde zum Energiesparen, der Verkehrsmittelwahl und zum Konsumverhalten, in: Andreas Diekmann/Axel Franzen (Hrsg.), Kooperatives Umwelthandeln, Chur/Zürich 1995, S. 39-68.

Diekmann, Andreas/Preisendörfer, Peter (1991): Umweltbewusstsein, ökonomische Anreize und Umweltverhalten - Empirische Befunde aus der Berner und Münchner Umweltbefragung, in: Schweizerische Zeitschrift für Soziologie, Nr. 2/1991, S. 207-231.

Diekmann, Andreas/Preisendörfer, Peter (1992): Persönliches Umweltverhalten: Diskrepanzen zwischen Anspruch und Wirklichkeit, in: KZfSS, Heft 2/1992, S. 226-251.

Diekmann, Andreas/Preisendörfer, Peter (1993): Zur Anwendung der Theorie rationalen Handelns in der Umweltforschung - Eine Antwort auf die Kritik von Christian Lüdemann, in: KZfSS, Heft 1/1993, S. 125-134.

Diekmann, Andreas/Preisendörfer, Peter (1994): Wasser predigen, Wein trinken - Warum unser Engagement für die Umwelt oft nur ein Lippenbekenntnis ist, in: Psychologie heute, Heft Mai/1994, S. 22-27.

Dierkes, Meinolf (1989): Technikgenese in organisatorischen Kontexten, Berlin 1989 (WZB discussion papers; FS II 89-104).

Dierkes, Meinolf/Fietkau, Hans-Joachim (1988): Umweltbewußtsein - Umweltverhalten, hrsg. v. Rat von Sachverständigen für Umweltfragen, Stuttgart 1988.

Dierkes, Meinolf/Hähner, Katrin (1991): Sozioökonomischer Wandel und Unternehmensleitbilder, Berlin 1991 (WZB discussion papers; FS II 91-108).

Dierkes, Meinolf/Hoffmann, Ute/Marz, Lutz (1992): Leitbild und Technik - Zur Entstehung und Steuerung technischer Innovationen, Berlin 1992.

Dierkes, Meinolf/Marz, Lutz (1992a): Umweltorientierung als Teil der Unternehmenskultur, in: Ulrich Steger (Hrsg.), Handbuch des Umweltmanagements, München 1992, S. 223-240.

Dierkes, Meinolf/Marz, Lutz (1992b): Leitbilder der Technik - ihre Bedeutungen, Funktionen und Potentiale für den KI-Diskurs, Berlin 1992 (WZB discussion papers; FS II 92-107).

DIN - Deutsches Institut für Normung (1994a): Grundsätze produktbezogener Ökobilanzen, in: DIN-Mitteilungen, Nr. 3/1994, S. 208-212.

DIN - Deutsches Institut für Normung (1994b): Umweltaspekte von Produktnormen - Entwurf eines Leitfadens, in: DIN-Mitteilungen, Nr. 5/1994, S. 355-358.

DIW - Deutsches Institut für Wirtschaftsforschung (1990): Entwicklung der Verkehrsnachfrage im Personen- und Güterverkehr und ihre Beeinflussung durch verkehrspolitische Maßnahmen - Trend-Szenario und Reduktions-Szenario, in: Enquete-Kommission "Vorsorge zum Schutz der Erdatmosphäre" des Deutschen Bundestages (Hrsg.), Energie und Klima, Bd. 7: Konzeptionelle Fortentwicklung des Verkehrsbereichs, Karlsruhe 1990, S. 7-222.

DIW - Deutsches Institut für Wirtschaftsforschung (1992): Güterfernverkehr bis zum Jahre 2010 - Verringerung der Umweltbelastung dringend geboten, in: DIW-Wochenbericht, Nr. 40/1992, S. 493-501.

Dlugos, Günter (1980): Mitbestimmung, in: Erwin Grochla (Hrsg.), HWO, 2. v. neu gest. Aufl. Stuttgart 1980, Sp. 1343-1356.

Dobernowsky, Mario u. a. (1991): "Denn schließlich produzieren wir Chemie...", Ergebnisbericht des Projekts "Ökologie des Betriebs", 2. durchges. u. akt. Aufl., Düsseldorf 1991 (HBS Graue Reihe - Neue Folge; 25).

Dörner, Dietrich (1993): Die Logik des Mißlingens - Strategisches Denken in komplexen Situationen, Reinbek bei Hamburg 1993.

Dörner, Dietrich/Kreuzig, Heinz W./Reither, Franz/Stäudel, Thea (Hrsg.) (1983): Lohhausen - Vom Umgang mit Unbestimmtheit und Komplexität, Bern/Stuttgart/Wien 1983.

Dörr, Gerlinde (1985): Schranken betrieblicher Transparenz, Schranken betrieblicher Rigidität: eine Problemskizze zum Umbruch von Arbeitsformen im Maschinenbau, in: Frieder Naschold (Hrsg.), Arbeit und Politik, Frankfurt am Main/New York 1985, S. 125-149.

Dreitzel, Hannah (1995): Betrieblicher Umgang mit Gefahrstoffen: Ergebnisse einer Befragung der IG Metall in Hamm/Unna, in: WSI-Mitteilungen, Nr. 8/1995, S. 527-543.

Drumm, Hans Jürgen (1989): Personalwirtschaftslehre, Berlin u. a. 1989.

Duden (1989): Deutsches Universalwörterbuch, 2. v. neubearb. u. stark erw. Aufl., Mannheim 1989.

Duden (1994): Das große Fremdwörterbuch, Mannheim 1994.

Durning, Alan (1992): How much is enough? The consumer society and the future on earth, New York/London 1992.

Dyckhoff, Harald/Jacobs, Rolf (1994): Organisation des Umweltschutzes in Industriebetrieben - Ergebnisse einer empirischen Untersuchung, in: ZfB, Heft 6/1994, S. 717-735

Dyllick, Thomas (1990): Management der Umweltbeziehungen - Öffentliche Auseinandersetzungen als Herausforderung, Wiesbaden 1990).

Dyllick, Thomas (1994): Die EU-Verordnung zum Umweltmanagement und zur Umweltbetriebsprüfung: Darstellung, Beurteilung und Vergleich mit der geplanten ISO 14001 Norm, St Gallen 1994 (IWÖ-Diskussionsbeitrag; Nr. 20).

Dyllick, Thomas (1995): Forschungsprogramm Ökologie und Wettbewerbsfähigkeit von Unternehmen und Branchen, in: Jürgen Freimann/Eckart Hildebrandt (Hrsg.): Praxis der betrieblichen Umweltpolitik, Wiesbaden 1995, S. 75-90

Dyllick, Thomas/Belz, Frank (1995a): Ökologische Betroffenheit von Unternehmen in der schweizerischen Lebensmittelindustrie, in: DBW, Nr. 5/1995, S. 581-598.

Dyllick, Thomas/Belz, Frank (1995b): Anspruchsgruppen im Öko-Marketing, in: UWF, Heft 1/95, S. 56-61.

Dyllick, Thomas/Hummel, Johannes (1995): EMA und/oder ISO 14001?, in: UWF, Nr. 3/1995, S. 24-28.

ECMT - European Conference of Ministers of Transport (Ed.) (1989): Transport policy and the environment, Paris 1990.

ECOTEC Research and Consulting Ltd. (Ed.) (1985): Potential economic benefits from integrating environmental and pollution control measures into industrial processes: A series of concrete examples, Final report prepared for Directorate General for Environment, Consumer Protection & Nuclear Safety, Comission of the European Communities, Birmingham 1985.

EG - Europäische Gemeinschaften (1973): Erklärung über ein Aktionsprogramm der Europäischen Gemeinschaften für den Umweltschutz, in: ABl, Nr. C 112 v. 20.12.1973.

EG - Europäische Gemeinschaften (1977): Entschließung zur Fortschreibung und Durchführung der Umweltpolitik und des Aktionsprogramms der Europäischen Gemeinschaften für den Umweltschutz 1977-1981, in: ABl, Nr. C 139 v. 13.7.1977.

EG - Europäische Gemeinschaften (1983): Entschließung zur Fortschreibung und Durchführung einer Umweltpolitik und eines Aktionsprogramms der Europäischen Gemeinschaften für den Umweltschutz 1982-1986, in: ABl, Nr. C 46 v. 17.2.1983.

EG - Europäische Gemeinschaften (1987): Entwurf einer Entschließung des Rates zur Fortschreibung und Durchführung einer Umweltpolitik und eines Aktionsprogramms der Europäischen Gemeinschaften für den Umweltschutz 1987-1992, in: ABl, Nr. C 70 v. 18.3.1987.

EG - Europäische Gemeinschaften (1992): Für eine dauerhafte und umweltgerechte Entwicklung - Ein Programm der Europäischen Gemeinschaft für Umweltpolitik und Maßnahmen im Hinblick auf eine dauerhafte und umweltgerechte Entwicklung, KOM(92) 23 endg. Vol. II, Brüssel 3. April 1992.

Ehrke, Michael (1991): Lernziel Umweltschutz - Positionen, Forderungen und Aktivitäten der IG Metall, in: Gewerkschaftliche Bildungspolitik, Nr. 11/1991, S. 245-250.

Ehrke, Michael (1993): Zum Stand der betrieblichen Umweltbildung: Aufgaben - Probleme, in: BIBB (Hrsg.), Umweltschutz in der beruflichen Bildung, Dokumentation des 2. BIBB-Fachkongresses "Neue Berufe - Neue Qualifikationen" in Berlin, 9.-11.12.1992, Bd. 2, Nürnberg 1993, S. 17-19.

Eidam, Gerd (1993): Unternehmen und Strafe - Vorsorge- und Krisenmanagement, Köln u. a. 1993.

Eilingsfeld, Heinrich (1989): Der sanfte Wahn - Ökologismus total, Mannheim 1989.

Eisbach, J./Bohnenkamp, U./Bontrup, H.-J. (1988): Innovationen und Umweltschutz im Bewußtsein von Betriebsräten - Ergebnisse einer Befragung in der lippischen Holz- und Metallindustrie, in: ZfP, Nr. 3/88, S. 215-232.

Elkeles, Thomas u. a. (Hrsg.) (1991): Prävention und Prophylaxe - Theorie und Praxis eines gesundheitspolitischen Grundmotivs in zwei deutschen Staaten 1949-1990, Berlin 1991.

Ellringmann, Horst (1993): Muster-Handbuch Umweltschutz: Umweltmanagement nach DIN/ISO 9001, Neuwied/Kriftel/Berlin 1993.

Engelhardt, Hanns (1985): Bürger und Umwelt, München 1985.

Ernst, Andreas M. (1993): Soziales Wissen als Grundlage des Handelns in Konfliktsituationen, Frankfurt am Main u.a. 1993.

Ernst, Andreas M./Bayen, Ute J./Spada, Hans (1992): Informationssuche und -verarbeitung zur Entscheidungsfindung bei einem ökologischen Problem, in: Kurt Pawlik/Kurt H. Stapf (Hrsg.), Umwelt und Verhalten: Perspektiven und Ergebnisse ökopsychologischer Forschung, Bern/Göttingen: 1992, S. 107-127.

Ernst, Andreas M./Spada, Hans (1991): Bis zum bitteren Ende?, in: Psychologie Heute, Heft 11/1991, S. 62-70.

Esch, Monika/Müller, Georg Norbert/Remer, Andreas (1991): Befragungsergebnisse zur Ökologie in der Betriebswirtschaftslehre, in: Andreas Remer (Hrsg.), Ökologie in der Betriebswirtschaftslehre: Modethema oder Notstand, Hummeltal 1991, S. 10-48.

Ester, P./van der Meer, F. (1982): Determinants of individual environmental behaviour: An outline of a behavioural model and some research findings, in: The Netherlands' Journal of Sociology, 18, 1982, S. 57-94.

European Green Table (1993): Draft handbook environmental performance indicators, Oslo 1993.

Ewen, Christoph (1994): Den Gürtel enger schnallen: über Möglichkeiten und Grenzen von Effizienzstrategien, in: Öko-Mitteilungen, Nr. 4/1994, S. 8-10.

Faber, Ulrich (1995a): Gestaltungsmöglichkeiten des Betriebsrates beim betrieblichen Arbeits- und Gesundheitsschutz, in: AiB, Nr. 1/1995, S. 19-31.

Faber, Ulrich (1995b): EU-Arbeitsschutzrichtlinien: Nicht umgesetzt, dennoch wirksam, in: AiB, Nr. 1/1995, S. 31-37.

Fazio, Russell H. (1986): How do attitudes guide behavior?, in: Richard M. Sorrentino/E. Tory Higgins (Ed.), Handbook of motivation and cognition - Foundations of social behavior, New York/London 1986, S. 204-243.

Fazio, Russell H./Jeaw-Mei, Chen/McDonel, Elizabeth C./Sherman, Steven J. (1982): Attitude accessibility, attitude-behavior consistency, and the strength of the object-evaluation association, in: Journal of Experimental Social Psychology, 18, 1982, S. 339-357.

Fazio, Russell H./Williams, Carol J. (1986): Attitude accessibility as a moderator of the attitude-perception and attitude-behavior relations: An investigation of the 1984 presidential election, in: Journal of Personality and Social Psychology, 51, Nr. 3/1986, S. 505-514.

Fazio, Russell H./Zanna, Mark P. (1981): Direct experience and attitude-behavior consistency, in: Leonard Berkowitz (Ed.), Advances in Experimental Social Psychology, Vol. 14, New York et. al. 1981, S. 161-202.

Feess-Dörr, Eberhard (1992a): Aufgaben von Versicherungen im Umweltschutz, in: Ulrich Steger (Hrsg.), Handbuch des Umweltmanagements, München 1992, S. 721-731.

Feess-Dörr, Eberhard (1992b): Mikoökonomie, 2. Aufl., Marburg 1992.

Feess-Dörr, Eberhard u. a. (1988): Der Einfluß von Umwelt- und Wohnqualitätsfaktoren auf industrielle Standortentscheidungen, Oestrich-Winkel 1988 (Arbeitspapiere des IÖU; 5).

Feigenbaum, A. V. (1961): Total Quality Control - Engineering and Management, New York u. a. 1961.

Feldhaus, Gerhard (1980): Der Vorsorgegrundsatz des Bundes-Immissionsschutzgesetzes, in: DVBl. Heft 4/1980, S. 133-139.

Feldhaus, Gerhard (1991): Umweltschutzsichernde Betriebsorganisation, in: NVwZ, Heft 10/1991, S. 927-935.

Feldhoff, Kerstin (1993): Grundzüge des europäischen Arbeits- und Umweltrechts, in: Erich Werthebach/Marianne Wienemann (Hrsg.), EG-Arbeitsumweltpolitik: Rahmenrichtlinie: neue Herausforderungen für die Sicherheit und den Gesundheitsschutz am Arbeitsplatz, Bochum 1993 (Ruhr-Universität/IG Metall, EG-Materialien; Nr. 4), S. 6-15.

Fichter, Klaus (1993): Umweltmanagement-Standards: der BS 7750, in: IÖW/VÖW-Informationsdienst, Nr. 3-4/93, S. 14f.

Fichter, Klaus (1994): Umweltkommunikation als wechselseitiges Lernen zwischen Unternehmen und Anspruchsgruppen, in: IÖW/VÖW-Informationsdienst, Nr. 3-4/94, S. 16f.

Fichter, Klaus (Hrsg.) (1995a): Die EG-Öko-Audit-Verordnung, München/Wien 1995.

Fichter, Klaus (1995b): Die Umweltbetriebsprüfung, in: Klaus Fichter (Hrsg.), Die EG-Öko-Audit-Verordnung, München/Wien 1995, S. 179-197.

Fichter, Klaus/Clausen, Jens (1994): Umweltberichterstattung - Wissenschaftlicher Endbericht zum Forschungsprojekt des Förderkreises Umwelt future e.V., Berlin/Osnabrück 1994.

Fichter, Klaus/Gellrich, Carsten (1995): EG-Öko-Audit-System: lohnenswert, aber ziellos!, in: IÖW/VÖW-Informationsdienst, Nr. 5-6/95, S. 27-29.

Fichter, Klaus/Nitschke, Christoph (1995): Berufliche Umweltbildung - wo steckst Du?, in: IÖW/VÖW-Informationsdienst, Nr. 1/95, S. 1-4.

Fietkau, Hans-Joachim (1984): Bedingungen ökologischen Handelns, Weinheim 1984.

Fietkau, Hans-Joachim (1988a): Institutionelle und individuelle Bedingungen präventiver Umweltpolitik, in: Udo Ernst Simonis (Hrsg.), Präventive Umweltpolitik, Frankfurt am Main/New York 1988, S. 93-103.

Fietkau, Hans-Joachim (1988b): Umweltpsychologie, in: Roland Asanger/Gerd Wenninger, Handwörterbuch der Psychologie, 4. völlig neubearb.u.erw. Aufl., München/Weinheim 1988, S. 808-812.

Fietkau, Hans-Joachim (1989): Vom Umgang mit ökologischer Komplexität aus Sicht der humanistischen Psychologie, in: Bernhard Glaeser (Hrsg.), Humanökologie - Grundlagen präventiver Umweltpolitik, Opladen 1989, S. 119-127.

Fietkau, Hans-Joachim (1990): Störfallvermeidung und Risikokommunikation als Erfordernisse des Umweltschutzes, in: Aus Politik und Zeitgeschichte, Nr. B 6/90 v. 2.2.1990, S. 15-23.

Fietkau, Hans-Joachim/Kessel, Hans (1981): Einleitung und Modellansatz, in: Hans-Joachim Fietkau/Hans Kessel (Hrsg.), Umweltlernen: Veränderungsmöglichkeiten des Umweltbewußtseins, Königstein/Ts. 1981, S. 5-14.

Fietkau, Hans-Joachim/Timp, Detlef W. (1989): Einstellungen und Kognitionen gegenüber Umweltrisiken im beruflichen Alltag - Bericht über eine empirische Untersuchung bei Fahrern im Gefahrguttransport, Berlin 1989 (WZB paper FS II 89-308).

Fischer, Lorenz (1993): Rollentheorie, in: Waldemar Wittmann (Hrsg.), HWB, 5. v. neu gest. Aufl., Bd. 3, Stuttgart 1993, Sp. 2224-2234.

Fishbein, Martin (1966): The relationships between beliefs, attitudes and behavior, in: Sh. Feldmann (Ed.), Cognitive consistency, New York 1966, S. 199-233.

Fishbein, Martin/Ajzen, Icek (1975): Belief, attitude, intention and behavior - An introduction to theory and research, Reading/Mass. et al 1975.

Fleischmann, Erich/Paudtke, Helmut (1977): Rechnungswesen: Kosten des Umweltschutzes, in: Josef Vogl/Anton Heigl/Kurt Schäfer (Hrsg.), Handbuch des Umweltschutzes, Loseblattsammlung; Landsberg/Lech 1977, Grundwerk, Teil M/III-7.

Fluck, Jürgen/Laubinger, Hans-Werner (1991): § 52a Mitteilungspflichten zur Betriebsorganisation, in: Carl-Hermann Ule/Hans-Werner Laubinger (Hrsg.), Bundes-Immissionsschutzgesetz, Teil I: Kommentar, Neuwied/Kriftel/Berlin 1991, Loseblatt.

Förschle, Gerhart/Hermann, Silke/Mandler, Udo (1994): Umwelt-Audits, in: DB, Heft 22/1994, S. 1093-1100.

Förstner, Ulrich (1992): Umweltschutztechnik: eine Einführung, 3. Aufl., Berlin u. a. 1992.

Föste, Wolfgang (1994): Umweltschutzbeauftragte und präventiver Umweltschutz in der Industrie: eine mikropolitische Untersuchung, München/Mering 1994.

Frank, Hermann/Plaschka, Gerhard/Rößl, Dietmar (1988): Umweltschutzeinstellungen und Wertewandel von Führungskräften, in: Hermann Frank u. a. (Hrsg.), Umweltdynamik, Wien/New York 1988, S. 343-360.

Frehr, Hans-Ulrich (1993): Total quality management: unternehmensweite Qualitätsverbesserung, München/Wien 1993.

Freimann, Jürgen (1989): Instrumente sozial-ökologischer Folgenabschätzung im Betrieb, Wiesbaden 1989.

Freimann, Jürgen (1995): Ökologisierungsprozesse im Gefolge von Öko-Audits, in: Jürgen Freimann/Eckart Hildebrandt (Hrsg.), Praxis der betrieblichen Umweltpolitik, Wiesbaden 1995, S. 173-197.

Freimann, Jürgen/Schwaderlapp, Rolf (1995): Praxiserfahrungen mit dem Öko-Audit: Erste empirische Ergebnisse aus dem hessischen Förderprogramm 1994, in: UWF, Nr. 3/1995, S. 46-49.

Frese, Erich (1988): Grundlagen der Organisation, 4. urchges. Aufl., Wiesbaden 1988.

Frese, Erich (1992a): Organisationstheorie, 2. überarb. u. wesentl. erw. Aufl., Wiesbaden 1992.

Frese, Erich (1992b): Umweltschutz(es), Organisation des, in: Erich Frese (Hrsg.), HWO, 3. v. neu gest. Aufl., Stuttgart 1992, Sp. 2433-2451.

Frese, Erich (1993): Grundlagen der Organisation, 5. vollst. überarb. Aufl., Wiesbaden 1993.

Frese, Erich/Kloock, Josef (1989): Internes Rechnungswesen und Organisation aus der Sicht des Umweltschutzes, in: BFuP, Heft 2/1989, S. 1-29.

Frey, Bruno S. (1990): Ökonomie der Sozialwissenschaft: die Anwendung der Ökonomie auf neue Gebiete, München 1990.

Frey, Dieter/Stahlberg, Dagmar/Wortmann, Klaus (1990): Energieverbrauch und Energiessparen, in: Lenelis Kruse u. a. (Hrsg.), Ökologische Psychologie, München 1990, S. 680-690.

Frey, René L. (1972): Umweltschutz als wirtschaftspolitische Aufgabe, in: Schweizerische Zeitschrift für Volkswirtschaft und Statistik, Bd. 108 (1972), S. 450-458.

Friedberg, Erhard (1992): Zur Politologie von Organisationen, in: Willi Küpper/Günther Ortmann (Hrsg.), Mikropolitik, 2. durchges.A ufl., Opladen 1992, S. 39-52.

Fritz, Klaus (1994): Diskussionsbericht zu den Referaten Becher, Rehbinder und K. Schmidt, in: Umweltschutz und technische Sicherheit im Unternehmen, 9. Trierer Kolloquium zum Umwelt- und Technikrecht vom 19.-21.9.1993, Heidelberg 1994, S. 93-104.

Fritz, Wolfgang/Förster, Friedrich/Raffée, Hans/Silberer, Günter (1985): Unternehmensziele in Industrie und Handel, in: DBW, Nr. 4/1985, S. 375-394.

Fritz, Wolfgang/Förster, Friedrich/Wiedmann, Klaus-Peter/Raffée, Hans (1988): Unternehmensziele und strategische Unternehmensführung, in: DBW, Nr. 5/1988, S. 567-586.

Füllgraf, Georges/Reiche, Jens (1988): Proaktiver Umweltschutz, in: Werner Schenkel/Peter-Christoph Storm (Hrsg.), Umwelt: Politik, Technik, Recht, Berlin 1990, S. 103-114.

Fürstenberger Fleischwaren GmbH (1993): Betriebsvereinbarung zum Schutze der Umwelt, Eisenhüttenstadt 1993.

FUUF/Forschungsgruppe Umweltorientierte Unternehmensführung (1991): Modellvorhaben "Umweltorientierte Unternehmensführung", in: Umweltbundesamt (Hrsg.), Umweltorientierte Unternehmensführung, Berlin 1991 (UBA-Berichte; 11/91), Teil B, S. 47-703.

Gabele, Eduard (1979): Unternehmungsstragie und Organisationsstruktur, in: zfo, Nr. 4/1979, S. 181-190.

Gabele, Eduard (1983): Leitbilder in Unternehmen, in: Personalwirtschaft, Nr. 9/1983, S. 326-330.

Gaugler, Eduard/Kolb, Meinulf/Ling, Bernhard (1977): Humanisierung der Arbeitswelt und Produktivität, 2. durchges. u.erg. Aufl., Ludwigshafen 1977.

Gebhard, Dietmar (1987): Qualifikationsbedarf der Industrie, in: Institut für Sozialforschung und Gesellschaftspolitik (Hrsg.), Umweltrelevanter Qualifikationsbedarf, Köln 1987 (Studien zur Sozialforschung und Gesellschaftspolitik; Bd. 101), S. 45-62.

Geiger, Walter (1994): Qualitätslehre: Einführung, Systematik, Terminologie, hrsg. v. d. Deutschen Gesellschaft für Qualität e. V., Braunschweig/Wiesbaden 1994.

Georgescu-Roegen, Nicholas (1974): Was geschieht mit der Materie im Wirtschaftsprozess?, in: Brennpunkte, Nr. 2/1974, S. 17-28.

Georgescu-Roegen, Nicholas (1987): The entropy law and the economic process in retroprospekt, dtsch. Übers., Berlin 1987 (IÖW-Schriftenreihe; 5/87).

Gerau, Jürgen (1978): Zur politischen Ökologie der Industrialisierung des Umweltschutzes, in: Martin Jänicke (Hrsg.), Umweltpolitik, Opladen 1978, S. 114-149.

Geray, Max (1992): Gefahrstofferecht: Inhalte und Umsetzung, in: AiB, Nr 2/1992, S. 62-71.

Geray, Max (1993): Schutz vor Gefahrstoffen - Rolle der Betriebsräte, in: AiB, Nr. 6/1993, S. 433-449.

Gerhardt, Udo/Kühleis, Christoph (1994): Vom ökologischen Krisenmanagement zur präventiven Umweltschutzstrategie: die Fallstudie Elida Gips, Berlin 1994 (WZB discussion papers, FS II 94-203).

Gerybadze, Alexander (1992): Umweltorientiertes Management von Forschung und Entwicklung, in: Ulrich Steger (Hrsg.), Handbuch des Umweltmanagements, München 1992, S. 395-415.

Gessenharter, Wolfgang u. a. (1990): Umwelthandeln und Umweltforschung - Ergebnisse einer dialogischen Erforschung von umweltbezogenen Handlungen und Einstellungen mittlerer und hoher Manager in einem Unternehmen der Chemischen Industrie, Hamburg 1990 (Forschungsbericht der Arbeitsgruppe "Demokratieforschung", Universität der Bundeswehr Hamburg).

GHK - Gewerkschaft Holz und Kunststoff (1992a): Manteltarifvertrag für die Firma Tabbert vom 20.10.1992, Frankfurt am Main 1992.

GHK - Gewerkschaft Holz und Kunststoff (1992b): Manteltarifvertrag für die Firma CI Wilk Bad Kreuznach GmbH vom 2.11.1992, Frankfurt am Main 1992.

Giddens, Anthony (1995): Die Konstitution der Gesellschaft: Grundzüge einer Theorie der Strukturierung, 2. durchges. Aufl. , Frankfurt am Main/New York 1995.

Gierl, Heribert (1987): Ökologische Einstellungen und Kaufverhalten im Widerspruch, in: Markenartikel, Heft 1/1987, S. 2-8.

Glaeser, Bernhard (1989): Umweltpolitik, in: Bernhard Glaeser (Hrsg.), Humanökologie, Opladen 1989, S. 11-24.

Glance, Natalie S./Huberman, Bernardo A. (1994): Das Schmarotzer-Dilemma, in: Spektrum der Wissenschaft, Heft/Mai 1994, S. 36-41.

Gläser, Ariane u. a. (1992): Indikatoren der Bevölkerungsumfrage 1991, 2. Aufl., Stuttgart 1992 (Universität Hohenheim Lehrstuhl für Konsumtheorie und Verbraucherpolitik, Arbeitspapiere; 62).

Gniza, Erwin (1957): Zur Theorie der Wege der Unfallverhütung, in: Arbeitsökonomik und Arbeitsschutz, Heft 1/1957, S. 62-76.

Götz, Volkmar (1988): Allgemeines Polizei- und Ordnungsrecht, 9. Aufl., Göttingen 1988.

Götz, Volkmar (1993): Allgemeines Polizei- und Ordnungsrecht, 11. neubearb. Aufl., Göttingen 1993.

Gorsler, Barbara (1991): Umsetzung ökologisch bewußten Denkens: eine Studie zur Unternehmenskultur, Bern/Stuttgart 1991.

Gorz, André (1989): Kritik der ökonomischen Vernunft, Berlin 1989.

Grabitz, Eberhard/Nettesheim, Martin (1992): Titel VII. Umwelt, in: Eberhard Grabitz/Martin Nettesheim (Hrsg.), Kommentar zur Europäischen Union, 5. Erg. Lfg., September 1992, Art. 130r.

343

Graßl, Hartmut (1993): Umwelt- und Klimaforschung - Von ungewohnten Zeit- und Raumskalen für Politik und Öffentlichkeit, in: Martin Held/Karlheinz A. Geißler (Hrsg.), Ökologie der Zeit, Stuttgart 1993, S. 75-84

Greif, Siegfried/Holling, Heinz/Nicholson, Nigel (1989): Theorien und Konzepte, in: Siegfried Greif u. a. (Hrsg.), Arbeits- und Organisationspsychologie, München 1989, S. 3-19.

Grießhammer, Rainer (1986): Umweltengel - Umweltteufel: "umweltfreundliche Produkte" - die Wahrheit über den wa(h)ren Wert, Freiburg 1986.

Grießhammer, Rainer (1993): Schutz des Menschen und der Umwelt in der Krise - zum Zwischenbericht der Enquete-Kommission, in: Arbeit & Ökologie-Briefe, Nr. 25-26/1993, S. 13-15.

Griffiths, Andrew (1995): Entwicklungen bei der Normierung von Umweltaudits, in: Lutz Schimmelpfeng/Dietrich Machmer (Hrsg.), Öko-Audit: Umweltmanagement und Umweltbetriebsprüfung, Taunusstein 1995, S. 90-96.

Grob, Alexander (1991): Meinung, Verhalten, Umwelt: ein psychologisches Ursachennetz-Modell umweltgerechten Verhaltens, Bern u. a. 1991.

Grochla, Erwin (1982): Grundlagen der organisatorischen Gestaltung, Stuttgart 1982.

Groll, Uwe (1993): Qualitätssicherung, Sicherheit und Umweltschutz ("QSU-System") im Unternehmen, in: BJU-Umweltschutz-Berater, Loseblatt, 16. Erg. Lfg. April 1993, Kapitel 4.3.2.8.

Grünig, Rudolf (1988): Unternehmensleitbilder - Grundzüge eines Verfahrens zur Erarbeitung und Revision, in: zfo, Nr. 4/1988, S. 254-260.

Grunt, Manfred (1977): Individueller Handlungsspielraum: eine rollentheoretische Interpretation, in: Soziale Welt, Heft 1-2/1977, S. 133-143.

Gruson, Claude/Ladrière, Paul (1992): Exigence éthique et gouvernabilité dans l'Europe de demain, Paris 1992.

GTB - Gewerkschaft Textil-Bekleidung (1994): Forderungen der Gewerkschaft Textil-Bekleidung für mehr Umwelt- und Gesundheitsschutz in der Textilindustrie, in: Arbeit & Ökologie-Briefe, Nr. 3/1995, S. 10f.

Günther, Edeltraud (1994): Ökologieorientiertes Controlling, München 1994.

Günther, Edeltraud (1995): Ökologieorientierte Bereichssteuerung, in: UWF, Heft 3/1995, S. 30-34.

Gusy, Christoph (1993): Polizeirecht, Tübingen 1993.

Gutenberg, Erich (1929): Die Unternehmung als Gegenstand betriebswirtschaftlicher Theorie, Berlin/Wien 1929.

Gutenberg, Erich (1951): Grundlagen der Betriebswirtschaftslehre, Erster Band: Die Produktion, 1. Aufl., Berlin u. a. 1951.

Gutenberg, Erich (1958): Einführung in die Betriebswirtschaftslehre, Wiesbaden 1958.

Gutenberg, Erich (1962): Unternehmensführung - Organisation und Entscheidungen, Wiesbaden 1962.

Gutenberg, Erich (1983): Grundlagen der Betriebswirtschaftslehre, Erster Band: Die Produktion, 24. Aufl., Berlin u. a. 1983.

Haasis, Hans-Dietrich (1992): Umweltschutzkosten in der betrieblichen Vollkostenrechnung, in: WiSt, Heft 3/1992, S. 118-122.

Habenicht, Walter (1993): Produktion, Einflußgrößen der, in: Waldemar Wittmann (Hrsg.), HWB, 5. v. neu gest. Aufl., Stuttgart 1993, Sp. 3376-3386.

Haber, Wolfgang (1992): Umweltbegriff, in: Franz Joseph Dreyhaupt u. a. (Hrsg.), Umwelt-Handwörterbuch, Berlin u. a. 1992, S. 2-6.

Hacker, Winfried (1986): Arbeitspsychologie: Psychische Regulation von Arbeitstätigkeiten, Bern/Stuttgart/Toronto 1986.

344

Hacker, Winfried/Raum, Harald (1991): Präventive Arbeitsgestaltung: Grundlagen und Probleme, Dresden 1991, Ms. (TU Dresden, Institut für Psychologie).

Hackman, J. Richard (1969): Toward understanding the role of tasks in behavioral research, in: Acta Psychologica 31 (1969), S. 97-128.

Häußler, Gerhard (1994): Das Vorsorge-/Präventionsprinzip in der umweltpolitischen Praxis unter besonderer Berücksichtigung der Produktlinienanalyse, Frankfurt am Main u. a. 1994.

Hagen, Rainer von (1992): Betriebliche Umweltpolitik - Kurative und präventive Aspekte, Wiesbaden 1992.

Hagstotz, Werner/Kösters, Walther (1986): Bestimmungsfaktoren subjektiver Umweltbelastung: Wahrnehmung der Wirklichkeit oder Wirklichkeit per Wahrnehmung? in: Politische Vierteljahresschrift, Heft 3/1986, S. 347-356.

Haist, Fritz/Fromm, Hansjörg (1993): Qualität im Unternehmen, München/Wien 1993.

Hallay, Hendric (Hrsg.) (1990): Die Ökobilanz: ein betriebliches Informationssystem, Berlin 1990 (IÖW-Schriftenreihe; 27/89).

Hallay, Hendric/Pfriem, Reinhard (1992): Öko-Controlling, Frankfurt am Main/New York 1992.

Haller, Matthias (1986a): Risiko-Management, in: Herbert Jakob (Hrsg.), Risiko-Management, Wiesbaden 1986, S. 7-43.

Haller, Matthias (1986b): Die künftige Entwicklung im Risiko-Management, in: Herbert Jakob (Hrsg.), Risiko-Management, Wiesbaden 1986, S. 117-127.

Haller, Matthias (1991): Risiko-Management - zwischen Risikobeherrschung und Risiko-Dialog, in: OFW-Organisationsforum Wirtschaftskongress (Hrsg.), Umweltmanagement, Wiesbaden 1991, S.167-189.

Hallerbach, B. (1993): Öfter und weiter, in: fairkehr, Nr. 5/93, S. 5.

Halstrick-Schwenk, Marianne u. a. (1994): Die umwelttechnische Industrie in der Bundesrepublik Deutschland, Essen 1994 (Untersuchungen des RWI; Heft 12).

Hamer, Eberhard (1990): Unternehmensführung, in: Hans-Christian Pfohl (Hrsg.), Betriebswirtschaftslehre der Mittel- und Kleinbetriebe, 2. neubearb. Aufl., Berlin 1990, S. 43-73.

Hammerl, Barbara Maria (1994): Umweltbewußtsein in Unternehmen: eine empirische Analyse des Umweltbewußtseins im Rahmen der Unternehmenskultur, Frankfurt am Main u. a. 1994.

Hampicke, Ulrich (1992): Neoklassik und Zeitpräferenz - der Diskontierungsnebel, in: Frank Beckenbach (Hrsg.), Die ökologische Herausforderung für die ökonomische Theorie, 2. Aufl., Marburg 1992.

Hanfstein, Wolfgang/Lange, Hellmuth/Lörx, Susanne (1992): Umweltbewußtsein von Beschäftigten in der Automobilindustrie - Ergebnisse einer Repräsentativbefragung, Düsseldorf 1992 (Abschlußbericht des Forschungsprojektes Nr. 90-235-3 der Hans-Böckler-Stiftung).

Hansmann, Klaus (1990): § 52a Mitteilungspflichten zur Betriebsorganisation, in: Robert von Landmann/Gustav Rohmer, Umweltrecht, Band I: Bundes-Immissionsschutzgesetz mit Durchführungsbestimmungen - Kommentar, München, 14. Erg. Lfg. Oktober 1990.

Hanusch, Horst (1987): Nutzen-Kosten-Analyse, München 1987.

Harde, Sabine (1994): Ökologische Lernfähigkeit: Maßstab für die Qualität der Unternehmensentwicklung, in: IÖW/VÖW-Informationsdienst, Nr. 3-4/94, S. 4-8.

Hartje, Volkmar J. (1990): Zur Struktur des 'ökologisierten' Umweltkapitalstocks: Varianten und Determinanten umweltsparender technologischer Anpassung in Unternehmen, in: Klaus Zimmermann u. a. (Hrsg.), Ökologische Modernisierung der Produktion, Berlin 1990, S. 135-198.

Hartje, Volkmar/Lurie, Robert L. (1984): Adopting rules for pollution control innovations - End-of-pipe versus integrated process technology, Berlin 1984 (WZB-IIUG discussion paper 1984-6).

Hartkopf, Günter/Bohne, Eberhard (1983): Umweltpolitik 1, Opladen 1983.

Hauer, Reimund/Schmidt, Andreas/Zink, Klaus J. (1993): Qualität ist oft kein Thema - Ergebnisse einer empirischen Erhebung in den alten Bundesländern, in: QZ, Nr. 12/1993, S. 665-670.

Hauff, Volker (Hrsg.) (1987): Unsere Gemeinsame Zukunft: Der Brundtland-Bericht der Weltkommission für Umwelt und Entwicklung, Greven 1987.

Hauschildt, Jürgen/Chakrabarti, Alok K. (1988): Arbeitsteilung im Innovationsmanagement, in: zfo, Nr. 6/1988, S. 378-388.

Hauß, Friedel/Laußer, Angela (1988): Betriebliche Gesundheitsförderung als "dritter Weg" zwischen Gesundheitserziehung und Arbeitsschutz?, in: Grenzen der Prävention, Hamburg 1988 (Argument-Sonderband 178), S. 151-167.

Hauß, Friedrich (1991): Vom Arbeitsschutz zur betrieblichen Gesundheitspolitik: eine denkbare Entwicklung?, in: Thomas Elkeles u. a. (Hrsg.), Prävention und Prophylaxe, Berlin 1991, S. 205-226.

Hax, Herbert (1965): Die Koordination von Entscheidungen: ein Beitrag zur betriebswirtschaftlichen Organisationslehre, Köln u. a. 1965.

Hax, Herbert (1969): Die Koordination von Entscheidungen in der Unternehmung, in: Walther Busse von Colbe/Peter Meyer-Dohm (Hrsg.). Unternehmerische Planung und Entscheidung, Bielefeld 1969, S. 39-54.

Hedtke, Reinhold (1994): Zwischen Praxis und Konzeption - Berufliche Umweltbildung in Betrieb und Schule, in: DGB-Bundesvorstand (Hrsg.), Umweltlernen im Beruf, Düsseldorf 1994, S. 9-29.

Heider, Fritz (1944): Social perception and phenomenal causality, in: Psychological Review, Nr. 6/1944, S. 358-374.

Heider, Fritz (1958): The psychology of interpersonal relations, New York 1958.

Heine, Hartwig (1989): Technisch-industrielle Kompetenz und Umweltproblem - Erste Orientierungen in einem laufenden Forschungsvorhaben, in: SOFI-Mitteilungen, Heft 17/Dezember 1989, S. 19-30.

Heine, Hartwig (1992): Das Verhältnis der Naturwissenschaftler und Ingenieure in der Großchemie zur ökologischen Industriekritik: unterschiedliche Verarbeitungsweisen, in: SOFI-Mitteilungen, Nr. 19/Januar 1992, S. 91-100.

Heine, Hartwig/Mautz, Rüdiger (1989): Industriearbeiter contra Umweltschutz?, Frankfurt/New York 1989.

Heinen, Edmund (1966): Das Zielsystem der Unternehmung - Grundlagen betriebswirtschaftlicher Entscheidungen, Wiesbaden 1966.

Hejl, Peter M. (1985): Konstruktion der sozialen Konstruktion - Grundlinien einer konstruktivistischen Sozialtheorie, Siegen 1985 (LUMIS-Schriften; 6).

Held, Martin (1991): Corporate Environmental Responsibility, in: IÖW/VÖW-Informationsdienst, Nr. 6/91, S. 13f.

Held, Martin (1994): Auf dem Weg zu einer ökologischen Produktpolitik, in: Simone Hellenbrandt/Frieder Rubik (Hrsg.), Produkt und Umwelt, Marburg 1994, S. 295-308.

Henkel KGaA (1994): Umweltbericht 1994, Düsseldorf 1994.

Hentze, Joachim (1991): Personalwirtschaftslehre 2, 5. überarb. u. erw. Aufl., Bern/Stuttgart 1991.

Herker, Armin (1993): Eine Erklärung des umweltbewußten Konsumentenverhaltens - Eine internationale Studie, Frankfurt am Main u. a. 1993.

Herr, Dieter (1988): Bedingungsmodell umweltbewußten Handelns: eine empirische Studie am Beispiel der umweltschonenden Wiederverwertung von organischem Abfall, Freiburg im Breisgau 1988.

Hertz, David B. (1973): Checkliste für umweltfreundliche Produkte, in: absatzwirtschaft, Heft 5/1973, S. 42-44.

Heuter, Horst (1993): Das Umweltberatungsprogramm der Gewerkschaften in den neuen Bundesländern, in: WSI-Mitteilungen, Nr. 6/1993, S. 391-395.

Hien, Wolfgang (1995): Mitbestimmung bei Gefahrstoffen im Betrieb: Es gibt noch viele ungenutzte
Möglichkeiten, in: Arbeit & Ökologie-Briefe, Nr. 22/1995, S. 7f.

Hildebrandt, Eckart (1990): ... zum Umweltbewußtsein von Industriefacharbeitern, in: IÖW/VÖW-In-
formationsdienst, Nr. 2/90, S. 18f.

Hildebrandt, Eckart (1991): Umweltaktives Management und industrielle Beziehungen im Industriebetrieb: eine Fallstudie, Berlin 1991 (WZB discussion papers; FS II 91-203).

Hildebrandt, Eckart (1992): Umweltschutz und Mitbestimmung, in: Ulrich Steger (Hrsg.), Handbuch
des Umweltmanagements, München 1992, S. 343-373.

Hildebrandt, Eckart (1994): Zum Spannungsfeld von Arbeitsschutz und Umweltschutz - ein Resümee,
in: Eckart Hildebrandt u.a. (Hrsg.), Umweltschutz und Arbeitsschutz zwischen Eigenständigkeit und
Gemeinsamkeit, Düsseldorf 1994 (Hans-Böckler-Stiftung; Graue Reihe - Neue Folge 77), S. 148-153.

Hildebrandt, Eckart (1995): Arbeitspolitische Aspekte unternehmerischer Ökologisierungspfade, in:
Jürgen Freimann/Eckart Hildebrandt (Hrsg.), Praxis der betrieblichen Umweltpolitik, Wiesbaden
1995, S. 139-158.

Hildebrandt, Eckart/Schmidt, Eberhard (1994): Umweltschutz und Arbeitsbeziehungen in Europa:
eine vergleichende Zehn-Länder-Studie, Berlin 1994.

Hildebrandt, Eckart/Zimpelmann, Beate (1992): Gesundheitsschutz und Umweltschutz - eine kombi-
nierte Fallstudie, Düsseldorf 1992 (HBS-Manuskripte; 91).

Hildebrandt, Eckart/Zimpelmann, Beate (1993): Möglichkeiten und Grenzen ökologisch erweiterter
Arbeitspolitik, in: WSI-Mitteilungen, Nr. 6/1993, S. 382-391.

Hill, Wilhelm/Fehlbaum, Raymond/Ulrich, Peter (1989): Organisationslehre 1, 4. durchges. Aufl.,
Bern/Stuttgart 1989.

Hillmann, Karl-Heinz (1986): Wertwandel, Darmstadt 1986.

Himmel, Birgitta (1991): Strafrechtliche Haftung für Umweltschäden, in: AiB, Nr. 12/1991, S. 535-
540.

Hoechst AG (1993): Umweltschutz: Daten und Fakten 1992, Frankfurt am Main 1993.

Hoechst AG (1994): Umweltschutz: Daten und Fakten 1993, Frankfurt am Main 1994.

Hoechst AG (1995): Progress Report Umwelt, Sicherheit, Gesundheit 1995, Frankfurt am Main 1995.

Hoering, Uwe (1992): Umweltschutz und Demokratie sollen zwei Seiten einer Medaille sein, in: FR,
Nr. 203 v. 1.9.1992, S. 6.

Hofer, Manfred (1987): Sanktionen als Führungsinstrument, in: Alfred Kieser (Hrsg.), HWFüh, Stuttgart 1987, Sp. 1794-1806.

Hoff, Ernst-H. (1990): Kontrolle und Moral - Problematische Arbeitsprodukte im Urteil von Arbei-
tern, in: Felix Frei/Ivars Udris (Hrsg.), Das Bild der Arbeit, Bern u. a. 1990, S. 91-106.

Hoff, Ernst-H./Lecher, Thomas (1995): Ökologisches Verantwortungsbewusstsein, in: Martin Jänicke
u. a. (Hrsg.), Umwelt Global, Ms., Berlin u. a. 1995, im Erscheinen.

Hoffmann, Friedrich (1980): Organisation, Begriff der, in: Erwin Grochla (Hrsg.), HWO, 2. v. neue
gest. Aufl., Stuttgart 1980, Sp. 1425-1431.

Hohmann, Harald (1992): Präventive Rechtspflichten und -prinzipien des modernen Umweltvölker-
rechts, Berlin 1992.

Hollander, Edwin P. (1958): Conformity, status, and idiosyncrasy credit, in: Psychological Review,
1958, S. 117-127.

Hommelhoff, Peter/Mecke, Thomas (1992): Mitbestimmung, unternehmerische, in: Erich Frese
(Hrsg.), HWO, 3. v. neu gest. Aufl., Stuttgart 1992, Sp. 1379-1393.

Hopfenbeck, Waldemar (1989): Allgemeine Betriebswirtschafts- und Managementlehre, Landsberg/Lech 1989.

Hopfenbeck, Waldemar (1990): Umweltorientiertes Management und Marketing - Konzepte, Instrumente, Praxisbeispiele, Landsberg-Lech 1990.

Hopfenbeck, Waldemar/Jasch, Christine (1993): Öko-Controlling - Audits, Umweltberichte und Ökobilanzen als betriebliche Führungsinstrumente, Landsberg/Lech 1993.

Hopfenbeck, Waldemar/Willig, Matthias (1995): Umweltorientiertes Personalmanagement, Landsberg/Lech 1995.

Hoppe, Werner/Beckmann, Martin (1989): Umweltrecht, München 1989.

Hormuth, Stefan E./Katzenstein, Henriette (1990): Psychologische Ansätze zur Müllvermeidung und Müllsortierung, Stuttgart 1990 (Reihe Luft, Boden, Abfall des Ministeriums für Umwelt Baden-Württemberg; Heft 13).

Horneber, Markus (1992a): Management des Entsorgungszyklus im sachlichen und zeitlichen Kontext, Nürnberg 1992 (Forschungs- und Arbeitsbericht der Forschungsgruppe für Innovation und Technologische Voraussage der Universität Erlangen-Nürnberg; Nr. 20).

Horneber, Markus (1992b): Management des Entsorgungszyklus in der Elektroindustrie, in: UWF, Heft 1, November 1992, S. 53-55.

Huber, Andreas (1991): Umweltbewußtsein: Die Kluft zwischen Anspruch und Wirklichkeit, in: natur, Nr. 8/1991, S. 62.

Huber, Joseph (1994): Nachhaltige Entwicklung durch Suffizienz, Effizienz und Konsistenz, Halle 1994 (Der Hallesche Graureiher; 94-6).

IG Bau-Stein-Erden 1995: Rahmentarifvertrag und Tarifvertrag zur Ökologie, Qualitätssicherung und Arbeitsplatzgestaltung v. 19.12.1994, Frankfurt am Main 1995.

IG Bergbau und Energie/IG Chemie-Papier-Keramik/Gewerkschaft Leder (1993): Gemeinsame Leitsätze: Für eine zukunftsorientierte Umwelt-, Arbeits- und Gesundheitsschutzpolitik - auf dem Weg in eine ökologisch-soziale Marktwirtschaft, Bochum/Hannover/Stuttgart 1993.

IG Chemie-Papier-Keramik (1987): Für Fortschritte beim Umweltschutz, presse-dienst v. 20.8.1987, Hannover.

IG Chemie-Papier-Keramik (1991): Handlungsanleitung betrieblicher Umweltschutz, Hannover 1991.

IG Chemie-Papier-Keramik (1994): Sammlung der Betriebsvereinbarungen "Umweltschutz", Stand Oktober 1994, Hannover.

IG Chemie-Papier-Keramik (1990): Arbeits- und Umweltschutz im Betrieb: Arbeitsmaterialien für fachübergreifende Inhalte in Erstausbildungsberufen, Hannover 1990.

IG Metall (1991): Wir machen Umweltschutz im Betrieb: Arbeitshilfe für den Ausbildungsinhalt Umweltschutz in den neuen Berufen, Frankfurt am Main 1991.

IG Metall (1993): Tarifreform 2000 - Ein Gestaltungsrahmen für die Industriearbeit der Zukunft, Frankfurt am Main 1993.

IG Metall Bezirksleitung Stuttgart (1994): Anlage zu unserer Auswertung der Fragebogenaktion "Lösemittel im Betrieb", Ms., Stuttgart v. 10.6.1994.

IG Metall Küste, Bezirksleitung Hamburg (Hrsg.) (1994): Eine Kampagne - viele Aktionen, Aktions-Info Gefahrstopp am Arbeitsplatz, Hamburg 1994.

IHG - Interessengemeinschaft der Holzschutzmittel-Geschädigten (Hrsg.) (1993): Das Urteil im Strafprozeß gegen die Geschäftsführer des Holzschutzmittel-Herstellers Desowag, Frankfurt am Main/Engelskirchen 1993.

Illich, Ivan (1975): Selbstbegrenzung: Eine politische Kritik der Technik, Reinbek bei Hamburg 1975.

Inglehart, Ronald (1989): Kultureller Umbruch: Wertwandel in der westlichen Welt, Frankfurt am Main 1989.

Institut für sozial-ökologische Forschung (Hrsg.)/Milieu defensie (Friends of the Earth Netherlands) (1994): Sustainable Netherlands: Aktionsplan für eine nachhaltige Entwicklung der Niederlande, Frankfurt am Main o.J. (1994).

Jacobs, Rolf (1994): Organisation des Umweltschutzes in Industriebetrieben, Heidelberg 1994.

Jänicke, Martin (1979): Wie das Industriesystem von seinen Mißständen profitiert, Opladen 1979.

Jänicke, Martin (1988): Ökologische Modernisierung - Optionen und Restriktionen präventiver Umweltpolitik, in: Udo Ernst Simonis (Hrsg.), Präventive Umweltpolitik, Frankfurt am Main 1988, S. 13-26.

Jänicke, Martin/Mönch, Harald/Binder, Manfred (1992a): Kaum tragfähige Entwicklung, in: Politische Ökologie, Heft 28/Oktober 1992, S. 23-30.

Jänicke, Martin/Mönch, Harald/Binder, Manfred u. a. (1992b): Umweltentlastung durch industriellen Strukturwandel?: eine explorative Studie über 32 Industrieländer (1970 bis 1990), Berlin 1992.

Jahn, Hans (1988): Erzeugnisqualität, die logische Folge von Arbeitsqualität, in: VDI-Zeitschrift, Nr. 4/1988, S. 12-15.

Jahnke, Ralph (1994): Entwicklung ökologieverträglichen Mitarbeiterverhaltens und dessen Erfolgswirkungen, in: Hartmut Kreikebaum (Hrsg.), Unternehmenserfolg durch Umweltschutz, Wiesbaden 1994, S. 175-192.

Jancer, Michael/Hoff, Ernst-H. (1994): Ökologische Moralvorstellungen. Theoretische Grundlagen für ein Teilkonzept im Projekt "Industriearbeit und ökologisches Verantwortungsbewußtsein", Berlin 1994 (Berichte aus dem Bereich "Arbeit und Entwicklung" am Psychologischen Institut der FU Berlin; 7).

Janis, I.L. (1972): The victims of groupthink, Boston 1972.

Jarass, Hans D. (1993): Bundes-Immissionsschutzgesetz - Kommentar, 2. vollst. überarb. Aufl., München 1993.

Joe, Victor Clark (1971): Review of the internal-external control construct as a personality variable, in: Psychological Reports, 28, 1971, S. 619-640.

Johann, Hubert Peter/Werner, Wolfgang (1994): Managementsysteme für Umweltschutz und Qualität - Ist ein gemeinschaftliches System zweckmäßig?, in: UWF, Heft 6, Juli 1994, S. 53-57.

Jonas, Hans (1984): Das Prinzip Verantwortung - Versuch einer Ethik für die technologische Zivilisation, (1. Aufl. 1979) Frankfurt am Main 1984.

Jürgens, Ulrich/Naschold, Frieder (Hrsg.) (1984): Arbeitspolitik, Leviathan: Sonderheft 5, Opladen 1984.

Jungermann, Helmut/Schütz, Holger/Theißen, Anne (1991): Determinanten, Korrelate und Konsequenzen der Beurteilung von Risiken für die eigene Gesundheit, in: Zeitschrift für Arbeits- und Organisationspsychologie, Heft 2/1991, S. 59-67.

Jürk, Willy (1992): Beauftragte für Umweltschutz im Unternehmen, in: Wirtschaftsrecht , Nr. 11/1992, S. 449-453.

Juran, Joseph M. (1993): Der neue Juran: Qualität von Anfang an, Landsberg/Lech 1993.

Kahle, Egbert (1993): Betriebliche Entscheidungen, 3. durchges. Aufl., München/Wien 1993.

Kaiser, Reinhard (Hrsg.) (1980): Global 2000: Der Bericht an den Präsidenten, Frankfurt am Main 1980.

Kals, Elisabeth/Montada, Leo (1994): Umweltschutz und die Verantwortung der Bürger, in: Zeitschrift für Sozialpsychologie, 1994, S. 326-337.

Kaminski, Gerhard (Hrsg.) (1976): Umweltpsychologie, Stuttgart 1976.

Kamiske, Gerd F./Brauer, Jörg-Peter (1993): Qualitätsmanagement von A bis Z, München/Wien 1993.

Kanatschnig, Dietmar (1986): Präventive Umweltpolitik, Linz 1986.

Kanatschnig, Dietmar (1992): Vorsorgeorientiertes Umweltmanagement, Wien/New York 1992.

Karczmarzyk, A. (1995): Probleme bei der Einführung eines Umweltmanagementsystems nach der EG-Öko-Audit-Verordnung, Oldenburg 1995 (Schriftenreihe des Lehrstuhls für Allgemeine BWL, Unternehmensführung und betriebliche Umweltpolitik; 8).

Karg, Peter W./Staehle, Wolfgang H. (1982): Analyse der Arbeitssituation: Verfahren und Instrumente, Freiburg im Breisgau 1982.

Karger, Cornelia R./Wiedemann, Peter M. (1994): Wahrnehmung von Umweltproblemen, in: Natur und Landschaft, Heft 1/1994, S. 3-8.

Karmaus, Wilfried (1981): Präventive Strategien und Gesundheitsverhalten, in: Heinz-Harald Abholz u. a. (Hrsg.), Prävention: Gesundheit und Politik, Berlin 1981 (Argument-Sonderband 64), S. 7-26.

Karten, Walter (1993): Risk Management, in: Wittmann, Waldemar (Hrsg.), HWB, Bd. 3, 5. v. neu gest. Aufl., Stuttgart 1993, Sp. 3825-3836.

Kasper, Elisabeth (1988): Umweltschutz und Arbeitsplätze - eine psychologische Studie, Saarbrücken 1988 (Universität Saarbrücken, Arbeiten d. Fachrichtung Psychologie; 132).

Kasperek, Bernhard (1986): Der Einfluß von Arbeitsstrukturen auf die Arbeitssicherheit, Dortmund 1986 (Schriftenreihe der Bundesanstalt für Arbeitsschutz; Fb Nr. 471).

Kastenholz, Hans G. (1993): Bedingungen umweltverantwortlichen Handelns in einer schweizer Bergregion, Bern 1993.

Keck, Otto (1988): Präventive Umweltpolitik als Abbau von Informationsrestriktionen, in: Udo Ernst Simonis (Hrsg.), Präventive Umweltpolitik, Frankfurt am Main/New York 1988, S. 105-125.

Keck, Otto (1988): Umweltpolitik als Abbau von Informationsrestriktionen, in: Udo Ernst Simonis (Hrsg.), Präventive Umweltpolitik, Frankfurt am Main/New York 1988, S. 105-125.

Keller, Martina (1995): Zuviel Wald macht zornig, in: Die ZEIT, Nr. 33 v. 11.8.1995, S. 51.

Kern, Horst/Schumann, Michael (1985): Industriearbeit und Arbeiterbewußtsein, Frankfurt am Main 1985.

Kessel, Hans/Tischler, Wolfgang (1984): Umweltbewußtsein - Ökologische Wertvorstellungen in westlichen Industrienationen, Berlin 1984.

Kettrup, A./Steinberg, C./Freitag, D. (1991): Ökotoxikologie - Wirkungserfassung und Bewertung von Schadstoffen in der Umwelt, in: UWSF, Nr. 6/1991, S. 370-377.

KFA - Kernforschungsanlage Jülich GmbH (1987): Ökotoxikologie - Ergebnisse der Forschung zur ökologischen Wirkung von Chemikalien, Jülich 1987.

Kieser, Alfred/Kubicek, Herbert (1992): Organisation, 3. v. neubearb. Aufl., Berlin/New York 1992.

Kiessler-Hauschildt, Kerstin/Scholl, Wolfgang (1972): Einführung in die Erforschung politischer Attitüden, München 1972.

Kirchgeorg, Manfred (1990): Ökologieorientiertes Unternehmensverhalten - Typologien und Erklärungsansätze auf empirischer Grundlage, Wiesbaden 1990.

Kirchgeorg, Manfred (1995): Umweltorientierte Unternehmensstrategien im Längsschnittvergleich von 1988 und 1994, in: Jürgen Freimann/Eckart Hildebrandt (Hrsg.), Praxis der betrieblichen Umweltpolitik, Wiesbaden 1995, S. 57-74.

Kirsch, Guy (1988): Präventive Umweltpolitik - Chance oder Illusion? in: ZfU, Nr. 3/1988, S. 269-285.

Kirsch, Guy (1989): Prävention und menschliches Handeln, in: Bernhard Glaeser (Hrsg.), Humanökologie, Opladen 1989, S. 255-265.

Kirsch, Guy (1991): Umweltbewußtsein und Umweltverhalten - Eine theoretische Skizze eines empirischen Problems, in: ZfU, Nr. 3/1991, S. 249-261.

Klages, Helmut (1984): Wertorientierung im Wandel, Frankfurt am Main 1984.

Klein, W. (1991): Bewertung und Beurteilung von Chemikalien im Boden - Informationsbedarf und Datenlage, in: UWSF, Nr. 1/1991, S. 25-27.

Kley, J./Fietkau, Hans-Joachim (1979): Verhaltenswirksame Variablen des Umweltbewußtseins, in: Psychologie und Praxis, Nr. 1/1979, S. 13-22.

Kloepfer, Michael (1989): Umweltrecht, München 1989.

Kloepfer, Michael (1993): Betrieblicher Umweltschutz als Rechtsproblem, in: DB, Heft 22/1993, S. 1125-1131.

Kloepfer, Michael/Kröger, Heribert (1990): Zur Konkretisierung der immissionsschutzrechtlichen Vorsorgepflicht, in: Natur + Recht, Heft 1/1990, S. 8-16.

Kloepfer, Michael/Rehbinder, Eckard/Schmidt-Aßmann, Eberhard/Kunig, Philip (1991): Umweltge-setzbuch - Allgemeiner Teil, Berlin 1991 (UBA-Berichte; 7/90).

Kloock, Josef (1990): Ökologieorientierte Kostenrechnung als Umweltkostenrechnung, Köln 1990 (Diskussionsbeiträge zum Rechnungswesen der Wirtschafts- und Sozialwissenschaftlichen Fakultät; Nr. 2).

Kloock, Josef (1993): Neuere Entwicklungen betrieblicher Umweltkostenrechnungen, in: Gerd Rainer Wagner (Hrsg.), Betriebswirtschaft und Umweltschutz, Stuttgart 1993, S. 179-206.

Kluckhohn, Clyde (1951): Values and value orientations in the theory of action, in: Talcott Parsons/Edward A. Shils (Eds.), Toward a general theory of action, Cambridge/Mass. 1951, S. 388-433.

Kluge, Thomas/Schramm, Engelbert (1994): Eine weitere Verschmutzung von Grund- und Trinkwasser wäre die Folge - Die EU darf den Pestizid-Grenzwert nicht lockern, in: FR, Nr. 32 v. 8.2.1994, S. 6.

Knemeyer, Franz-Ludwig (1993): Polizei- und Ordnungsrecht, 5. erw. Aufl., München 1993.

Knopp, Lothar (1994): Neues Umweltstrafrecht und betriebliche Praxis, in: BB, Heft 32/1994, S. 2219-2224.

Knopp, Lothar/Striegl, Stefanie (1992): Umweltschutzorientierte Betriebsorganisation zur Risikominimierung, in: BB, Heft 29/1992, S. 2009-2018.

Koch, Andreas (1994): Stand der Normungsarbeiten von Umweltmanagementsystemen, in: UWF, Heft 6, 1994, S. 37-43.

Koch, R. (1989): Umweltchemie und Ökotoxikologie - Ziele und Aufgaben, in: UWSF, Nr. 1/1991, S. 41-43.

Koch, R./Blüml, T. Nagel, M. (1990): Bewertung der relativen Umweltgefährlichkeit von Chemikalien, in: UWSF, Nr. 3/1990, S. 157-162.

Koerth, Dieter (1977): Rationalisierung der Qualitätsprüfung durch Automatisierung von Planungs- und Auswertetätigkeiten beim Einsatz von Universalmeßmaschinen, Aachen 1977.

Kösters, Walter (1993): Ökologische Zivilisierung - Verhalten in der Umweltkrise, Darmstadt 1993.

Konstanty, Reinhold (1991): Forderungen für ein "Gesetz zur Förderung und zum Schutz der Gesund-heit in der Arbeitumwelt", in: WSI-Mitteilungen, Nr. 9/1991, S. 576-588.

Koolmann, Steffen (1992): Leitbilder der Technikentwicklung: das Besipiel des Automobils, Frankfurt am Main/New York 1992.

Kooperationsstelle Hamburg/Projekt GUT (1992a): Betrieblicher Gesundheitsschutz und tarifvertragliche Regelungen in der Druckindustrie - Zwischenergebnis der Umfrage, Hamburg 1992.

351

Kooperationsstelle Hamburg/Projekt GUT (1992b): Erläuterung zur Umfrage "Betrieblicher Gesundheitsschutz und tarifvertragliche Regelungen in der Druckindustrie", Hamburg 1992.

Kossbiel, Hugo (1994): Überlegungen zur Effizienz betrieblicher Anreizsysteme, in: DBW, Heft 1/1994, S. 75-93.

KPMG - Peat Marwick Unternehmensberatung/Wagschal (1992): Betrieblicher Umweltschutz in mittelständischen Unternehmen - Ergebnisse einer Unternehmensbefragung, Frankfurt am Main 1992.

Krämer, Ludwig (1991): Titel VII: Umwelt Artikel 130r - 130t, in: Groeben, Hans von der u. a. (Hrsg.), Kommentar zum EWG-Vertrag, Bd. 3, 4. neubearb. Aufl., Baden-Baden 1991, S. 3909-4006.

Kraushaar, Bernhard (1994): Die Arbeitnehmerhaftung, in: AiB, Nr. 6-7/1994, S. 353-357.

Kreikebaum, Hartmut (1975): Die Anpassung der Betriebsorganisation - Effizienz und Geltungsdauer organisatorischer Regelungen, Wiesbaden 1975.

Kreikebaum, Hartmut (1977): Humanität in der Arbeitswelt, in: ZfB, Heft 8/1977, S. 481-508.

Kreikebaum, Hartmut (1979): Organisationstypen der Produktion, in: Werner Kern (Hrsg.), HWProd, Stuttgart 1979, Sp. 1392-1402.

Kreikebaum, Hartmut (1981): Strategische Unternehmensplanung, Stuttgart u. a. 1981.

Kreikebaum, Hartmut (1983): Organisatorische Aspekte des Zusammenwirkens von Arbeitgeber und Betriebsrat im Rahmen des autonomen Arbeitsschutzes, in: Friedrich Fürstenberg (Hrsg.), Menschengerechte Gestaltung der Arbeit, Mannheim u. a. 1983, S. 91-105.

Kreikebaum, Hartmut (1985): Humanisierung der Arbeit und technologische Entwicklung, in: Hartmut Kreikebaum (Hrsg.), Industriebetriebslehre in Wissenschaft und Praxis, Berlin 1985, S. 43-70.

Kreikebaum, Hartmut (1987): Strategische Führung, in: Alfred Kieser u.a. (Hrsg.), HWFüh, Stuttgart 1987, Sp. 1898-1906.

Kreikebaum, Hartmut (1988a): Die Steuerung von Innovationsinitiativen am Beispiel des betrieblichen Umweltschutzes, in: Wolfgang Lücke (Hrsg.), Betiebswirtschaftliche Steuerungs- und Kontrollprobleme, Wiesbaden 1988, S. 153-162.

Kreikebaum, Hartmut (1988b): Kehrtwende zur Zukunft, Neuhausen/Stuttgart 1988.

Kreikebaum, Hartmut (Hrsg.) (1990a): Integrierter Umweltschutz - Eine Herausforderung für das Innovationsmanagement, Wiesbaden 1990.

Kreikebaum, Hartmut (1990b): Innovationsmanagement bei aktivem Umweltschutz, in: Hartmut Kreikebaum (Hrsg.), Integrierter Umweltschutz, Wiesbaden 1990, S. 45-55.

Kreikebaum, Hartmut (1990c): Innovationsmanagement bei aktivem Umweltschutz in der chemischen Industrie - Bericht aus einem Forschungsprojekt, in: Gerd Rainer Wagner (Hrsg.), Unternehmung und ökologische Umwelt, München 1990, S. 113-121.

Kreikebaum, Hartmut (1990d): Industrielle Unternehmensorganisation, in: Marcell Schweitzer (Hrsg.), Industriebetriebslehre, München 1990, S. 147-218.

Kreikebaum, Hartmut (1992a): Qualitatives Wachstum durch Produkt- und Prozeßinnovationen in der chemischen Industrie als Gegenstand des F&E-Managements, in: Eberhard Seidel (Hrsg.), Betrieblicher Umweltschutz, Wiesbaden 1992, S. 160-168.

Kreikebaum, Hartmut (1992b): Umweltgerechte Produktion - Integrierter Umweltschutz als Aufgabe der Unternehmensführung im Industriebetrieb, Wiesbaden 1992.

Kreikebaum, Hartmut (1992c): Humanisierung, in: Erich Frese (Hrsg.), HWO, 3. v. neu gest. Aufl., Stuttgart 1992, Sp. 816-826.

Kreikebaum, Hartmut (1993a): Strategische Unternehmensplanung (1. Aufl. 1981), 5. Aufl., Stuttgart u. a. 1993.

Kreikebaum, Hartmut (1993b): Humanisierung der Arbeit, in: Waldemar Wittmann (Hrsg.), HWB, 5. v. neu gest. Aufl., Bd. 3, Stuttgart 1993, Sp. 1674-1681.

Kreikebaum, Hartmut (1993c): Zentralbereiche, in: Waldemar Wittmann (Hrsg.), HWB, 5. v. neu gest. Aufl., Bd. 3, Stuttgart 1993, Sp. 2603-2610.

Kreikebaum, Hartmut (1993d): Personelle Voraussetzungen des integrierten Umweltschutzes, in: zfo, Nr. 2/1993, S. 85-90.

Kreikebaum, Hartmut (1995a): Die Notwendigkeit ökologischer Informationen, in: UWF, Heft 1/1995, S. 6-9.

Kreikebaum, Hartmut (1995b): Umweltverträgliches Mitarbeiterverhalten: Motivation durch Qualifikation und Anreize, in: Personalführung, Nr. 7/1995, S. 556-558.

Kreikebaum, Hartmut/Bokranz, Rainer (1983): Die Forderung nach menschengerechter Gestaltung der Arbeit in § 90 Betriebsverfassungsgesetz und ihre Auswirkungen auf betriebliche Planungsprozesse, in: ZfB, Heft 10/1983, S. 918-938.

Kreikebaum, Hartmut/Herbert, Klaus Jürgen (1988): Humanisierung der Arbeit, Wiesbaden 1988.

Kreikebaum, Hartmut/Herbert, Klaus-Jürgen (1990): Arbeitsgestaltung und Betriebsverfassung - Eine empirische Untersuchung zum autonomen Arbeitsschutz bei Arbeitgebern und Betriebsräten, Berlin 1990.

Kreikebaum, Hartmut/Türck, Rainer (1993): Ein Ansatz zur Bewertung der ökologischen Wirkungen von Produkten, in: ZfB-Ergänzungsheft 2/1993, S. 119-138.

Krieshammer, Gerd/Rademacher, Helmut (1991): Lehren aus der Qualitätssicherung, in: BddW, Nr. 92 v. 15.5.1991, S. 7.

Kroppenstedt, Franz (1984): Das Vorsorgeprinzip in der aktuellen Umweltpolitik, in: Umweltbundesamt (Hrsg.), Das Vorsorgeprinzip im Umweltschutz, Berlin 1984 (UBA-TEXTE; 25/84).

Krüger, Wilfried (1994): Organisation der Unternehmung, 3. verb. Aufl., Stuttgart/Berlin/Köln 1994

Kruse, Lenelis/Graumann, Carl-Friedrich/Lantermann, Ernst-Dieter (Hrsg.) (1990): Ökologische Psychologie: ein Handbuch in Schlüsselbegriffen, München 1990.

Krystek, Ulrich (1987): Unternehmungskrisen, Wiesbaden 1987.

Kubicek, Herbert (1980): Bestimmungsfaktoren der Organisationsstruktur, in: Otmar Franz (Hrsg.), RKW-Handbuch Führungstechnik und Organisation, Berlin, 6. Lfg. 1980, Abschn. 1412, Loseblatt.

Kubicek, Herbert (1987): Organisatorische Gestaltungsbedingungen, in: Martin K. Welge, Unternehmensführung, Bd. 2: Organisation, Stuttgart 1987, S. 67-359.

Kühleis, Christoph/Schenk, Sabine/Zimpelmann, Beate (1994): Von ökologischer Ignoranz zum integrierten Umweltschutz? Der Fall Boehringer, Berlin 1994 (WZB discussion papers; FS II 94-201).

Kühnert, Herbert/Trute, Ingrid (1991): Problemkatalog zur Umweltwirksamkeit von Verkehrsprozessen, in: FÖB, 10./11. Ausgabe 1991, S. 16-20 und 12. Ausgabe 1991, S. 22-16.

Kümmerer, Klaus (1993): Zeiten der Natur - Zeiten des Menschen, in: Martin Held/Karlheinz A. Geißler (Hrsg.), Ökologie der Zeit, Stuttgart 1993, S. 83-104.

Küpper, Hans-Ulrich (1979): Produktionstypen, in: Werner Kern (Hrsg.), HWProd, Stuttgart 1979, Sp. 1636-1647.

Küpper, Willi/Ortmann, Günther (Hrsg.) (1992): Mikropolitik - Rationalität, Macht und Spiele in Organisationen, 2. durchges. Aufl., Opladen 1992.

Kuhn, K (1990): Betriebliche Gesundheitsförderung - Stand und Perspektiven, in: Uwe Brandenburg u. a. (Hrsg.), Prävention und Gesundheitsförderung im Betrieb, Dortmund 1990, S. 18-29.

Kuhn, Thomas/Wittmann, Stephan (1995): Ökoeffizienz durch Personalmanagement - Grundmodell und Gestaltungsperspektiven, in: UWF, Heft 1/1995, S. 10-15.

Kunert AG (1994): Ökobericht der KUNERT AG 1993, Immenstadt 1994.

Kunert AG/Kienbaum Unternehmensberatung GmbH/Institut für Management und Umwelt (1995): Modellprojekt Umweltkostenmanagement, Abschlußbericht, hrsg. v. Deutsche Bundesstiftung Umwelt, Immenstadt 1995.

Lamure, Claude (1990): Environmental considerations in transport investment. In: ECMT/European conference of ministers of transport (Ed.) (1990): Transport policy and the environment. Paris 1990, p. 108-146.

Landesinstitut für Arbeitsschutz und Arbeitsmedizin (1993): Arbeitsschutz im Land Brandenburg - Jahresbericht 1992, Potsdam 1993.

Landesinstitut für Arbeitsschutz und Arbeitsmedizin (1994): Arbeitsschutz im Land Brandenburg - Jahresbericht 1993, Potsdam 1994.

Landeszentrale für politische Bildung, Baden-Württemberg/Akademie für Natur- und Umweltschutz beim Ministerium für Umwelt Baden-Württemberg (1990): Grundkurs Umwelt - Ein Lernprogramm für alle Einsteiger, Stuttgart/Wien 1990.

Lang, Klaus (1993): Umweltschutz und Tarifpolitik, in: Norbert Kluge u. a. (Hrsg.), Umweltschutz und gewerkschaftliche Interessenvertretung, Düsseldorf 1993 (HBS Graue Reihe - Neue Folge; 56), S. 82-93.

Langeheine, Rolf/Lehmann, Jürgen (1986a): Die Bedeutung der Erziehung für das Umweltbewußtsein, hrsg. v. Institut für die Pädagogik der Naturwissenschaften, Kiel 1986.

Langeheine, Rolf/Lehmann, Jürgen (1986b): Ein neuer Blick auf die soziale Basis des Umweltbewußtseins, in: ZfS, Heft 5/1986, S. 378-384.

Lankenau, Klaus (1984): Handlungsspielraum, Beurteilung der Arbeitstätigkeit und Qualifizierungsbereitschaft, in: Psychologie und Praxis, Nr. 3/1984, S. 109-118.

Lantermann, Ernst, D./Döring-Seipel, Elke (1990): Umwelt und Werte, in: Lenelis Kruse u. a. (Hrsg.), Ökologische Psychologie: ein Handbuch in Schlüsselbegriffen, München 1990, S. 632-639.

Lantermann, Ernst, D./Döring-Seipel, Elke/Schima, Peter (1992): Werte, Gefühle und Unbestimmtheit: Kognitiv-emotionale Wechselwirkungen im Umgang mit einem ökologischen System, in: Kurt Pawlik/Kurt H. Stapf (Hrsg.), Umwelt und Verhalten, Bern u. a. 1992, S. 129-144.

Laux, Helmut (1979): Grundfragen der Organisation: Delegation, Anreiz und Kontrolle, Berlin u. a. 1979.

Laux, Helmut (1982): Entscheidungstheorie: Grundlagen, Berlin u. a. 1982.

Laux, Helmut (1989): Grenzen integrativer Anreizsysteme, in: Werner Delfmann (Hrsg.), Der Integrationsgedanke in der Betriebswirtschaftslehre, Wiesbaden 1989, S.201-218.

Laux, Helmut (1992): Anreizsysteme, ökonomische Dimension, in: Erich Frese (Hrsg.), HWO, 3.v. neu gest. Aufl., Stuttgart 1992, Sp.112-122.

Laux, Helmut/Liermann, Felix (1988): Entscheidungsmanagement, in: Michael Hofmann/Lutz von Rosenstiel (Hrsg.), Funktionale Managementlehre, Berlin u. a. 1988, S. 95-165.

Laux, Helmut/Liermann, Felix (1993): Grundlagen der Organisation: Die Steuerung von Entscheidungen als Grundproblem der Betriebswirtschaftslehre, 3. verb. u. erw. Aufl., Berlin u. a. 1993.

Lecher, Thomas/Hoff, Ernst-H. (1993): Ökologisches Bewußtsein. Theoretische Grundlagen für ein Teilkonzept im Projekt "Industriearbeit und ökologisches Verantwortungsbewußtsein", Berlin 1993 (Berichte aus dem Bereich "Arbeit und Entwicklung" am Psychologischen Institut der FU Berlin; 4).

Lecher, Thomas/Hoff, Ernst-H./Distler, Elisabeth/Jancer, Michael (1992): Zur Erfassung des ökologischen Verantwortungsbewußtseins. Ein Interview-Leitfaden mit Erläuterungen, Berlin 1992 (Berichte aus dem Bereich "Arbeit und Entwicklung" am Psychologischen Institut der FU Berlin; 1).

Lefcourt, Herbert M. (1966): Internal versus external control of reinforcement: A review, in: Psychological Bulletin, Vo. 65, No. 4/1966, S. 206-220.

Leffler, Norbert (1993): Zur polizeilichen Praxis der Entdeckung und Definition von Umweltstrafsachen: eine empirische Untersuchung im Land Nordrhein-Westfalen, Bonn 1993.

Lehmann, Jürgen (1993a): Umwelterziehung, Umweltprobleme und ökologisches Handeln, in: Hansjörg Seybold/Dietmar Bolscho (Hrsg.), Umwelterziehung, Kiel 1993, S. 234-242.

Lehmann, Jürgen (1993b): Zwischenauswertung zur Untersuchung "Merkmale von Umweltproblemen", unveröffentl. Manuskript, Kiel 1993.

Lehmann, Jürgen/Gerds, Ivo (1991): Querschnittstudien zum Umweltbewußtsein, in: Günter Eulefeld u. a. (Hrsg.), Umweltbewußtsein und Umwelterziehung, Kiel 1991, S. 23-35.

Lehmann, Sabine (1993): Vom Dilemma ökologischer Beurteilungen, die nie objektiv sein können, in: IÖW/VÖW-Informationsdienst, Nr. 3-4/93, S. 12f.

Lehmann, Sabine (1995): Öko-Audit bei Stolzenberg - Einführung eines Umweltmanagementsystems, in: IÖW/VÖW-Informationsdienst, Nr. 3-4/95, S. 15f.

Lehmann, Sabine/Steinfeldt, Michael (1995): Modell-Öko-Audit beim Erfinder des Schnellhefters, in: ZBU, Heft 4/1995, S. 22-25.

Leinkauf, Simone/Zundel, Stefan (1994): Funktionsorientierung und Ökoleasing - Strategien und Instrumente einer proaktiven Umweltpolitik, Berlin 1994 (IÖW-Schriftenreihe; 71/94).

Leisewitz, André/Pickshaus, Klaus (1992): Ökologische Spurensuche im Betrieb: Tatort Betrieb - Erfahrungen einer Aktion der IG Metall, Frankfurt am Main 1992.

Leisewitz, André/Pickshaus, Klaus (1993): Substitution gefährlicher Arbeitsstoffe - Voraussetzungen und Erfahrungen aus gewerkschaftlichen Bewegungen, in: WSI-Mitteilungen, Nr. 6/1993, S. 375-382.

Lenhardt, Uwe (1993): Betriebliche Gesundheitsförderung, in: BTQ-Beratungsstelle für Technologiefolgen und Qualifizierung (Hrsg.), Gesundheitsförderung im Betrieb, Hannover 1993 (Tagungsband Nr. 2), S. 8-17.

Leprich, Uwe (1994): Least-Cost Planning als Regulierungskonzept, Freiburg i. Br. 1994.

Lersner, Heinrich Freiherr von (1994): Vorsorgeprinzip, in: Otto Kimminich u. a. (Hrsg.), HdUR, 2. überarb. Aufl., Berlin 1994, Sp. 2703-2710.

Letmathe, Peter (1994): Betriebliche Umweltkostenrechnung zur Sicherung und Verbesserung der betrieblichen Gewinnsituation, in: Umwelt und Energie, Loseblattsammlung, Heft Nr. 2 v. 8.4.1994, Gruppe 12, S. 1-19.

Lewin, Kurt (1935): A Dynamic Theory of Personality - Selected Papers, New York/London 1935.

Lewin, Kurt (1946): Verhalten und Entwicklung als eine Funktion der Gesamtsituation, abgedr. in: Dorwin Cartwright (Hrsg.), Feldtheorie in den Sozialwissenschaften, Bern/Stuttgart 1963, S. 271-329.

LfU - Landesanstalt für Umweltschutz Baden-Württemberg (1994a): Umweltmanagement in der metallverarbeitenden Industrie - Leitfaden zur EG-Umwelt-Audit-Verordnung, Karlsruhe 1994.

LfU - Landesanstalt für Umweltschutz Baden-Württemberg (1994b): Umweltmanagementsystem - Ein Modellhandbuch, Karlsruhe 1994.

Liepmann, Detlev/De Costanzo, Elisabetta/Felfe, Jörg (1993): Ökologische Qualifizierung im Betrieb, in: Rolf Busch (Hrsg.), Ökologie und Gesundheitsförderung in der betrieblichen Praxis, Berlin 1993 (Kooperationsstelle FU Berlin/DGB: Forschung und Weiterbildung für die betriebliche Praxis; 7), S. 203-218.

Linster, Myriam (1990): Background facts and figures, in: ECMT/European conference of ministers of transport (Ed.) (1990): Transport policy and the environment, Paris 1990, p. 9-45.

Lipperheide, Peter J. (1993): Arbeitnehmerhaftung zwischen Fortschritt und Rückschritt, in: BB, Heft 10/1993, S. 720-725.

Lißner, Lothar (1994): Nichts läuft wie geschmiert, in: AiB, Nr. 5/1994, S. 261-271.

Lißner, Lothar (1995a): Akteure des betrieblichen Arbeitsschutzes, in: AiB, Nr. 1/1995, S. 37-52.

Lißner, Lothar (1995b): Arbeitsbedingte Gesundheitsrisiken, in: WSI-Mitteilungen, Nr. 2/1995, S. 77-88.

Lüdemann, Christian (1993): Diskrepanzen zwischen theoretischem Anspruch und forschungsprakti-scher Wirklichkeit - Eine Kritik der Untersuchung über "Persönliches Umweltverhalten: Diskrepan-zen zwischen Anspruch und Wirklichkeit" von Andreas Diekmann und Peter Preisendörfer, in: KZfSS, Heft 1/1993, S. 116-124.

Luhmann, Niklas (1973): Zweckbegriff und Systemrationalität, Frankfurt am Main (1. Aufl. Tübin-gen 1968).

Luhmann, Niklas (1992): Organisation, in: Willi Küpper/Günther Ortmann (Hrsg.), Mikropolitik, 2. durchges. Aufl., Opladen 1992, S. 165-185.

Maas, Christof (1986): Determinanten der Entwicklung und Nutzung umweltfreundlicher Neuerungen in Industriebetrieben, Berlin 1986 (Wirtschaftswissenschaftliche Dokumentation der TU Berlin; Dis-kussionspapier Nr. 108).

Maas, Christoph (1989): Determinanten betrieblichen Innovationsverhaltens: Theorie und Empirie, Berlin 1989.

Majer, Helge (1984): Qualitatives Wachstum, Frankfurt am Main/New York 1984.

Maloney, Michael P./Ward, Michael P. (1973): Ecology: Let's Hear from the People, in: American Psychologist, No. 8/1973, p. 583-586.

Maloney, Michael P./Ward, Michael P./Brauch, G. Nicholas (1975): A Revised Scale for the Measurement of Ecological Attitudes and Knowledge, in: American Psychologist, No. 7/1975, p. 787-789.

Man, Reinier de/Flatz, Alois (1994): Anforderungen an ein künftiges Stoffstrommanagement, in: Si-mone Hellenbrandt/Frieder Rubik (Hrsg.), Produkt und Umwelt, Marburg 1994, S. 169-188.

Manns, Jürgen R. (1992): Produktinnovationen als Ergebnis der Koordination von F&E und Marke-ting, Ludwigsburg/Berlin 1992.

Manssen, Gerrit (1993): Die Betreiberverantwortung nach § 52a BImSchG, in: GewArch, Nr. 7/1993, S. 280-285.

Marr, Rainer (1984): Betrieb und Umwelt, in: Vahlens Kompendium der Betriebswirtschaftslehre, Bd. 1, München 1984, S. 47-110.

Marschall, B./Brandenburg, Uwe (1990): Das betriebliche Gesundheitswesen als Träger betrieblicher Präventionsprogramme, in: Uwe Brandenburg u. a. (Hrsg.), Prävention im Betrieb, München 1990, S. 5-14.

Matzel, Manfred (1994): Die Organisation des betrieblichen Umweltschutzes - Eine organisations-theoretische Analyse der betrieblichen Teilfunktion Umweltschutz, Berlin 1994.

Matzel, Manfred/Sekul, Stefan (1995): Integration des Umweltschutzes in die Profit-Center-Organisa-tion, in: UWF, Heft 3/1995, S. 6-11.

McKeown, Thomas (1982): Die Bedeutung der Medizin - Traum, Trugbild oder Nemesis?, Frankfurt am Main 1982.

Meadows, Dennis/Meadows, Donella/Zahn, Erich/Milling, Peter (1973): Die Grenzen des Wachstums, Reinbek bei Hamburg 1973.

Meadows, Donella H./Meadows, Dennis L./Randers, Jorgen (1992): Die neuen Grenzen des Wachs-tums, 7. Aufl., Stuttgart 1992.

Meffert, Heribert/Bruhn, Manfred/Schubert, F./Walther, Th. (1985): Marketing und Ökologie - eine Bestandsaufnahme (WGMU Arbeitspapiere; 25).

Meffert, Heribert/Kirchgeorg (1989): Umweltschutz als Unternehmensziel, Münster 1989 (WGMU Arbeitspapiere; 50).

356

Meffert, Heribert/Kirchgeorg, Manfred (1993): Marktorientiertes Umweltmanagement, 2. überarb. u. erw. Aufl., Stuttgart 1993.

Meffert, Heribert/Kirchgeorg, Manfred/Ostmeier, Hanns (1989): Strategisches Marketing und Umweltschutz, Münster 1989 (WGMU Arbeitspapiere; 53).

Meffert, Heribert/Ostmeier, Hanns (1990): Umweltschutz und Marketing, Berlin 1990 (UBA-Berichte; 8/90).

Meinefeld, Werner (1977): Einstellung und soziales Handeln, Reinbek bei Hamburg 1977.

Meißner, Doris/Schran, Udo (1991): Umweltgesetze, Betriebsräte und Arbeitnehmer, in: AiB, Nr. 12/1991, S. 475f., 509-521.

Meißner, Werner (1986): Prinzipien der Umweltpolitik, in: Rudolf Wildenmann (Hrsg.), Umwelt, Wirtschaft, Gesellschaft, Stuttgart 1986, S. 197-207.

Meißner, Werner (1988): Der "neue" Wohlstand - Umweltschutz, qualitatives Wachstum und Beschäftigung, in: IG Metall (Hrsg.), Umweltschutz zwischen Reparatur und realer Utopie, Köln 1988, S. 63-74.

Meißner, Werner/Zinn, Karl Georg (1984): Der neue Wohlstand: Qualitatives Wachstum und Vollbeschäftigung, München 1984.

Meißner, Wolfgang (1988): Innovation in Organisationen, in: Zeitschrift für Arbeits- und Organisationspsychologie, Nr. 4/1988, S. 174-183.

Meißner, Wolfgang (1989): Innovation und Organisation - Die Initiierung von Innovationsprozessen in Organisationen, Stuttgart 1989.

Merton, Robert K. (1936): The unanticipated consequences of purposive social action, in: American Sociological Review, Vol. 1, Nr. 6/1936, S. 894-904.

MEWA Textil Mietservice AG (o. J.): Dienst plus Leistung, Wiesbaden o. J.

Meyer (1878): Meyers Konversations-Lexikon, Dritte gänzl. umgearb. Aufl., Dreizehnter Band: Plüsch bis Säen, Leipzig 1878.

Meyer (1907): Meyers Großes Konversations-Lexikon, Sechste gänzl. neubearb. u. verm. Aufl., Sechzehnter Band: Plaketten bis Rinteln, Leipzig/Wien 1907.

Meyer (1994a): Meyers neues Lexikon: in 10 Bänden, Bd. 7 N-Pra, Mannheim u. a. 1994.

Meyer (1994b): Meyers neues Lexikon: in 10 Bänden, Bd. 10 Tri-Zz, Mannheim u. a. 1994.

Meyer, Bernd (1994): Qualitätssicherung ist nicht Umweltschutz, in: BddW, Nr. 97 v. 20.5.1994, S. 7.

Meyer-Abich, Klaus Michael/Müller, Michael (1994): Stellt euch vor, jeder fängt mit der Umweltpolitik bei sich selbst an - Verzicht, Begrenzung und eigene Verantwortung sind die Themen für Politik und Bürger, in: FR, Nr. 175 v. 30.7.1994, S. 14.

Michelsen, Gerd/Öko-Institut Freiburg (Hrsg.) (1984): Der Fischer Öko-Almanach 84/85, Frankfurt am Main 1984.

Michelsen, Gerd/Öko-Institut Freiburg (Hrsg.) (1991): Der Fischer Öko-Almanach 91/92, Frankfurt am Main 1991.

Middelhoff, Henning (1992): Die Organisation des betrieblichen Umweltschutzes in der schweizerischen und deutschen chemischen Industrie, Hallstadt 1992 (zugl. Diss. Univ. St. Gallen 1991).

Middelhoff, Henning (1994a): Die Organisation des betrieblichen Umweltschutzes - Beispiel deutsche und schweizerische chemische Industrie (Teil I), in: zfo, Nr. 5/1994, S. 312-315.

Middelhoff, Henning (1994b): Die Organisation des betrieblichen Umweltschutzes - Beispiel deutsche und schweizerische chemische Industrie (Teil II), in: zfo, Nr. 6/1994, S. 388-392.

Midden, C.H.J./Meter, J.E./Weenig, M.H./Zieverink, H.J.A. (1983): Using feedback, reinforcement and information to reduce energy consumption in households: A field experiment, in: Journal of economic psychology, Nr. 3/1983, S. 65-86.

Mielke, Rosemarie (1985): Eine Untersuchung zum Umweltschutz-Verhalten (Wegwerf-Verhalten), in: Zeitschrift für Sozialpsychologie, 1985, S. 196-205.

Mielke, Rosemarie (1990a): Umwelteinstellung und Verhaltenserwartung, Bielefeld 1990 (Bielefelder Arbeiten zur Sozialpsychologie; Nr. 151).

Mielke, Rosemarie (1990b): Eine Untersuchung zu umwelt- und gesundheitsschonenden Einstellungen und Verhaltensweisen, Bielefeld 1990 (Bielefelder Arbeiten zur Sozialpsychologie; Nr. 154).

Miersch, Michael (1993): Alles öko, oder was?, in: ZEITmagazin, Nr. 48 v. 26.11.1993, S. 46-55.

Mitchell, C.G.B./Hickman, A.J. (1990): Air pollution and noise from road vehicles, in: ECMT/European conference of ministers of transport (Ed.) (1990): Transport policy and the environment, Paris 1990, p. 46-75.

Mittendorfer, Cornelia (1993): Umweltbeauftragte im Betrieb, hrsg. v. Institut für Wirtschaft und Umwelt der Bundesarbeitskammer, Wien 1993 (Informationen zur Umweltpolitik; 86).

Mittler, Hans/Morschhäuser, Martina/Petrenz, Johannes (1990): Betriebsumfassende Qualifizierung als Baustein eines präventiven Arbeits- und Gesundheitsschutzes, in: Ulrich Pröll/Gerd Peter (Hrsg.), Prävention als betriebliches Alltagshandeln, Dortmund 1990, S. 111-123..

Monhemius, Kerstin Ch. (1990): Divergenzen zwischen Umweltbewußtsein und Kaufverhalten - Ansätze zur Operationalisierung und empirische Ergebnisse, Münster 1990 (Arbeitspapiere des Instituts für Marketing der Universität Münster; 38).

Monhemius, Kerstin Ch. (1993): Umweltbewußtes Kaufverhalten von Konsumenten, Frankfurt am Main u. a. 1993.

Mosler, Hans-Joachim (1995): Selbstverpflichtung zu umweltgerechtem Handeln, in: Andreas Diekmann/Axel Franzen (Hrsg.), Kooperatives Umwelthandeln, Chur/Zürich 1995, S. 151-175.

Müggenborg, Hans-Jürgen (1990): Formen des Kooperationsprinzips im Umweltrecht der Bundesrepublik Deutschland, in: NVwZ, Heft 10/1990, S. 909-917.

Müllendorf, Richard (1981): Umweltbezogene Unternehmungsentscheidungen unter besonderer Berücksichtigung der Energiewirtschaft, Frankfurt am Main 1981.

Müller Roland (1986): Grenzen der Vorsorgepflicht?, in: Natur + Recht, Heft 1/1986, S. 16-22.

Müller, Wolfgang (1986): Vorwort, in: Herbert Jakob (Hrsg.), Risiko-Management, Wiesbaden 1986, S. 1-6.

Müller-Jentsch, Walther (1986): Soziologie der industriellen Beziehungen, Frankfurt am Main/New York 1986.

Müller-Wenk, Ruedi (1978): Die ökologische Buchhaltung, Frankfurt am Main/New York 1978.

Müller-Wenk, Ruedi (1980): Konflikt Ökonomie: Ökologie, Karlsruhe 1980.

Müller-Witt, Harald (1985): Produktfolgeabschätzung als kollektiver Lernprozeß, in: Öko-Institut Freiburg (Hrsg.), Arbeiten im Einklang mit der Natur, Freiburg 1985, S. 282-304.

Münnich, Frank E. (1989): Ökonomische Aspekte der Prävention, in: Hans Rüdiger Vogel (Hrsg.), Prävention und deren ökonomische Effizienz, Stuttgart/New York 1989, S. 60-65.

Murswiek, Dietrich (1994): Gefahr, in: Otto Kimminich u. a. (Hrsg.), HdUR, 2. überarb. Aufl., Berlin 1994, Sp. 803-814.

Murza, G./Allhoff, P.G./Laaser, U./Annuß, R. (1989): Betriebliche Prävention und Gesundheitsförderung als integrative Kooperationsaufgabe, in: Zeitschrift für Präventivmedizin und Gesundheitsförderung, Nr. 1/1989, S. 11-15.

Muscheid, Jörg (1993): Umweltschutz und betriebliche Interessenvertretung, Zwischenbericht, Bremen 1993 (Beiträge zur Wirtschafts- und Sozialpolitik der Angestelltenkammer Bremen).

Muscheid, Jörg (1995): Umweltschutz und betriebliche Interessenvertretung, hrsg. v. d. Angestelltenkammer Bremen, Bremen 1995, im Erscheinen.

Nagel, Roland (1990): Möglichkeiten und Grenzen der öko-toxikologischen Bewertung von Umweltchemikalien, in: Andreas Kortenkamp u. a. (Hrsg.): Die Grenzenlosigkeit der Grenzwerte: zur Problematik eines politischen Instruments im Umweltschutz, 2. Aufl., Karlsruhe 1990, S. 106-119.

Naschold, Frieder (Hrsg.) (1985): Arbeit und Politik, Frankfurt am Main/New York 1985.

Naschold, Frieder (1989): Technische Innovation und sozialer Konservatismus, in: Werner Fricke u. a. (Hrsg.), Jahrbuch Arbeit und Technik in Nordrhein-Westfalen 1989, Bonn 1989, S. 3-14.

Naschold, Frieder (1990): Sozialer Konservatismus, in: WZB-Mitteilungen, Nr. 48/Juni 1990, S. 7-11.

Naschold, Frieder (1993): Präventive Gestaltung von Arbeitsorganisation und Personalstruktur, in: Zeitschrift für Arbeitswissenschaft, Nr. 4/1993, S. 219-223.

Neckermann Versand AG (1993): Umweltbericht 1993, Frankfurt am Main 1993.

Neitzel, Harald (1994): Standardisierung von Produkt-Ökobilanzen, in: IÖW/VÖW-Informationsdienst, Nr. 1/94, S. 9-11.

Neuß, Andreas (1993): Umwelterziehung in der kaufmännischen Ausbildung von Betrieben, Berlin 1993 (Berichte des BIBB Umweltschutz in der beruflichen Bildung; 14).

NGG - Gewerkschaft Nahrung-Genuß-Gaststätten (1992): Rahmen für einen ökologischen Tarifvertrag, Hamburg 1992, abgedruckt in: Arbeit & Ökologie-Briefe, Nr. 12/1992, S. 15-17.

NGG - Gewerkschaft Nahrung-Genuß-Gaststätten (1994): Umweltschutz braucht Information - Umweltinformationssysteme und Öko-Audits in der Nahrungsmittelindustrie: Eine Orientierung - Nicht nur für Betriebsräte, Hamburg 1994.

Nieder, Peter/Susen, Britta (1994): Betriebliche Gesundheitsförderung und Organisationsentwicklung, in: Personalführung, Nr. 8/1994, S. 696-701.

Niggemeyer, Gerfried (1993): Die Entwicklung und Umsetzung umweltorientierter Unternehmungsleitlinien, Berlin 1993 (IÖW-Schriftenreihe; 68/93).

Niklisch, Fritz (Hrsg.) (1988): Prävention im Umweltrecht, Heidelberg 1988.

Nitschke, Christoph (1989): Umweltlernen in der beruflichen Aus- und Weiterbildung, Berlin 1989 (IÖW-Schriftenreihe; 40/90).

Nitschke, Christoph (1990): Umweltlernen in der Berufsbildung und in der beruflichen Weiterbildung, in: Deutscher Bundestag, 11. Wahlperiode (Hrsg.), Anhangsband zum Schlußbericht der Enquete-Kommission "Zukünftige Bildungspolitik - Bildung 2000", Bonn 1990 (Anlage zur Drucksache 11/7820), S. 88-92.

Nitschke, Christoph (1991): Berufliche Umweltbildung - Umweltgerechte Berufspraxis: Grundlagen für eine theoretische Konzeption, Berlin 1991.

Nitschke, Christoph/Fichter, Klaus/Loew, Thomas/Scheinert, Karin/Schöne, Helmar (1995): Berufliche Umweltbildung - wo steckst Du?, Endbericht des Forschungsvorhabens "Berufliche Umweltbildung als Erfolgsfaktor für betrieblichen Umweltschutz", bearb. v. IÖW/IfUB, Berlin 1995.

Nitze, Andreas (1991): Die organisatorische Umsetzung einer ökologisch bewußten Unternehmungsführung, Bern/Stuttgart 1991.

Nobbe, Uwe (1993): Situation, Rahmenbedingungen und Selbstorganisation, in: Uwe Nobbe u. a., Verantwortung im Unternehmen, Neuwied u. a. 1993, S. 1-21.

Nöldner, Wolfgang (1990): Umwelt und Persönlichkeit, in: Lenelis Kruse u. a. (Hrsg.), Ökologische Psychologie, München 1990, S. 160-165.

Nork, Manuela E. (1992): Umweltschutz in unternehmerischen Entscheidungen, Wiesbaden 1992.

Nusch, E.A. (1991): Ökotoxikologische Testverfahren, in: UWSF, Nr. 1/1991, S. 12-15.

o.V. (1989): Gesundheitsschutz: Informations- und Beschwerderecht tariflich geregelt, in: Arbeit & Ökologie-Briefe, Nr. 1/1989, S. 6f.

o.V. (1990): Wortlaut des § 2a Gesundheitsschutz im Manteltarifvertrag für die Druckindustrie, in: Arbeit & Ökologie-Briefe, Nr. 11/1990, S. 18.

o.V. (1991a): Papier-Industrie: Arbeitsfreier Samstag und Gesundheitsschutz geregelt, in: Arbeit & Ökologie-Briefe, Nr. 13/1991, S. 4f.

o.V. (1991b): Betriebsverfassung: Rechtsstreit um Teilnahme an Betriebsökologie-Tagung, in: Arbeit & Ökologie-Briefe, Nr. 23/1991, S. 3.

o.V. (1991c): Arbeitsgericht Wiesbaden entscheidet: Teilnahme an Betriebsräte-Schulung zur Betriebsökologie ist erforderlich, in: Arbeit & Ökologie-Briefe, Nr. 24/1991, S. 14f.

o.V. (1992a): Umweltschutz ist nicht nur eine Kostenrechnung, in: FAZ, Nr. 246 v. 22.10.1992, S. 20.

o.V. (1992b): Betriebsvereinbarung zum Umweltschutz - Pilotmodell für die Metallindustrie, in: Arbeit & Ökologie-Briefe, Nr. 4/1992, S. 15-17.

o.V. (1992c): Gewerkschaft NGG: Öko-Tarifvertragsentwurf durch Diskussionen verbessert, in: Arbeit & Ökologie-Briefe, Nr. 12/1992, S. 14f.

o.V. (1993a): IG Metall machte Umfrage zu Kühlschmierstoffen, in: Arbeit & Ökologie-Briefe, Nr. 1/1993, S. 25-27.

o.V. (1993b): Der Hoechster Chemikaliencocktail - Altstoffprüfung und Chlorchemie-Debatte in einem neuen Licht, in: Arbeit & Ökologie-Briefe, Nr. 6/1993, S. 7f. + 13f.

o.V. (1993c): Industrie fordert internationale Harmonisierung des Umweltrechts, in: FAZ, Nr. 219 v. 21.9.1993, S. 17.

o.V. (1993d): Ökologische Tarifpolitik. Holz: Abschlüsse zum Gesundheits- und Umweltschutz, in: Arbeit & Ökologie-Briefe, Nr. 7/1993, S. 18f.

o.V. (1993e): Betriebsvereinbarung regelt Umgang mit Gefahrstoffen, in: Arbeit & Ökologie-Briefe, Nr. 11/1993, S. 13f.

o.V. (1993f): Arbeitsgericht München entscheidet: Seminar zur Betriebsökologie ist für Betriebsräte geeignet, in: Arbeit & Ökologie-Briefe, Nr. 14/1993, S. 13f.

o.V. (1993g): Umweltschulung für Betriebsräte anerkannt, in: Arbeit & Ökologie-Briefe, Nr. 14/1993, S. 14f.

o.V. (1993h): Gesundheitsförderung zwischen symbolischer Prävention und systematischer Gesundheitspolitik im Betrieb, in: Arbeit & Ökologie-Briefe, Nr. 17/1993, S. 7f.+11-13.

o.V. (1993i): Betriebliche Gesundheitsförderung: Belastungserfahrungen und Arbeitsbedingungen müssen in den Mittelpunkt rücken, in: Arbeit & Ökologie-Briefe, Nr. 18/1993, S. 7f. + 11-13.

o.V. (1993j): Umweltrechtliche Grundlagen - Stand der Weiterentwicklung, in: Umwelt, Nr. 6/1993, S. 233-236.

o.V. (1994a): Gesundheitsförderung: Betrieblicher Nutzen und die Beschäftigten, in: Arbeit & Ökologie-Briefe, Nr. 1/1994, S. 3.

o.V. (1994b): Fortschritte in der fachübergreifenden Umweltnormung, in: Umwelt, Nr. 6/1994, S. 230-234.

o.V. (1994c): Gesetz zur Bekämpfung der Umweltkriminalität schließt Lücken und beseitigt Defizite, in: recht, Nr. 2/94, S. 30f.

o.V. (1994d): Gefahrstoffverordnung soll verwässert werden, in: Arbeit & Ökologie-Briefe, Nr. 11/1994, S. 3.

o.V. (1994e): Bei der Kaufhof Warenhaus AG wurde eine Betriebsvereinbarung zum Umweltschutz abgeschlossen, in: Arbeit & Ökologie-Briefe, Nr. 11/1994, S. 10f.

o.V. (1994f): Nur ein erster Schritt zum Gefahrstoffkataster, in: Arbeit & Ökologie-Briefe, Nr. 19/1994, S. 3f.

o.V. (1994g): Landesarbeitsgericht verwirft Arbeitgeberklage - Seminar zur Betriebsökologie für Betriebsräte geeignet, in: Arbeit & Ökologie-Briefe, Nr. 21/1994, S. 9f.

o.V. (1994h): Asbest: Gericht bestätigt Recht auf Arbeitsverweigerung, in: Arbeit & Ökologie-Briefe, Nr. 22/1994, S. 4f.

o.V. (1994i): Bundesarbeitsgericht: Arbeitsverweigerung wegen Asbest ist grundsätzlich gerechtfertigt, in: Arbeit & Ökologie-Briefe, Nr. 22/1994, S. 10-12.

o.V. (1994j): Änderungen zu Lasten der Beschäftigten, in: Arbeit & Ökologie-Briefe, Nr. 23/1994, S. 6.

o.V. (1994k): Tatort Betrieb-Kampagne der IG Metall fortgesetzt, in: Arbeit & Ökologie-Briefe, Nr. 24/1994, S. 11-13.

o.V. (1995a): Kein Schritt nach vorn: Neues Umweltstrafrecht, in: Arbeit & Ökologie-Briefe, Nr. 3/1995, S. 5f.

o.V. (1995b): Bauwirtschaft: Erster Öko-Tarifvertrag unter Dach und Fach, in: Arbeit & Ökologie-Briefe, Nr. 4/1995, S. 13.

o.V. (1995c): Industriegewerkschaft Bau-Steine-Erden: Tarifvertrag zur Ökologie und Arbeitsplatzgestaltung abgeschlossen, Vertragstext, in: Arbeit & Ökologie-Briefe, Nr. 4/1995, S. 10-13.

o.V. (1995d): Ökobilanz für Getränkeverpackungen, in: Umwelt, hrsg. v. BMU, Nr. 9/1995, S. 332-334.

o.V. (1995e): Holzschutzmittel-Urteil steht auf der Kippe, in: FR, Nr. 166 v. 20.7.1995, S. 1; Ein dikker Wurm, der alles madig macht: Der Übereifer eines Gutachters könnte einen erneuten Holzschutzmittel-Prozeß in Frankfurt erfordern, ebenda, S. 3.

o.V. (1995f): Holzschutzmittelprozeß muß neu aufgerollt werden, in: FAZ, Nr. 178 v. 3.8.1995, S. 13.

o.V. (1995g): Neuer Anlauf zu einem Arbeitsschutzgesetz, in: Arbeit & Ökologie-Briefe, Nr. 18/1995, S. 2-4.

o.V. (1995h): Gefahrstoffverordnung häufig nicht eingehalten, in: Arbeit & Ökologie-Briefe, Nr. 8-9/1995, S. 6f.

o.V. (1995i): Umgang mit Gefahrstoffen - Bilanz und Praxistips, in: Arbeit & Ökologie-Briefe, Nr. 10/1995, S. 15-17.

o.V. (1995j): Gefahrstoffe: Vielzahl der Gesetze überfordert die Betriebe, in: Arbeit & Ökologie-Briefe, Nr. 17/1995, S. 17f.

o.V. (1995k): Umweltberatung Ost - der DGB zieht Bilanz, in: Arbeit & Ökologie-Briefe, Nr. 11/1995, S. 17f.

o.V. (1995l): Öko-Audit als Chefsache - Beteiligung nicht erwünscht?, in: Arbeit & Ökologie-Briefe, Nr. 20/1995, S. 3f.

o.V. (1995m): Giftmüll-Prozeß: Drei Jahre Haft, fünf Jahre Berufsverbot für Trapp, in: FR, Nr. 286 v. 8.12.1995, S. 22.

o.V. (1996a): Bundesarbeitsgericht entscheidet: Seminar zum betrieblichen Umweltschutz ist für Betriebsräte geeignet, in: Arbeit & Ökologie-Briefe, Nr. 13/1996, S. 8, 13.

o.V. (1996b): Umweltschulung für Betriebsräte geeignet, in: Arbeit & Ökologie-Briefe, Nr. 13/1996, S. 13f.

Obst, Susanne/Schmidt, Eberhard (1993): Ökologische Tarifpolitik - mehr als ein modisches Schlagwort? Ergebnisse einer Tagung der Hans-Böckler-Stiftung, in: Norbert Kluge u. a. (Hrsg.), Umweltschutz und gewerkschaftliche Interessenvertretung, Düsseldorf 1993 (HBS Graue Reihe - Neue Folge; 56), S. 9-19.

OECD - Organisation for Economic Co-Operation and Development (1984): Environmental Policies for the 1980s, Paris 1980.

OECD - Organisation for Economic Co-Operation and Development (1984): Environment and Economics, International Conference 18-21 June 1984, Background Papers, Volume I, Sessions 1-3, Paris 1984.

OECD - Organisation for Economic Co-Operation and Development (1985): Environment and Economics, Results of the international conference Environment and Economics, June 1984, Paris 1985.

OECD - Organisation for Economic Co-Operation and Development (1988): Transport and the Environment, Paris 1988.

Oecking, Georg (1995): Qualitätskostenmanagement, in: Kostenrechnungspraxis, Heft 2/1995, S. 80-86.

Oehlke, Paul (1990): Forschungspolitische Implikationen der verstärkten Präventionsorientierung im neuen Programm "Arbeit und Technik" der Bundesregierung, in: Ulrich Pröll/Gerd Peter (Hrsg.), Prävention als betriebliches Alltagshandeln, Dortmund 1990, S. 51-63.

Oess, Attila (1993): Total quality management: die ganzheitliche Qualitätsstrategie, 3. Aufl., Wiesbaden 1993.

Olson, Mancur (1968): Die Logik des kollektiven Handelns - Kollektivgüter und die Theorie der Gruppen, Tübingen 1968.

Ortmann, Günther (1992): Handlung, System, Mikropolitik, in: Willi Küpper/Günther Ortmann (Hrsg.), Mikropolitik, 2.durchges.Aufl., Opladen 1992, S. 217-225.

Ortmann, Günther u. a. (1990): Computer und Macht in Organisationen - Mikropolitische Analysen, Opladen 1990.

Ossenbühl, Fritz (1986): Vorsorge als Rechtsprinzip im Gesundheits-, Arbeits- und Umweltschutz, in: NVwZ, Heft 3/1986, S. 161-171.

Osterland, Martin/Warsewa, Günter (1993): Industriearbeiter und Umweltrisiken, in: WSI-Mitteilungen, Nr. 6/1993, S. 337-343.

Osterloh, Margit (1985): Zum Begriff des Handlungsspielraums in der Organisations- und Führungstheorie, in: zfbf, Nr. 4/1985, S. 291-310.

Ostmeier, Hanns (1990): Ökologieorientierte Produktinnovationen - Eine empirische Analyse unter besonderer Berücksichtigung ihrer Erfolgseinschätzung, Frankfurt am Main u. a. 1990.

Otto, Hansjörg (1995): Anmerkung (zum BAG (GS), Beschluß v. 27.9.94 "Haftung des Arbeitnehmers"), in: ArbuR, Heft 2/1995, S. 72-76.

ÖTV - Gewerkschaft öffentliche Dienste, Transport und Verkehr (1995): Ökologisches Wirtschaften, Rahmenvertrag zum ökologischen Wirtschaften, Entwurf Mai 1995, Stuttgart.

Panther, Stephan (1992): Haftung als Instrument einer präventiven Umweltpolitik, Frankfurt am Main/New York 1992.

Parlar, Harun/Angerhöfer, Daniela (1991): Chemische Ökotoxikologie, Berlin u. a. 1991.

Paul, Herbert J. (1989): Die natürliche Umwelt als Gegenstand der Unternehmungsführung und Unternehmungsorganisation im Rahmen des evolutionären Managementansatzes, in: Eberhard Seidel/Dieter Wagner (Hrsg.), Organisation, Wiesbaden 1989, S. 281-294.

Peglau, Reinhard/Schulz, Werner (1993): Umweltaudits: Sachstand und Perspektiven, Teil 2, in: Umwelt und Energie, Loseblattsammlung, Heft 6 v. 10.12.1993, Gruppe 12, S. 843-897.

Peglau, Reinhard/Schulz, Werner (1993): Umweltaudits: Sachstand und Perspektiven, Teil 2, in: Umwelt und Energie - Handbuch für die betriebliche Praxis, Loseblatt, Heft 6/1993, Gruppe 12, S. 843-897.

Perrow, Charles (1987): Normale Katastrophen - Die unvermeidbaren Risiken der Großtechnik, Frankfurt am Main 1987.

Peter, Gerd/Pröll, Ulrich (1990): Präventiver Arbeitsschutz als betriebliche Normalität - Elemente eines Konzeptes sozialwissenschaftlicher Analyse und arbeitspolitischer Gestaltung des Arbeitsschutzes, in: Ulrich Pröll/Gerd Peter (Hrsg.), Prävention als betriebliches Alltagshandeln, Dortmund 1990, S. 11-22.

Petersen, Susanne (1995): Von einer, die auszog, das betriebliche Lernen zu lernen, in: ZBU, Heft 4/1995, S. 26-29.

Petrick, Kai (1994): Die Normenreihe DIN ISO 9000 als Grundlage für ein Umweltmanagementsystem, in: Umwelt und Energie - Handbuch für die betriebliche Praxis, Loseblatt, Heft 2/1994, Gruppe 12, S. 21-38.

Petrick, Klaus/Eggert, Renate (1994): Synthese von Qualitätsmanagement und Umweltmanagement, in: UWF, Heft 6, Juli 1994, S. 44-46.

Pfeifer, Tilo (1993): Qualitätsmanagement, München/Wien 1993.

Pfeiffer, Werner u. a. (1991): Technologie-Portfolio zum Management strategischer Zukunftsgeschäftsfelder, 6. durchges. Aufl., Göttingen 1991.

Pfriem, Reinhard (1986): Ökobilanzen für Unternehmen, in: Reinhard Pfriem (Hrsg.), Ökologische Unternehmenspolitik, Frankfurt am Main/New York 1986, S.210-226.

Pfriem, Reinhard (1989): Ökologische Unternehmensführung, Berlin 1989 (IÖW-Schriftenreihe; 13/88).

Pfriem, Reinhard (1990): Können Unternehmen von der Natur lernen - Ein Begründungsversuch für Unternehmensethik aus der Sicht des ökologischen Diskurses, in: Jürgen Freimann (Hrsg.), Ökologische Herausforderung der Betriebswirtschaftslehre, Wiesbaden 1990, S.19-41.

Pfriem, Reinhard (1995a): Unternehmenspolitik in sozialökologischen Perspektiven, Marburg 1995.

Pfriem, Reinhard (1995b): EG-Öko-Audit: Umsetzen oder Lernen?, in: ZBU, Heft 4/1995, S. 3-7.

Pichel, Kerstin (1993): Die Einführung integrativen Umweltschutzes durch ein Instrument der Organisationsentwicklung: Möglichkeiten und Grenzen von Zukunftswerkstätten im Betrieb, Berlin 1993, unveröffentlichte Diplomarbeit an der TU Berlin.

Pickert, Klaus (1993a): Das europäische Arbeitsumweltrecht: ein gesetzlicher Rahmen zur innerbetrieblichen Technikgestaltung, in: Norbert Kluge u. a. (Hrsg.), Umweltschutz und gewerkschaftliche Interessenvertretung, Düsseldorf 1993 (HBS Graue Reihe-Neue Folge; 56), S. 124-137.

Pickert, Klaus (1993b): Rahmenrichtlinie 89/391/EWG über die Durchführung von Maßnahmen zur Verbesserung der Sicherheit und des Gesundheitsschutzes der Arbeitnehmer bei der Arbeit, in: Erich Werthebach/Marianne Wienemann (Hrsg.), EG-Arbeitsumweltpolitik: Rahmenrichtlinie, Bochum 1993 (Gemeinsame Arbeitsstelle Ruhr-Universität Bochum/IG Metall; EG-Materialien Nr. 4), S. 16-34.

Pickert, Klaus/Scherfer, Erwin (1994): Neue Impulse für Technikgestaltung und Arbeitsumweltschutz durch die Europäische Union, in: WSI-Mitteilungen, Nr. 7/1994, S. 452-459.

Picot, Arnold (1984): Organisation, in: Vahlens Kompendium der Betriebswirtschaftslehre, Bd. 2, München 1984, S. 95-158.

Plaschka, G/Frank, H/Rössl, D (1989): Einstellungen von Führungskräften zum Umweltschutz, in: Die Unternehmung, Nr. 2/1989, S. 126-130.

Plenge, J. (1919/1965): Drei Vorlesungen über Organisation (erstmals 1919), in: H. Linhardt (Hrsg.), Johann Plenges Organisations- und Propagandalehre, Berlin 1965, S. 59-117.

Porter, Michael E. (1986): Wettbewerbsvorteile, Frankfurt am Main/New York 1986.

Porter, Michael E. (1987): Wettbewerbsstrategie, 4. Aufl., Frankfurt am Main/New York 1987.

Potier, Michel/Sireyjol, Francois (1981): Coûts et avantages des techniques propres, in: futuribles, No. 44/Mai 1981, P. 25-41.

Pott, Philipp (1990): Siegener Erhebung der betriebswirtschaftlich-ökologischen Forschungs- und Lehrprojekte an deutschsprachigen wissenschaftlichen Hochschulen vom Herbst 1989 - Zweiter Berichtsteil: Die thematische Verteilung der Projekte, in: FÖB, 2. Ausgabe/März-April 1990, S. 3f.

Prätorius, Gerhard (1991): Arbeitskreis 6: "Qualität und Umweltschutz", in: Walter Bungard u. a. (Hrsg.), Menschen machen Qualität, , Ludwigshafen 1991, S. 235-242.

Prätorius, Gerhard/Tiebler, Petra (1990): Ökonomische Literatur zum Thema "Unternehmenskultur" - Ein Forschungsüberblick, Oestrich-Winkel 1990 (Arbeitspapiere des IÖU; 14).

Preuss, Sigrun (1991): Umweltkatastrophe Mensch - Über unsere Grenzen und Möglichkeiten, ökologisch bewußt zu handeln, Heidelberg 1991.

Prior, Valentin/Teitscheid, Petra (1991): Ergebnisse des Fragebogens "Betriebliches Rechnungswesen/Umweltinformationssystem", in: Umweltbundesamt (Hrsg.), Umweltorientierte Unternehmensführung, Berlin 1991 (UBA-Berichte; 11/91), Kapitel 7, S. 321-358.

Prittwitz, Volker von (1988): Gefahrenabwehr - Vorsorge - Ökologisierung - Drei Idealtypen der Umweltpolitik, in: Udo Ernst Simonis (Hrsg.), Präventive Umweltpolitik, Frankfurt am Main/New York 1988, S. 49-63.

Prittwitz, Volker von (1990): Das Katastrophen-Paradox, Opladen 1990.

Probst, Gilbert J.B. (1993): Selbstorganisation, in: Waldemar Wittmann (Hrsg.), HWB, 5. v. neu gest. Aufl., Bd. 3, Stuttgart 1993, Sp. 2255-2269.

Pröll, Ulrich (1990): "Ich weiß ja, daß die von einem anderen Stern kommen." Bemerkungen zur Zusammenarbeit zwischen Fachkräften für Arbeitssicherheit und Betriebsärzten, in: Ulrich Pröll/Gerd Peter (Hrsg.): Prävention als betriebliches Alltagshandeln, Dortmund 1990, S. 95-110.

Pröll, Ulrich (1991): Arbeitsschutz und neue Technologien, Opladen 1991.

Pröll, Ulrich/Peter, Gerd (1990): Prävention als betriebliches Alltagshandeln - Sozialwissenschaftliche Aspekte eines gestaltungsorientierten Umgangs mit Sicherheit und Gesundheit im Betieb, Dortmund 1990 (Tagungsberichte der Bundesanstalt für Arbeitsschutz; Tb 54).

Prognos AG (1987): Umweltwirkungen des Eisenbahnverkehrs unter besonderer Berücksichtigung des Hochgeschwindigkeitsverkehrs - Ein Vergleich der einzelnen Verkehrsträger, Basel 1987.

Projektgruppe Ökologische Wirtschaft/Öko-Institut Freiburg (Hrsg.) (1987): Produktlinienanalyse: Bedürfnisse, Produkte und ihre Folgen, Köln 1987.

Pschyrembel (1994): Pschyrembel Klinisches Wörterbuch, 257. neubearb. Aufl., Berlin/New York 1994.

Pugh, D.S./Hickson, D.J./Hinings, C.R./Turner, C. (1968): Dimensions of organzation structure, in: ASQ, Vol. 13, No. 1/June 1968, S. 65-105.

Pulte, Peter (1987): Betriebsbeauftragte in der gewerblichen Wirtschaft, Köln 1987.

Putz-Osterloh, Wiebke (1992): Entscheidungsverhalten, in: Erich Frese (Hrsg.), HWO, 3. v. neu gest. Aufl., Stuttgart 1992, Sp. 585-598.

Raffée, Hans/Förster, Friedrich/Fritz, Wolfgang (1992): Umweltorientierung als Teil der Unternehmenskultur, in: Ulrich Steger (Hrsg.), Handbuch des Umweltmanagements, München 1992, S. 241-256.

Raffée, Hans/Förster, Friedrich/Krupp, Walter (1988): Marketing und Ökologieorientierung - Eine empirische Studie unter besonderer Berücksichtigung der Lärmminderung, Mannheim 1988 (Arbeitspapiere des Instituts für Marketing der Universität Mannheim; 63).

Raffée, Hans/Fritz, Wolfgang (1990): Unternehmensführung und Unternehmenserfolg - Grundlagen und Ergebnisse einer empirischen Untersuchung, Mannheim 1990 (Arbeitspapiere des Instituts für Marketing der Universität Mannheim; 85).

RAL - Deutsches Institut für Gütesicherung und Kennzeichnung e.V. (1989): Umweltzeichen, Verzeichnis der Produkte und Zeichenanwender sowie der jeweiligen Produktanforderungen, 2. Aufl., Bonn 1989.

Rammstedt, Otthein (1981): Betroffenheit - was heißt das?, in: Hans-Dieter Klingemann/Max Kaase (Hrsg.), Politische Psychologie, Opladen 1981, S. 452-463.

Rauschenbach, Brigitte (1988): Betroffenheit als Kategorie der Politischen Psychologie, in: Helmut König (Hrsg.), Politische Psychologie heute, Opladen 1988, S. 147-170.

Reason, James T. (1987): The Chernobyl errors, in: Bulletin of the British Psychological Society, 1987, 40, S. 201-206.

Rebentisch, Manfred (1991): Änderungen des Bundes-Immissionsschutzgesetzes, in: NVwZ, Heft 4/1991, S. 310-316.

Reese, Joachim (1993): Just-in-Time-Logistik - Ein umweltgerechtes Prinzip?, in: Betriebliches Umweltmanagement 1993, ZfB-Ergänzungsheft 2/93, S. 139-155.

REFA - Verband für Arbeitsstudien und Betriebsorganisation e.V. (1987): Methodenlehre der Betriebsorganisation: Anforderungsermittlung (Arbeitsbewertung), München 1987.

Rehbinder, Eckard (1986): Reformmöglichkeiten hinsichtlich des Instrumentariums zum Schutz der Umwelt: das Vorsorgeprinzip, in: Rudolf Wildenmann (Hrsg.), Umwelt, Wirtschaft, Gesellschaft, Stuttgart 1986, S. 222-239.

Rehbinder, Eckard (1988): Vorsorgeprinzip im Umweltrecht und präventive Umweltpolitik, in: Udo Ernst Simonis (Hrsg.), Präventive Umweltpolitik, Frankfurt am Main/New York 1988, S. 129-141.

Rehbinder, Eckard (1990): Ein Umweltschutzdirektor in der Geschäftsführung der Großunternehmen?, in: Jürgen F. Baur u. a. (Hrsg.), Festschrift für Ernst Steindorff zum 70. Geburtstag, Berlin/New York 1990, S. 215-228.

Rehbinder, Eckard (1991): Das Vorsorgeprinzip im internationalen Vergleich, Düsseldorf 1991.

Rehbinder, Eckard (1994): Umweltschutz und technische Sicherheit als Aufgabe der Unternehmensleitung aus juristischer Sicht, in: Umweltschutz und technische Sicherheit im Unternehmen, 9. Trierer Kolloquium zum Umwelt- und Technikrecht v. 19.-21.9.1993, Heidelberg 1994, S. 29-68.

Rehkugler, Heinz/Schindel, Volker (1990): Entscheidungstheorie, 5. Aufl., München 1990.

Reich, Andreas (1989): Gefahr - Risiko - Restrisiko: das Vorsorgeprinzip am Beispiel des Immissionsschutzrechts, Düsseldorf 1989.

Reichel, Norbert (1992): Umweltbildung - eine unverzichtbare Zukunftsaufgabe, in: Gesellschaft für Berufliche Umweltbildung (Hrsg.), Schritte zu einem Netzwerk beruflicher Umweltbildung - Tagungsreader, Dortmund 1992, S. 11-21.

Reichert, Dagmar/Zierhofer, Wolfgang (1993): Umwelt zur Sprache bringen - Über umweltverantwortliches Handeln und den Umgang mit Unsicherheit, Opladen 1993.

Reichmann, Thomas (1993): Kennzahlensysteme, in: Waldemar Wittmann (Hrsg.), HWB, 5. völlig neu gest. Aufl., Stuttgart 1993, Sp. 2159-2174.

Reither, Franz (1985): Wertorientierung in komplexen Entscheidungssituationen, in: Sprache & Kognition, Heft 1/1985, S. 21-27.

Remer, Andreas/Sandholzer, Ulrich (1992): Ökologisches Management und Personalarbeit, in: Ulrich Steger (Hrsg.), Handbuch des Umweltmanagements, München 1992, S. 511-536.

Remmert, Hermann (1992): Ökologie, 5. neubearb. u. erw. Aufl., Berlin u. a. 1992.

Rengeling, Hans-Werner (1989): Umweltvorsorge und ihre Grenzen im EWG-Recht - Zu Grenzwerten für Pflanzenschutzmittel in der EWG-Richtlinie über die Qualität von Wasser für den menschlichen Gebrauch (80/778/EWG), Köln u. a. 1989.

Ress, Georg (1994): Europäische Gemeinschaften, in: Otto Kimminich u. a. (Hrsg.), HdUR, 2. überarb. Aufl., Berlin 1994, Sp. 548-658.

Ridder, Hans-Gerd (1986): Grundprobleme einer ethisch-normativen Betriebswirtschaftslehre - Ein Vergleich alter und neuer Ansätze am Beispiel der ökologischen Betriebswirtschaftslehre, in: Reinhard Pfriem (Hrsg.), Ökologische Unternehmenspolitik, Frankfurt am Main 1986, S. 52-81.

Ridder, Hans-Gerd (1990): Die Integrationsfähigkeit der Allgemeinen Betriebswirtschaftslehre am Beispiel der Ökonomisierung ökologischer Fragestellungen, in: Jürgen Freimann (Hrsg.), Ökologische Herausforderung der Betriebswirtschaftslehre, Wiesbaden 1990, S. 145-159.

Ridder, P. (1987): Übersicht über das Begriffsfeld, in: Hans Schaefer u. a. (Hrsg.), Präventive Medizin, Berlin u. a. 1987, S. 39-64.

Riebel, Paul (1955): Die Kuppelproduktion, Köln/Opladen 1955.

Rifkin, Jeremy (1985): Entropie - Ein neues Weltbild, Frankfurt am Main u. a. 1985.

Röhling, Wolfgang u. a. (1991): Güterverkehrsprognose 2010 für Deutschland, Schlußbericht des BMV-Forschungsprojekts Nr. 90299/90, hrsg. v. Kessel+Partner Verkehrsconsultants, Freiburg i. Br. 1991.

Rokeach, Milton (1969): Beliefs, attitudes and values - A theory of organization and change, 2nd Ed., San Francisco 1969.

Rokeach, Milton (1973): The nature of human values, New York 1973.

Rosenberg, Milton J./Hovland, Carl I. (1960): Cognitive, Affective, and Behavioral Components of Attitudes, in: Milton J. Rosenberg et al. (Ed.), Attitude Organization and Change, New Haven/London 1960.

Rosenbrock, Rolf (1991): Politik der Prävention - Möglichkeiten und Hinderungsgründe, Berlin 1991 (WZB discussion papers; P91-203).

Rosenbrock, Rolf (1992): Gesundheitspolitik, Berlin 1992 (WZB discussion papers; P92-207).

Rosenstiel, Lutz von (1987): Grundlagen der Organisationspsychologie, 2. Aufl., Stuttgart 1987.

Rosenstiel, Lutz von (1988): Motivationsmanagement, in: Michael Hofmann/Lutz von Rosenstiel (Hrsg.), Funktionale Managementlehre, Berlin u. a. 1988, S. 214-265.

Rosenstiel, Lutz von (1991): Motivation von Mitarbeitern, in: Lutz von Rosenstiel (Hrsg.), Führung von Mitarbeitern, Stuttgart 1991, S. 144-163.

Rosenstiel, Lutz von (1992): Der Führungsnachwuchs und die Umwelt, in: Ulrich Steger (Hrsg.), Handbuch des Umweltmanagements, München 1992, S. 83-105.

Rosenstiel, Lutz von/Nerdinger, Friedemann W./Spieß, Erika/Stengel, Martin (1989): Führungsnach-wuchs im Unternehmen: Wertekonflikte zwischen Individuum und Organisation, München 1989.

Roth, Ursula (1992): Umweltkostenrechnung, Wiesbaden 1992.

Rotter, Julian B. (1966): Generalized expectancies for internal versus external control of reinforcement, Psychological Monographs, Vol. 80, No. 1, Whole No. 609/1966.

Rotter, Julian B./Hochreich, Dorothy J. (1979): Persönlichkeit - Theorien, Messung, Forschung, Berlin u. a. 1979.

RSU - Der Rat von Sachverständigen für Umweltfragen (1978): Umweltgutachten 1978, Stuttgart 1978.

RSU - Der Rat von Sachverständigen für Umweltfragen (1980): Umweltprobleme der Nordsee, Sondergutachten, Stuttgart/Mainz 1980.

RSU - Der Rat von Sachverständigen für Umweltfragen (1983): Waldschäden und Luftverunreinigungen, Sondergutachten, Stuttgart/Mainz 1983.

RSU - Der Rat von Sachverständigen für Umweltfragen (1987): Umweltgutachten 1987, Stuttgart/Mainz 1987.

RSU - Der Rat von Sachverständigen für Umweltfragen (1994): Umweltgutachten 1994, Bonn, BT-Drucks. 12/6995 v. 8.3.1994.

Rubik, Frieder (1994): Produktbilanzen: Zwischen konzeptioneller Entwicklung und struktureller Herausforderung, in: Simone Hellenbrand/Frieder Rubik (Hrsg.), Produkt und Umwelt, Marburg 1994, S. 233-251.

Rückle, Dieter/Terhart, Klaus (1986): Die Befolgung von Umweltschutzauflagen als betriebswirtschaftliches Entscheidungsproblem, in: zfbf, Heft 5/1986, S. 393-425.

Rühl, Jutta (1994): Normung und gesetzliche Regelungen für den Umweltschutz, in: DIN-Mitteilungen, Nr. 3/1994, S. 153-156.

Rühle, A. (1988): Außerbetriebliche Transportmittel - Aufgabenstellung und Wandel der gesamtwirtschaftlichen Bestimmungsfaktoren, in: RKW-Handbuch Transport, 9. Lfg. XII/88, Kennzahl 2340, Loseblattsammlung.

Rütner, Werner/Legnaro, Aldo (1991): Die behördliche Praxis bei der Entdeckung und Definition von Umweltstrafsachen - unter besonderer Berücksichtigung des 'Zusammenarbeits-Erlasses' von 1985, Bonn 1991.

Ruff, Frank M. (1990): Ökologische Krise und Risikobewußtsein, Wiesbaden 1990.

Rupp, Rudi (1984): Bewertung von Arbeitssystemen aus arbeitsorientierter Sicht, Frankfurt am Main/Bern/New York 1984 (zugl. Diss FU Berlin 1983).

Ryll, Andreas (1990): Struktur und Entwicklung der Umweltschutzausgaben: Investitionen, Umweltkapitalstock und laufende Ausgaben, in: Klaus Zimmermann u. a., Ökologische Modernisierung der Produktion, Berlin 1990, S. 83-134.

Salzwedel, Jürgen (1988): Rechtsgebote der Umweltvorsorge, in: Fritz Niklisch (Hrsg.), Prävention im Umweltrecht - Risikovorsorge, Grenzwerte, Haftung, Heidelberg 1988, S. 13-28.

Sandrock, Klaus (1991): Organisation von Umwelt- und Arbeitsschutz in einem mittelständischen Unternehmen, in: IWL-Institut für gewerbliche Wasserwirtschaft und Luftreinhaltung (Hrsg.), Betriebliche Umweltschutz-Organisation, Köln 1991 (Forum 91-3).

Satzer, Rolf/Sturmfels, Annita (1995): Beim Arbeitsschutz dürfen die Beschäftigten praktisch nicht mitreden, in: FR, Nr. 53 v. 3.3.1995, S. 12.

Sauer, Bernd (1993): Strategische Situationsanalyse im Umweltmanagement, Wiesbaden 1993.

Sauerwein, Elmar (1994): Strategisches Risiko-Management in der bundesdeutschen Industrie, Frankfurt am Main u. a. 1994.

Savioli, Benno (1990): Restrisiko als Konzept der Risikopolitik - Eine kritische Begriffsanalyse, in: Andreas Kortenkamp u. a. (Hrsg.): Die Grenzenlosigkeit der Grenzwerte: zur Problematik eines politischen Instruments im Umweltschutz, 2. Aufl., Karlsruhe 1990, S. 225-241.

Schaefer, Hans (1987): Zur Problematik der Prävention, in: Hans Schaefer u. a. (Hrsg.), Präventive Medizin, Berlin u. a. 1987, S. 11-23.

Schahn, Joachim (1991): Die Auswirkung der Änderung eines Verhaltensangebots auf das Umweltbewußtsein am Beispiel der getrennten Müllsammlung, Forschungsbericht für das Ministerium für Umwelt Baden-Württemberg, Heidelberg 1991.

Schahn, Joachim (1993): Die Kluft zwischen Einstellung und Verhalten beim individuellen Umweltschutz, in: Joachim Schahn/Thomas Giesinger (Hrsg.), Psychologie für den Umweltschutz, Weinheim 1993, S. 29-48.

Schahn, Joachim/Giesinger, Thomas (Hrsg.) (1993): Psychologie für den Umweltschutz, Weinheim 1993.

Schahn, Joachim/Holzer, Erwin (1989): Untersuchungen zum individuellen Umweltbewußtsein, Heidelberg 1989 (Bericht aus dem psychologischen Institut der Universität Heidelberg; Nr. 62).

Schahn, Joachim/Holzer, Erwin (1990): Konstruktion, Validierung und Anwendung von Skalen zur Erfassung des individuellen Umweltbewußtseins, in: Zeitschrift für Differentielle und Diagnostische Psychologie, Heft 3/1990, S. 185-204.

Schaltegger, Stefan/Sturm, Andreas (1992): Ökologieorientierte Entscheidungen in Unternehmen - Ökologisches Rechnungswesen statt Ökobilanzierung, Bern/Stuttgart/Wien 1992.

Schanz, Günther (1991): Motivationale Grundlagen der Gestaltung von Anreizsystemen, in: Günther Schanz (Hrsg.), Handbuch Anreizsysteme in Wirtschaft und Verwaltung, Stuttgart 1991, S. 4-30.

Schanz, Günther (1994): Organisationsgestaltung: Management von Arbeitsteilung und Koordination, 2. neubearb. Aufl., München 1994.

Schein, Edgar H. (1985): Organizational Culture and Leadership, San Francisco/Washington/London 1985.

Schenk, Sabine/Kühleis, Christoph (1992): Betriebsschließung: Arbeitspolitische (Selbst-)-Blockierungen im Umweltschutz: eine retrospektive Fallstudie, Berlin 1992 (WZB discussion papers; FS II 92-202).

Scherer, Klaus-Jürgen/Sterkel, Gabriele (1993): Umweltschutz und Arbeitsbeziehungen, Berlin 1993 (UBA-TEXTE; 40/93).

Scherhorn, Gerhard (1989): Der innere Widerstand gegen eine naturverträgliche Ökonomie, in: A. Kohler/Gerhard Scherhorn (Hrsg.), Umweltethik, Weikersheim 1989, S. 53-66.

Scherhorn, Gerhard (1994): Postmaterielle Lebensstile und ökologische Produktpolitik, in: Simone Hellenbrandt/Frieder Rubik (Hrsg.), Produkt und Umwelt, Marburg 1994, S. 253-276.

Scheunert, Irene (1991): Langzeitverhalten von Chemikalien im Boden, in: UWSF, Nr. 1/1991, S. 28-32.

Schieler, Jürgen (1995): Qualitätssicherung und Öko-Audit, in: Lutz Schimmelpfeng/Dietrich Machmer (Hrsg.), Öko-Audit, Taunusstein 1995, S. 97-120.

Schildknecht, Rolf (1992): Total Quality Management, Frankfurt am Main 1992.

Schmidt, Andreas/Schöne, Thomas (1994): Das neue Umweltstrafrecht, in: NJW, Heft 39/1994, S. 2514-2519.

Schmidt, Eberhard (1989): Bedingungen und Perspektiven einer ökologisch erweiterten Tarifpolitik, in: GMH, Nr. 11/1989, S. 672-683.

Schmidt, Eberhard (1992): Ökologisch erweiterte Arbeitspolitik: Umweltschutz in Betriebsvereinbarungen und Tarifverträgen, in: Jürgen Hoffmann u. a. (Hrsg.), Der Betrieb als Ort ökologischer Politik, Münster 1992, S. 293-303.

Schmidt, Eberhard (1993): Umweltschutzbezogene Betriebsvereinbarungen und Tarifverträge - eine kommentierte Dokumentation, in: Norbert Kluge u. a. (Hrsg.), Umweltschutz und gewerkschaftliche Interessenvertretung, Düsseldorf 1993 (HBS Graue Reihe - Neue Folge; 56), S. 20-81.

Schmidt, Helmut (1985): Informationsinstrumente zur Umweltplanung, Frankfurt 1985.

Schmidt, Rolf (1991): Umweltgerechte Innovationen in der chemischen Industrie, Ludwigsburg 1991.

Schmidt-Bleek, Friedrich (1993): Wieviel Umwelt braucht der Mensch: MIPS - Das Maß für ökologisches Wirtschaften, Berlin/Basel/Boston 1993.

Schnauder, Franz (1995): Die Grundsätze der gefahrgeneigten Arbeit, in: JuS, Heft 7/1995, S. 594-598.

Schneider, Michael (1993): Kaffeefahrt, in: manager magazin, Nr. 11/1993, S. 246-251.

Scholl, Wolfgang (1992): Politische Prozesse in Organisationen, in: Erich Frese (Hrsg.), HWO, 3. v. neu gest. Aufl., Stuttgart 1992, Sp. 1993-2004.

Scholz, Andreas (1993): Gesundheitsschutz in der Arbeitsumwelt, Berlin 1993, hrsg. v. DGB Technologieberatung e.v. Berlin/Arbeitsumweltschutzberatung ARBUS (Handlungshilfen für den Betriebs- und Personalrat; Broschüre 1).

Scholz, Christian (1989): Personalmanagement: informationsorientierte und verhaltenstheoretische Grundlagen, München 1989.

Schottelius, Dieter/Küpper-Djindjic (1993): Die Interdependenz zwischen Gesundheits- Umwelt-, Arbeitsschutz und Anlagensicherheit aus der Sicht der betrieblichen Praxis, in: BB, Heft 7/1993, S. 445-450.

Schreiner, Manfred (1992): Betriebliches Rechnungswesen bei umweltorientierter Unternehmensführung, in: Ulrich Steger (Hrsg.), Handbuch des Umweltmanagements, München 1992, S. 469-485.

Schreiner, Manfred (1993): Umweltmanagement in 22 Lektionen, 3. überarb. Aufl., Wiesbaden 1993

Schreyer, Michaele/Sprenger, Rolf-Ulrich (1989): Umwelttechnik: Marktchancen durch den ökologischen Umbau unserer Industriegesellschaft, in: ifo-schnelldienst, Nr. 10/1989, S. 3-10.

Schröder, W./Garbe-Schönberg, C.-D./Fränzle, O. (1991): Die Validität von Umweltdaten - Kriterien für ihre Zuverlässigkeit, in: UWSF, Nr. 4/1991, S. 237-241.

Schubert, Rudolf (1991): Einführung, in: Rudolf Schubert (Hrsg.), Lehrbuch der Ökologie, 3. überarb. Aufl., Jena 1991, S. 17-26.

Schülein, Johann August/Brunner, Karl-Michael/Reiger, Horst (1994): Manager und Ökologie: Eine qualitative Studie zum Umweltbewußtsein von Industriemanagern, Opladen 1994.

Schünemann, Bernd (1994): Die strafrechtliche Verantwortlichkeit der Unternehmensleitung im Bereich von Umweltschutz und technischer Sicherheit, in: Umweltschutz und technische Sicherheit im Unternehmen, 9. Trierer Kolloquium zum Umwelt- und Technikrecht vom 19.-21.9.1993, Heidelberg 1993, S. 137-177.

Schulz, Erika/Schulz, Werner (1993): Umweltcontrolling in der Praxis, München 1993.

Schulz, Lorenz (1994): Das Strafrecht taugt nicht zur Abwehr von Gefahren aus industrieller Produktion, in: Ökologische Hefte, Heft 6, 1994, S. 376-379.

Schulz, Werner/Wicke, Lutz (1987): Der ökonomische Wert der Umwelt, in: ZfU, Heft 3/1987, S. 299-323.

Schulz, Werner/Wicke, Lutz (1989): Organisation des Umweltschutzes im Betrieb, in: Erich Potthoff (Hrsg.), RKW-Handbuch Führungstechnik und Organisation, Loseblatt, 23. Erg. Lfg., Berlin 1989, Kapitel 6142.

Schumann, Jochen (1992): Grundzüge der mikroökonomischen Theorie, 6. überarb. u. erw. Aufl., Berlin u. a. 1992.

Schwab, Dieter (1993): Dioxin-Spuren selbst in Kaffee und Recycling-Papieren - Überraschende Funde in extrem geringen Konzentrationen, in: FR, Nr. 31 v. 6.2.1993, S. 6.

Schwaderlapp, Rolf (1993): Die Organisationsfrage als Hürde des betrieblichen Umweltschutzes, in: IÖW/VÖW-Informationsdienst, Nr. 1/93, S. 9-11.

Schwaderlapp, Rolf (1995): Organisation des betrieblichen Umweltschutzes - eine Bestandsaufnahme vor ausgewählten qualitativen und quantitativen Untersuchungen, in: Jürgen Freimann/Eckart Hildebrandt (Hrsg.), Praxis der betrieblichen Umweltpolitik, Wiesbaden 1995, S. 39-55.

Schwarz, Michael (1992): Betrieblicher Umweltschutz: Konsens im Bewußtsein, Defizite im Handeln, in: Arbeit, Heft 3/1992, S. 299-316.

Schwarz, Michael (1993): Blockaden für eine integrierte betriebliche Arbeits- und Umweltpolitik, in: Politische Ökologie, Nr. 31, Mai-Juni/1993, S. 104-107.

369

Scimemi, Gabriele (1988): Environmental policies and anticipatory strategies, in: Udo Ernst Simonis (Hrsg.), Präventive Umweltpolitik, Frankfurt am Main/New York 1988, S. 27-48.

Scott, W. Richard (1968): Konflikte zwischen Spezialisten und bürokratischen Organisationen, in: Renate Mayntz (Hrsg.), Bürokratische Organisation, Köln/Berlin 1968, S. 201-216.

Scott, W. Richard (1986): Grundlagen der Organisationstheorie, Frankfurt am Main/New York 1986.

Seidel, Eberhard (1989): "Wollen und Können" - Auf dem Wege zu einer ökologisch verpflichteten Unternehmensführung, in: zfo, Nr. 2/1989, S. 75-83.

Seidel, Eberhard (1990): Zur Organisation des betrieblichen Umweltschutzes - Die kommenden Aufgaben gehen über die Einordnung der Betriebsbeauftragten weit hinaus!, in: zfo, Nr. 5/1990, S. 334-341.

Seidel, Eberhard (1991): Anreize zu ökologisch verpflichtetem Wirtschaften, in: Günter Schanz (Hrsg.), Handbuch Anreizsysteme in Wirtschaft und Verwaltung, Stuttgart 1991, S. 171-189.

Seidel, Eberhard/Menn, Heiner (1988): Ökologisch orientierte Betriebswirtschaftslehre, Stuttgart u. a. 1988.

Seidel, Eberhard/Pott, Philipp (Hrsg.) (1993): Ökologieorientierte Forschung in der Betriebswirtschaftslehre, Ludwigsburg/Berlin 1993.

Seidensticker, Anne (1994): Europas Unternehmen auf dem Weg zu einer systematischen Erfassung ihrer Möglichkeiten im Umweltschutz - Technik- oder Managementorientierung, in: BddW, Nr. 10 v. 14.1.1994, S. 7.

Seidl, Irmi (1993): Ökologie und Innovationen - Die Rolle der Unternehmenskultur in der Agrarchemie, Bern u. a. 1993.

Sellner, Dieter (1980): Zum Vorsorgegrundsatz im Bundes-Immissionsschutzgesetz, in: NJW, Heft 23/1980, S. 1255-1261.

Senn, Josef Fidelis (1986): Ökologie-orientierte Unternehmensführung, Frankfurt am Main u. a. 1986.

Sesín, Claus-Peter (1993): Illusion zwischen den Ohren, in: Die ZEIT, Nr. 25 v. 18.6.1993, S. 33.

Shen, Thomas T. (1995): Industrial Pollution Prevention, Heidelberg u. a. 1995.

Siebert, Horst (1985): TA Luft 85: Eine verfeinerte Politik der einzelnen Schornsteine, in: Wirtschaftsdienst, Nr. IX/1985, S. 452-455.

Siebert, Horst (1986): Umweltschäden als Problem der Unsicherheitsbewältigung: Prävention und Risikoallokation, Konstanz 1986 (Diskussionsbeiträge der Fakultät für Wirtschaftswissenschaften und Statistik; Serie A, Nr. 217).

Siebert, Horst (1988): Haftung ex post versus Anreize ex ante: Einige Gedanken zur Umweltpolitik bei Unsicherheit, in: Fritz Nicklisch (Hrsg.), Prävention im Umweltrecht, Heidelberg 1988, S. 111-132.

Siederer, Wolfgang (1993): Rechtsgutachten: Umweltschutz in Betriebsvereinbarungen und Tarifverträgen, in: Klaus-Jürgen Scherer/Gabriele Sterkel, Umweltschutz und Arbeitsbeziehungen, Berlin 1993 (UBA-TEXTE; 40/93), S. 223-338.

Silberer, Günter (1991): Wertewandel und Werteorientierung in der Unternehmensführung, in: Marketing ZFP, Heft 2/1991, S. 77-85.

Simon, Herbert A. (1957): Models of man - Social and rational, New York/London/Sydney 1957.

Simon, Jürgen/Kaml, Regina (1990): Erhebung zum umweltbezogenen Weiterbildungsbedarf, Lüneburg 1990 (Schriftenreihe des Instituts für Umweltwissenschaften; 1).

Sitte, Ralf (1995): Wachstum mit umgekehrtem Vorzeichen - Zum Verhältnis von Wertschöpfung, Energieverbrauch und CO_2-Emissionen im Rahmen "nachhaltiger Entwicklung", in: WSI-Mitteilungen, Nr. 4/1995, S. 235-243.

Slovic, P./Fischhoff, B./Lichtenstein, S. (1985): Characterizing perceived risk, in: R.W. Kates u.a. (Hrsg.), Perilus progress: Managing the hazards of technology, Boulder 1985, S. 115-135.

Solvay Deutschland GmbH (1994): Weg und Ziel - Umweltbericht 1993/94 der Solvay Deutschland GmbH, Hannover 1994.

Spada, Hans (1990): Umweltbewußtsein: Einstellung und Verhalten, in: Lenelis Kruse u. a. (Hrsg.), Ökologische Psychologie: ein Handbuch in Schlüsselbegriffen, München 1990, S. 623-631.

Spada, Hans/Ernst, Andreas M. (1990): Wissen, Ziele und Verhalten in einem ökologisch-sozialen Dilemma, Freiburg i. Br. 1990 (Forschungsberichte des Psychologischen Instituts der Universität Freiburg; 63).

Spada, Hans/Opwis, Klaus (1985): Ökologisches Handeln im Konflikt: Die Allmende Klemme, in: Peter Day u. a. (Hrsg.), Umwelt und Handeln - Ökologische Anforderungen und Handeln im Alltag, Tübingen 1985, S. 63-85.

Spaemann, Robert (1977): Zur Kritik der politischen Utopie, Stuttgart 1977.

Specht, Günter/Schmelzer, Hermann J. (1992): Instrumente des Qualitätsmanagements in der Produktentwicklung, in: ZfB, Nr. 6/1992, S. 531-547.

Specht, Michael (1988): Die Organisation von Umweltschutzaufgaben in der Industrie, Oestrich-Winkel 1988 (Arbeitspapiere des IÖU; 2).

Spelthahn, Sabine/Schloßberger, Ulrich/Steger, Ulrich (1993): Umweltbewußtes Transportmanagement, Bern/Stuttgart/Wien 1993.

Sprenger, Rolf-Ulrich/Knödgen, Gabriele (1983): Struktur und Entwicklung der Umweltschutzindustrie in der Bundesrepublik Deutschland, Berlin 1983 (UBA-Berichte; 9/83).

Spreter-Müller, Birgit (1988): Außerfachliche Qualifikationen in der Wirtschaft - Anforderungen für den beruflichen Ein- und Aufstieg, hrsg.v. BMBW, Bad Honnef 1988 (Studien zu Bildung und Wissenschaft; Nr. 62).

Staehle, Wofgang H. (1992): Macht und Kontingenzforschung, in: Willi Küpper/Günther Ortmann (Hrsg.), Mikropolitik, 2. durchges. Aufl., Opladen 1992, S. 155-163.

Staehle, Wolfgang H. (1989): Management - eine verhaltenswissenschaftliche Perspektive, 4. neubearb. u. erw. Aufl., München 1989.

Stahlberg, Dagmar/Wortmann, Klaus (1990): Energieverbrauch und Energiesparen, in: Lenelis Kruse u. a. (Hrsg.), Ökologische Psychologie, München 1990, S. 680-690.

Stahlmann, Volker (1988): Umweltorientierte Materialwirtschaft, Wiesbaden 1988.

Stahlmann, Volker (1994): Umweltverantwortliche Unternehmensführung - Aufbau und Nutzen eines Öko-Controlling, München 1994.

Stark, Wolfgang (1989): Prävention als Gestaltung von Lebensräumen. Zur Veränderung und notwendigen Reformulierung eines Konzepts, in: Wolfgang Stark (Hrsg.), Lebensweltbezogene Prävention und Gesundheitsförderung, Freiburg i. Br. 1989, S. 11-37.

Statistisches Bundesamt (Hrsg.) (1979-1995): Investitionen für Umweltschutz im Produzierenden Gewerbe, Fachserie 19: Umweltschutz, Reihe 3, Stuttgart/Mainz, 1979-1995.

Stautz, Andreas (1993): Gesundheitsschutz per Tarifvertrag - Erfahrungen aus der Druckindustrie, Düsseldorf 1993 (HBS Graue Reihe - Neue Folge; 64).

Steger, Ulrich (1988a): Umweltmanagement, Wiesbaden 1988.

Steger, Ulrich (1988b): Ökologie und Betriebswirtschaft - eine Zwischenbilanz der Diskussion, künftige Forschungsaufgaben, Oestrich-Winkel 1988 (Arbeitspapiere des IÖU; 1).

Steger, Ulrich (1990): Integrierter Umweltschutz als Gegenstand eines Umweltmanagements, in: Hartmut Kreikebaum (Hrsg.), Integrierter Umweltschutz, Wiesbaden 1990, S. 34-43.

Steger, Ulrich (Hrsg.) (1991a): Auswertung des Investitionsprogramms zur Verminderung von Umweltbelastungen im Bereich des Immissionsschutzes bei Altanlagen, in: Umweltbundesamt (Hrsg.), Umweltorientierte Unternehmensführung, Berlin 1991 (UBA-Berichte ; 11/1991), S. 691-703.

Steger, Ulrich (Hrsg.) (1991b): Umwelt-Auditing, Frankfurt am Main 1991.

Steger, Ulrich (1991c): Qualifikationsanforderungen im Umweltschutz, in: Andreas Remer (Hrsg.), Ökologie in der Betriebswirtschaftslehre, Hummeltal 1991, S. 55-65.

Steger, Ulrich (1992a): Handbuch des Umweltmanagements, München 1992.

Steger, Ulrich (1992b): Normstrategien im Umweltmanagement, in: Ulrich Steger (Hrsg.), Handbuch des Umweltmanagements, München 1992, S. 271-293.

Steger, Ulrich (1993a): Umweltmanagement, 2. überarb. u. erw. Aufl., Frankfurt am Main/Wiesbaden 1993.

Steger, Ulrich (1993b): Umweltmanagement - ein deutsch-amerikanischer Vergleich, in: Ulrich Steger (Hrsg.), Der Niedergang des US-Management Paradigmas, Düsseldorf u. a. 1993, S. 137-153.

Steger, Ulrich/Antes, Ralf (1991): Unternehmensstrategie und Risiko-Management, in: Ulrich Steger (Hrsg.), Umwelt-Auditing - Ein neues Instrument der Risikovorsorge, Frankfurt am Main 1991, S. 13-44.

Steih, Marco (1995): Betriebliches Vorschlagswesen in Klein- und Mittelbetrieben, Ludwigsburg/Berlin 1995.

Steilmann-Gruppe (1995): Umweltbericht 1994, Bochum-Wattenscheid 1995.

Steinle, Claus/Lawa, Dieter/Schollenberg, Anette (1993): Ökologieorientiertes Management - Stand und Ausgestaltungsformen zentraler Managementteilprozesse, in: UWF, Heft 3/1993, S. 7-17.

Stelz, Herbert (1994): Umweltgifte: Marktführer Degussa stoppt die Amalgamproduktion in Deutschland - Signal von den Richtern, in: Die ZEIT, Nr. 2 v. 7.1.1994, S. 18.

Stitzel, Michael (1977): Unternehmerverhalten und Gesellschaftspolitik, Stuttgart u. a. 1977.

Stitzel, Michael/Simonis, Udo E. (1988): Ökologisches Management, oder Ist eine umweltverträgliche Unternehmenspolitik realisierbar? Berlin 1988 (WZB discussion papers; FS II 88-408).

Stitzel, Michael/Wank, Leonhard (1990): Was kann die Lehre vom Strategischen Management zur Entwicklung einer ökologischen Unternehmensführung beitragen?, in: Jürgen Freimann (Hrsg.), Ökologische Herausforderung der Betriebswirtschaftslehre, Wiesbaden 1990, S.105-131.

Stolz, Heinz-Jürgen/Türk, Klaus (1993): Individuum und Organisation, in: Waldemar Wittmann (Hrsg.), HWB, 5. v. neu gest. Aufl., Bd. 2, Stuttgart 1993, Sp. 841-855.

Strebel, Heinz (1980): Umwelt und Betriebswirtschaft, Berlin 1980.

Strebel, Heinz (1990): Integrierter Umweltschutz, in: Hartmut Kreikebaum (Hrsg.), Integrierter Umweltschutz, Wiesbaden 1990, S. 3-16.

Strümpel, Burkhard/Longolius, Stefan (1990): Leitbilder des integrierten Umweltschutzes zwischen Handlungsprogramm und Leerformel, in: Hartmut Kreikebaum (Hrsg.), Integrierter Umweltschutz, Wiesbaden 1990, S. 73-85.

Stumm, Werner/Davis, Joan (1974): Kann Recycling die Umweltbeeinträchtigung vermindern? - Die Kreisläufe können nicht geschlossen werden, in: Brennpunkte, Nr. 2/1974, S. 29-41.

Summerer, Stefan (1989): Vorsorge contra Nachsorge - Ist Umweltqualität planbar?, in: Bernhard Glaeser (Hrsg.), Humanökologie - Grundlagen präventiver Umweltpolitik, Opladen 1989, S. 272-285.

TAB - Büro für Technikfolgen-Abschätzung beim Deutschen Bundestag (1994a): Möglichkeiten und Probleme bei der Verfolgung und Sicherung nationaler und EG-weiter Umweltschutzziele im Rahmen der Europäischen Normung - Bericht zum Stand der Arbeiten, Bonn 1994 (TAB-Arbeitsbericht; Nr. 27).

TAB - Büro für Technikfolgen-Abschätzung beim Deutschen Bundestag (1994b): Umwelttechnik und wirtschaftliche Entwicklung - Zwischenbericht, Bonn 1994 (TAB-Arbeitsbericht; Nr. 30).

Taguchi, Genichi/Clausing, Don (1990): Radikale Ideen zur Qualitätssicherung, in: Harvard manager, Nr. 4/1990, S. 35-48.

Taylor, Frederick Winslow (1917): Die Betriebsleitung insbesondere der Werkstätten (Shop Management), autorisierte deutsche Bearbeitung von A. Wallichs, 3. Aufl., Berlin 1917.

Taylor, Frederick Winslow (1919): Die Grundsätze wissenschaftlicher Betriebsführung (The principles of scientific management), deutsche autorisierte Ausgabe von Rudolf Roesler, München/ Berlin 1919, 2. Nachdruck der Original-Ausgabe, München 1983.

Tebbe, Klaus (1990): Die Organisation von Produktinnovationsprozessen, Stuttgart 1990.

Teichert, Volker (1993): Betriebsvereinbarung zum Umweltschutz bei der BASF AG Ludwigshafen: Eine kritische Bewertung, in: Arbeit & Ökologie-Briefe, Nr. 23/1993, S. 12f.

Teichert, Volker (1995): Orientierungshilfe "Umwelt-Audit und Arbeitnehmerbeteiligung", 2. Überarb. Aufl., hrsg. v. HBS/DGB, Düsseldorf 1995 (HBS Manuskripte 188).

Teichert, Volker/Küppers, Friedhelm (1990): Umweltpolitik im Betrieb - Betriebsvereinbarungen zum Umweltschutz in der Chemischen Industrie, in: WSI-Mitteilungen, Nr. 12/1990, S. 755-761.

Terhart, Klaus (1986): Die Befolgung von Umweltschutzauflagen als betriebswirtschaftliches Entscheidungsproblem, Berlin 1986.

Theißen, Antje (1990): Betriebliche Umweltschutzbeauftragte - Determinanten ihres Wirkungsgrades, Wiesbaden 1990.

Thielemann, Ulrich (1990): Die Unternehmung als ökologischer Akteur? Ansatzpunkte ganzheitlicher unternehmensethischer Reflexion. Zur Aktualität der Theorie der Unternehmung Erich Gutenbergs, in: Jürgen Freimann (Hrsg.), Ökologische Herausforderung der Betriebswirtschaftslehre, Wiesbaden 1990, S. 43-72.

Thierry, Henk (1986): Arbeit und Entgelt -Perspektiven: Wie wichtig ist die Bezahlung?, in: Angewandte Arbeitswissenschaft, Nr. 109, 1986, S. 2-7.

Thom, Norbert (1980): Grundlagen des betrieblichen Innovationsmanagements, 2. v. neubearb. Aufl., Königstein/Taunus 1980.

Thomas, Jürgen (1988): Die Organisation des industriellen Umweltschutzes, in: DB, Heft 43/1988, S. 2161-2166.

Thomas, Jürgen (1992): Die Organisation des industriellen Umweltschutzes, in: Josef Vogl/Anton Heigl/Kurt Schäfer (Hrsg.), Handbuch des Umweltschutzes, Kapitel III-2.2.1, 57. Erg. Lfg. 1/1992, Landsberg am Lech.

Thompson, James D. (1967): Organizations in action - Social science bases of administrative theory, New York u. a. 1967.

Tiebler, Petra (1992): Umwelttrends im Konsumentenverhalten, in: Ulrich Steger (Hrsg.), Handbuch des Umweltmanagements, München 1992, S. 183-206.

Tillmann, Heinrich (1989): Weiterbildungsbedarf im Arbeitsfeld Energie und Umwelt, Kölner Zeitschrift für Wirtschaft und Pädagogik, Nr. 6/1989, S. 181-189.

Tillmann, Heinrich (1990): Thesenpapier zum Thema "Funktionen unternehmensbezogener Weiterbildung im Umweltschutz, in: oikos (Hrsg.), Auf dem Weg in die ökologische Marktwirtschaft - Unternehmungsführung vor neuen Aufgaben, Tagungsmappe zur 3. oikos-Konferenz v. 21.-23.6.1990 in St. Gallen, St. Gallen 1990.

Töpfer, Armin (1985): Umwelt- und Benutzerfreundlichkeit von Produkten als strategische Unternehmungsziele, in: Marketing ZFP, Heft 4/1985, S. 241-251.

Töpfer, Armin (1993): Total Quality Management, 2. durchges. Aufl., Neuwied u. a. 1993.

Trautmann, Michael (1993): Die Reduktion strategischer Geschäftsfelder - Ein Beitrag zum ökologie-orientierten Marketing, Augsburg 1993.

Trigg, Linda J./Perlman, Daniel/Perry, Raymond P./Janisse, Michel Pierre (1976): Anti-pollution behavior - A function of perceived outcome and locus of control, in: Environment and Behavior, Vol. 8, No. 2/1976, S. 307-312.

Troschke, Jürgen von (1991): Organisation und Praxis der Prävention in der Bundesrepublik Deutschland, in: Thomas Elkeles u. a. (Hrsg.), Prävention und Prophylaxe, Berlin 1991, S. 75-105.

Trümner, Ralf (1991): Betriebsökologie und Betriebsverfassung, in: AiB, Nr. 12/1991, S. 522-528.

Trute, Hans-Heinrich (1989): Vorsorgestrukturen und Luftreinhalteplanung im Bundesimmissions-schutzgesetz, Heidelberg 1989.

Türck, Rainer (1991): Das ökologische Produkt, 2. Aufl., Ludwigsburg 1991.

Türck, Rainer (1994): Erfolgschancen des ökologischen Produkts, in: Hartmut Kreikebaum u. a. (Hrsg.), Unternehmenserfolg durch Umweltschutz, Wiesbaden 1994, S. 121-134.

Türk, Klaus (1989): Neuere Entwicklungen in der Organisationsforschung, Stuttgart 1989.

Tumat, Nils (1993): Umweltstrafrecht, in: Hubert Peter Johann/Marol Preuß (Hrsg.), Handbuch für Betriebsbeauftragte Umweltschutz, Loseblatt, Grundwerk, Köln 1993, Kapitel 3.3.

UBA - Umweltbundesamt (1991a): Jahresbericht 1990, Berlin 1991.

UBA - Umweltbundesamt (1991b): Verkehrsbedingte Umweltbelastungen - Analyse, Prognose, Ziele, Minderungen, Berlin 1991 (UBA-TEXTE; 26/91).

UBA - Umweltbundesamt (1991c): Verkehrsbedingte Luft- und Lärmbelastungen - Emissionen, Immissionen, Wirkungen, Berlin 1991 (UBA-TEXTE; 40/91).

UBA - Umweltbundesamt (1991d): Emissionsszenarien für den Pkw- und Nutzfahrzeugverkehr in Deutschland 1988-2005, Berlin 1991 (UBA-TEXTE; 40/91, Beilage).

UBA - Umweltbundesamt (1992): Jahresbericht 1991, Berlin 1992.

UBA - Umweltbundesamt (1993a): Jahresbericht 1992, Berlin 1993.

UBA - Umweltbundesamt (1993b): Umweltwirksamkeit von Ausgleichs- und Ersatzmaßnahmen nach § 8 Bundesnaturschutzgesetz, in: Umwelt, Nr. 12/1993, S. 480f.

UBA - Umweltbundesamt (1993c): Gegenüberstellung internationaler Normenvorschläge für Umweltmanagementsysteme in: UBA, Normierung des betrieblichen Umweltmanagements, Berlin 1993, S. 13-35.

UBA - Umweltbundesamt (1994): Jahresbericht 1993, Berlin 1994.

UBA - Umweltbundesamt (1995a): Jahresbericht 1994, Berlin 1995.

UBA - Umweltbundesamt (Hrsg.) (1995b): Handbuch Umweltcontrolling, München 1995.

Überla, Karl (1984): Umweltvorsorge und Gesundheit - Das Vorsorgeprinzip im Umweltschutz, in: Umweltbundesamt (Hrsg.), Das Vorsorgeprinzip im Umweltschutz, Berlin 1984 (UBA-TEXTE; 25/84).

Ulich, Eberhard (1972): Arbeitswechsel und Aufgabenerweiterung, in: REFA-Nachrichten, Heft 4/1972, S. 265-275.

Ulich, Eberhard (1978): Über das Prinzip der differentiellen Arbeitsgestaltung, in: Management-Zeitschrift io, Nr. 12/1978, S. 566-568.

Ulich, Eberhard (1981): Subjektive Tätigkeitsanalyse als Voraussetzung autonomieorientierter Arbeitsgestaltung, in: Felix Frei/Eberhard Ulich (Hrsg.), Beiträge zur psychologischen Arbeitsanalyse, Bern/Stuttgart/Wien 1981, S. 327-347.

Ulich, Eberhard (1984): Psychologie der Arbeit, in: Management-Enzyklopädie, 7. Bd., 2. Aufl., München 1984, S. 914-929.

374

Ulich, Eberhard (1992): Arbeitspsychologie, 2. verb. Aufl., Stuttgart 1992.

Ulich, Eberhard/Groskurth, Peter/Bruggemann, Agnes (1973): Neue Formen der Arbeitsgestaltung, Frankfurt am Main 1973.

Ullmann, Albert (1976): Unternehmungspolitik in der Umweltkrise - Elemente einer Strategie des qualitativen Wachstums, Bern u. a. 1976.

Ullmann, Arieh A. (1981): Der Betriebsbeauftragte für Umweltschutz aus betriebswirtschaftlicher Perspektive, in: zfbf, Heft 11/1981, S. 992-1013.

UN - United Nations (1982): Nairobi Declaration, 18 May 1982, Anlage II zum Bericht des Verwaltungsrats, UN Doc. A/37/25.

Unternehmerverband Umweltschutz + Industrieservice e.V. 1995: Rahmentarifvertrag + Tarifvertrag zur Ökologie, Qualitätssicherung und Arbeitsplatzgestaltung v. 19.12.1994, Duisburg 1995.

Urban, Dieter (1986): Was ist Umweltbewußtsein? Exploration eines mehrdimensionalen Einstellungskonstruktes, in: ZfS, Heft 5/1986, S. 363-377.

Urban, Dieter (1990): Die kognitive Struktur von Umweltbewußtsein - Ein kausalanalytischer Modelltest, Duisburg 1990 (Duisburger Beiträge zur soziologischen Forschung; No. 5/1990).

UWF - Umweltwirtschaftsforum (1994): Schwerpunktheft "Produktionsintegrierter Umweltschutz", Heft 8, Dezember 1994.

Varble, Dale L. (1972): Social and environmental considerations in new product development, in: Journal of Marketing, Vol. 36, October 1972, pp. 11-15.

VDEW/Vereinigung Deutscher Elektrizitätswerke (1986): Umweltschutz: Erfassung und Auswertung im Rechnungswesen.

Verres, R. (1987): Psychologische Voraussetzungen präventiven Verhaltens, in: Hans Schaefer u. a. (Hrsg.), Präventive Medizin, Berlin u. a. 1987, S. 65-74.

Vester, Frederic (1983): Ballungsgebiete in der Krise - Vom Verstehen und Planen menschlicher Lebensräume, München 1983.

Vester, Frederic (1988): Leitmotiv vernetztes Denken, München 1988.

Vögele, Peter (1993a): Die Verantwortungsbereiche im Unternehmen, in: Uwe Nobbe u. a., Verantwortung im Unternehmen, Neuwied u. a. 1993, S. 23-33.

Vögele, Peter (1993b): Wer trägt die Verantwortung im Unternehmen?, in: Uwe Nobbe u. a., Verantwortung im Unternehmen, Neuwied u. a. 1993, S. 73-142.

VÖI - Vereinigung Österreichischer Industrieller (1989): Umweltmanagement in Österreich, Wien 1989.

Vogel, Klaus (1986): Gefahrenabwehr - Allgemeines Polizeirecht (Ordnungsrecht) des Bundes und der Länder, 9. v. neubearb. Aufl., Köln u. a. 1986.

Vogel-Verlag (Hrsg.) (1992): Technik für Umweltschutz: Jahrbuch 1992, Sonderband vom Umweltmagazin, Würzburg 1992.

Volpert, Walter (1974): Handlungsstrukturanalyse als Beitrag zur Qualifikationsforschung, Köln 1974.

Volpert, Walter/Ludborzs, Boris/Muster, Manfred (1981): Lernrelevante Aspekte in der Aufgabenstruktur von Arbeitstätigkeiten - Probleme und Möglichkeiten der Analyse, in: Felix Frei/Eberhard Ulich (Hrsg.), Beiträge zur psychologischen Arbeitsanalyse, Bern u. a. 1981, S. 195-222.

Vorholz, Fritz (1993): Eine Hoffnung zerbröselt, in: Die ZEIT, Nr. 38 v. 17.9.1993, S. 35.

Voßbein, Reinhard (1987): Organisation, 2. verb. u. erw. Aufl., München/Wien 1987.

Wacker-Chemie GmbH (1994): Umweltbericht 1993/94, München 1994.

Wackerbauer, Johann (1995): Struktur und wettbewerbssituation der Anbieter von Umwelttechnik und umweltfreundlicher Technik, in: IfO-Schnelldienst, Nr. 21/1995, S. 7-14.

Wagner, Gerd Rainer (1993): Rechnungswesen und Umwelt, in: Waldemar Wittmann (Hrsg.), HWB, 5. völlig neu gest. Aufl., Stuttgart 1993, Sp. 3664-3677.

Wagner, Gerd Rainer/Janzen, Henrik (1991): Ökologisches Controlling, in: Controlling, Heft 3/1991, S. 120-129.

Walsh, M. (1989): Vehicle Air Pollution, Background Paper for the ECMT Ministerial Conference "Transport and the Environment", Paris 1989, unpublished.

Warnecke, Hans-Jürgen (1984): Der Produktionsbetrieb, Berlin 1984.

Waskow, Siegfried (1994): Betriebliches Umweltmanagement: Anforderungen nach der Audit-Verordnung der EG, Heidelberg 1994.

Wassermann, Otmar (1988): Die gesellschaftspolitische Bedeutung der Umwelttoxikologie - Anforderungen an vorsorgenden Arbeits- und Umweltschutz, in: Industriegewerkschaft Metall (Hrsg.), Umweltschutz zwischen Reparatur und realer Utopie, Köln 1988, S. 30-43.

Wassermann, O. (1992): Oben wird gedacht, unten wird gemacht, in: Logistic Letter, Nr. 3/1992, S. 1f.

Weber, Max (1904): Die "Objektivität" sozialwissenschaftlicher und sozialpolitischer Erkenntnis (1904), in: Johannes Winckelmann (Hrsg.), Gesammelte Aufsätze zur Wissenschaftslehre von Max Weber, 2. durchges. u. erg. Aufl., Tübingen 1951, S. 146-214.

Weichhart, Peter (1989): Ist Prävention möglich? Anmerkungen zu den Thesen von Guy Kirsch, in: Bernhard Glaeser (Hrsg.), Humanökologie - Grundlagen präventiver Umweltpolitik, Opladen 1989, S. 266-271.

Weichhart, Peter (1989): Werte und die Steuerung von Mensch-Umwelt-Systemen, in: Bernhard Glaeser (Hrsg.), Humanökologie, Opladen 1989, S. 76-95.

Weidenfeld, Werner (1992): Verkehrspolitik im Europa von morgen, in: Kenneth Button (Hrsg.), Europäische Verkehrspolitik - Wege in die Zukunft, Gütersloh 1992, S. 11-26.

Weidner, Helmut (1984): Erfolge und Grenzen technokratischer Umweltpolitik in Japan, in: Aus Politik und Zeitgeschichte, B 9-10/84, S. 31-46.

Weidner, Helmut (1985): Von Japan lernen? Erfolge und Grenzen einer technokratischen Umweltpolitik, in: Shigeto Tsuru/Helmut Weidner (Hrsg.), Ein Modell für uns: Die Erfolge der japanischen Umweltpolitik, Köln 1985.

Weihe, Hermann Joachim (1976): Unternehmensplanung und Gesellschaft, Berlin/New York 1976.

Weimann, Joachim (1991a): Umweltökonomik, 2. verb. Aufl., Berlin u. a. 1991.

Weimann, Joachim (1991b): Umweltökonomik und Spieltheorie, in: Frank Beckenbach (Hrsg.), Die ökologische Herausforderung für die ökonomische Theorie, Marburg 1991, S. 265-279.

Weinert, Ansfried B. (1987): Lehrbuch der Organisationspsychologie - Menschliches Verhalten in Organisationen, 2. erw. Aufl., München/Weinheim 1987.

Weinert, Ansfried B. (1992): Anreizsysteme, verhaltenswissenschaftliche Dimension, in: Erich Frese (Hrsg.), HWO, 3. v. neu gest. Aufl., Stuttgart 1992, Sp. 122-133.

Weise, Eberhard (1991): Grundsätzliche Überlegungen zu Verbreitung und Verbleib von Gebrauchs-stoffen (use pattern), in: Martin Held (Hrsg.), Leitbilder der Chemiepolitik, Frankfurt am Main/New York 1991, S. 55-64.

Weiß, Ralf (1995): Qualität der betrieblichen Fort- und Weiterbildung im Umweltschutz, Lüneburg 1995 (Schriftenreihe des Instituts für Umweltwissenschaften; 11).

Weizsäcker, Carl Christian von (1994): Das Kurzsichtigkeitssyndrom in der Politik und in anderen Situationen delegierten Handelns, Referat auf der Tagung "Zeit in der Ökonomik", Evangelische Akademie Tutzing 14.-16.3.1994, Ms., im Erscheinen als "Zeitpräferenz und Delegation".

Weizsäcker, Ernst Ulrich von (1990): Erdpolitik: ökologische Realpolitik an der Schwelle zum Jahrhundert der Umwelt, 2. aktual. Aufl., Darmstadt 1990.

Weizsäcker, Ernst Ulrich von (1994): Umweltstandort Deutschland: Argumente gegen die ökologische Phantasielosigkeit, Berlin/Basel/Boston 1994.

Welge, Martin K. (1987): Unternehmensführung, Band 2: Organisation, Stuttgart 1987.

Welge, Martin, K. (1993): Organisationsform, Einflußgrößen der, in: Waldemar Wittmann (Hrsg.), HWB, 5. v. neu gest. Aufl., Bd. 2, Stuttgart 1993, Sp. 3019-3031.

Wendeling-Schröder, Ulrike (1991): Arbeitsverweigerungsrecht und Veröffentlichung von Mißständen, in: AiB, Nr. 12/1991, S. 529-535.

Wengelowski, Peter/Breisig, Thomas (1994): Unternehmen als Lernende Systeme, in: IÖW/VÖW-Informationsdienst, Nr. 3-4/94, S. 9f.

Wenzel, Eberhard (1991): Zur Entwicklung der Leitbilder von Gesundheit und Prävention/Prophylaxe in der Bundesrepublik Deutschland, in: Thomas Elkeles u. a. (Hrsg.), Prävention und Prophylaxe, Berlin 1991, S. 29-50.

Werkmann, Günter (1989): Strategie und Organisationsgestaltung, Frankfurt am Main/New York 1989.

Werthebach, Erich/Wienemann, Marianne (Hrsg.) (1993a): EG-Arbeitsumweltpolitik: Rahmenrichtlinie, Bochum 1993 (Ruhr-Universität/IG Metall, EG-Materialien; Nr. 4).

Werthebach, Erich/Wienemann, Marianne (1993b): Vorwort in: Erich Werthebach/Marianne Wienemann (Hrsg.), EG-Arbeitsumweltpolitik: Rahmenrichtlinie, Bochum 1993 (Ruhr-Universität/IG Metall, EG-Materialien; Nr. 4), S. 1-5.

Weßels, Bernhard (1988): Umweltschützer, Wirtschaftsmanager und Umweltschutz: Kurzbericht zu einer Befragung, Berlin 1988 (Berliner Arbeitshefte und Berichte zur sozialwissenschaftlichen Forschung; 9).

WHO - World Health Organization (1986): Die Ottawa-Charta, in: Grenzen der Prävention, Hamburg 1988 (Argument-Sonderband 178), S. 145-150.

Wicke, Lutz (1986): Die ökologischen Milliarden - Das kostet die zerstörte Umwelt, München 1986.

Wicke, Lutz u. a. (1992): Betriebliche Umweltökonomie - Eine praxiorientierte Einführung, München 1992.

Wicke, Lutz, u.Mitarbeit v. Franke, Wilfried (1991): Umweltökonomie - Eine praxiorientierte Einführung, 3. überarb. erw. u. aktual. Aufl., München 1991.

Wiendieck, Gerd (1990): Entwicklung eines Instrumentariums zur Ermittlung des Umweltbewußtseins betrieblicher Mitarbeiter, in: Kölner Beiträge zur Wirtschaftspsychologie, Heft 2/1990, S.85-98.

Wiesenthal, Helmut (1990): Ist Sozialverträglichkeit gleich Betroffenenpartizipation?, in: Soziale Welt, 1990, S. 28-46.

Wildemann, Horst (1993): Produktion, Organisation der, in: Waldemar Wittmann (Hrsg.), HWB, 5. v. neu gest. Aufl., Bd. 2, Stuttgart 1993, Sp. 3388-3404.

Willig, Matthias (1991): Ganzheitlicher Umweltschutz - Die Chemie im Spannungsfeld der öffentlichen Meinung: Ursachen und Folgen, Leverkusen o. J. (1991), unveröffentlichtes Manuskript.

Wilson, James Q. (1966): Innovation in organization: Notes toward a theory, in: James D. Thompson (Hrsg.), Approaches to organizational design, Pittsburgh 1966, S. 193-218.

Wimmer, Frank (1988): Umweltbewußtsein und konsumrelevante Einstellungen und Verhaltensweisen, in: Arno Brandt u. a. (Hrsg.), Ökologisches Marketing, Frankfurt/New York 1988, S. 44-85.

Winter, Georg (1987): Das umweltbewußte Unternehmen, München 1987.

Winter, Georg (1993): Das umweltbewußte Unternehmen, 5. überarb. u. v. erg. Aufl., München 1993.

Winter, Gerhard (1981): Umweltbewußtsein im Licht sozialpsychologischer Theorien, in: Hans-Joachim Fietkau/Hans Kessel (Hrsg.), Umweltlernen, Königstein/Ts. 1981, S. 53-116.

Wippler, Reinhard (1978): Nicht-intendierte soziale Folgen individueller Handlungen, in: Soziale Welt, Heft 2/1978, S. 155-179.

Wippler, Reinhard (1981): Erklärung unbeabsichtigter Handlungsfolgen: Ziel oder Meilenstein soziologischer Theoriebildung?, in: Joachim Matthes (Hrsg.), Lebenswelt und soziale Probleme, Frankfurt am Main/New York 1981, S. 246-261.

Wiswede, Günter (1973): Soziologie abweichenden Verhaltens, Stuttgart u. a. 1973.

Witte, Andreas (1993): Integrierte Qualitätssteuerung im Total Quality Management, Münster/Hamburg 1993.

Witte, Eberhard (1973): Organisation für Innovationsentscheidungen - Das Promotoren-Modell, Göttingen 1973.

Witte, Hermann (1989): Die Integration monetärer und nichtmonetärer Bewertungen: ein Problem volkswirtschaftlicher Bewertungsansätze, Berlin 1989.

Wittlage, Helmut (1989): Unternehmensorganisation: Einführung und Grundlegung mit Fallstudien, 4. neubearb. u. erw. Aufl., Herne/Berlin 1989.

Wittmann, Waldemar (1959): Unternehmung und unvollkommene Information, Köln/Opladen 1959.

Wittmann, Waldemar (1982): Betriebswirtschaftslehre I, Tübingen 1982.

Wittmann, Werner (1989): Grundfragen der Evaluation in der Prävention, in: Hans Rüdiger Vogel (Hrsg.), Prävention und deren ökonomische Effizienz, Stuttgart/New York 1989, S. 8-26.

Wölcke, Uwe (1994): Zum inhaltlichen Verhältnis von Arbeitsschutz und Umweltschutz, in: Eckart Hildebrandt u.a. (Hrsg.), Umweltschutz und Arbeitsschutz zwischen Eigenständigkeit und Gemeinsamkeit, Düsseldorf 1994 (Hans-Böckler-Stiftung; Graue Reihe - Neue Folge 77), S. 41-43.

Wortmann, Klaus (1994): Psychologische Determinanten des Energiesparens, Weinheim 1994.

Wuppertal-Institut (Hrsg.) (1995): Zukunftsfähiges Deutschland, Berlin u. a. 1995.

Zabel, Hans-Ulrich (1992): Energievorräte für Generationen? Entropie in ökonomischer Sicht, in: Wärmetechnik, Heft 1/1992, S. 36-43.

Zabel, Hans-Ulrich (1993): Ökologieverträglichkeit in betriebswirtschaftlicher Sicht, in: ZfB, Heft 4/1993, S. 351-372.

Zabel, Hans-Ulrich (1994a): Wirtschaft und Umwelt - Systembetrachtungen unter Erfolgsgesichtspunkten, in: Hartmut Kreikebaum u. a. (Hrsg.), Unternehmenserfolg durch Umweltschutz, Wiesbaden 1994, S. 1-29.

Zabel, Hans-Ulrich (1994b): Ökologiegerechte strategische Unternehmensführung - Grundlagen, Instrumente und Ablauffolge, in: Zeitschrift für Planung, Nr. 1/1994, S. 63-80.

Zabel, Hans-Ulrich (1995): Innovationsmanagement unter besonderer Berücksichtigung ökologischer Aspekte, in: UWF, Heft 4/1995, S. 9-15.

Zahrnt, Angelika (1993): Zeitvergessenheit und Zeitbesessenheit der Ökonomie, in: Martin Held/ Karlheinz A. Geißler (Hrsg.), Ökologie der Zeit, Stuttgart 1993, S. 111-120.

Zapf, Wolfgang (1981): Zur Theorie und Messung von "side effects", in: Joachim Matthes (Hrsg.), Lebenswelt und soziale Probleme, Frankfurt am Main/New York 1981, S. 275-287.

Zerlett, G. (1990): Präventivmaßnahmen im Betrieb, in: Uwe Brandenburg u. a. (Hrsg.), Prävention und Gesundheitsförderung im Betrieb, Dortmund 1990, S. 30-36.

Zimmermann, Klaus (1985): Präventive Umweltpolitik und technologische Anpassung, Berlin 1985 (WZB-IIUG discussion papers; 1985-8).

Zimmermann, Klaus (1988): Technologische Modernisierung der Produktion, in: Udo Ernst Simonis (Hrsg.), Präventive Umweltpolitik, Frankfurt/New York 1988, S. 205-225.

Zimmermann, Klaus (1990): Vorsorgeprinzip und 'Präventive' Umweltpolitik: Abgrenzungsversuche. Zum Sinn und Unsinn eines politischen Begriffs, in: Klaus Zimmermann u. a., Ökologische Modernisierung der Produktion - Strukturen und Trends, Berlin 1990, S. 19-82.

Zimpelmann, Beate/Gerhardt, Udo/Hildebrandt, Eckart (1992a): Die neue Umwelt der Betriebe - Arbeitspolitische Annäherung an einen betrieblichen Umweltkonflikt, Berlin 1992.

Zimpelmann, Beate/Gerhardt, Udo/Hildebrandt, Eckart (1992b): Umwelt und Betriebe - Regulierung unternehmensverursachter Umweltkonflikte, in: WZB-Mitteilungen, Nr. 57, 1992, S. 9-12.

Zink, Klaus J. (1989): Qualität als Herausforderung, in: Klaus J. Zink (Hrsg.), Qualität als Managementaufgabe = Total Quality Management, Landsberg/Lech 1989, S. 9-46.

Zink, Klaus J./Schildknecht, Rolf (1989): Total Quality Konzepte, in: Klaus J. Zink (Hrsg.), Qualität als Managementaufgabe = Total Quality Management, Landsberg/Lech 1989, S. 67-100.

Zorn, Lys B. (1993): Innerbetriebliche Organisation der Reststoffwirtschaft an Fallbeispielen, Referat auf dem Umwelttechnologieforum Berlin 1993, Berlin 1993, Manuskript.

Zwingmann, Bruno (1989): Arbeits- und Gesundheitsschutz durch Tarifvertrag - Neue Ansätze in der Druckindustie, in: WSI-Mitteilungen, Nr. 12/1989, S. 710-720.

Zwingmann, Bruno (1993): Die Arbeitsschutzreform: Antöße der EG und ihre Auswirkungen für den Arbeitsschutz, in: Rolf Busch (Hrsg.), Ökologie und Gesundheitsförderung in der betrieblichen Praxis, Berlin 1993 (FU Berlin Reihe Forschung und Weiterbildung für die betriebliche Praxis; Bd. 7), S. 76-85.

nbf neue betriebswirtschaftliche forschung

(Fortsetzung von Seite II)

Band 171 Dr. Kai Gruner
Beschleunigung von Marktprozessen

Band 172 Dr. Wilfried Gebhardt
**Organisatorische Gestaltung
durch Selbstorganisation**

Band 173 Dr. Stefan Nabben
Circuit Breaker

Band 174 Dr. Martin Wiegand
Prozesse Organisationalen Lernens

Band 175 Dr. Roland Wolf
Aktienoptionsstrategien und Steuerbilanz

Band 176 Dr. Rainer Jäger
**Grundsätze ordnungsmäßiger
Aufwandsperiodisierung**

Band 177 Dr. Michael Greth
Konzernbilanzpolitik

Band 178 Dr. Stefan Winter
**Prinzipien der Gestaltung von
Managementanreizsystemen**

Band 179 Dr. Heinz K. Stahl
Zero-Migration

Band 180 Dr. Nathalie Noll
Gestaltungsperspektiven interner Kommunikation

Band 181 Dr. Johannes M. Lehner
Implementierung von Strategien

Band 182 Dr. Stephan Popp
**Multinationale Banken im Zukunftsmarkt
VR China**

Band 183 Dr. Alexander Pohl
Leapfrogging bei technologischen Innovationen

Band 184 Dr. Jörg Schlüchtermann
Planung in zeitlich offenen Entscheidungsfeldern

Band 185 Dr. Marcel Crisand
**Pharma-Trends und innovatives
Pharma-Marketingmanagement**

Band 186 Dr. Friederike Wall
Organisation und betriebliche Informationssysteme

Band 187 Dr. Christine Autenrieth
Wandel im Personalmanagement

Band 188 Dr. Martin Faßnacht
Preisdifferenzierung bei Dienstleistungen

Band 189 Dr. Horst Bienert
Der Marktprozeß an Aktienbörsen

Band 190 Dr. Reinhard Schulte
Kursänderungsrisiken festverzinslicher Wertpapiere

Band 191 Dr. Klaus Ries
Vertriebsinformationssysteme und Vertriebserfolg

Band 192 Dr. Christina A. Weiss
Die Wahl internationaler Markteintrittsstrategien

Band 193 Dr. Andreas Matje
Kostenorientiertes Transaktionscontrolling

Band 194 Dr. Michael Leonhard Bienert
Standortmanagement

Band 195 Dr. Reinhold Kosfeld
Kapitalmarktmodelle und Aktienbewertung

Band 196 Dr. Bärbel Friedemann
Umweltschutzrückstellungen im Bilanzrecht

Band 197 Dr. Gabriele Rother
Personalentwicklung und Strategisches Management

Band 198 Dr. Frank Kersten
Simulation in der Investitionsplanung

Band 199 Dr. Peter Witt
Planung betrieblicher Transformationsprozesse

Band 200 Dr. Bibi Hahn
Erfolgsfaktor Managementpotential (Arbeitstitel)

Band 201 Dr. Ralf Antes
**Präventiver Umweltschutz und seine Organisation in
Unternehmen**

Band 202 Dr. Andreas Herrmann
**Nachfrageorientierte Produktgestaltung auf der
Basis der „means end"-Theorie** (Arbeitstitel)

Band 203 Dr. Silvia Föhr
Organisation und Gleichgewicht (Arbeitstitel)

Band 204 Dr. Jost Adler
**Informationsökonomische Fundierung von
Austauschprozessen im Marketing** (Arbeitstitel)

Band 205 Dr. Jost Schwaner
Integration in Geschäftsbeziehungen (Arbeitstitel)

Band 206 Dr. Stefan Betz
**Erfolgscontrolling unter besonderer Berücksichtigung
produktionswirtschaftlicher Aspekte** (Arbeitstitel)

Betriebswirtschaftlicher Verlag Dr. Th. Gabler GmbH, Postfach 15 47, 65005 Wiesbaden